中德合作汽车维修素养与技能高度融合培养项目丛书

发动机管理系统诊断维修

学习领域7

Diagnosis and Maintenance of Engine Management System

吉利　马明芳　编著

机械工业出版社

《发动机管理系统诊断维修》是本系列丛书的第7个学习领域，主要包括：LS7.1 全负荷行驶时发动机功率不足（燃油供给系统结构原理及检修）、LS7.2 发动机运行不平稳且功率不足（喷油器及传感器结构原理及检修）、LS7.3 发动机加速性差且故障警告灯报警（电子点火系统结构原理及检修）、LS7.4 排气系统故障导致发动机故障警告灯点亮（排气控制系统结构原理及检修）、LS7.5 配备废气涡轮增压车辆低转速时加速性差（进气控制增压系统结构原理及检修）、LS7.6 怠速过低导致发动机熄火（怠速控制系统结构原理及检修）共6个学习情境。

本书的主要任务是从技术层面解决发动机管理系统的故障诊断与维修问题，使学生养成严谨、规范的工作习惯，具备良好的思维、应变能力，提高安全生产、成本控制、协调合作意识，培养学生信息获取、沟通展示、团队合作、计划决策、自我管理和英语运用的能力。

本书定位为高职院校汽车维修相关专业教材，也可作为中职院校以及其他职业培训学校汽车维修相关专业用书。

图书在版编目（CIP）数据

发动机管理系统诊断维修/吉利，马明芳编著．—北京：机械工业出版社，2016.10

（中德合作汽车维修素养与技能高度融合培养项目丛书．学习领域；7）

ISBN 978-7-111-55171-3

Ⅰ.①发…　Ⅱ.①吉…　②马…　Ⅲ.①汽车－发动机－故障诊断②汽车－发动机－车辆修理　Ⅳ.①U472.43

中国版本图书馆CIP数据核字（2016）第242889号

机械工业出版社（北京市百万庄大街22号　邮政编码100037）
策划编辑：李　军　责任编辑：李　军　孙　鹏
责任校对：陈延翔　封面设计：马精明
责任印制：李　飞
北京铭成印刷有限公司印刷
2016年11月第1版第1次印刷
184mm×260mm · 26.75印张 · 652千字
0 001—3 000册
标准书号：ISBN 978-7-111-55171-3
定价：79.90元

凡购本书，如有缺页、倒页、脱页，由本社发行部调换

电话服务	网络服务
服务咨询热线：010－88361066	机 工 官 网：www.cmpbook.com
读者购书热线：010－68326294	机 工 官 博：weibo.com/cmp1952
010－88379203	金 书 网：www.golden－book.com
封面无防伪标均为盗版	教育服务网：www.cmpedu.com

编委会

德国专家团队

丛书序

2014年6月23日，第七次全国职业教育工作会议在北京召开，李克强总理发表重要讲话，强调要把提高职业技能和培养职业精神高度融合，不仅要培养大批怀有一技之长的劳动者，而且要让受教育者牢固树立敬业守信、精益求精等职业精神。

2014年11月17日，北京市教育委员会与德国巴登·符腾堡州教育、青年和体育部签署了双方合作共同举办汽修专业素养与技能高度融合教育改革试验班的合作意向书，在过去10年合作的基础上，用3年时间，通过试验班的形式，尝试走出一条结合中国国情、代表职业教育未来发展方向的高水平职业教育发展道路，让德国先进的职业教育理念在中国落地实施，探索人文教育、职业素养与职业能力高度融合的课程和教学体系。素养与技能高度融合的教育模式改革实现了职业教育以职业规律为起点、立足工作能力和生活能力培养、服务于完美人格塑造的教育理念，以能力为本位，以素质提升为目标，培养能够适应当前社会需要的应用型人才。试验项目培养目标是：培养能够独立、负责任、在团队条件下高效率解决问题的可持续发展的职业人；培养学生健全的人格和良好的素养，建立社会主义核心价值观。

2015年9月，北京市7所中高职国家级示范学校迎来了第一批汽修专业试验班学生，在课堂中正式开始采用职业素养与技能培养高度融合的新型教育模式，以专业内容为载体培养学生可持续发展的职业精神和非专业能力。将非专业能力培养内容作为最重要的教学内容，不仅打破了国内学科体系和知识体系，而且也打破了德国已经成熟的职业课程体系，形成了一套全新的非专业能力培养与专业能力培养高度融合的课程体系。而我们的课堂也由过去说教式的课堂转向了适应企业人才需求的“有趣、有用、有效”的“三有”课堂。经过一年的探索，试验班学生的精神面貌、职业素养及技能与其他班学生相比已经发生明显变化，试验模式得到了奔驰、奥迪、宝马等企业的认可，学生陆续被高端企业“预定”。试验学校也逐渐将试验范围从汽修专业扩展延伸到其他专业。

为了保证质量和提高效率，我们在“杜威思维五步”和“德国行动六步”基础上，自主开发了“十步教学”流程，并组织试验学校的骨干教师统一采用“十步教学”进行教学设计。同时，本课程也转化为Moodle课程，通过Moodle平台开展线上线下教学活动，将职业素养与技能培养高度融合的新型教育模式在课堂中真正落地实施。为了评估教学效果，追踪学生的综合职业能力发展，我们自主开发了“八步测评”体系。该体系与“十步教学”相呼应，编制了测评任务题库和测评任务能力指标评价表，对学生综合职业能力进行统一测评。每位参加测评的学生都会得到《职业行动过程分析报告》和《综合职业能力诊断报告》。这两份报告为学校实现学生个性化培养及教学改进提供了重要参考。

德国巴登·符腾堡州专家团队在德国原有的14个学习领域的基础上，依据培养目标开发了试验项目课程大纲，包括11个学习领域，共79个学习情境。每个学习情境都是完整的工作任务，并明确提出了包含知识、技能、素养在内的具体教学目标。北京参加本项目的学校专家团队在实施过程中与企业专业技术人员合作，对课程大纲进行了本土化改造，最终优化调整为12个学习领域，共80多个学习情境。最终形成了本丛书。

由于经验有限，本丛书还存在不少疏漏，请使用本丛书的师生提出宝贵意见，以便我们在今后进行补充和改进！

编　者

丛书特色

不同于以往任何教材，本丛书的呈现形式是完整的“十步教学”流程设计。从教学准备开始，包括教学硬件设施准备和教学软件资源准备，经历了任务接受、任务分析、理论学习、任务计划、任务决策、任务实施、任务检查和任务交付的完整行动过程，最后还有反思评价和巩固拓展。每一步设计得都非常详细具体。

本丛书课程内容架构以信息页模块的形式呈现，打破了传统的学科体系教材结构，以典型工作任务和工作情境为载体，突出专业内容重点，重视细节，实现了由简单到复杂的编排。每一个学习情境的专业理论内容，按照重点和难点之间的逻辑关系，分散在不同的信息页中，突出了重点，化解了难点，避免了长篇累牍给学生带来的压力，也有利于学生提炼整理关键信息。

本丛书为教师和学生提供了活动标签，有教师活动和学生活动的具体要求，有时间建议，活动流程完善，环环相扣，师生只要按照活动标签认真互动，即可轻松使用。

本丛书为教师和学生提供了完备的教学资源。从教学准备开始，接下来是接车剧本、客户工单，最后还有设备资料清单。理论学习阶段有信息页、工作页：根据信息页完成对应的工作页，完成理论学习；有理论测试卷，能够检验每一个知识点的掌握程度，由 Moodle 系统自动评分导出分数，不需要教师阅卷批改。任务计划阶段有工作计划表格，任务决策阶段有任务决策表，任务交付阶段有交车剧本。每一个教学流程都有测评表，不需要补充任何资源。教师可以把精力放在如何组织学生学习上。

本丛书提供了丰富的教学方法和学习方法，既有使用说明，也有实施步骤。师生根据丛书的引导，尝试实施就会慢慢掌握小组拼图法、旋转木马法等适合培养学生自主学习能力的教学方法。

本丛书的内容适合度较为广泛，已在遴选北京的 7 所中高职国家级示范学校示范应用，且反馈良好。实践证明，一个人的非专业能力依托专业能力培养，是完全不受中高职学生水平差异限制的；本丛书适合所有汽修专业的中高职学生使用。

丛书使用方法

使用本丛书时，请严格按照“十步教学”流程的活动标签逐步实施，不能跳步，并且认真阅读活动要求，即每一步的教师活动和学生活动。使用时遵循以下原则：

1. 关于教学手段

（1）线上与线下相结合。为有效实现素养与技能高度融合项目的培养目标，尽量采取面对面的教学实施，教师为主导，学生在教师设计好的思路下自主学习。但是，针对学习内容不同和授课课时的限制，某些环节或内容需要积累和记载下来，某些环节以电子版呈现会更好。因此借助 Moodle 教学系统，把最适合的学习内容或学习环节呈现在系统中，采取线上和线下相结合的教学手段。已参与本项目的教师可以通过 Moodle 系统账号，获取相应的系统资源。

（2）课堂内与课堂外相结合。素养与技能高度融合项目要培养训练学生可持续发展的非专业能力，还要培养学生的专业能力，课堂内时间紧，学习任务重。能力本身的持续性和相对稳定性，决定了我们不能忽略课堂外培养的有效作用。为了检验教学效果和巩固拓展能力，在课堂外，教师既可以借鉴 Moodle 教学系统，继续提供学习内容辅助学生完成相应的任务，也可以安排适当的拓展任务，组织学生团队合作完成。

（3）教师主导学生全程自主学习。教师设计好教学思路，给学生提供需要的学习资源，用一根无形的线索主导学生。学生在教师的主导下，或一个活动，或一个环节，按照“十步教学”教学流程，或个人，或团队，全程自主学习。教师在学习过程中几乎没有讲授，教师只是主导者、观察者、辅助者和答疑者。学生通过自主学习，同时获取专业能力和非专业能力。

2. 关于教学方法

本丛书主张课堂上综合采用多种教学方法，利用所有教学资源组织学生自主学习。涉及的教学方法：（项目原创的）三步访谈法、小组拼图法、旋转木马法、学习站法、工作站法、专家法、餐垫法（井田法）、倒立法、闪光灯法、咖啡馆法、速度二重奏法、概念地图法、交头接耳法等。（德国原有的）头脑风暴法、卡片法、思维导图法、主动倾听法、集体笔记法、团体拼图法、刺激鼓动法、演绎归纳法、主持小组作业法、系列计划法、专题报告法、角色扮演法、全面反馈法、情境教学法、小组教学法等。通过教师活动和学生活动导引，把一个个教学方法鲜活呈现。

本丛书设计的所有教学方法都是有利于素养与技能高度融合培养的有效载体，教学方法不是通过阅读可以理解掌握的，最好是通过培训才可以有效把握。教师可以通过自己的实践积累，慢慢领悟小组拼图法、旋转木马法、工作站法等的灵活运用。如果希望精准掌握教学方法的精髓，建议教师参加本项目的师资培训，以学生角色体验多种教学方法的使用。

3. 关于教学评价

教师日常教学测评，对应“十步教学”，每一步都有针对素养、技能和知识的评价表。参与本项目教师通过自己的账号，可以在 Moodle 系统中自动完成对每一个学生的评价，从而积累针对学生的日常综合职业能力指标评价。

使用本丛书前，需要详细阅读每个学习领域的前言，改变观念，明确来龙去脉及培养目标。为了很好地实施课程，请配合项目培训和 Moodle 系统使用，三位一体才能灵活运用。教学活动，即教师活动和学生活动，属于教学方法的具体实施，这些内容要经过项目培训才能灵活运用；教学资源，即信息页、工作页，阅读丛书即可获取；教学评价：只能在 Moodle 系统获取，包括随堂评价、“十步教学”的每一步评价、综合评价。系统会减少教师的任务量进行自动统计和导出。

目　　录

LS7.1

全负荷行驶时发动机功率不足

教学准备

教学情境准备

教师活动：

教师提前提供给所有学生 7.1.0.1 客户任务工单。提前在车上设置“发动机全负荷行驶时功率不足”的真实故障。课前提供 7.1.0.2 接车剧本给事先安排好的两个学生，一个扮演客户，另一个扮演维修接待人员（Service Advisor，简称 SA），以便上课时两个学生能在实车上把客户任务真实再现。

学生活动：

所有学生在课前熟悉 7.1.0.1 客户任务工单，提前了解客户委托任务。

两个角色扮演的学生要熟悉练习 7.1.0.2 接车剧本。（课前）

7.1.0.1　客户任务工单

7.1.0.1　客户任务工单

<table>
<tr><td>车主姓名</td><td></td><td>日期</td><td></td></tr>
<tr><td>车型</td><td></td><td>车牌号</td><td></td></tr>
<tr><td>发动机号</td><td></td><td>底盘号</td><td></td></tr>
<tr><td>联系电话</td><td colspan="3"></td></tr>
<tr><td>通信地址</td><td colspan="3"></td></tr>
<tr><td colspan="4">故障现象描述：
车主反映，汽车在大节气门开度甚至是加速踏板踩到底行驶时，感觉发动机动力不足，汽车没劲。</td></tr>
<tr><td colspan="4">检查维修建议：</td></tr>
<tr><td colspan="4">故障结论：（更换或维修的零件记录）</td></tr>
<tr><td colspan="2">取车付款：
现金　　　　　　　　银行卡</td><td colspan="2">维修人：
收款人：</td></tr>
</table>

7.1.0.2　接车剧本

7.1.0.2　接车剧本

学习情境描述：

一辆大众速腾轿车，行驶总里程6万km，客户发现汽车在大节气门开度甚至是加速踏板踩到底行驶时，感觉发动机动力不足，汽车没劲。

前台：您好！有什么需要我帮助的？

客户：您好！是这样的：我的车在大节气门开度甚至是加速踏板踩到底行驶时，感觉发动机动力不足，汽车没劲。您能帮我看看吗？

前台：好的！您给我车钥匙，我给您试一下车，先检查一下。

（上车，着车，行驶一段时间开始体会客户的诉求，发现汽车在大节气门开度甚至是加速踏板踩到底行驶时，感觉发动机动力不足，汽车没劲。询问客户）

前台：您家车在大节气门开度甚至是加速踏板踩到底行驶时，感觉发动机动力不足，汽车没劲，这个毛病以前出现过吗？最近您修理过什么吗？

客户：不瞒您说，我的车车况特别好，在这之前什么毛病也没有，这是第一次有故障，只做过正常的维护保养。

前台：那您的车车况是真不错，您使用得很好。我刚才初步诊断了一下：您的车确实是在大节气门开度甚至是加速踏板踩到底行驶时，感觉发动机动力不足，汽车没劲，估计是燃油供给系统或者是点火系统有故障了，原因很多，需要后台检测后才能确认。

客户：好的！那您尽快维修吧，我还着急用车呢。

前台：那您想什么时间取车？

客户：今天下午4点可以吗？

前台：好的！请您在客户区休息等待，如有需要，我会及时和您联系。

教学目标准备

教师活动：

教师以一页PPT简介本情境的教学目标：素养点、知识点、技能点。

学生活动：

学生思路清楚，目标明确，在头脑中做出个人学习规划。（课前）

素养点：

① 能够营造一个良好的学习环境（自我投入）。

② 能够根据预设信息自行制定学习日程计划（“周计划和方法计划”）。

③ 能够向他人说明和解释技术事项。

④ 能够运用英语专业概念。

⑤ 能够个人独立工作。

⑥ 能够小组合作，站在他人角度思考问题。

⑦ 能够阅读较难技术信息，创建关系（结构化）。

知识点：

① 电控发动机优点。

② 电控发动机各控制系统功能。

③ 发动机控制系统基本组成。

④ 汽油喷射的分类（直接和间接）。

⑤ 燃油供给系统组成。

⑥ 燃油泵控制电路。

⑦ 燃油压力调节器结构原理。

⑧ 曲轴箱通风系统结构原理。

技能点：

① 燃油供给系统直观认知。

② 使用电路图。

③ 进行燃油供给系统故障查询。

④ 使用万用表。

⑤ 燃油泵电路和 ACF 阀检测排故。

⑥ 使用制造商资料和维修站信息。

⑦ 遵守事故预防条例。

资料设备清单

参与本项目的教师具体见 Moodle 系统，未参与本项目的教师可以根据实际情况自行制定。

7.1.1 任务接受

两人角色扮演

学生活动：

学生分组，两人一组。其中，事先安排好的两个学生为一组，一个扮演客户，另一个扮演 SA 维修接待，在实车上把客户任务真实再现。(10min)

教师活动：

教师观察角色扮演学生的表演过程，同时观察其他学生的表现：倾听的认真程度。

全员换位评价

学生活动：

学生认真观看角色扮演情境再现过程，理解客户委托，并与本组学生一起对 SA 角色扮演的学生换位思考进行口头评价：角色扮演时的优缺点，如果是自己怎么改进会更好。(10min)

教师活动：

教师指出角色扮演的优缺点，提出注意事项进行强调说明。

全员分组练习

教师活动：

教师要求所有学生借鉴两个示范学生的表现，进行任务接受练习。

学生活动：

学生按照教师的提示与强调，借鉴示范的两个学生的表现，学生分组在实车上进行任务接受的角色扮演练习。互换角色再练习一次。(10min)

提交任务接受阶段的评价表

教师活动：

教师要求学生对任务接受阶段自己扮演 SA 时的表现进行自我评价。

学生活动：

学生按照教师的要求对自己在扮演 SA 时的表现进行自评，客观真实。

7.1.1.1　任务接受评价表

参与本项目的教师具体见 Moodle 系统，未参与本项目的教师可以根据实际情况自行制定。

7.1.2　任务分析：全负荷行驶时发动机功率不足的原因

教学方法：餐垫法

独立查找原因

教师活动：

教师提供 7.1.2.1 信息页（维修信息、文本资料）和餐垫图纸，指导学生独立查找“全负荷行驶功率不足”的原因书写在餐垫上周边对应位置。

学生活动：

学生分组，首先个人独立阅读教师提供的 7.1.2.1 信息页，在信息页上划出关于“全负荷行驶功率不足”的原因，形成自己的个人逻辑结果，工整地书写在餐垫对应位置上。(30min)

7.1.2.1 信息页

7.1.2.1 信息页

学校名称		任课教师	
班级		学生姓名	
学习领域	L7 发动机管理系统诊断维修		
学习情境	LS7.1：全负荷行驶时发动机功率不足	学习时间	1h

1. 功率不足的故障现象

发动机无负荷运转时基本正常，但带负荷运转时尤其是全负荷行驶时，加速缓慢，上坡无力，加速踏板踩到底时仍感到动力不足，转速提不高，达不到最高车速。加速踏板踩下后发动机转速不能马上提高（不跟脚），或加速中发动机有轻微的抖动。

2. 功率不足的原因分析

造成动力不足故障发生的原因有燃油系统油压过高或过低，喷油器喷油不良，传感器信号错误，点火高压太低，点火正时不正确，气缸压力低，排气管堵塞等。

造成电控轿车加速“迟钝”故障发生的原因有三元催化装置堵塞和排气背压过高。

造成动力不足，加速不良故障发生的原因有；空气滤清器堵塞，油路堵塞，喷油器堵塞，燃油压力调节器或汽油泵故障。用真空表检测进气系统有无漏气。怠速点火正时提前角一般为10°左右，检查是否正确。电控单元是否有故障。检查空气流量计和进气压力传感器有无故障。

① 节气门积垢过多：电喷发动机动力的控制基本上以控制节气门开度为主。若节气门积垢过多。使节气门在同样开度的情况下，进入进气管的空气变少。使发动机负荷太低，带负荷运转时加速缓慢，低于正常的转速范围而导致动力不足。

② 空气滤清器堵塞：空气滤清器积垢过多，进入进气管空气变少。

③ 燃油压力过低。燃油压力过低就会使实际的喷油量减少。也使燃油雾化不良，严重时会造成喷不出油，或成水滴状。燃油滤清器、燃油箱内滤网堵塞，油泵压力不足也有影响。

④ 气缸缺火。火花塞型号不正确，间隙不正确（过大、过小）或者是被烧蚀或损坏，以及火花塞电极有积炭导致气缸不发火。

⑤ 点火正时不当或高压火花弱。包括中央高压线跳火过弱、高压分线火花过弱、点火线圈或点火器工作不良、点火提前角过大、点火提前角过小等。

⑥ 空气流量计或进气歧管压力传感器、冷却液温度传感器、节气门位置传感器故障：如空气流量计所检测的数据不准或空气流量计热线上有积垢。进气歧管压力传感器不能输出信号，计算机按预先设置的信号，使发动机维持运转，但预先设置的信号不能随真空度的变化进行调节，导致发动机性能变坏。冷却液温度传感器不能正确反映冷却液的温度，提供错误信号。节气门过脏导致节气门传感器灵敏度下降、反应迟钝等。

⑦ 喷油器堵塞：喷油器积炭、汽油质量差。

⑧ 废气再循环装置工作不良。废气再循环阀不能关闭或不能正常工作。

有许多的因素会影响发动机的动力，比如；油路积炭过多，正时错位，缸压不够，发动机温度过高，又或者电路等一系列的原因。因此，要使用专用发动机机油和燃油延长发动机寿命，减少故障出现。定期保养和维护发动机。

在保证发动机动力的前提下延长发动机的寿命。保养的内容有：

① 每半年或者5000km对发动机进行保养，并更换机油和机油滤清器、空气滤清器、空调滤清器。

② 每20000km检测汽油滤清器及火花塞，若汽油滤清器过脏和火花塞积炭严重则应更换。

③ 每年检查并调整汽车发动机的点火正时、检查气门间隙：对装有普通气门发动机，应检查高速气门间隙。

④ 每两年或20000km进行发动机内部清洗及检查更换防冻冷却液。

发动机是汽车的心脏，我们一定要学会解决这些问题，从而保护好发动机。只有熟练地掌握这些解决方法，才能有效地处理这些不良因素。

3. 功率不足的检查流程

（1）发动机动力不足，加速不良的检查顺序

踩下加速踏板后发动机转速不能马上升高，有迟滞现象，加速反应迟缓，甚至踩下加速踏板后转速不升反降；加速踏板踩到底时仍感到动力不足，转速提不高，达不到最高车速。

发动机动力不足，加速不良一般按如下顺序进行检查：

① 检查空气滤清器。如滤清器堵塞，将造成加速不良，应进行清洗或更换；油路的堵塞，同样将引起加速不良。应检查燃油压力，怠速时燃油压力约为300kPa，加速时燃油压力应能上升约50kPa左右，如油压过低，可能是汽油滤清器堵塞、喷油嘴堵塞，以及油压调节器或汽油泵的故障，应进行清理、更换或修理；进行发动机故障自诊断，检查有无故障码，如有，按故障码指示进行修理；检查进气系统有无漏气，若进气系统有漏气，应检漏。

② 检查点火正时。在发动机怠速时点火提前角应为10°～15°左右，如不正确，应调整发动机的点火提前角。加速时点火提前角应能自动地加大到20°～30°，如有异常，应检查点火控制系统或更换电脑。拆检火花塞、高压试火。如火花塞缺火，应予更换。高压试火，如跳火不正常，检查点火器、点火线圈是否接触不良。检查节气门位置传感器。开关型节气门位置传感器，在节气门全闭时，怠速开关触点应闭合；节气门打开时，怠速开关触点应断开；节气门接近全开时，全负荷开关触点应闭合。对于线性输出式节气门位置传感器，在节气门由全闭到全开变化时，其信号端子与搭铁端子间的电阻值应连续增大，如有异常，应修理或更换。检查空气流量计或歧管压力传感器，如有异常，应修理或更换。检查冷却液温度传感器，温度变化阻值应随之变化，否则应更换。检查节气门，将加速踏板踩到底，看节气门是否能全开，否则应进行调整。检查蓄电池电压、气缸压力，如电压太低，会使喷油器喷油量减少；检查气缸压力是否太低。

（2）检修轿车电喷发动机加速不良故障的操作步骤

检修轿车电喷发动机怠速不良故障时，应从点火系统、机械方面、油气配比和电脑等方面来考虑，操作步骤如下。

① 检查点火系统。常见点火系统引起发动机加速不良的原因是点火时间不对或是点火能量不够。点火时间的问题，可通过踩加速踏板听发动机运转的声音，可知其点火的早迟；

也可以通过点火提前角测试仪来进行测试，其怠速时有一个标准角度，加速时点火提前角加大。若点火提前角过大或过小都会引起发动机加速不良。点火能量的问题，凡是点火系统机件性能不良都会造成点火能量不够，须检查缸线和分火头的阻值、火花塞的间隙和状况、分电器的工作情况和导通情况，检查点火线圈是否发热，检查点火器是否发热。必要时可用示波器观察点火初级和次级波形，可看出是哪里的故障。

② 检查机械部分。首先看发动机能否转动，检查空气滤清器是否堵塞，判断是否有个别缸不工作，可以采用单缸断火或断油的方法，如果有个别缸不工作，须找出其不工作的原因和部位，进一步确定。也可用缸压表检查气缸压力，若缸压不在 800 ~ 1300kPa 范围或压差超出标准，则要检查火花塞是否拧紧、配气正时、缸垫、正时带位置、活塞环密封性、气门密封性等。

③ 检查是否油气配比不对。燃油压力低，用油压表检测燃油系统的油压，将滤清器到燃油分配管之间的油路断开，接上油压表，拧紧管接头，打起动机可测出油压的高低。若油压不正常，则是油路问题，须检查油泵、滤网、滤清器、蓄压器、油压调节器、喷油器。检查油压调节器可加大油门或拔下油压调节器的真空管路，看油压是否增加 50kPa。

4. 功率不足故障案例

[案例 1]

车型：斯柯达明锐 1.6L

车主描述：这两天在起动后，发动机有明显的抖动，比正常的发动机抖动厉害一些。在车辆正常行驶中，会觉得车辆加速缓慢、动力不足。

初步观察：在初步观察车辆故障状况后，和车主反映的一样，发动机在怠速时，也能观察到明显抖动，用手触摸发动机气缸盖也感觉到强烈的振动感。

具体分析：

根据此车的故障现象分析，令发动机怠速抖动和动力不足可能有电路、油路或机械部分有故障造成。

1）电路：某个点火系统有故障，可能是高压线烧坏或火花塞不跳火等。

2）油路：①某个喷油器有故障，可能是有脏物堵塞或喷油器电磁线圈损坏。②燃油管道压力不足导致某喷油器未喷射燃油。

3）机械部分：①发动机连接车架的基脚缓冲胶老化或破损。②某气缸密封不严导致气缸压力不足。③进气管道密封不严有漏气。

检查流程

1）检查发动机减振胶，是否老化失去减振功能。

2）查看油路有无泄漏，造成油压过低。或者漏电，造成点火电压不足。

3）接通点火开关，观察仪表上是否有故障警示灯，使用 VAS5051B 电脑查询故障码。

4）使用单缸断火法和单缸断油法，找出故障所在。

单缸断火法：

起动发动机，在怠速运转下，依次拔出每根分缸高压线，若某缸拔出分缸高压线后，发动机转速和工况无任何变化，则此缸有故障。再进行跳火试验，确定有无高压电火花，若有则是火花塞问题导致。

单缸断油法：

起动发动机，在怠速运转下，依次拔出每个喷油器信号线接头，若某缸拔出接头之后，发动机转速和工况无任何变化，则此缸有故障。可能是喷油器堵塞或电磁线圈烧坏等（喷油器有无喷油，还可以通过拆除火花塞观看火花塞干湿度判断）。

检查结果：

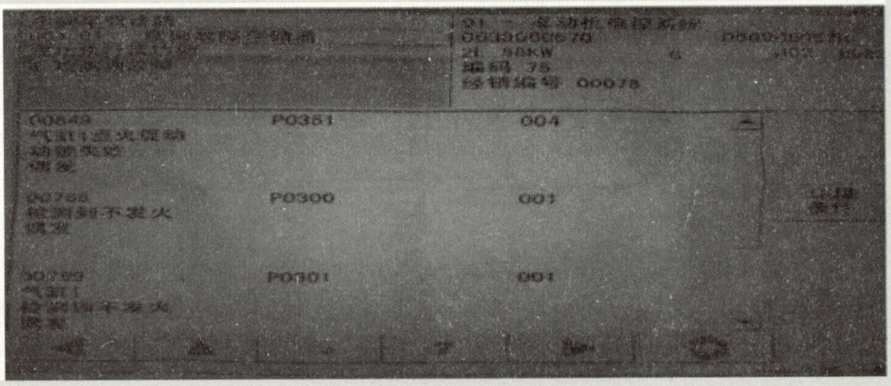

通过检查，找到了故障所在，发动机第一缸喷油器电磁线圈烧毁。于是更换了一套（四个）新的喷油器，然后试车，此车故障已经排除了。

［案例2］

车型：明锐1.6L

车主描述：发动机高速动力不足。

初步观察：首先进行试车，结果如车主所说的动力不足，但是症状不明显。

具体分析：根据此车的故障现象分析，令发动机动力不足可能有电路、油路或机械部分有故障造成。

1）电路：某个点火系统有故障，可能是高压线烧坏或火花塞不跳火等。

2）油路：燃油管道压力不足导致某喷油器没燃油喷射。

3）机械部分：某气缸密封不严导致气缸压力不足；进气管道密封不严有漏气。

检查过程

1）对发动机进行基本检查，燃油压力280kPa，把油压调节器上的真空管路拔掉油压升高到325kPa，可以说，这样的燃油压力肯定没有问题。

2）使用VAS5051B电脑查询故障码，结果如下图所示。

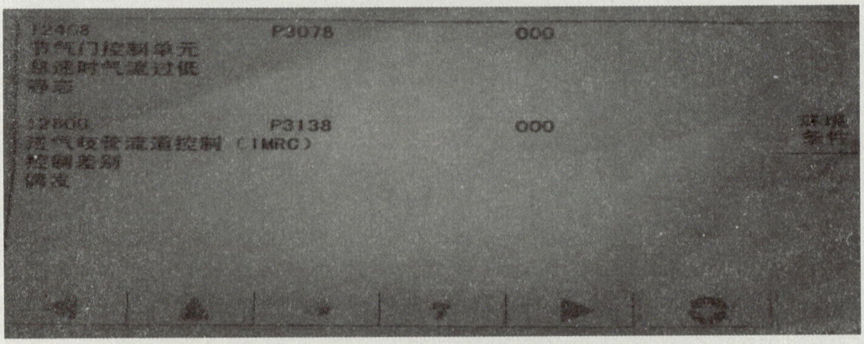

3）使用VAS5051B电脑读取数据流，通过比较发现了几点数据问题：

发动机喷油时间：

故障车在发动机转速780r/min时为1.6ms，正常车在发动机转速780r/min时为1.7~1.8ms。

故障车在发动机转速2500r/min时为4.8~5.5ms，正常车在发动机转速2500r/min时为7~7.5ms。

发动机进气量：

故障车在发动机转速780r/min时为3.6g/s，正常车在发动机转速780r/min时为3.8g/s。

故障车在发动机转速2500r/min时为35g/s，正常车在发动机转速2500r/min时为48~50g/s。

检查结果：

由此判断问题出现在节气门位置，经过检查发现连接在节气门控制单元之间的空气管路本身没有泄漏，但是在与曲轴箱通风管相连的一节波纹塑料软管已经断裂了，由于位置比较隐蔽，不仔细检查很难发现。

更换后，对节气门控制单元J-338重新进行匹配，试车，故障排除。车主满意接车。

合作讨论原因

学生活动：

学生小组合作讨论达成共识，把本组的“全负荷行驶功率不足”原因工整书写在餐垫中心位置上，贴在白板上展示。(30min)

教师活动：

教师重点观察学生讨论时的表现：所有成员是否可以经过妥协或协商快速达成一致意见。

师生确定原因

教师活动：

教师带领学生一起逐条对每组的结果进行分析评价，判断对错，总结原因。

学生活动：

学生领会理解，修改本组餐垫并把最终结果工整记录在笔记本上。(10min)

填写客户工单

教师活动：

教师提供行车证等资料指导学生填写7.1.0.1客户工单（车辆检验内容，确定维修范围，是否修理车辆建议）。

学生活动：

学生小组合作填写完整客户任务工单。(20min)

提交任务分析阶段的评价表

教师活动：

教师要求学生对任务分析阶段自己的表现依据7.1.2.2评价表进行自我评价。

学生活动：

学生按照教师的要求对自己在任务分析阶段的表现对照每一条客观真实地进行自评。

7.1.2.2 任务分析评价表

参与本项目的教师具体见 Moodle 系统，未参与本项目的教师可以根据实际情况自行制定。

7.1.3 理论学习：燃油供给系统结构原理及检修

教学方法：旋转木马法

3.1 发动机管理系统概述

关键词法独立学习

教师活动：

教师提供 7.1.3.1 信息页（发动机管理系统发展、优点、功能、分类），让学生独立阅读，划出关键词，整理出逻辑关系思维导图。

学生活动：

学生安静独立地阅读 7.1.3.1 信息页，划出关键词，整理出思维导图。(30min)

7.1.3.1 信息页

7.1.3.1 信息页

学校名称		任课教师	
班级		学生姓名	
学习领域	L7 发动机管理系统诊断维修		
学习情境	LS7.1：全负荷行驶时发动机功率不足	学习时间	1h
工作任务	发动机管理系统概述	学习地点	理实一体化教室

1. 发动机管理系统的发展历程

最初的发动机管理系统是两个独立的控制系统，燃油喷射系统和点火控制系统。这两个系统分别由各自的参数单独进行控制，它们之间只有少量的信息交换。此时，还不能称之为发动机管理系统，只能说是发动机燃油喷射技术和电子点火技术。其发展经历大致如下。

1904 年，德国采用怀特（Wright）兄弟发明的向发动机进气管内连续喷射汽油来配制混合气的技术，研制成功第一架采用燃油喷射式发动机的军用战斗机。

1952 年，德国博世公司（Bosch）研制成功第一台机械控制汽油喷射式发动机，汽油直接喷入气缸内，空燃比利用气动式混合气调节器调节，配装在戴姆勒—奔驰（Daimler - Benz）300L 型赛车上。

1958 年，博世公司研制成功向进气管内喷射汽油的机械控制汽油喷射式发动机，空燃比采用机械式油量分配器进行调节，配装在梅赛德斯—奔驰（Mercedes - Benz）220S 型轿车上。

1967 年，博世公司研制成功 K—Jetronic 机械控制式汽油喷射系统，电动燃油泵提供的 360kPa 低压燃油，由燃油分配器分配到各缸进气管上的机械式喷油器，汽油连续喷向进气口，空燃比由挡流板式空气流量计操纵油量分配器中的计量槽进行调节。1982 年，在 K—Jetronic 系统的基础上增设了一个压差调节器、部分传感器和电子控制单元 ECU，改进研制成功了 KE—Jetronic 机电结合式汽油连续喷射系统。1993 年以前出厂的奔驰轿车和奥迪轿车，大多数采用 KE—Jetronic 系统。

最早研制汽车电子燃油喷射装置的是美国本迪克斯（Bendix）公司。该公司于 1957 年开始试用真空管电子控制系统，根据进气压力，由设在各个节气门前的喷油器与进气行程同步喷油。遗憾的是该专利技术并未付诸实用。

1967 年，德国博世公司根据美国本迪克斯公司的专利技术，开始批量生产利用进气歧管绝对压力信号和模拟式计算机来控制发动机空燃比（A/F）的 D 型燃油喷射系统（D - Jetronic），装备在德国大众（Volkswagen）汽车公司生产的 VW - 1600 型和奔驰 280SE 型轿车上。率先达到了当时美国加利福尼亚州的排放法规要求，开创了汽油发动机电子控制燃油喷射技术的新时代。D 型燃油喷射系统是用电子电路控制喷油器阀门的开启时刻与开启时间。

1973 年，随着排放法规的要求逐年提高，要求进一步提高控制精度、完善控制功能。博世公司便在 D 型燃油喷射系统（D - Jetronic）的基础上，改进发展成为 L 型燃油喷射系统（L - Jetronic）。L 型喷射系统利用了翼片式空气流量传感器直接测量进气管内进入发动机的空气的体积流量，与利用进气歧管绝对压力来间接测量进气量的 D 型喷射系统相比，检测精度和控制精度大大提高。

1973 年，美国通用（General）汽车公司在生产的汽车上，放弃分立元件式电子点火控制器，开始改用集成电路 IC 式点火控制器。

1974 年，美国通用（General）汽车公司开始加大火花塞的电极间隙，并采用高能点火装置，并将点火线圈和集成电路式点火控制器安放在分电器壳体内。

1976 年，美国克莱斯勒（Chrysler）汽车公司生产的汽车开始研制并在同年装备微机控制点火系统，取名为“电子式稀混合气燃烧系统 ELBS”。该系统采用模拟式计算机，根据大气温度、进气温度、发动机冷却液温度、发动机负荷与转速等信号计算出最佳点火时刻，控制 200 多个参数。

1977 年，美国通用汽车公司开始采用微机控制点火系统，取名为 MISAR 系统。该控制系统由 CPU、RAM、ROM、A/D 等组成，装备在奥兹莫比尔（Oldsmobile）牌“特罗纳德”轿车上。

1977 年，美国福特（Ford）汽车公司与日本东芝（TOSHIBA）公司合作开发出了同时控制点火时刻、废气再循环、二次空气喷射的发动机电子控制 EEC 系统，并于同年装备在林肯（Lincoln）牌“凡尔赛”轿车上。

1978 年，福特公司在 EEC 微机控制系统的基础上，增加了空燃比反馈控制和怠速转速控制等控制内容，控制系统取名为 EEC - Ⅱ系统。1979 年，又进一步完善了控制功能，发展成为 EEC - Ⅲ系统，20 世纪 80 年代又改进发展成为 EEC - Ⅳ系统。

1978 年，美国通用（General）汽车公司也研制成功了同时控制点火时刻、空燃比、废气再循环和怠速转速的微机控制系统，取名为 C—4 系统。该系统还具有自诊断功能和备用电路。

1979 年，德国博世（Bosch）公司在 L 型燃油喷射系统的基础上，将点火控制与燃油喷射控制组合在一起，并采用数字式计算机进行控制，从而构成当今广泛采用的 Motronic 控制系统。到此时才有了真正意义上的发动机管理系统。

1979 年，日本日产（Nissan）汽车公司也开发研制成功了能综合控制点火时刻、空燃比、废气再循环和怠速转速的发动机集中控制系统 ECCS，该系统具有自诊断功能，装备在公子（Cedric）牌和光荣（Cloria）牌轿车上。

1980 年，丰田汽车公司开发成功了能综合控制点火时刻、爆燃、空燃比、怠速转速且具有自诊断功能的丰田计算机控制系统 TCCS。三菱汽车公司也在 1980 年研制成功了采用卡曼漩涡式空气流量传感器的电子控制喷射 ECI 系统。

1981 年，德国博世公司又在 L 型燃油喷射系统 L－Jetronic 的基础上，用新颖的热线式空气流量传感器直接测量进气管内进入发动机的空气的质量流量，从而取代翼片式空气流量传感器，该系统取名为 LH 型燃油喷射系统 LH－Jetronic。

进入 21 世纪，CAN 总线技术、混合电动汽车的动力管理控制系统在汽车上开始应用。

2. 发动机管理系统优点

汽油发动机管理系统的应用使汽油机的综合性能得到了全面的提高，其主要的优点如下：

① 改善了各缸混合气的均匀性。在化油器式汽油机中，当混合气在经过不同宽度、不同长度及具有一定弯曲弧度的进气歧管时，由于空气和汽油颗粒的密度不同，空气比较容易改变方向，而汽油颗粒受惯性力的作用则继续向歧管末端运动，由此造成各缸混合气浓度的不均匀。采用燃油多点喷射，燃油喷射在各缸进气门附近，使各缸混合气的浓度基本一致。这样不但有利于提高发动机的经济性，而且也有利于降低 CO 和 HC 的排放量。

② 提高发动机的动力性和经济性。由于电控汽油喷射系统的进气管中不存在化油器中的喉管，进气系统的进气阻力和进气压力损失较小，充气效率较高，因此发动机具有较好的动力性和经济性。另外，发动机管理系统不对进气进行预热，这样提高了进气的密度，对提高发动机动力性有利。

③ 减少排放污染。发动机管理系统采用氧传感器反馈控制时，能精确地控制空燃比等于 14.7∶1，使三元催化净化装置具有最高的催化净化效率，从而大大减少 CO、HC 和 NO_x 等有害物的排放量。另外，现代发动机管理系统还包括废气再循环、二次空气喷射、最佳点火提前角等控制功能，从而可使汽油机有害物的排放量进一步减少。

④ 工况过渡圆滑。当发动机运行工况发生变化时，由于发动机管理系统能根据传感器的输入信号迅速调整喷油量或喷射正时，提供与该工况相适应的最佳空燃比，提高了汽油机对加、减速工况的响应速度及工况过渡的平稳性。另外，采用汽油喷射方式，汽油的雾化质量好，蒸发速度快，在各种工况下混合气都具有良好的品质，这也有利于提高汽油机非稳定工况的性能。

⑤ 改善了汽油机对地理及气候环境的适应性。当汽车在不同地理环境或不同气候条件的地区行驶时，发动机管理系统能根据大气压力、环境温度及时对空燃比进行修正，从而使汽车在各种地理环境及气候条件下运行时，无须调整都能保持良好的综合性能。

⑥ 提高了发动机高、低温起动性能和暖机性能。发动机在高温或低温条件下起动时，

发动机管理系统能根据起动时发动机冷却液的温度，提供与起动条件相适应的喷油量，使汽油机在高温和低温条件下都能顺利起动。低温起动后，发动机管理系统又能根据发动机冷却液温度自动调整喷油量和空气供给量，加快汽油机暖机过程，使发动机很快就能进入带负荷运行状态。

3. 发动机管理系统功能

发动机管理系统的功能从根本上说，就是使发动机的工作状态能够满足驾驶人的要求。当驾驶人踩下加速踏板时，发动机管理系统能迅速做出反应，加大发动机功率的输出。为了达到这个要求，发动机管理系统需要获取大量的传感器数据，并将其转换为直接控制发动机的输出参数：喷射的燃油质量和点火正时。具体来说发动机管理系统可以实现以下控制功能。

（1）燃油控制

准确检测发动机工况和进气量，根据发动机工况的需要精确控制喷油量，在合适的时刻，将燃油喷入进气管道或气缸内，配比合适空燃比的混合气。喷油量控制和喷油正时控制是发动机管理系统最重要的控制功能，不同的工况电脑将给出不同的燃油量和喷射时间（喷油正时）。

（2）点火控制

准确检测发动机工况和进气量，根据发动机工况的需要精确控制点火时刻，改善燃烧过程，提高发动机的性能，避免发动机爆燃。主要是点火时刻控制（点火提前角控制和爆燃控制）和点火能量控制（通电时间控制），不同的工况将提供不同的点火提前角和尽量高的点火能量。

（3）进气控制

主要包括怠速控制、节气门控制、巡航控制、可变进气道控制、可变配气相位控制、废气涡轮增压控制等，进气控制主要就是两方面的控制，一是改变进气量，控制发动机转速；二是改变进气路径、进气时刻和进气压力，提高进气效率。

（4）排放控制

主要包括废气再循环控制、油箱蒸气排放控制、二次空气喷射控制、三元催化器监测控制等。

（5）警告控制

由 ECU 控制各种指示和报警装置，一旦发动机控制系统出现故障，及时发出信号，有效降低发动机故障运行时产生的排放污染。

（6）自诊断控制

其功能是监测控制系统的工作情况，当控制系统的元件或电路出现故障，ECU 检测到故障信号时，立即点亮“CHECKENGINE”（故障指示灯），提示驾驶人发动机有故障，同时，ECU 将故障信息以设定数码（故障码）的形式存储在存储器内，维修人员可以利用故障诊断仪读取故障码或清除故障码，获得故障信息，以帮助快速诊断故障部位。

（7）失效保护控制

当控制系统的传感器或其电路出现故障，ECU 检测到信号失效时，不采纳失效信号，而自动按照 ECU 内预设的信号替代值进行控制，使发动机能够继续运行。当比较重要的信号失效时，ECU 自动停止发动机工作。如当 ECU 接收的点火确认信号失效时，立即停止供油，防止大量燃油进入气缸而不点火。

（8）应急备用控制

当控制系统的电脑出现故障时，自动启用应急备用系统，按设定的信号（如固定的喷油量、点火提前角）控制发动机进入强制运行工况，使发动机不至于熄火。

发动机管理系统功能不断扩展，除此之外还具有冷却风扇控制、发电机控制、起动机控制等功能。

4. 发动机管理系统分类

（1）按喷射位置分类

采用汽油喷射技术的汽油机按喷射的位置分类，有缸内喷射和进气管喷射两种。

1）缸内喷射。缸内喷射电控汽油喷射系统的主要特点是：喷油器安装在气缸盖上，汽油直接喷入发动机气缸内与空气混合形成可燃混合气，如图1所示。

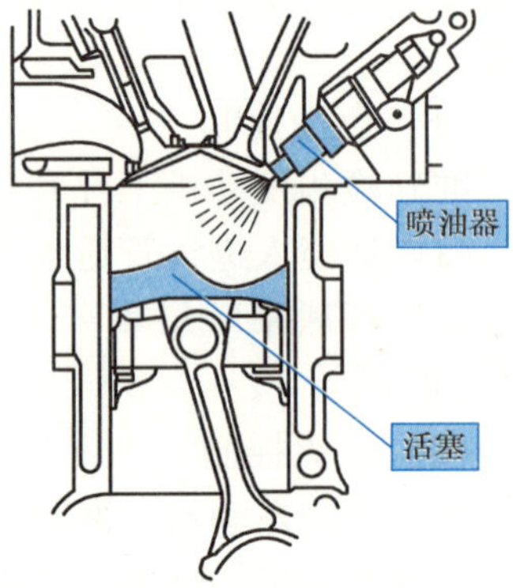

图1　缸内喷射

采用缸内喷射方式，通过合理组织缸内的气体流动，可以实现分层燃烧和稀薄燃烧，有利于进一步降低发动机有害物排放，降低燃油消耗量。但是，缸内喷射需要能耐高温和耐高压的喷油器；气缸盖的结构设计上需要有安装喷油器的空间，对发动机的改动较大，使制造成本增加。

2）进气管喷射（缸外喷射）。进气管喷射也称缸外喷射，其特点是：喷油器安装在进气总管或者进气歧管上，汽油由喷油器喷入进气总管或者进气歧管的进气门前，喷入的汽油在进气管中与空气混合形成可燃混合气，在进气行程被吸入气缸。采用进气管喷射对发动机改动很小，且喷油器不与高温高压的燃气接触。进气管喷射按喷油器的安装部位，又可分为单点喷射和多点喷射。

① 单点喷射。单点喷射也称节气门体喷射或集中喷射。它采用1~2个喷油器，喷油器安装在进气总管的节气门上方，如图2所示。单点喷射的主要特点是结构简单，对发动机改动少，化油器式汽油机几乎可以不经过改制，就能改造成为电控汽油喷射发动机；另外，由于它只有1~2个喷油器，因此故障源少，工作可靠性好。但是，由于单点喷射的燃油是喷在进气总管内的，因此各缸混合气的均匀性不如多点喷射。

② 多点喷射。多点喷射是在每一个气缸的进气歧管上都安装一个喷油器，汽油喷在进气门附近并与空气混合形成混合气，如图3所示。多点喷射由于每一缸都有一个喷油器，因此各缸混合气的均匀性得到很大的改善。另外在进气管设计时，可充分利用空气的惯性增压效应，实现高功率化设计。现在的电控汽油喷射发动机绝大多数采用多点喷射。

（2）按喷射方式分类

根据汽油喷射方式的不同，可以分为连续喷射和间歇喷射。

1）连续喷射方式。连续喷射又称稳定喷射。在发动机运行期间，喷油器不间断地把汽油连续地喷入进气管。这种喷射方式不需要考虑各缸的工作顺序和喷油正时，因此控制非常简单；但混合气的均匀性、空燃比控制精度及过渡工况的响应特性都较差。连续喷射方式用在博世公司的K－Jetronic系统和KE－Jetronic系统中。

2）间歇喷射方式。间歇喷射又称脉冲喷射。汽油的喷射以脉冲方式在某一时间段内喷入进气管。间歇喷射按各缸喷油器工作顺序，又分为同时喷射、分组喷射和顺序喷射三种方式。

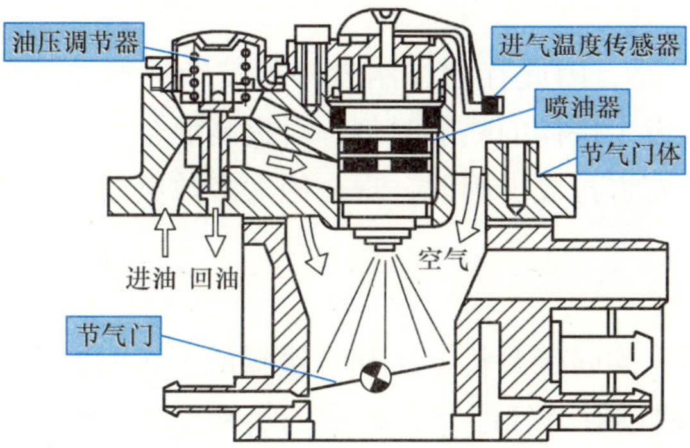

图 2 单点喷射

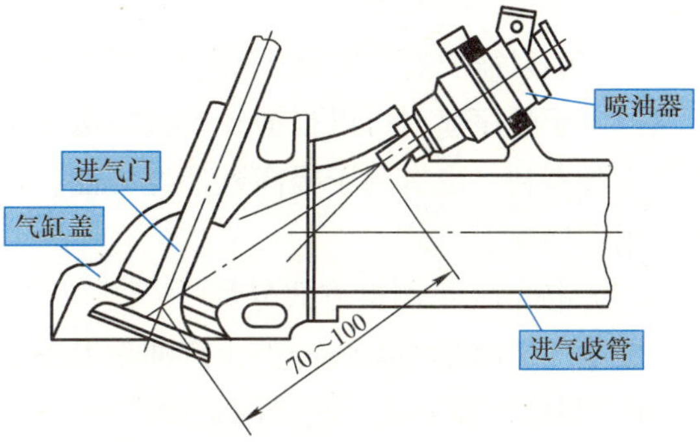

图 3 多点喷射

① 同时喷射方式。采用同时喷射方式时，一般发动机曲轴每转一转，各缸喷油器同时喷油一次，发动机一个工作循环所需的油量，分二次喷入进气管，因此这种喷射方式也称同时双次喷射。喷油器工作情况如图 4 所示。

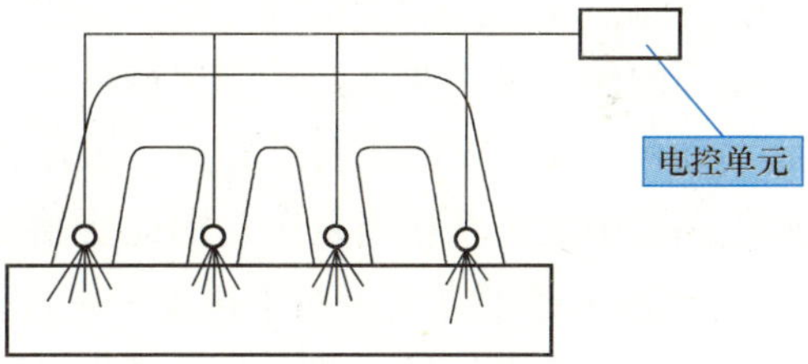

图 4 同时喷射

对于同时喷射方式，由于所有气缸的喷油是同时进行的，喷油正时与发动机工作过程没有联系，因此各缸对应的喷射时间不可能都达到最佳，从而造成各缸混合气形成的时间长短不一致，混合质量不一致。但是，同时喷射方式具有不需气缸判别信号，用一路控制电路就能控制所有的喷油器，电路与控制软件简单等优点，故早期生产的电控汽油喷射发动机大多采用这种喷射方式。

② 分组喷射方式。分组喷射方式把发动机所有气缸分成 2 组（四缸机）或 3 组（六缸机），电控单元用两路或三路控制电路控制各组喷油器。在发动机工作期间，各组喷油器依次交替喷射，每个工作循环各组喷油器均喷射一次（或两次）。喷油器工作情况如图 5 所示。分组喷射对空燃比的控制精度较同时喷射有了较大的提高，但控制电路相对比较复杂。

③ 顺序喷射方式。顺序喷射也称独立喷射。发动机运行期间，喷油器按各缸的工作顺序，依次把汽油喷入各缸的进气歧管，曲轴每转两转，各缸喷油轮流进行一次。喷油器工作情况如图 6 所示。

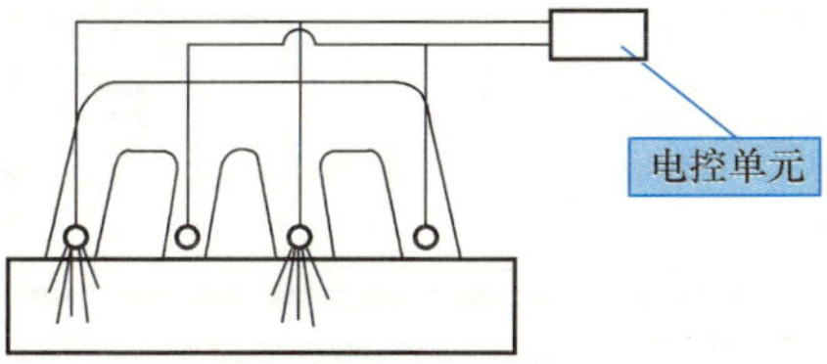

图 5 分组喷射

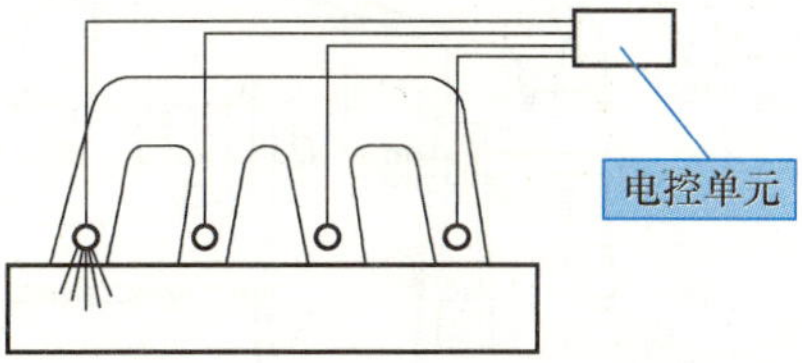

图 6 顺序喷射

由于顺序喷射是按各缸的工作顺序进行的，因此电控单元必须通过传感器获得基准气缸的有关信息，即所谓的判缸信号。对于顺序喷射控制，一般需要正时和缸序两个输入信号，电控单元才能对喷射过程进行准确的控制。喷射的正时大多在排气行程上止点前60°～70°左右。

顺序喷射需要有与喷油器数目相同的控制电路，因此存在控制软件的复杂性增加等缺点。但由于顺序喷射可以根据发动机的运行工况设定最佳的喷射时刻，对提高混合气最终的质量十分有利，也有利于提高燃油经济性，降低有害排放。因此，现在绝大多数电控汽油机都采用顺序喷射方式。

（3）按空气量测量方式分类

按空气量测量的方式分类，汽油喷射系统可分为间接测量方式和直接测量方式两种。

1）间接测量方式。间接测量方式中，ECU通过对节气门开度或进气歧管压力、发动机转速的测量，间接转换计算出发动机吸入的空气量。在电控汽油喷射系统中采用的间接测量方式有节流－速度方式和速度－密度方式。

① 节流－速度方式。对于节流－速度方式，ECU根据节气门开度和发动机转速计算出每一循环的进气量，并由此计算出循环基本喷油量。这种方式由于直接检测节气门的开度，因此发动机过渡工况响应特性较好，被用在一些赛车上。但是空气量与节气门开度和发动机转速之间的函数关系相当复杂，因此要精确测量空气量存在一定的困难。

② 速度－密度方式。对于速度－密度方式，ECU根据进气歧管压力和发动机转速，计算出每一循环的进气量，并由此计算出循环基本喷油量。这种方式测量方法简单，喷油量调整精度容易控制。但是由于进气歧管压力和进气量之间函数关系比较复杂，在过渡工况和采用废气再循环时，由于进气歧管内压力波动较大，会造成空气量测量的精度较低，需进行流量修正，对这些工况混合气空燃比精确控制造成不利影响。采用这种空气测量方式的典型代表是博世公司的D－Jetronic系统，如图7所示。

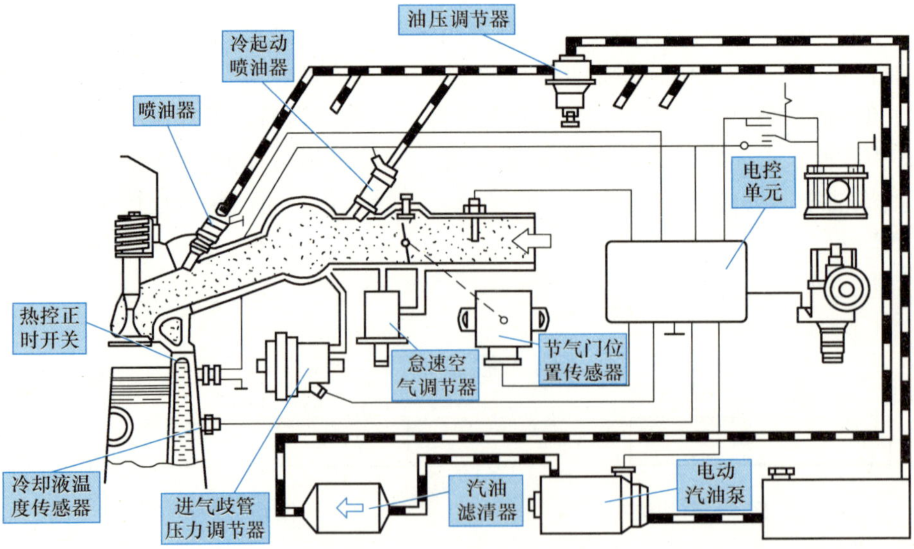

图7　博世公司D－Jetronic电控汽油喷射系统（间接测量D型）

2）直接测量方式。直接测量方式采用空气流量计直接测量单位时间发动机吸入的空气量。然后，电控单元根据发动机的转速，计算每一循环的空气量，并由此计算出循环基本喷油量。直接测量方式包括体积流量方式和质量流量方式两种。

① 体积流量方式。体积流量方式利用翼片式空气流量计或卡门旋涡式空气流量计，直接测量单位时间发动机吸入的空气体积流量。电控单元根据已测出的空气体积和发动机转速，计算出每一循环的进气空气体积流量，并进行大气压力和温度修正，再计算出循环基本喷油量。这种测量方式与间接测量方式相比，测量精度较高，有利于提高混合气空燃比的控制精度。但存在需要进行大气压力和温度修正等缺点。采用这种空气测量方式的典型代表是博世公司的 L－Jetronic 系统，如图 8 所示。

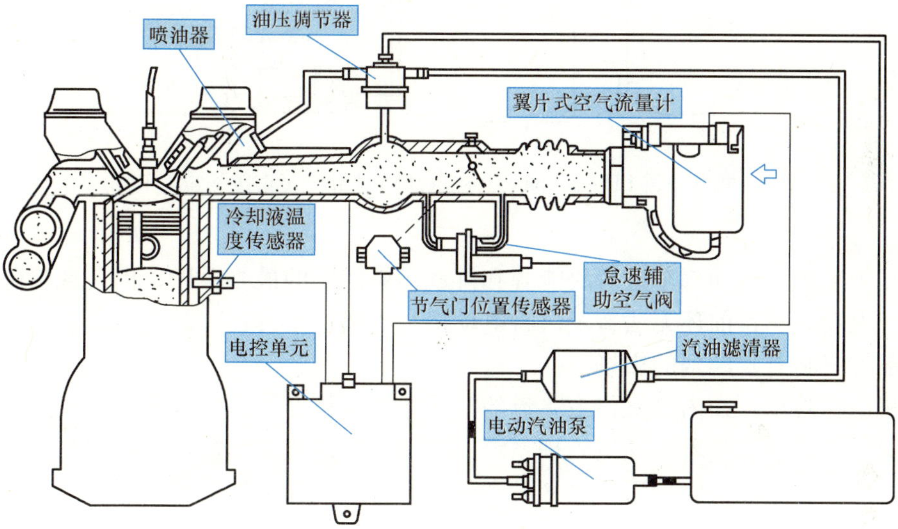

图 8　博世公司 L－Jetronic 电控汽油喷射系统（直接测量，L 型）

② 质量流量方式。质量流量方式利用热线式空气流量计或热膜式空气流量计，直接测量单位时间发动机吸入的空气质量流量。电控单元根据已测出的空气质量和发动机转速，计算出每一循环的进气空气体积流量，计算出循环基本喷油量。这种测量方式除测量精度高、响应速度快、结构紧凑外，由于其测出的是空气的质量，因此不需要进行大气压力和温度修正。采用这种空气测量方式的典型代表是博世公司的 LH—Jetronic 系统，如图 9 所示。

5. 发动机管理系统的发展趋势

为了解决日益严重的能源和污染问题，新燃料发动机和汽车新动力必然是汽车发动机的发展方向，与其匹配的控制系统也就成为发动机管理系统的发展趋势。

发动机新燃料：为解决石油燃料的供需矛盾，发动机新燃料一直是发动机技术研究的重要课题，目前人们研究的新燃料有醇类燃料、二甲基醚、天然气、植物油、人造汽油和柴油等。新燃料的研究已取得较大进展，如乙醇汽油在我国已开始推广使用，燃气/汽油双燃料发动机已投入使用，随着新燃料发动机的开发和使用，新燃料发动机的电控技术的开发具有较大的潜力。

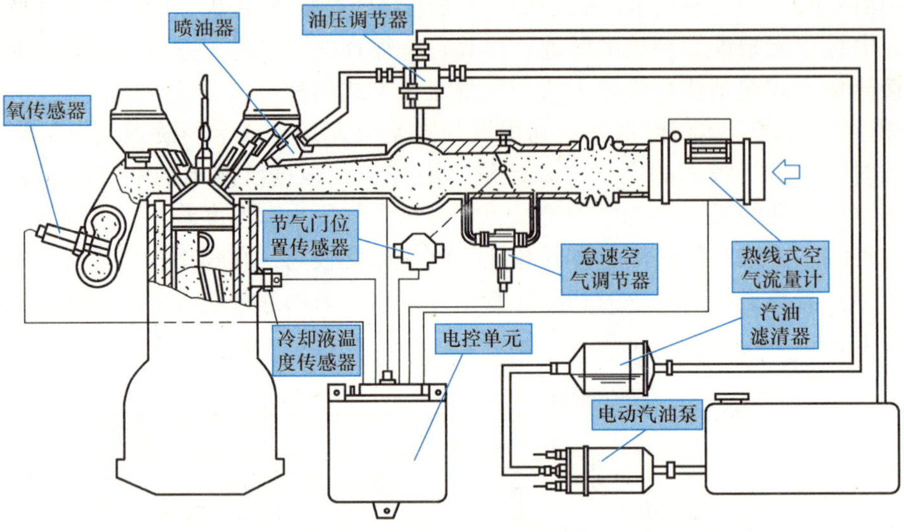

图9　博世公司 LH – Jetronic 电控汽油喷射系统（直接测量 LH 型）

混合动力装置：电动汽车是解决能源和排放污染问题的最终手段，但是现阶段受电池技术的制约，电动汽车目前还无法普及。将电动机与内燃机结合在一起的混合动力装置作为一种过渡产品，必将有着广阔的市场。

柴油机电控技术：在内燃机仍占主流的时代，柴油机经济性好、排放污染低的优点是汽油发动机无法比拟的，随着柴油机管理系统的应用，柴油机的性能进一步提高，柴油机的应用必将更加广泛，柴油机管理系统的开发和研究必将进入新的发展阶段。

进、排气控制技术：气门升程和气门开启关闭时刻影响发动机的进气过程和排气过程，对发动机性能有着重要影响，目前在日本本田、德国大众等公司的发动机上相继采用了气门升程和配气相位控制技术，但仅限于进气门升程和开闭时刻的控制，所以进、排气控制技术仍有较大的开发空间。部分汽车公司开始研究用电磁阀取代气门的发动机进、排气控制技术，不仅可以准确控制进、排气时刻，还能通过控制进气门开度和开启时间来控制进气量，为取消节气门提供了可能。

激光点火技术：与汽油发动机各类点火系统相比，激光点火能更准确地控制点火时间和点火强度，还能实现缸外点火，减小火花塞温度和积炭对点火性能的影响，便于更合理地设计燃烧室。所以激光点火技术有着较好的应用前景。

水泵和节温器控制技术：发动机工作温度是影响发动机性能的重要因素，利用电动水泵和电控节温器能更好地控制冷却液的循环量和循环路线，对发动机起动后升温和保持正常工作温度非常有利，而且易于实现。

电源系统改进技术：汽车上的用电设备越来越多，发电机的功率必然随之增大，中级轿车已从以前的 500W 提高到目前的 1000W，这就对发电机的冷却提出了要求。目前发电机都采用风冷式，加大风扇提高冷却强度会引起发电机体积大、噪声大。为此电源系统改进技术成为研究的方向，水冷交流发电机成为一个发展方向。

纯电动汽车：纯电动汽车是解决能源和排放污染问题的最终手段，目前各大汽车公司都在加紧研究纯电动汽车，目前电动汽车的关键技术仍是电池技术、电机技术和整车控制技术，但电池技术仍是制约电动汽车发展的关键，一旦突破电池技术，汽车电控技术将会有全新的发展。

综上所述，未来几年的汽车发动机出现多样化趋势，与其匹配的发动机管理系统具有广阔的发展空间。

旋转木马法互学

教师活动：

教师给学生分成旋转木马小组，提出要求让学生进行旋转木马互相讲述。

学生活动：

学生按照教师要求进行旋转木马讲述。(20min)

小组合作整理笔记

教师活动：

教师要求学生回到原始学习小组，整理关键内容到笔记本上。

学生活动：

学生回到原始学习小组，经过讨论把关键内容整理到笔记本上。(10min)

完成 7. 1. 3. 2 理论测试

教师活动：

教师要求学生独立完成 7. 1. 3. 2 理论测试，不允许查阅任何资料。

学生活动：

学生安静地、独立地，在系统上完成 7. 1. 3. 2 理论测试并提交，不能查阅任何资料。(20min)

7. 1. 3. 2 理论测试

7. 1. 3. 2 理论测试

学校名称		任课教师	
班级		学生姓名	
学习领域	L7 发动机管理系统诊断维修		
学习情境	LS7. 1：全负荷行驶时发动机功率不足		
理论学习内容	发动机管理系统概述	学习时间	6h

一、填空题（每空 1 分，共 20 分）

1. 采用汽油喷射技术的汽油机按喷射的位置分类，有缸内喷射和________喷射两种。

2. 缸内喷射电控汽油喷射系统的喷油器安装在________上，汽油直接喷入与空气混合形成可燃混合气。

3. 进气管喷射也称________。

4. 单点喷射也称节气门体喷射或集中喷射，喷油器安装在________上方，喷入的汽油在进气管中与空气混合形成可燃混合气。

5. 多点喷射是在每一个气缸的________上都安装一个喷油器，汽油喷在________附近并与空气混合形成混合气，现在的电控汽油喷射发动机绝大多数采用多点喷射。

6. 根据汽油喷射方式的不同，可以分为连续喷射和________。

7. 间歇喷射按________工作顺序，又分为同时喷射、分组喷射和________三种方式。

8. 顺序喷射也称________，喷油器按各缸的工作顺序，依次把汽油喷入各缸的进气歧管，曲轴每转________，各缸喷油轮流进行________，现在绝大多数电控汽油机都采用顺序喷射方式。

9. 按________分类，汽油喷射系统可分为间接测量方式和直接测量方式两种。

10. 间接测量方式中，ECU 通过对________开度或________压力、________的测量，间接转换计算出发动机吸入的空气量。

11. 直接测量方式采用________直接测量单位时间发动机吸入的空气量。

12. 直接测量方式包括________（L 型）方式和________（LH 型）方式两种。

二、单选题（每题 2 分，共 10 分）

1. 采用燃油喷射系统的汽油机与采用化油器的汽油机比较，以下描述错误的是（　　）。

A. 动力性有所提高　　B. 经济性有所提高

C. 有害物排放量有所提高　　D. 加速性能有所提高

2. 以下描述不是发动机管理系统控制功能的是（　　）。

A. 燃油控制　　B. 点火控制　　C. 自诊断控制　　D. 驱动防滑控制

3. 电喷发动机每个喷油器都有单独与电脑相连的控制线路，这种喷射方式是（　　）。

A. 分组喷射　　B. 同时喷射　　C. 顺序喷射　　D. 独立喷射

4. 喷射的正时大多在（　　）前 60°~70° 左右。

A. 排气行程上止点　　B. 进气行程上止点

C. 压缩行程上止点　　D. 做功行程上止点

5. 利用热线式空气流量计或热膜式空气流量计，直接测量单位时间发动机吸入的空气质量流量是（　　）。

A. 速度－密度间接测量　　B. 节流－速度间接测量

C. 体积流量直接测量　　D. 质量流量直接测量

三、判断题（每题 2 分，共 20 分）

1. 大部分汽油机采用缸内直接喷射，只有一小部分汽油机采用进气歧管顺序喷射。（　　）

2. 对于顺序喷射控制，一般需要正时和缸序两个输入信号，电控单元才能对喷射过程进行准确控制。（　　）

3. 利用进气歧管压力传感器测量进气量的方式属于直接测量方式。（　　）

4. 同时喷射方式具有不需气缸判别信号，用一路控制电路就能控制所有的喷油器的优点。（　　）

5. 现在的电控汽油喷射发动机绝大多数采用多点分组喷射。（　　）

6. 由于单点喷射的燃油是喷在进气总管内的，因此各缸混合气的均匀性不如多点喷射。（　　）

7. 电控发动机管理系统并不能提高发动机机高、低温起动性能和暖机性能。（　）

8. 分组喷射可以根据发动机的运行工况设定最佳的喷射时刻，对提高混合气最终的质量十分有利。（　）

9. 发动机管理系统需要获取大量的传感器数据，并将其转换为直接控制发动机的输出参数：喷射的燃油质量和点火正时。（　）

10. 体积流量测量方式比质量流量测量方式的进气量测量精度更高。（　）

教学方法：工作站法

3.2 燃油供给系统结构与原理

工作站学习完成工作页

教师活动：

教师提供实验车型的维修手册等资料和工作站，提供 7.1.3.3 ~ 7.1.3.7 信息页，要求学生各自完成工作页 7.1.3.8 ~ 7.1.3.12 和实际操作，教师对各工作站进行巡视和指导。

学生活动：

学生根据教师要求，查阅 7.1.3.3 ~ 7.1.3.7 信息页，完成工作站的学习内容和实操内容。(60min)

7.1.3.3 信息页

7.1.3.3 信息页

学校名称		任课教师	
班级		学生姓名	
学习领域	L7 发动机管理系统诊断维修		
学习情境	LS7.1：全负荷行驶时发动机功率不足	学习时间	1h
工作任务	A：燃油供给系统功用与组成	学习地点	理实一体化教室

1. 燃油供给系统功用

发动机燃油系统包括燃油供给系统和燃油喷射系统，燃油供给系统的作用是为了实现在各种工况下向发动机提供燃烧过程所需的燃油，将燃油由储存位置输送到喷射位置，并建立和保持一定的燃油压力；燃油喷射系统的作用是检测发动机工况和进气量，在一定时刻控制一定量燃油喷入气缸或进气道内，如图 1 所示。

2. 燃油供给系统的工作过程

发动机工作时，油泵将汽油从油箱中泵出，经过燃油滤清器过滤后，再经过燃油压力调节器调压，将适宜压力的燃油经输油管配送给各个喷油器，喷油器根据 ECU 发来的喷射信号，把适量汽油喷射到进气歧管或直接喷入气缸内，如图 2 所示。

3. 燃油供给系统的组成

燃油供给系统的组成如图 3 所示，主要有燃油箱、燃油泵、燃油管（供油管和回油管）、燃油滤清器、燃油压力调节器、脉动缓冲器、燃油分配管以及喷油器等。燃油储存在

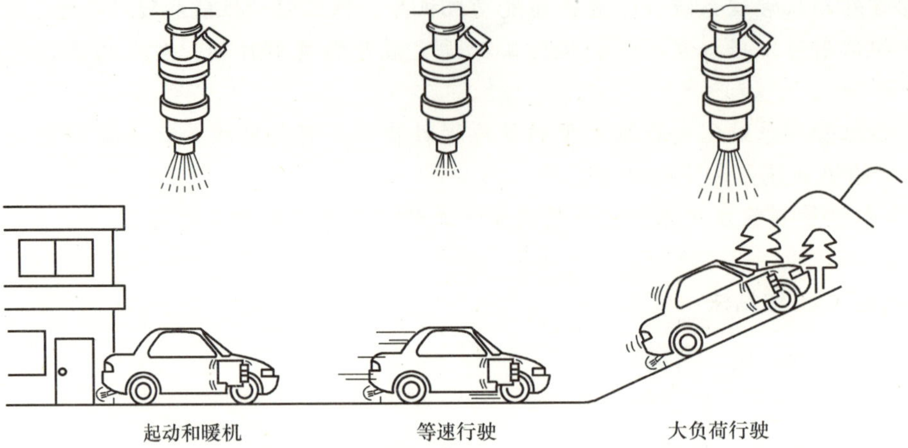

图1　燃油供给系统功用

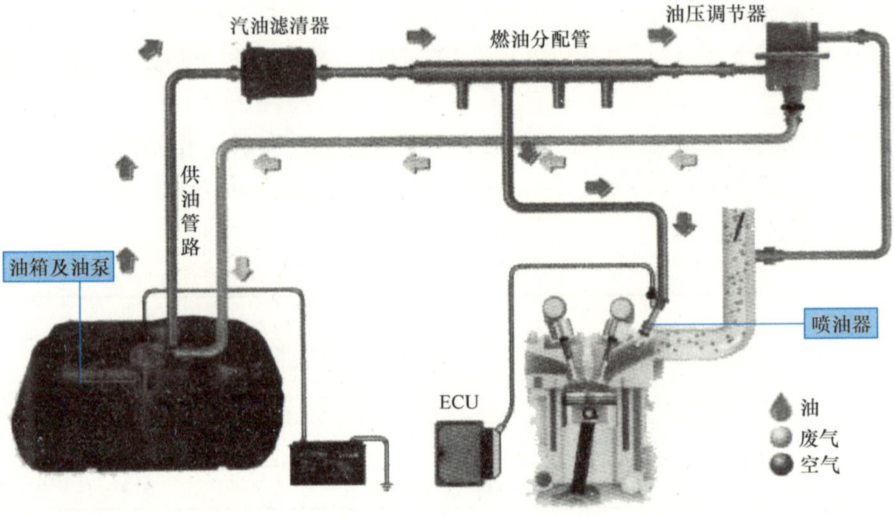

图2　燃油供给系统工作过程

燃油箱中，油泵将燃油加压泵出，经燃油滤清器滤清，沿供油管送至燃油分配管，由喷油器喷射到节气门前方，脉动缓冲器衰减供油脉动，压力调节器调节燃油压力，以保持稳定的燃油喷射，多余的燃油经压力调节器、回油管流回燃油箱。

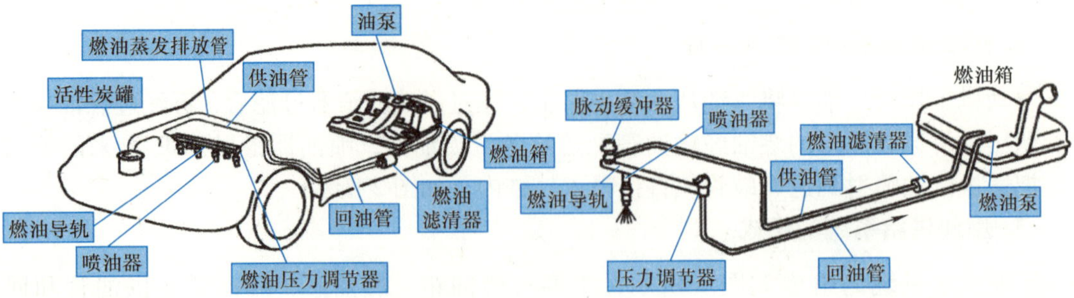

图3　燃油供给系统的组成

对于不同类型的电控汽油机，燃油供给系统的组成部件可能会有些差异，如有的电控汽油机还有冷起动喷油器等部件，但总体构成上基本相似。有些发动机在燃油输送通道中还装有燃油压力脉动阻尼器，以减弱喷油器喷油过程中油压脉动的传递，降低噪声。

燃油喷射系统的组成如图 4 所示，包括传感器、动力控制模块 PCM、喷油器等，传感器检测发动机工况和进气量，转变为电信号送至 PCM，PCM 由此计算出精确的喷油量，在适当的时刻控制喷油器喷油。

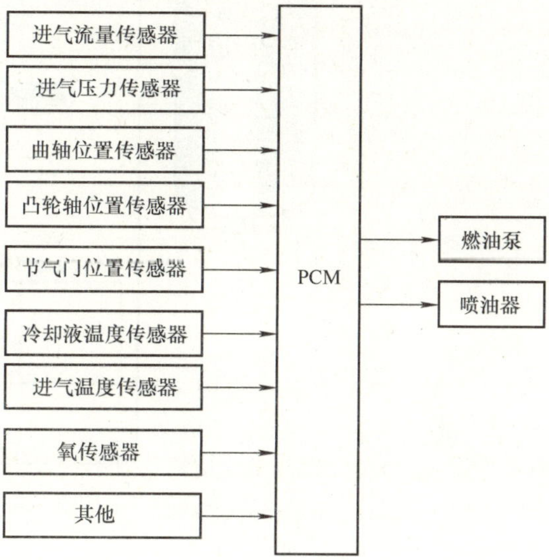

图 4　燃油喷射系统的组成

（1）燃油箱

燃油箱的作用是储存燃油，还起着散热、分离油液中的气泡、沉淀杂质等作用，如图 5 所示。根据各种标准，燃油箱必须防腐蚀，并在承受两倍的正常工作压力的条件下不得泄漏。在汽车转弯、倾斜和路面颠簸的情况下燃油不得溢出。在汽车发生意外造成燃油箱从车体中移开也不能让燃油点燃。燃油箱一般由镀铅锡合金的钢板或高密度聚乙烯成型塑料板制成。燃油箱加油盖上有一个带螺纹的延伸部分，其作用是在取下油箱盖时能使燃油箱内的压力逐渐释放。

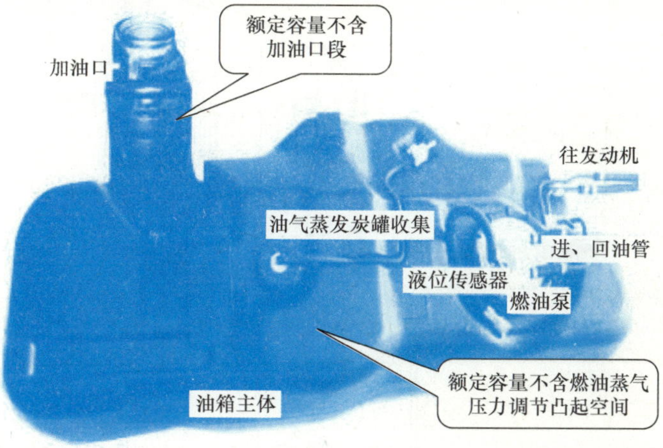

图 5　燃油箱

（2）燃油泵

燃油泵的作用是把燃油从油箱中吸出、加压后输送到供油管中，和燃油压力调节器配合建立一定的燃油压力，并通过喷油器供给发动机，如图 6 所示。

目前燃油泵普遍安装在燃油箱内，它和燃油位置传感器、支架等集成在一起组成燃油泵总成，如图 7 所示。

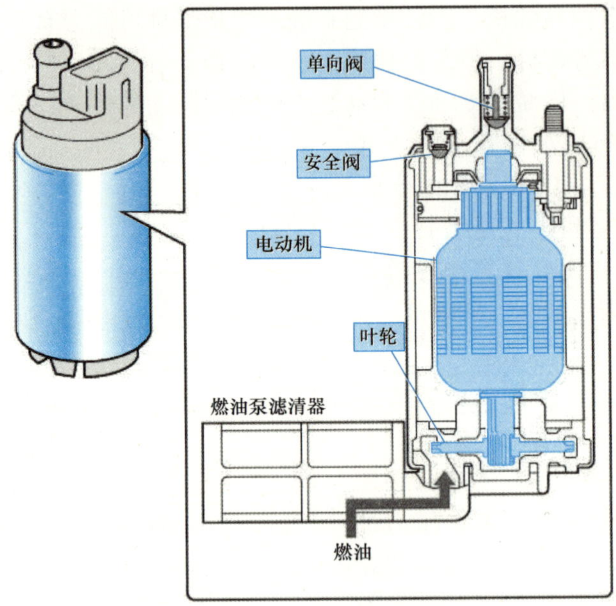

图6　电动燃油泵

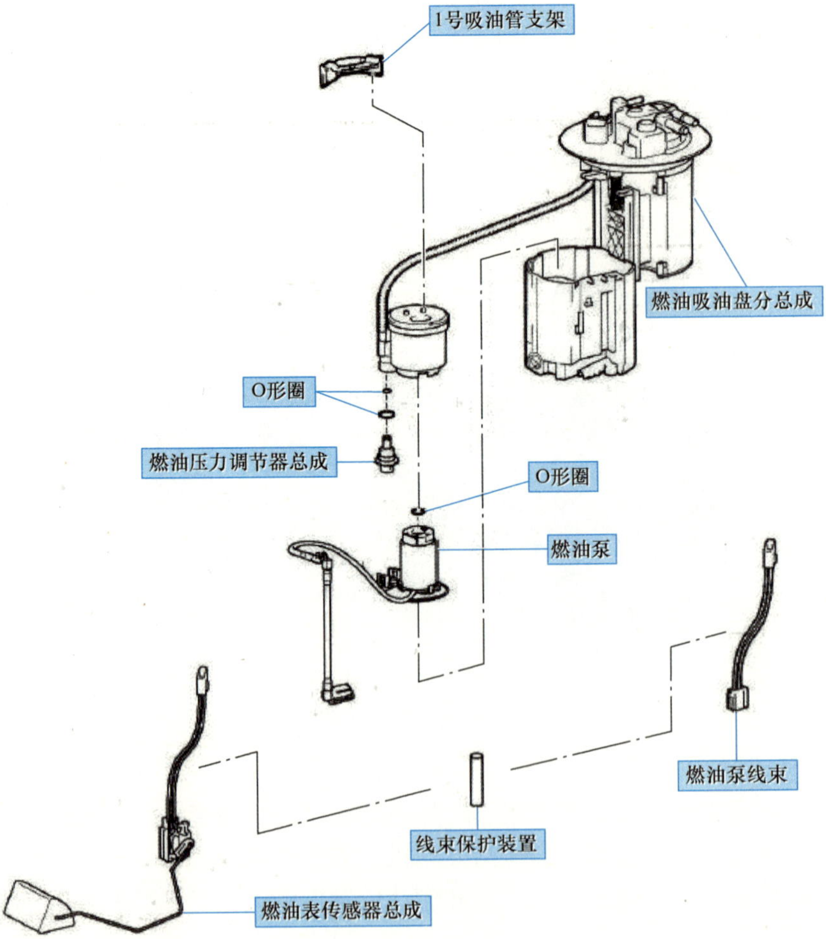

图7　燃油泵总成

（3）燃油管

汽车燃油箱上一般有三条燃油管，连接燃油滤清器的是供油管，其作用是将燃油从燃油箱输送到发动机；连接燃油压力调节器的是回油管，其作用是使多余的燃油返回燃油箱；连接炭罐的是燃油蒸气排放管，其作用是将燃油箱中的燃油蒸气从燃油箱内送至活性炭罐。由此，燃油供给系统实际上是三条油路：分别是供油油路、回油油路、蒸发油路。

燃油管有钢质硬管和尼龙软管两种，软管内有加强钢丝，连接部位都使用 O 形密封圈，防止渗漏。这三条燃油管通常装在车身地板下或车架下。为防止路面飞起的石子损坏管道，一般安装有防护板。由于发动机的振动，在燃油管与其他部件的连接处要用橡胶软管。安装燃油管时注意不要弯折，尽量避免发动机机体的加热。

为了简化结构和防止燃油渗漏，有些发动机（例如美国通用汽车公司 Sunfire2. 2L 发动机）将输油管安装在进气歧管内。有些发动机取消了回油管，即无回油管燃油供给系统。

（4）燃油滤清器

燃油滤清器如图 8 所示，一般安装在燃油泵下游，连接在油泵和燃油分配管之间的供油管路上。它的作用是除去燃油中的水分、氧化铁、粉尘等杂物，防止燃油系统堵塞（特别是喷油嘴），减少机械磨损，确保发动机稳定运行，提高可靠性。通常采用平均孔径为 10 ~ 20μm 的纸质滤芯。

如果燃油滤清器堵塞，输出油压将降低，造成发动机起动困难和动力性下降，所以燃油滤清器必须定期更换，更换时间与滤清器的大小和燃油杂质的多少有关。如果燃油杂质含量大时，更换的里程间隔应相应缩短。燃油滤清器外壳上的箭头应与燃油流动方向一致，安装燃油滤清器时，不允许装反。如果将燃油滤清器装反，那么即使工作很短的时间也必须更换。

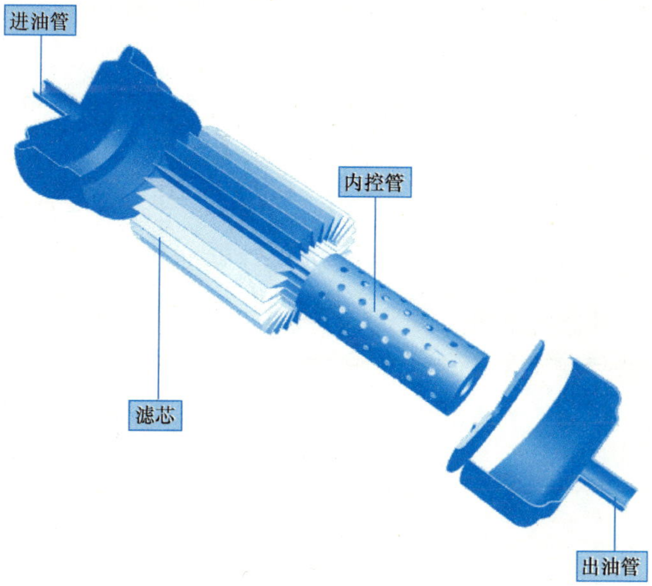

图 8　燃油滤清器

（5）燃油分配管

燃油分配管一般用钢、铝或塑料制成，固定安装在进气歧管上，如图 9 所示，其作用是安装喷油器并将高压燃油均匀地分配输送给各个喷油器。另外，燃油压力调节器和燃油脉动缓冲器一般也安装在燃油分配管上。大多数燃油分配管上还有燃油压力测试口，可用于连接燃油压力表，检查和释放油压。尺寸设计合理的燃油分配管可以衰减喷油器喷油时引起的压力波动。

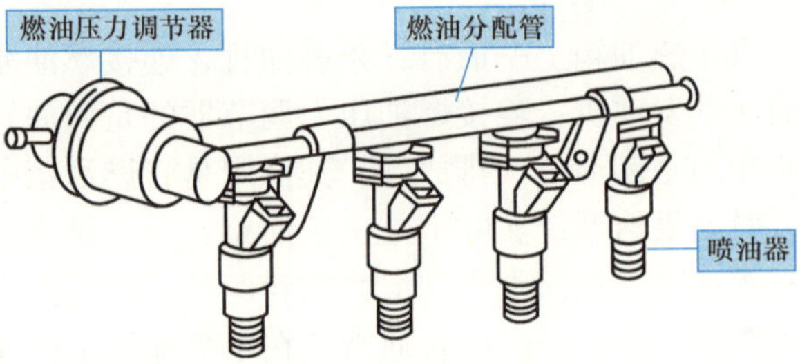

图9　燃油分配管

（6）喷油器

喷油器的作用是根据ECU发出的喷油脉冲信号，精确计量燃油喷射量，同时，可将燃油喷射后雾化。喷油器是电控发动机中精度及重要性最高的部件之一，如图10所示。

图10　电子喷油器

喷油器固定在燃油分配管上，通过绝缘垫圈安装在进气歧管或进气道附近的缸盖上。多点缸外燃油喷射系统的喷油器安装位置如图11所示。燃油分配管与喷油器之间有O形密封圈和卡环，O形密封圈可防止燃油渗漏，并具有隔热和隔振的作用。卡环将喷油器固定在燃油分配管上。喷油器与进气管之间也有O形密封圈。

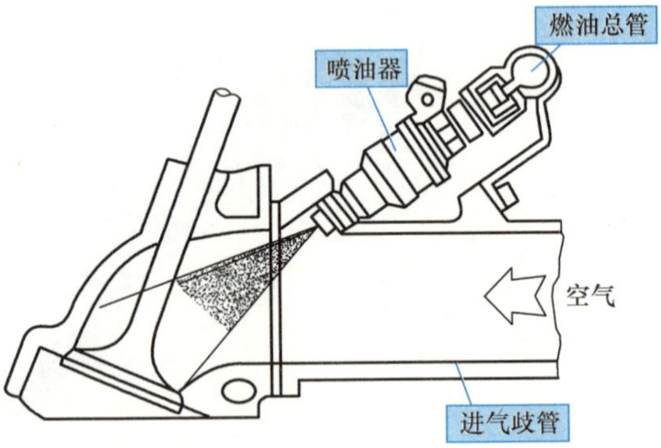

图11　多点缸外燃油喷射系统的喷油器安装位置

7.1.3.4　信息页

7.1.3.4　信息页

学校名称		任课教师	
班级		学生姓名	
学习领域	L7 发动机管理系统诊断维修		
学习情境	LS7.1：全负荷行驶时发动机功率不足	学习时间	1h
工作任务	B：燃油泵结构原理	学习地点	理实一体化教室

1. 燃油泵的作用

燃油泵的作用是将汽油从油箱中吸出，加压后通过燃油管道输送到喷油器。从发动机曲轴开始转动开始，油泵就不停地运转，连续不断地将燃油从油箱通过燃油管输送到发动机，如图1所示。通常，为了保证各种工况下都能保持稳定的燃油压力，输送的燃油总量总是要超过发动机所需的最大燃油量。

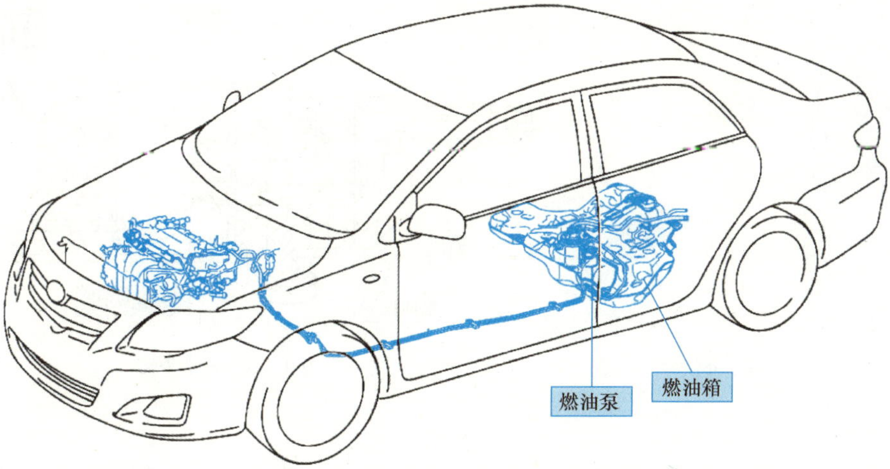

图1 燃油泵将燃油输送至发动机

2. 燃油泵的安装位置

电控汽油喷射系统中使用的燃油泵有两种形式：外装式燃油泵和内装式燃油泵。外装式燃油泵布置在油箱外面，安装在燃油管路的任一适当位置。内装式燃油泵安装在油箱内，或者固定在油泵支架上垂直地悬挂在油箱内，或者垂直安装在油箱底上。由于内装式泵不易发生气阻和漏油现象，对泵的自吸性能要求低，且噪声小，故被现代轿车广泛使用，如图2所示。

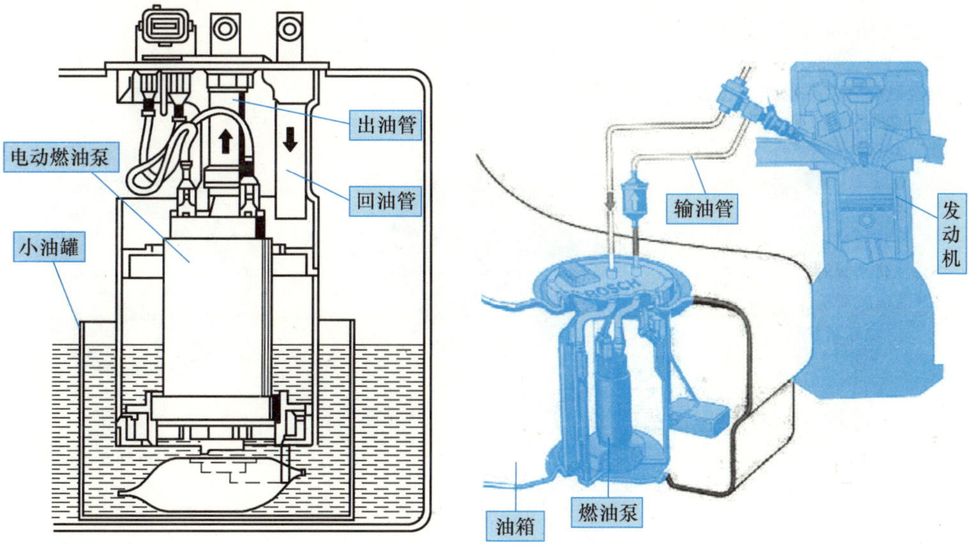

图2 内装式燃油泵在油箱内的布置

内装式燃油泵支架上装有燃油滤清器、压力调节器、燃油位置传感器等，电路、油路通过连接件接到油箱外，所以也叫做燃油泵总成，如图 3 所示。

3. 燃油泵结构

燃油泵主要是由泵体、永磁电动机和外壳等组成的，如图 4 所示。

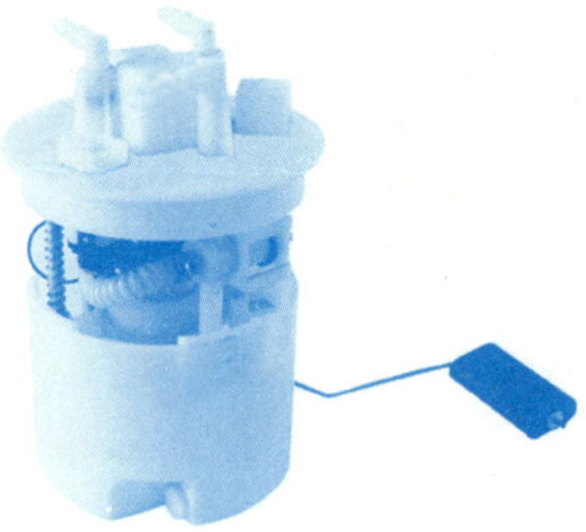

图 3　燃油泵总成

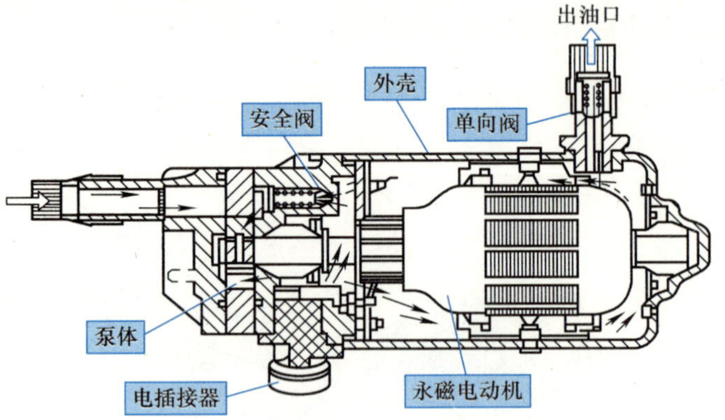

图 4　燃油泵结构

（1）外壳

电插接器、油路连接件、单向阀、安全阀均安装在外壳上。单向阀的作用是为了防止燃油回流，同时在切断油泵电路之后，仍在系统内保持一定压力。当泵油压力超过设定压力时，安全阀打开，卸去多余压力。

（2）电动机

电动机包含一个永磁体和一个电枢，其结构与永磁直流电动机相似。电动机和泵体安装在同一个室中，周围浸满燃油，这保证了电动机的散热性能并有较高的燃油输出能力。

（3）泵体

泵体即泵油部件，主要有涡轮式、滚柱式、齿轮式三种，如图 5 所示。其中涡轮式普遍用在电控发动机内装式泵中，因此以下着重介绍涡轮泵。

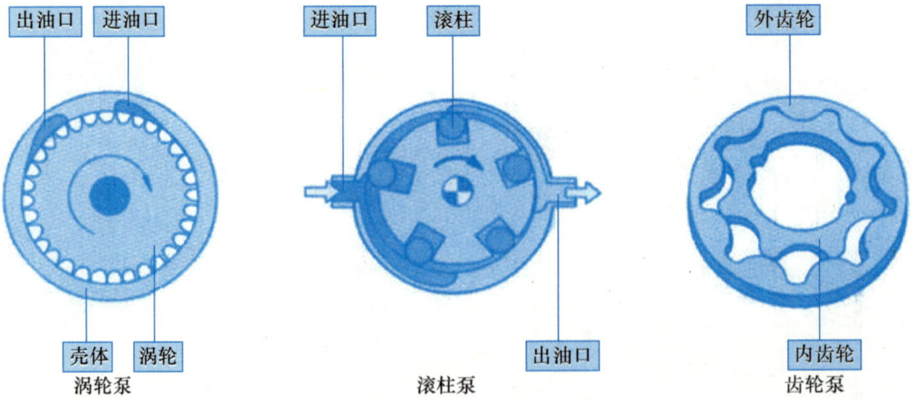

图 5　三种泵体

4. 燃油泵种类及工作原理

(1) 涡轮泵

1) 涡轮泵的构造及工作原理。涡轮泵由涡轮及开有合适流道的前后泵壳所组成。涡轮泵有一个叶轮，其周围有许多叶片，电动机转子与叶片连接，并带动叶片旋转，其结构如图 6 所示。

当打开点火开关时，ECU 接收各传感器信号，发出使能信号驱动电动机转动，涡轮泵由电动机驱动。当涡轮在电动机带动下旋转时，涡轮圆周槽内的燃油与涡轮一直高速旋转，在涡轮外缘每一个叶片沟槽的前后，因液体的摩擦作用存在一个压力差，由很多叶片沟槽所产生的递升压力差使出油口处油压压力升高，进油口处油压降低，从而使汽油从进油口处吸入，升压后的汽油通过电动机内部经单向阀从油泵出油口处流出，如图 7 所示。

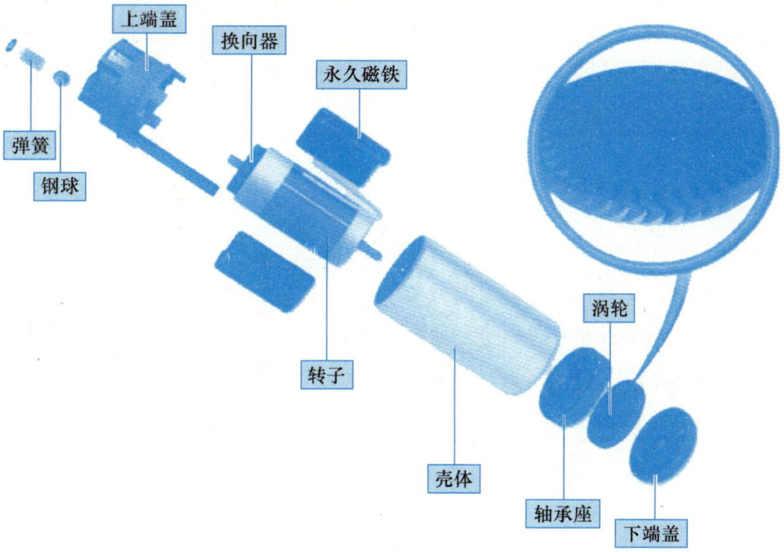

图 6 涡轮式电动机结构

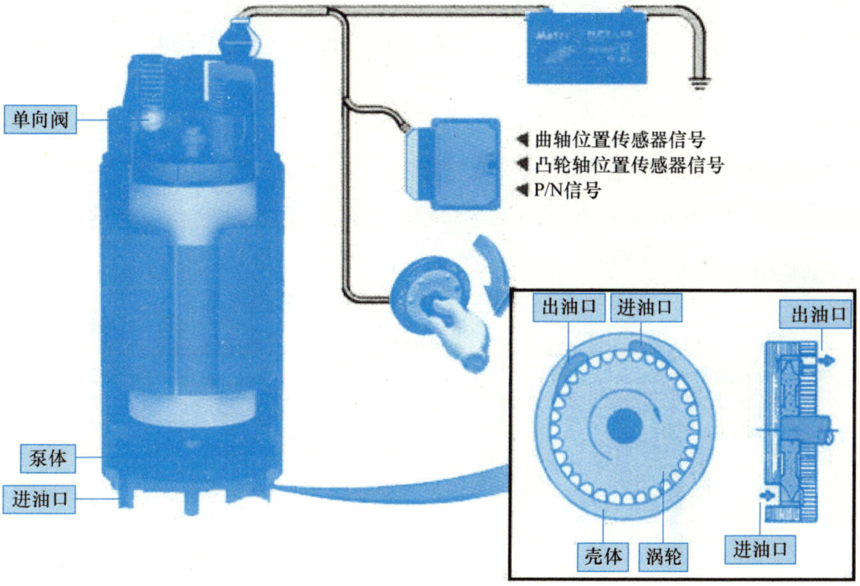

图 7 涡轮泵工作原理

2）涡轮泵的工作特点。由于涡轮泵对汽油的加压输送完全是通过油液分子间动量转换来实现的，因此这种泵的压力升高效率不高，适用于低压大流量的场合，一般供油压力为0.25～0.5MPa；涡轮泵工作时，涡轮与泵壳不直接接触，因此油泵工作时噪声低、振动小、磨损小，故可靠性高；涡轮泵不存在因容积变化而产生对汽油的压缩，因此出口端燃油油压脉动很小，仅为0.002MPa，故可以取消油压脉动阻尼器，使油泵总长度缩短，便于直接装入油箱内；由于采用叶轮结构，所需驱动力矩小，因此，可以采用低转矩高速型电动机，使电动机小型化和轻量化。

（2）侧槽泵

1）侧槽泵的构造及工作原理。侧槽泵是液压泵的一种变型，它的结构与涡轮泵不同，但是它们的工作原理是十分相似的，即通过油液分子之间的动量转换使汽油升压。两者的主要区别在于叶轮形状、叶片数目以及流道的形状与配置。侧槽泵的结构如图8所示，它由法兰和叶轮组成。法兰包括进油口、侧槽和封闭式导流槽；叶轮包括正对着边槽的叶片环和可使汽油从导流槽穿过叶轮流向其背面的轮辐。

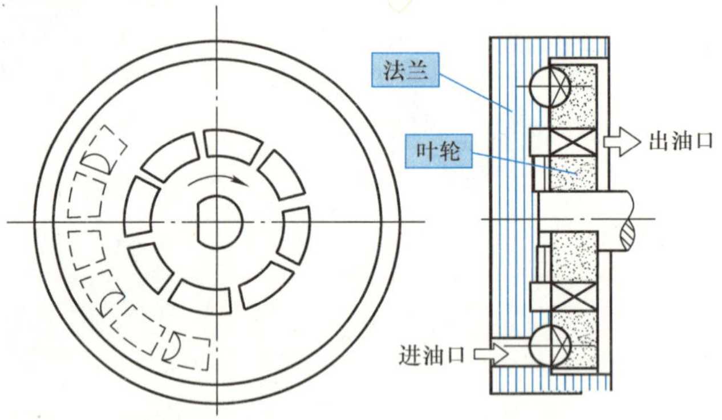

图8　侧槽泵的部分结构

2）侧槽泵的工作特点。侧槽泵的突出优点在于能以汽油蒸气和燃油的混合物运转，并能通过适当的放气口分离或提高压力，使汽油蒸气冷凝，有利于防止气阻的发生，这对于电控汽油喷射系统的正常工作具有重要意义。

（3）滚柱泵

1）滚柱泵的构造及工作原理。滚柱泵主要由转子、定子（即泵体）以及在转子和定子之间起密封作用的滚柱等组成，其中泵体与转子安装时存在偏心距，如图9所示。

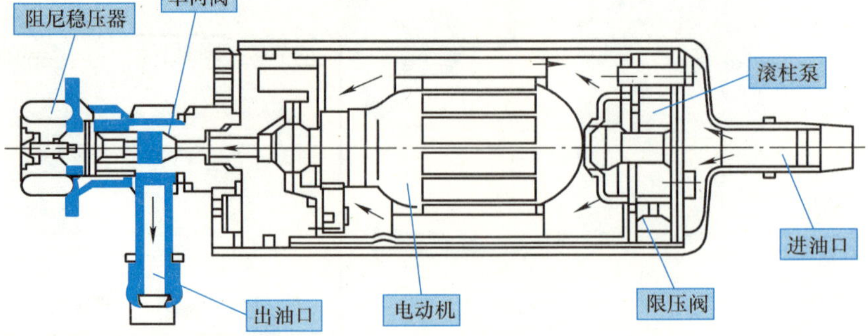

图9　滚柱泵

滚柱泵的转子由电动机驱动，当转子在电动机带动下旋转时，位于转子凹槽内的滚柱在离心力的作用下，压靠在定子（泵体）的内表面上，两个相邻的滚柱之间形成一个封闭的空腔。在转子旋转过程中，这些空腔的容积随转子的转动产生变化，在容积由小变大一侧汽油被吸入，在容积由大变小一侧汽油被压出。转子不断转动连续输出燃油，如图 10 所示。

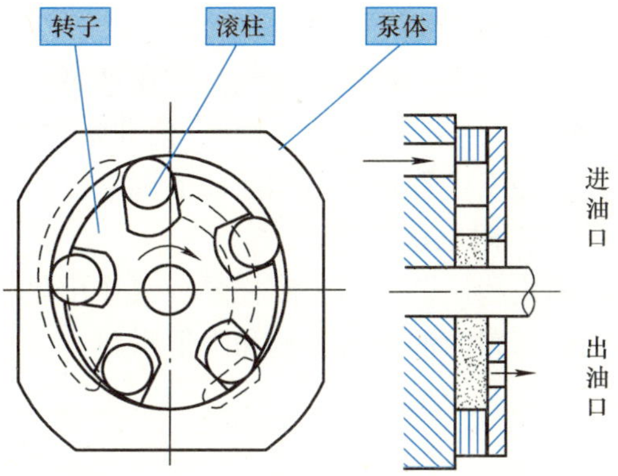

图 10　滚柱泵的工作原理

2）滚柱泵工作特点。滚柱泵是通过对汽油压缩来提升油压的，因此油泵出口端的油压脉动比叶片泵大得多。转子每转一周中所发生的油压脉动次数等于滚柱数，因此必须采用阻尼稳压器，以减轻油泵后方燃油管内的压力脉动。由于滚柱泵工作过程中泵油室的容积变化大，因此它的吸油高度和供油压力都比叶片式油泵大。由于滚柱泵是依靠滚柱与定子内壁的紧密贴合构成泵油室的，因此滚柱和定子易磨损，运行中噪声较大，且使用寿命也不如叶片式油泵。

（4）齿轮泵

1）齿轮泵的构造和工作原理。齿轮泵由电动机、带外齿的主动齿轮、带内齿的从动齿轮及泵体组成。主动齿轮由电动机带动，从动齿轮在泵套内。两个齿轮在安装时中心存在偏心距，从动齿轮及泵体与主动齿轮偏心安装，如图 11 所示。

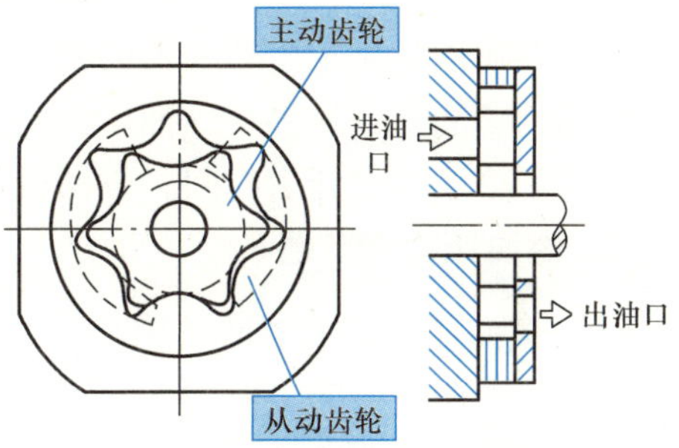

图 11　齿轮泵的工作原理

齿轮泵的工作原理与滚柱泵的工作原理相似，主动齿轮由电动机驱动，当主动齿轮在电动机带动下旋转时，它与从动齿轮啮合并带动从动齿轮一起旋转。在主动齿轮与从动齿轮啮合的过程中，其外轮廓与从动齿轮的内轮廓接触，形成多个工作腔，并随着主动齿轮旋转，腔的体积大小发生变化。当某一工作腔容积由小增大时，产生真空，形成吸油过程，即进油。反之，当某一工作腔容积由大变小时，产生高压，从而形成出油。通过合理地设置进出油口的位置，即可利用这种容积的变化将汽油吸入，然后以一定的压力泵出。

2）齿轮泵工作特点。齿轮泵与滚柱泵相比，在同样的外形尺寸下，泵油室的数目（等于齿数）比滚柱泵多，因此，齿轮泵输出的油量比较均匀，油压的波动也比滚柱泵小，比较适合在轿车上使用。

5. 燃油泵的其他组成部件

（1）单向阀

单向阀的作用是防止燃油倒流，使管路中保持适当的残余压力，便于发动机热起动。当发动机熄火时，燃油泵刚刚停止泵送燃油，单向阀在管路内油压作用下立即关闭，使油泵出口端与燃油压力调节器之间油道中的燃油仍能保持一定压力，有利于减少气阻现象，提高发动机高温起动性能。

（2）安全阀

安全阀是一种保护装置。在燃油泵中，当出口及下游油路出现堵塞，油泵工作压力大于0.4MPa时，安全阀自动打开，使油泵的高压侧与吸入侧连通，燃油仅在泵和电动机内部循环，避免发生管路破损和燃油泄漏事故。

（3）阻尼稳压器

阻尼稳压器应用于滚柱泵。其作用是吸收油泵出口端油压力脉动的能量，，降低其对燃油输送管路内油压的影响和降低噪声。

7.1.3.5　信息页

7.1.3.5　信息页

学校名称		任课教师	
班级		学生姓名	
学习领域	L7 发动机管理系统诊断维修		
学习情境	LS7.1：全负荷行驶时发动机功率不足	学习时间	1h
工作任务	C：燃油压力调节	学习地点	理实一体化教室

1. 燃油压力对喷油量的影响

喷油器喷油量决定于喷油器的结构、燃油压力与进气压力之差、喷油器开启时间。对于一定结构的喷油器，如果将燃油压力与进气压力之差调整为一固定值，那么喷油器喷油量就唯一取决于喷油器的开启时间，发动机PCM可以通过控制喷油时间精确控制喷油量。

2. 燃油压力调节器

（1）燃油压力调节器的功用

燃油压力调节器的主要功用是随进气压力的变化调整燃油压力，使燃油分配管压力与进气歧管压力的差值保持不变，一般为0.25～0.3MPa。采用控制压差恒定的方法，可以使ECU用单一控制参数——喷油器开启时间，就能对喷油量进行既简单而又精确的控制。ECU通过控制喷油器电磁线圈通电时间，就能实现喷油器开启时间的控制。

（2）燃油压力调节器的结构

燃油压力调节器一般安装在燃油分配管的末端，也有的安装在回油管中，两个油口连接供油管和回油管，真空口通过真空管连接节气门下游的进气管，其结构如图1所示。它由金属壳体、螺旋弹簧、橡胶膜片、球阀等组成，一般安装在燃油分配管上。橡胶膜片将金属壳体的内腔分成两个腔室：真空室和燃油室。真空室通过真空管与节气门下游的进气管相通，通过软管引入进气歧管的负压，内装一个具有一定预紧力的螺旋弹簧，弹簧预紧力作用在膜片上。燃油室通过两个管接头与燃油分配管及回油管相连，膜片和回油管之间有一个回油阀。膜片下方承受燃油压力，膜片上方为进气压力与弹簧压力之和。

（3）燃油压力调节器工作原理

发动机运转时，进气歧管的负压和弹簧预紧力共同作用在膜片上。燃油泵供给的燃油同时输送到喷油器和压力调节器的燃油室，若进油管油压低于预定值，球阀将回油孔关闭，燃油不再进一步流动。当油压超过预定值时，燃油压力推动膜片使球阀向上移动，回油孔打开，燃油经回油管流回油箱，同时弹簧室的弹簧被进一步压缩。一部分燃油经回油孔流回油

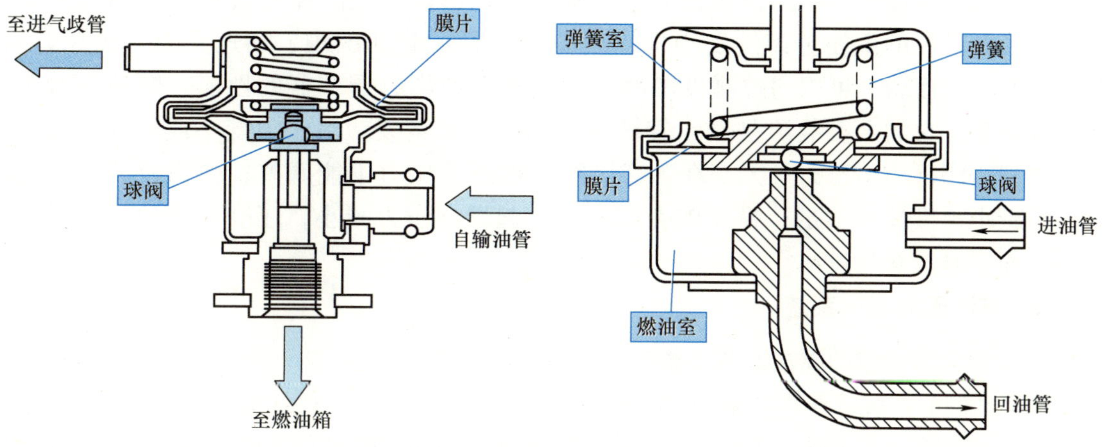

图 1 燃油压力调节器的结构

箱，燃油分配管内的油压下降，膜片在弹簧力的作用下向下移动到原来位置，球阀将回油孔关闭，使燃油分配管内的油压不再下降。

作用在膜片上方的进气歧管负压用来调节燃油分配管内的压力。若弹簧的预紧力为 0.25MPa。则进气歧管负压为零时，燃油分配管内的压力保持在 0.25MPa。发动机在怠速工况时，进气歧管压力约为 -0.054MPa，此时回油孔开启的燃油压力为 0.196MPa。节气门全开时，进气歧管的压力约为 -0.005MPa，这时回油孔开启的燃油压力变为 0.245MPa，即节气门全开时的油压调整值自动调整为 0.245MPa。

电动汽油泵停止工作时，膜片在弹簧力的作用下，将回油孔关闭，使电动汽油泵与燃油压力调节器之间的油路内保持一定的残余压力。

燃油分配管内油压调整值随进气歧管压力而变化的情况如图 2 所示。当油泵工作时，由于燃油泵的泵油量远大于喷油量，故在油压作用下膜片移向真空室一侧，阀门打开，多余燃油流回油箱，燃油管内保持一定的油压。当进气压力减小时，膜片上移，阀门开度增大，回油量增加，燃油压力随进气压力的减小而减小；反之，当进气压力增大时，膜片下移，阀门开度减小，回油量减小，燃油压力随进气压力的增大而增大，从而使燃油压力与进气压力之差保持恒定。油泵停止工作时，燃油压力下降，阀门关闭，使油路中建立一定的保持油压，以保证发动机顺利起动。

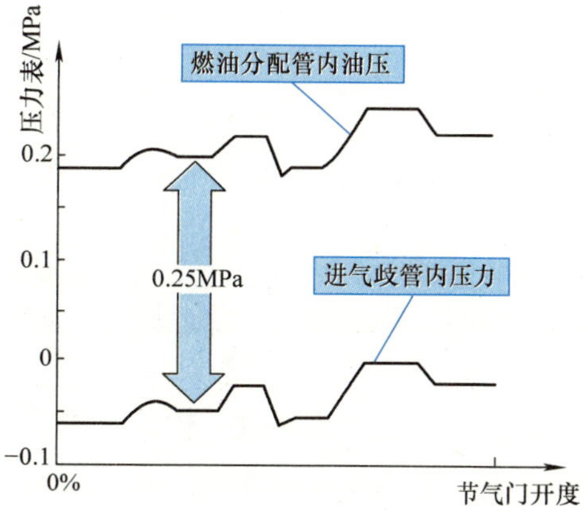

图 2 节气门开度与进气歧管及燃油分配管压力的关系图

对于单点喷射系统，喷油器安装在节气门体上，燃油喷射在节气门前方，燃油压力调节器不需要根据进气压力调节油压，而是根据大气压力调节油压。

（4）燃油压力调节器故障

由于燃油压力调节器的作用是调节燃油压力，所以出现故障时会直接影响喷油压力的高低和发动机的供油量，使发动机出现怠速不稳、起动困难、加速无力、油耗升高、冒黑烟等故障症状。可以通过测量燃油压力检查燃油压力调节器的性能。燃油压力调节器不可调整，它的主要故障是真空管破裂或堵塞、弹簧疲劳后张力变小或膜片破裂。真空管破裂会使得燃油压力过大，真空管堵塞使得燃油压力不能调整；弹簧疲劳会引起燃油压力减小，供油量不足；膜片破裂不仅会引起燃油压力减小，还会使燃油进入进气歧管，从而引起混合气过浓。

3. 燃油压力调节系统

（1）带回油管路的燃油调节系统

该燃油调节系统普遍用在采用缸外喷射电控发动机中，由于燃油喷射在进气歧管中，歧管的真空状态随着发动机工作状态的变化而不断变化，会对喷射精度产生较大影响。由于燃油喷射量只取决于喷油器的喷射持续时间，因此，燃油分配管中的燃油压力和进气管之间的压力差必须保持一个常数。

该系统的油压调节器安装在燃油分配管的末端，通过感知进气管内真空度的变化调节返回油箱的油量，使通过喷油器的燃油保持恒定的压力差，如图3所示。

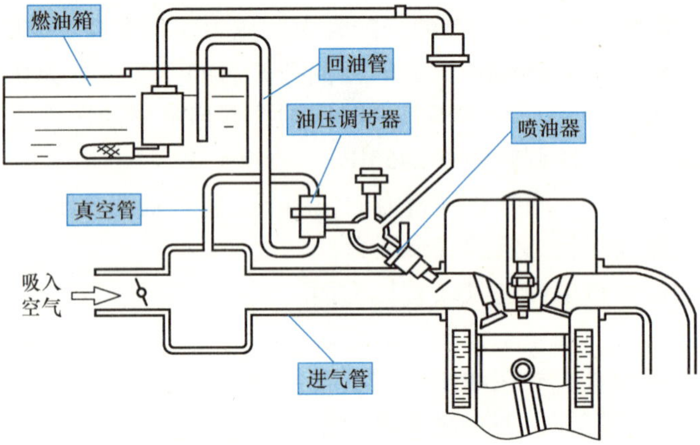

图3　带回油管路系统

油压调节器主要由壳体、膜片、回油阀门和校正弹簧组成，膜片将调节器分成上下两个腔，如图4所示。

该调节器的上腔通过一软管获取节气门后进气歧管内的真空度，和弹簧的张力作用在膜片的上方；高压油由进油口进入调压器下腔，油压作用在膜片的下方，如图5所示。

当发动机工作时，若进气歧管负压增加，则可使作用在调节器膜片弹簧室侧的压力减小，在燃油总管油压的作用下，膜片上移，打开阀门，使多余部分的燃油从回油管流回油箱，燃油总管的油压随之相应减小，从而使得喷油器的喷油相对压力不随进气歧管真空度的变化而发生变化，即保持相对恒定，如图6所示。

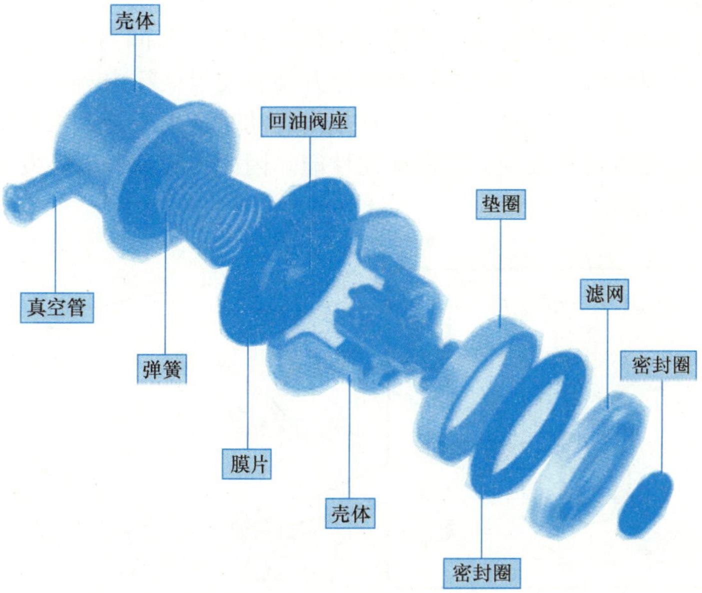

图 4 油压调节器结构

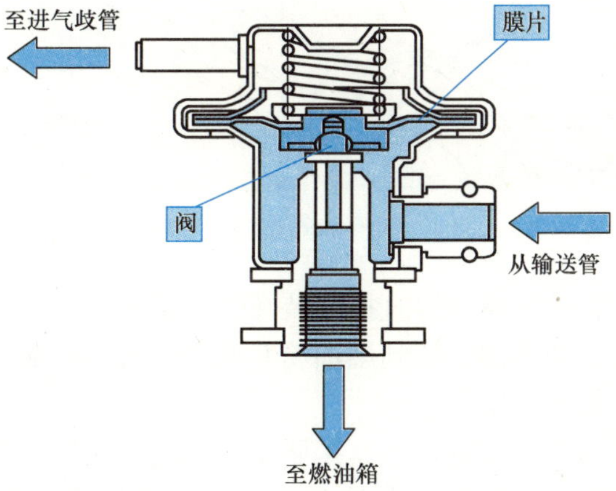

图 5 油压调节器内部工作原理

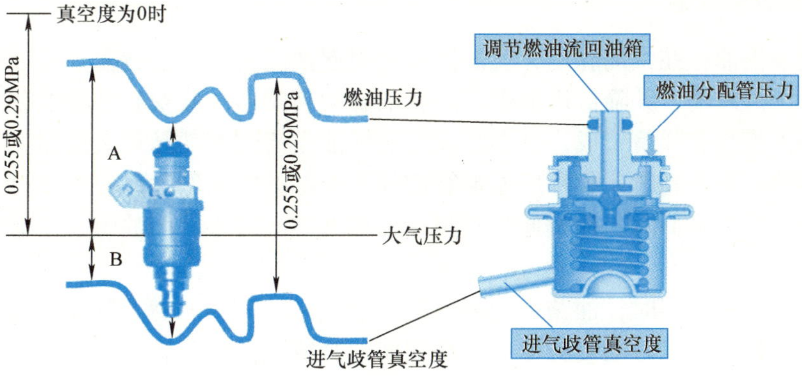

图 6 喷油器上、下端压力相对恒定

（2）无回油管路的燃油调节系统

由于带回油管调压系统使得流回燃油箱的汽油有较多的时间与空间吸收发动机的热量，其温度较高，流入燃油箱后，将导致油箱内油温升高，使得油箱内蒸气压力升高，增加了蒸发排放控制系统的工作负荷。同时，也会导致热机起动时，由于泵入供油管路的汽油温度较高，部分汽油汽化而使喷油量减少，降低起动性能。因此，大部分电控发动机采用无回油管路调压系统，如图 7 所示。

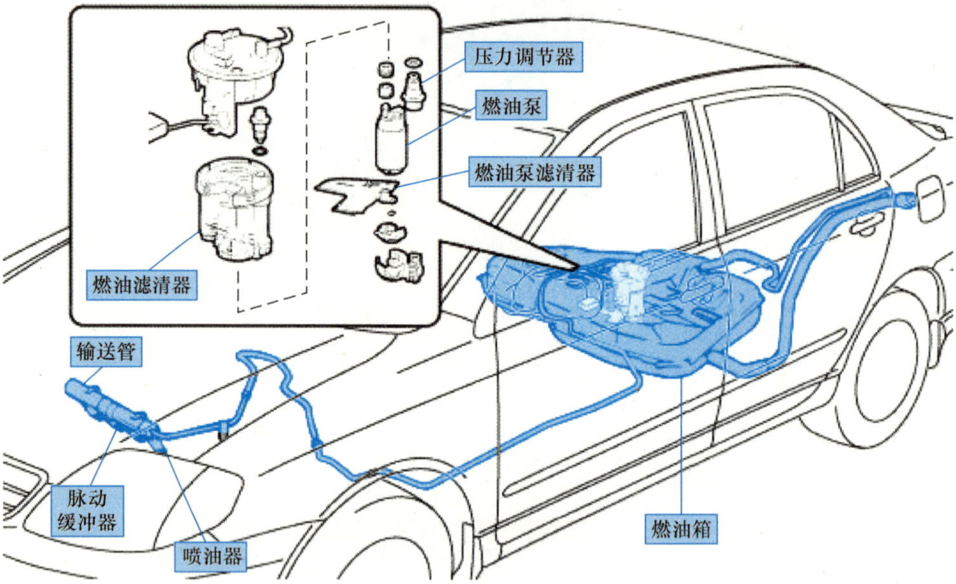

图 7　无回油管路调压系统

这种燃油调节方法是将油压调节器直接安装在燃油泵附近，当燃油压力超过压力调节器弹簧的压力时，阀门开启，使燃油回流到燃油箱并调节压力，使输送至发动机的燃油压力控制在一个恒定的压力值，如图 8 所示。

由于油压调节器未能与进气歧管建立直接联系，因此，在这种燃油调节方式下，发动机 ECU 根据进气歧管真空度的变化，计算每次喷射时间内燃油喷油量，确保喷油器喷射适当数量的燃油。

4. 燃油脉动衰减器

由于燃油泵供油存在供油脉动，喷油器喷油引起油压波动，这就需要安装燃油脉动衰减器，衰减燃油压力波动，并降低供油噪声。燃油脉动衰减器一般安装在燃油分配管上或燃油泵上。其内部由膜片和弹簧组成，来自燃油泵的燃油先流到燃油脉动衰减器，然后流向燃油分配管。当燃油压力升高时，膜片压缩弹簧使膜片前部的空间增大，使本来过大的压力值趋于缓和；当燃油压力降低时，弹簧伸张使膜片前部的空间减小，向油轨补偿燃油，从而防止油压的降低。

当喷油器喷油或关闭时，油路中的油压会产生微小的波动。燃油脉动衰减器用来减弱燃油压力脉动及降低噪声。脉动衰减器可安装在回油管或燃油分配管上。

脉动衰减器由壳体、膜片、弹簧、调节螺钉等组成，如图 9 所示。膜片把脉动衰减器分

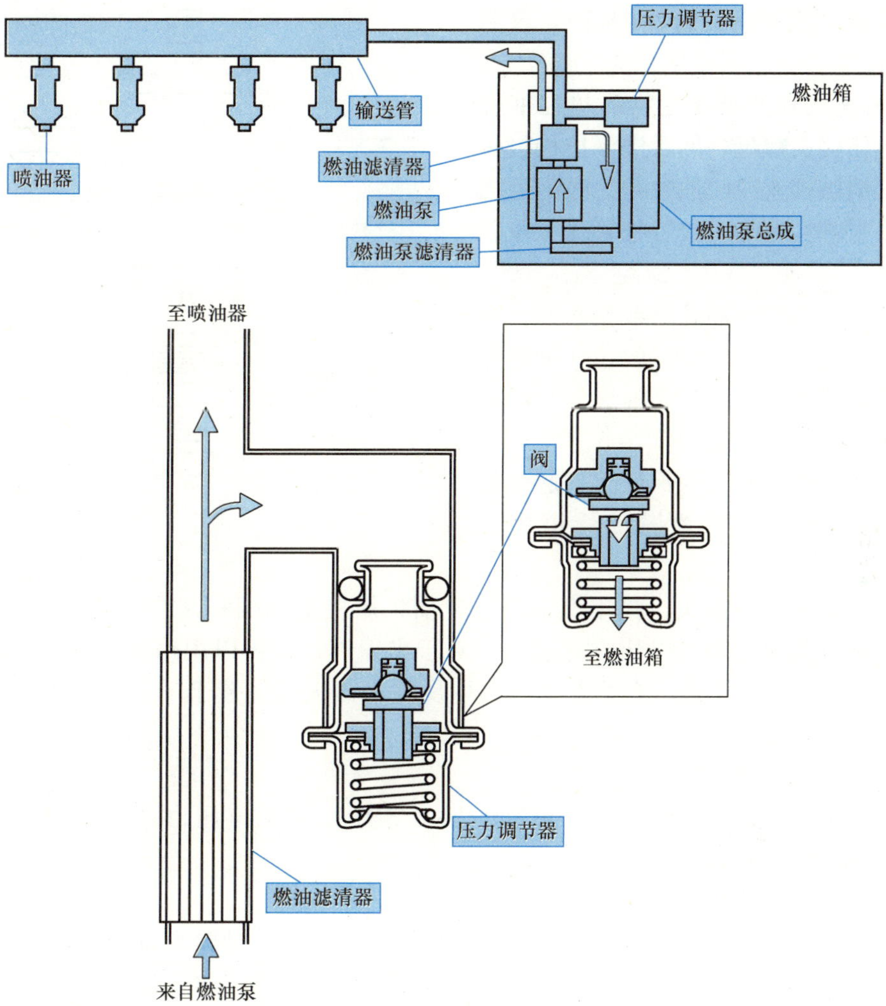

图 8　无回油管路调节系统工作原理

隔成膜片室和燃油室两个部分。膜片室内有弹簧，将膜片压向燃油室，旋转调节螺钉可调整弹簧的预紧力。来自电动汽油泵的燃油经油道进入燃油室，油压通过膜片作用在弹簧上。当油压升高时，膜片向膜片室拱曲，燃油室容积增大，燃油脉动压力下降，同时弹簧被压缩。当燃油压力下降时，弹簧伸长，膜片向燃油室拱曲，燃油室容积减小，油压上升。燃油室容积的变化吸收了油压脉动的能量，使燃油压力脉动迅速衰减，有效地降低了由压力波动产生的噪声。

5. 燃油压力检测

（1）燃油压力的释放

为了便于下次起动和改善热起动，在发动机熄火后，燃油管路在一定时间内仍保留有一定的燃油压力（保持油压）。在拆卸燃油管道安装油压表或更换燃油滤清器、电动燃油泵、喷油器等部件时，为避免松开油管接头时燃油喷出，造成人身伤害或火灾，应先释放燃油管路内的油压。以下是一些释放燃油压力的方法。

① 拔下燃油泵继电器或熔丝，也可拔下燃油泵导线插头。起动发动机 2 ~ 3 次，确保完

全卸压（或发动机起动后自然停机）。最后重新连接好。

② 将棉丝或其他吸油性物品垫在油管接头下或包住接头螺母，然后慢慢拧松接头螺母，使汽油被棉丝或吸油性物品吸附后再拿走棉丝或吸油性物品，最后将管接头重新拧紧。

卸压后，在维修燃油管路或接头时，将有少量燃油泄出，此时可用棉丝包住拆卸处以吸附泄漏的燃油。

（2）燃油压力的预置

在燃油管路维修后，为保证正常起动发动机，应按下述方法预置燃油管道内的油压。

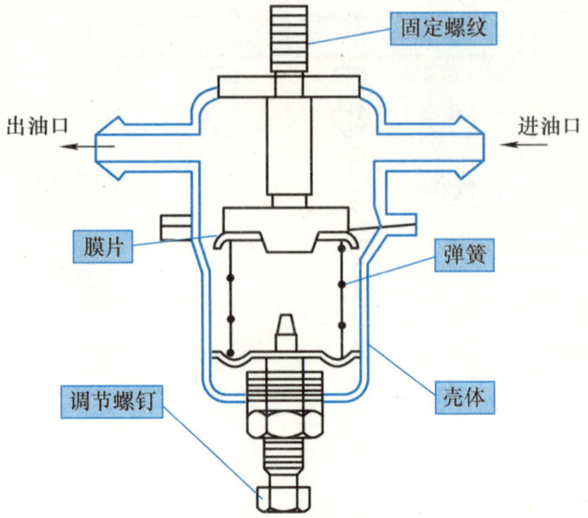

图 9　燃油脉动衰减器

接好所有燃油管道接头，拔下燃油泵继电器，短接电源端和油泵控制端，接通点火开关，人为接通燃油泵运转，以建立起油压。对于丰田汽车，可以用跨接线短接诊断座的 FP 端子和 +B 端子接通燃油泵。有些发动机可以反复将点火开关置于“ON”位置，使燃油泵接通运转，建立起油压。

（3）燃油压力的检测

发动机正常工作时，燃油压力一般为 0.2 ~ 0.3MPa，随进气压力的增大而增大。若与此不符说明燃油系统有故障。

燃油油压的检测方法如下：

安装燃油压力表：检测燃油压力前先安装燃油压力表。若油路中有油压检测阀，可将油压表直接接在油压检测阀上；没有油压检测阀的可拆下进油管，将三通管接头串接在进油管中，然后在三通管上接上油压表。

测量静态油压：利用故障诊断仪接通燃油泵，或短接燃油泵检查插接器接通燃油泵，或直接用跨接线接通燃油泵；点火开关置于“ON”位置，燃油泵运转；油压应与规定相符，一般约为 0.3MPa。若油压过高，应检查燃油压力调节器和回油管；若油压过低，应检查燃油量是否充足，检查燃油泵、燃油压力调节器和燃油管路是否泄漏，检查燃油泵滤网和燃油滤清器是否脏堵。

测量保持油压：测量燃油泵停转 5min 后的油压，油压不应低于 137.3kPa。若油压过低，说明燃油系统中有泄漏。目测检查燃油管路是否有泄漏；夹住回油管，若油压正常，说明燃油压力调节器泄漏；若油压仍然过低，同时夹住回油管和进油管（夹住燃油泵和油压表之间的油管），若油压正常，说明燃油泵单向阀泄漏；若油压仍然过低，说明喷油器泄漏。

测量怠速时的油压（约为 0.25MPa）和断开油压调节器真空软管后的油压（约为 0.3MPa）：油压应升高 50kPa 左右。若油压升高过低或不升高，说明燃油压力调节器或其真空管有故障。

测量怠速时的油压和夹住回油管后的油压：油压应升高 2 ~ 3 倍左右。若油压升高过低，说明燃油泵有故障，燃油泵磨损或安全阀关闭不严导致燃油泵漏油。

测量怠速时的油压和急加速至3000r/min时的油压：油压下降值不低于20.7kPa。若油压过低，说明燃油滤清器或燃油泵滤网脏堵。

7.1.3.6 信息页

7.1.3.6 信息页

学校名称		任课教师	
班级		学生姓名	
学习领域	L7 发动机管理系统诊断维修		
学习情境	LS7.1：全负荷行驶时发动机功率不足	学习时间	1h
工作任务	D：燃油泵控制电路	学习地点	理实一体化教室

电控汽油喷射系统对油泵控制的基本要求是：只有当发动机处于运转状态时，油泵才工作；若发动机不运转，即使接通点火开关，油泵也不工作。电控汽油喷射系统油泵控制电路有三种形式：ECU控制的油泵控制电路、油泵开关控制的油泵控制电路和具有转速控制的油泵控制电路。

1. 转速信号控制的油泵控制电路

转速信号控制的油泵控制电路如图1所示，其特点是利用发动机的转速信号来判断发动机的运转状态：有转速信号，表明发动机运转，油泵电路可以接通；没有转速信号，表明发动机不运转，油泵电路自动切断。

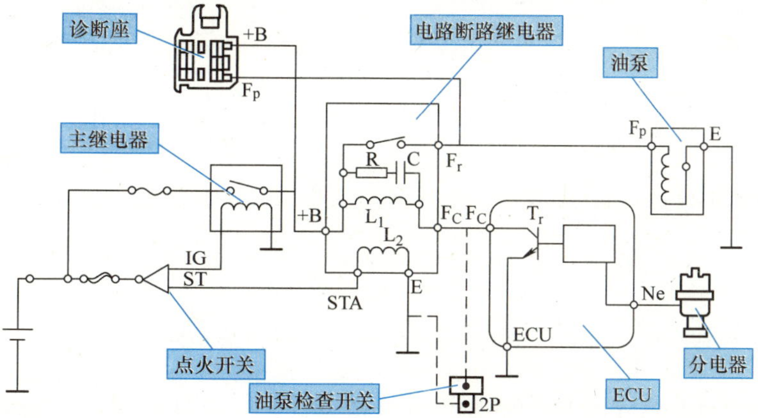

图1 转速信号控制的油泵控制电路

如果将点火开关转至“ON”位置但不起动发动机，主继电器被激励，与此同时，ECU内的晶体管VT会导通3～5s，使断路继电器通过线圈L_1被激励3～5s，从而使电动燃油泵运转3～5s，以便建立初始油压，为发动机起动做准备。

如果将点火开关转至“ST”位置，断路继电器通过线圈L_2被激励，电动燃油泵运转，此时，起动机电路也被接通，发动机开始运转，ECU收到来自曲轴位置与转速传感器的转速信号Ne，其内部的晶体管VT导通，使断路继电器又通过线圈L_1被激励。起动成功后，点火开关回“ON”位，线圈L_2断电，但线圈L_1电路仍然被ECU接通，断路继电器维持激励状态，电动燃油泵继续运转。

如果发动机意外熄火，来自曲轴位置与转速传感器的转速信号 Ne 中断，ECU 内部的晶体管 VT 立即截止，线圈 L_1 的电路被切断，断路继电器的触点断开，电动燃油泵断电而停止运转。

2. 具有转速控制的油泵控制电路

具有转速控制的油泵控制电路的特点是：油泵的转速可以变化，发动机高速及大负荷工况时，由于所需油量增大，此时油泵高速运转，泵油量增加。在低速及中小负荷工况时，油泵低速运转，泵油量相应减少，有利于减小油泵的磨损和不必要的电能消耗。

（1）利用电阻调节转速的燃油泵控制电路

利用电阻调节转速的燃油泵控制电路如图 2 所示，该控制电路中，设一个电阻器（降压电阻）和油泵控制继电器，由 ECU 根据发动机的转速和负荷，对油泵控制继电器进行控制。

当发动机处于低速或中小负荷工作状态时，ECU 接通油泵控制继电器线圈电路，该继电器触点 B 闭合，电阻器串入燃油泵电路中，燃油泵低速运转；当发动机处于高速或大负荷工作状态时，ECU 切断油泵控制继电器线圈的电路，使继电器触点 A 闭合，燃油泵电路没有接入电阻器而直接与电源相通，使燃油泵处于高速运转状态。

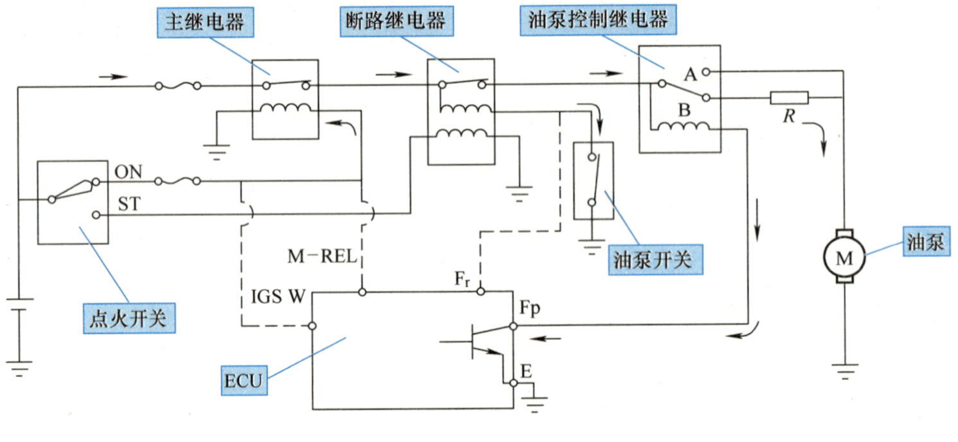

图 2　使用燃油泵电阻的燃油泵控制电路

在图 2 中，早期的汽车采用了翼板式空气流量计，流量计内部设有油泵开关（用于感知发动机是否处于运转状态），其油泵控制电路为图中的实线部分。由于翼板式空气流量计已经被淘汰，油泵开关也就不复存在，因此油泵控制电路改为图中的虚线部分，工作原理如下：

ECU 的 IGS W 脚接收点火开关电源，M－REL 脚输出 12V 电压，控制主继电器工作；点火开关转至“ST”位置时，断路继电器被下方线圈激励而接通油泵电路；ECU 收到发动机转速信号后，将 F_r 脚搭铁，断路继电器被上方线圈激励而维持油泵电路导通，此时点火开关回“ON”位仍然可以维持油泵运转；发动机意外熄火时，发动机转速信号终止，ECU 的 F_r 脚切断断路继电器上方线圈电路，断路继电器触点断开而切断油泵电路。

同样，用短接线将诊断座中的“＋B”脚和“Fp”脚短接，也可以使电动燃油泵单独运转，从而便于进行故障诊断和其他维修操作。

（2）使用燃油泵 ECU 的燃油泵控制电路

该控制电路中，如图 3 所示，专设了一个燃油泵 ECU，用于对燃油泵转速（泵油量）进行控制。当发动机在起动阶段或高速、大负荷工况下工作时，发动机 ECU 向燃油泵 ECU 的 FPC 脚输入一个高电位信号（5V），燃油泵 ECU 的 Fp 脚向燃油泵提供较高的工作电压（相当于蓄电池电源电压），使燃油泵高速运转。

当发动机在怠速或小负荷工况下工作时，发动机 ECU 向燃油泵 ECU 的 FPC 脚输入一个中电位信号（2.5V），燃油泵 ECU 的 Fp 脚则向燃油泵提供较低的工作电压（约 9V），使燃油泵低速运转。

当发动机的转速低于最低转速（如 120r/min）时，发动机 ECU 向燃油泵 ECU 的 FPC 脚输入一个低电位信号（0V），燃油泵 ECU 停止向燃油泵提供工作电压，使燃油泵停止工作。

图中发动机 ECU 与燃油泵 ECU 之间的 D_1 电路为燃油泵 ECU 的故障诊断信号线路。

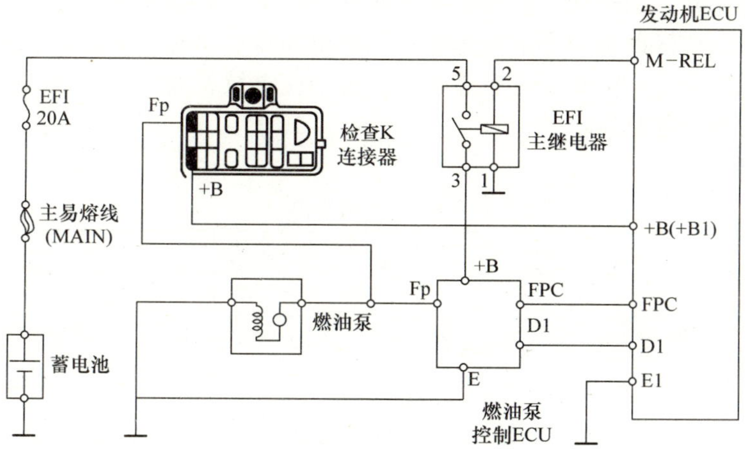

图 3　使用燃油泵 ECU 的燃油泵控制电路

3. 实验车型的油泵控制电路

具体参考实验车型的全车电路。

4. 燃油泵检测

燃油泵不能正常工作必然影响燃油压力，使发动机出现比较严重的故障症状。燃油泵的故障有机械故障和电路故障。怀疑燃油泵有故障，首先点火开关置于“ON”位置或起动发动机，用手接触燃油泵或燃油管，检查燃油泵是否运转，如果燃油泵不运转或明显转速低，应检查燃油泵控制电路；如果燃油泵运转正常，检查燃油泵是否有堵、漏的机械故障。检查燃油泵机械故障可以利用压力表测量燃油压力来检查；检查燃油泵电路故障需要借助故障诊断仪、万用表、示波器等仪器检查。

不同车型的燃油泵控制电路各有差异，因此检查的方法、步骤各不相同，但检查的基本方法和基本思路相同。下面以桑塔纳 2000GSi 轿车 AJR 发动机燃油泵控制电路的检测过程为例加以说明。桑塔纳 2000GSi 发动机的油泵控制电路图如图 4 所示。

发动机运转，PCM 有接收到发动机转速信号（曲轴位置传感器信号），即将 PCM 的 4

号端子搭铁，使燃油泵继电器端子 85 搭铁，燃油泵继电器通电，触点闭合，端子 30 和 87 接通，燃油泵开始运转。若 PCM 没有接收到发动机转速信号，PCM 自动切断端子 4 的搭铁，继电器断开，燃油泵停止工作。若燃油泵不运转，可按下述步骤进行检查：

① 首先检查 5 号熔断器是否熔断。

② 用手触摸燃油泵继电器，接通点火开关，检查燃油泵继电器是否有动作。

③ 如果燃油泵继电器有动作，则检查燃油泵继电器触点控制的导线和插接器，若良好，则检查或更换燃油泵。

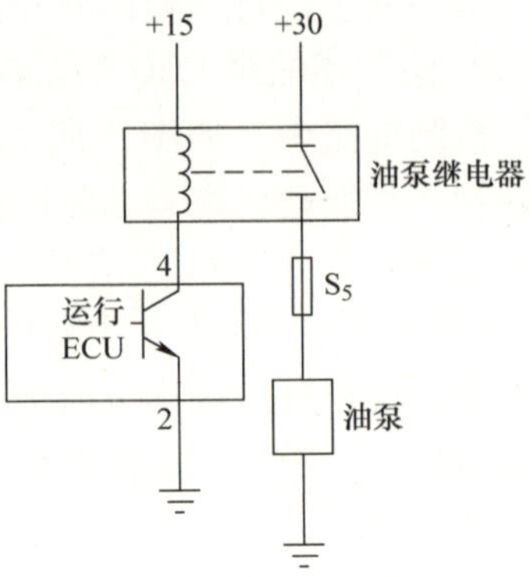

图 4 桑塔纳 2000GSi 发动机的油泵控制电路图

④ 若燃油泵继电器没有动作，用导线将燃油泵继电器 85 号端子引出并直接搭铁，如果燃油泵继电器动作，则应检查继电器 85 号端子至发动机 PCM 之间导线、插接器及 PCM。如果燃油泵继电器没有动作，打开点火开关，检查继电器 86 号端子是否有电。有电则应更换继电器，否则应继续检查点火开关、点火开关至继电器 86 号端子的导线及插接器。

7.1.3.7 信息页

7.1.3.7 信息页

学校名称		任课教师	
班级		学生姓名	
学习领域	L7 发动机管理系统诊断维修		
学习情境	LS7.1：全负荷行驶时发动机功率不足	学习时间	1h
工作任务	E：燃油蒸气挥发控制	学习地点	理实一体化教室

1. 燃油蒸气挥发控制（Evaporative Control，EVAP）

为了防止燃油箱向大气排放燃油蒸气而污染大气环境，在发动机控制系统中采取了由发动机 ECU 控制的活性炭罐蒸发污染控制装置。

当燃油受热或大气压力降低（海拔增加）时，燃油箱中形成燃油蒸气，经过燃油管将燃油蒸气存储在活性炭罐中。发动机工作时，ECU 根据发动机转速、温度、空气流量等信号，控制炭罐电磁阀的开闭，当打开时，空气从活性炭罐大气入口处吸进炭罐，冲洗活性炭罐延长活性炭罐寿命，并与燃油蒸气混合送至发动机燃烧。发动机工作时的燃油量包括喷油器喷射油量和来自燃油箱蒸发的燃油蒸气。

（1）时代超人车燃油蒸发净化系统检测

时代超人车燃油蒸发控制原理如图 1 所示，活性炭罐结构如图 2 所示。

① 测试活性炭罐电磁阀（ACF 阀）泄漏。当没有信号时，电磁阀关闭。拔下活性炭罐电磁阀连接软管，连接电磁阀插头，用 V. A. G1552 诊断仪控制活性炭罐动作。

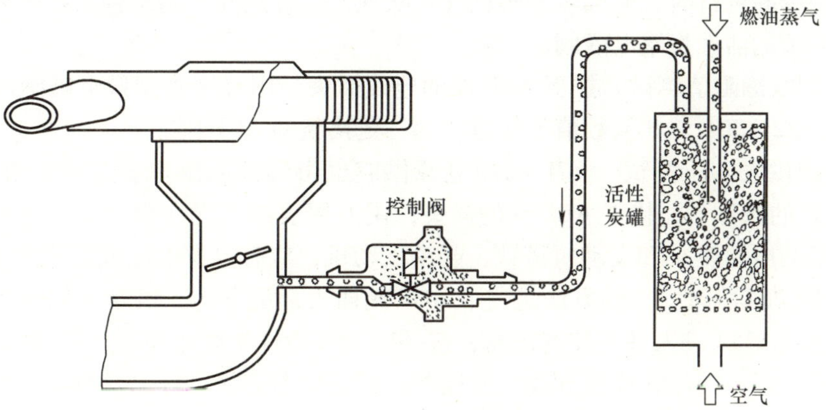

图 1 时代超人车燃油蒸发控制原理

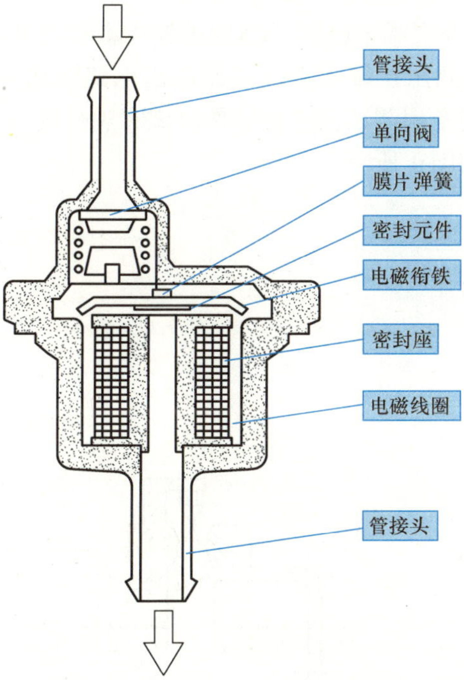

图 2 时代超人活性炭罐结构

输入“01”地址，选择发动机系统检测

↓

选择“03”功能，进入最终控制诊断

↓ 显示

最终控制诊断 →
1缸喷油器——N30

按 → 键 选择活性炭罐电磁阀N80测试

最终控制诊断进行时，对准电磁阀进气孔吹气，检查阀开、闭是否良好，如果阀闭合时有泄漏，更换新的活性炭罐电磁阀。

② ACF阀线圈阻值测试。拔下ACF阀的电线插头，用万用表测量电磁阀两插头间的电阻，标准值是22～30Ω。如果数值不在范围内，更换新的ACF阀。

③ ACF阀供电电压测试。ACF阀的电源供应也由燃油泵继电器控制。在附加熔断器（30A）为良好的条件下，拔下ACF阀的插头，用万用表或发光二极管试灯连接插头1（燃油泵继电器来的电源线）和发动机搭铁，起动发动机，应有电源电压或发光二极管亮。

④ ACF阀动作测试。一种方法是拔下ACF阀插头，用发光二极管试灯连接插头上两个插孔，用V. A. G1552进入最终控制诊断，按→键选择活性炭罐电磁阀N80测试，发光二极管试灯应闪烁；如不闪烁，检查导线与插接器，如插接器连接良好，导线无短路或断路，则更换新的发动机控制单元。另一种方法是用V. A. G1552进行最终控制诊断，按→键进入ACF阀动作测试时应听到咔嗒响声，如无响声则ACF阀不动作。

（2）SGM别克3. 0L车燃油蒸发净化系统检测

SGM别克3. 0L车的活性炭罐电磁阀（蒸发排放炭罐吹洗电磁阀）电路如图3所示，当发动机控制单元连续30s检测出炭罐吹洗阀控制输出电路有故障时，将设置DTC P0443故障码，检测炭罐吹洗阀可用专用测试仪进行动作测试时观察阀动作是否正常，方法与时代超人车基本相同。工作原理如图4所示。

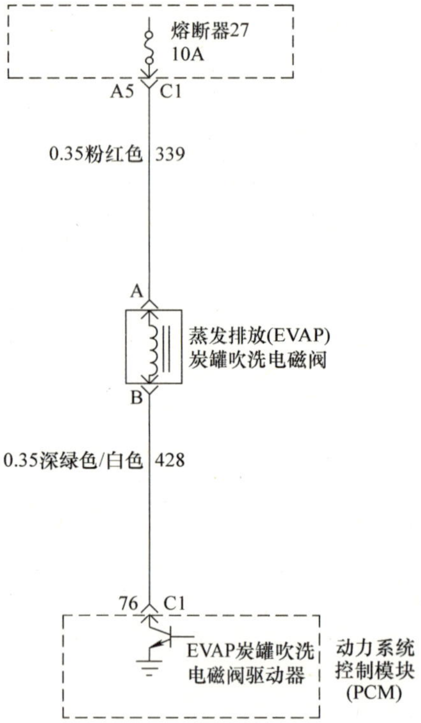

图3　SGM别克车活性炭罐电磁阀电路

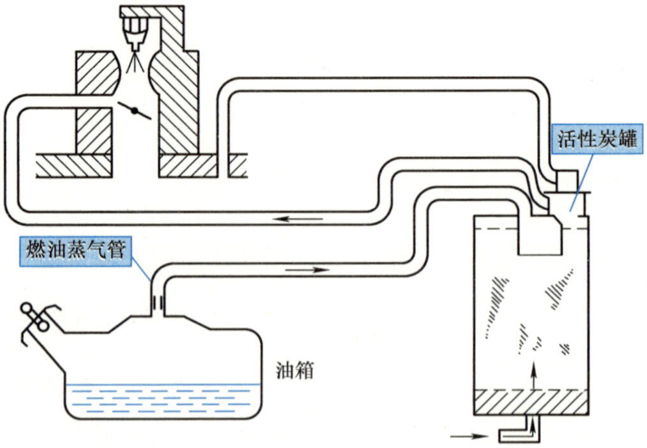

图4　SGM别克车油蒸气挥发控制原理

炭罐检查：

如果炭罐有裂缝或损坏，更换炭罐；如果燃油从炭罐底部漏出，更换炭罐并检查软管是否连接错误、堵塞或泄漏。

检查炭罐底部的滤清器，如果很脏、堵塞或损坏，更换滤清器。将一根软管连接到控制阀的较低的管子上吹气，应该几乎没有或只有少量空气通过并进入炭罐（如果炭罐有一个常开的净化口，会有少量空气通过）；用一个手动真空泵对炭罐口的真空管端施加 51kPa 的真空度，此时再次通过连接到较低的管子上的软管吹气，空气流量应增加，否则，更换炭罐。

当控制阀失效或线路不良、活性炭罐损坏、软管裂开或连接错误时会引起怠速不稳和失速、发动机性能不良和空燃比不正确。

（3）丰田雷克萨斯车燃油蒸发净化系统检测

丰田雷克萨斯车燃油蒸气控制系统原理如图 5 所示。工作原理见表 1。

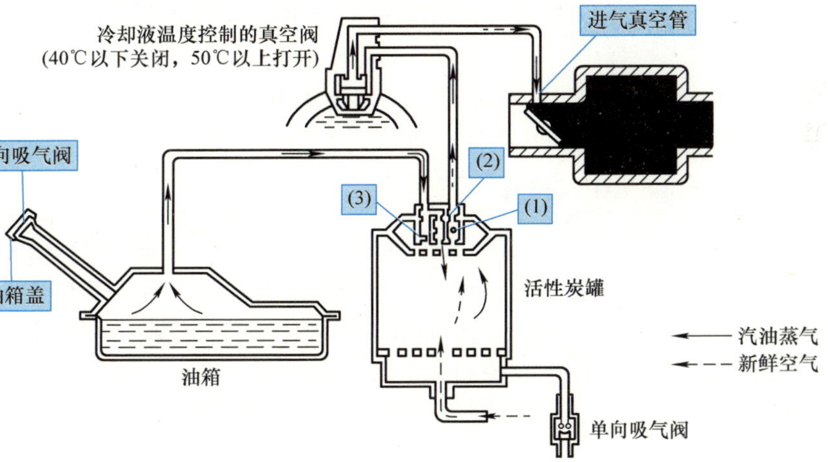

图 5 丰田车燃油蒸气挥发控制原理图

表 1 丰田车燃油蒸气控制原理

冷却液	BVSV	节气门开度	活性炭罐止回阀			油箱盖中止回阀	蒸发的燃油（HC）
			（1）	（2）	（3）		
35℃以下	关闭	— 位于排污口下	— 关闭	— —	— —	— —	来自油箱中的 HC 被吸收在活性炭罐
54℃以上	开启	位于排污口上	开启	—	—	—	来自活性炭罐的 HC 被导入进气歧管中
油箱中压力高	—	—	—	开启	关闭	关闭	来自油箱中的 HC 被吸收在活性炭罐
油箱中有负压	—	—	—	关闭	开启	开启	空气被导入燃油箱

一般检修：观察检查油管及连接部分有无松动；检查油箱盖垫圈及阀门有无损坏，如图 6 所示。

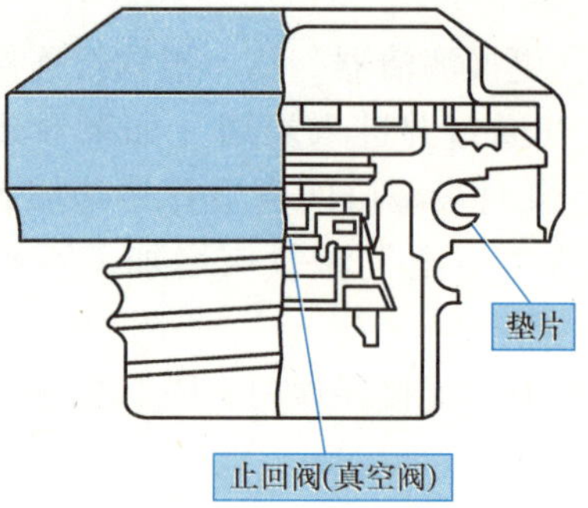

图6　检查油箱盖

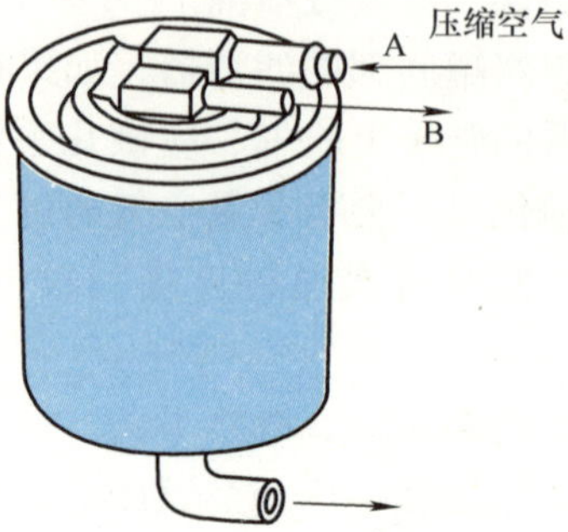

图7　检查活性炭罐

观察检查活性炭罐表面有无开裂损坏，如图7那样吹入压缩空气（100kPa），空气应能从图中箭头方向流出。

吹净活性炭罐中过滤片，用手堵住管口，用294kPa压缩空气从管口A吹入即可，注意：不可用水来清洗活性炭罐。

2. 燃油蒸发控制（EVAP）检修

目前，燃油蒸发控制（EVAP）系统多数采用发动机ECU直接控制炭罐电磁阀的通断来控制系统管路的开启和关闭，如图8所示，但不同车型炭罐电磁阀开闭的时机和方法并不完全一样。一般说来，发动机工作时，ECU根据发动机转速、温度、节气门等信号，用占空比控制炭罐电磁阀的开闭来实现排放控制阀上部的真空度，从而控制排放控制阀的开度。当排放控制阀打开时，燃油蒸气通过排放控制阀被吸入进气歧管。

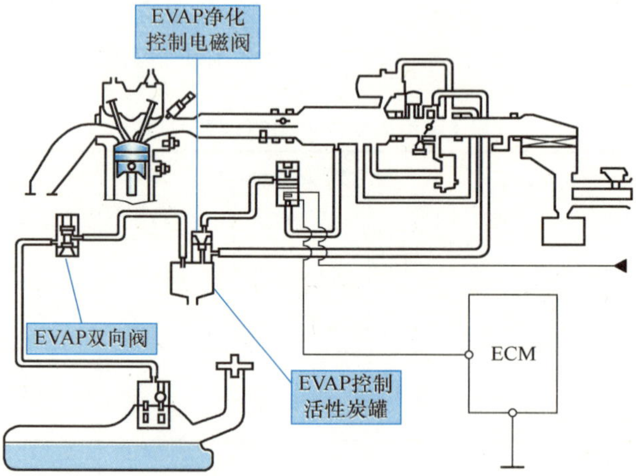

图8　发动机ECU控制EVAP原理图

燃油蒸发控制系统的检修步骤

（1）软管的检查

从活性炭罐开始对每根软管进行仔细检查，保证软管连接良好没有损坏、裂缝和泄漏故障。同时可用鼻子闻，因为任何损坏或开裂的软管都会有燃油泄出，从而发出很强的刺激味。发现损坏的软管应立即更换，更换前要做标记，以免装错，注意更换的软管一定是相应规格的软管。

（2）活性炭罐的检查

对通往活性炭罐的软管做好标记，然后拆下活性炭罐的连接软管，拆下固定活性炭罐的螺栓和固定夹，最后取出活性炭罐。检查活性炭罐是否有开裂或损坏现象，如果发现上述情况或活性炭罐内部被燃油浸泡，就必须更换活性炭罐。更换活性炭罐时，可按拆卸相反的程序进行安装，注意软管不要装错。

（3）活性炭罐电磁阀的检查

首先查看连接活性炭罐电磁阀的软管是否有损坏或泄漏现象，查看导线连接插头和插座的插接是否牢固可靠。然后从活性炭罐电磁阀上拆下所有的真空软管，保持完好的导线连接，对活性炭罐电磁阀进行测试。当点火开关打开时，应能听到咔哒声。如果活性炭罐电磁阀不发出咔哒声，应拆下导线插头，用万用表测量电磁阀两触点间的电阻，其标准值为22～30Ω，如果数值不在范围内，更换新的电磁阀。

测量电磁阀的供电电压。拔下电磁阀的导线插头，将发光二极管测试灯连接发动机搭铁点和插头触点1，起动发动机，发光二极管测试灯应亮。如果测试灯不亮，应检查触点1和熔丝间是否开路，如果需要，排除开路故障；如果线路正常，测试燃油泵继电器。

在更换损坏的电磁阀时，先拔下连在上面的软管，再拆下连接插头，最后卸下电磁阀。安装时可按拆卸相反的顺序进行，注意软管不要装错。

3. 曲轴箱强制通风系统（Positive Crankcase Ventilation，PCV）

曲轴箱强制通风系统的作用是减少窜缸废气（HC），工作原理与检查方法和化油器发动机相同。

当PCV阀和软管堵塞时，将造成怠速不稳、失速或怠速过低、漏机油和曲轴箱及气门室罩油泥增加；当PCV阀和软管泄漏时，将造成怠速不稳、怠速失速和怠速过高的故障。检测方法是发动机怠速运转时拔去PCV阀，若此时发动机转速未提升100r/min，则表示PCV阀不良或管路不良。怠速时将拇指按在PCV阀末端，先拆下软管，应感觉到有真空度，若无真空，说明有堵塞或泄漏。拆下PCV阀，摇动时应能听到阀内“咔喇”声，否则应更换PCV阀。

用废气分析仪检测：拆下PCV阀，CO减少1%以上，O_2应升高；堵住PCV阀，CO恢复正常，O_2也恢复正常。

7.1.3.8 工作页

7.1.3.8 工作页

学校名称		任课教师	
班级		学生姓名	
学习领域	L7 发动机管理系统诊断维修		
学习情境	LS7.1：全负荷行驶时发动机功率不足	学习时间	1h
工作任务	A：燃油供给系统功用与组成	学习地点	理实一体化教室

1. 请写出燃油供给系统的组成。

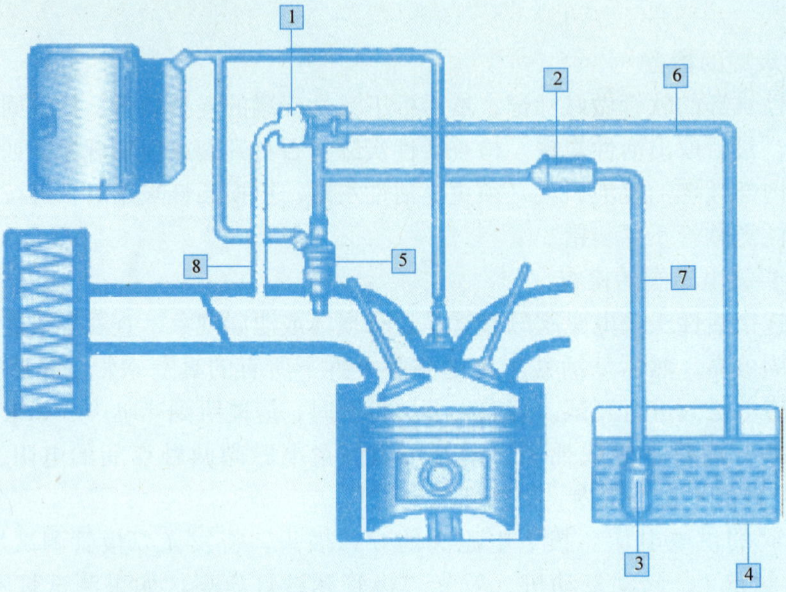

1 ________ 2 ________ 3 ________ 4 ________

5 ________ 6 ________ 7 ________ 8 ________

2. 请查阅信息页，提炼关键词，用箭头的流程图书写燃油供给系统的工作原理。

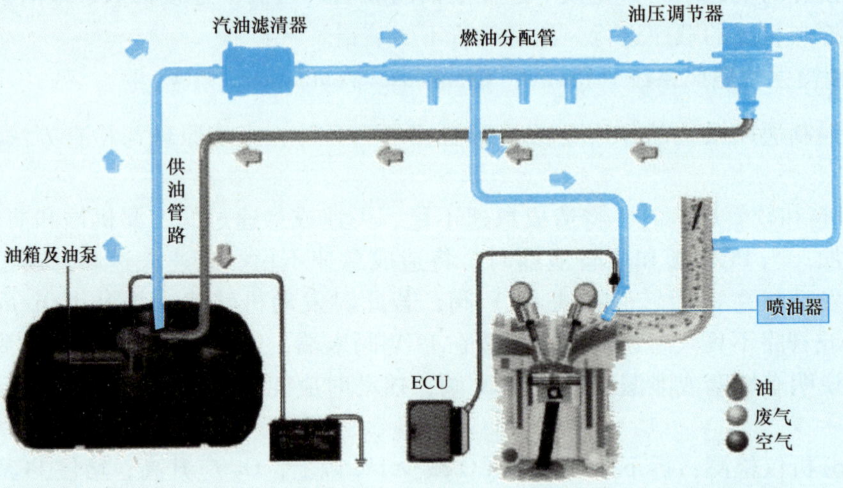

供油油路：

回油油路：

3. 完成下列题目：

(1) ________的作用是储存燃油，还起着散热、分离油液中的气泡、沉淀杂质等作用。

(2) ________的作用是把燃油从油箱中吸出、加压后输送到供油管中，和________配合建立一定的燃油压力。

(3) 燃油分配管固定安装在________上，作用是安装喷油器并将高压燃油均匀地分配输送给各个________。

(4) ________的作用是根据 ECU 发出的喷油脉冲信号，精确计量燃油喷射量，同时，可将燃油喷射后________。

(5) 以下不是传感器的是（　　）。

A. 空气流量计　　B. 燃油泵　　C. 冷却液温度传感器　　D. 节气门位置传感器

(6) 以下不是燃油供给系统组成的是（　　）。

A. 燃油箱　　B. 燃油滤清器　　C. 燃油泵　　D. 节气门

4. 请在实车上找到燃油系统的供油油路部件，并用箭头的流程图书写或画出供油油路的示意图。

7.1.3.9 工作页

7.1.3.9 工作页

学校名称		任课教师	
班级		学生姓名	
学习领域	L7 发动机管理系统诊断维修		
学习情境	LS7.1：全负荷行驶时发动机功率不足	学习时间	1h
工作任务	B：燃油泵结构原理	学习地点	理实一体化教室

1. 用关键词书写涡轮泵的工作原理。

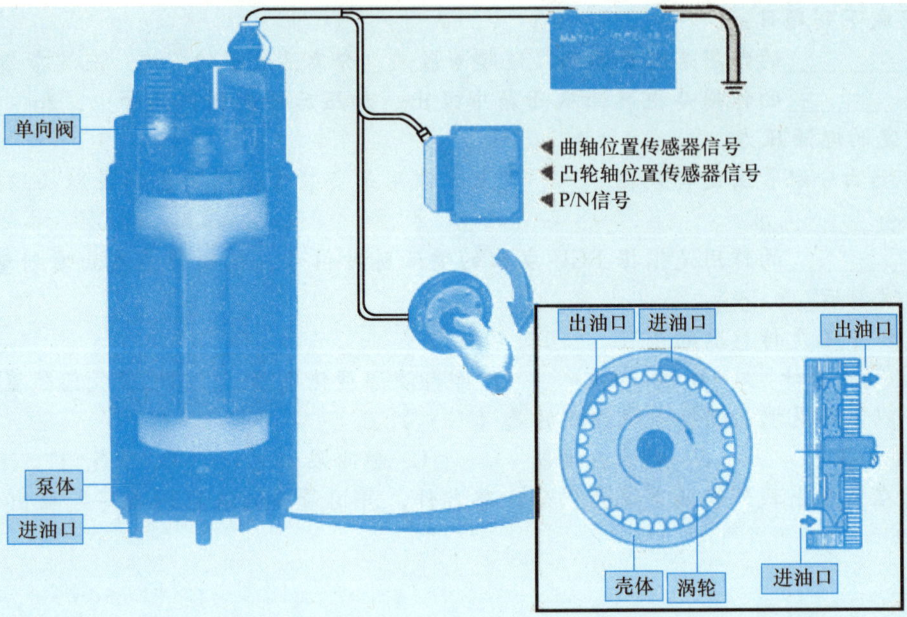

2. 请完成下列表格

燃油泵类型	示意图	主要组成部件	工作原理	工作特点

3. 完成下列题目：

（1）________的作用是防止燃油倒流，使管路中保持适当的________，便于发动机热起动。

（2）燃油泵主要是由泵体、________和外壳等组成。

（3）燃油泵分为________和________。

（4）燃油泵________的作用是为了防止燃油回流，同时在切断油泵电路之后，仍在系统内保持一定________。

（5）当油泵工作压力大于0.4MPa时，________自动打开，使油泵的________与吸入侧连通，燃油仅在泵和电动机________，避免发生管路破损和燃油泄漏事故。

（6）滚柱泵的压力升高效率不高，适用于低压大流量的场合，一般供油压力为0.25～0.5MPa。（　　）

（7）为了保证各种工况下都能保持稳定的燃油压力，输送的燃油总量总是要超过发动机所需的最大燃油量。（　　）

4. 请拆装认识燃油泵，明确燃油泵组成。

7.1.3.10 工作页

7.1.3.10 工作页

学校名称		任课教师	
班级		学生姓名	
学习领域	L7 发动机管理系统诊断维修		
学习情境	LS7.1：全负荷行驶时发动机功率不足	学习时间	1h
工作任务	C：燃油压力调节	学习地点	理实一体化教室

1. 请写出图中燃油压力调节器的结构名称，并提炼关键词书写工作原理。

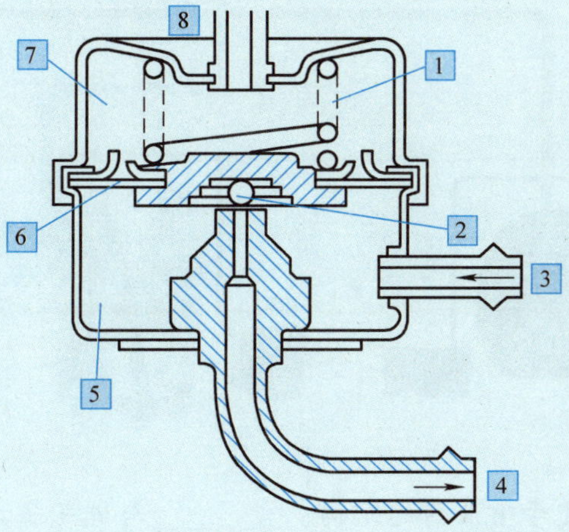

1 ________ 2 ________ 3 ________ 4 ________

5 ________ 6 ________ 7 ________ 8 ________

2. 根据下图判断该系统各属于哪种燃油调节系统。

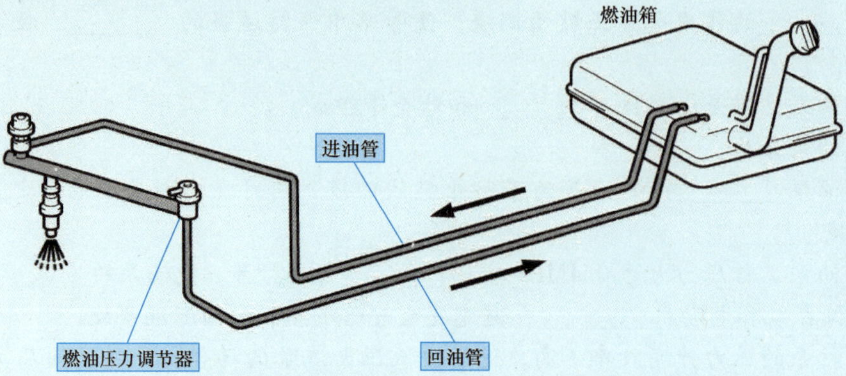

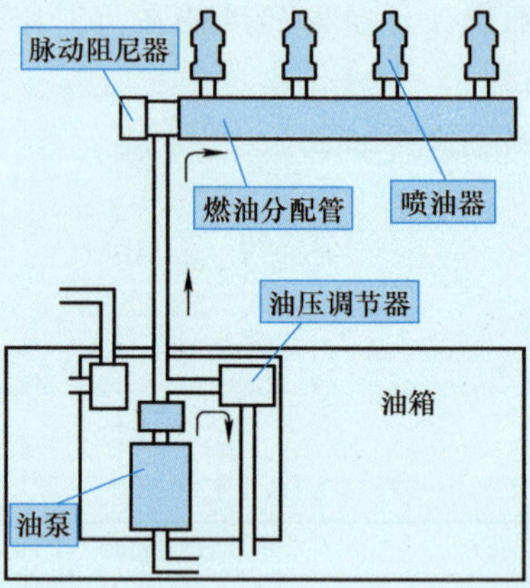

3. 在图中用不同颜色画出带回油管路调节系统的油路走向。

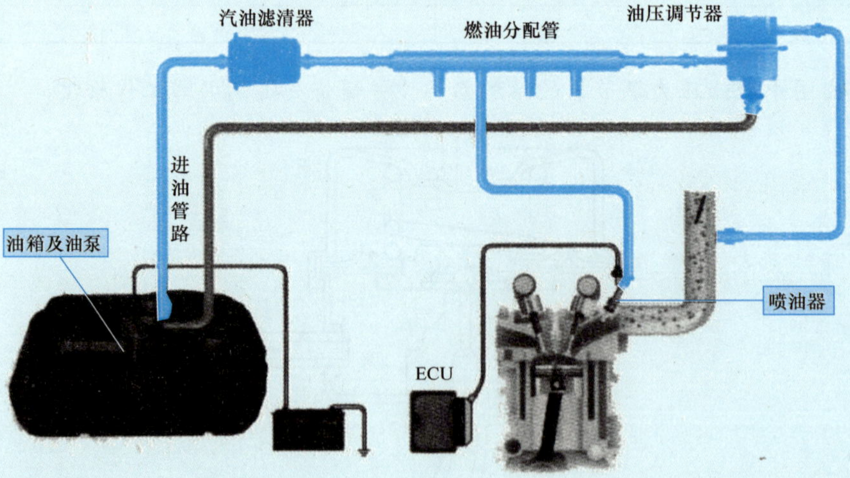

4. 完成下列题目：

（1）喷油器喷油量决定于喷油器的结构、________与进气压力之差、喷油器开启时间。

（2）__________的主要功用是随________的变化调整燃油压力，使燃油分配管压力与进气歧管压力的________保持不变，一般为 0.25 ~ 0.3MPa。

(3) 燃油压力调节器一般安装在________的末端，也有的安装在回油管中。

(4) 燃油压力调节系统根据有无________分为两种。

(5) 无回油管路的燃油调节系统能够调节燃油压力与进气压力保持差值不变。(   )

(6) ECU通过控制喷油器电磁线圈通电时间，就能实现喷油器开启时间的控制，前提是燃油压力固定。(   )

5. 请在实车上检测燃油压力，记录燃油压力检测值。

7.1.3.11 工作页

7.1.3.11 工作页

学校名称		任课教师	
班级		学生姓名	
学习领域	L7 发动机管理系统诊断维修		
学习情境	LS7.1：全负荷行驶时发动机功率不足	学习时间	1h
工作任务	D：燃油泵控制电路	学习地点	理实一体化教室

1. 请对照下图书写转速信号控制的油泵控制电路的控制过程。

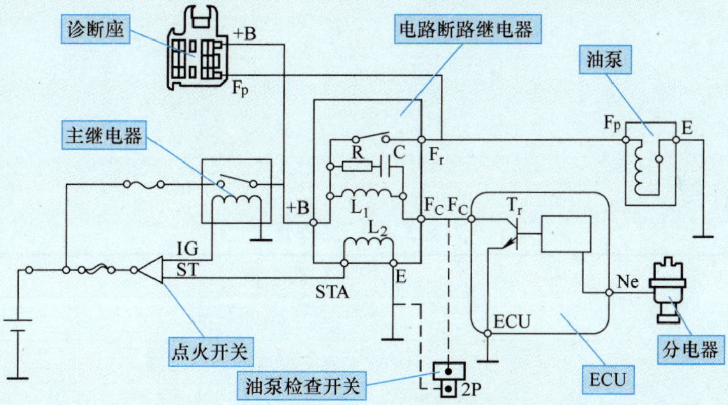

2. 请对照下图书写利用电阻调节转速的燃油泵控制电路的控制过程。

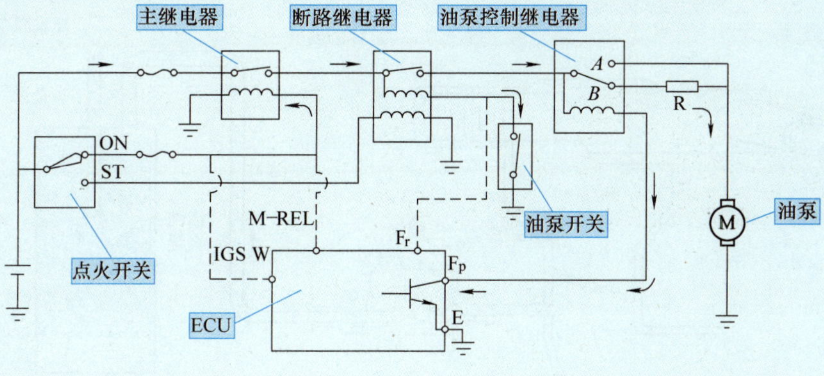

3. 请对照下图书写使用燃油泵 ECU 的燃油泵控制电路的控制过程。

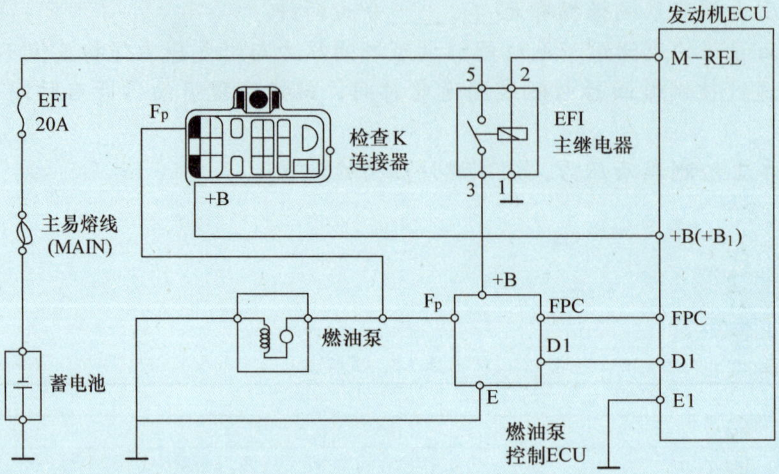

4. 请在实车上检测燃油泵，制作燃油泵检测表格。

7.1.3.12　工作页

7.1.3.12　工作页

学校名称		任课教师	
班级		学生姓名	
学习领域	L7 发动机管理系统诊断维修		
学习情境	LS7.1：全负荷行驶时发动机功率不足	学习时间	1h
工作任务	E：燃油蒸气挥发控制	学习地点	理实一体化教室

1. 请对照下图，组织文字简练书写时代超人车活性炭罐燃油蒸气挥发控制系统的工作原理。

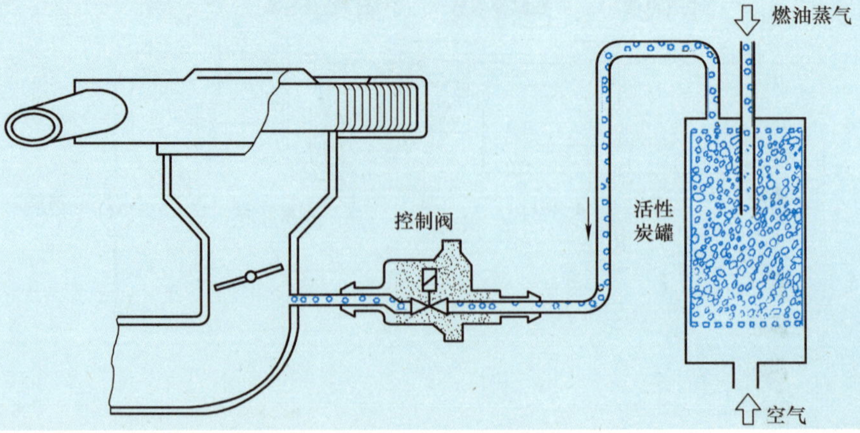

2. 请对照下图，组织文字简练书写丰田车活性炭罐燃油蒸气挥发控制系统的工作原理。

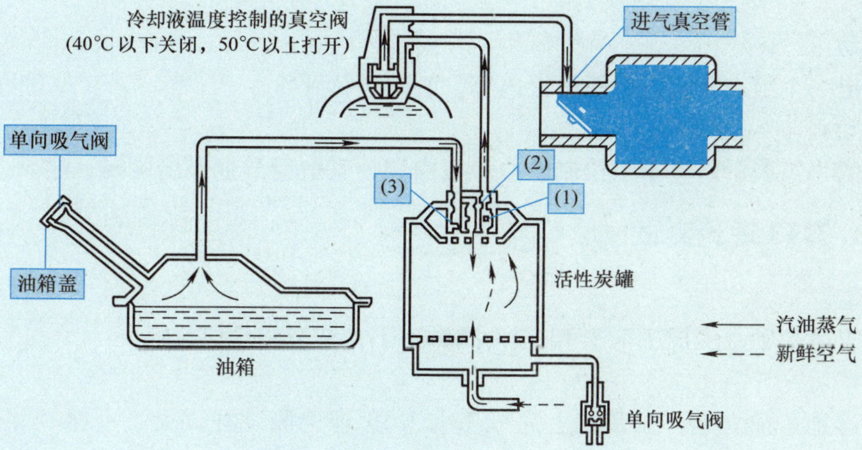

3. 请在实车上完成对活性炭罐电磁阀（ACF阀）的测试。

（1）测试活性炭罐电磁阀（ACF阀）泄漏

（2）ACF阀线圈阻值测试

（3）ACF阀供电电压测试

（4）ACF阀动作测试

轮换工作站学习

教师活动：

教师组织学生轮换工作站进行小组学习。

学生活动：

学生轮换工作站进行小组学习。(240min)

小组合作制作综合海报

教师活动：

教师要求每个小组完成一张思维导图的总海报。

学生活动：

学生分组完成一张总海报。(60min)

展示讲述综合海报

教师活动：

教师选出一个组来介绍讲解总海报内容，教师进行评价。

学生活动：

被选出的小组展示讲述本组绘制的总海报内容，其他组学生提出疑问、建议。(30min)

完成7.1.3.13理论测试

教师活动：

教师要求学生独立完成7.1.3.13理论测试，不允许查阅任何资料。

学生活动：

学生安静地、独立地，在系统上完成7.1.3.13理论测试并提交，不能查阅任何资料。(20min)

7.1.3.13　理论测试

7.1.3.13　理论测试

学校名称		任课教师	
班级		学生姓名	
学习领域	L7 发动机管理系统诊断维修		
学习情境	LS7.1：全负荷行驶时发动机功率不足		
工作任务	燃油供给系统结构原理	学习时间	7h

一、填空题（每空1分，共20分）

1. ________的作用是储存燃油，还起着散热、分离油液中的气泡、沉淀杂质等作用。

2. ____________的作用是把燃油从油箱中吸出、加压后输送到供油管中，和________配合建立一定的燃油压力。

3. 燃油分配管固定安装在____________上，作用是安装喷油器并将高压燃油均匀地分配输送给各个________。

4. ________的作用是根据ECU发出的喷油脉冲信号，精确计量燃油喷射量，同时，可将燃油喷射后________。

5. 燃油泵主要是由泵体、________和外壳等组成。

6. 燃油泵________的作用是为了防止燃油回流，同时在切断油泵电路之后，仍在系统内保持一定________。

7. 当油泵工作压力大于0.4MPa时，________自动打开，使油泵的________与吸入侧连通，燃油仅在泵和电动机________，避免发生管路破损和燃油泄漏事故。

8. 喷油器喷油量决定于喷油器的结构、________与进气压力之差、喷油器开启时间。

9. ____________的主要功用是随________的变化调整燃油压力，使燃油分配管压力与进气歧管压力的________保持不变，一般为0.25～0.3MPa。

10. 燃油压力调节器一般安装在____________的末端，也有的安装在回油管中。

11. 燃油压力调节系统根据有无____________分为两种。

12. 为了防止燃油箱向大气排放燃油蒸气而污染大气环境，在发动机控制系统中采取了由发动机 ECU 控制的____________蒸发污染控制装置。

二、单选题（每题 2 分，共 10 分）

1. 以下不是传感器的是（　　）。

A. 空气流量计　B. 燃油泵　C. 冷却液温度传感器　D. 节气门位置传感器

2. 以下不是燃油供给系统组成的是（　　）。

A. 燃油箱　B. 燃油滤清器　C. 燃油泵　D. 节气门

3. 以下不是执行器的是（　　）。

A. 起动开关　B. 燃油泵

C. 喷油器　D. 活性炭罐电磁阀（ACF 阀）

4. 以下不是燃油压力检测的正确做法是（　　）。

A. 测量怠速时的油压　B. 测量保持油压

C. 测量全负荷油压　D. 测量静态油压

5. 检查燃油泵电路故障不需要借助（　　）。

A. 故障诊断仪　B. 万用表　C. 示波器　D. 燃油压力表

三、判断题（每题 2 分，共 20 分）

1. 燃油箱加油盖上有一个带螺纹的延伸部分，其作用是在取下油箱盖时能使燃油箱内的压力逐渐释放。(　　)

2. 目前燃油泵普遍安装在燃油箱内，它和燃油位置传感器、支架等集成在一起组成燃油泵总成。(　　)

3. 滚柱泵的压力升高效率不高，适用于低压大流量的场合，一般供油压力为0.25～0.5MPa。(　　)

4. 喷油器是电控发动机中精度及重要性最高的部件之一。(　　)

5. 由于外装燃油泵不易发生气阻和漏油现象，对泵的自吸性能要求低，且噪声小，故被现代轿车广泛使用。(　　)

6. 为了保证各种工况下都能保持稳定的燃油压力，输送的燃油总量总是要超过发动机所需的最大燃油量。(　　)

7. ECU 通过控制喷油器电磁线圈通电时间，就能实现喷油器开启时间的控制，前提是燃油压力固定。(　　)

8. 无回油管路的燃油调节系统能够调节燃油压力与进气压力保持差值不变。(　　)

9. 发动机工作时的燃油量包括喷油器喷射油量和来自燃油箱蒸发的燃油蒸气。(　　)

10. 检查燃油泵机械故障可以利用压力表测量燃油压力来检查。(　　)

提交理论学习阶段的评价表

教师活动：

教师要求学生对理论学习阶段 7.1.3.14 评价表进行自我评价。

学生活动：

学生按照教师的要求对自己在理论学习阶段的表现进行自评，客观真实。

7.1.3.14 理论学习评价表

参与本项目的教师具体见 Moodle 系统，未参与本项目的教师可以根据实际情况自行制定。

7.1.4 任务计划：制订燃油供给系统检修工作计划

独立查阅信息

教师活动：

教师提供实验车型的维修手册和7.1.4.1信息页。

学生活动：

学生个人独立查阅教师提供的维修手册和7.1.4.1信息页和前面的7.1.2.1信息页，提炼整理关键信息。(20min)

7.1.4.1 信息页

7.1.4.1 信息页

学校名称		任课教师	
班级		学生姓名	
学习领域	L7 发动机管理系统诊断维修		
学习情境	LS7.1：全负荷行驶时发动机功率不足	学习时间	
工作任务	发动机管理燃油系统检修	学习地点	理实一体化教室

1. 发动机管理系统的检修注意事项

(1) 电子控制系统检修注意事项

注意检查 ECU 搭铁线的状况，其电阻值应小于10Ω。

除在测试过程中特殊指明外，不能用指针式万用表测试 ECU 及传感器，应使用高阻抗数字式万用表进行测试。禁止用“试火法”检查晶体管电路的通、断。不要用试灯去测试任何和 ECU 相连接的电气装置，以防止晶体管损坏，脉冲电路应用 LED 灯或示波器检查。

传感器电路应用 LED 灯或高阻抗数字式万用表检查。在拆卸或安装电感性元器件前应将点火开关断开（OFF），以防止其自感电动势损伤 ECU 和产生新的故障。

由于工作环境恶劣或磨损等原因，在电控系统中，电动燃油泵、怠速空气控制（LAC）阀、节气门位置传感器、氧传感器和冷却液温度传感器的损坏率较高。

电控系统中，故障多的不是 ECU、传感器和执行部件，而是插接器。插接器常会因松旷、脱焊、烧蚀、锈蚀和脏污而接触不良或瞬时短路。

电控发动机检验的基本内容仍是油路、电路和密封性（特别是进气系统的密封性）的检验，故障码反映的是电控系统的故障及对其工作有影响的部件的故障，所以机理分析和有关的实际参数是判断故障的依据。

出现氧传感器故障码的原因较多，通常有：电动燃油泵油压异常，喷油器、过滤器和空气过滤器脏堵，燃油品质差，碳化物和铅化物覆盖了氧传感器表面，排气管漏气，点火异常

（缺火、断火、交叉点火）等。

ECU 有学习功能，但 ECU 的电源电路一旦被切断（如拆下蓄电池）后，它在发动机运行过程中储存的数据会消失，因此，蓄电池断开后装复，如果出现发动机工作状况不如以前时，先不要随便更换零部件，因为这种情况可能是蓄电池断开后 ECU 中的学习修正记忆消除的缘故。因为 ECU 根据系统实际情况进行了学习修正与根据厂家储存在只读存储器（ROM）中的数据进行控制，相比发动机工作状况会有差异。如果是此种原因，待发动机运行一段时间后，ECU 会自动建立修正记忆。如果想让 ECU 完全“恢复记忆”则需通过在不同工况下的路试让 ECU 重新学习，恢复学习控制，发动机工作不良状况会自动消失。

蓄电池搭铁极性切不可接错，必须负极搭铁。严禁在发动机高速运转时将蓄电池从电路中断开，以防产生瞬变过电压将 ECU 和传感器损坏。

当诊断出故障原因，对电控系统进行检修时，应先将点火开关关掉，并将蓄电池搭铁线拆下。如果只检查电控系统，则只须关闭点火开关即可。跨接起动其他车辆或用其他车辆跨接本车时，须先断开点火开关，才能拆装跨接线。

ECU 和传感器必须防止受潮。不允许将电脑或传感器的密封装置损坏，更不允许用水冲洗。ECU 必须防止受剧烈振动。

在车身上进行电弧焊时，应先断开 ECU 电源。在靠近 ECU 或传感器的地方进行车身修理作业时，更应特别注意。

某些故障报警灯的功率不得随意改变，否则会出现异常情况。

在点火开关接通的情况下，不要进行断开任何电器设备的操作，以免电路中产生的感生电动势损坏电子元件。

冷却液温度传感器长期使用后，性能会发生变化，使冷却液温度信号发生错误，会对燃油喷射、点火时间及燃油泵的工作等造成不良影响，而冷却液温度传感器的这种性能参数的改变（并非短路或断路）往往不被自诊断系统所识别。

检修氧传感器时，要注意不要让氧传感器跌落碰撞其他物体，不要用水冷却。更换氧传感器时，一定要用专用的防粘胶液涂刷螺纹，以免下次拆卸困难。

（2）燃油系统检修注意事项

1）机油量尺、机油加油口盖、所有乙烯塑料软管等的脱落会引起发动机失调。发动机中任何软管和孔口都要检查其是否脱落。

2）当空气流量计与气缸盖之间的进气系统零件脱开松动或裂开时，均会导致发动机失调，发动机中所有要求真空度的地方均不能漏气。

3）拆卸油管时，为防止大量汽油漏出，可以拔下电动油泵导线插头，再起动发动机，直至发动机自然停机，再松开油管接头。或将一油盆放在油管接头下面，并用毛巾导引。

4）当将连接螺母或接头螺栓与高压油管接头连接时，应注意操作顺序，并按规定力矩拧紧。

5）拆装喷油器时注意：

① 切勿重复使用 O 形圈。

② 在把一只 O 形圈放到喷油器上时，小心一定不要损坏它。

③ 安装前，用汽油清洗 O 形圈。切勿使用机油、齿轮油或制动油。

6）确认汽油系统维修后无漏油：

① 在发动机停机情况下，将点火开关旋至 ON 位置。

② 给油泵接上电源线，使汽油泵工作。

③ 当夹住回油软管时，高压油管内的汽油压力会升高。在此状态下，检查和观察汽油系统是否有任何部位漏油（注意只能夹住软管，不可弯曲软管，否则会使软管裂开）。

2. 发动机管理系统的数据流分析

数据流分析是利用故障诊断仪读取 ECU 中的数据，分析数据之间的关系，确定故障原因和故障区域。数据流中的参数有两种形式，即数值参数和状态参数。数值参数是有一定单位、一定变化范围的参数，例如电压、温度、时间等；状态参数是那些只有两种工作状态的参数，例如继电器的闭合与打开、开关的接通与断开、电磁阀的关闭与打开等。

数据流中的参数很多，为了便于分析，我们可以将数据流分为基本参数、燃油控制参数、节气门及怠速控制参数、温度参数、大气压力及进气量参数、点火控制系统参数、排放控制参数、传动系统和变速器参数以及其他综合参数等。下面我们简要说明一下这些参数的分析方法。

（1）基本参数

基本参数是指反映发动机基本状态的参数，主要有发动机转速、汽车车速、氧传感器工作状态、开环或闭环控制等。

发动机转速：该参数由 ECU 根据发动机的点火信号或曲轴位置传感器信号经计算而得。它反映发动机的实际转速，该参数本身无实际的分析意义，主要作为其他参数分析时的参考基准。

氧传感器工作状态：该参数由 ECU 根据氧传感器的信号得来。该参数的形式依车型的不同而不同，有的车型该参数显示为浓或稀；有的车型则以电压信号显示。正常情况下，该参数应为浓－稀－浓－稀来回变化（信号电压 100～900mV 来回变化），且 10s 内变化次数不少于 8 次。通过该参数分析可以判断混合气的浓或稀、发动机燃油控制状态、EGR 系统、EVAP 系统工作状态，以及发动机整体工作状态。这是故障分析中最重要的参数之一。

开环或闭环：这是一种状态参数，它表示发动机燃油控制方式是开环还是闭环。一般发动机冷车怠速时显示为开环；发动机温度正常后应为闭环。如该参数一直为开环状态，则说明氧传感器或发动机有故障。

车速：该参数由 ECU 根据车速传感器信号计算得出。该参数主要是 ECU 进行自动变速器控制、巡航控制以及 ABS 控制的重要参数，该参数一般作为自动变速器等其他系统故障分析的参考依据。

（2）燃油控制参数

燃油控制参数表示燃油喷射系统控制状态，以及 ECU 向喷油器送出的控制信号等。主要有燃油喷射脉宽、目标空燃比、短期燃油修正、长期燃油修正等。

燃油喷射脉宽：燃油喷射脉宽是发动机 ECU 根据各传感器信号计算得出的控制喷油器每次喷油的时间，数值单位是 ms。该信号怠速时一般为 1～2ms。进行数据流分析时，观察该信号随发动机工况变化而变化的情况，可以检查传感器、喷油器以及 ECU 的工作状态。

短期燃油修正：短期燃油修正是发动机 ECU 根据氧传感器信号对混合气空燃比做出的小范围、临时性的调整。当某些传感器由于各种原因信号发生偏移，造成 ECU 计算的燃油喷射脉宽也发生了偏移，造成了混合气的过浓或过稀，此时 ECU 就会启动短期燃油修正来调节燃油喷射脉宽。其数值用百分比表示，一般为修正极限为 ±27%，若为正值，说明混合气稀，ECU 在进行加油调节；若为负值，说明混合气浓，ECU 在进行减油调节。

长期燃油修正：长期燃油修正是发动机 ECU 在短期燃油修正无力调节时进行的修正。通常此时发动机的某些传感器或执行器出现了实质性的故障。例如喷油器脏污造成喷油量减小而引起长期燃油修正加油调节，其显示为正的百分数值。

（3）节气门及怠速控制参数

节气门及怠速控制参数反映节气门位置及各种怠速控制装置的工作状况和发动机 ECU 向怠速控制装置发出的指令。主要有节气门开度、怠速空气控制、怠速开关、目标怠速转速、怠速阀位置等。

节气门开度：这是一个数值参数，其数值随车型不同而不同，有电压（0～5V）、角度（0°～90°）、百分比（0%～100%）等。该参数表示发动机 ECU 检测到的节气门传感器信号电压值，或由此计算出的节气门开度大小。一般在怠速状态，节气门全关时，数据流应显示角度为 0°，节气门开度为 0%；当节气门全开时，应显示角度大于 82°，开度应为 95% 以上。进行数据流分析时，转动节气门，检查数据流显示是否随之变化，以判断节气门位置传感器电路的状态。

怠速空气控制：这是一个数值参数，其表示 ECU 对怠速控制阀发出的控制指令。根据车型不同，该参数有百分比（0%～100%）和数值（0～255）表示法。数值小，表示怠速控制阀开度小，进入发动机的空气少；数值大，表示怠速控制阀开度大，进入发动机的空气多。该参数应与发动机工况、发动机实际怠速一致。如该参数与实际情况不符，则说明怠速控制系统有故障。

（4）温度参数

汽车温度传感器主要用于检测冷却液温度、进气温度、发动机温度、燃油温度及催化温度等，常用的有热敏电阻式温度传感器、铁氧体式温度传感器、金属或半导体膜空气温度传感器。热敏电阻是其电阻值随温度显著变化的热敏元件。热敏电阻按电阻器随温度变化的典型特性可分为三类，即负温度系数（NTC）热敏电阻、正温度系数（PTC）热敏电阻和临界温度电阻器（CTR）。PTC 和 CTR 型热敏电阻在某些温度范围内，其电阻值会产生急剧变化，适用于某些狭窄温度范围内一些特殊应用，而 NTC 热敏电阻可用于较宽温度范围的测量。通常其温度范围在 -50～200℃，根据车型不同，该参数主要由电压数值表示，通常数值范围为 0.05～4.8V，通常这个数值范围代表一个温度范围，通常可能是高电压代表高温，也可能是高电压代表低温，但都有一条温度对应电压数值的曲线，具体需查看维修资料。

（5）大气压力及进气量参数

压力传感器是汽车电子控制系统中应用最广泛的传感器之一，它用来检测气体压力和液体压力，并将压力信号转变为电压信号。压力传感器检测过程中的基准压力通常是指大气压，其基本工作原理是靠测定压力差来工作的。车用压力传感器很多，有进气歧管压力传感器、大气压力传感器、液体压力传感器等。

进气压力传感器的种类较多，按其产生的信号可以分为电压型和频率型两种。电压型又可分为半导体压敏电阻式和真空膜盒式；频率型可分为电容式和表面弹性波式。

通常一些压力传感器的信号多为电压信号，多数是0.5～4.8V，通常是大气压力与绝对压力的比较而来。

进气量参数其功用是检测发动机进气量大小，并将进气量信息转换成电信号输入电控单元。有体积流量型传感器和质量流量型传感器，其输出参数多为模拟信号，但也有少量是数字信号。

（6）电气及点火控制系统参数

电气及点火控制系统参数表示汽车电气系统的状态和点火系统的状态。主要有蓄电池电压、起动信号、点火提前角、点火控制、爆燃、爆燃计数、爆燃推迟等。

蓄电池电压：这是一个数值参数，它反映了ECU检测到的汽车蓄电池的电压。在进行数据流分析时，可将该参数值与蓄电池实际电压进行对比，若显示电压过低，说明ECU的供电线路有故障。

蓄电池电压直接影响ECU的控制功能，如ECU发现电压过低，它会发出指令让发动机提高怠速转速，以增加充电量；还会增加喷油脉宽，以抵消由于电压下降带来的喷油器响应滞后。

点火提前角：这是一个数值参数，它表示ECU根据各种传感器信号计算出来的点火提前角（－90°～90°）。发动机在运转过程中，该参数取决于发动机的工况，通常在10°～60°之间变化，怠速时该数值为15°左右。在进行数据流分析时，可将该参数值与实际点火提前角进行对比，如该参数值与实际点火提前角不符，则重点检查曲轴位置传感器安装位置是否正确。

爆燃：这是一个状态参数，显示为YES或NO。该参数表示ECU根据爆燃传感器信号判断发动机是否有爆燃产生。显示为YES时表示有爆燃产生，显示为NO时表示没有爆燃产生。

爆燃计数：这是一个数值参数，变化范围为0～255，其表示ECU根据爆燃传感器信号计算出的爆燃次数和持续时间，该数值并非爆燃的实际次数和时间，它只是一个与爆燃次数和持续时间成正比的相对数值。数值越大说明发生爆燃的次数越多，持续的时间越长。

（7）排放控制参数

一般来讲，汽车排放主要有CO、CO_2、HC、NO_x、微粒等产物，通常汽油汽车废气排放中氮气占71%，CO_2约为14%，水和水蒸气约为13%，还有1%～2%的成分为HC、NO_x、CO及少量的二氧化硫。而柴油汽车废气排放中氮气占67%，CO_2约为12%，水和水蒸气约为11%，还有10%的氧气，还有0.3%的成分为HC、NO_x、CO及少量的二氧化硫和颗粒物质。

小组制作工作计划海报

教师活动：

教师要求学生小组合作制定“全负荷行驶功率不足故障诊断与排除”工作计划海报，把每一步的细节和注意事项写出来，包括为什么干？怎么干？安全、环保、工具、时间、成本、注意事项、检测标准等。

学生活动：

学生分组讨论，小组合作完成工作计划海报。(40min)

7.1.4.2 工作计划海报

见附录。

展示讲述工作计划海报

教师活动：

教师选出一个组来介绍讲解海报内容，教师进行评价。

学生活动：

被选出的小组展示讲述本组学习成果，其他组学生提出疑问、建议。(40min)

修改工作计划海报

教师活动：

教师强调修改工作计划时注意：安全、环保、规范、时间及成本控制意识的训练。

学生活动：

每个组根据教师意见认真改进本组海报。(20min)

提交任务计划阶段的评价表

教师活动：

教师提供任务计划阶段的评价表，指定组间评价顺序，保证每个组都被评价。要求学生将7.1.4.3评价表以小组形式提交到系统。

学生活动：

每个组对老师指定的小组进行评价，合作填写7.1.4.3评价表，小组提交到系统。

7.1.4.3 任务计划评价表

参与本项目的教师具体见Moodle系统，未参与本项目的教师可以根据实际情况自行制定。

7.1.5 任务决策：与师傅和客户沟通工作计划

独立完成任务决策表

教师活动：

教师发放7.1.5.1任务决策表要求学生安静地独立完成。

学生活动：

学生每个人独立按照任务决策的关键要素完成7.1.5.1任务决策表。(20min)

7.1.5.1 任务决策表

7.1.5.1 任务决策表

决策类型	决策方案
与师傅决策	请站在厂商的角度，和师傅沟通任务计划实施的可能性（包括：工作任务的时间控制和成本控制，工作步骤的正确性、规范性和合理性，工作过程的安全性和环保性，考虑厂商的经济效益和工作效率等，并记录决策结果与师傅的建议）。
与客户决策	请站在客户的角度，和客户沟通任务计划实施的可能性（包括：是否有几种可能供客户选择？某些项目做或不做？现在做还是未来做？考虑客户的成本控制、时间控制、安全性、环保性、美观性和便利性等，并记录决策结果与客户的意见）。

实战演习任务决策

教师活动：

教师选出一个学生代表（这个学生是以往决策出现问题较大的）和自己进行任务决策，及时担任师傅和客户双重角色。

学生活动：

被选出的学生与教师进行决策对话，其他学生观察，并进行口头评价、补充、改进。(20min)

提交确认任务决策

学生活动：

每个学生修改自己的任务决策方案表格，提交到系统。(20min)

教师活动：

教师对每个学生制定的任务决策方案进行确认，并将确认信息发到系统给学生。

提交任务决策阶段的评价表

教师活动：

教师要求学生对任务决策阶段 7.1.5.2 评价表进行自我评价。

学生活动：

学生按照教师的要求对自己在任务决策阶段的表现进行自评，客观真实。

7.1.5.2 任务决策评价表

参与本项目的教师具体见 Moodle 系统，未参与本项目的教师可以根据实际情况自行制定。

7.1.6 任务实施：使用设备进行实车拆装检测

示范操作

教师活动：

教师亲自示范操作，或者播放相关视频（操作内容是：从接车确认开始，按照诊断思路进行全负荷行驶功率不足（燃油压力不足）故障的所有诊断与排除工作）。

学生活动：

学生观察教师的示范动作，或观察视频中的示范动作。

操作实施

教师活动：

教师将学生分组，并要求每组学生分工明确，严格强调安全和事故预防要求等。实施过程中教师进行巡视指导。

学生活动：

学生分为 4 组，分工操作。每组每次安排 2 名学生操作，所有学生轮流，每个学生都要完成一次操作。当 2 名学生进行操作时，另外安排 2 名学生分别对其进行评价，填写 7.1.7.1 评价表，1 名学生拍视频，1～2 名学生监督记录，1～2 名学生查阅手册改进计划。(6h)

提交任务实施阶段的评价表和视频

教师活动：

教师要求学生对任务实施阶段 7.1.6.1 评价表进行自我评价，并提交任务实施阶段录制的所有视频资料。

学生活动：

学生按照教师的要求对自己在任务实施阶段的表现进行自评，客观真实。

负责拍摄的学生将视频整理提交到系统，负责评价的学生将 7.1.6.1 评价表提交到系统。

7.1.6.1　任务实施评价表

参与本项目的教师具体见 Moodle 系统，未参与本项目的教师可以根据实际情况自行制定。

7.1.7　任务检查：5S 与检查工作结果

5S 与任务检查

教师活动：

教师提供 7.1.7.1 任务检查流程。要求学生分组，小组合作完成任务检查及 5S，在 7.1.7.1 任务检查单上标注。教师要求学生小组成员对工作过程和工作计划进行监督和评估，记录优缺点及改进建议，并口头表达。教师要重点引导学生对队友的支持性意见的表达，并训练学生接纳他人建议。

学生活动：

学生分组，小组合作完成任务检查及 5S，在 7.1.7.1 任务检查单上标注。(20min)

学生按照教师规定严格监督和控制其他成员的工作过程并友善提出改进建议。(10min)

7.1.7.1　任务检查单

7.1.7.1　任务检查单

1. 请进行必要的最终任务检查，在（　　）里进行标记。

检查任务实施过程（　　），是否有改进或需要说明：

如有，处理意见：

检查测量值与标准值（　　），是否有改进或需要说明：

如有，处理意见：

2. 请进行必要的 5S。

5S 车辆（　　）

5S 工位（　　）

5S 场地（　　）

3. 请根据实施的诊断与修理工作，编制工作说明，完善改进工作计划。（以另一种颜色的笔在任务计划上标注作答）

小组合作修改工作计划

教师活动：

教师要求学生小组合作修改完善工作计划，修改方式是：在原有工作计划上用另一种颜色的笔进行真实、全面的复盘改进，标注。

学生活动：

学生小组合作修改完善工作计划，修改方式是：在原有工作计划上用另一种颜色的笔进行真实、全面的复盘改进，标注。(10min)

提交任务检查阶段的评价表

教师活动：

教师要求学生对自己在任务检查阶段的表现进行自我评价。提醒学生：对于自己没有涉及的条目不评价。

学生活动：

学生对自己在任务检查阶段的表现进行自我评价，对于自己没有涉及的条目不评价。

7.1.7.2 任务检查评价表

参与本项目的教师具体见 Moodle 系统，未参与本项目的教师可以根据实际情况自行制定。

7.1.8 任务交付：交车

任务交付准备

教师活动：

在任务交付之前，教师提供 7.1.8.1 交车剧本给事先安排好的两个学生，一个扮演客户，另一个扮演 SA，以便上课时两个学生能在实车上呈现交车过程。

学生活动：

两个角色扮演的学生要熟悉练习交车剧本。

7.1.8.1 交车剧本

7.1.8.1 交车剧本

学习情境描述：

一辆大众速腾轿车，行驶总里程60000km，客户发现汽车在大节气门开度甚至是加速踏板踩到底行驶时，感觉发动机动力不足，汽车没劲。

（一）任务完成正常交车

前台：先生，您好！您的车修好了，没有任何问题，您可以放心使用了。这是针对电控燃油喷射系统使用的开车温馨贴士，请您留存！

客户：非常感谢！

前台：不客气！这是费用清单，请您跟我去财务结账。

客户：好的。

前台：这是车钥匙，以后请您放心使用！请您随时观察车况，如果有任何问题，您都能随时联系我。非常愿意为您服务！

客户：好的！谢谢您了！再见！

前台：再见！您慢走！

（二）任务未完成异常交车

前台：先生，您好！非常抱歉，您的车我们前期预估失误，虽然我们已经尽力了，但是还是不能按照约定时间正常交车给您，预计还得两个小时才能完成。您看您是继续在店里等待，还是先去处理其他事情。等这边结束我及时联系您。

客户：好吧！怎么回事呀，我已经等待这么长时间了。两个小时后一定能取走我的车吗？

前台：真的非常抱歉，在此对您说声对不起！不过，您放心！同样的错误我们不会出现第二次。再有两个小时肯定交车给您。

客户：好吧。两个小时后等你电话，我先去处理其他事情。一定要完全修复啊！

前台：请您放心！一定保证您的爱车行驶无忧，我会随时观察进展情况，及时联系您。非常愿意为您服务！

客户：好的！谢谢您了！那我先走了，待会儿见！

前台：待会儿见！您慢走！

两人角色扮演

学生活动：

学生分组，两人一组。其中，事先安排好的两个学生为一组，一个扮演客户，另一个扮演 SA，先交车给师傅，然后交车给客户。(10min)

教师活动：

教师提前安排学生两人一组，观察角色扮演学生的表演过程，同时观察其他学生的表现：倾听的认真程度。

全员换位评价

学生活动：

学生认真观看角色扮演情境再现过程，理解客户委托，并与本组学生一起对 SA 角色扮演的学生换位思考进行口头评价：角色扮演时的优缺点，如果是自己怎么改进会更好。(5min)

教师活动：

教师指出角色扮演的优缺点，提出注意事项进行强调说明。

全员分组练习

教师活动：

教师要求所有学生借鉴两个示范学生的表现，进行任务交付练习。

学生活动：

学生按照教师的提示与强调，借鉴示范的两个学生的表现，学生分组在实车上进行任务交付的角色扮演练习。互换角色再练习一次。(10min)

提交任务交付阶段的评价表

教师活动：

教师要求学生对任务交付阶段自己扮演 SA 时的表现依据 7.1.8.2 评价表进行自我评价。

学生活动：

学生按照教师的要求对自己在任务交付阶段扮演 SA 时的表现进行自评，客观真实。

7.1.8.2 任务交付评价表

参与本项目的教师具体见 Moodle 系统，未参与本项目的教师可以根据实际情况自行制定。

7.1.9 反思评价：总结知识点、技能点和素养点

提交反思评价自评表

教师活动：

教师归纳整理理论知识体系，以 1 页 PPT 展示知识点、技能点和素养点。

学生活动：

学生认真反思、倾听，构建适合自己学习的知识体系。(10min)

学生认真反思，对照学习目标进行自我反思，填写 7.1.9.1 自评表。(10min)

7.1.9.1 反思评价自评表

参与本项目的教师具体见 Moodle 系统，未参与本项目的教师可以根据实际情况自行制定。

提交反思评价他评表

教师活动：

教师把每一位学生的反思阶段的评价表分配给其他同学进行评价。

学生活动：

学生按照系统分配的评价对象，每个学生都填写一份对另一个学生的评价表。(10min)

7.1.9.2 反思评价他评表

参与本项目的教师具体见 Moodle 系统，未参与本项目的教师可以根据实际情况自行制定。

提交反思评价阶段的评价表

教师活动：

教师参照学生的自评与他评在 7.1.9.3 反思评价表上给出学生反思评价成绩。

学生活动：

每个学生将自评表和他评表形成的 7.1.9.3 反思评价表进行对照，帮助学生自我认识。

7.1.9.3 反思评价表

参与本项目的教师具体见 Moodle 系统，未参与本项目的教师可以根据实际情况自行制定。

7.1.10 巩固拓展

迁移新任务

教师活动：

教师布置新的客户任务：燃油泵不供油故障。要求学生小组合作制定工作计划并用 PPT 展示。

学生活动：

学生明确拓展任务：小组合作制定工作计划，下次课前用 PPT 展示和评价。做好完成拓展任务的计划（分工与时间安排）

分工制作工作计划

教师活动：

教师要控制学生的制作过程，要求学生分工完成 7.1.10.1 工作计划，把自己负责的部分提交到系统，让教师看到。

学生活动：

学生在小组长的带领下，制作过程合理分工，每人完成工作计划的一部分并提交到系统。(课后)

7.1.10.1　工作计划海报

见附录

提交过程视频和 PPT

教师活动：

教师要求学生制作 PPT 的过程录制视频并把视频提交到系统，同时提交 PPT 结果到系统。**学生活动：**

小组合作把制作 PPT 的过程录制视频。

巩固拓展阶段的评价表

教师活动：

教师要求小组长完成本小组所有成员的 7.1.10.2 评价表，提交到系统。

学生活动：

小组长完成小组评价 7.1.10.2 评价表，并把每个组员的评价表提交到系统。

7.1.10.2　巩固拓展评价表

参与本项目的教师具体见 Moodle 系统，未参与本项目的教师可以根据实际情况自行制定。

总体评价

给学生反馈总体评价表

教师活动：

教师对每个学生的总体评价表初稿进行补充修改，形成总体评价定稿，作为每个学生本学习情境的最终评价。

学生活动：

学生认真对照教师反馈的总体评价表，分析自己的优势和不足，有针对性地制定改进措施，在弱势素养或知识、技能方面加强。

LS7.2

发动机运行不平稳且功率不足

教学准备

教学情境准备

教师活动：

教师提前提供给所有学生7.2.0.1客户任务工单。提前在车上设置“发动机运转不平稳且功率不足，发动机故障警告灯点亮”的真实故障。课前提供7.2.0.2接车剧本给事先安排好的两个学生，一个扮演客户，另一个扮演SA，以便上课时两个学生能在实车上把客户任务真实再现。

学生活动：

所有学生在课前熟悉7.2.0.1客户任务工单，提前了解客户委托任务。

两个角色扮演的学生要熟悉练习7.2.0.2接车剧本。（课前）

7.2.0.1 客户维修工单

7.2.0.1 客户任务工单

<table>
<tr><td>车主姓名</td><td></td><td>日期</td><td></td></tr>
<tr><td>车型</td><td></td><td>车牌号</td><td></td></tr>
<tr><td>发动机号</td><td></td><td>底盘号</td><td></td></tr>
<tr><td>联系电话</td><td colspan="3"></td></tr>
<tr><td>通信地址</td><td colspan="3"></td></tr>
<tr><td colspan="4">故障现象描述：
车主反映，汽车运行中不平稳有抖动，感觉发动机动力不足，而且发动机故障灯点亮。</td></tr>
<tr><td colspan="4">检查维修建议：</td></tr>
<tr><td colspan="4">故障结论：（更换或维修的零件记录）</td></tr>
<tr><td colspan="2">取车付款：
现金　　　　　　银行卡</td><td colspan="2">维修人：
收款人：</td></tr>
</table>

7.2.0.2 接车剧本

7.2.0.2 接车剧本

学习情境描述：

一辆大众速腾轿车，行驶总里程6万km，客户发现汽车运行中不平稳有抖动，感觉发动机动力不足，而且发动机故障灯点亮。

前台：您好！有什么需要我帮助的？

客户：您好！是这样的：我的车在运行中不平稳有抖动，感觉发动机动力不足，而且发动机故障灯点亮。您能帮我看看吗？

前台：好的！您给我车钥匙，我给您试一下车，先检查一下。

（上车，着车，行驶一段时间开始体会客户的诉求，发现汽车在运行中不平稳有抖动，感觉发动机动力不足，而且发动机故障灯点亮。询问客户）

前台：您的车在运行中不平稳有抖动，发动机动力不足，而且发动机故障灯点亮。这个毛病以前出现过吗？最近您修理过什么吗？

客户：不瞒您说，我的车车况特别好，在这之前什么毛病也没有，这是第一次有故障，只做过正常的维护保养。

前台：那您的车车况是真不错，您使用得很好。我刚才初步诊断了一下：您的车确实是在运行中不平稳有抖动，感觉发动机动力不足，而且发动机故障灯点亮。估计是燃油供给系统或者是点火系统有故障了，原因很多，需要后台检测后才能确认。

客户：好的！那您尽快维修吧，我还着急用车呢。

前台：那您想什么时间取车？

客户：今天下午4点可以吗？

前台：好的！请您在客户区休息等待，如有需要，我会及时和您联系。

教学目标准备

教师活动：

教师以1页PPT简介本情境的教学目标：素养点、知识点、技能点。

学生活动：

学生思路清楚明确目标，在头脑中做出个人学习规划。（课前）

素养点：

① 能够专注于任务并且目标明确地实施。

② 能够确定各种特点并制定合理的的工作流程。

③ 能够按照通用的演示规则进行简要演示。

④ 能够准确、高效地执行工作。

⑤ 能够个人独立工作。

⑥ 能够小组合作，站在他人角度思考问题。

⑦ 能够阅读较难技术信息，创建关系（结构化）。

知识点：

① 混合气形成与浓度。

② 空气供给系统结构组成与工作原理。

③ 燃油喷射电子控制。

④ 空气流量计和进气压力传感器。
⑤ 节气门位置传感器结构原理。
⑥ 喷油器及其电路。
⑦ 温度传感器结构原理。
⑧ 转矩传递式发动机管理系统结构功能。

技能点：
① 空气供给系统直观认知。
② 使用电路图。
③ 进行喷油器、空气流量计和节气门位置传感器故障查询。
④ 使用万用表。
⑤ 喷油器及其电路检测排故。
⑥ 使用制造商资料和维修站信息。
⑦ 遵守事故预防条例。

资料设备清单

参与本项目的教师具体见 Moodle 系统，未参与本项目的教师可以根据实际情况自行制定。

7.2.1 任务接受

两人角色扮演

学生活动：
学生分组，两人一组。其中，事先安排好的两个学生为一组，一个扮演客户，另一个扮演 SA 维修接待，在实车上把客户任务真实再现。(10min)
教师活动：
教师观察角色扮演学生的表演过程，同时观察其他学生的表现：倾听的认真程度。

全员换位评价

学生活动：
学生认真观看角色扮演情境再现过程，理解客户委托，并与本组学生一起对 SA 角色扮演的学生换位思考进行口头评价：角色扮演时的优缺点，如果是自己怎么改进会更好。(10min)
教师活动：
教师指出角色扮演的优缺点，提出注意事项进行强调说明。

全员分组练习

教师活动：
教师要求所有学生借鉴两个示范学生的表现，进行任务接受练习。

学生活动：

学生按照教师的提示与强调，借鉴示范的两个学生的表现，学生分组在实车上进行任务接受的角色扮演练习。互换角色再练习一次。（10min）

提交任务接受阶段的评价表

教师活动：

教师要求学生对任务接受阶段自己扮演SA时的表现进行自我评价。

学生活动：

学生按照教师的要求对自己在扮演SA时的表现进行自评，客观真实。

7.2.1.1 任务接受评价表

参与本项目的教师具体见Moodle系统，未参与本项目的教师可以根据实际情况自行制定。

7.2.2 任务分析：发动机运行不平稳且功率不足的原因

教学方法：餐垫法

独立查找原因

教师活动：

教师提供7.2.2.1信息页（维修信息、文本资料）和餐垫图纸，指导学生独立查找“发动机运行不平稳功率不足且报警”的原因书写在餐垫上周边对应位置。

学生活动：

学生分组，首先个人独立阅读教师提供的7.2.2.1信息页，在信息页上划出关于“发动机运行不平稳功率不足且报警”的原因，形成自己的个人逻辑结果，工整地书写在餐垫对应位置上。（30min）

7.2.2.1 信息页

7.2.2.1 信息页

学校名称		任课教师	
班级		学生姓名	
学习领域	L7 发动机管理系统诊断维修		
学习情境	LS7.2：发动机运行不平稳且功率不足	学习时间	1h

1. 发动机运转不平稳且功率不足的故障现象

发动机无论是在怠速运转，还是在行驶中运转不平稳有抖动，而且加速缓慢，上坡无力，加速踏板踩到底时仍感到动力不足，转速提不高，达不到最高车速。

2. 发动机运转不平稳且功率不足的原因分析

造成发动机运转不平稳且动力不足故障发生的原因有燃油系统油压过高或过低，单缸断油、喷油器喷油不良，传感器信号错误，单缸断火、点火高压太低，点火正时不正确，气缸压力低，排气管堵塞等。

造成动力不足、加速不良故障发生的原因有：空气滤清器堵塞、油路堵塞、喷油器堵塞、燃油压力调节器或汽油泵故障。用真空表检测进气系统有无漏气。怠速点火正时提前角一般为10°左右，检查是否正确。检查电控单元是否有故障。检查空气流量计和进气压力传感器有无故障。

① 节气门积垢过多，电喷发动机动力的控制基本上以控制节气门开度为主。若节气门积垢过多，使节气门在同样开度的情况下，进入进气管的空气变少，使发动机负荷太低，带负荷运转时加速缓慢，低于正常的转速范围而导致动力不足。

② 空气滤清器堵塞：空气滤清器积垢过多，进入进气管空气变少。

③ 燃油压力过低：燃油压力过低就会使实际的喷油量减少。也使燃油雾化不良，严重时会造成喷不出油。或成水滴状。燃油滤清器、燃油箱内滤网堵塞，油泵压力不足也有影响。

④ 气缸缺火：火花塞型号不正确，间隙不正确（过大、过小），或者是被烧蚀或损坏，以及火花塞电极有积炭导致气缸不发火。

⑤ 点火正时不当或高压火花弱：包括中央高压线跳火过弱、高压分线火花过弱、点火线圈或点火器工作不良、点火提前角过大、点火提前角过小等。

⑥ 空气流量计或进气歧管真空度传感器、冷却液温度传感器、节气门位置传感器故障：如空气流量计所检测的数据不准或空气流量计热线上有积垢。进气歧管压力传感器不能输出信号，计算机按预先设置的信号，使发动机维持运转，但预先设置的信号不能随真空度的变化进行调节，导致发动机性能变坏。冷却液温度传感器不能正确反映冷却液的温度，提供错误信号。节气门过脏导致节气门位置传感器灵敏度下降、反应迟钝等。

⑦ 喷油器堵塞：喷油器积炭、汽油质量导致。

⑧ 废气再循环装置工作不良：废气再循环阀不能关闭或不能正常工作。

有许多的因素会影响发动机的动力，比如；油路积炭过多，正时错位，缸压不够，发动机温度过高，又或者电路等一系列的原因。因此，要使用专用发动机机油和燃油延长发动机寿命，减少故障出现。定期保养和维护发动机。

在保证发动机动力的前提下延长发动机的寿命。保养的内容有：

① 每半年或者5000km对发动机进行保养，并更换机油和机油滤清器、空气滤清器、空调滤清器。

② 每20000km检测汽油滤清器及火花塞，若汽油滤清器过脏和火花塞积炭严重则应更换。

③ 每年检查并调整汽车发动机的点火正时、检查气门间隙：对装有普通气门发动机，应检查高速气门间隙。

④ 每两年或20000km进行发动机内部清洗及检查更换防冻冷却液。

发动机是汽车的“心脏”，我们一定要学会解决这些问题，从而保护好发动机。只有熟练地掌握这些解决方法，才能有效地处理这些不良因素。

3. 功率不足的检查流程

（1）发动机动力不足，加速不良的检查顺序

踩下加速踏板后发动机转速不能马上升高，有迟滞现象，加速反应迟缓，甚至踩下加速

踏板后转速不升反降；加速踏板踩到底时仍感到动力不足，转速提不高，达不到最高车速。

发动机动力不足，加速不良一般按如下顺序进行检查：

检查空气滤清器。如滤清器堵塞，将造成加速不良，应进行清洗或更换；油路的堵塞，同样将引起加速不良。应检查燃油压力，怠速时燃油压力约为300kPa，加速时燃油压力应能上升约50kPa左右，如油压过低，可能是汽油滤清器堵塞、喷油嘴堵塞，以及油压调节器或汽油泵的故障，应进行清理、更换或修理；进行发动机故障自诊断，检查有无故障码，如有，按故障码指示进行修理；检查进气系统有无漏气，若测量到进气系统有漏气，应检漏。

检查点火正时。在发动机怠速时点火提前角应为10°～15°左右，如不正确，应调整发动机的点火提前角。加速时点火提前角应能自动地加大到20°～30°，如有异常，应检查点火控制系统或更换电脑。拆检火花塞、高压试火。如火花塞缺火，应予更换。高压试火，如跳火不正常，检查点火器、点火线圈是否接触不良。检查节气门位置传感器。开关型节气门位置传感器，在节气门全闭时，怠速开关触点应闭合；节气门打开时，怠速开关触点应断开；节气门接近全开时，全负荷开关触点应闭合。对于线性输出式节气门位置传感器，在节气门由全闭到全开变化时，其信号端子与搭铁端子间的电阻值应连续增大，如有异常，应修理或更换。检查空气流量计或歧管压力传感器，如有异常，应修理或更换。检查冷却液温度传感器。温度变化阻值应随之变化，否则应更换。检查节气门，将加速踏板踩到底，节气门应能全开，否则应进行调整。检查蓄电池电压、气缸压力。如电压太低，会使喷油器喷油量减少；检查气缸压力是否太低。

（2）检修轿车电喷发动机加速不良故障的操作步骤

检修轿车电喷发动机怠速不良故障时，应从点火系统、机械方面、油气配比和电脑等方面来考虑，操作步骤如下。

检查点火系统。常见点火系统引起发动机加速不良的原因是点火时间不对或是点火能量不够。点火时间的问题，可通过踩加速踏板听发动机运转的声音，可知其点火的早迟；也可以通过点火提前角测试仪来进行测试，其怠速时有一个标准角度，加速时点火提前角加大。若点火提前角过大或过小都会引起发动机加速不良。点火能量的问题，凡是点火系统机件性能不良都会造成点火能量不够，须检查缸线和分火头的阻值、火花塞的间隙和状况、分电器的工作情况和导通情况，检查点火线圈是否发热，检查点火器是否发热。必要时可用示波器观察点火初级和次级波形，可看出是哪里的故障。

检查机械部分。首先看发动机能否转动，检查空气滤清器是否堵塞，判断是否有个别缸不工作，可以采用单缸断火或断油的方法，如果有个别缸不工作，须找出其不工作的原因和部位，进一步确定。也可用缸压表检查气缸压力，若缸压不在800～1300kPa范围或压差超出标准，则要检查火花塞是否拧紧，配气正时、缸垫、正时带位置、活塞环密封性、气门密封性等。

检查是否油气配比不对。燃油压力低，用油压表检测燃油系统的油压，将滤清器到燃油分配管之间的油路断开，接上油压表，拧紧管接头，搭接起动机可测出油压的高低。若油压不正常，则是油路问题，须检查油泵、滤网、滤清器、蓄压器、油压调节器、喷油器。检查油压调节器可加大节气门开度或拔下油压调节器的真空管路，看油压是否增加50kPa。

4. 功率不足故障案例

[案例1]

车型：斯柯达明锐1.6L

车主描述：这两天在起动后，发动机有明显的抖动，比正常的发动机抖动厉害一些。在车辆正常行驶中，会觉得车辆加速缓慢、动力不足。

初步观察：在初步观察车辆故障状况后，和车主反映的一样，发动机在怠速时，也能观察到明显抖动，用手触摸发动机气缸盖也感觉到强烈的振动感。

具体分析：

根据此车的故障现象分析，令发动机怠速抖动和动力不足可能有电路、油路或机械部分有故障造成。

1）电路：某个点火系统有故障，可能是高压线烧坏或火花塞不跳火等。

2）油路：①某个喷油器有故障，可能是有脏物堵塞或喷油器电磁线圈损坏。②燃油管道压力不足导致某喷油器没喷射燃油。

3）机械部分：①发动机连接车架的基脚缓冲胶老化或破损。②某气缸密封不严导致气缸压力不足。③进气管道密封不严有漏气。

检查流程

① 检查发动机减振胶，是否老化失去减振功能。

② 查看油路有无泄漏，造成油压过低。或者漏电，造成点火电压不足。

③ 接通点火开关，观察仪表上是否有故障警示灯，使用VAS5051B电脑查询故障码。

④ 使用单缸断火法和单缸断油法，找出故障所在。

单缸断火法：起动发动机，在怠速运转下，依次拔出每个分缸高压线，若某缸拔出分缸高压线后，发动机转速和工况无任何变化，则此缸有故障。再进行跳火试验，确定有无高压电火花，若有则是火花塞问题导致。

单缸断油法：起动发动机，在怠速运转下，依次拔出每个喷油器信号线接头，若某缸拔出接头之后，发动机转速和工况无任何变化，则此缸有故障。可能是喷油器堵塞或电磁线圈烧坏等（喷油器有无喷油，还可以通过拆除火花塞观看火花塞干湿度判断）。

检查结果如图1所示。

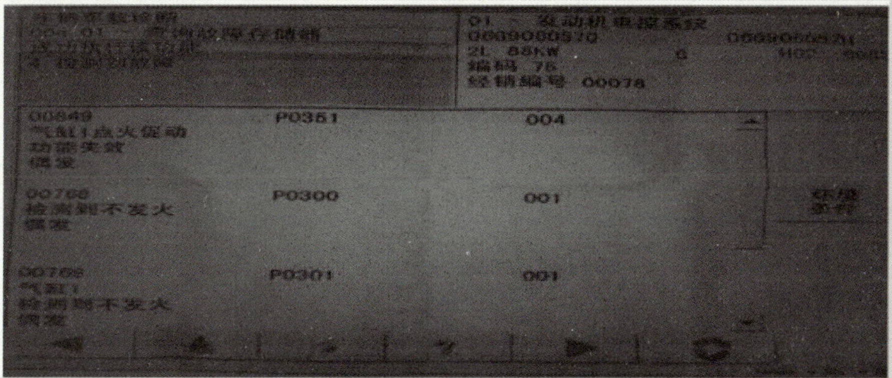

图1 检查结果

通过检查，找到了故障所在，发动机第一缸喷油器电磁线圈烧毁。于是更换了一套（四个）新的喷油器，然后试车，此车故障已经排除了。

［案例2］

车型：明锐1.6L

车主描述：发动机高速动力不足

初步观察：首先进行试车，结果如车主所说的动力不足，但是症状不明显。

具体分析：根据此车的故障现象分析，发动机动力不足可能是电路、油路或机械部分有故障造成。

① 电路：点火系统某处有故障，可能是高压线烧坏或火花塞不跳火等。

② 油路：燃油管道压力不足导致某喷油器没喷射燃油。

③ 机械部分：某气缸密封不严导致气缸压力不足；进气管道密封不严有漏气。

检查过程

① 对发动机进行基本检查，燃油压力280kPa，把油压调节器上的真空管路拔掉，油压升高到325kPa，可以说，这样的燃油压力肯定没有问题。

② 使用VAS5051B电脑查询故障码结果如图2所示。

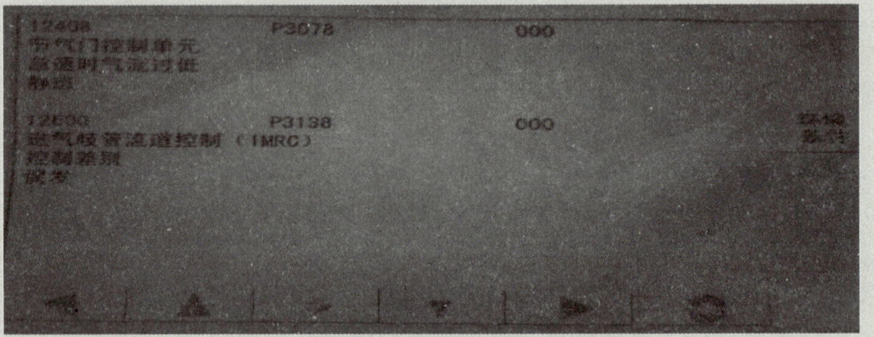

图2　故障码结果

③ 使用VAS5051B电脑读取数据流，通过比较发现了几点数据问题：

发动机喷油时间：

故障车在发动机转速780r/min时为1.6ms；正常车在发动机转速780r/min时为1.7～1.8ms。

故障车在发动机转速2500r/min时为4.8～5.5ms；正常车在发动机转速2500r/min时为7～7.5ms。

发动机进气量：

故障车在发动机转速780r/min时为3.6g/s；正常车在发动机转速780r/min时为3.8g/s。

故障车在发动机转速2500r/min时为35g/s；正常车在发动机转速2500r/min时为48～50g/s。

检查结果：

由此判断问题出现在节气门位置，经过检查发现连接在节气门控制单元之间的空气管路本身没有泄漏，但是在与曲轴箱通风管相连的一节波纹塑料软管已经断裂了，由于位置比较隐蔽，不仔细检查很难发现。

更换后，对节气门控制单元J－338重新进行匹配，试车，故障排除。车主满意接车。

合作讨论原因

学生活动：

学生小组合作讨论达成共识，把本组的“发动机运行不平稳功率不足且报警”原因工整书写在餐垫中心位置上，贴在白板上展示。（30min）

教师活动：

教师重点观察学生讨论时的表现：所有成员是否可以经过妥协或协商快速达成一致意见。

师生确定原因

教师活动：

教师带领学生一起逐条对每组的结果进行分析评价，判断对错，总结原因。

学生活动：

学生领会理解，修改本组餐垫并把最终结果工整记录在笔记本上。（10min）

填写客户工单

教师活动：

教师提供行车证等资料指导学生填写 7.2.0.1 客户工单（车辆检验内容，确定维修范围，是否修理车辆建议）。

学生活动：

学生小组合作填写完整客户任务工单。（20min）

提交任务分析阶段的评价表

教师活动：

教师要求学生对任务分析阶段自己的表现依据 7.2.2.2 评价表进行自我评价。

学生活动：

学生按照教师的要求对自己在任务分析阶段的表现对照每一条进行客观真实地自评。

7.2.2.2 任务分析评价表

参与本项目的教师具体见 Moodle 系统，未参与本项目的教师可以根据实际情况自行制定。

7.2.3 理论学习：喷油器及传感器结构原理及检修

教学方法：关键词海报法

3.1 混合气形成与浓度

关键词法独立学习

教师活动：

教师提供 7.2.3.1 信息页（汽油机可燃混合气形成、可燃混合气浓度表示、浓度与工况匹配），让学生独立阅读，划出关键词，整理出逻辑关系思维导图。

学生活动：

学生安静独立地阅读7.2.3.1信息页，划出关键词，整理出思维导图。(30min)

7.2.3.1 信息页

7.2.3.1 信息页

学校名称		任课教师	
班级		学生姓名	
学习领域	L7 发动机管理系统诊断维修		
学习情境	LS7.2：发动机运行不平稳且功率不足	学习时间	1h
工作任务	汽油机可燃混合气形成与浓度	学习地点	理实一体化教室

1. 混合气形成系统的功用

对发动机的每个工况，这些系统应该形成数量上足够，并在发动机内能完全燃烧的可燃混合气。混合气的完全燃烧应该理解成，燃料中的所有碳原子和氢原子都被空气中的氧原子氧化成二氧化碳和水，并放出热量。根据燃料的分子结构和相对分子质量大小的不同，燃料含有的碳原子、氢原子数量不同，这些燃料的完全燃烧就需要特定的空气量。当空气量不足或过多时，燃烧就会恶化，这些燃料只能不完全燃烧。如果低于或超过混合气的空燃比特定极限值（着火极限），燃烧根本就不会发生。

2. 可燃混合气浓度

按一定比例混合的燃料与空气的混合物称为可燃混合气，它的成分对发动机的动力性和经济性有很大影响。可燃混合气中空气与燃油的比例称为可燃混合气体成分或可燃混合气体浓度，通常用过量空气系数和空燃比表示。

（1）空燃比

可燃混合气中空气质量与燃油质量之比为空燃比，空燃比A/F（A：air－空气，F：fuel－燃料）表示空气和燃料的混合比。一般用每克燃料燃烧时所消耗的空气的克数来表示。空燃比是发动机运转时的一个重要参数，它对尾气排放、发动机的动力性和经济性都有很大的影响。空燃比有两种不同的形式：理论空燃比和实际空燃比。

① 理论空燃比（即理想配比，反映理论上的空气需要量）。理论空燃比规定了1kg燃料完全燃烧需要多少kg空气。为了燃烧1kg汽油，所需的理论空气量约为14.7kg（即10300L空气）。

② 实际空燃比。根据发动机工况的不同，实际空燃比不同程度地偏离了理论空燃比。燃油比例较大（如1:13）的混合气被称为“浓”混合气（空气不足）。燃油比例较小（如1:16）的混合气被称为“稀”混合气（空气过剩）。

空燃比等于14.7称为理想混合气或化学计量空燃比，比值小于14.7称为浓混合气，气少油多，此时发动机发出的功率大，但燃烧不完全，油耗高，生成的CO、HC多。比值大于14.7称为稀混合气，气多油少，燃烧效率最高，燃油消耗量低，但生成的NO_x也最多，燃烧速度变慢，燃烧不稳定，使得HC增多，功率较小。在电控汽油喷射系统中采用闭环控制的方式，将空燃比控制在化学当量比附近，并在排气系统中消声器前安装一个三元催化转化器，对发动机进行后处理，是当前减少汽车排气污染物的最有效方法。在化学当量比附近，转化器的净化效率最高。

汽油机的空燃比在 12～13 时功率最大，在 16 时油耗最低，在 18 左右污染物浓度最低。因此，为了降低油耗和减少污染，应当尽量使用空燃比大的稀混合气，只在需要时才提供浓混合气。这种做法，叫做稀薄燃烧，已为当今多数汽油发动机采用。

（2）过量空气系数

我国传统上有时还使用过量空气系数来表示混合气浓度，过量空气系数定义为 α = 燃烧燃料所实际供给的空气质量/完全燃烧燃料所需的理论空气质量。根据过量空气系数的定义，$\alpha=1$ 的混合气为理论混合气，$\alpha>1$ 的混合气为稀混合气，$\alpha<1$ 的混合气为浓混合气。

汽油的空燃比和过量空气系数如图 1 所示，点燃式发动机的燃油消耗率、功率和废气排放特性都与发动机不同工况下的空燃比有关。点燃式发动机的转矩和燃油消耗率与过量空气系数之间的关系如图 2 所示。

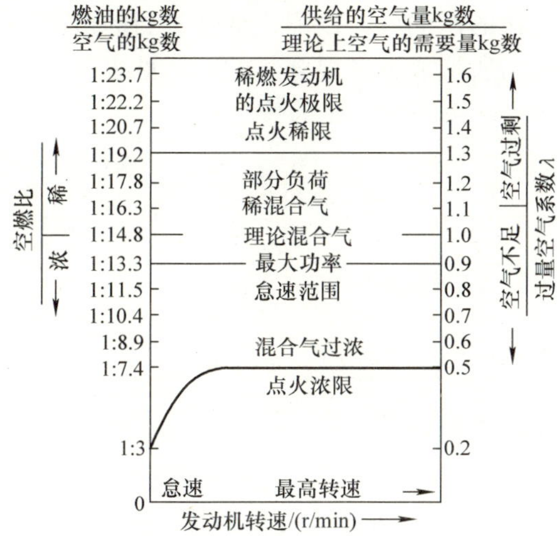

图 1　汽油的空燃比和过量空气系数

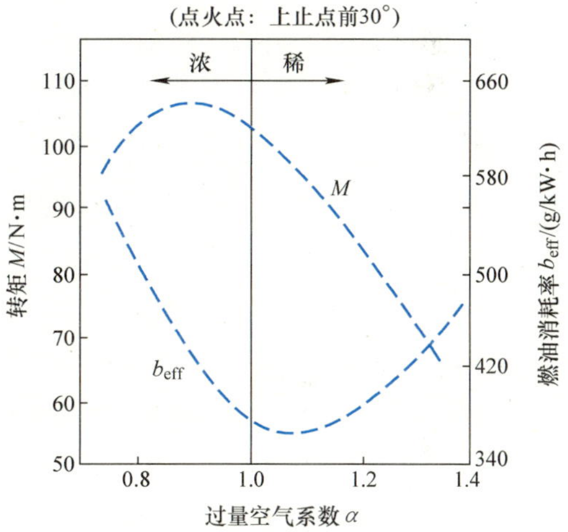

图 2　过量空气系数的影响

3. 混合气浓度对燃烧过程和发动机性能的影响

混合气的浓度必须在一定范围内汽油机才能正常燃烧，同时浓度与汽油机的性能也有很大关系。理论上讲，$\alpha=1$ 的标准浓度混合气中，空气中的氧分子恰好可以使其中的全部燃料分子完全燃烧。但实际上由于燃烧时间和空间的限制，汽油油粒和蒸气不可能及时与空气进行绝对均匀的混合，汽油也不可能完全燃烧。要使其又能够完全燃烧，必须多供给一些空气。试验表明，$\alpha=1.05\sim1.15$ 的情况下混合气中的燃料能够完全燃烧，所以汽油机使用这样的浓度混合气，可以获得更好的燃油经济性指标。

混合气再稀，$\alpha>1.15$，虽然汽油可以完全燃烧，但由于稀混合气燃烧速度慢，有一部分混合气的热量是在活塞向下运动、燃烧容积增大很快的情况下进行的，单位体积的混合气所放出的热量也小；除此之外，混合气燃烧速度低，燃烧时间长，通过气缸壁面传给冷却液的热量相应增加，结果使汽油机的动力性、经济性变坏。

当混合气 $\alpha>1.4$ 时，燃料分子之间的距离将增大到使火焰不能传播的程度，会导致汽油机不能稳定运转，甚至缺火运转。

$\alpha=0.8\sim0.9$ 的混合气，汽油分子相对较多，混合气燃烧速度快，热损失少。汽油机输出功率相对较大。但这种混合气中空气含量较少，一部分汽油因缺少空气不能完全燃烧，所以汽油机经济性较差。

$\alpha<0.8\sim0.9$ 时，由于燃烧很不完全，混合气燃烧速度慢，同时单位体积混合气燃烧放出的热量也少，所以输出功率减少，油耗增加，还产生大量 HC、CO。

$\alpha<0.4\sim0.5$ 时，由于严重缺氧，火焰不能传播，成为上限着火浓度。如果进气歧管燃油喷射发动机采用了排气处理催化转化器，那么工作时就必须保持能靠近 $\alpha=1$ 的过量空气系数，以便获得低的废气排放值。

4. 汽油机可燃混合气的形成

(1) 混合气形成

汽油机混合气的形成是由其燃料供给系统来实现的，即汽油机燃料供给系统向进气管、进气道或气缸内供给能够适应发动机吸入空气量变化的汽油量，以形成浓度适当的可燃混合气，保证发动机正常工作。汽油机的燃料供给方式与所形成可燃混合气的关系见表1。

表1 汽油机的燃料供给方式与所形成可燃混合气的关系

燃油供给方式	位置	形成的可燃混合气	功率调节方式
缸外汽油喷射式	向进气管或各缸进气道喷油	均质可燃混合气，$\alpha<1.15$	量调节
缸内汽油喷射式	直接向各缸内喷油	中、低转速和负荷工况形成浓度分层的混合气，平均 α 可达 3.0~3.4 高转速和负荷工况形成均质混合气，平均 $\alpha\approx1.0$	质调节

由表1可知，汽油机可燃混合气的形成方法主要有两种：

① 混合气气缸外形成（图3）：这种混合气形成方式是将燃油喷入进气歧管内进气门的前面。在开始喷油时，进气门仍然关闭。由于进气行程期间的吸气过程和接着的压缩过程，就会有足够的时间在燃烧室内形成均质混合气。

② 混合气气缸内形成（图4）：在混合气缸内形成的发动机上，燃油被直接喷入燃烧室。如果喷油后立即点火，燃油和空气不能均匀混合，那么混合气就是非均质混合气。

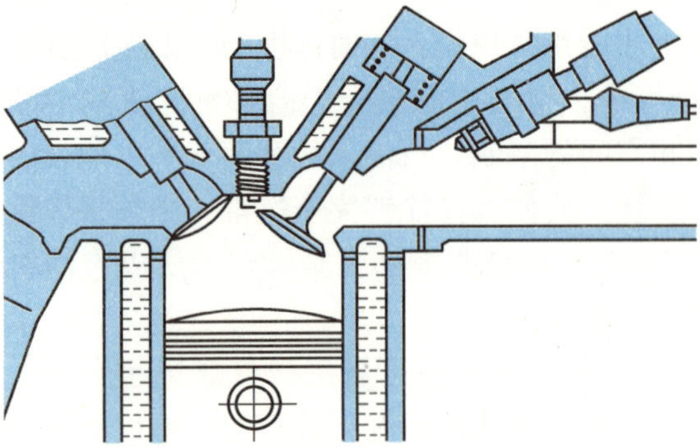

图3 混合气气缸外形成

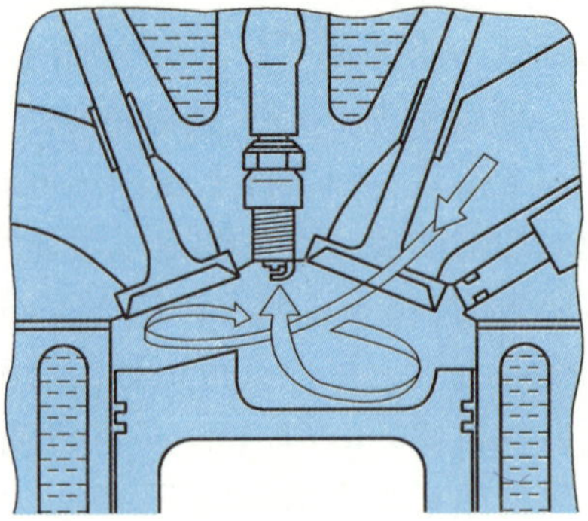

图4 混合气气缸内形成

(2) 混合气成分

① 均质混合气：均质混合气是指在整个燃烧室内各处混合气的成分均相同。为了获得均质混合气，必须有足够的时间来实现可燃混合气的均匀和充分的混合。为此，采用的方法

有在进气行程中提前喷油，或将燃油喷入进气歧管。

② 非均质混合气：燃烧室内各处混合气成分不同（分层充气）。在压缩行程期间，将燃油喷入气缸的时刻向后推迟和精确地匹配空气涡流，都有利于形成非均质混合气。在点燃式发动机上，为了确保火花塞附近区域的混合气能够可靠点火，必须使这里的混合气的过量空气系数大约等于1。这样，在燃烧室的周围区域的混合气就比较稀薄。

（3）功率调节

① 量调节。在混合气缸外形成并使用均质混合气的发动机上，功率调节的方式是根据负荷状态的不同，将节气门开大或关小。这样，就改变了吸入气缸的空气量，而混合气的过量空气系数实际上保持不变（$\alpha=1$）。

② 质调节。在混合气缸内形成并使用非均质混合气的发动机上，功率调节的方式是根据节气门开度的不同，改变喷油量。这样，就使吸入气缸的空气量实际上保持不变，而气缸内混合气的成分随负荷状况的不同而变化。

5. 汽油机不同工况对混合气浓度的要求

不同工况下，对混合气浓度的要求是不一样的。发动机不同的转速负荷工况和过渡工况所适宜的过量空气系数是不同的，即使同一工况在不同的运行条件下所适宜的过量空气系数也是不同的。为此，汽油机应能随着节气门开度和转速的变化控制可燃混合气的成分，使各种工况下都能以各自适宜的过量空气系数运行。作为车用汽油机，其工况（负荷和转速）是复杂的，例如，超车、制动、高速行驶、汽车在红灯信号下，起步或怠速运转、汽车满载爬坡等，工况变化范围很大，负荷可以0→100%，转速可以最低→最高。不同工况对混合气的数量和浓度都有不同要求，具体要求如下。

（1）稳定工况

汽油机各稳定转速负荷工况以什么样的过量空气系数运行最为有利，必须综合考虑到汽油机的动力性、燃油经济性和排放各方面的要求才能合理确定。

另外，城市汽车在行驶中经常遇阻停车，此时离合器分离或者自动变速器置于空档，发动机只维持自身运转，即热机怠速运行工况。怠速是发动机排气污染最严重的工况之一。

① 小负荷工况。要求供给较浓混合气，$\alpha=0.7\sim0.9$，量少，因为小负荷时，节气门开度较小，进入气缸内的可燃混合气量较少，而上一循环残留在气缸中的废气在气缸内气体中所占的比例相对较多，不利于燃烧，因此必须供给较浓的可燃混合气。

② 中负荷工况。要求经济性为主，混合气成分$\alpha=0.9\sim1.1$，量多。发动机大部分工作时间处于中负荷工况，所以经济性要求为主。中负荷时，节气门开度中等，故应供给接近于相应耗油率最小的α值的混合气，主要是$\alpha>1$的稀混合气，这样，功率损失不多，节油效果却很显著。

③ 全负荷工况。要求发出最大功率P_{emax}，$\alpha=0.85\sim0.95$，量多。汽车需要克服很大阻力（如上陡坡或在艰难路上行驶）时，驾驶人往往需要将加速踏板踩到底，使节气门全开，发动机在全负荷下工作，显然要求发动机能发出尽可能大的功率，即尽量发挥其动力性，而经济性要求居次要地位。故要求供给P_{emax}时的α值。

④ 起动工况。要求供给极浓的混合气，$\alpha=0.2\sim0.6$，量少。因为发动机起动时，发动机处于冷车状态，混合气得不到足够的预热，汽油蒸发困难。同时，由于发动机曲轴被带动的转速低，因而被吸入的空气流速较低。难以产生足够的真空度使汽油喷出。即使是流出汽

油，也不能受到强烈气流的冲击而雾化，绝大部分呈油粒状态。混合气中的油粒会因为与冷金属接触而凝结在进气管壁上，不能随气流进入气缸。因而使气缸内的混合气过稀，无法引燃，因此，要求供给极浓的混合气进行补偿，从而使进入气缸的混合气有足够的汽油蒸气，以保证发动机得以起动。

⑤ 怠速工况。怠速是指发动机在对外无功率输出的情况下以最低转速运转，此时混合气燃烧后所做的功，只用以克服发动机的内部阻力，使发动机保持最低转速稳定运转。汽油机怠速运转一般为300～700r/min，转速很低，空气流速也低，使得汽油雾化不良，与空气的混合也很不均匀。另一方面，节气门开度很小，吸入气缸内的可燃混合气量很少，同时又受到气缸内残余废气的冲淡作用，使混合气的燃烧速度变慢，因而发动机动力不足。因此要求提供较浓的混合气，$\alpha=0.6\sim0.8$。

（2）过渡工况

汽车实际使用工况中冷机起动、暖机、加速和减速都是变工况过程。

当发动机工况稳定时，进气管内气流速度、气体压力与温度、管壁温度等均稳定，油膜沿进气管全长的分布情况、蒸发速率等也都稳定不变，这时在同一单位时间内被吸进气缸的燃油总量必定同供油量保持平衡。但在工况变动时，这两种燃油量是不一致的。

① 冷起动工况。冷起动指发动机从静止状态到持续运转的过程，燃油和空气温度很低，汽油雾化性差，大部分燃料以油膜状态流进气缸，而在冷气缸中能汽化的只是燃油中的轻馏分，大部分燃油会沿缸壁流失和随排气排出，气缸内混合气过稀，起动困难。要使冷起动时缸中实际形成的混合气浓度达到点火界限，就必须设置起动系统，供给极浓的混合气。

② 暖机工况。暖机是指从发动机持续运转到各部分温度上升至正常的工作状态这个过程。起动后随着发动机温度升高，燃油蒸发量加大，因此在暖机时要求比起动瞬间有稍稀的混合气，要求在暖机过程中逐渐减少供油量。

③ 加减速过渡工况。发动机的加速是指负荷突然迅速增加的过程，要求混合气量要突增，并保证浓度不下降。当汽车加速，节气门急速打开时，由于燃油惯性大于空气，在打开节气门之后的一个短时间里发动机吸进的燃油量增加滞后，缸内混合气瞬时变稀，甚至过稀，要过一段时间才能达到新的平衡状态。这使曲轴转速提高缓慢或降低，这会影响汽车加速性能，严重时甚至可能发生熄火或回火。因此要设置加速装置，在汽车加速时，额外多供给一些燃油使缸内混合气不至于过稀，满足加速的需要。

当汽车急减速时，节气门突然关闭，此时由于惯性作用，发动机仍保持很高的转速，因此进气管真空度急增，进气量减少，进气管内气压急降而管壁温度降低缓慢，油膜蒸发更快，供油量增加，缸内混合气变浓，车辆也不能平顺减速。因此，在急减速时宜利用阻尼器使节气门缓慢关闭（用化油器时）或者使怠速旁通空气道的通路面积缓慢减小（电控喷油时），以延缓进气量的减少而防止缸内混合气过浓。

6. 分层稀薄燃烧

根据直喷式汽油发动机的原理特点，理论上一般可以实现两种不同的燃烧方式：分层燃烧和均质燃烧。

要了解稀薄燃烧，就先要了解发动机的空燃比。所谓空燃比是指在发动机进气冲程中吸入气缸的空气与燃油（汽油）质量之比，也就是说，混合气中的空气与燃油的比例称为空燃比。汽油与空气混合燃烧时，空气量过多或者过少都不能有效进行燃烧。汽油完全燃烧所必需的空气比例，可以根据理论计算得到，并称之为理论空燃比。在带有三元催化转化器的发动机中，发动机必须调整到理论空燃比：14.7:1。在节气门部分开启时，一般发动机以较稀薄的混合气，即空燃比在15:1～16:1范围内运转，但在稀薄燃烧发动机中，将以更为稀薄的混合气，即空燃比大于18。

稀薄燃烧技术的最大特点就是燃烧效率高，经济、环保，同时还可以提升发动机的功率输出。因为在稀薄燃烧的条件下，由于混合气点火比理论空燃比条件下困难，爆燃也就更不容易发生，因此可以采用较高的压缩比设计提高热能转换效率，再加上汽油能在过量的空气里充分燃烧，所以在这些条件的支持下能榨取每滴汽油的所有能量。

分层燃烧技术在气缸内所形成的混合气浓度并不是均匀的，在靠近火花塞的内层空间混合气偏浓，在远离火花塞的外层空间（靠近气缸壁与活塞顶部）混合气则偏稀。这样混合气就形成了由内及外、由浓到稀的状态，这样为下一步的分层燃烧做好了准备。

要想实现这种混合气的状态，缸内直喷技术就必不可少了。发动机在进气行程活塞下行时，发动机电脑（ECU）会控制喷油器先进行一次少量的喷油，使气缸内形成稀薄混合气，此时混合气的空燃比 $\lambda>1$。而在压缩行程，活塞上行时会进行第二次喷油，利用活塞顶部的特殊结构或者喷油器的喷射角度让火花塞附近出现混合气相对较浓的区域（$\lambda<1$），然后利用这部分较浓的混合气来引燃气缸内的稀薄混合气，保证了在顺利点火的情况下尽可能地实现稀薄燃烧，这也正是分层燃烧的精髓所在。

除了在进气行程和压缩行程进行两次喷油来实现分层注油模式外，还有一种方法也能达到同样的效果。这就是只在压缩行程的某一个时刻来进行一次喷油，由于特殊设计的喷油器角度可以使喷出的燃油恰好位于火花塞附近，这样就在火花塞附近形成了偏浓的混合气，最终同样可以达到分层燃烧。

在分层燃烧模式下，整个空燃比 $\lambda=1.6\sim3$（空气过量），这就可以用更少的燃油达到同样的燃烧效果，使得发动机的油耗更低。同时在分层燃烧状态下，只有火花塞附近的区域进行燃烧，最外侧极为稀薄的混合气相当于一个隔热棉，可以将通过缸壁传导所损失的热量降到最低，提高了发动机整体的热效率。

不过分层燃烧模式并不是在发动机的任何工况下都适用的，只有在比较柔和的驾驶方式下才能实现分层燃烧，而在需要动力性能的时候，就需要转换到均质燃烧模式。该模式下，只在进气行程进行一次喷油，这样在点火前，气缸内所形成的混合气的浓度是均匀的，而且空燃比 $\lambda\approx1$。此外，分层燃烧技术存在着一个目前难以得到综合性解决的氮氧化物排放问题。

由于缸内直喷发动机的高压燃油以雾化的形式直接喷入气缸，所以它可以有效吸收热量来冷却吸入的空气（物理中的汽化原理），这样可以减小发动机爆燃的倾向并在设计之初就适当提高发动机的压缩比，所以缸内直喷发动机的燃烧室始终处在高温、高压的工作环境下。

在分层燃烧时，由于是稀燃模式，也就是混合气在富氧的条件下进行燃烧，此时含在混合气中的氮气和氧气会发生化学反应，而燃烧温度越高（燃烧室温度高恰恰是缸内直喷发动机的特点），氮气和氧气越容易反应，那么排出的氮氧化物也就越多。

此时有人会想到，难道三元催化转化器不可以将氮氧化物转化为无毒无害的气体吗？那我们就来看看传统三元催化转化器的工作原理和特点。之所以叫三元催化转化器，是因为它的活性组分（目前主要是铂、铑、钯三种贵金属）能够同时净化 HC、CO 和氮氧化物这三种有害成分，使之生成无害的二氧化碳、氮气和水，但是很重要的一点，只有当混合气的空燃比处于理论空燃比附近，而且达到正常工作温度时（一般为 600～800℃），三元催化转化器的转化效率才是最高的，这也是为什么汽油发动机混合气的浓度都处在理论空燃比附近。

对于分层燃烧模式来说，传统的三元催化器将氮氧化物转化为氮气的速度远远跟不上燃烧产生氮氧化物的速度，为了解决这个问题，工程师们开发出了氮氧化物存储型催化转化器来将氮氧化物临时存储，然后适时地再转化为氮气。

这种氮氧化物存储型转化器，通常布置在传统的三元催化转化器的后方，此种转化器内部有金属涂层，可以高效地将大量残留的氮氧化物转化为氮气，但是这种氮氧化物存储型转化器有一个天敌，那就是汽油中的硫，硫会使其产生更多的硫化物质，从而导致油耗上升，同时也会大大降低其转化效率，使排放增加。

分层燃烧技术的实现离不开含硫量低的汽油，这就需要各个国家改造炼油设备，提升燃油品质，而这也是大众汽车公司在国内取消分层燃烧技术的原因之一，同时额外增加的氮氧化物催化转化器也会影响到车辆的空间布局，而且会导致车辆成本的增加。

除了增加氮氧化物存储型转化器外，还有一套系统也可以减少氮氧化物的产生。它就是废气再循环（EGR）技术。简单来说，该系统就是把燃烧后排放的一部分废气引入到进气系统中，使其和新鲜的混合气一起参与燃烧，从而达到减少氮氧化物排放的目的。

高温和富氧条件下燃烧时，容易产生氮氧化物，所以适当地降低燃烧室的温度是减少氮氧化物的好方法。可能有人会说，高温的废气引入到燃烧室难道不会增加燃烧室的温度吗？实际上，废气在引入到燃烧室之前会先经过冷却处理，而且进入到燃烧室中的废气占据了一部分混合气的空间，最终会使得参与燃烧的混合气更少，从而产生的热量也就相对更少，最终起到降低燃烧室温度地目的，不过此种方法依然不能大幅度地降低分层燃烧后氮氧化物的产生问题。

海报展示互学

教师活动：

教师要求学生小组合作在海报上画出关键词之间的逻辑关系。

学生活动：

学生按照教师要求制作海报。（30min）

小组合作整理笔记

教师活动：

教师要求某一组学生进行展示，要求把关键内容整理到笔记本上。

学生活动：

学生当中的某一组展示，其他小组听并互动建议，修改自己的海报，把关键内容整理到笔记本上。（20min）

完成 7.2.3.2 理论测试

教师活动：

教师要求学生独立完成 7.2.3.2 理论测试，不允许查阅任何资料。

学生活动：

学生安静地、独立地在系统上完成 7.2.3.2 理论测试并提交，不能查阅任何资料。(20min)

7.2.3.2　理论测试

7.2.3.2　理论测试

学校名称		任课教师	
班级		学生姓名	
学习领域	L7 发动机管理系统诊断维修		
学习情境	LS7.2：发动机运行不平稳且功率不足		
理论学习内容	汽油机可燃混合气形成与浓度	学习时间	90min

一、填空题（每空 1 分，共 20 分）

1. 可燃混合气体浓度通常用________和________空燃比表示。

2. 过量空气系数是指燃料燃烧时实际供给的________与________之比。

3. ________是混合气中空气与燃料之间的质量的比例。

4. 过量空气系数表示的理论混合气为________。

5. 空燃比的标准值为________。

6. 汽油机混合气的形成是由其________系统来实现的。

7. 汽油机可燃混合气的形成方法主要有两种：________形成和混合气气缸内形成。

8. 混合气气缸外形成是将燃油喷入________的前面，形成________。

9. 在混合气缸内形成的发动机上，燃油被直接喷入________，形成________。

10. 在压缩行程期间，将燃油喷入气缸的时刻________和精确地匹配空气涡流，都有利于形成________。

11. 功率调节的方式是根据________的不同，将节气门开大或关小，改变了吸入气缸的________，而混合气的过量空气系数实际上________，此为________。

12. 功率调节的方式是根据________的不同，改变喷油量，使吸入气缸的空气量实际上保持不变，而气缸内混合气的成分随负荷状况的不同而变化，此为________。

二、单选题（每题 2 分，共 10 分）

1. 小负荷工况要求供给混合气浓度（　　）。

A. $\alpha=0.7\sim0.9$　B. $\alpha=0.9\sim1.1$　C. $\alpha=0.85\sim0.95$　D. $\alpha=0.2\sim0.6$

2. 中负荷工况要求供给混合气浓度（　　）。

A. $\alpha=0.7\sim0.9$　B. $\alpha=0.9\sim1.1$　C. $\alpha=0.85\sim0.95$　D. $\alpha=0.2\sim0.6$

3. 全负荷工况要求供给混合气浓度（　　）。

A. $\alpha=0.7\sim0.9$　B. $\alpha=0.9\sim1.1$　C. $\alpha=0.85\sim0.95$　D. $\alpha=0.2\sim0.6$

4. 起动工况要求供给混合气浓度（　　）。

A. $\alpha=0.7\sim0.9$　　B. $\alpha=0.9\sim1.1$　　C. $\alpha=0.85\sim0.95$　　D. $\alpha=0.2\sim0.6$

5. 怠速工况要求供给混合气浓度（　　）。

A. $\alpha=0.7\sim0.9$　　B. $\alpha=0.6\sim0.8$　　C. $\alpha=0.85\sim0.95$　　D. $\alpha=0.2\sim0.6$

三、判断题（每题2分，共20分）

1. 过量空气系数比值小于1为稀混合气。（　　）

2. 空燃比小于14.7称为浓混合气。（　　）

3. 发动机大部分工作时间处于中负荷工况，所以经济性要求为主，供给少而稀的混合气。（　　）

4. 在理论空燃比附近，三元催化转化器的净化效率最高。（　　）

5. 冷起动时为了不妨碍火花塞性能，供给稍稀的混合气。（　　）

6. 发动机在全负荷下工作，要求发动机能发出尽可能大的功率，供给多而浓的混合气。（　　）

7. 量调节的方式是根据负荷状态的不同，将节气门开大或关小，改变吸入气缸的空气量，从而改变混合气的过量空气系数。（　　）

8. 质调节的方式是根据节气门开度的不同，改变喷油量，而气缸内混合气的成分保持不变。（　　）

9. 在暖机时要求比起动瞬间有稍稀的混合气，要求在暖机过程中逐渐减少供油量。（　　）

10. 缸内直喷混合气形成的是均质混合气。（　　）

教学方法：工作站法

3.2　传感器结构与原理

工作站学习完成工作页

教师活动：

教师提供实验车型的维修手册等资料，布置工作站，提供7.2.3.3~7.2.3.6信息页，要求学生完成工作页7.2.3.7~7.2.3.10和实际操作，教师对各工作站进行巡视和指导。

学生活动：

学生教师要求，在工作站查阅7.2.3.3~7.2.3.6信息页，完成工作站的学习内容和实操内容。(60min)

7.2.3.3　信息页

7.2.3.3　信息页

学校名称		任课教师	
班级		学生姓名	
学习领域	L7 发动机管理系统诊断维修		
学习情境	LS7.2：发动机运行不平稳且功率不足	学习时间	1h
工作任务	A：空气流量计	学习地点	理实一体化教室

1. 空气流量计的作用

空气流量计安装在节气门前的进气总管上，其作用是检测发动机的进气量的多少，它可以将发动机进气量多少的信息转换成为电信号输送给 ECU。ECU 对进气量信号进行运算后，控制喷油量，是发动机电控系统计算基本喷油量和最佳点火提前角的重要参数之一。

2. 空气流量计结构原理

根据测量原理不同，可以分为热线式空气流量计、热膜式空气流量计、卡门涡旋式空气流量计、翼片式空气流量计。其中，翼片式和卡门涡旋式空气流量计为体积流量型，热线式和热膜式空气流量计为质量流量型。

（1）热线式空气流量计的结构与工作原理

① 热线式空气流量计的结构。

热线式空气流量计的基本构造如图 1 所示。它主要由铂丝制成的热线（发热体）、温度补偿电阻、控制热线电流并输出信号的控制电路、采样管和流量计壳体等组成。

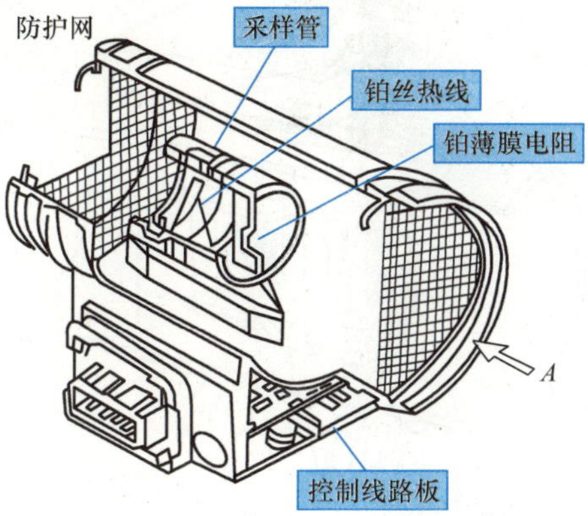

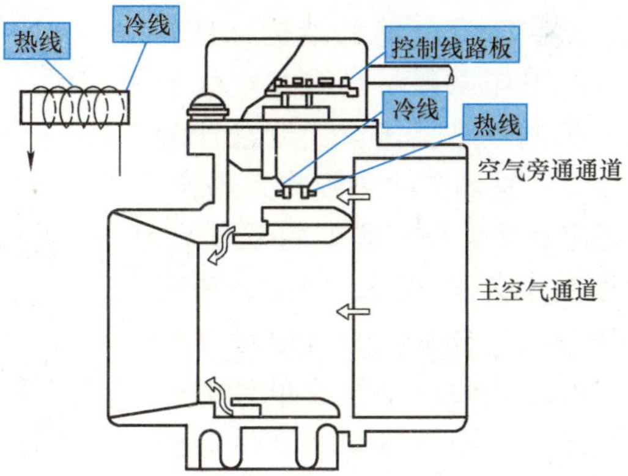

图 1　热线式空气流量计的基本构造

根据铂丝热线在流量计中安装位置的不同，又分为主流测量方式和旁通测量方式两种结构形式。主流测量方式是把热线、热敏电阻和进气温度传感器组成的采样管置于主空气通道中央，两端为金属防护网，用卡箍固定的壳体上，采样管由两个塑料护套和一个热线支承环构成，其结构如图 1a 所示。旁通测量式是把热线缠在绕线管上，与进气温度传感器一起都放在旁通气路内，其结构如图 1b 所示。

② 热线式空气流量计的工作原理。

如图 2 所示，当温度较低的进气气流流过放置在空气通道中温度较高的热线时，热线与空气发生热量交换，使热线温度下降。通过热线的空气质量流量越大，被空气带走的热量也越多，热线温度下降

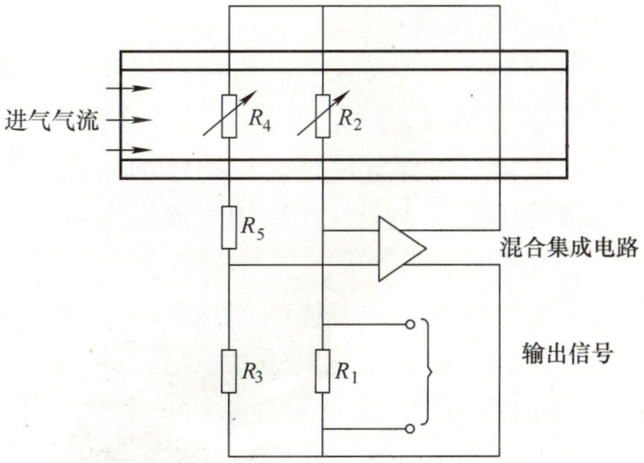

图 2　热线式空气流量计的工作原理

也越多。由于热线是惠斯顿平衡电桥电路的一个组成部分（即电阻 R_2），当热线温度下降、电阻值发生变化时，电桥出现不平衡。为了使电桥平衡，必须加大流过热线的电流，使热线温度升高，阻值恢复到使电桥平衡的值。由此可知，流过热线的空气质量越大，空气带走的热量也越多。为了保持电桥平衡，维持热线温度所需要的电流也越大，反之则越小。热线式空气流量计正是利用流过热线的空气质量与保持热线温度所需要的热线电流的对应关系测量空气的质量流量的。

但是，在空气质量流量不变的情况下，当进气温度发生变化时，会使空气从热线带走的热量发生变化，最终使加热热线所需的电流变化，对测量值的精度造成不利影响。为了解决这一问题，在采样管的前端另装一个温度补偿电阻 R_4（冷线），R_4 的阻值也随进气温度变化，起参照基准的作用。流过热线的电流由混合集成电路控制，它使热线和冷线之间的温度差保持不变（一般为100℃），从而消除了进气温度对测量值的影响。热线式空气流量计的输出信号是精密电阻 R_1 上的电压降，该信号与热线电流成正比。

（2）热膜式空气流量计

热膜式空气流量计的结构如图 3 所示，它的工作原理与热线式空气流量计基本相同。热膜式空气流量计的主要特点是：发热体由热线改为热膜，热膜为固定在薄的树脂膜上的金属铂，或者用厚膜工艺将热线、冷线、精密电阻镀在一块陶瓷片上，有效地降低了制造成本。热膜式空气流量计的发热体不直接承受空气流动所产生的作用力，从而提高了发热体的强度和工作可靠性，且结构简单，使用寿命长，不易受尘埃污染。这种流量计的主要缺点是空气流速不均匀，易影响测量精度。

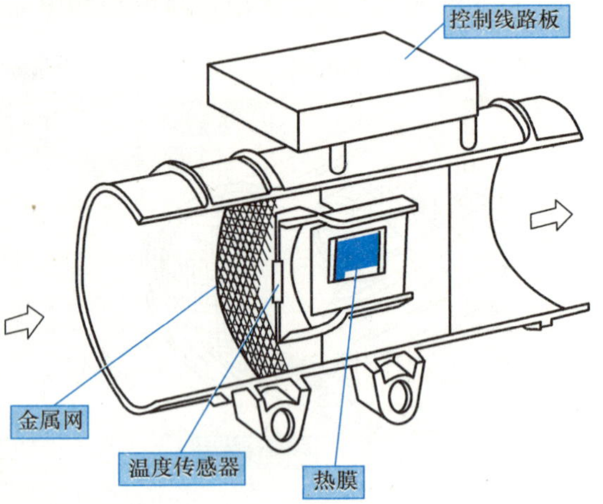

图 3 热膜式空气流量计

（3）卡门旋涡式空气流量计

① 卡门涡流现象。

众所周知，当野外架空的电线被风吹时，就会发出“嗡、嗡……”的响声，风速越高，声音的频率也越高，这是为什么呢？这是由于气流流过电线后形成旋涡（即涡流）所致。实际上，液体、气体等流体流过物体均会发生这种现象。

在流体中放置一个柱状物体涡流发生器后，在其下游流体中就会形成两列平行状旋涡，并且左右交替出现，如图 4 所示，如果涡流发生器的直径 d 一定，则该旋涡出现的频率与流体的流速 v 成正比，即流体的流速越大，旋涡出现的频率也越高。这种现象首先被卡门发现，因而称为卡门涡流现象。

② 卡门旋涡式空气流量计结构与工作原理。

根据卡门涡流现象，只要能够测量出涡流发生器后旋涡出现的频率，就可以测量出流体的流速与流量。卡门旋涡式空气流量计就是根据这一原理制成的，流量计中央设有一个锥状体作为涡流发生器，涡流发生器前面设有蜂窝状整流器，以消除气流中的干扰涡流。根据旋涡频率

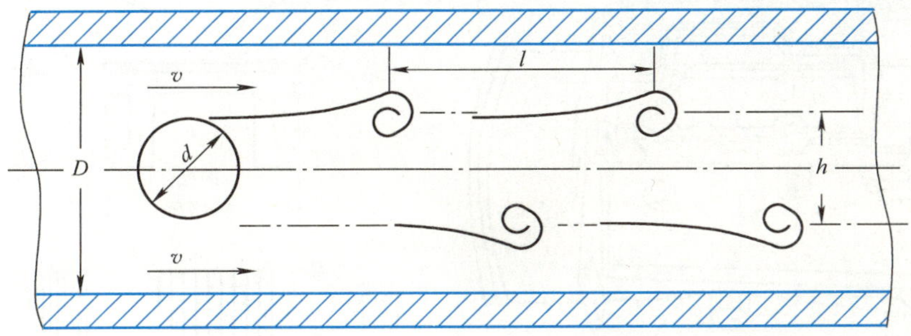

图 4　卡门涡流的产生原理

的检测方式不同，该传感器又分为光电检测式和超声波检测式两种，如图 5 和图 6 所示。

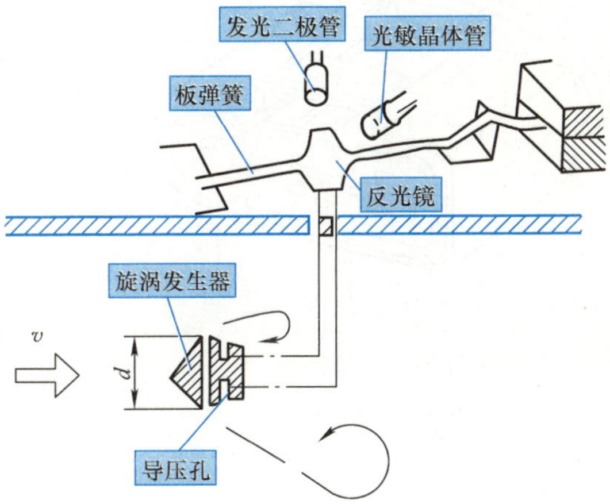

图 5　光电检测式卡门旋涡式空气流量计

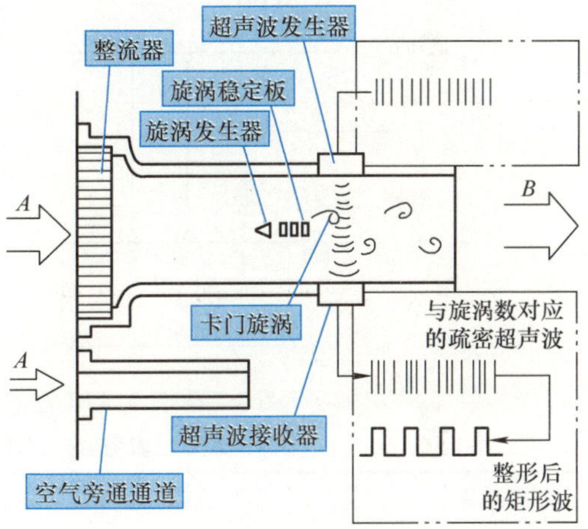

图 6　超声波检测式卡门旋涡式空气流量计

超声波检测方式是在空气流动的垂直方向安装超声波发生器，在其对面安装超声波接收器。由超声波发生器发出的超声波因受到卡门旋涡的影响，达到超声波接收器时发生了相位上的变化，放大电路将该相位变化转化为方波信号，其频率即为卡门旋涡产生的频率。

光电检测方式如图 7 所示，涡流发生器两侧的压力变化通过导压孔引向薄金属制成的反光镜表面，使反光镜产生振动。反光镜振动时，将发光管投射的光发射给光敏晶体管，光敏晶体管通过对反光信号的检测，即可求得旋涡的频率。

两种卡门旋涡式空气流量计输出的均为方波频率信号（脉冲信号），频率的大小就代表了空气流量的大小。

3. 空气流量计的检测

（1）空气流量计电路分析

不同车型，规定的检修方法不同，应以维修手册为准。下面以桑塔纳 2000GSi 型轿车 AJR 发动机采用的热膜式空气流量计为例，说明空气流量计的检修方法，其控制电路如图 8 所示，电路分析见表 1。

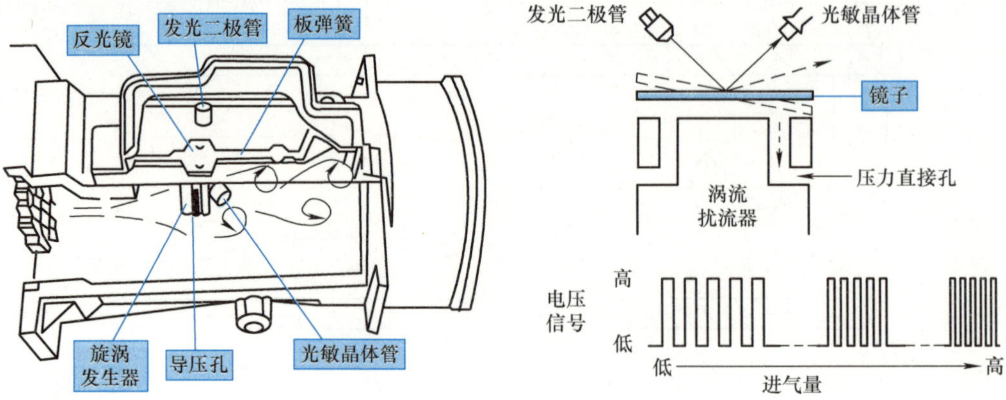

图7　涡流的光电检测原理

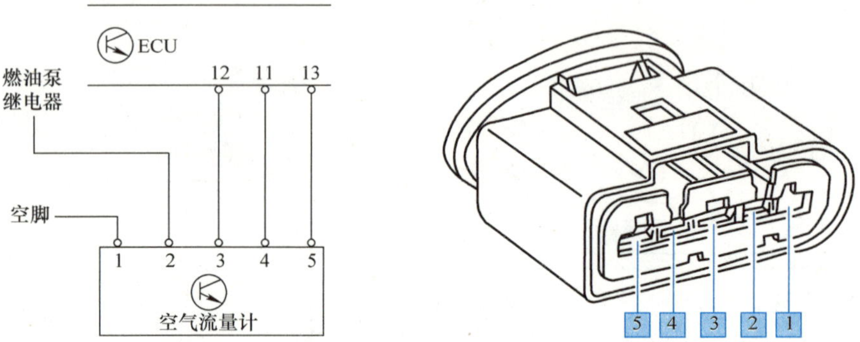

图8　桑塔纳AJR发动机热膜式空气流量计的控制电路

表1　桑塔纳AJR发动机空气流量计电路分析

电路	电路功能	电路状态	性能参数
传感器端子“2”线路	12V电源线	发动机运行	“2”与搭铁间的电压应为电源电压
传感器端子“4”线路	5V电源线	点火开关置于“ON”	“4”与搭铁间的电压应为5V左右
传感器端子“3”线路	搭铁线	断开插接器，点火开关置于“OFF”	插接器插头“3”与搭铁间的电阻应小于0.5Ω
传感器端子“5”线路	信号线	发动机运行	“5”与搭铁间的信号电压在发动机怠速时约为1.5V，并随进气流量的增大而增大，急加速时应达到3.5～4.5V

（2）空气流量计诊断程序

发动机怠速运转，读测量数据块显示组02，检查进气流量。标准值应为2.0～4.0g/s，并随进气流量的增大而增大。如果空气流量计信号电压与规定不一致，说明空气流量计电路有故障，应检查空气流量计及其电路。空气流量计电路的检测程序如图9所示。

（3）空气流量计诊断方法

万用表检测空气流量计及其电路的方法如表2所示。

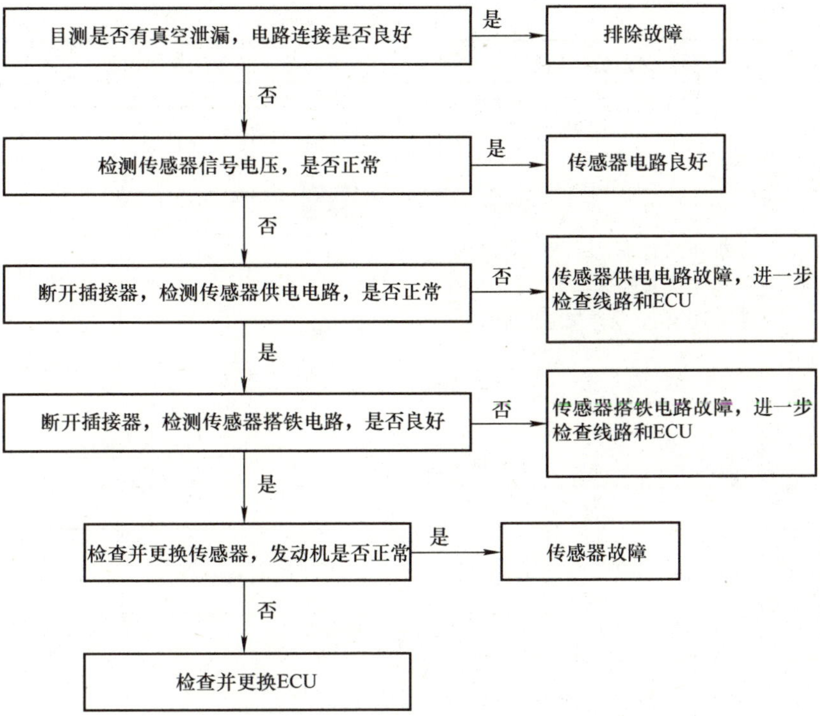

图9　空气流量计电路的检测程序

表2　空气流量计及其电路诊断方法

检测项目	检测方法	图示说明
传感器信号电压	发动机运行，测量端子“5”与搭铁间的电压，应与规定相符	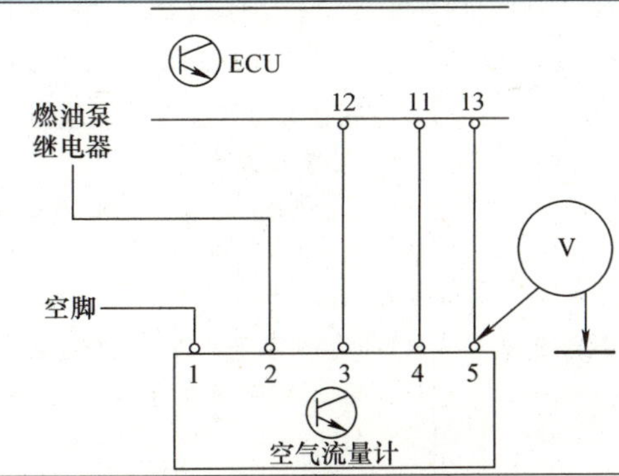
传感器供电电路	断开插接器，运行发动机，测量插头端子“2”与搭铁间的电压，应与规定相符	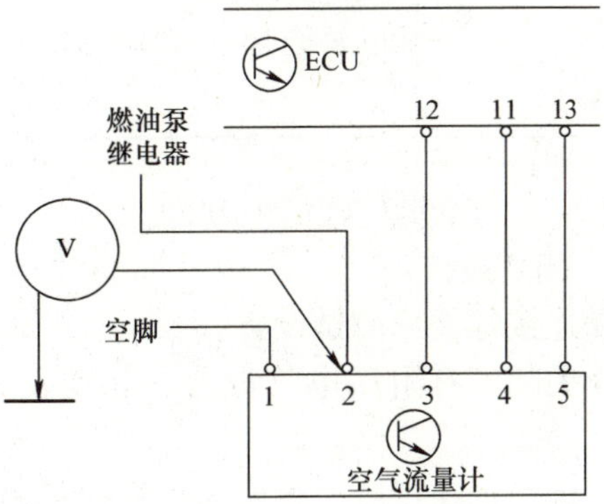

（续）

检测项目	检测方法	图示说明
传感器供电电路	断开插接器，点火开关置于“ON”，测量插头端子“4”与搭铁间的电压，应与规定相符	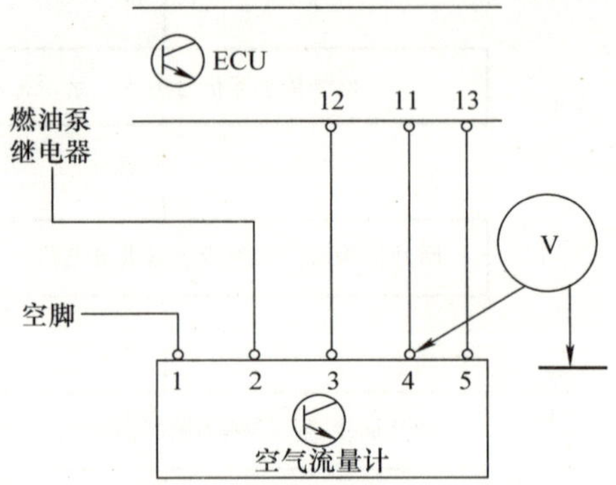
传感器搭铁电路	断开插接器，点火开关置于“OFF”，测量插头端子“3”与搭铁间的电阻，应与规定相符	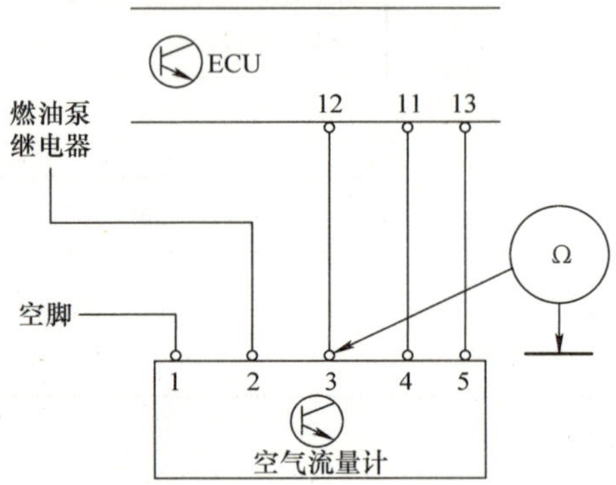
传感器线路	断开插接器，点火开关置于“OFF”，测量以下线路： ECU插头端子“11”与传感器插头端子“4”间的电阻，应小于0.5Ω； ECU插头端子“12”与传感器插头端子“3”间的电阻，应小于0.5Ω； ECU插头端子“13”与传感器插头端子“5”间的电阻，应小于0.5Ω	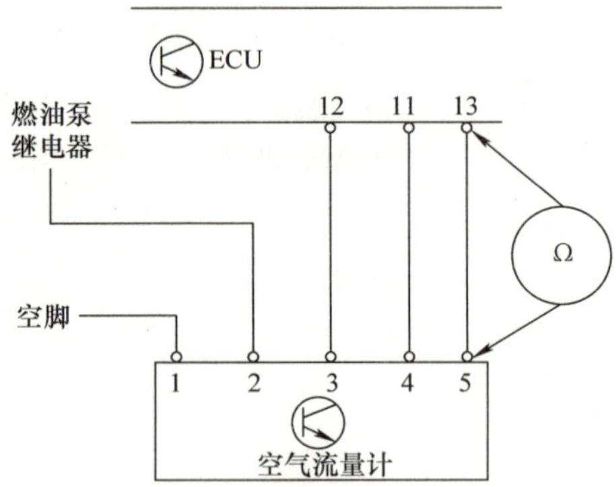

（4）空气流量计的波形分析

1）测试方法。

① 连接好波形测试设备。

② 关闭所有附属电气设备，起动发动机，怠速运转，当怠速稳定后测量怠速时信号电压。

③ 做缓加速试验，将发动机转速从怠速缓慢加至节气门全开，再将发动机急减速至怠

速运转。

④ 做急加速试验，将发动机转速从怠速急速加至节气门全开，再将发动机急减速至怠速运转。

⑤ 定住波形，模拟信号热线（热膜）式空气流量计信号波形如图 10 所示，数字信号热线（热膜）式空气流量计信号波形如图 11 所示。

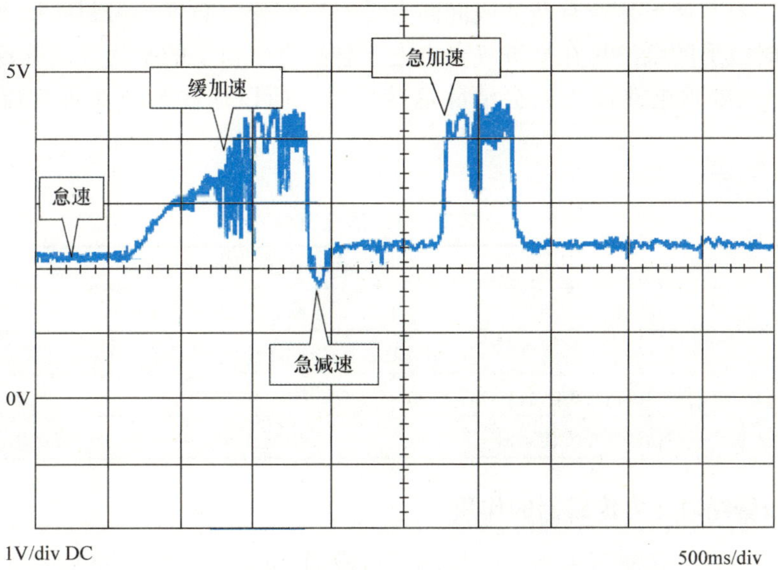

图 10　模拟信号热线式空气流量计的信号波形

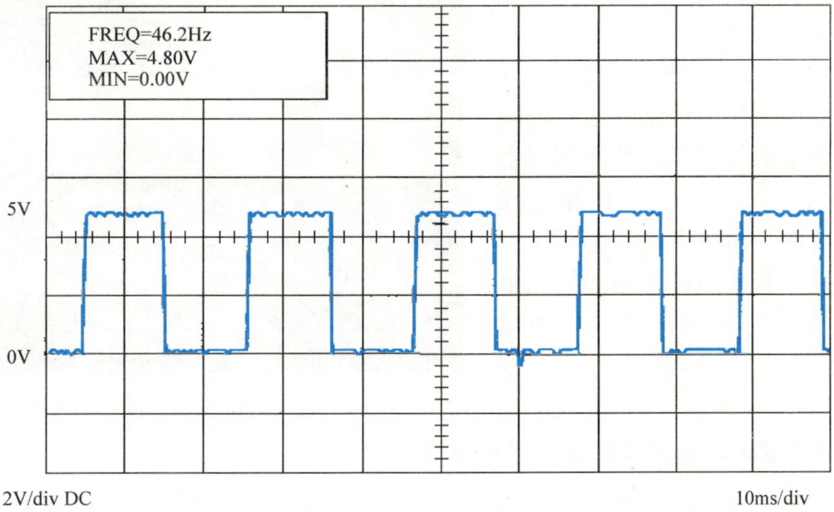

图 11　数字信号热线式进气流量计的信号波形

2）波形说明。

参考维修资料进行波形分析：

一看大小：即看对应一定进气流量的信号电压或频率。通常热线（热膜）式空气流量计输出信号电压范围是从怠速时超过 0.2V 变至节气门全开时超过 4V，当急减速时输出信号电压应比怠速时的电压稍低。不同的车型输出电压将有很大的差异，应以维修资料为准。如果信号波形与上述情况不符，则说明空气流量计电路有故障。

二看变化：即看传感器信号电压或频率随进气流量变化的趋势。传感器信号电压应随进气流量变化快速做出反应，如果在车辆急加速时传感器信号电压波形上升缓慢，在车辆急减速时传感器信号电压波形下降缓慢，则说明空气流量计脏污。

三看形状：看其波形是否有杂波或间断点等奇异变化，数字信号每一周期的信号一致性是否好。加速时波形的杂波是在低进气真空之下各缸进气口上的空气气流脉动产生的，发动机 ECU 中的超级处理电路读入后会清除这些信号，所以这些杂波对进气流量的检测没有影响。

7.2.3.4 信息页

7.2.3.4 信息页

学校名称		任课教师	
班级		学生姓名	
学习领域	L7 发动机管理系统诊断维修		
学习情境	LS7.2：发动机运行不平稳且功率不足	学习时间	1h
工作任务	B：进气压力传感器	学习地点	理实一体化教室

1. 进气歧管绝对压力传感器的作用

进气歧管绝对压力传感器一般装于发动机机舱内，用一根真空管与进气歧管相接或直接装在节气门后方的进气总管（或歧管）上，如图 1 所示。个别车型则安装在 ECU 的内部（例如奥迪汽车），并利用真空管将 ECU 与发动机的进气管相连。

进气歧管绝对压力传感器是一种间接测量空气流量的传感器，其作用与空气流量计相当，一般使用在 D 型电控燃油喷射系统中。由进气歧管绝对压力传感器测量进气管压力，从而间接测量进气量，并将信号输入 ECU，作为基本喷油量和基本点火提前角的主控制信号。

图 1 进气歧管绝对压力传感器安装位置

2. 进气歧管绝对压力传感器的结构原理

进气歧管绝对压力传感器种类很多，根据产生信号原理不同，主要可分为三线高灵敏度可变电阻式、半导体压敏电阻式、电容式和膜盒传动可变电感式等，目前应用最广泛的是半导体压敏电阻式和电容式。

进气歧管绝对压力传感器是一种间接检测空气流量的传感器，其作用与空气流量计相当，用于 D－Jetronic 汽油喷射系统中。ECU 根据发动机转速、节气门开度、进气歧管绝对压力与进入发动机气缸的空气流量的对应关系，由进气歧管内的绝对压力计算出进气量，进而计算出基本喷油量。

（1）半导体压敏电阻式压力传感器

半导体压敏电阻式压力传感器的结构如图 2 所示。它由压力转换元件和对输出信号进行放大的混合集成电路等构成。压力转换元件是利用半导体压阻效应制成的硅膜片。硅膜片为约 3mm 的正方形，其中部经光刻腐蚀形成直径 1mm、厚约 50pm 的薄膜。在膜片表面规定位置有四个应变电阻，以惠斯顿电桥方式连接，如图 3 所示。

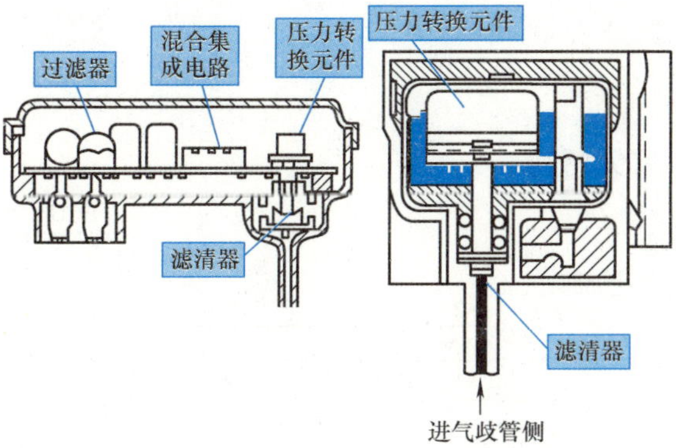

图 2　半导体压敏电阻式压力传感器结构

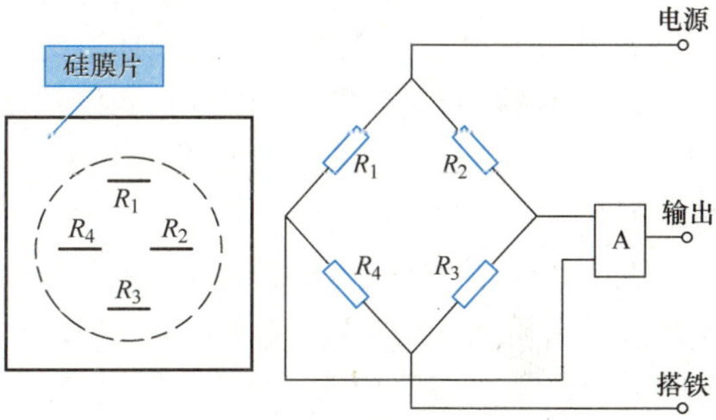

图 3　压敏电阻式压力传感器工作原理图

硅膜片的一侧是真空室，另一侧导入进气歧管压力。进气歧管侧的绝对压力（即进气歧管压力）越高，硅膜片的变形越大，其变形与压力成正比，膜片上的应变电阻阻值的变化也与变形的变化成正比。这样就可利用惠斯顿电桥将硅膜片的变形转换成电信号。由于压力转换元件输出的电信号很弱，所以需用混合集成电路进行放大后才输出。

半导体压敏电阻式压力传感器具有尺寸小、精度高、成本低，响应速度快，重复性和抗振性都较好；输出信号与进气歧管绝对压力呈线性关系；在 −30 ~ 100℃ 使用温度范围内，测量精度基本不受温度的影响等优点。

（2）膜盒传动可变电感式进气压力传感器

膜盒传动可变电感式进气压力传感器的结构如图 4 所示，它主要由膜盒、铁心、感应线圈和电子电路等组成。膜盒由薄金属片焊接而成，其内部被抽成真空，外部与进气歧管相通，进气歧管压力的变化将使膜盒产生膨胀和收缩的变化。置于感应线圈内部的铁心与膜盒联动。感应线圈由两个绕组构成，一个与振荡电路相连，产生交流电压，在线圈周围产生磁场；另一个为感应组，产生信号电压。当进气歧管中压力变化时，膜盒的膨胀或收缩带动铁心在磁场中移动，使感应线圈产生的信号电压随之变化，然后将这个表示进气歧管压力变化的电压信号经检波、整形、放大后输送到 ECU。

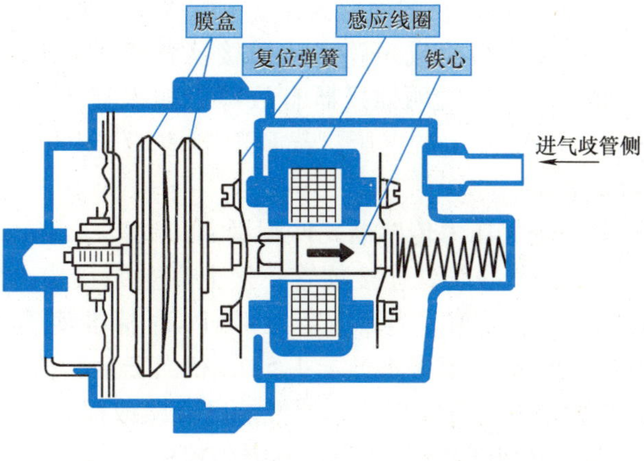

图 4　膜盒传动可变电感式进气压力传感器

3. 进气歧管绝对压力传感器常见故障及对发动机的影响

进气歧管绝对压力传感器的常见故障有控制线路短路或断路、真空软管连接不当或破裂等。它损坏后的故障现象和空气流量计故障现象相似，即 ECU 不能正常地进行喷油量的控制，造成混合气过浓或过稀，油耗增大，起动后熄火，发动机运转不正常等。

4. 进气压力传感器的检测

（1）压敏电阻式进气压力传感器维修方式

① 检查真空软管有无老化、破损等迹象。

② 检查传感器线束外观，无损坏迹象。

③ 仔细检查插接器端子，检查插接器端子有无污物。

④ 检查进气压力传感器信号。电路图如图 5 所示。

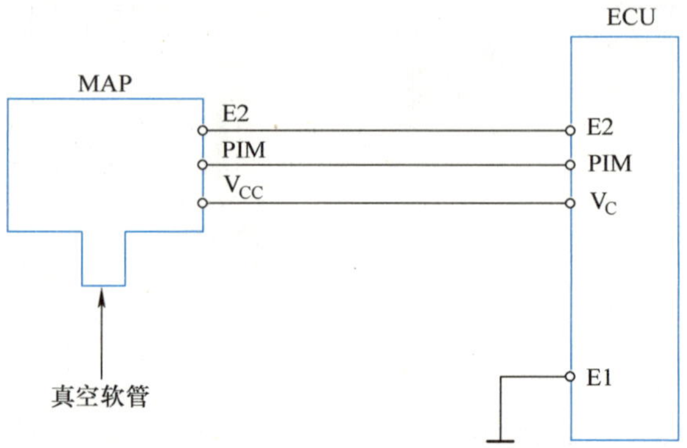

图 5　三线制进气压力传感器电路图

① 检查进气压力传感器电源线：点火开关置于 ON，测量 V_{CC} 端子与搭铁 E2 之间的电压，正常值应为 4.5 ~ 5.5V。电压正常，说明进气压力传感器电源线供电正常。若无电压，则应检查 ECU 上相应端子上的电压；若 ECU 相应端子上电压正常，则 ECU 与传感器之间线路故障；若无电压则为 ECU 故障。

② 检查进气压力传感器搭铁线：点火开关置于 OFF，测量 E2 端子与发动机搭铁间的电阻，正常值应小于 1Ω。若正常说明传感器搭铁良好。

③ 检查进气压力传感器信号线：从插接器插孔端测量 PIM 端子与搭铁之间的电压，点火开关置于 ON，正常值应为 4.5 ~ 5.5V，否则说明进气压力传感器信号线有故障，可能是插接器或线路断路或短路；从插接器背面测量信号线与搭铁之间的电压，点火开关置于 ON，电压正常，说明插接器有故障；如果还不正常，可能是信号线路断路或短路；检查 ECU 上相应端子上的电压，若 ECU 相应端子上电压正常，则信号线线路故障；若无电压则为 ECU 故障。

（2）进气压力传感器元件测量

拔下进气歧管处连接软管，接上真空泵接头，用真空泵抽真空，检测各工况下传感器 PIM 端子的电压值。当真空度为 40kPa 时标准值不低于 1.4V，相当于怠速工况；真空度为 100kPa 时测标准值应不低于 4.5V，相当于全负荷工况。如果数据正常，说明传感器性能良好；否则说明进气压力传感器性能已衰减或损坏。

5. 进气歧管绝对压力传感器的检修

如图 6 所示为采用三线制的歧管绝对压力传感器。其中 1 号端子为电源线路，由 ECM 提供 5V 工作电压；2 号端子为低电平参考线路（搭铁线路）；3 号端子为信号线路，为 ECM 提供随压力变化的电压信号。检修过程如下。

① 点火开关置于“OFF（关闭）”位置，断开 K20 发动机控制模块的线束插接器。测试

电路端对端的电阻，应小于2Ω，如图7所示。

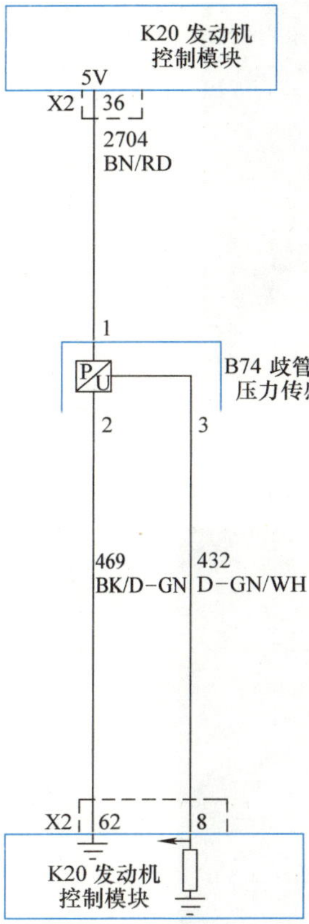

图6　进气歧管绝对压力传感器电路图

图7　进气压力传感器线路检查

② 将点火开关置于“OFF（关闭）”位置并关闭所有车辆系统，断开B74歧管绝对压力传感器的线束插接器。可能需要2min才能让所有车辆系统断电。测试低电平参考电压电路端子2和搭铁之间的电阻，应小于10Ω，如图8所示。

图8　进气压力传感器搭铁线路检查

③ 将点火开关置于“ON（打开）”位置，测试5V参考电压电路端子1和搭铁之间的电压，应为4.8~5.2V，如图9所示。

图9　进气压力传感器供电线路检查

④ 检查歧管绝对压力传感器安装状态，应安装牢固，无松脱，如图10所示。

图10　进气压力传感器安装状况检查

⑤ 拆卸并检查歧管绝对压力传感器，应外壳无损坏，软管无损坏、无裂纹、无老化，如图11所示。

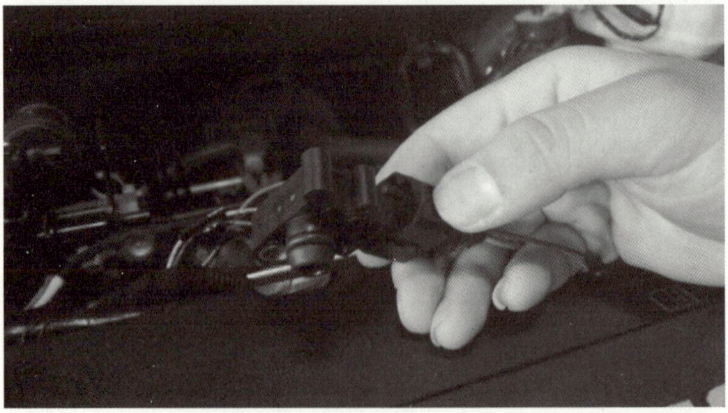

图11　进气压力传感器检查

⑥ 对传感器进行部件测试，连接诊断仪，使用真空泵向歧管绝对压力传感器提供17kPa

真空，观察诊断仪歧管压力数据。应相应降低 17kPa 左右，如图 12 所示。

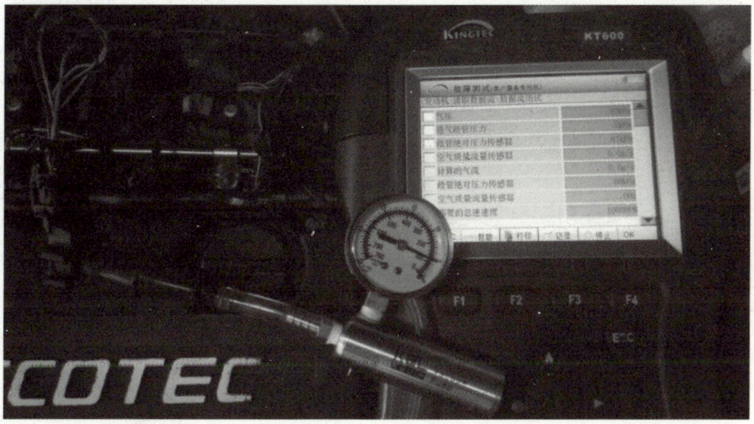

图 12 进气压力传感器失真测试

⑦ 用跨接线连接传感器侧及线束侧端子（电源端需加装 3A 的熔丝），用真空泵缓慢地施加真空，传感器应输出 0～5. 2V 的电压，如图 13 所示。

图 13 进气压力传感器异常信号测试

7. 2. 3. 5 信息页

7. 2. 3. 5 信息页

学校名称		任课教师	
班级		学生姓名	
学习领域	L7 发动机管理系统诊断维修		
学习情境	LS7. 2：发动机运行不平稳且功率不足	学习时间	1h
工作任务	C：节气门位置传感器	学习地点	理实一体化教室

1. 节气门位置传感器的作用

节气门位置传感器（TPS）安装在节气门体上，通过节气门轴与节气门联动，如图 1 所示。

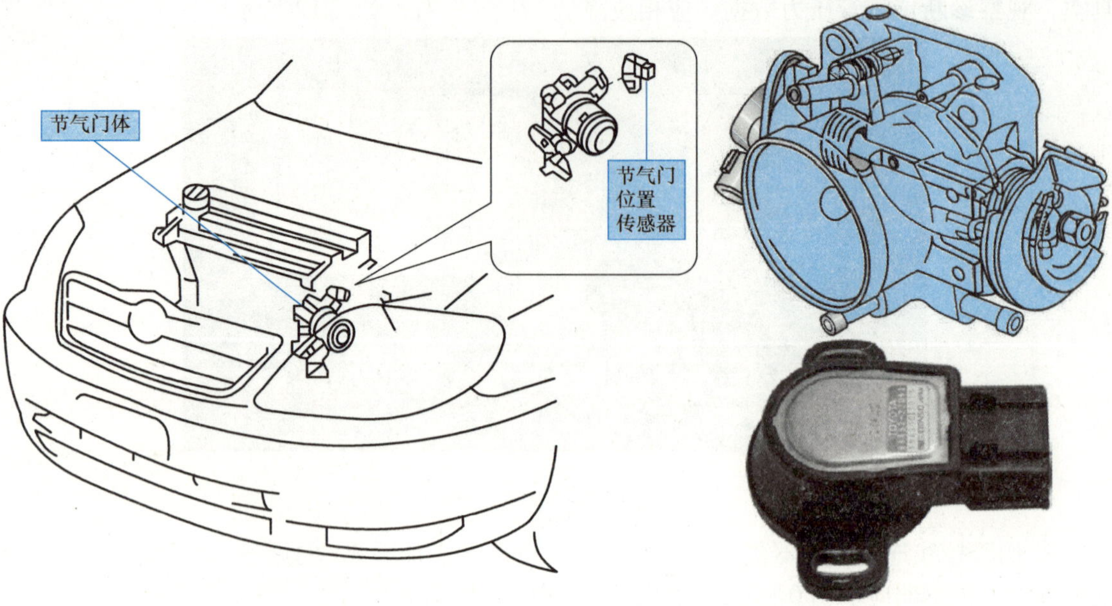

图1　节气门位置传感器安装位置及外形结构

节气门位置传感器用来检测节气门的开度。当驾驶人踩加速踏板时，节气门位置传感器将节气门开度转换成电信号输送到ECU，ECU根据节气门不同的开度决定控制方式和对喷油量进行有效控制。另外，节气门位置传感器还是自动变速器换档控制的主要传感器之一，对自动换档影响重大。

2. 传统节气门位置传感器的类型及工作原理

根据结构及工作原理不同，目前汽油发动机电控系统中使用的节气门位置传感器主要有开关式、线性式、综合式和霍尔式节气门位置传感器等四种形式。

（1）开关式节气门位置传感器

开关式节气门位置传感器的特点是传感器仅以开和关两种输出信号，向ECU传递节气门位置状态信息。其结构如图2所示。

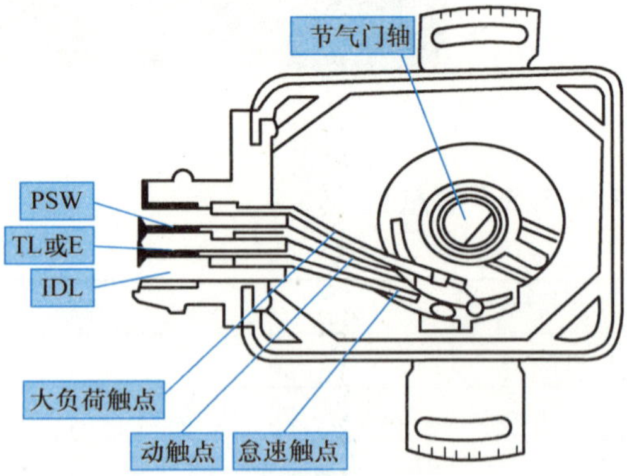

图2　开关式节气门位置传感器结构

传感器由与节气门轴联动的导向凸轮、活动触点、怠速触点、全开（功率）触点、插头及导向凸轮槽等组成。工作原理如图3所示。

活动触点接ECU电源，当节气门全闭时，怠速触点与活动触点接通，ECU根据这个信号可以判定发动机处于怠速状态；当节气门开度大于50°时，活动触点与全开（功率）触点接触，ECU根据这个信号可以判定节气门开度大于50°，发动机处于大负荷状态；当节气门开度处于全闭和50°之间时，活动触点悬空，ECU则判断发动机处于中负荷状态。这样，电脑就可以根据活动触点、怠速触点、全开（功率）触点的状态判断出节气门的开度，从而对发动机喷油进行控制，或对自动变速器进行控制。

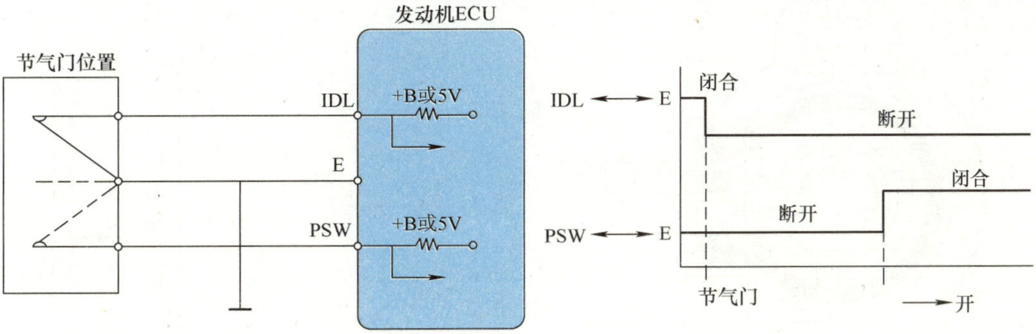

图3 开关式节气门位置传感器工作原理

ECU 通过线路分别向这两个触点输出 5V 的信号参考电压，触点闭合时，该线路被搭铁，信号参考电压变为 0V，ECU 接收到低电平信号“0”；触点张开时，线路没有被搭铁，信号参考电压维持为 5V，ECU 接收到高电平信号“1”。

当 IDL 信号和 PSW 信号分别为“1”“0”时，ECU 判定节气门处于怠速位置，因而对发动机进行怠速方面的控制，包括：正常冷却液温度低怠速、低冷却液温度高怠速、开空调高怠速、强制怠速断油等。

当 IDL 信号和 PSW 信号分别为“0”“1”时，ECU 判定发动机处于大负荷状态，因而对发动机进行大负荷加浓控制，即适当增大喷油量，以提高发动机的功率。

当 IDL 信号和 PSW 信号分别为“0”“0”时，ECU 判定发动机处于部分负荷状态，因而根据其他传感器信号确定喷油量和点火正时，以确保发动机的经济性和排放性能。

为了检测发动机的加速状况，某些发动机在节气门位置传感器中增加了 ACC 信号输出接头。这种传感器除了具有检测怠速状态的怠速触点（IDL 触点）、检测大负荷状态的功率触点（PSW 触点）外，还具有可检测出加减速状态的 ACC1 和 ACC2 输出信号的接头。ECU 可根据这个信号做出发动机处于加减速状态的判断，并运行燃油喷射中断控制程序。

触点开关式节气门位置传感器结构简单，价格便宜，但是只能检测怠速和大负荷状态，而对中间开度的节气门开度检测性差，无法提供线性数据。

（2）线性输出型节气门位置传感器

线性输出型节气门位置传感器的主要特点是表示节气门开度的输出电压与节气门开度呈线性关系。其本质就是一个滑动变阻器。

当节气门逐渐（向右）打开时，活动触点也向右移动，电路中所串入的电阻值逐渐减小，输出电压增大；反之，输出电压减小，如图 4 所示。通过这种方式，将其输出信号送至电子控制装置输入端。

线性输出式节气门位置传感器结构简单，价格便宜，对中间开度的节气门开度也能够提供线性数据，但是不能精准检测怠速和大负荷状态。

（3）综合式节气门位置传感器

如图 5 所示，该传感器有两对（活动）触点，其中一对作为主电位计，另一对作为节气门关闭位置指示的微型开关。其实就是在线性节气门位置传感器的基础上附加怠速触点而成的。

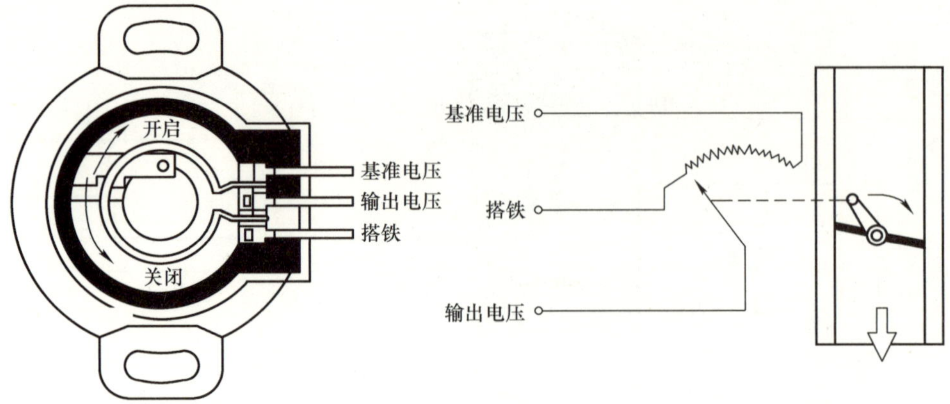

图4　线性输出型节气门位置传感器结构和原理

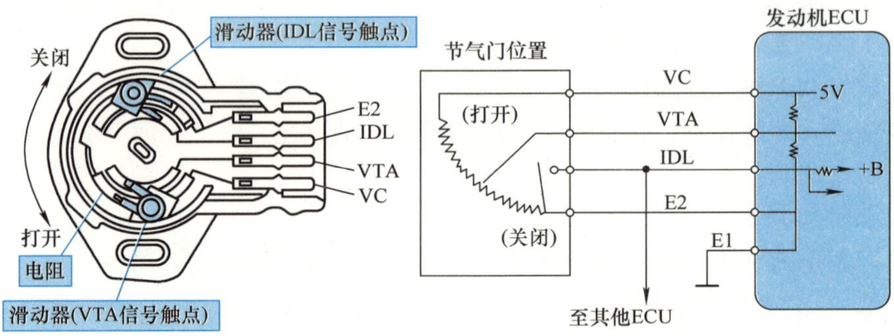

图5　综合式节气门位置传感器结构及原理

由图可知，电位计的动触点（即节气门开度输出触点）随节气门开度在电阻膜上滑动，从而在该触点上（VTA 端子）得到与节气门开度成比例的线性电压输出。当节气门全闭时，另外一个与节气门联动的动触点与怠速输出触点 IDL 接通，传感器输出怠速信号。节气门位置传感器输出的线性电压信号经 A/D 转换器转换后送给 ECU。

综合式是触点开关式和线性输出式复合，同时输出开关信号和连续的电压信号，既可以判断简单的工况点，又可以判断发动机负荷的连续变化。由于该传感器可以检测到节气门开度的连续变化情况，因而 ECU 可以实现更多的控制功能，例如：加速加浓控制、空气流量信号替代控制（即空气流量计发生故障时，利用节气门位置和发动机转速计算进气量）等。

（4）霍尔式节气门位置传感器

如图 6 所示，霍尔式节气门位置传感器由霍尔元件（霍尔 IC）和磁铁组成，其中，磁铁安装在节气门轴上，并可以绕霍尔元件转动。

当节气门开度变化时，磁铁随之转动，从而改变了与霍尔元件之间的相对位置，霍尔元件中的磁通量发生变化，因而所产生的霍尔电压也随之变化，IC 电路将霍尔电压放大后即可作为节气门开度信号输送给 ECU。

该传感器不仅能精确地检测节气门开度，还采用了无接触方式，并简化了结构，所以不易发生故障。为了确保其工作可靠，一般会输出两套信号用于检测节气门开度。

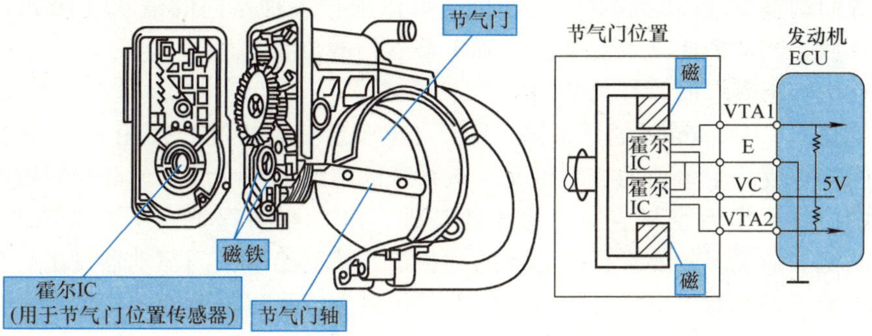

图 6 霍尔效应是节气门位置传感器

3. 电子节气门体构造及工作原理

在传统的机械式节气门定位系统中，节气门开度完全取决于驾驶人的操作意图。该系统中当驾驶人踏下加速踏板时，发动机管理系统不能控制节气门的位置，如图 7 所示。

电子节气门系统的节气门开度并不完全由加速踏板位置决定，而是控制单元根据当前行驶状况下整车对发动机的全部转矩需求，计算出节气门的最佳开度，从而控制电动机驱动节气门到达相应的开度。因此，节气门的实际开度并不完全与驾驶人的操作意图一致。在该系统中，节气门在整个调节范围内都是由一个电动机控制。当驾驶人踩下加速踏板时，两个加速踏板位置传感器记录下加速踏板的位置，并将该信息传递给发动机控制单元。发动机控制单元则把对应的信号传递给节气门执行器电动机。执行电动机根据该信号将节气门打开至相应的角度，如图 8 所示。

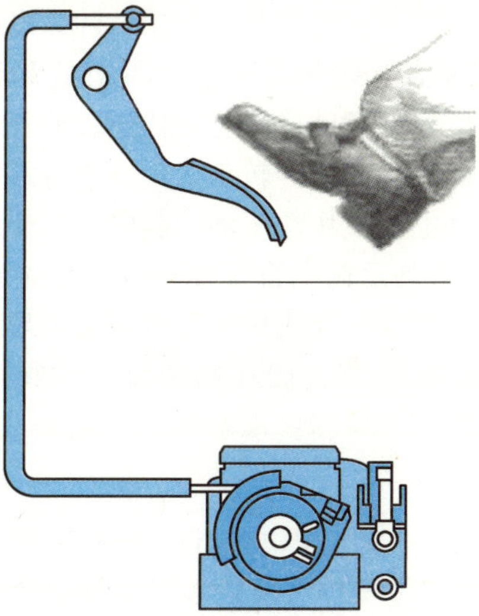

图 7 机械节气门定位系统

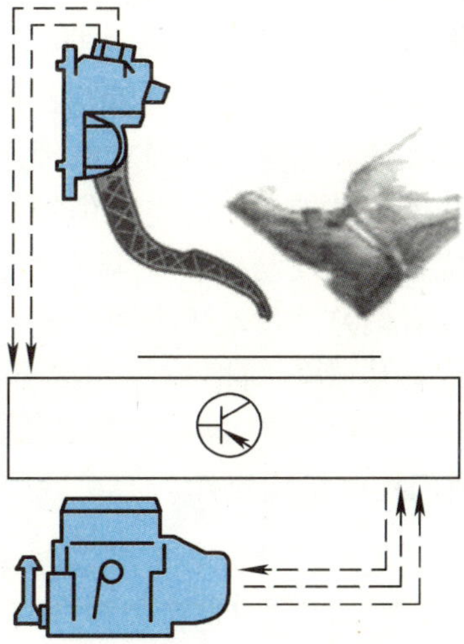

图 8 电子节气门系统

全电子节气门，在加速踏板上安装一个加速踏板位置传感器，发动机 ECU 利用该传感器的信号来控制全电子节气门的开度。加速踏板位置传感器通常采用滑线电阻复合式，其结构与工作原理与滑线电阻复合式节气门位置传感器相同。

该系统的优点是，如果出于安全或燃油消耗因素的考虑，发动机控制单元可以独立于加速踏板的位置而调整节气门的位置。发动机便可以根据各种不同的需求（例如驾驶人的输入、废气的排放、燃油消耗以及安全性）确定节气门的位置。

基于发动机转矩需求的节气门控制：

ETC 系统是 ME - Motronic 的子系统，ETC（电子节气门控制）使用 ECU 来控制节气门开度，节气门组合成一个单独的控制单元，该系统的组成如图 9 所示。两只对置的电位计监测加速踏板的位移，作为控制节气门总成的基础。ECU 判断驾驶人所要求的节气门开度，并为适应发动机当前工况的要求得出必要的调整量，然后给节气门驱动器发出一个相应的触发信号。带有两个相互对置电位计的节气门位置传感器，可以准确地响应位置命令。

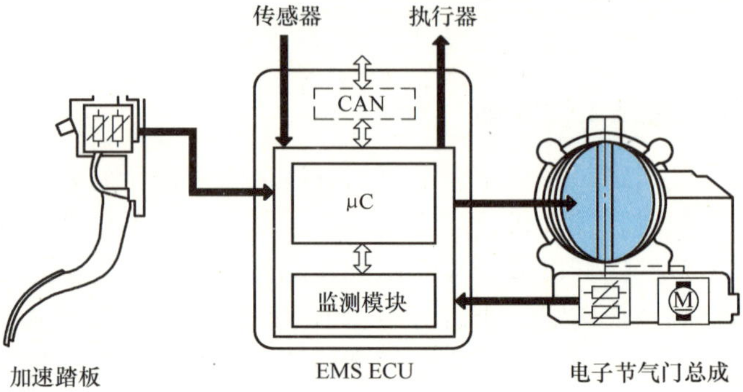

图 9　电子节气门系统

电子节气门系统的工作原理如下：驾驶人操纵加速踏板，加速踏板位置传感器产生相应的电压信号输入节气门控制单元，控制单元首先对输入的信号进行滤波，以消除环境噪声的影响，然后根据当前的工作模式、踏板移动量和变化率解析驾驶人意图，计算出对发动机转矩的基本需求，得到相应的节气门转角的基本期望值。然后再经过 CAN 总线和整车控制单元进行通信，获取其他工况信息以及各种传感器信号如发动机转速、档位、节气门位置、空调能耗等，由此计算出整车所需求的理论转矩，通过对节气门转角期望值进行补偿，得到节气门的最佳开度，并把相应的电压信号发送到驱动电路模块，驱动控制电动机使节气门达到最佳的开度位置。在发动机转矩调节过程中，控制单元首先将实际转矩与理论转矩进行对比，如果两者有偏差，发动机电控系统将通过适当的调节作用使实际转矩值和理论转矩值一致。节气门位置传感器则把节气门的开度信号反馈给节气门控制单元，形成闭环的位置控制。

4. 节气门控制机构组件

节气门控制机构组件位于节气门拉索轮的对面。节气门电位计（非怠速节气门位置传感器）、怠速开关、节气门定位电位计（怠速节气门位置传感器）和紧急弹簧全部安装在节气门控制组件壳体内，这个壳体不必打开，全部调整由 V. A. G. 1552 诊断仪基本设定功能来完成。节气门定位器（怠速电动机）通过减速装置与节气门同轴安装在节气门体一侧。以桑塔纳 2000 时代超人发动机的节气门控制机构为例，其节气门控制部件控制电路如图 10 所示。

（1）节气门电位计

节气门电位计就是非怠速时的节气门位置传感器，通过图 10 中的 75 号信号线给 ECU

提供非怠速状态下节气门开度信号，用以修正喷油量控制。当节气门电位计出现故障时，发动机 ECU 就用发动机转速和空气流量计的信号值计算替代。

（2）节气门定位电位计

节气门定位电位计就是怠速时的节气门位置传感器，通过图 10 中的 74 号信号线给 ECU 提供怠速时怠速电动机动作使节气门打开的节气门开度信号。当节气门定位电位计出现故障时，节气门控制部件中的紧急运行弹簧起作用，使发动机处于紧急运行状态，此时发动机的怠速升高，约为 1500r/min。

（3）怠速开关

怠速开关通过图 10 中的 69 号线束给 ECU 提供怠速信号。当怠速开关出现故障时，ECU 就对节气门电位计和节气门定位电位计的信号值进行比较，判断出怠速位置。

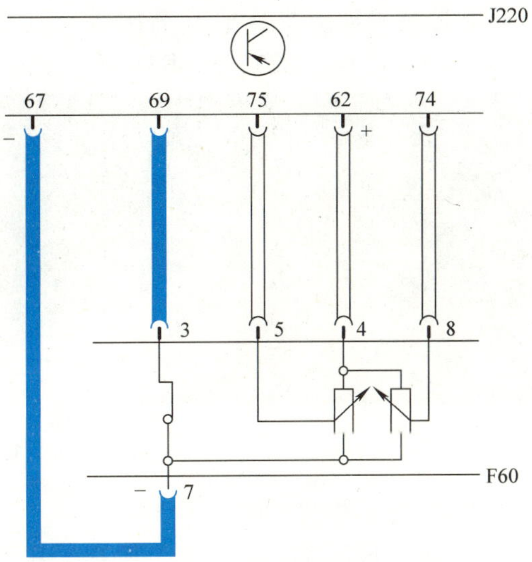

图 10　节气门控制机构组件电路

（4）节气门定位计

节气门定位计即怠速稳定装置，俗称怠速电动机，怠速电动机损坏或 ECU 对怠速控制出现故障，节气门控制部件内的紧急运行弹簧设置节气门处于紧急运行位置。

5. 节气门位置传感器的检测

（1）节气门位置传感器的检测

电路图及端子如图 11 所示。

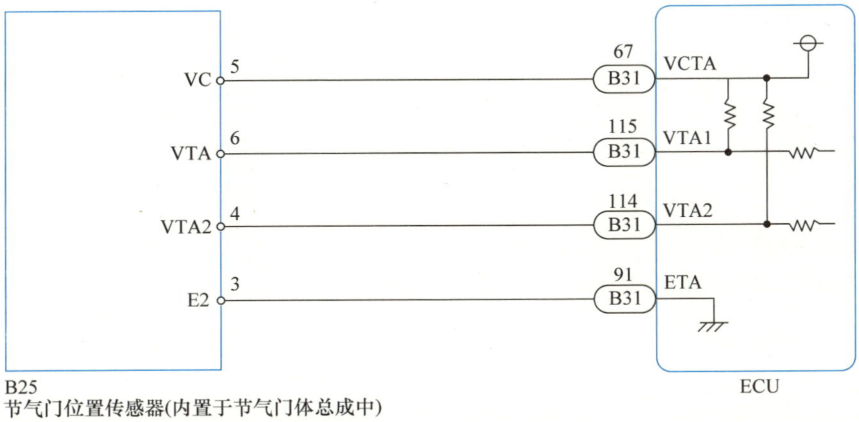

图 11　卡罗拉节气门位置传感器电路及端子

① 读取节气门位置传感器数据。

连接故障诊断仪，接通点火开关，踩动加速踏板，读取节气门位置传感器数据，VTA1 读数应该在 0.5～4.9V 之间连续变化；VTA2 读数应该在 2.1～5.0V 之间连续变化。

② 检查传感器线束及插接器。

拆下传感器插接器及 ECU 插接器，用万用表测 B25－5—B31－67、B25－6—B31－115、B25－4—B31－114、B25－3—B31－91 之间电阻，应小于 1Ω；如图 12 所示。

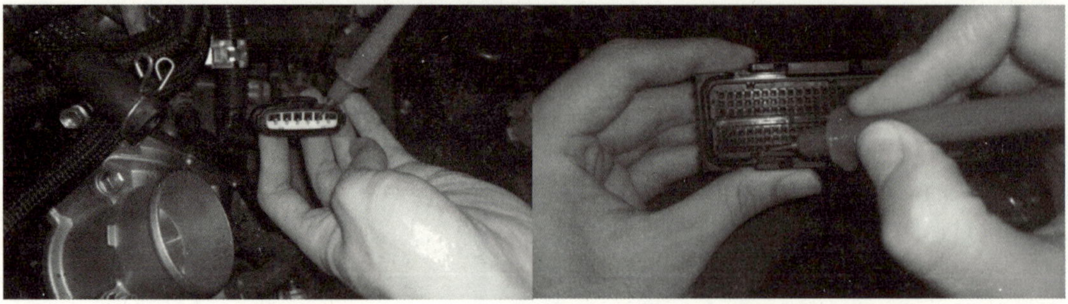

图 12　检查传感器至 ECM 线路

③ 检查传感器的工作电压（VC）。

连接 ECU 插接器，接通点火开关，用万用表测量 B25－5 和 B25－3 之间的电压，应为 4.5～5.5V，否则，检查 ECU 电源电路，如果 ECU 电源电路正常，则更换 ECU。

（2）节气门体直流电动机的检测

电动机电路及端子如图 13 所示。

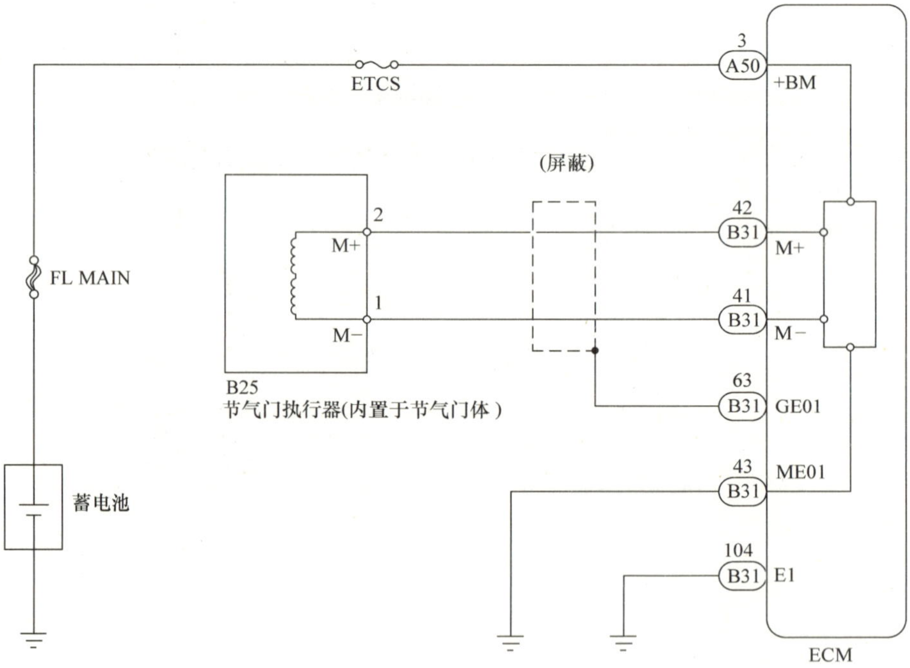

图 13　节气门体直流电动机电路及端子

① 检查直流电动机电阻。断开节气门体总成插接器，测量 2（M＋）－1（M－）两端子之间的电阻，应为 0.3～100Ω，如图 14 所示。否则更换节气门体总成。

② 检查 ETCS 熔丝，其位置如图 15 所示。

③ 断开 ECM 插接器，检测 A50－3 至 B31－104 之间电压，始终在 9 至 14V，端子位置

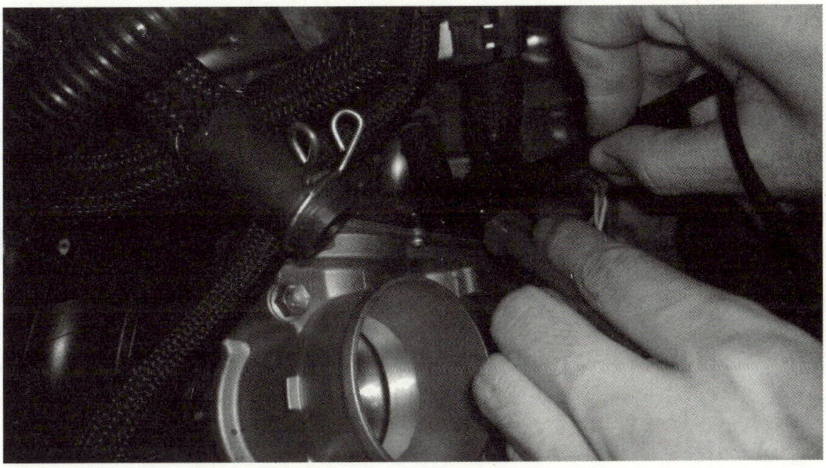

图 14 检测直流电动机电阻

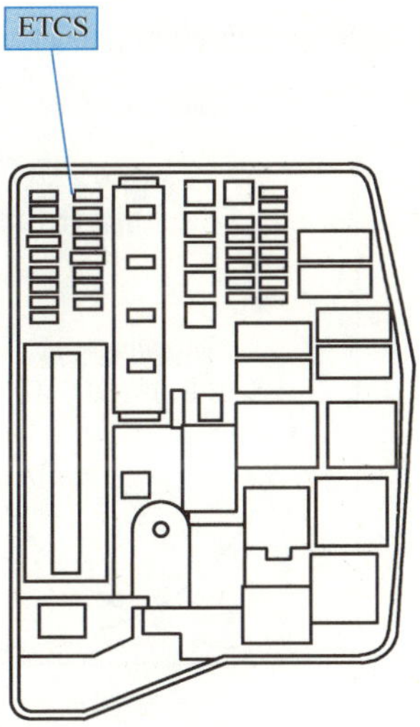

图 15 检查 ETCS 熔丝

如图 16 所示。

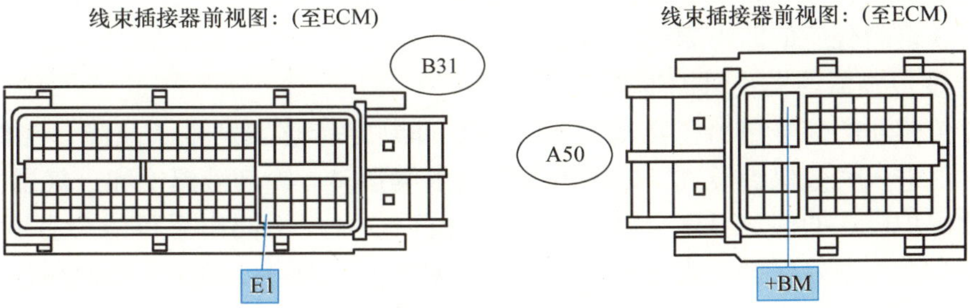

图 16 A50－3 和 B31－104 端子位置

7.2.3.6　信息页

7.2.3.6　信息页

学校名称		任课教师	
班级		学生姓名	
学习领域	L7 发动机管理系统诊断维修		
学习情境	LS7.2：发动机运行不平稳且功率不足	学习时间	1h
工作任务	D：温度传感器	学习地点	理实一体化教室

1. 进气温度传感器

进气温度传感器（ATS）一般安装在发动机进气管上，或与空气流量计制为一体，用于测量发动机的进气温度，ECU利用其信号除了可以将进气的体积流量换算为质量流量外，还可以实现某些特定的拉制功能。例如，进气温度较低时，适当增大喷油量。因低温时汽油的蒸发性较差，不利于形成混合气，以确保发动机能够稳定运转。

（1）进气温度传感器的结构与工作原理

① 热敏电阻。

热敏电阻式温度传感器是利用半导体材料的电阻随温度变化而改变的特性制成的。按其电阻—温度特性的不同特点，有NTC（负温度系数）和PTC（正温度系数）两种。负温度系数热敏电阻的阻值随温度的升高而降低，正温度系数热敏电阻则相反。一般热敏电阻式温度传感器使用温度范围在300℃以内，也有像氧化锆那样的高温型热敏电阻式传感器。热敏电阻式传感器的响应特性比绕线电阻式传感器优良，因而被广泛地应用于冷却液和进气温度的检测；热敏电阻式传感器的主要缺点是线性较差。图1所示为热敏电阻式温度传感器的特性。

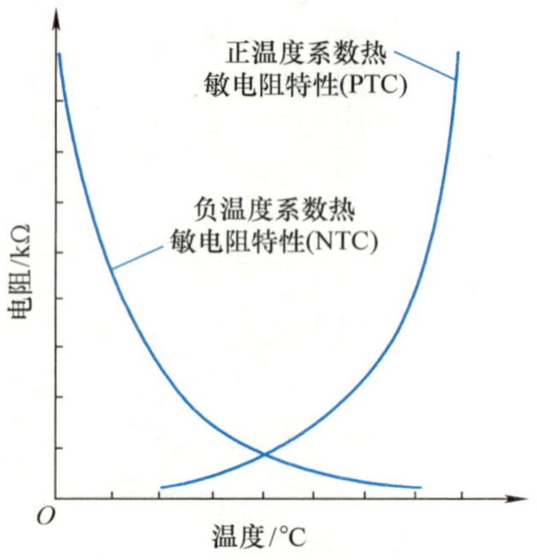

图1　热敏电阻温度传感器特性

② 进气温度传感器结构原理与电路图。

进气温度传感器的结构如图2所示，主要由负温度系数热敏电阻、金属引线和壳体等组成。所谓负温度系数是指其电阻值随温度的上升而减小。传感器的工作电路如图2所示，传感器的热敏电阻通过导线与ECU相连，并与ECU内部的分压电阻串联，形成分压电路。ECU向该分压电路提供稳定的工作电压（一般为5V），热敏电阻所获得的分压值即为测得的温度信号。

（2）温度传感器的失效保护模式

当温度传感器的信号超出正常范围时，ECU即判定传感器发生了故障，在储存相应故障码的同时，进入失效保护模式，以维持发动机继续运转。冷却液温度和进气温度传感器故障时，失效保护模式的假定温度分别为80℃和20℃左右（不同车系可能会有所不同）。这种低温假设会造成失效保护模式下排放污染的过度增大，但可以确保低温顺利起动；现代汽车的高温假设（80℃）可以改善失效保护模式下排放性能，但低温起动性能会变差。

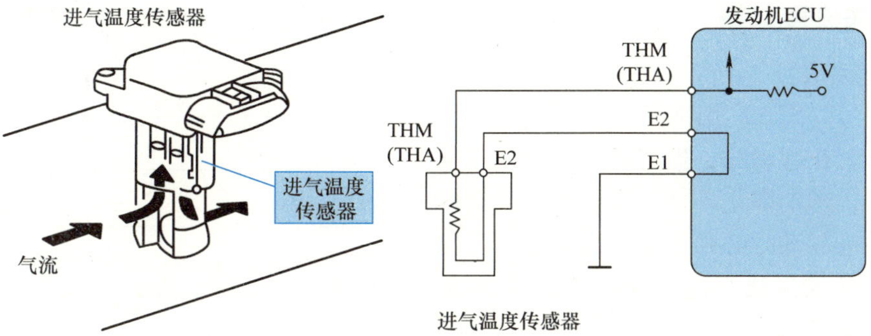

图 2 温度传感器工作电路

2. 冷却液温度传感器

冷却液温度传感器（CTS）一般安装在发动机水套或出水管上，用于检测发动机冷却液的温度，ECU 利用其信号对喷油量、点火正时等进行修正控制，以实现某些特定的控制功能：

① 发动机冷起动时，提供特浓混合气，以确保顺利起动。

② 冷却液温度较低时，适当提高发动机的怠速，并适当延迟点火，以缩短暖机时间，从而减少磨损，并提供较浓混合气，以维持发动机稳定运转。

③ 冷却液温度较低时，不允许自动变速器升入超速档，以避免发动机在冷态下低速大负荷运转而造成过度磨损，同时也不允许锁止离合器接合，以便利用自动变速器油温使发动机快速升温。

④ 冷却液温度较高时，增大冷却风扇的转速；冷却液温度过高时，暂时停止空调的工作等。

可见，冷却液温度传感器信号除了影响发动机的工作状态外，还影响自动变速器、汽车空调等的工作状态，其故障往往会带来发动机起动、怠速、油耗、冷却及自动变速器换档、空调制冷等诸多方面的问题。

（1）冷却液温度传感器的结构

冷却液温度传感器多安装在缸体水道上或节气门附近。如图 3 所示，冷却液温度传感器的核心是负温度系数的热敏电阻（冷却液温度越低，电阻越大；冷却液温度越高，电阻越小）。

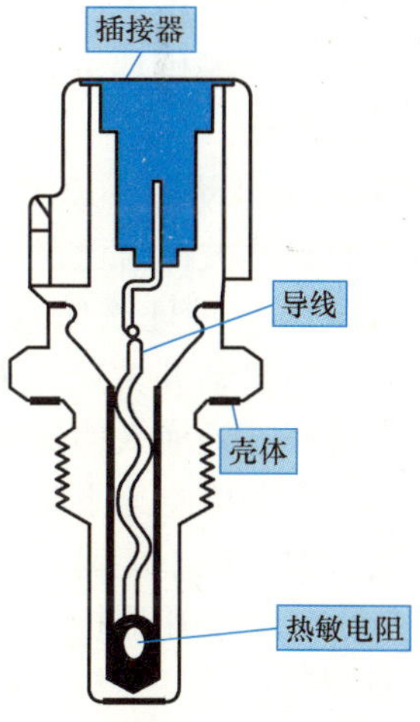

图 3 冷却液温度传感器结构

（2）冷却液温度传感器的工作电路

图 4 所示为冷却液温度传感器的工作电路。ECU 内部的 5V（或 12V）电压通过分压电阻 R 加在冷却液温度传感器内的热敏电阻上，再通过 ECU 搭铁构成回路。传感信号为加在热敏电阻上的电压。温度越高，电阻越小，信号电压就越低；温度越低，电阻越大，信号电压就越高。信号电压为 5V，表明传感器断路；信号电压为 0V，表明传感器短路。

3. 开关信号

(1) 起动信号

起动信号（STA）用来判断发动机是否处在起动状态。在起动时，进气管内混合气流速慢，温度低，燃油雾化不良，为了改善起动性能，在发动机起动时必须增加喷油量以加浓混合气。起动开关接通，ECU便检测到STA信号，确认发动机处于起动状态，即自动增加喷油量。

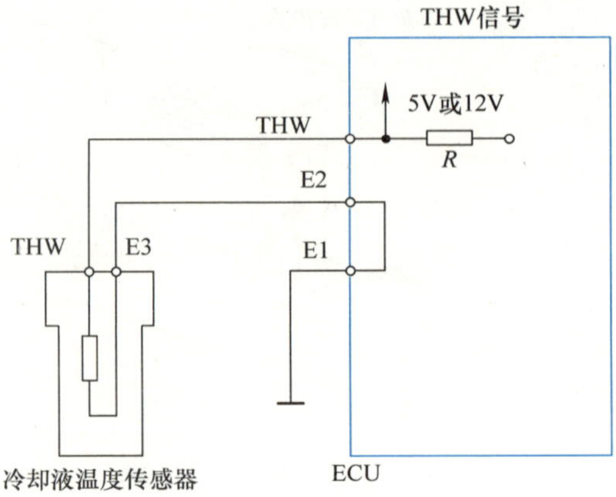

图4　冷却液温度传感器工作电路

使自动变速器处于P位或N位，用万用表从ECU插接器背后检测ST端子对搭铁电压，点火开关置ST位，电压应为10V以上，同时起动机应该运转，否则，检查空档起动开关、点火开关ST档输出电源、起动继电器、ECU的STA端子与起动继电器之间的线路。

(2) 空档起动开关信号

在装有自动变速器（A/T）的汽车中，ECU利用空档起动开关信号（NSW）判定变速器的档位，识别变速器是处于P位或N位（停车档或空档），还是处于行驶状态。NSW信号主要用于怠速系统的控制，ECU通过对NSW信号的识别，对怠速系统进行控制，在发动机处于过渡工况时，修正喷油量。

图5为丰田汽车起动信号（STA）和空档起动开关信号（NSW）电路。点火开关置于ST位置时，只有自动变速器变速杆处于P位或N位的情况下，其空档起动开关才闭合，起动机电路才可以接通。起动机电路接通的同时，ECU的STA端子也接收到蓄电池电压，ECU按照起动工作程序，给发动机提供特浓混合气，以确保发动机顺利起动。

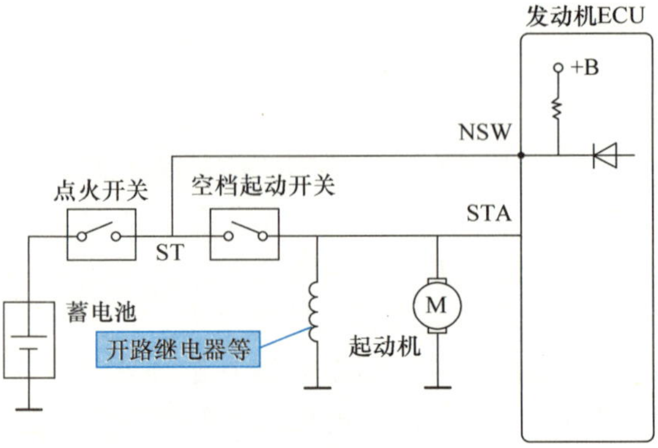

图5　丰田汽车起动信号（STA）和空档起动开关信号（NSW）电路

发动机起动后，ECU的NSW端子通过空档起动开关向自己的STA端子发送信号参考电压，一旦该信号参考电压中断，则表明空档起动开关已经断开，即自动变速器变速杆已经换入前进档或倒档，ECU会立刻提高发动机的怠速，以免换档后因发动机负载增大而造成怠速下降。如果自动变速器变速杆处于非P位和非N位，则起动机电路不能接通，发动机不能起动。

拆下自动变速器档位开关插接器，找出其中空档起动开关对应的两个端子，用万用表测其导通情况：当变速杆处于P位或N位时，阻值应接近0Ω；当变速杆处于非P位和非N位时，阻值应为无穷大。

① 断开ECU插接器，用万用表测ECU线束侧插接器的NSW端子与STA端子之间的电

阻：当变速杆处于P位或N位时，阻值应接近0Ω；当变速杆处于非P位和非N位时，阻值应为无穷大。

② 连接ECU插接器，接通点火开关但不发动发动机，用万用表从ECU插接器背后检测NSW端子的对搭铁电压：当变速杆处于P位或N位时，电压应接近0V；当变速杆处于非P位和非N位时，电压应为12V左右。

(3) 空调信号

空调信号（A/C）用来检测空调压缩机是否工作。空调信号与空调压缩机电磁离合器的电源接在一起，空调压缩机工作时，向ECU输送高电平信号，ECU根据A/C信号控制发动机怠速时的点火提前角、怠速转速、断油转速及修正怠速时喷油量等。

4. 冷却液温度传感器的检测

(1) 温度传感器电路分析

不同车型，规定的检修方法不同，应以维修手册为准。下面以桑塔纳AJR发动机采用的冷却液温度传感器为例，说明温度传感器的检修方法。其控制电路如图6所示，电路分析见表1。

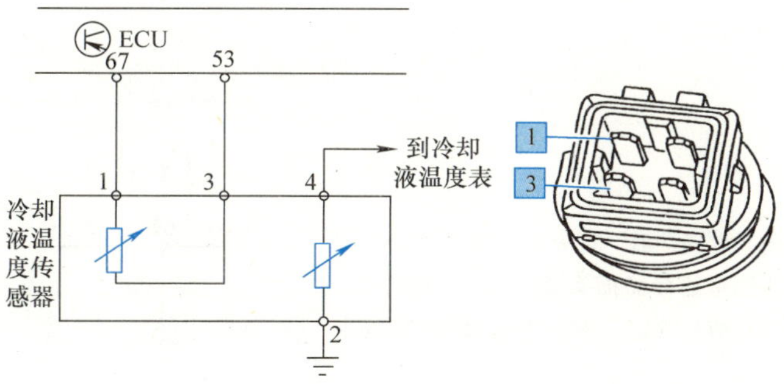

图6 桑塔纳AJR发动机冷却液温度传感器的控制电路

表1 桑塔纳AJR发动机冷却液温度传感器电路

传感器电路	电路功能	电路状态	性能参数
传感器端子“3”线路	电源线、信号线	连接插接器，点火开关置于“ON”	端子“3”与“1”间信号电压应在0～5V之间，并随温度的升高而减小
		断开插接器，点火开关置于“ON”	插接器插头端子“3”与搭铁间的电压应为5V左右
传感器端子“1”线路	搭铁线	断开插接器，点火开关置于“OFF”	插接器插头端子“1”与搭铁间的电阻应小于0.5Ω
传感器插座端子“1”“3”间	传感器热敏电阻	断开插接器	插接器插座端子“1”与“3”间电阻值随温度的升高而减小

(2) 冷却液温度传感器诊断方法

用故障诊断仪读取故障码和数据流，如果有温度传感器的故障码，或温度传感器信号电压、温度值与规定不一致，或怀疑温度传感器有故障，应检查温度传感器及其电路。万用表检测温度传感器及其电路的方法见表2。

表2　冷却液温度传感器及其电路检测方法

检测项目	检测方法	图示说明
传感器信号电压	点火开关置于“ON”，用万用表测量端子“3”与“1”间的信号电压，应与规定一致。否则说明温度传感器电路有故障	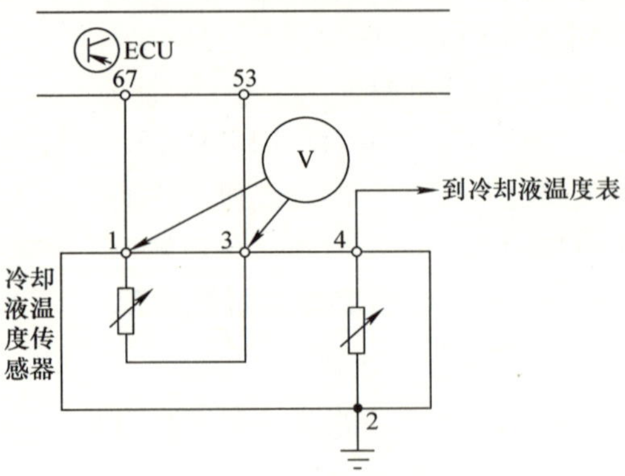
传感器电源电路	断开传感器插接器，点火开关置于“ON”，用万用表测量插接器插头端子“3”与搭铁间的电压，应与规定一致。否则说明线路或ECU有故障	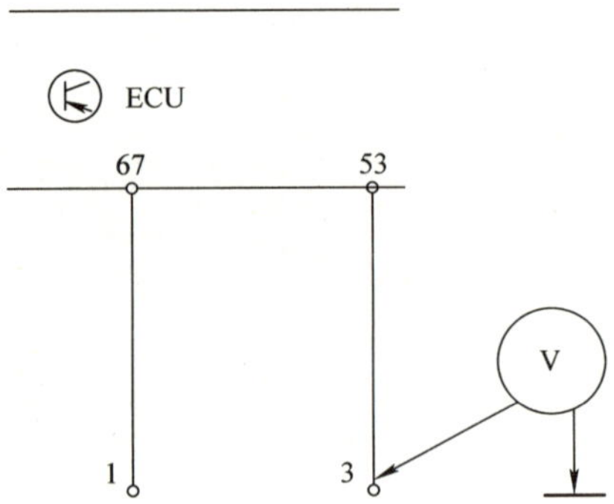
传感器搭铁电路	断开传感器插接器，点火开关置于“OFF”，用万用表测量插接器插头端子“1”与搭铁间的电阻，应与规定一致。否则说明线路或ECU有故障	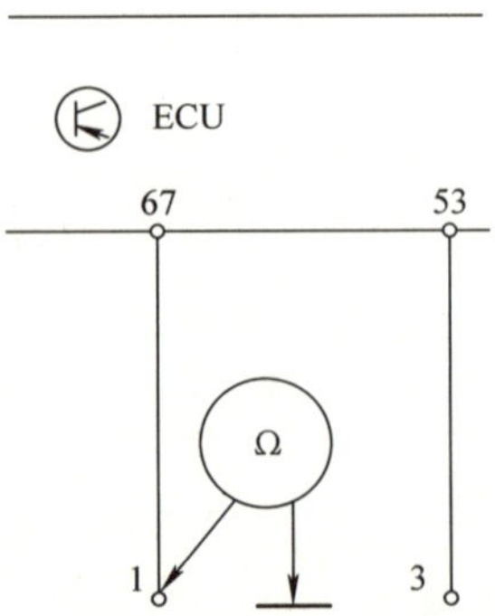

（续）

检测项目	检测方法	图示说明
传感器	断开传感器插接器，点火开关置于“OFF”，拆卸传感器并置于加热水槽中，用万用表测量插接器插座端子“1”与“3”间的电阻，电阻应随温度的升高而减小，并与规定一致。否则说明传感器有故障	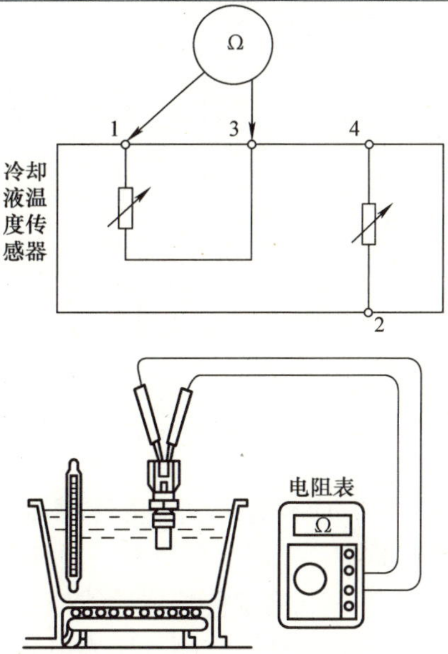

（3）温度传感器的波形分析

连接好波形测试设备，起动发动机，测取发动机暖机过程中温度传感器信号电压的波形如图7所示，其信号电压随暖机过程中冷却液温度的升高而减小。温度传感器信号变化较慢，需要测取较长时间的波形。

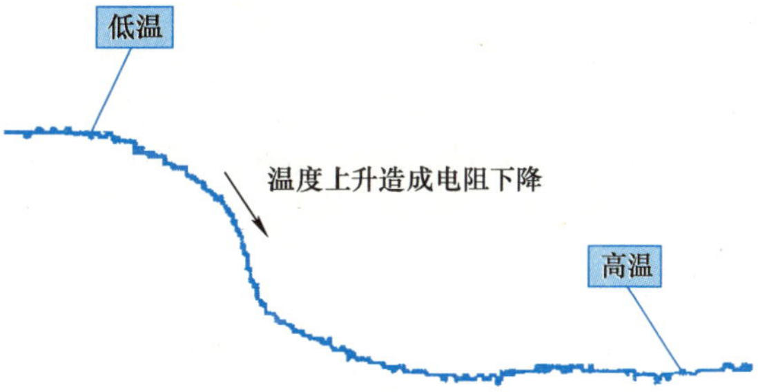

图7 发动机暖机过程中冷却液温度传感器的信号波形

参考维修资料进行波形分析：

一看大小：参考维修手册以得到精确的电压范围，通常冷车时传感器电压应为3～5V，随着发动机的运转，减少至发动机正常热机温度时的1V左右。传感器信号电压与温度之间有一一对应关系。

二看变化：传感器信号电压应随温度的变化快速做出反应。

三看形状：波形上不应有任何断裂、对地尖峰或大跌落。冷却液温度传感器电路开路将使电压波形出现向上的尖峰，信号电路搭铁短路将产生向下尖峰。缩短时基轴扫描速度至200ms/Div或更短，有助于捕获间歇性故障。

5. 进气温度传感器检修

进气温度传感器检修与冷却液温度传感器检修方法和要求类似。

1）以桑塔纳2000Gsi进气温度传感器为例，介绍进气温度传感器的检测。如图8、图9所示是该车型进气温度传感器的连接图。

① 拔下进气温度传感器导线插接器，打开点火开关。

② 用万用表电压档检测进气温度传感器导线插接器内的两插脚1、2之间的电压。

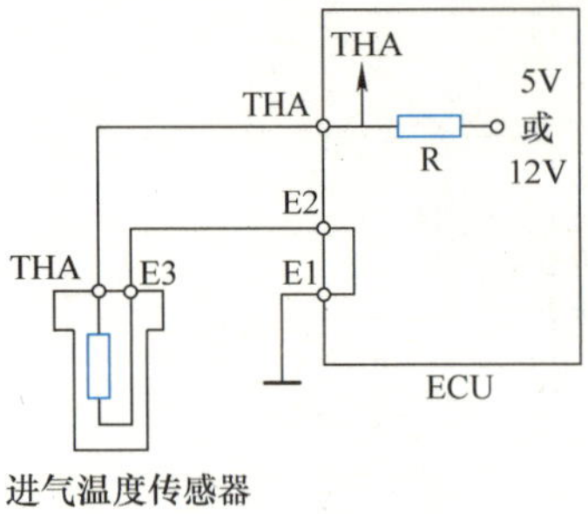

图 8 进气温度传感器电路图

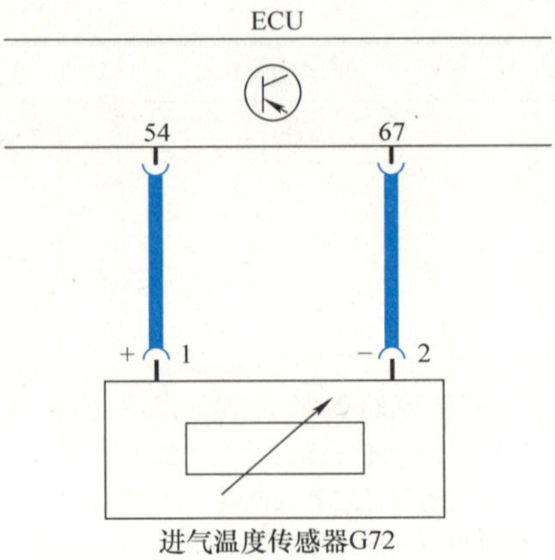

图 9 桑塔纳 2000Gsi 进气温度传感器电路

如不符，应检查进气温度传感器导线插接器 1、2 插脚与 ECU 的导线插接器 54、67 之间是否有断路、短路。如正常，更换 ECU。

③ 拔下进气温度传感器导线插接器，然后从发动机上拆下进气温度传感器。

④ 在不同条件下，用万用表电阻档测量进气温度传感器 1、2 的电阻。

⑤ 测得的电阻值应符合规定的标准值。若不符，应更换进气温度传感器。

2）以丰田卡罗拉轿车为例，进气温度传感器检修。

丰田卡罗拉轿车的进气温度传感器与空气流量计安装在一起，空气流量计总成中 1、2 号端子为进气温度传感器线路端子，如图 10 所示。

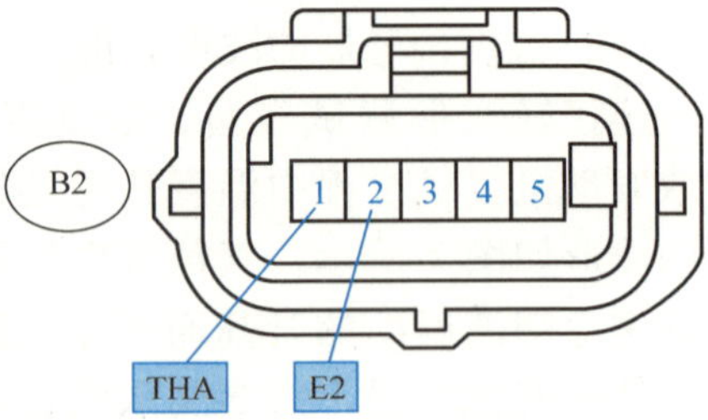

图 10 空气流量计总成插接器中的进气温度传感器接线端子

① 连接诊断仪，断开空气流量计插接器，打开点火开关，此时诊断仪进气温度数据应为 −40℃，如图 11 所示。

图 11 断开空气流量计插接器

② 短接线束侧传感器端子 1 和 2，由于 ECU 误以为热敏电阻处于阻值无穷小状态，故显示的冷却液温度为 140℃，如图 12 所示。否则，线路损坏。

图 12 短接端子 1 与端子 2

7.2.3.7 工作页

7.2.3.7 工作页

学校名称		任课教师	
班级		学生姓名	
学习领域	L7 发动机管理系统诊断维修		
学习情境	LS7.2：发动机运行不平稳且功率不足	学习时间	1h
工作任务	A：空气流量计	学习地点	理实一体化教室

1. 请用关键词的框图描述空气流量计的功用。

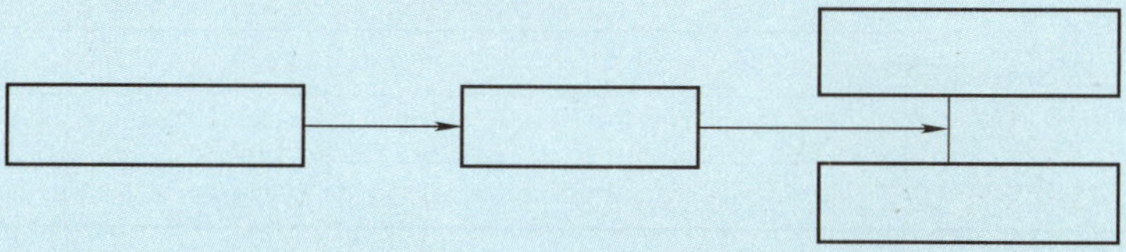

2. 请查阅信息页，提炼关键词书写热线式空气流量计的工作原理。

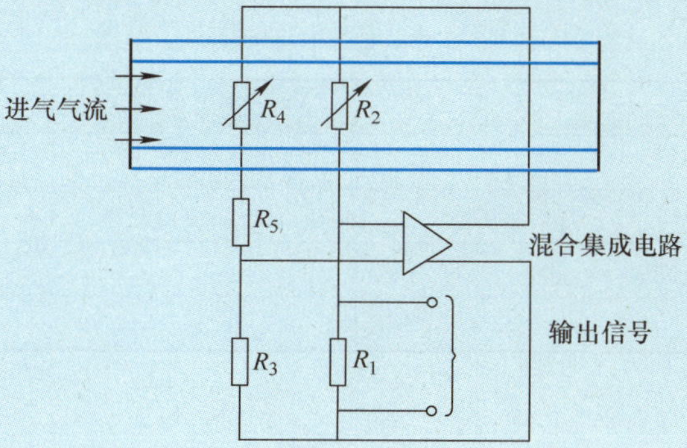

3. 请用表格整理不同类型的空气流量计的结构、工作原理、优缺点。

4. 完成下列题目：

(1) 空气流量计安装在节气门前的________上，其作用是检测发动机的________的大小，转换成为电信号输送给 ECU。

(2) ECU 对进气量信号进行运算后，控制________，是发动机电控系统计算基本________和最佳________的重要参数之一。

(3) 根据测量原理不同，可以分为热________空气流量计、热膜式空气流量计、________空气流量计、翼片式空气流量计。

(4) (　　) 检测发动机的进气量的大小转换成为电信号输送给 ECU。

A. 空气流量计　B. 节气门位置传感器　C. 进气温度传感器　D. 冷却液温度传感器

(5) 空气流量计安装在节气门后的进气总管上。(　　)

(6) 进气量是发动机电控系统计算基本喷油量和最佳点火提前角的重要参数之一。(　　)

5. 请在试验车型上找到空气流量计，进行检测并做好检测记录。

空气流量计类型	安装位置	检测内容、检测条件、检测部位	标准值	检测值	结论

7.2.3.8　工作页

7.2.3.8　工作页

学校名称		任课教师	
班级		学生姓名	
学习领域	L7 发动机管理系统诊断维修		
学习情境	LS7.2：发动机运行不平稳且功率不足	学习时间	1h
工作任务	B：进气压力传感器	学习地点	理实一体化教室

1. 请用关键词的框图描述进气歧管绝对压力传感器的功用。

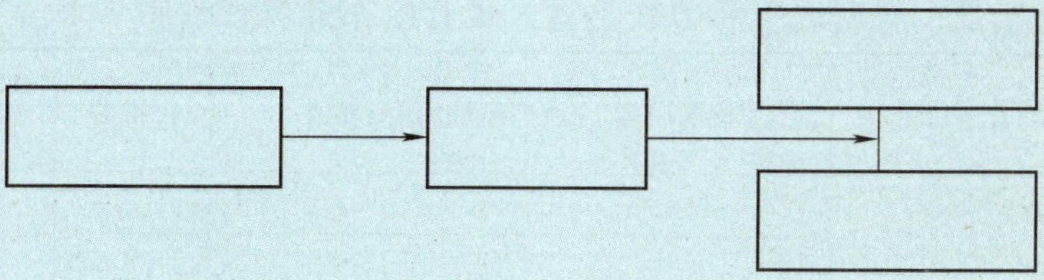

2. 请查阅信息页，提炼关键词书写压敏电阻式进气压力传感器的工作原理。

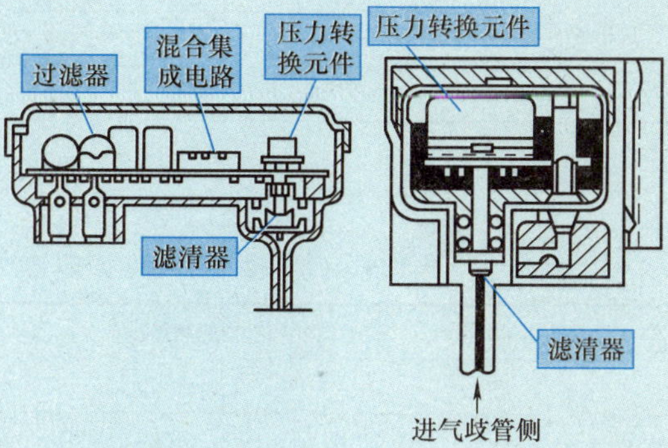

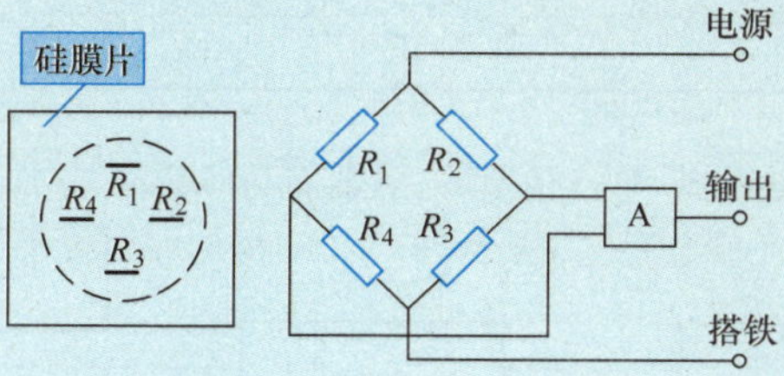

3. 请用表格整理不同类型的进气压力传感器的结构、工作原理、优缺点。

4. 完成下列题目：

(1) 进气歧管绝对压力传感器一般用一根真空管与________相接或直接装在节气门________的进气总管（或进气歧管）上。

(2) 进气歧管绝对压力传感器是一种________测量空气流量的传感器，其作用与空气流量计相当，一般使用在________电控燃油喷射系统中。

(3) 根据产生信号原理不同，进气歧管绝对压力传感器主要可分为________、________、电容式和________等。

(4) (　　) 间接检测发动机的进气量的大小转换成为电信号输送给ECU。

A. 空气流量计　　　B. 节气门位置传感器

C. 进气温度传感器　D. 进气歧管绝对压力传感器

(5) 进气歧管绝对压力传感器是一种间接检测空气流量的传感器。(　　)

(6) 进气压力传感器目前应用最广泛的是半导体压敏电阻式和电容式。(　　)

5. 请在实验车型上找到进气压力传感器，进行检测并做好检测记录。

进气压力传感器类型	安装位置	检测内容、检测条件、检测部位	标准值	检测值	结论

7.2.3.9　工作页

7.2.3.9　工作页

学校名称		任课教师	
班级		学生姓名	
学习领域	L7 发动机管理系统诊断维修		
学习情境	LS7.2：发动机运行不平稳且功率不足	学习时间	1h
工作任务	C：节气门位置传感器	学习地点	理实一体化教室

1. 请用关键词的框图描述节气门位置传感器的功用。

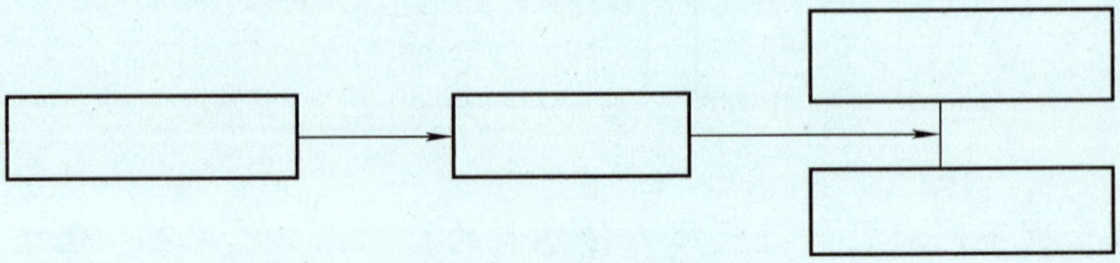

2. 请查阅信息页，提炼关键词书写综合式节气门位置传感器的工作原理。

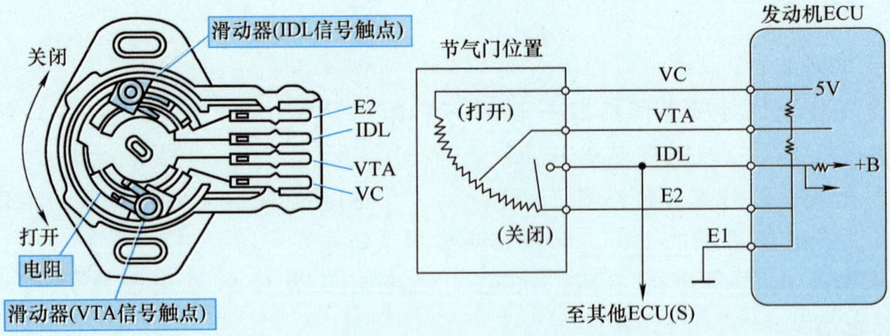

3. 请用表格整理不同类型的节气门位置传感器的结构、工作原理、优缺点。

4. 请用关键词书写电子节气门的工作原理。

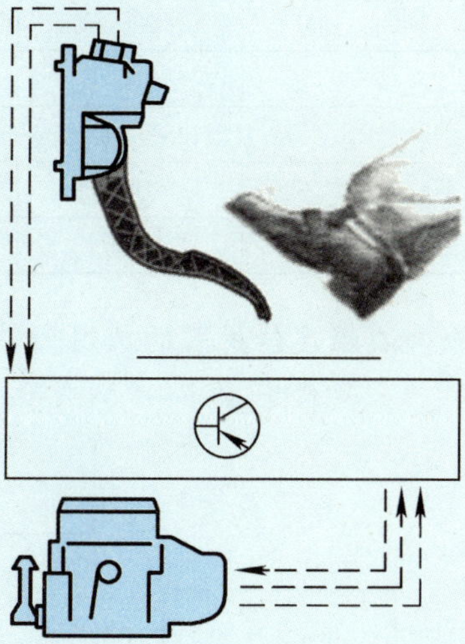

5. 完成下列题目：

（1）节气门位置传感器用来检测________的开度，转换成电信号输送到 ECU 对________进行有效控制。

（2）汽油发动机电控系统中使用的节气门位置传感器主要有________、________、________和________等四种形式。

（3）（　　）检测节气门开度转换成为电信号输送给 ECU 控制喷油量。

A. 空气流量计　B. 节气门位置传感器　C. 进气温度传感器　D. 进气歧管绝对压力传感器

（4）全电子节气门利用节气门位置传感器的信号来控制全电子节气门的开度。（　　）

（5）节气门位置传感器是自动变速器换档控制的主要传感器之一，对自动换档影响重大。（　　）

（6）进气压力传感器目前应用最广泛的是半导体压敏电阻式和电容式。（　　）

6. 请在试验车型上找到节气门位置传感器，进行检测并做好检测记录。

节气门位置传感器类型	安装位置	检测内容、检测条件、检测部位	标准值	检测值	结论

7.2.3.10　工作页

7.2.3.10　工作页

学校名称		任课教师	
班级		学生姓名	
学习领域	L7 发动机管理系统诊断维修		
学习情境	LS7.2：发动机运行不平稳且功率不足	学习时间	1h
工作任务	D：温度传感器	学习地点	理实一体化教室

1. 请用关键词的框图描述冷却液温度传感器的功用。

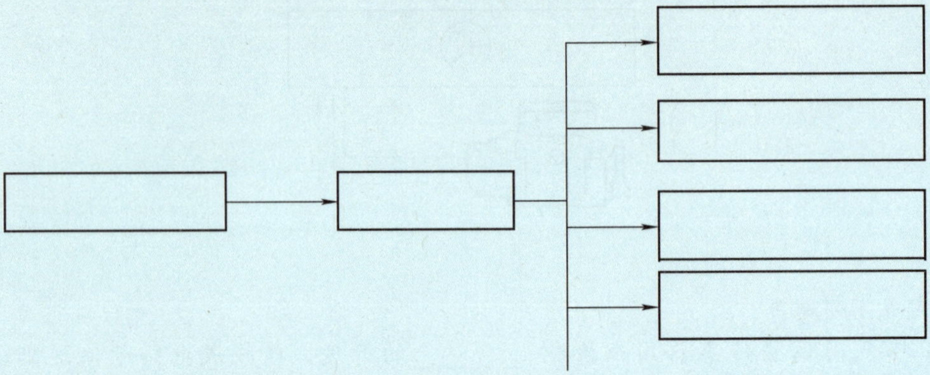

2. 请用关键词的框图描述进气温度传感器的功用。

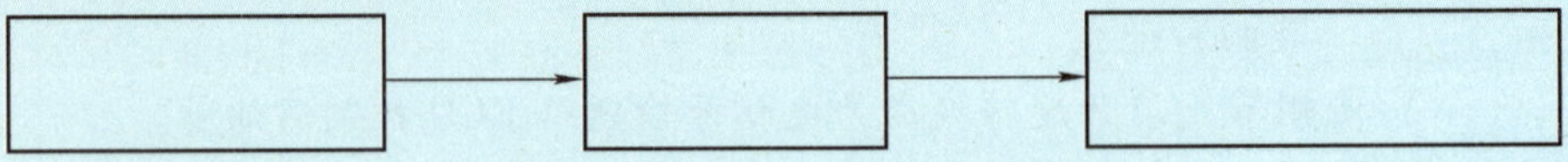

3. 请用表格整理进气温度传感器和冷却液温度传感器的结构、工作原理。

4. 请解释热敏电阻特性。

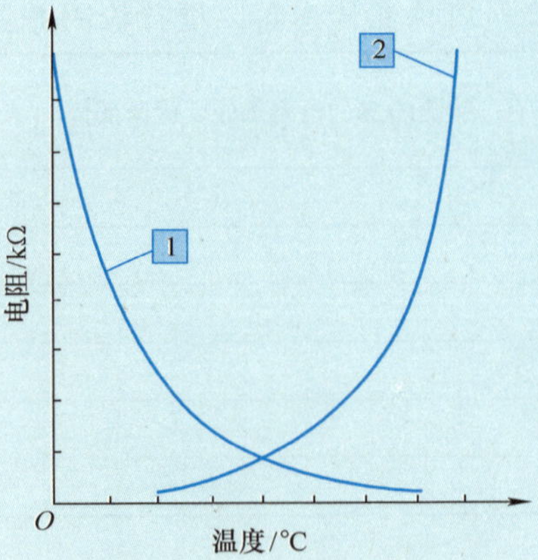

5. 完成下列题目：

(1) 进气温度传感器（ATS）一般安装在发动机________上，或与________制为一体，用于测量发动机的进气温度。

(2) 负温度系数热敏电阻的阻值随温度的升高而________。

(3) ________（CTS）一般安装在发动机水套或出水管上，用于检测发动机冷却液的温度，ECU 利用其信号对喷油量、点火正时等进行________控制。

(4) 电子控制系统由________、电子控制单元 ECU 和执行器组成。

(5) 节气门位置传感器是自动变速器换档控制的主要传感器之一，对自动换档影响重大。(　　)

(6) 进气压力传感器目前应用最广泛的是半导体压敏电阻式和电容式。(　　)

6. 请在试验车型上找到冷却液温度传感器，进行检测并做好检测记录。

冷却液温度传感器类型	安装位置	检测内容、检测条件、检测部位	标准值	检测值	结论

轮换工作站学习

教师活动：

教师组织学生轮换工作站进行小组学习。

学生活动：

学生轮换工作站进行小组学习，每站 1h。(180min)

小组合作制作综合海报

教师活动：

教师要求每个小组完成一张思维导图的总海报。

学生活动：

学生分组完成一张总海报。(60min)

展示讲述综合海报

教师活动：

教师选出一个组来介绍讲解总海报内容，教师进行评价。

学生活动：

被选出的小组展示讲述本组绘制的总海报内容，其他组学生提出疑问、建议。(30min)

完成 7.2.3.11 理论测试

教师活动：

教师要求学生独立完成7.2.3.11 理论测试，不允许查阅任何资料。

学生活动：

学生安静地、独立地，在系统上完成 7.2.3.11 理论测试并提交，不能查阅任何资料。(20min)

7.2.3.11 理论测试

7.2.3.11 理论测试

学校名称		任课教师	
班级		学生姓名	
学习领域	L7 发动机管理系统诊断维修		
学习情境	LS7.2：发动机运行不平稳且功率不足		
理论学习内容	传感器结构原理与检测	学习时间	5h

一、填空题（每空1分，共20分）

1. 空气流量计安装在节气门前的________上，其作用是检测发动机的________的大小，转换成为电信号输送给________。

2. ECU对进气量信号进行运算后，控制________，是发动机电控系统计算基本________和最佳________的重要参数之一。

3. 根据测量原理不同，空气流量计可以分为热________空气流量计、热膜式空气流量计、________空气流量计、翼片式空气流量计。

4. 进气歧管绝对压力传感器一般用一根真空管与________相接或直接装在节气门________的进气总管（或进气歧管）上。

5. 进气歧管绝对压力传感器是一种________测量空气流量的传感器，其作用与空气流量计相当，一般使用在________电控燃油喷射系统中。

6. 根据产生信号原理不同，进气歧管绝对压力传感器主要可分为可变电阻式、________、电容式和膜盒传动可变电感式等。

7. 节气门位置传感器用来检测________的开度，转换成电信号输送到ECU对________进行有效控制。

8. 汽油发动机电控系统中使用的节气门位置传感器主要有开关式、________、综合式和霍尔式等四种形式。

9. 进气温度传感器（ATS）一般安装在发动机________上，或与________制为一体，用于测量发动机的进气温度。

10. 负温度系数热敏电阻的阻值随温度的升高而________。

11. 电子控制系统由________、电子控制单元ECU和执行器组成。

二、单选题（每题2分，共10分）

1. （　　）直接检测发动机的进气量的大小转换成为电信号输送给ECU控制喷油量。

A. 空气流量计　　　　B. 节气门位置传感器

C. 进气温度传感器　　　　　　D. 进气歧管绝对压力传感器

2. （　　）间接检测发动机的进气量的大小转换成为电信号输送给ECU控制喷油量。

A. 空气流量计　　　　　　B. 节气门位置传感器

C. 进气温度传感器　　　　　　D. 进气歧管绝对压力传感器

3. （　　）检测节气门开度转换成为电信号输送给ECU控制喷油量。

A. 空气流量计　　　　　　B. 节气门位置传感器

C. 进气温度传感器　　　　　　D. 进气歧管绝对压力传感器

4. （　　）检测发动机冷却液温度转换成为电信号输送给ECU修正喷油量。

A. 空气流量计　　　　　　B. 节气门位置传感器

C. 进气温度传感器　　　　　　D. 冷却液温度传感器

5. （　　）检测发动机进气温度转换成为电信号输送给ECU修正喷油量。

A. 空气流量计　　　　　　B. 节气门位置传感器

C. 进气温度传感器　　　　　　D. 冷却液温度传感器

三、判断题（每题2分，共20分）

1. 空气流量计安装在节气门后的进气总管上。（　　）

2. 进气量是发动机电控系统计算基本喷油量和最佳点火提前角的重要参数之一。（　　）

3. 热线式空气流量计和卡门旋涡式空气流量计的测量精度要高于热膜式空气流量计。（　　）

4. 进气歧管绝对压力传感器是一种间接检测空气流量的传感器。（　　）

5. 全电子节气门利用节气门位置传感器的信号来控制全电子节气门的开度。（　　）

6. 空气流量计故障会导致混合气过浓或过稀，油耗增大，起动后熄火，发动机运转不正常等。（　　）

7. 负温度系数热敏电阻的阻值随温度的升高而增大。（　　）

8. 开关信号属于执行器。（　　）

9. 节气门位置传感器是自动变速器换档控制的主要传感器之一，对自动换档影响重大。（　　）

10. 冷却液温度传感器信号除了影响发动机的工作状态外，还决定性控制自动变速器、汽车空调等的工作状态。（　　）

教学方法：旋转木马变异法

3.3 燃油喷射的电子控制

关键词法独立学习

教师活动：

教师提供7.2.3.12信息页（电子控制系统和燃油喷射控制），让学生独立阅读，划出关键词，整理出逻辑关系思维导图。

学生活动：

学生安静独立地阅读7.2.3.12信息页，划出关键词整理出思维导图。(30min)

7.2.3.12　信息页

7.2.3.12　信息页

学校名称		任课教师	
班级		学生姓名	
学习领域	L7 发动机管理系统诊断维修		
学习情境	LS7.2：发动机运行不平稳且功率不足	学习时间	1h
工作任务	电子控制系统和燃油喷射系统	学习地点	理实一体化教室

在电控汽油机中，ECU为了根据发动机和汽车不同的运行状况，对喷油时刻、喷油量、点火时刻等进行确定和修正，必须利用各种传感器对反映发动机运行状况的一些参数进行检测。这些运行参数包括：发动机曲轴位置及转速、基准气缸的活塞位置、发动机的热状态、进气温度、汽车的车速、发动机是否处于起动状态等。

电控发动机尽管种类繁多，形式各异，但都遵循一个相同的控制原则：以电控单元（ECU）为控制核心，以空气流量和发动机转速为控制基础，以喷油器为控制对象，保证发动机在各种工况下都能获得与所处工况相匹配的最佳空燃比。电控发动机主要由空气供给系统、燃油系统和电子控制系统三个部分组成。

1. 电子控制系统

发动机电子控制系统主要由信号输入装置（传感器和开关）、电子控制单元（ECU）、执行器等组成。

（1）信号输入装置及输入信号

发动机电子控制系统的信号输入主要是通过各种传感器或其他输入装置将各种控制信号输入ECU的。发动机电子控制系统的传感器和输入信号主要有下列种类。

① 空气流量计。

在L型电控发动机系统中，由空气流量计测量发动机吸入的空气量，并将信号输入ECU，ECU将该信号和发动机转速作为燃油喷射和点火控制的主控制信号。

② 进气压力传感器。

在D型电控发动机系统中，由进气压力传感器测量进气管压力（真空度），并将信号输入ECU，ECU将该信号和发动机转速作为燃油喷射和点火控制的主控制信号。

③ 转速和曲轴位置传感器。

曲轴位置传感器检测曲轴转角信号（转速信号），并输入ECU，作为点火和燃油喷射的主控制信号。

④ 凸轮轴位置传感器。

凸轮轴位置传感器向ECU输入凸轮轴位置信号，是点火控制的主控制信号。

⑤ 上止点位置传感器。

上止点位置传感器向ECU提供一缸上止点位置信号，作为点火控制主控信号。

⑥ 缸序判别传感器。

缸序判别传感器向ECU提供各缸工作顺序信号，作为点火控制主控信号。

⑦ 冷却液温度传感器。

检测发动机冷却液温度，向ECU输入温度信号，作为燃油喷射和点火正时的修正信号，同时也是其他控制系统的控制信号。

⑧ 进气温度传感器。

检测进气温度，向 ECU 输入进气温度信号，作为燃油喷射和点火正时的修正信号。

⑨ 节气门位置传感器。

节气门位置传感器检测节气门的开度状态及节气门开、闭的速率信号，输入 ECU，控制燃油喷射及其他控制系统。

⑩ 氧传感器。

检测排气中氧的含量，向 ECU 输入空燃比的反馈信号，进行喷油量的闭环控制。

⑪ 爆燃传感器。

爆燃传感器向 ECU 输入爆燃信号，经 ECU 处理后，控制点火提前角，抑制爆燃产生。

⑫ 大气压力传感器。

检测大气压力，向 ECU 输入大气压力信号，修正喷油和点火控制。

⑬ 车速传感器。

检测车速，向 ECU 输入车速信号，控制发动机转速，实现超速断油控制。在发动机和自动变速器共同控制时，也是自动变速器换档的主控制信号。

⑭ 起动信号。

发动机起动时，由起动系统向 ECU 提供一个起动信号，作为喷油量、点火提前角的修正信号。

⑮ 发电机负荷信号。

当发电机负荷因开启用电量较大的电器设备而增大时，向 ECU 输入此信号，作为喷油量与点火提前角的修正信号。

⑯ 空调作用信号（A/C）。

当空调开关打开，空调压缩机进入工作，发动机负荷加大时，由空调开关向 ECU 输入空调作用信号，作为对喷油量及点火提前角控制的修正信号。

⑰ 档位开关信号和空档位置开关信号。

自动变速器由 P 位或 N 位挂入其他档位时，发动机负荷将有所增加，档位开关向 ECU 输入信号，作为对喷油量及点火提前角的修正信号。当挂入 P 位或 N 位时，空档位置开关提供 P 位或 N 位位置信号，在 P 位或 N 位时允许发动机起动。

⑱ 蓄电池电压信号。

当 ECU 检测到蓄电池和电源系统的电压过低时，将对供油量进行修正，以补偿由于电压过低，造成喷油量减少所带来的影响。

⑲ 离合器开关信号。

在离合器接合和分离过程中，由离合器开关向 ECU 输入离合器工作状态信号，作为喷油量及点火提前角控制的修正信号。

⑳ 制动开关信号。

在制动时，由制动开关向 ECU 提供制动信号，作为对喷油量、点火提前角、自动变速器等的控制信号。

㉑ 动力转向开关信号。

采用动力转向装置的汽车，当转向盘由中间位置向左右转动时，由于动力转向泵工作而使发动机负荷加大，此时动力转向开关向 ECU 输入修正信号，调整喷油量及点火提前角。

㉒ EGR 阀位置传感器。

EGR 阀位置传感器向 ECU 提供 EGR 阀的位置信号，以检测 EGR 阀动作是否正常。

㉓ 巡航（定速）控制开关信号。

当进入巡航控制状态时，由巡航控制开关向 ECU 输入巡航控制状态信号，由 ECU 对车速进行自动控制。

随着控制功能的扩展，输入信号也将不断增加。从上述所列传感器及输入信号中可以看出，发动机集中控制系统所用的传感器及输入信号有很多都是相同的。这就意味着在发动机集中控制系统中，可以减少大量的传感器数目，一个传感器或一个输入信号，可以多次重复使用，作为几个控制系统的输入信号。

（2）电子控制单元（ECU）

ECU 是一种电子综合控制装置，ECU 主要由输入通路、A/D（模拟/数字）转换器、微型计算机和输出通路四部分组成，如图 1 所示。

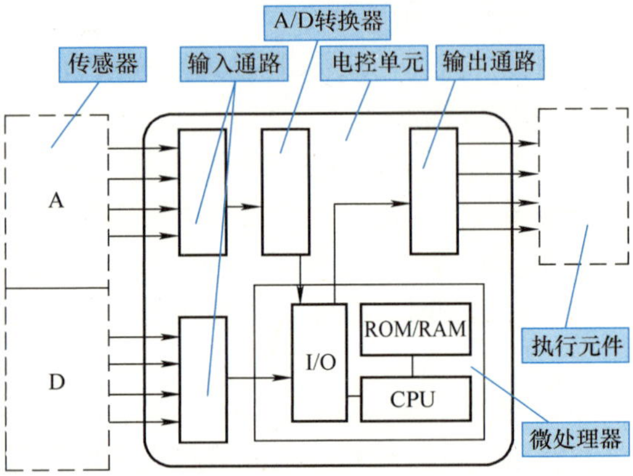

图 1　电控单元的组成

A—模拟信号输入　D—数字信号输入

1）输入通路。

输入通路的作用是将系统中各传感器检测到的信号经输入接口送入微型计算机，使计算机能对汽油机运行工况进行实时检测和控制。在控制过程中，需要检测与输入的传感器信号有模拟信号和脉冲数字信号两种。对于这两种不同类型信号，输入 ECU 后的处理方法也不一样。

① 模拟信号的输入。输入的模拟信号有吸入空气流量、空气温度、冷却液温度、发动机负荷、氧传感器反馈的电压信号、电源电压等多个信号。这些反映温度、压力、流量等物理量的电信号，分别经过相应的输入通路转换为相应的电压信号后，再经过 A/D 转换器转换之后，以数字量的形式送入微机的中央处理器中。某些信号有时会超过 A/D 转换器的设计量程，则在进入 A/D 转换器之前还要先进行电平转化。

② 数字信号的输入。输入的数字信号主要来自曲轴位置传感器、车速传感器等脉冲信号。这些信号经过输入通路之后，理论上通过 I/O 接口可直接送入微机。但实际上，由于这些传感器信号的幅值随发动机转速而变化，当转速高时，信号的幅值增大，转速低时，信号幅值就显得较弱。为此需要由信号整形电路，将这些脉冲信号整形成有规则的脉冲，然后送入微机。

2）A/D 转换器（模拟/数字转换器）。

A/D 转换器的作用是将对微机不能直接处理的模拟信号转换成数字信号，再输入微机。

3）微型计算机。

微型计算机的作用是根据汽油机运行工况的需要，把各种传感器送来的信号用内存中的处理程序和数据进行运算处理，并把处理结果送往输出通路。

4）输出通路。

微机输出的是数字信号，且输出电压较低，用这种输出信号一般不能驱动执行元件进行工作。因此需采用输出通路，将其转换成可以驱动执行元件的输出信号。在汽油机电控系统中，由输出通路输出的控制信号有喷油器驱动信号、点火控制信号和电动燃油泵驱动信号。

① 喷油器驱动信号的输出。在电控汽油喷射系统中，每一工作循环的喷油量，由喷油器开启的持续时间控制。微机算出对应于发动机运行工况的喷油持续时间，发出喷油脉冲信号，并由此脉冲信号来控制驱动喷油器，如图2所示。

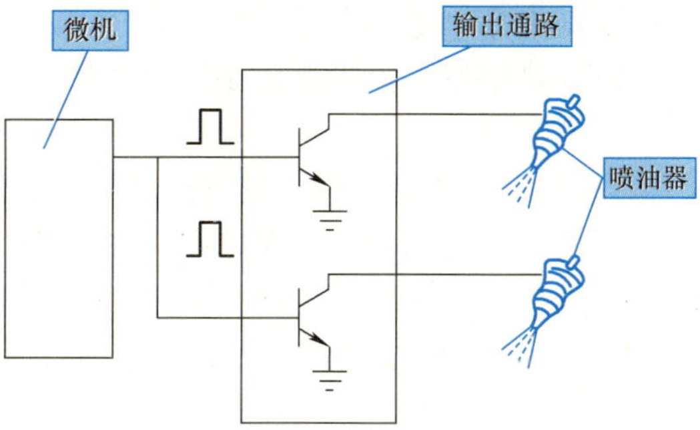

图2 喷油器驱动信号的输出

在顺序喷射的系统中，需要按发动机各缸工作次序分别向各缸喷油器提供一定宽度的脉冲驱动信号，因此，在喷油器的驱动电路中，还具有缸序判别与定时两个功能。

② 点火信号的输出。在电控点火系统中，微机根据所输入的发动机转速、负荷和其他相关参数后，就能计算出一个合理的点火提前角，作为点火信号的下降沿。同时，微机还根据发动机的工况，确定所需要的点火闭合角，作为点火信号的上升沿，点火信号的持续时间为接通时间，如图3所示。

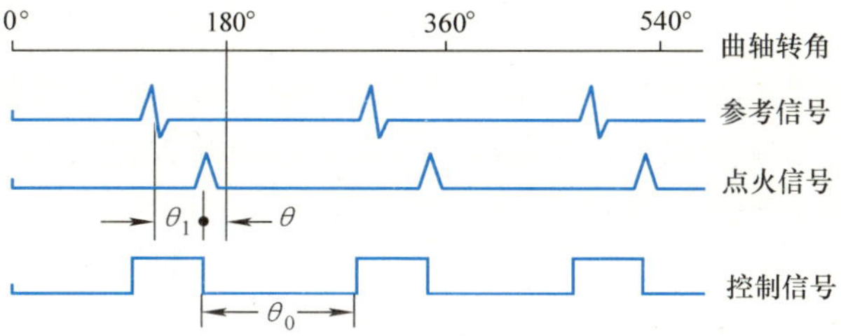

图3 点火信号输出

点火输出通路的主要任务是将电流放大，也包括对点火线圈的最大初级电流进行限制，其控制通过开关电路实现。微机发出的点火脉冲信号，使开关电路中的功率管工作在饱和或截止两种状态，以控制点火线圈的通电与断电时刻，进而实现对点火提前角和闭合角的控制。

③ 电动燃油泵控制信号的输出。输出通路根据发动机的工况，控制电动燃油泵的接通与断开。在微机的输出端处，通过油泵继电器与电动燃油泵相连，当控制电路中的晶体管处于饱和状态时，油泵继电器中的线圈导通，继电器触点开关闭合，电动燃油泵开始工作。当控制晶体管截止时，继电器触点开关断开，电动燃油泵停止工作。

电子控制单元所具备的基本功能如下：

① 接收传感器或其他装置输入的信息，给传感器提供5V、8V、12V参考（基准）电压等，将输入的信息转变为微机所能接受的信号。

② 存储、计算、分析处理信息。存储计算所用的程序，存储该车型的特点参数，存储运算中的数据（随存随取），存储故障信息。

③ 运算分析。根据信息参数求出执行命令数值，将输出的信息与标准值对比，查出

故障。

④ 输出执行命令。输出喷油、点火等控制命令，输出故障信息。

⑤ 自我修正功能（自适应功能）。

在发动机控制系统中，ECU 不仅用来控制燃油喷射系统，同时还具有点火提前角控制、怠速控制、排放控制，进气控制、自诊断、失效保护和备用控制系统等多项控制功能。

（3）执行器

执行器是受 ECU 控制，具体执行某项控制功能的装置。ECU 控制执行器电磁线圈的搭铁回路，或控制某些电子控制电路，如电子点火控制器等。

在发动机控制系统中，执行器主要有下列各种形式：①电磁式喷油器；②点火控制器（点火模块）；③怠速控制阀、怠速电动机；④EGR 阀；⑤进气控制阀；⑥二次空气喷射阀；⑦活性炭罐排泄电磁阀；⑧车速控制电磁阀；⑨燃油泵继电器；⑩冷却风扇继电器；⑪空调压缩机继电器；⑫自动变速器档位电磁阀；⑬增压器释压电磁阀；⑭自诊断显示与报警装置；⑮故障备用程序启动装置；⑯仪表显示器。随着控制功能的增加，执行器也将相应增加。

2. 汽油喷射控制

汽油的喷射控制包括喷油正时控制、喷油持续时间（即喷油量）控制和断油控制三个方面。

（1）喷油正时控制

所谓喷油正时控制就是喷油器开始喷油时刻的控制。多点间歇喷射汽油机的喷油时刻控制可分为同步喷射方式和异步喷射方式两种。所谓同步喷射方式，即汽油的喷射与发动机旋转同步，ECU 根据曲轴的转角位置控制开始喷射的时刻，同步顺序喷射正时控制如图 4 所示。发动机处于稳定工况的大部分运转时间，喷射控制系统以同步方式工作。所谓异步喷射方式，即 ECU 只是根据相关传感器输入的信号，控制开始喷油时刻，而与曲轴的转角位置无关。异步喷射方式是一种临时的补偿喷射，发动机处于起动、加速等非稳定工况时，喷射控制系统以异步喷射方式工作或增加异步喷射，对同步喷射的喷油量进行补偿。

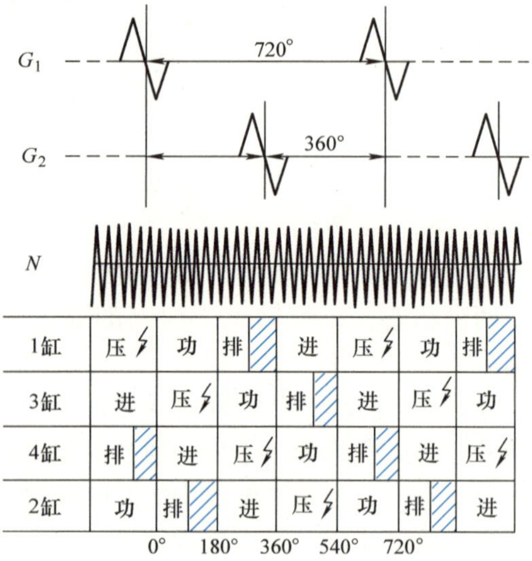

图 4　同步顺序喷射正时图

（2）喷油持续时间（即喷油量）控制

电控汽油喷射系统对喷油量控制的核心是精确地确定和控制喷油的持续时间。根据发动机的运行特点，喷油持续时间控制分为起动时喷油持续时间的控制和起动后喷油持续时间的控制。

1）起动时喷油持续时间的控制。

发动机起动时，由于转速很低且波动很大，无论是由进气歧管绝对压力或空气流量计都不能准确地测出实际的进气量。因此，发动机起动时，ECU 不能用进气量来计算喷油量，而是采用其他的方式。起动时油量控制的方式，视发动机的热状态而异。

① 冷起动时喷油持续时间的控制。起动发动机时，ECU 根据当时发动机的冷却液温度，从预存的温度—喷油时间数据表中找出相应的基本喷油持续时间，如图 5 所示。然后，ECU 再根据进气温度和蓄电池电压对这一基本喷油时间进行修正，得到起动过程实际的喷油持续时间，作为起动工况的主喷油量，其喷油量与发动机曲轴转角有固定的关系，这部分喷油为同步喷射。

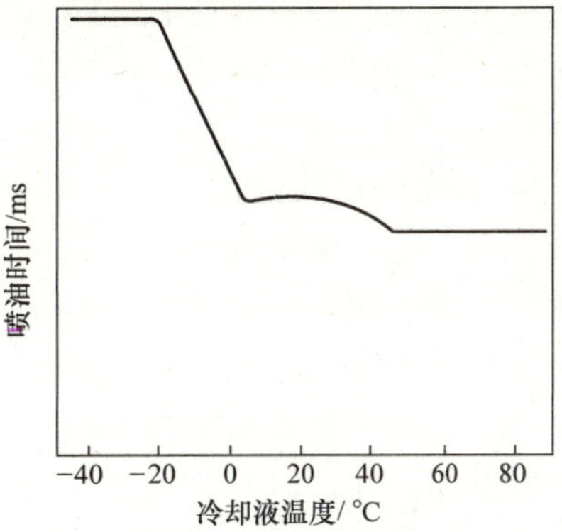

图 5 冷却液温度—喷油时间

在起动过程中，有些电控汽油机中的 ECU 还能根据发动机冷却液温度，同时进行一定量的异步喷射，或控制冷起动喷油器进行异步喷射，以补充冷起动过程对燃油量的额外要求。

② 高温起动时喷油量的修正。汽车高速行驶后停车再次热起动时，由于发动机对燃油的加热作用，会使汽油温度上升至 80～100℃。在这种情况下，喷油器内的汽油中含有汽油蒸气，导致混合气变稀，为此必须进行高温起动时喷油量的修正。

一般在发动机冷却液温度高于设定值（如 100℃）情况下起动发动机时，ECU 即对喷油量进行高温起动喷油量修正。在有些电控汽油机中，ECU 根据汽油温度传感器的汽油温度信号，来确定是否进行高温起动喷油量修正。

2）起动后发动机喷油持续时间的控制。

起动后喷油持续时间由根据循环空气质量确定的基本喷油持续时间和由发动机运行状态参数决定的修正喷油持续时间构成。其计算公式表示如下：

$$T = T_p \cdot F_e + T_v$$

式中 T——喷油持续时间（ms）；

T_p——基本喷油持续时间（ms）；

F_e——与发动机运行状态有关的综合修正系数；

T_v——喷油器无效喷射持续时间（ms）。

① 基本喷油持续时间 T_p 的确定：基本喷油持续时间 T_p 是 ECU 为了达到目标空燃比，由计算求得的喷油持续时间。目标空燃比 $(A/F)_{目标}$一般取 14. 7。

在目标空燃比已确定的情况下，ECU 首先根据空气流量计、曲轴位置传感器等输入信号，求出一个工作循环进入发动机气缸的空气质量，具体计算方法因空气流量计形式而异。然后，由目标空燃比和循环空气质量，算出达到目标空燃比所需的喷油量 G_f。

$$G_f = G_a / (A/F)_{目标}$$

式中 G_a——一个工作循环进入发动机气缸的空气质量（g）；

G_f——一个工作循环所需的喷油量（g）。

最后，ECU 根据在供油压力与进气歧管压力差值一定的情况下，喷油持续时间与每次的喷油量成正比，计算出达到目标空燃比所需的基本喷油持续时间 T_p。

② 基本喷油持续时间综合修正系数 F_e：基本喷油持续时间综合修正系数 F_e 包括暖机过

程的喷油量修正；怠速稳定性修正；大负荷工况时的喷油量修正；加速工况时的喷油量修正；目标空燃比反馈修正系数 F_0；学习空燃比控制产生的修正系数 F_L。

a. 起动后暖机过程的喷油量修正。发动机起动后，转速逐渐升高并趋于稳定，ECU 便可进入正常喷油量控制，但由于发动机温度还比较低，仍存在汽油汽化不良等情况，因此，需继续提供较浓的混合气。这种油量的增加，在电子控制燃油喷射系统中，由 ECU 根据发动机温度进行喷油持续时间暖机修正。当冷却液温度上升至正常值后，暖机修正趋于零，如图 6 所示。

b. 怠速稳定性修正。在采用 D - Jetronic 系统的汽油机中，决定基本喷油持续时间的进气歧管压力，在怠速工况时相对发动机的转速有一个滞后，节气门后进气歧管的体积越大，怠速转速越低，滞后时间越长，导致怠速转速周期性的波动。为了提高发动机怠速运转的稳定性，ECU 根据进气歧管压力和发动机转速的变化，采取与转矩变动相反的反向修正，以提高发动机的怠速稳定性。

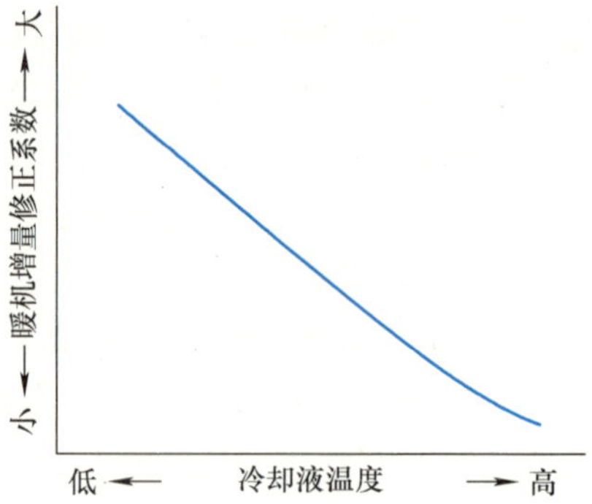

图 6　暖机时燃油增量修正系数的变化

c. 大负荷工况时的喷油量修正。发动机在中小负荷工况下运行时，ECU 对混合气浓度调整的原则是：在保持一定排放性能的前提下，尽量提供经济混合气成分，以使油耗达到最低。但发动机在大负荷工况下工作时，要求较浓的混合气以获得最大功率。此时，ECU 首先根据节气门位置传感器的信号或进气量的大小，判断发动机是否处于大负荷工况。若发动机处于大负荷工况，则 ECU 修正喷油持续时间，使空燃比保持在 12.5:1（喷油量约增加 10% ~30%）。发动机在高速工况运行时的喷油量修正与大负荷修正相同。

d. 加速工况时的喷油量修正。为保证发动机具有良好的加速起性能，在加速时需要额外地增加喷油量，以增大发动机的输出功率。对加速工况，ECU 根据一定时间内节气门开度的变化，或者空气流量的变化来进行判断。当 ECU 确认汽车正处于加速工况，则 ECU 除了根据空气流量增加同步喷射的喷油量外，还立即进行异步喷射，以满足加速工况对喷油量的特殊要求。

e. 空燃比反馈修正。在装有三元催化转化器的电控汽油机中，用氧传感器对排气中氧含量进行检测，ECU 根据检测结果对空燃比进行修正，将空燃比控制在理论空燃比附近。

f. 学习空燃比修正。学习空燃比控制通常称为学习控制，其目的是为了进一步提高空燃比控制精度。

发动机在使用过程中，电子控制燃油喷射系统各部件性能会有所改变，从而使空燃比控制发生偏差，且这种偏差随着使用时间的推移，会不断加大。在汽油喷射电控控制系统中虽然没有空燃比反馈修正，但它有一定修正范围，一旦修正值超过修正范围，就会造成控制上的困难，如图 7 所示。

在实际运行中，当修正值大于设定值时，为进一步提高空燃比控制精度，ECU 根据计算出的实际空燃比与理论空燃比的偏差，对喷油时间进行总修正，并把学习修正系数储存在 EPROM 或 RAM 中作为以后的预置值。

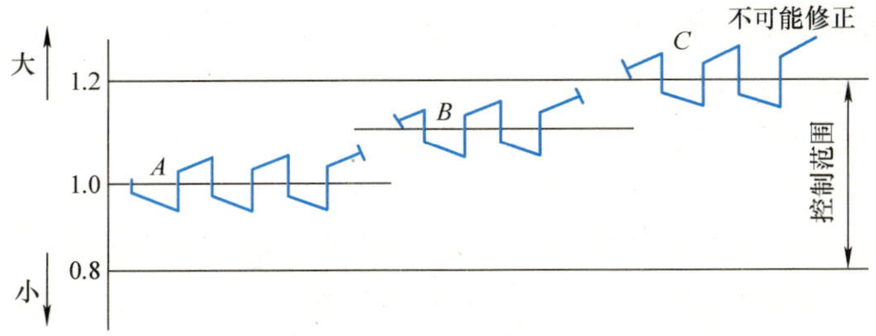

图 7　空燃比反馈修正的修正范围

③ 电源电压修正：在电控汽油喷射系统中，ECU 发出喷油信号，喷油器电磁线圈通电，但喷油器针阀实际的开启时刻（开始喷油）相对喷油信号有一个动作滞后。同样，喷油器电磁线圈断电，但针阀实际的关闭时刻（喷油停止）也有一个动作滞后，且针阀开启的滞后时间比关闭的滞后时间长。通常把开启滞后与关闭滞后的差值称为无效喷射时间。

由于在无效喷油时间内，事实上没有进行喷射，因此需要进行补偿修正。在实际运行条件下，针阀开启滞后时间受蓄电池电压影响较大，针阀关闭滞后时间受蓄电池电压的影响较小，ECU 根据蓄电池电压对喷油持续时间进行修正，蓄电池电压低，修正时间长；蓄电池电压高，修正时间短，修正时间随蓄电池电压的变化规律如图 8 所示。

3）起动后异步喷射控制。

汽车急加速时，ECU 除了对同步喷射进行加速时燃油增量修正外，还控制喷油器进行异步喷射，以提高汽车的加速性能。图 9 所示表明了加速时，节气门开度、吸入空气量与各缸进气行程的对应关系。

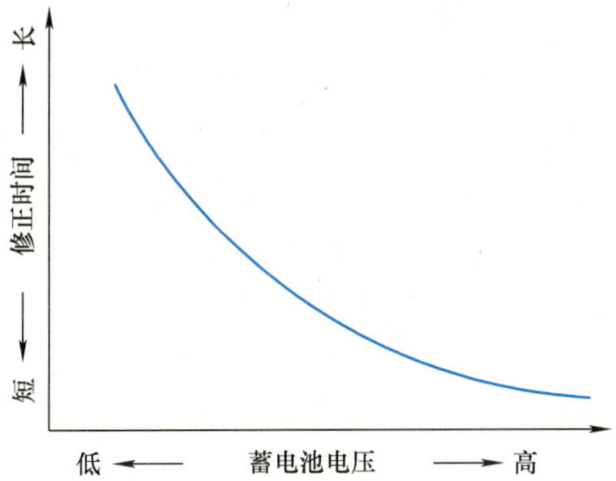

图 8　修正时间与蓄电池电压的关系

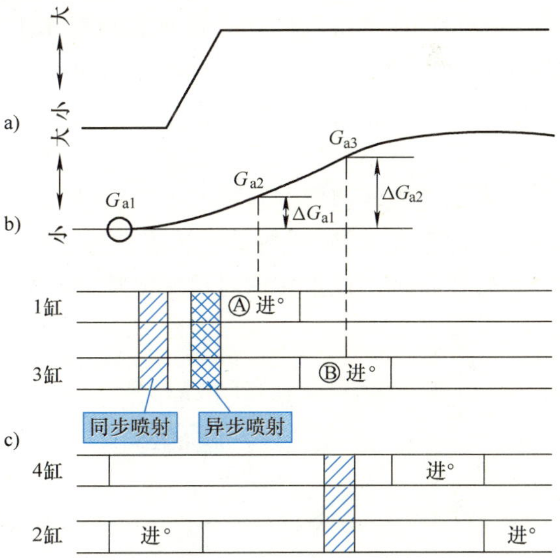

图 9　异步喷射的时间图

a）节气门开度　b）吸入的空气流量　c）各缸进气行程

G_{a1}是 ECU 计算同步喷射持续时间 T_A 所依据空气质量。在 T_A 内喷射的油量正好与 G_{a1}

匹配，达到目标空燃比。假定在进气行程Ⓐ实际吸入第 1 缸的空气质量为 G_{a2}，此时空气质量增加了 ΔG_{a1}，则按同步喷射持续时间 T_a 喷入第 1 缸的油量就显得不足，混合气偏稀。按工作顺序，假定在进气行程Ⓑ实际吸入第 3 缸的空气质量为 G_{a3}，这时空气质量增加了 ΔG_{a2}，则按同步喷射持续时间 T_A 喷入第 3 缸的汽油量也显得不足，混合气也偏稀。为了补充与空气增量 ΔG_{a1} 和 ΔG_{a2} 相对应的汽油喷射量，就必须进行异步喷射。

ECU 根据节气门开度的变化，对异步喷射及喷油量进行控制。在一定时间间隔（如 10～20ms)，节气门开度变化量越大，吸入空气的增量就越大，异步喷射的喷油量也越多。

（3）断油控制

断油控制是指 ECU 停止向喷油器驱动电路发送喷射信号，喷油器暂停工作。电控汽油机中，ECU 停油控制基于两种情况：以降低燃油消耗，改善排气污染为目的的减速断油控制；以防止发动机超速损坏为目的的超速断油控制。

① 减速时断油控制。当发动机在高转速运行下、节气门突然关闭时，发动机处于强制怠速工况。这种工况一般为汽车减速运行工况，发动机不再需要供应燃油，为避免混合气过浓，燃油经济性和排放变坏，ECU 执行减速断油控制，喷油器停止喷油。当发动机转速降至预设转速，或节气门重新打开时，ECU 才使喷油器恢复喷油。

断油转速和恢复喷油转速与冷却液温度、空调是否工作、用电器用电情况等因素有关。发动机冷却液温度越低，断油转速越高。断油和恢复供油的转速特性如图 10 所示。

② 超速时断油控制。当发动机转速过高，可能引起发动机损坏时，ECU 执行发动机超速断油控制，对发动机的最高转速进行限制。发动机缺火断油控制：当发动机控制模块检测到点火系统某缸缺火故障时，为保护三元催化转化器，控制该缸喷油器停止喷油。变速器升档断油控制：在装备电控自动变速器的汽车上，当行驶中变速器自动升档时，PCM 会暂时中断个别缸喷油，降低发动机转速，以便平稳换档。换档后恢复正常供油。

过去为了防止发动机超速，常采用停止点火或延迟点火的方法，这些方法对排放和燃油经济性都是十分不利的。现在都采用切断燃油供给的电子限速装置，Bosch 公司 Motronic 系统中采用的电控转速限制装置的工作特性如图 11 所示。发动机运行时，ECU 将发动机的实际转速与储存在 ROM 中的最高转速进行比较，当转速超过设定转速时，ECU 停止输出喷油信号，转速下降至设定转速时再恢复喷油。如此反复循环，防止发动机转速继续上升。

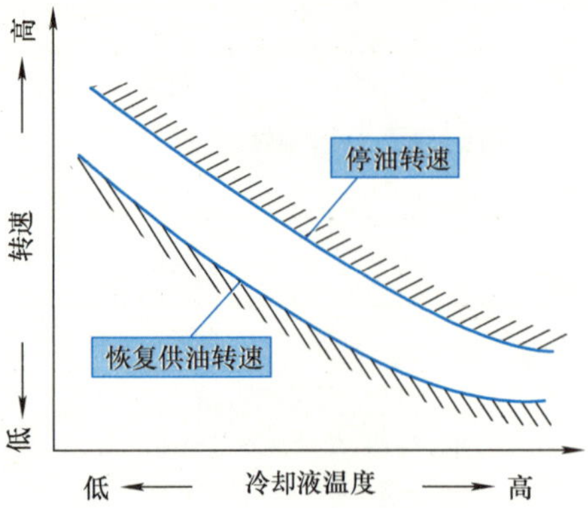

图 10　减速时停油与恢复供油转速特性

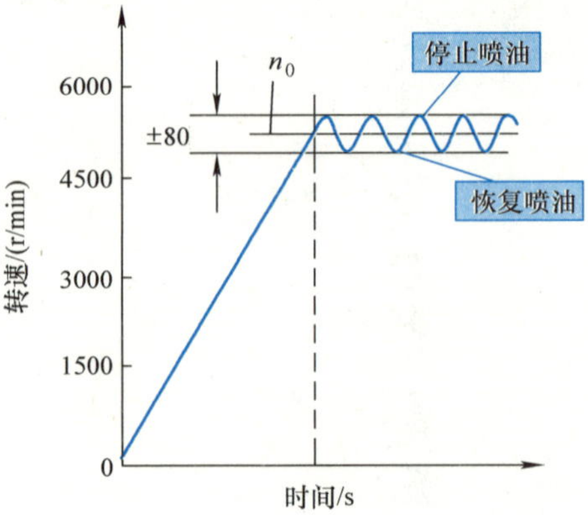

图 11　电控转速限制装置工作特性

旋转木马变异法互学

教师活动：

教师提出要求，让学生进行旋转木马变异法互相讲述。

学生活动：

学生按照教师要求进行旋转木马变异法进行讲述。(20min)

小组合作整理笔记

教师活动：

教师要求学生回到原始学习小组，整理关键内容到笔记本上。

学生活动：

学生回到原始学习小组，经过讨论把关键内容整理到笔记本上。(10min)

完成 7.2.3.13 理论测试

教师活动：

教师要求学生独立完成 7.2.3.13 理论测试，不允许查阅任何资料。

学生活动：

学生安静地、独立地在系统上完成 7.2.3.13 理论测试并提交，不能查阅任何资料。(20min)

7.2.3.13 理论测试

7.2.3.13 理论测试

学校名称		任课教师	
班级		学生姓名	
学习领域	L7 发动机管理系统诊断维修		
学习情境	LS7.2：发动机运行不平稳且功率不足		
理论学习内容	电子控制系统和燃油喷射控制	学习时间	1h

一、填空题（每空 1 分，共 20 分）

1. 电控发动机主要由空气供给系统、燃油系统和________三个部分组成。

2. 发动机电子控制系统主要由________（传感器和开关）、________（ECU）、________等组成。

3. 输入的________主要来自曲轴位置传感器、车速传感器等脉冲信号。

4. 执行器是受 ECU 控制，具体执行某项________的装置。

5. 汽油的喷射控制包括________控制、________（即喷油量）控制和________三个方面。

6. 所谓喷油正时控制就是喷油器________的控制。

7. 电控汽油喷射系统对喷油量控制的核心是精确地确定和控制喷油的________。

8. 起动时依据________确定基本喷油持续时间。

9. 起动后依据________确定基本喷油持续时间。

10. 断油控制是指 ECU ________向喷油器驱动电路发送喷射信号，________暂停工作。

11. 减速断油控制是指当发动机在________下、________突然关闭时，发动机处于________工况，发动机不再需要供应燃油。

12. 超速断油控制是指当发动机________，可能引起发动机损坏时，ECU 执行断油控制，对发动机的________进行限制。

二、单选题（每题 2 分，共 10 分）

1. 以下不是电控发动机信号输入装置的是（　　）。

A. 燃油泵　B. 空气流量计　C. 空调开关　D. 节气门位置传感器

2. 以下不是电控发动机信号输入装置的是（　　）。

A. 温度传感器　B. 空气流量计　C. 空档起动开关　D. 点火控制器

3. 以下不是电控发动机执行器的是（　　）。

A. 燃油泵　B. 喷油器　C. 空调开关　D. 怠速电动机

4. 以下（　　）不是电子控制单元所具备的基本功能。

A. 输入存储信息　B. 输出执行命令　C. 分析处理信息　D. 执行控制动作

5. 以下不是燃油喷射控制功能的是（　　）。

A. 喷油正时控制　B. 怠速控制　C. 喷油量控制　D. 断油控制

三、判断题（每题 2 分，共 20 分）

1. 在 L 型电控发动机系统中，由进气压力传感器测量发动机吸入的空气量，并将信号输入 ECU，ECU 将该信号和发动机转速作为燃油喷射和点火控制的主控制信号。（　　）

2. 输入通路的作用是将系统中各传感器检测到的信号经输入接口送入微型计算机，使计算机能对汽油机运行工况进行实时检测和控制。（　　）

3. 输入的数字信号有吸入空气流量、空气温度、冷却液温度、发动机负荷、氧传感器反馈的电压信号。（　　）

4. 所谓异步喷射方式，即 ECU 只是根据相关传感器输入的信号，控制开始喷油时刻，而与曲轴的转角位置无关。（　　）

5. 高温起动时喷油量的修正，在基本喷油量的基础上是稍微多一些。（　　）

6. 为保证发动机具有良好的加速性能，在加速时需要额外地增加喷油量，以增大发动机的输出功率。（　　）

7. 为了提高发动机怠速运转的稳定性，ECU 根据进气歧管压力和发动机转速的变化，采取与转矩变动相同的方向修正，以提高发动机的怠速稳定性。（　　）

8. 在汽油喷射电控控制系统中空燃比反馈修正，会反复修正直到达到满意状态。（　　）

9. 减速断油控制以降低燃油消耗、改善排气污染为目的。（　　）

10. 超速断油控制以降低燃油消耗为目的。（　　）

教学方法：工作站法

3.4 喷油器及电路控制

工作站学习完成工作页

教师活动：

教师提供实验车型的维修手册等资料，布置工作站，提供：7.2.3.14～7.2.3.17 信息页，要求学生完成工作页 7.2.3.18～7.2.3.21 和实际操作，教师对各工作站进行巡视和指导。

学生活动：

学生根据教师要求，查阅 7.2.3.14～7.2.3.17 信息页，完成对应工作站的学习内容和实操内容。(60min)

7.2.3.14 信息页

7.2.3.14 信息页

学校名称		任课教师	
班级		学生姓名	
学习领域	L7 发动机管理系统诊断维修		
学习情境	LS7.2：发动机运行不平稳且功率不足	学习时间	1h
工作任务	A：喷油器结构原理认知	学习地点	理实一体化教室

1. 喷油器的作用

喷油器安装在各缸的进气歧管处，在 ECU 的控制下定时、定量地以雾状向各缸进气门喷射燃油，如图 1 所示。喷油开始时刻一般在进气门开启之前，喷油量由喷油持续时间决定，而喷油持续时间则由 ECU 根据发动机的进气量、转速、冷却液温度、节气门开度、氧传感器等的信号进行控制。

当喷油器发生阻塞、不能开启、喷出的燃油不能形成雾状时，一般都会造成发动机运转不稳甚至不能运转；当喷油器发生滴漏等故障时，还会造成油耗过大甚至排气冒黑烟等现象。喷油器控制电路的短路、断路故障也时有发生，并由此引发喷油器不能喷油或接续喷油，造成发动机不能起动、运转不稳或排气严重冒黑烟等现象。

图 1 各种喷油器

喷油器的喷油量取决于三个因素：喷油孔大小、喷油压力和喷射持续时间。由于喷油器的喷孔大小不变，喷油压力由燃油压力调节器保持恒定，所以喷油量取决于喷油器的开启时间。

2. 喷油器的分类

随着汽油电控技术的不断革新，喷油器也发展出各种形式，现代汽车使用的喷油器大致可从以下几个方面进行分类。

（1）按喷射位置分类

现国内电控汽油机主要有缸外喷射和缸内喷射两种。

① 缸外喷射。缸外喷射多采用多点喷射，即每一气缸均装有一只喷油器，喷油器安装在进气门前部，如图2所示。这样可以保证各缸之间混合气浓度的一致性。由于安装在进气歧管内，同时喷射位置靠近进气门，良好的空气流动性和气缸传给进气门的高温提供了燃油和空气混合的良好环境。

② 缸内直喷。由于缸外喷射喷油器位置离气缸较远，会有微小燃油颗粒吸附在管壁上，不能精确供油，对空气污染也较严重，油耗也高。故各大汽车公司均开发了自己的汽油直喷技术。

汽油直喷技术像柴油机那样将喷油器直接安装在气缸内，使发动机具备较高的燃烧效率，让燃油燃烧更充分，从而达到尽可能节省燃油的目的，如图3所示。

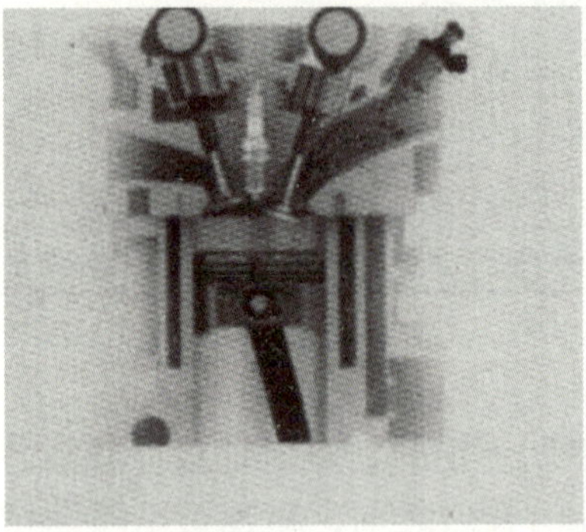

图2　缸外喷射发动机喷油器安装在进气门前部

图3　缸内直喷发动机喷油器安装在气缸内

由于缸内直喷发动机对喷油器高温、高压以及安装空间等一系列的要求与缸外喷射不同，因此两种喷油器的外观及内部结构有较大不同，如图4所示。

缸外喷射喷油器　　缸内直喷喷油器

图4　缸外喷射及缸内直喷喷油器

（2）按喷油口结构分类

根据喷油器针阀的结构特点，可分为轴针式喷油器和孔式喷油器。两者的结构大致相同，主要区别是阀体有所不同，其结构如图5所示。

轴针式喷油器的主要特点是喷孔不易堵塞，但燃油的雾化质量稍逊于孔式喷油器，且由于针阀的质量较大，因此动态响应性能较差。

孔式喷油器的喷孔数为1个或2个，针阀头部为锥形或球形（也称球阀式喷油器）。孔式喷油器的特点是燃料雾化质量较好，且球阀式针阀的质量仅为轴针式针阀的一半，故响应速度快；不足之处是喷孔易堵塞。

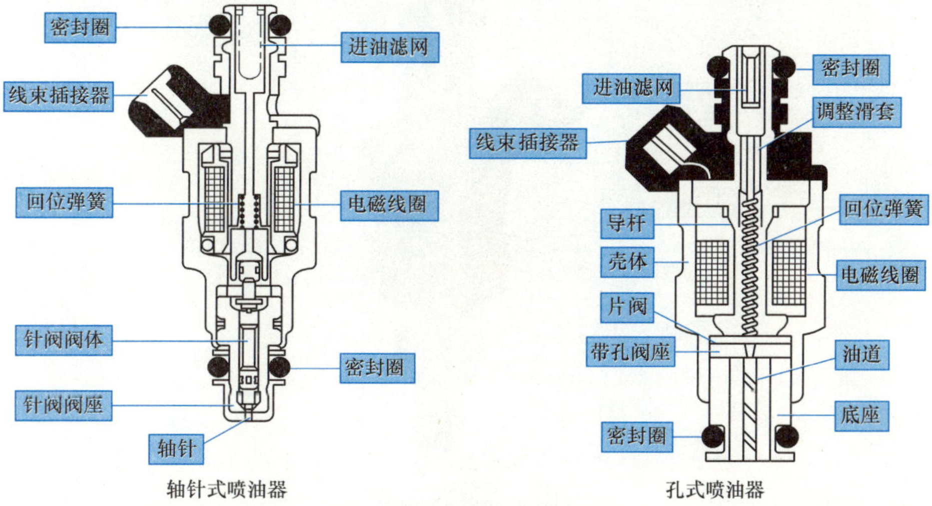

图 5　轴针式和孔式喷油器

其中孔式喷油器又分为单孔式和多孔式，如图 6 所示。

（3）按电磁线圈电阻分类

根据喷油器电磁线圈的阻值，可以分为低阻喷油器和高阻喷油器。

低阻喷油器：低阻喷油器电磁线圈的匝数较少，电阻值约为 0.6 ~ 3Ω。线圈的电感小，动态响应特性好，可用电流驱动和电压驱动。当采用电压驱动方式时，须在驱动回路中串入附加电阻，增加回路的阻抗。

高阻喷油器：高阻喷油器电磁线圈的电阻值约为 12 ~ 17Ω。只能采用电压驱动方式，故驱动电路较简单，成本较低，但无效喷射时间较长，响应特性较差。

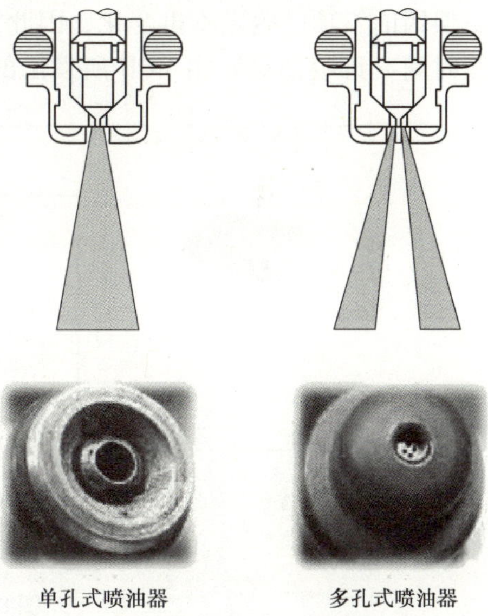

图 6　单孔和多孔喷油器

3. 喷油器构造与工作原理

（1）喷油器构造

喷油器实际上是一个电磁阀。电磁式喷油器由喷油器体、衔铁（柱塞）、针阀、电磁线圈、回位弹簧、喷口等组成。其中，针阀紧压喷口，与衔铁做成一体相连，回位弹簧处于衔铁上方，如图 7 所示。

（2）喷油器工作原理

当线圈无电流时，喷油器内的针阀被回位弹簧压在喷油器出口处的密封锥形阀座上。当发动机 ECU 以占空比的形式发出喷油信号时，喷油器内部的电磁线圈被触发接通，有电流通过，电磁线圈产生电磁吸力，吸动柱塞上移约 0.15mm，此时针阀全开，压力油从针阀与阀座之间精密环形缝隙中喷出。当喷油结束后，喷油器电磁线圈的电流被切断，电磁吸力迅速消失，在喷油器回位弹簧的作用下，针阀迅速回位，阀门关闭，喷油器停止喷油，如图 8

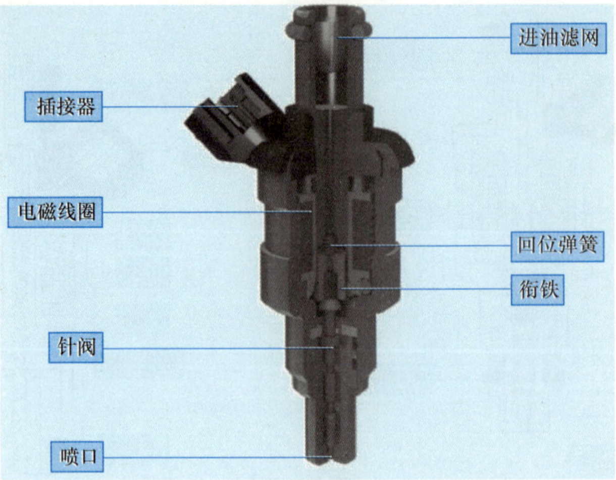

图7　喷油器结构

所示。

喷油器的喷油量与针阀升程、喷孔面积、喷油器内外压力差及针阀开启的持续时间有关，但因前三项已确定不再变化，因此喷油量只取决于针阀开启的持续时间，而针阀开启的持续时间（即喷油量）由ECU所发出的占空比决定。

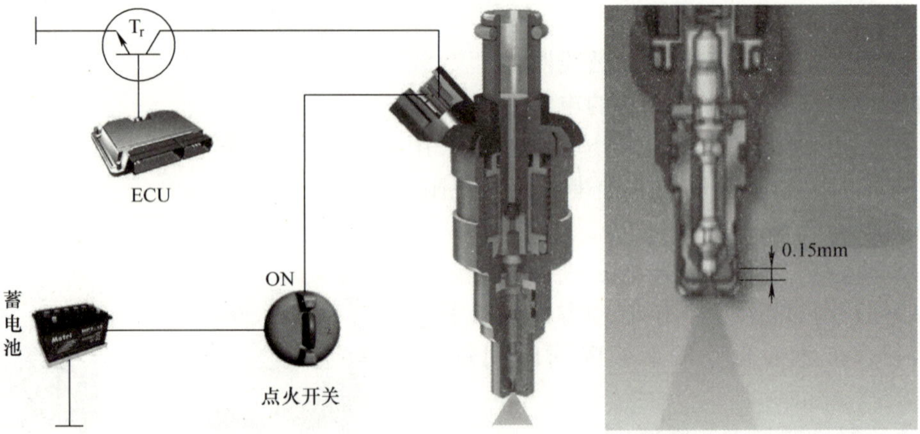

图8　喷油器工作原理

喷油器头部装有橡胶隔热环，如图9所示，起隔热和密封作用（防止漏气）；与燃油分配管连接的尾部则装有O形密封圈，用来防止漏油。喷油器尾部的内部制有滤网，用于对燃油进行喷射前的过滤。喷油器的O形圈不可重复使用。安装O形圈时，应先将其涂上汽油。把喷油器向输油管上安装时，小心不要损坏O形圈。把喷油器安装到输油管上后，用手转动喷油器。若喷油器旋转不平滑，则说明O形圈已经损坏。

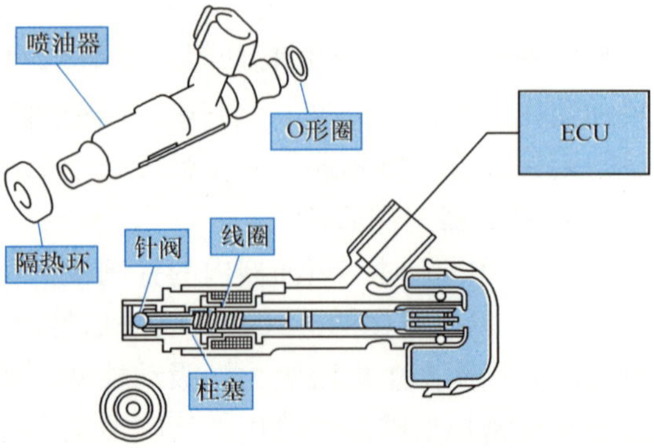

图9　喷油器安装

7.2.3.15 信息页

7.2.3.15 信息页

学校名称		任课教师	
班级		学生姓名	
学习领域	L7 发动机管理系统诊断维修		
学习情境	LS7.2：发动机运行不平稳且功率不足	学习时间	1h
工作任务	B：喷油器电路检测	学习地点	理实一体化教室

1. 喷油器的驱动方式

喷油器的驱动方式有两种：电压驱动方式和电流驱动方式。低阻值喷油器可以用电压驱动，也可以用电流驱动；高阻值喷油器则只能用电压驱动。

（1）电压驱动方式

电压驱动方式控制电路如图 1 所示。采用高阻值喷油器时，驱动电路中则不需要串联附加电阻（见图 1a），采用低阻值喷油器时，驱动电路中串联有附加电阻（见图 1b）。串接附加电阻的目的是为了防止由于低阻值喷油器电路的电阻过小、工作电流过大而造成喷油器烧坏。

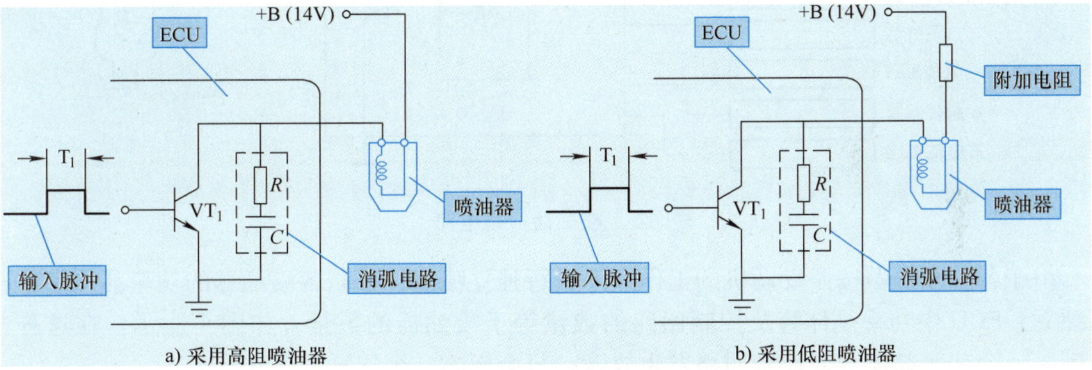

图 1 喷油器电压驱动方式

电压驱动式控制电路的工作原理很简单，电源电路向喷油器提供电源电压（12～14V），ECU 通过脉冲信号来控制功率晶体管的导通与截止，从而控制喷油器电路的通断。脉冲信号的宽度决定了喷油器电路的导通时间，即决定了喷油时间或喷油量。

由于喷油器电路被切断时，其电磁线圈会产生感生电动势，容易造成功率晶体管被击穿，功率晶体管可能出现短路和断路两种情况：短路时，喷油器会连续喷油，发动机会冒黑烟或“淹死”火花塞而使某缸不工作；断路时，喷油器不喷油，发动机会因某缸不工作而运转不平稳。因此，电路中一般都设有消弧回路。

（2）电流驱动方式

电流驱动方式控制电路如图 2 所示。由于采用了低阻值喷油器，其电磁线圈的电感较小，电路中又没有配附加电阻，所以在电路接通后，电流上升很快，可以有效缩短喷油器打开的滞后时间，从而提高了喷油器的动态效应。但是，由于电路中的电阻较小，电流会过大从而烧坏喷油器及 ECU 内部的功率晶体管，为此，在电路中设有电流检测电阻（反馈电阻），其上的电压降反映了喷油器的工作电流。该电压降反馈到电流控制回路，再由电流控制回路对功率晶体管的导通程度进行反馈控制，从而控制了喷油器的工作电流，防止了因电流过大而烧坏喷油器。

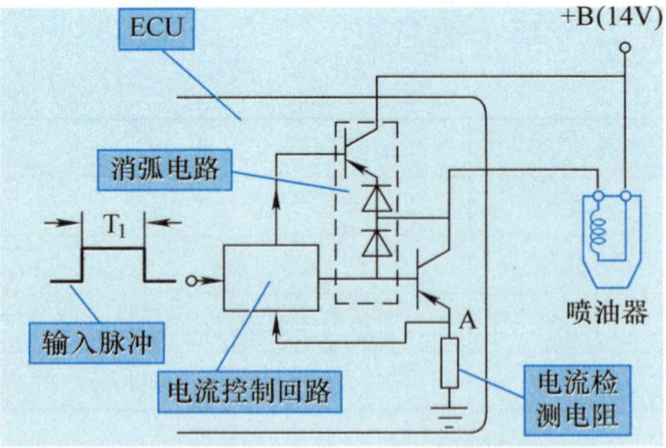

图 2　喷油器电流驱动电路

2. 喷油器的控制电路

发动机工作时，各种传感器将检测到的信息送往 ECU，ECU 经运算判断后输出控制信号，控制功率晶体管的导通与截止。当功率晶体管导通时，即接通喷油器电路，喷油器打开而开始喷油。当功率晶体管截止时，切断喷油器电路，喷油器关闭而停止喷油，如图 3 所示。

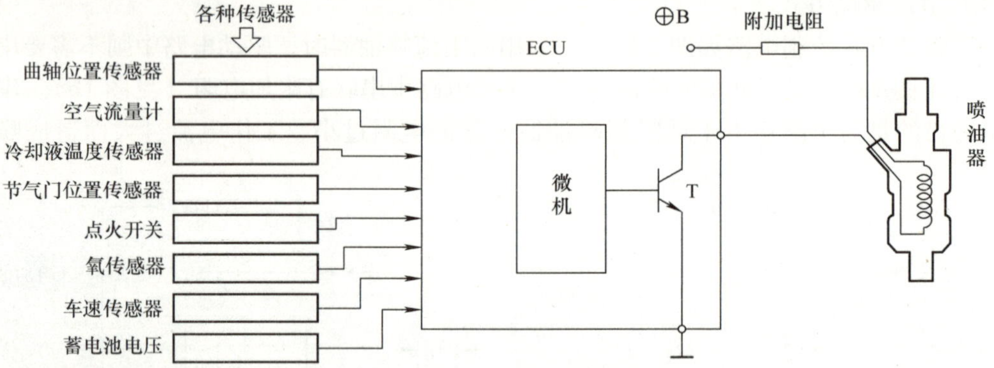

图 3　喷油器控制电路

由于各缸喷油器按照发动机的工作顺序进行独立喷射，控制各喷油器的功率晶体管也相互独立，ECU 中功率晶体管及控制回路的数量等于喷油器的数量，如图 4 所示。在这种情况下，一个功率晶体管或控制回路发生故障，只会影响一个气缸的工作。

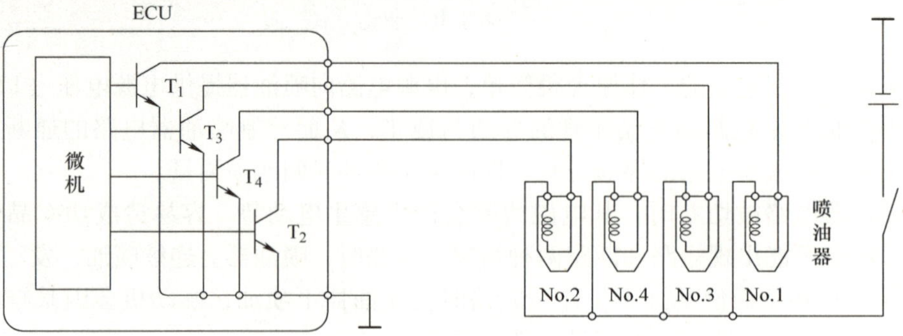

图 4　独立喷射式喷油器控制电路

3. 喷油器电路检测

喷油器电路检测见表 1。

表1 喷油器电路检测

顺序	检查项目	检查内容	检查方法	图示
1	喷油器的线圈	检查喷油器线圈的电阻值	拔下喷油器插头，用万用表测喷油器两插脚之间的电阻值，应符合维修手册的要求。低阻值喷油器的电阻值一般为2～3Ω，高阻值喷油器的电阻值一般为12～17Ω。如不符合要求，则更换喷油器	
2	喷油器的工作情况	检查喷油器的工作情况	起动发动机，并用手触摸喷油器外表，应能感受到喷油器因开闭而产生的振动。如果感受不到喷油器的振动，或听不到喷油器工作的声音，则可以用人工通电的方法进行测试。方法为：拔下喷油器电插头，将喷油器的一个插脚接12V电源（对于低阻值喷油器，电路中应串联一个10Ω左右的电阻，或从喷油器原插头中获取电源），用导线将另一个插脚间断碰触搭铁，应能够听到喷油器发出的“咔嗒”声，否则，更换喷油器	
3	喷油量	检查喷油器的喷油量以判断堵塞	喷油器的喷油量随发动机工况的变化而变化，可以用解码器读数据流功能读取喷油脉宽的变化，从而判断喷油量的变化和喷油器的堵塞情况	
4	喷油器供电	检查喷油器的工作电压	拔下喷油器电插头，接通点火开关，用万用表测插头中电源脚对搭铁电压，应为12V。否则，检查电源电路	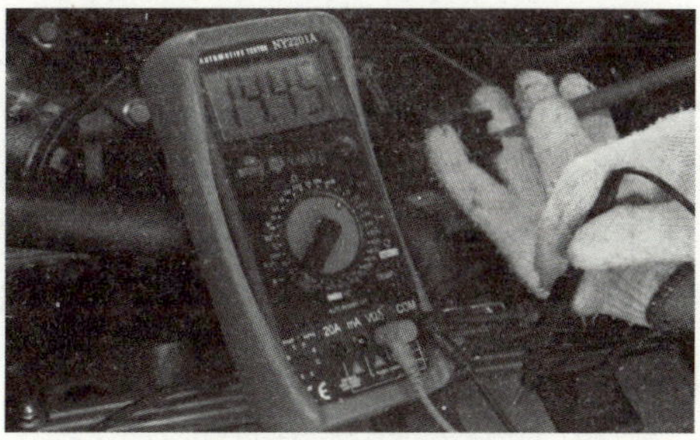

（续）

顺序	检查项目	检查内容	检查方法	图　示
5	线路	检查喷油器与ECU之间的线路	用万用表测喷油器插头中控制脚与ECU相应插脚之间的连接情况，应该导通，否则，查找断路点。用万用表测喷油器插头中控制脚与搭铁之间的电阻，应该不通，否则说明控制线路与搭铁之间有短路故障或ECU内部功率晶体管发生短路故障，这种短路会造成喷油器连续喷油，引起发动机冒黑烟、运转不稳或不能起动等 短路点的确定：拆下发动机ECU插头，再次用万用表测喷油器插头中控制脚与搭铁之间的电阻，如果仍然导通，则说明短路点在控制线路中；如果不再导通，则说明ECU内部功率晶体管短路，应更换发动机ECU	

7.2.3.16　信息页

7.2.3.16　信息页

学校名称		任课教师	
班级		学生姓名	
学习领域	L7 发动机管理系统诊断维修		
学习情境	LS7.2：发动机运行不平稳且功率不足	学习时间	1h
工作任务	C：喷油器喷油压力及密封性检测	学习地点	理实一体化教室

1. 喷油器的清洗

1）离车清洗：将各喷油器从发动机上拆下来，并装在喷油器清洗检测试验台上，按照清洗检测试验台的操作说明进行清洗与检测，如图1所示。

2）就车清洗：专用的就车清洗机内装有加了除炭剂的燃油和电动燃油泵，可将清洗机的连接管与发动机燃油总管上的油压检测口及油压调节器回油管连接。同时断开汽车上的燃油泵电路（拔下燃油泵熔丝即可），然后接通清洗机的电动燃油泵电路，起动发动机并以2000r/min左右的转速保持运转，约10min即可完成清洗。

图1　在清洗机上安装喷油器

另外还有一种就车清洗方法：不用清洗机，直接在燃油箱中加入清洗剂，在汽车使用一段时间后即可完成油路的整体清洗。不过，由于清洗剂的存在，会破坏发动机气缸的润滑油膜而增加发动机的磨损，因此，最好在燃油箱中油量较少时再使用该方法。

2. 检查喷油量和喷油压力

设置喷油时间和喷油压力，准备进行喷射试验，如图 2 所示。

3. 检查喷油器密封性

对喷油进行喷射试验，保持 147kPa，连续喷油 15s，喷油量应为 $13cm^3$；保持 147kPa 压力 12min 不得滴油，如图 3 所示。

图 2　设置喷油时间和喷油压力

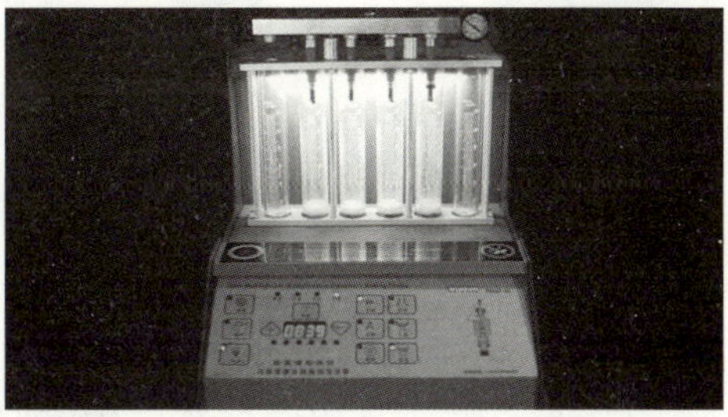

图 3　进行喷射测试

7. 2. 3. 17　信息页

7. 2. 3. 17　信息页

学校名称		任课教师	
班级		学生姓名	
学习领域	L7 发动机管理系统诊断维修		
学习情境	LS7. 2：发动机运行不平稳且功率不足	学习时间	1h
工作任务	D：空气供给系统组成认知	学习地点	理实一体化教室

1. 空气供给系统作用

空气供给系统作用是为发动机提供清洁的空气并控制发动机的正常工作时的进气量。负荷越大，所提供的空气越多；反之，负荷越小，所提供的空气也越少。当空气供给系统发生阻塞、泄漏等故障时，必然引起进气量与发动机负荷的不协调，从而导致发动机运转不良。一般情况下，当空气供给系统发生阻塞故障时，发动机会因为进气不畅而动力不足，直至不能运转。

2. 空气供给系统组成

空气供给系统的组成如图 1 所示，主要由空气滤清器、空气计量装置（空气流量计或进气压力传感器）、节气门体、怠速空气调节器、进气歧管等组成。个别汽车还配有起谐振作用的谐振气室和起调节进气作用的控制阀。有些发动机为了提高气压增加充气量，应用了涡轮增压技术和二次进气技术。发动机工作时，驾驶人通过加速踏板操纵节气门的开度，以此来改变进气量，控制发动机的运转。进入发动机的空气经空气滤清器滤去尘埃等杂质后，经空气流量计，沿节气门通道进入动力腔，再经进气歧管分配到各个缸中。

3. 空气供给系统工作原理

根据空气计量装置对发动机进气量检测方式的不同，燃油喷射系统可分为两种类型：L

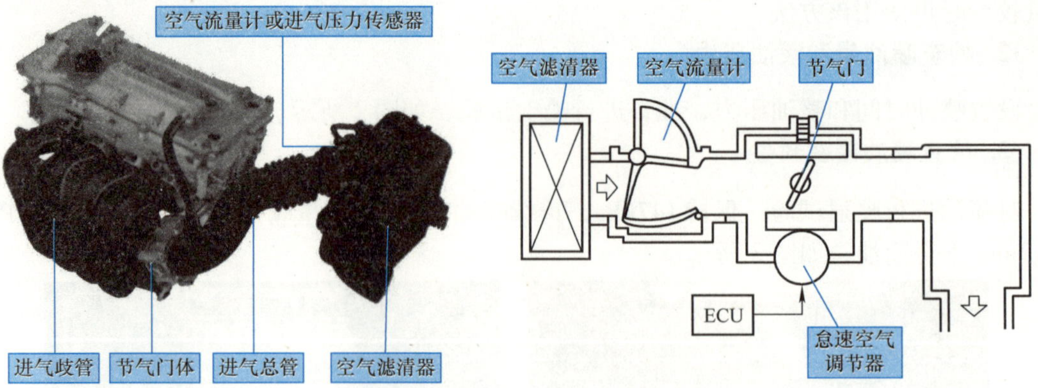

图1 空气供给系统

型（空气流量型或直接测量型）燃油喷射系统和D型（歧管压力型或间接测量型）燃油喷射系统。

L型燃油喷射系统：采用空气流量传感器（空气流量计）直接测量进气歧管中流入的空气量，如图2所示。特点是测量精度较高，动态响应较好，但传感器尺寸较大，成本较高。发动机工作时，空气经空气滤清器后，通过空气流量计（L型）节气门体进入进气总管，再通过进气歧管分配给各缸。节气门体中设置有节气门，从而控制进入发动机的空气量，进而控制发动机的输出功率。在节气门的外部或内部设有与主进气道并联的旁通怠速进气通道，并由怠速控制阀控制怠速时进气量。

D型燃油喷射系统：采用进气歧管压力传感器测量进气歧管压力，再结合发动机转速、进气温度等，通过计算确定进气歧管中流入的空气量，如图3所示。特点是测量精度和动态响应略差，但传感器尺寸较小，成本较低。

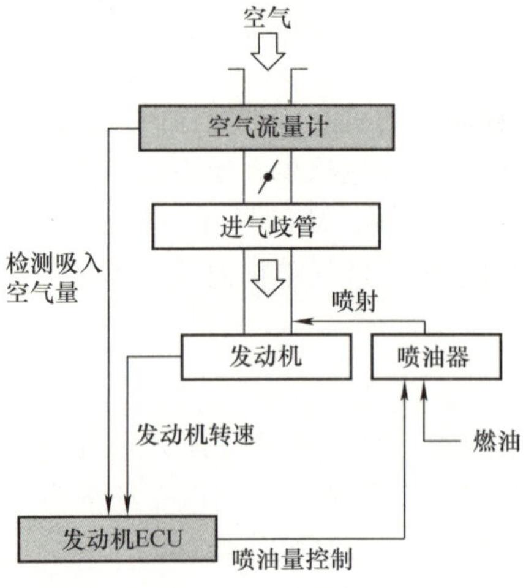

图2 L型喷射系统

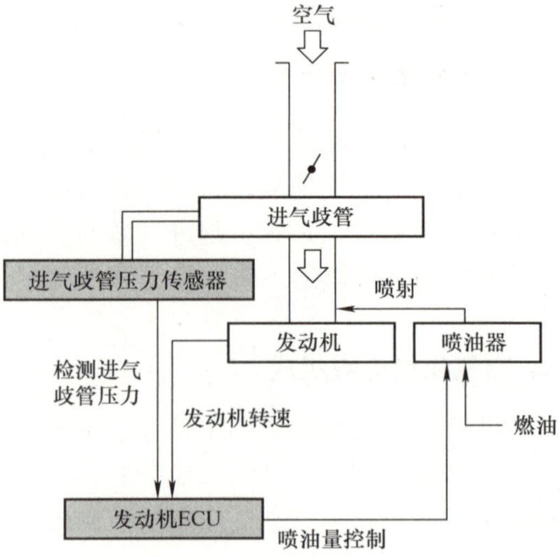

图3 D型喷射系统

4. 空气滤清器

(1) 空气滤清器的作用

发动机在工作过程中要吸进大量的空气，如果空气不经过滤清，空气中悬浮的尘埃被吸入气缸中，就会加速活塞组及气缸的磨损。较大的颗粒进入活塞与气缸壁之间，会造成严重的“拉缸”现象，这在干燥多沙的工作环境中尤为严重。空气滤清器装在化油器或进气管的前方，起到滤除空气中灰尘、沙粒的作用，保证气缸中进入足量、清洁的空气，如图 4 所示。

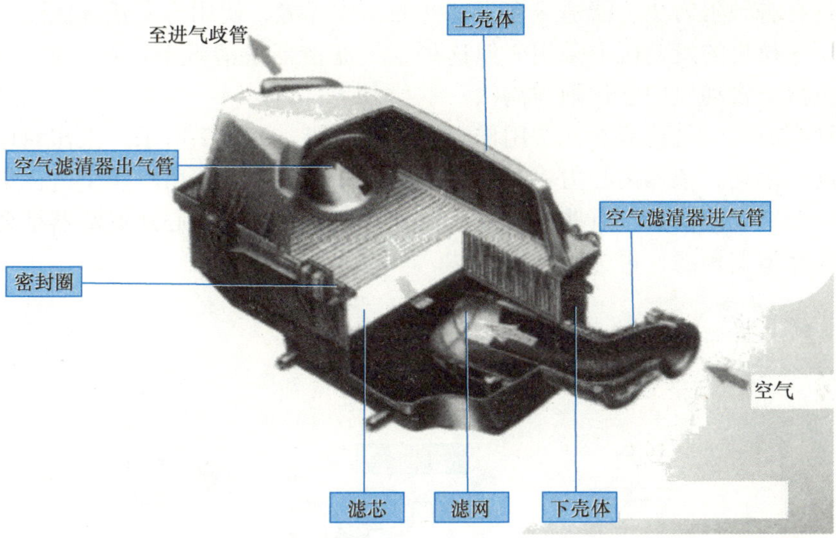

图 4　空气滤清器

（2）空气滤清器的类型

按照滤清原理，空气滤清器可分为过滤式、离心式、油浴式、复合式几种。目前，发动机中常用的空气滤清器主要有惯性油浴式空气滤清器、纸质干式空气滤清器、聚氨酯滤芯空气滤清器等几种。

采用纸质滤芯的空气滤清器如图 5 所示，由壳体和滤芯两部分组成。纸质干式空气滤清器的滤芯采用经过树脂处理的微孔滤纸制成，滤纸多孔、疏松、折叠，有一定的机械强度和抗水性，具有滤清效率高、结构简单、重量轻、成本低、保养方便等优点，是目前应用最广泛的汽车用空气滤清器。

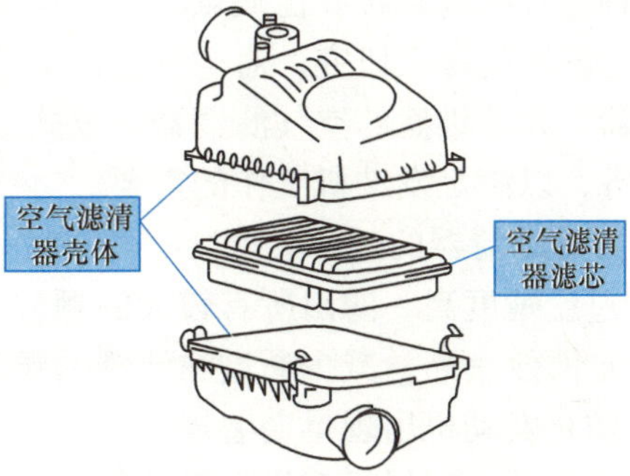

图 5　纸质滤芯空气滤清器

聚氨酯滤芯空气滤清器的滤芯采用柔软、多孔、海绵状的聚氨酯制成，吸附能力强，这种空气滤清器具有纸质干式空气滤清器的优点，但机械强度低，在轿车发动机中使用较为广泛。

采用油浴式滤芯的空气滤清器如图6所示，滤芯由金属纤维制成，在滤清器壳底部储有机油，空气穿过滤芯之前急转弯，由于惯性作用使大部分杂质被机油吸附，少量杂质被滤芯过滤并被带上来的油滴“清洗”下来。惯性油浴式空气滤清器，先后经过惯性式滤清、油浴式滤清、过滤式滤清三级滤清，后两种空气滤清器主要通过滤芯过滤式滤清。惯性油浴式空气滤清器具有进气阻力小，能适应多尘多沙的工作环境，使用寿命长等优点，以前在多种型号的汽车、拖拉机的发动机上采用。但这种空气滤清器滤清效率较低、重量大、成本高、维护不便，在汽车发动机中已逐渐被淘汰。

还有一种离心式空气滤清器，常用作空气的预滤清，如图7所示。工作原理是利用翅片使空气产生旋转运动，依靠离心力将灰尘从空气中分离出来，然后将灰尘送往集尘器，空气则输送至另一个空气滤清器。有些空气滤清器则将纸质滤芯与离心式滤清器结合了起来，空气先被离心式滤清器预滤，再进入纸质滤芯。

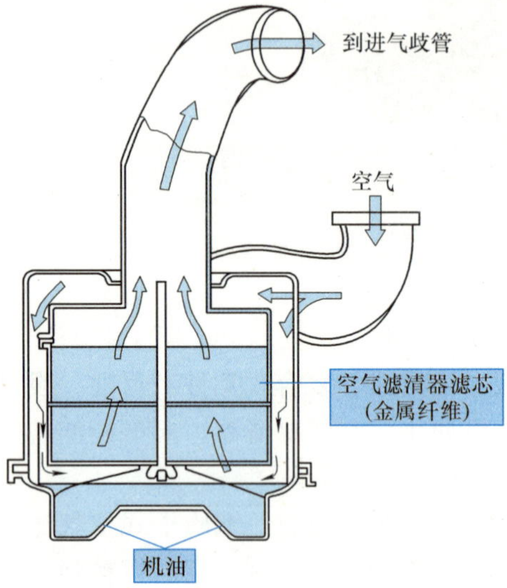

图6　油浴式滤芯的空气滤清器

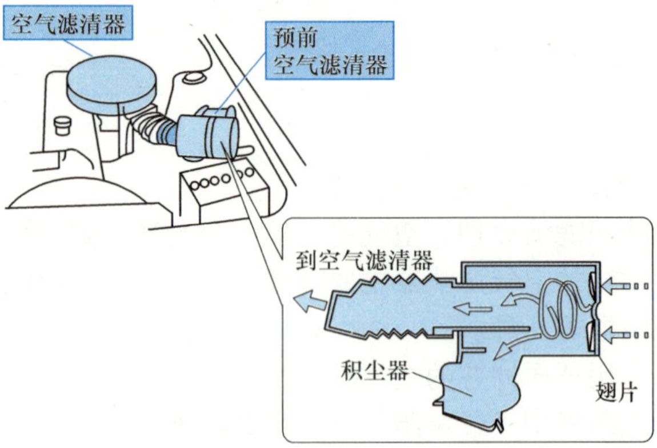

图7　离心式滤芯的滤清器

各种空气滤清器各有优缺点，但不可避免地都存在进气量与滤清效率之间的矛盾。随着对空气滤清器的深入研究，对空气滤清器的要求也越来越高。近年来，出现了一些新型的空气滤清器，如纤维滤芯空气滤清器、复式过滤材料空气滤清器、消声空气滤清器、恒温空气滤清器等，以满足发动机工作的需要。

（3）对滤清器的过滤要求

① 过滤精度高，滤出所有较大的颗粒（$>1\sim2\mu m$）。

② 过滤效率高，减少通过滤清器的颗粒数量。

③ 防止发动机出现早期磨损，防止空气流量计损坏。

④ 压差低，确保发动机有最佳的空燃比，降低过滤损失。

⑤ 过滤面积大，容灰量高，使用寿命长，降低运营费用。

⑥ 空间小，结构紧凑。

⑦ 挺度高，防止滤芯出现吸瘪现象，造成滤芯被击穿。

⑧ 阻燃。

⑨ 密封性能可靠。

⑩ 性价比好。

⑪ 无金属结构，利于环保，可再利用，利于储藏。

5. 节气门体

节气门体包括控制进气量的节气门通道和怠速运行的空气旁通通道。节气门位置传感器也装在节气门轴上，用来检测节气门开度，并把这个开度信号及时传给 ECU。当减速时，节气门由开到全闭，有时会导致发动机的冲击和熄火，为了防止这种情况，在节气门阀体上装有使节气门缓慢回位的缓冲器，其结构如图 8 所示。

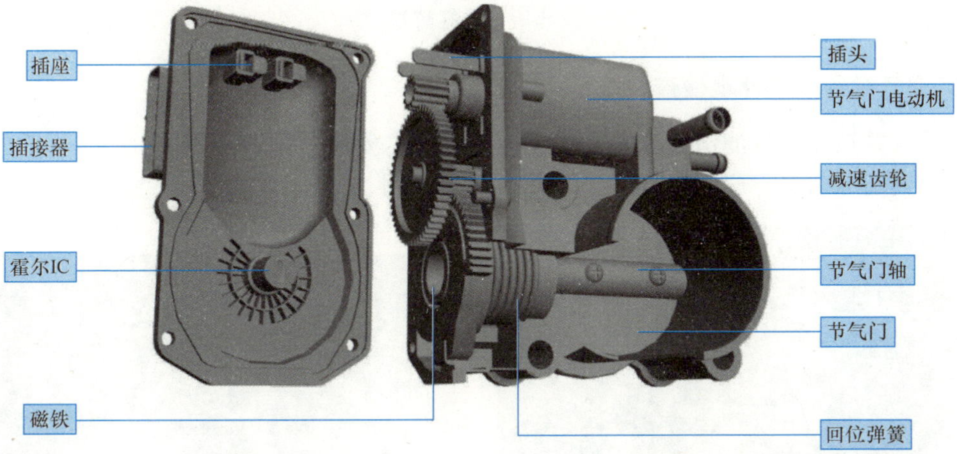

图 8　节气门体结构

节气门体位于空气流量计和发动机之间的进气管上，如图 9 所示。它与驾驶人的加速踏板联动，即踩下加速踏板时，节气门开度增大，松开加速踏板，则节气门自动回位，从而控制进气量的大小，控制汽车运动工况的变化。

图 9　节气门体安装位置

6. 进气歧管

进气歧管位于节气门与进气门之间，之所以称为歧管，是因为空气进入节气门后，经过进气管缓冲后，空气流道就在此分歧了，对应发动机气缸的数量，如四缸发动机就有四道，五缸发动机则有五道，将空气分别导入各气缸中，如图 10 所示。以自然进气发动机来说，由于进气歧管位于节气门之后，所以当发动机节气门开度小时，气缸内无法吸到足量的空气，就会造成歧管真空度高；而当发动机节气门开度大时，进气歧管内的真空度就会变小。因此，部分喷射供油发动机都会在进气歧管上装设一个压力计，供给 ECU 判定发动机负荷，而给予适量的喷油。

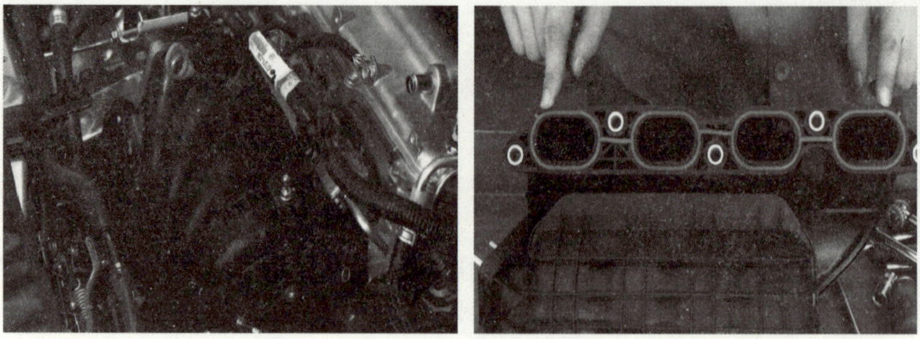

图 10　进气歧管

7. 空气供给系统外观检查

① 检查并按压空气滤清器软管总成，应无损坏，安装紧固，如图 11 所示。
② 检查通风软管，应无损坏，无老化，安装紧固，如图 12 所示。

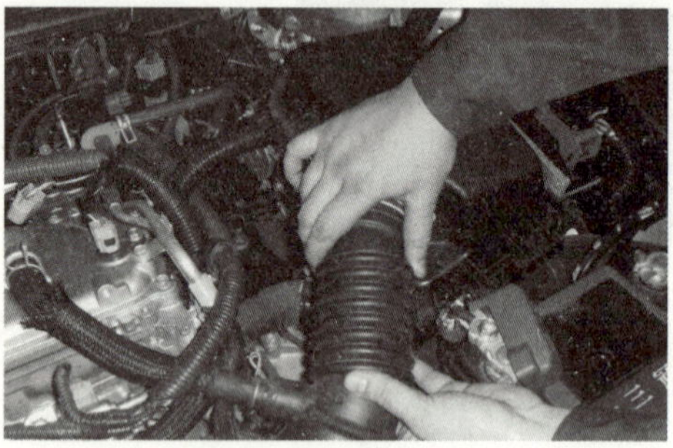

图 11　检查软管总成

图 12　检查通风软管

③ 检查制动助力器真空软管，应无损坏，无老化，安装紧固，如图 13 所示。
④ 检查 PVC 软管，无破损，无老化，无断裂，如图 14 所示。

图 13　检查制动助力器真空软管

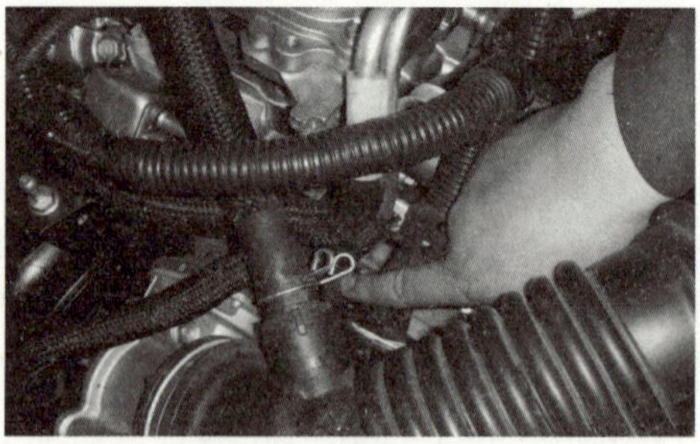

图 14　检查 PVC 软管

⑤ 检查各连接面衬垫、卡箍等是否有破损，泄漏现象，如图 15 所示。
⑥ 检查空气流量计及插接器，无松动、脱落，线束及外壳无损坏，如图 16 所示。
⑦ 检查节气门体，卡箍安装牢固，无松脱，无断裂，如图 17 所示。

图 15　检查各连接面情况

图 16　检查空气流量计安装情况

图 17　检查节气门体安装情况

⑧ 检查空气滤清器，无污垢，安装正确。

7.2.3.18　工作页

7.2.3.18　工作页

学校名称		任课教师	
班级		学生姓名	
学习领域	L7 发动机管理系统诊断维修		
学习情境	LS7.2：发动机运行不平稳且功率不足	学习时间	1h
工作任务	A：喷油器结构原理认知	学习地点	理实一体化教室

1. 请填写表格完成喷油器的主要组成部件名称及作用。

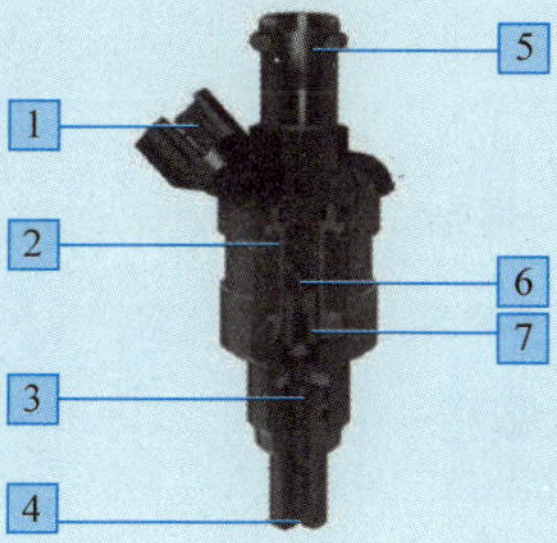

序号	名称	作用
1		
2		
3		
4		
5		
6		
7		

2. 请查阅信息页，利用提供的设备，模拟喷油器喷油过程，提炼关键词书写喷油器的工作原理。

3. 请用表格整理不同类型的喷油器的结构、工作原理、优缺点。

4. 请在实验车型上找到喷油器，进行拆装。

7.2.3.19　工作页

7.2.3.19　工作页

学校名称		任课教师	
班级		学生姓名	
学习领域	L7 发动机管理系统诊断维修		
学习情境	LS7.2：发动机运行不平稳且功率不足	学习时间	1h
工作任务	B：喷油器电路检测	学习地点	理实一体化教室

1. 请标注下图中的喷油器驱动方式。

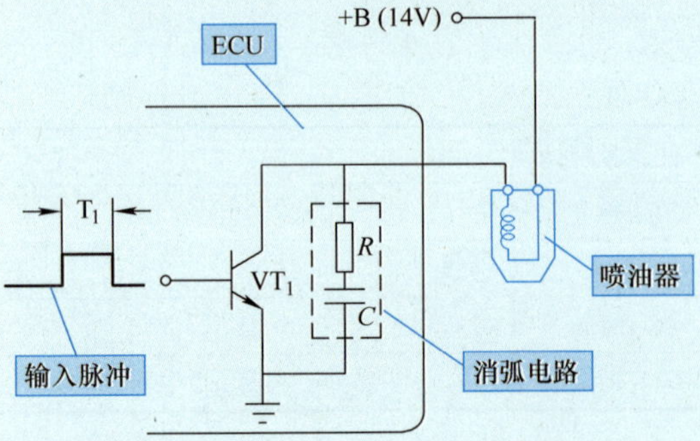

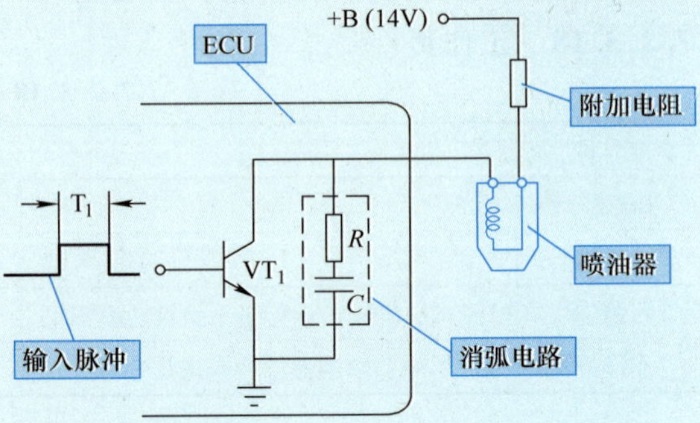

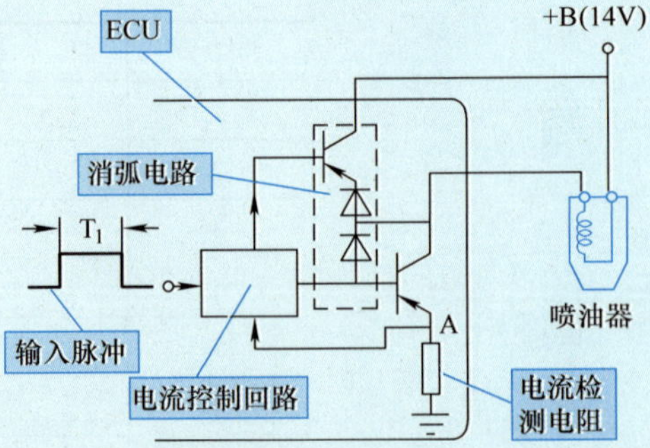

2. 请用表格整理不同类型的喷油器驱动方式的工作原理和优缺点。

3. 请首先在电路板上搭建喷油器电路，然后在实验车型上找到喷油器，进行检测并做好检测记录。

喷油器类型	安装位置	检测内容、检测条件、检测部位	标准值	检测值	结论

7.2.3.20 工作页

7.2.3.20 工作页

学校名称		任课教师	
班级		学生姓名	
学习领域	L7 发动机管理系统诊断维修		
学习情境	LS7.2：发动机运行不平稳且功率不足	学习时间	1h
工作任务	C：喷油器器油压力及密封性检测	学习地点	理实一体化教室

1. 请清洗喷油器，记录清洗方法、条件和步骤。

2. 请检测喷油量和喷油压力，记录检测条件和检测步骤。

3. 请检测喷油器密封性，记录检测条件和检测步骤。

7.2.3.21　工作页

7.2.3.21　工作页

学校名称		任课教师	
班级		学生姓名	
学习领域	L7 发动机管理系统诊断维修		
学习情境	LS7.2：发动机运行不平稳且功率不足	学习时间	1h
工作任务	D：空气供给系统组成认知	学习地点	理实一体化教室

1. 请填写表格完成空气供给系统的主要组成部件名称及作用。

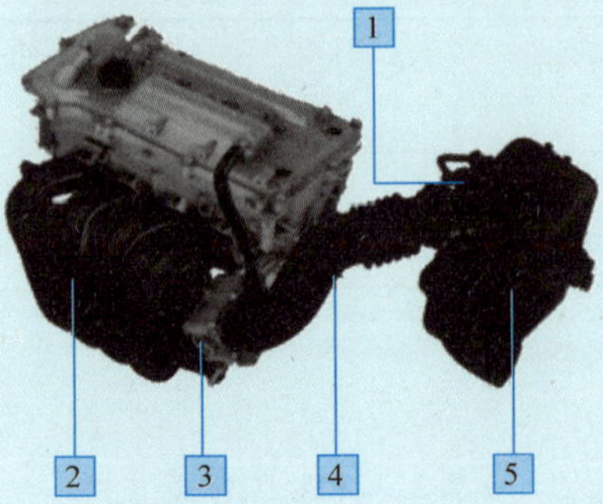

序号	名称	作用
1		
2		
3		
4		
5		

2. 请用创意图形画出 D 型和 L 型的空气供给系统结构组成。

3. 在实车上指认电控发动机的燃油供给系统和空气供给系统，写出三条油路（供油油路、回油油路和蒸发油路）和一条气路，并把传感器和执行器分类整理出来。

轮换工作站学习

教师活动：

教师组织学生轮换工作站进行小组学习。

学生活动：

学生轮换工作站进行小组学习，每站1h。(180min)

小组合作制作综合海报

教师活动：

教师要求每个小组完成一张思维导图的总海报。

学生活动：

学生分组完成一张总海报。(60min)

展示讲述综合海报

教师活动：

教师选出一个组来介绍讲解总海报内容，教师进行评价。

学生活动：

被选出的小组展示讲述本组绘制的总海报内容，其他组学生提出疑问、建议。(30min)

完成 7.2.3.22 理论测试

教师活动：

教师要求学生独立完成7.2.3.22理论测试，不允许查阅任何资料。

学生活动：

学生安静地、独立地，在系统上完成7.2.3.22理论测试并提交，不能查阅任何资料。(20min)

7.2.3.22 理论测试

7.2.3.22 理论测试

学校名称		任课教师	
班级		学生姓名	
学习领域	L7 发动机管理系统诊断维修		
学习情境	LS7.2：发动机运行不平稳且功率不足		
理论学习内容	喷油器及电路检测	学习时间	5h

一、填空题（每空1分，共20分）

1. 喷油器安装在各缸的________处，在ECU的控制下________、定量地以________向各缸进气门喷射燃油。

2. 喷油开始时刻一般在________开启之前，喷油量由____________________决定。

3. 喷油器的喷油量取决于三个因素：________大小、________和喷射持续时间。

4. 根据喷油器针阀的结构特点，可分为轴针式喷油器和________喷油器。

5. 低阻喷油器电磁线圈的匝数较少，电阻值约为________，可用________和电压驱动。

6. 高阻喷油器电磁线圈的电阻值约为________，只能采用________方式。

7. 电压驱动时串联________的目的是为了防止由于________喷油器电路的电阻过小、工作电流过大而造成喷油器烧坏。

8. 电压驱动式控制电路的工作原理很简单，ECU通过脉冲信号来控制________的导通与截止，从而控制喷油器电路的________。

9. 喷油器本身的检测包括有喷油量检测、________检测和密封性检测。

10. 空气供给系统作用是为发动机提供________的空气并控制发动机的正常工作时的________。

11. 当空气供给系统发生阻塞、泄漏等故障时，必然引起________与发动机负荷的不协调，从而导致发动机运转不良。

二、单选题（每题2分，共10分）

1. 以下（　　）不是喷油器的结构组成。

A. 针阀　B. 电磁线圈　C. 回位弹簧　D. 膜片

2. 低阻喷油器的线圈阻值是（　　）。

A. 0.6～3Ω　B. 3～5Ω　C. 6～8Ω　D. 12～17Ω

3. 高阻喷油器的线圈阻值是（　　）。

A. 0.6～3Ω　B. 3～5Ω　C. 12～17Ω　D. 16～20Ω

4. 喷油器电路短路或断路故障不容易引发（　　）故障。

A. 起动困难　B. 加速不良　C. 运转不稳　D. 排气黑烟

5. 以下不是空气供给系统的组成的是（　　）。

A. 节气门体　B. 喷油器　C. 空气滤清器　D. 空气流量计

三、判断题（每题2分，共20分）

1. 轴针式喷油器的主要特点是喷孔不易堵塞，动态响应较好。（　　）

2. 当喷油器发生阻塞、不能开启、喷出的燃油不能形成雾状时，一般都会造成发动机运转不稳甚至不能运转。（　　）

3. 孔式喷油器的特点是燃料雾化质量较好，不足之处是喷孔易堵塞，动态响应性较差。（　　）

4. 当喷油器发生滴漏等故障时，还会造成油耗过大甚至排气冒黑烟等现象。（　　）

5. 高阻喷油器只能采用电流驱动方式。（　　）

6. 喷油器控制电路的短路、断路故障也时有发生，并由此引发喷油器不能喷油或接续喷油，造成发动机不能起动、运转不稳或排气严重冒黑烟等现象。（　　）

7. 低阻喷油器只能采用电压驱动方式。（　　）

8. 发动机负荷越大，所提供的空气越少；反之，负荷越小，所提供的空气越多。（　　）

9. 当空气供给系统发生阻塞故障时，发动机会因为进气不畅而动力不足，直至不能运转。（　　）

10. 空气流量计与进气压力传感器相比，测量精度和动态响应略差。（　　）

提交理论学习阶段的评价表

教师活动：

教师要求学生对理论学习阶段 7.2.3.23 评价表进行自我评价。

学生活动：

学生按照教师的要求对自己在理论学习阶段的表现进行自评，客观真实。

7.2.3.23 理论学习评价表

参与本项目的教师具体见 Moodle 系统，未参与本项目的教师可以根据实际情况自行制定。

7.2.4 任务计划：制订喷油器及传感器检修工作计划

独立查阅信息

教师活动：

教师提供实验车型的维修手册和 7.2.4.1 信息页。

学生活动：

学生个人独立查阅教师提供的维修手册和 7.2.4.1 信息页、前面的 7.2.2.1 信息页，提炼整理关键信息。(20min)

7.2.4.1 信息页

具体内容同 7.1.4.1 信息页

小组制作工作计划海报

教师活动：

教师要求学生小组合作制定“发动机运行不平稳功率不足故障诊断与排除”工作计划海报，把每一步的细节和注意事项写出来，包括为什么干？怎么干？安全、环保、工具、时间、成本、注意事项、检测标准等。

学生活动：

学生分组讨论，小组合作完成工作计划海报。(40min)

7.2.4.2 工作计划海报

见附录。

展示讲述工作计划海报

教师活动：

教师选出一个组来介绍讲解海报内容，教师进行评价。

学生活动：

被选出的小组展示讲述本组学习成果，其他组学生提出疑问、建议。(40min)

修改工作计划海报

教师活动：

教师强调修改工作计划时注意安全、环保、规范、时间及成本控制意识的训练。

学生活动：

每个组根据教师意见认真改进本组海报。（20min）

提交任务计划阶段的评价表

教师活动：

教师提供任务计划阶段的评价表，指定组间评价顺序，保证每个组都被评价。要求学生将7.2.4.3评价表以小组形式提交到系统。

学生活动：

每个组对老师指定的小组进行评价，合作填写7.2.4.3评价表，小组提交到系统。

7.2.4.3　任务计划评价表

参与本项目的教师具体见Moodle系统，未参与本项目的教师可以根据实际情况自行制定。

7.2.5　任务决策：与师傅和客户沟通工作计划

独立完成任务决策表

教师活动：

教师发放7.2.5.1任务决策表，要求学生安静地独立完成。

学生活动：

学生每个人独立按照任务决策的关键要素完成7.2.5.1任务决策表。（20min）

7.2.5.1　任务决策表

7.2.5.1　任务决策表

决策类型	决策方案
与师傅决策	请站在厂商的角度，和师傅沟通任务计划实施的可能性（包括：工作任务的时间控制和成本控制，工作步骤的正确性、规范性和合理性，工作过程的安全性和环保性，考虑厂商的经济效益和工作效率等，并记录决策结果与师傅的建议）。

（续）

决策类型	决策方案
与客户决策	请站在客户的角度，和客户沟通任务计划实施的可能性（包括：是否有几种可能供客户选择？某些项目做或不做？现在做还是未来做？考虑客户的成本控制、时间控制、安全性、环保性、美观性和便利性等，并记录决策结果与客户的意见）。

实战演习任务决策

教师活动：

教师选出一个学生代表（这个学生是以往决策出现问题较大的）和自己进行任务决策，及时担任师傅和客户双重角色。

学生活动：

被选出的学生与教师进行决策对话，其他学生观察，并进行口头评价、补充、改进。(20min)

提交确认任务决策

学生活动：

每个学生修改自己的任务决策方案表格，提交到系统。(20min)

教师活动：

教师对每个学生制定的任务决策方案进行确认，并将确认信息发到系统给学生。

提交任务决策阶段的评价表

教师活动：

教师要求学生对任务决策阶段 7.2.5.2 评价表进行自我评价。

学生活动：

学生按照教师的要求对自己在任务决策阶段的表现进行自评，客观真实。

7.2.5.2 任务决策评价表

参与本项目的教师具体见 Moodle 系统，未参与本项目的教师可以根据实际情况自行制定。

7.2.6 任务实施：使用设备进行实车拆装检测

示范操作

教师活动：

教师亲自示范操作，或者播放相关视频（操作内容是：从接车确认开始，按照诊断思路进行发动机运行不平稳功率不足且发动机故障警告灯报警故障的所有诊断与排除工作）。

学生活动：

学生观察教师的示范动作，或观察视频中的示范动作。

操作实施

教师活动：

教师将学生分组，并要求每组学生分工明确，严格强调安全和事故预防要求等。实施过程中教师进行巡视指导。

学生活动：

学生分为4组，分工操作。每组每次安排两名学生操作，所有学生轮流，每个学生都要完成一次操作。当两名学生进行操作时，另外安排两名学生分别对其进行评价，填写7.2.7.2评价表，1名学生拍视频，1~2名学生监督记录，1~2名学生查阅手册改进计划。（6h）

提交任务实施阶段的评价表和视频

教师活动：

教师要求学生对任务实施阶段7.2.6.1评价表进行自我评价，并提交任务实施阶段录制的所有视频资料。

学生活动：

学生按照教师的要求对自己在任务实施阶段的表现进行自评，客观真实。

负责拍摄的学生将视频整理提交到系统，负责评价的学生将7.2.6.1评价表提交到系统。

7.2.6.1 任务实施评价表

参与本项目的教师具体见Moodle系统，未参与本项目的教师可以根据实际情况自行制定。

7.2.7 任务检查：5S与检查工作结果

5S与任务检查

教师活动：

教师提供7.2.7.1任务检查流程。要求学生分组，小组合作完成任务检查及5S，在7.2.7.1任务检查单上标注。教师要求学生小组成员对工作过程和工作计划进行监督和评估，记录优缺点及改进建议，并口头表达。教师要重点引导学生对队友的支持性意见的表达，并训练学生接纳他人建议。

学生活动：

学生分组，小组合作完成任务检查及5S，在7.2.7.1任务检查单上标注。（20min）

学生按照教师规定严格监督和控制其他成员的工作过程并友善提出改进建议。（10min）

7.2.7.1 任务检查单

7.2.7.1 任务检查单

1. 请进行必要的最终任务检查，在（　　）里进行标记。

检查任务实施过程（　　），是否有改进或需要说明：

如有，处理意见：

检查测量值与标准值（　　），是否有改进或需要说明：

如有，处理意见：

2. 请进行必要的5S。

5S车辆（　　）

5S工位（　　）

5S场地（　　）

3. 请根据实施的诊断与修理工作，编制工作说明，完善改进工作计划。（以另一颜色的笔在任务计划上标注作答）

小组合作修改工作计划

教师活动：

教师要求学生小组合作修改完善工作计划，修改方式是：在原有工作计划上用另一颜色的笔进行真实、全面的复盘改进、标注。

学生活动：

学生小组合作修改完善工作计划，修改方式是：在原有工作计划上用另一颜色的笔进行真实、全面的复盘改进、标注。（10min）

提交任务检查阶段的评价表

教师活动：

教师要求学生对自己在任务检查阶段的表现进行自我评价。提醒学生：对于自己没有涉及的条目不评价。

学生活动：

学生对自己在任务检查阶段的表现进行自我评价，对于自己没有涉及的条目不评价。

7.2.7.2 任务检查评价表

参与本项目的教师具体见 Moodle 系统，未参与本项目的教师可以根据实际情况自行制定。

7.2.8 任务交付：交车

任务交付准备

教师活动：

在任务交付之前，教师提供7.2.8.1交车剧本给事先安排好的两个学生，一个扮演客户，另一个扮演SA维修接待，以便上课时两个学生能在实车上呈现交车过程。

学生活动：
两个角色扮演的学生要熟悉练习交车剧本。

7.2.8.1　交车剧本

7.2.8.1　交车剧本

学习情境描述：

一辆大众速腾轿车，行驶总里程6万km，客户发现汽车在运行中不平稳，有抖动，感觉发动机动力不足，而且发动机故障灯点亮。

（一）任务完成正常交车

前台：先生，您好！您的车修好了，没有任何问题，您可以放心使用了。这是针对电控燃油喷射系统使用的开车温馨贴士，请您留存！

客户：非常感谢！

前台：不客气！这是费用清单，请您跟我去财务结账。

客户：好的。

前台：这是车钥匙，以后请您放心使用！请您随时观察车况，如果有任何问题，您都能随时联系我。非常愿意为您服务！

客户：好的！谢谢您了！再见！

前台：再见！您慢走！

（二）任务未完成异常交车

前台：先生，您好！非常抱歉，您的车我们前期预估失误，虽然我们已经尽力了，但是还是不能按照约定时间正常交车给您，预计还得两个小时才能完成。您看您是继续在店里等待，还是先去处理其他事情。等这边结束我及时联系您。

客户：好吧！怎么回事呀，我已经等待这么长时间了。两个小时后一定能取走我的车吗？

前台：真的非常抱歉，在此对您说声对不起！不过，您放心！同样的错误我们不会出现第二次。再有两个小时肯定交车给您。

客户：好吧。两个小时后等你电话，我先去处理其他事情。一定要完全修复啊！

前台：请您放心！一定保证您的爱车行驶无忧，我会随时观察进展情况，及时联系您。非常愿意为您服务！

客户：好的！谢谢您了！那我先走了，待会儿见！

前台：待会儿见！您慢走！

两人角色扮演

学生活动：
学生分组，两人一组。其中，事先安排好的两个学生为一组，一个扮演客户，另一个扮演SA，先交车给师傅，然后交车给客户。（10min）

教师活动：
教师提前安排学生两人一组，观察角色扮演学生的表演过程，同时观察其他学生的表现：倾听的认真程度。

全员换位评价

学生活动：
学生认真观看角色扮演情境再现过程，理解客户委托，并与本组学生一起对SA角色扮

演的学生换位思考进行口头评价：角色扮演时的优缺点，如果是自己怎么改进会更好。(5min)

教师活动：

教师指出角色扮演的优缺点，提出注意事项进行强调说明。

全员分组练习

教师活动：

教师要求所有学生借鉴两个示范学生的表现，进行任务交付练习。

学生活动：

学生按照教师的提示与强调，借鉴示范的两个学生的表现，学生分组在实车上进行任务交付的角色扮演练习。互换角色再练习一次。(10min)

提交任务交付阶段的评价表

教师活动：

教师要求学生对任务交付阶段自己扮演 SA 时的表现依据 7.2.8.2 评价表进行自我评价。

学生活动：

学生按照教师的要求对自己在任务交付阶段扮演 SA 时的表现进行自评，客观真实。

7.2.8.2 任务交付评价表

参与本项目的教师具体见 Moodle 系统，未参与本项目的教师可以根据实际情况自行制定。

7.2.9 反思评价：总结知识点、技能点和素养点

提交反思评价自评表

教师活动：

教师归纳整理理论知识体系，用一页 PPT 展示知识点、技能点和素养点。

学生活动：

学生认真反思，倾听，构建适合自己学习的知识体系。(10min)

学生认真反思，对照学习目标进行自我反思，填写 7.2.9.1 自评表。(10min)

7.2.9.1 反思评价自评表

参与本项目的教师具体见 Moodle 系统，未参与本项目的教师可以根据实际情况自行制定。

提交反思评价他评表

教师活动：

教师把每一位学生的反思阶段的评价表分配给其他同学进行评价。

学生活动：

学生按照系统分配的评价对象，每个学生都填写一份对另一个学生的评价表。(10min)

7.2.9.2　反思评价他评表

参与本项目的教师具体见 Moodle 系统，未参与本项目的教师可以根据实际情况自行制定。

提交反思评价阶段的评价表

教师活动：

教师参照学生的自评与他评在 7.2.9.3 反思评价表上给出学生反思评价成绩。

学生活动：

每个学生将自评表和他评表形成的 7.2.9.3 反思评价表进行对照，帮助学生自我认识。

7.2.9.3　反思评价表

参与本项目的教师具体见 Moodle 系统，未参与本项目的教师可以根据实际情况自行制定。

7.2.10　巩固拓展

迁移新任务

教师活动：

教师布置新的客户任务：节气门位置传感器损坏导致发动机运行不平稳功率不足故障。要求学生小组合作制定工作计划并用 PPT 展示。

学生活动：

学生明确拓展任务：小组合作制定工作计划，下次课前用 PPT 展示和评价。做好完成拓展任务的计划（分工与时间安排）。

分工制作工作计划

教师活动：

教师要控制学生的制作过程，要求学生分工完成 7.2.10.1 工作计划，把自己负责的部分提交到系统，让教师看到。

学生活动：

学生在小组长的带领下，制作过程合理分工，每人完成工作计划的一部分并提交到系统。（课后）

7.2.10.1　工作计划

见附录 2

提交过程视频和 PPT

教师活动：

教师要求学生制作 PPT 的过程录制视频并把视频提交到系统，同时提交 PPT 结果到系统。

学生活动：

小组合作把制作 PPT 的过程录制视频。

巩固拓展阶段的评价表

教师活动：

教师要求小组长完成本小组所有成员的 7.2.10.2 评价表，提交到系统。

学生活动：

小组长完成小组评价 7.2.10.2 评价表，并把每个组员的评价表提交到系统。

7.2.10.2 巩固拓展评价表

参与本项目的教师具体见 Moodle 系统，未参与本项目的教师可以根据实际情况自行制定。

总体评价

给学生反馈总体评价表

教师活动：

教师对每个学生的总体评价表初稿进行补充修改，形成总体评价定稿，作为每个学生本学习情境的最终评价。

学生活动：

学生认真对照教师反馈的总体评价表，分析自己的优势和不足，有针对性地制定改进措施，在弱势素养或知识、技能方面加强。

LS7.3

发动机加速性差且故障警告灯报警

教学准备

教学情境准备

教师活动：

教师提前提供给所有学生 7.3.0.1 客户任务工单。提前在车上设置“发动机加速性变差且发动机故障警告灯点亮”的真实故障。课前提供 7.3.0.2 接车剧本给事先安排好的两个学生，一个扮演客户，另一个扮演 SA 维修接待，以便上课时两个学生能在实车上把客户任务真实再现。

学生活动：

所有学生在课前熟悉 7.3.0.1 客户任务工单，提前了解客户委托任务。

两个角色扮演的学生要熟悉练习 7.3.0.2 接车剧本。（课前）

7.3.0.1 客户任务工单

7.3.0.1 客户任务工单

<table>
<tr><td>车主姓名</td><td></td><td>日期</td><td></td></tr>
<tr><td>车型</td><td></td><td>车牌号</td><td></td></tr>
<tr><td>发动机号</td><td></td><td>底盘号</td><td></td></tr>
<tr><td>联系电话</td><td colspan="3"></td></tr>
<tr><td>通信地址</td><td colspan="3"></td></tr>
<tr><td colspan="4">故障现象描述：
车主反映，汽车运行中加速性变差，感觉发动机动力不足，而且发动机故障灯点亮。</td></tr>
<tr><td colspan="4">检查维修建议：</td></tr>
<tr><td colspan="4">故障结论：（更换或维修的零件记录）</td></tr>
<tr><td colspan="2">取车付款：
现金　　　　银行卡</td><td colspan="2">维修人：
收款人：</td></tr>
</table>

7.3.0.2 接车剧本

7.3.0.2 接车剧本

学习情境描述：

一辆大众速腾轿车，行驶总里程6万km，客户发现汽车运行中加速性变差，动力不足，而且发动机故障灯点亮。

前台：您好！有什么需要我帮助的？

客户：您好！是这样的，我的车运行中加速性变差，动力不足，而且发动机故障灯点亮。您能帮我看看吗？

前台：好的！您给我车钥匙，我给您试一下车，先检查一下。

（上车，着车，行驶一段时间开始体会客户的诉求，发现汽车运行中加速性变差，动力不足，而且发动机故障灯点亮。询问客户）

前台：您的车运行中加速性变差，动力不足，而且发动机故障灯点亮。这个毛病以前出现过吗？最近您修理过什么吗？

客户：不瞒您说，我的车车况特别好，在这之前什么毛病也没有，这是第一次有故障，只做过正常的维护保养。

前台：那您的车车况是真不错，您使用得很好。我刚刚才初步诊断了一下：您的车确实是在运行中加速性变差，动力不足，而且发动机故障灯点亮。估计是燃油供给系统或者是点火系统有故障了，原因很多，需要后台检测后才能确认。

客户：好的！那您尽快维修吧，我还着急用车呢。

前台：那您想什么时间取车？

客户：今天下午4点可以吗？

前台：好的！请您客户区休息等待，如有需要，我会及时和您联系。

教学目标准备

教师活动：

教师用一页PPT简介本情境的教学目标：素养点、知识点、技能点。

学生活动：

学生思路清楚明确目标，在头脑中做出个人学习规划。（课前）

素养点：

① 能够对技术文章进行结构化处理。

② 能够回答关键问题并在海报上总结。

③ 能够制作高要求的技术资料。

④ 能够理解并遵守规则。

⑤ 能够个人独立工作。

⑥ 能够小组合作，站在他人角度思考问题。

知识点：

① 发动机对点火系统要求。

② 点火系统结构与工作原理。

③ 点火系统控制功能。

④ 曲轴位置传感器。

⑤ 凸轮轴位置传感器。
⑥ 爆燃传感器。
⑦ 点火系统检查维护内容。
⑧ 点火系统部件检测与电路检测。

技能点：

① 点火系统直观认知。
② 使用电路图。
③ 进行点火系统故障查询和波形分析。
④ 使用万用表和示波器。
⑤ 传感器及其电路检测排故。
⑥ 使用制造商资料和维修站信息。
⑦ 遵守事故预防条例。

资料设备清单

参与本项目的教师具体见 Moodle 系统，未参与本项目的教师可以根据实际情况自行制定。

7.3.1 任务接受

两人角色扮演

学生活动：

学生分组，两人一组。其中，事先安排好的两个学生为一组，一个扮演客户，另一个扮演 SA，在实车上把客户任务真实再现。(10min)

教师活动：

教师观察角色扮演学生的表演过程，同时观察其他学生的表现：倾听的认真程度。

全员换位评价

学生活动：

学生认真观看角色扮演情境再现过程，理解客户委托，并与本组学生一起对 SA 角色扮演的学生换位思考进行口头评价：角色扮演时的优缺点，如果是自己怎么改进会更好。(10min)

教师活动：

教师指出角色扮演的优缺点，提出注意事项进行强调说明。

全员分组练习

教师活动：

教师要求所有学生借鉴两个示范学生的表现，进行任务接受练习。

学生活动：

学生按照教师的提示与强调，借鉴示范的两个学生的表现，学生分组在实车上进行任务接受的角色扮演练习。互换角色再练习一次。(10min)

提交任务接受阶段的评价表

教师活动：

教师要求学生对任务接受阶段自己扮演 SA 时的表现进行自我评价。

学生活动：

学生按照教师的要求对自己在扮演 SA 时的表现进行自评，客观真实。

7.3.1.1 任务接受评价表

参与本项目的教师具体见 Moodle 系统，未参与本项目的教师可以根据实际情况自行制定。

7.3.2 任务分析：发动机加速性差且故障警告灯报警的原因

教学方法：餐垫法

独立查找原因

教师活动：

教师提供 7.3.2.1 信息页（维修信息、文本资料）和餐垫图纸，指导学生独立查找“发动机加速性变差且发动机故障警告灯点亮”的原因，书写在餐垫上周边对应位置。

学生活动：

学生分组，首先个人独立阅读教师提供的 7.3.2.1 信息页，在信息页上划出关于“发动机加速性变差且发动机故障警告灯点亮”的原因，总结自己的个人逻辑结果，工整地书写在餐垫对应位置上。(30min)

7.3.2.1 信息页

7.3.2.1 信息页

学校名称		任课教师	
班级		学生姓名	
学习领域	L7 发动机管理系统诊断维修		
学习情境	LS7.3：发动机加速性差且故障警告灯报警	学习时间	1h

1. 发动机加速不良动力不足的故障现象

发动机在运行中加速缓慢，上坡无力，将加速踏板踩到底时仍感到动力不足，转速提不高，达不到最高车速。

2. 发动机加速不良动力不足的原因分析

造成动力不足、加速不良故障发生的原因有：油路原因、高压点火电路原因、机械原因、人为原因等。

（1）油路方面的原因

1）贫油

混合气过稀，造成点火后气体作用给活塞的推力不够，而且使燃烧时间加长，造成发动机过热等故障。

2）富油

混合气过浓造成低速时加速无力。因混合气过浓使点火爆发时缺少充足的氧气，使混合气燃烧不彻底，使功率下降，而且经济性变差，易产生大量积炭而堵塞排气装置，更加剧了加速无力现象。

① 空气滤清器堵塞。

② 燃油质量不好。

（2）电路方面的原因

1）高压火花不良

高压断电：因点火系统高低压元件及线路故障可能引起跳火不连续，造成发动机间歇工作，使加速无力。

高压火花弱：因点火电路电器元件及线路故障引发高压电太弱。

造成高压火花不良的主要原因有以下几点：火花塞工作不良或间隙不对；高压线及高压帽漏电；高压线圈漏电及内部受潮；点火器故障；充电线圈及触发线圈工作不良；白金间隙不合适及工作不良；电容器损坏及搭铁不良；低压点火线路接触不良；磁电机转子扫膛；触发线圈表面有大量磁粉吸附。

2）点火时间过早

点火时间过早会产生高压火花，给正在上升压缩的活塞带来很大阻力。它不但影响加速性能，而且会导致发动机不易起动，发生怠速不良及加速敲缸现象。

点火过早的原因主要有以下几点：白金间隙过大；配电盘调整不当；磁电机转子滚键。

3）点火时间过迟

点火时间过迟是因点火时间错过了最佳爆发时刻，并使火焰在气缸内滞留的时间延长，不但直接影响加速性能，还会引起发动机过热、排气管放炮、声音沉闷等现象。

点火时间过迟的原因主要有：白金间隙过小；配电盘调整不当；提前点火装置工作不良；磁电机转子滚键。

（3）机械方面的原因

1）车体行走部分运行惯性不良

轮胎气压不足；前后制动装置复位不良；前后车轮不在一条线上；车轮轴承过紧（如未加中间衬套、车轮旋转过程中会自行锁紧车轮内轴承备帽）；传动链条或带过紧。

2）其他机械原因

① 气缸压缩不良。

② 四冲程发动机配气机构工作不良。

③ 离合器打滑。

④ 多缸发动机缺缸工作或工作不匀。

⑤ 发动机过冷或未进行暖机准备。

⑥ 其他原因引起的发动机过热（如冷却机构工作不良，使发动机过热，加速困难）。

3. 加速不良故障案例

【案例1】

（1）故障现象

一辆行驶里程约225000km、配备自动变速器的马自达6 CA7230AT轿车。车主反映：

车辆行驶时加速无力，感觉发动机发闷，将加速踏板踩到底加速基本没反应，而且发动机经常有不规则抖动并且发动机故障灯点亮。

（2）故障诊断

接车后，根据车主描述，与车主进行路试，将加速踏板踩到底进行急加速，并保持一段时间时，确实存在发动机始终发闷而且车速保持在40km/h左右，发动机转速最高升至2000r/min左右保持不变，发动机抖动严重并且故障灯点亮。

由于故障灯点亮，根据“代码优先”的原则，在关闭点火开关的状态下连接Mazda6专用检测仪（MDS），接通点火开关，用MDS检测仪消除故障码，故障指示灯能正常熄灭。起动发动机并怠速运行，故障指示灯仍然点亮。用MDS检测仪检测故障码，故障码（DTC）为P0302（检测到气缸2号点火不良），确认故障码已记录，非偶发故障。

为确定出现故障码的原因，节省诊断时间，通过故障码和维修手册提示检查可能导致发动机抖动且加速无力条件的项目。首先使用逐缸断火的方法确认是否缺缸，逐一拔下各缸的分缸线测试，发现并无明显缺缸现象。再分别拆下喷油嘴测试喷油雾化情况，雾化状态良好。拆下分缸线、火花塞，逐一检查火花塞和分缸线是否完好，火花塞是否漏电，间隙是否正常，分缸线是否老化、是否漏电等。发现2缸火花塞和分缸线不正常，均有漏电现象，如图1所示，而且火花塞漏电明显。更换火花塞和分缸线后，起动发动机，发动机抖动现象明显好转。使用MDS检测仪消除故障码，故障码消失。进行一定时间路试，发现虽然故障码消失，发动机故障灯未点亮，加速抖动现象明显好转，但加速仍无力并且踩加速踏板发动机发闷的故障依旧。进一步检测点火高压电正常。火花塞燃烧状况良好，因此初步排除点火系统仍存在故障的可能性。

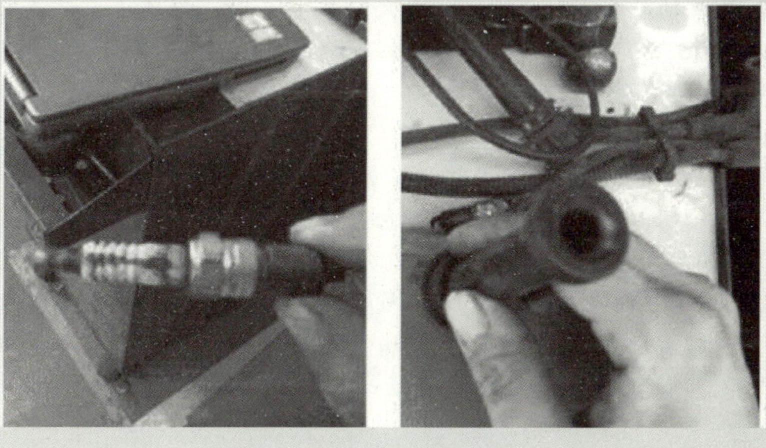

图1　火花塞和分缸线漏电

为了排除由于燃油系统雾化不良以及怠速步进电动机脏污造成的影响，笔者对拉索式节气门、怠速步进电动机和喷油器进行了彻底清洗，而且手动测试怠速步进电动机能够顺畅动作。将怠速步进电动机装复后，发动机怠速抖动的现象基本消除，但是行驶中加速无力的现象没有任何改变。泄压后将燃油压力表串接到燃油供给系统管路中，打开燃油压力表开关，利用起动机带动发动机运转，测得油压表指示为0.4MPa；停转10min后，压力指示为0.3MPa以上，说明燃油压力正常。

检查：真空软管是否开裂、扭结和连接不紧；曲轴箱通风油气分离器安装是否正确；排气系统是否腐蚀、开裂、松动或遗失连接件；氧传感器（O2S1）安装得是否牢固，引线是否触碰到排气歧管或发动机；发动机控制模块（PCM）和传感器搭铁是否清洁、紧固并处于正确位置。均未发现问题。因为静态检查没有发现故障部位，所以起动发动机并让发动机怠速运行。使用 MDS 检测仪读取动态数据流，分别观察数据流中长期燃油调整值（LONG）、空气流量计（MAF）、氧传感器（O2S1）数据，并与规定值进行比较。检测到的长期燃油调整值（长期燃油调整值代表了对燃油偏差的长期修正值。显示0%，表示为了保持 PCM 所控制的空燃比，燃油供给不需要任何补偿；显示明显低于0%的负值，表明存在可燃混合气过浓工况，并且燃油的供给正在减少，喷油脉宽减小；显示明显高于0%的正值，表明存在可燃混合气过稀工况，并且 PCM 正在增加供油（喷油脉宽增大来进行补偿），为20.31%，明显高于0%。检测到的氧传感器电压在0.2～0.4V 变化（正常应在0～1V 变化）；检测到怠速时进气量为6.8g/s（正常值为2～4g/s），信号电压为1.8V（正常值约为1.3V），高于正常值。更换空气流量计（MAF），再次读取数据流为3.75g/s，信号电压为1.39V，正常，确定空气流量计损坏；但长期燃油调整值为20.31%，氧传感器电压在0.2～0.4V 变化，均未改变，加速无力的故障略有好转，但未彻底解决。

通过以上检查，排除了点火、电路、油路、进气系统及各主要传感器故障。到了这里，感觉有点无从下手，冷静下来仔细分析，如果三元催化器堵塞造成排气背压过高或排气不畅等排气系统故障，也是导致发动机加速不良的常见原因，而且该车已经行驶了20多万 km，三元催化器有可能出现问题，检查和尝试更换三元催化器后，故障依旧。那只可能是正时出现问题了，初步判断使用时间过久和行驶里程过长导致正时跳齿。拆下气门室盖垫，使用 Mazda6 专用工具（曲轴定位销和凸轮轴正时尺）调整正时，发现1缸位置略微下偏。正确调整正时后起动发动机，怠速运转平稳。进行路试加速有力不发闷，再次读取数据流，各数据均正常，故障彻底排除。

（3）总结

通过以上排除过程发现，该车车况较差，呈现出的是一个综合性的故障。首先是火花塞和分缸线漏电，造成故障灯点亮和发动机抖动。其次是空气流量计损坏，引起信号电压偏大，造成混合气偏稀。又由于正时不对，造成加速无力。由此可知，对于综合性故障不能仅从故障部位的结构因素方面考虑，还应该利用汽油发动机三要素（正确的点火正时及强烈的火花、很高的压缩压力、良好的空气－燃油混合气）和检测仪相结合的方式，从相关系统来进行故障诊断，不但可以缩小故障检查范围，而且能够循序渐进地排查问题。

【案例2】

（1）故障描述

客户反映车辆动力不好，加油时车辆反应特别迟钝，发动机没有出现故障灯亮起的现象。

（2）故障诊断

根据客户的描述，发动机有加速无力的现象。修理此车是在修理厂进行的，在维修过程中把能够影响发动机动力的问题基本都进行了检修，找该车故障点及维修的过程可以得出一些重要的信息，发动机加速无力的原因大概有以下几种：

① 发动机老化，机械性能下降。

② 发动机进气不畅。

③ 发动机排气不畅。

④ 发动机点火系统故障。

⑤ 发动机燃油供给系统故障。

⑥ 发动机的控制传感器出现故障。

⑦ 发动机控制单元限制发动机功率。

(3) 操作步骤

第一步：根据客户的描述，车间维修技师首先进行了试车。维修技师经过试车，发现此车加速无力情况确实很严重，于是到车间后进行了发动机的常规检查。此车车况比较老，拆下发动机的火花塞，发现火花塞间隙已经很大，应该长时间没有更换了。于是更换了火花塞进行试车，发动机动力有所提升，但是还没有达到正常范围。

第二步：第二次进行检测时，主要检查了点火系统的缸线和点火线圈，没有发现有漏电现象；其后对发动机的燃油供给系统进行了检修；连接汽油压力表，测量燃油供给系统的保压能力，发动机起动后汽油压力表显示3.5bar（1bar = 0.1MPa），是正常油压；用钳子夹住汽油管路回油管，测量汽油泵的瞬间最大油压，大于6bar，也正常（测量油压时一定要检测汽油泵的瞬间最大油压，在发动机大负荷运转时，如果汽油泵的瞬间最大油压不足，发动机的功率会有明显下降，但在发动机怠速时并不会反映出来）。

第三步：维修技师根据经验更换了一个新的发动机空气流量计，安装完毕后进行试车，依然没有好转；其后维修技师又进行了发动机缸压的测试，缸压都在11bar以上，也在正常范围内。

第四步：维修技师连接诊断电脑进行车辆测试，读取故障码。此时有一个氧传感器的故障码，但是是偶发性的，维修技师就直接把故障码删除了。读取发动机的数据流，没有看出发动机有异常现象。此时大家都在想什么传感器能造成发动机加速无力而且又不报故障。此时有人提出了爆燃传感器，维修技师便更换了爆燃传感器，但是故障依然没有排除。

第五步：因为之前出现了氧传感器的故障码，于是维修技师便更换了一个新的氧传感器。试车后故障没有排除，连接诊断电脑进行车辆测试，又同样出现了氧传感器的故障码，而且还是偶发现象。但是因为故障没有排除，所以也没有进一步进行测试。

第六步：这时维修技师也没有很好的思路，可以看出维修技师之前的工作都是靠经验来换件，没有对发动机进行详细的分析。大家都反映可能是发动机控制单元有问题，但是维修技师也明白发动机控制单元的故障率是很低的，没有进行更换。在此时有人提出检测排气管（发动机排气对动力有影响）。

第七步：维修技师想到三元催化器有可能会堵塞。拆下三元催化器后也发现了有堵塞现象，结合之前出现的氧传感器的故障，看来问题出在氧传感器。更换三元催化器后进行了试车，发动机动力有了明显的提升，故障排除。

(4) 故障总结

此故障经过了多次维修，主要原因是维修技师一直用之前的经验进行维修，没有用理论基础做指导。下面来说明一下维修技师维修的一些误区：

① 空气流量计出现故障后一般会伴随混合气不良的情况出现，通过发动机数据流可以确定。

② 爆燃传感器的故障率极低，出现故障会影响发动机的最大功率，在加速需要转矩时影响没有那么明显。

③ 通过氧传感器故障码可以分析出三元催化器的性能和是否存在问题。

一个良好的发动机应该具备以下条件（机械部分）：

① 良好的进气系统。

② 良好的排气系统。

③ 足够的缸压。

发动机在进气、压缩、做功和排气四个行程中，压缩行程是损耗功率最大的，其次便是排气行程。在排气行程中如果出现了堵塞现象，影响最大的便是充气效率，而且将损失很多的机械功用来排气。

此车维修完毕后，通过和客户的沟通得知，在出现故障之前进行了一次喷油器和进气道的清洗，看来是清洗后积炭的软化物堵塞了三元催化器。因此，对于一些比较老的发动机，积炭较多，不建议用免拆的方法进行清洗。

新车20000km便进行一次清洗，所以不太会出现堵塞三元催化器的现象。一般清洗完毕后都要进行一次拉高速的过程，将积炭软化物排出发动机。发动机不进行高转速运转，则可能出现积炭卡住气门的现象，造成发动机缺缸。通过对此车的维修可知理论是怎样指导实践的。在没有理论作为指导的情况下进行维修，是不会对维修过程和结果有很深刻的认识的。

合作讨论原因

学生活动：

学生小组合作讨论达成共识，把本组的“发动机加速性变差且发动机故障警告灯点亮”原因工整书写在餐垫中心位置上，贴在白板上展示。（30min）

教师活动：

教师重点观察学生讨论时的表现：所有成员是否可以经过妥协或协商快速达成一致意见。

师生确定原因

教师活动：

教师带领学生一起逐条对每组的结果进行分析评价，判断对错，总结原因。

学生活动：

学生领会理解，修改本组餐垫并把最终结果工整记录在笔记本上。（10min）

填写客户工单

教师活动：

教师提供行车证等资料，指导学生填写7.3.0.1客户工单（车辆检验内容，确定维修范围，是否修理车辆建议）。

学生活动：

学生小组合作填写完整客户任务工单。（20min）

提交任务分析阶段的评价表

教师活动：

教师要求学生对任务分析阶段自己的表现依据 7.3.2.2 评价表进行自我评价。

学生活动：

学生按照教师的要求，对自己在任务分析阶段的表现对照每一条进行客观真实的自评。

7.3.2.2 任务分析评价表

参与本项目的教师具体见 Moodle 系统，未参与本项目的教师可以根据实际情况自行制定。

7.3.3 理论学习：电子点火系统原理及检修

教学方法：小组拼图法

3.1 点火系统结构与工作原理

原始组独立完成工作页

教师活动：

教师把学生分成专家组，并提供与之有关的 7.3.3.1—7.3.3.4 信息页和 7.3.3.5—7.3.3.8 工作页。

学生活动：

学生原始组个人独立学习信息页，并完成工作页。(40min)

7.3.3.1 信息页

7.3.3.1 信息页

学校名称		任课教师	
班级		学生姓名	
学习领域	L7 发动机管理系统诊断维修		
学习情境	LS7.3：发动机加速性差且故障警告灯报警	学习时间	40min
工作任务	A：点火系统概述要求	学习地点	理实一体化教室

1. 点火系统的作用

汽油发动机正常工作需满足三个条件，即良好的空气、燃油混合气，较高的压缩压力，正确的点火正时及强烈的火花。点火系统的作用就是将蓄电池电压转变为 15～30kV 的高电压，并按气缸工作顺序，适时地将其引入气缸，形成电火花，点燃混合气，从而使发动机正常工作。

2. 发动机对点火系统的要求

在汽油发动机中，气缸内的混合气是由高压电火花点燃的，而产生电火花的功能是由发动机点火系统完成的。总体来说，点火系统的功能有两方面：一方面是将汽车电源的低电压转变为高电压，再按照点火顺序送至各缸火花塞上，在压缩终了击穿火花塞，产生电火花，点燃混合气；另一方面是能够根据发动机工况的变化，进行点火时刻和点火能量的控制，实现可靠而准确的点火。

点火系统应在发动机各种不同的工况和使用条件下，保证可靠而准确地点燃混合气。点火系统应满足以下基本要求。

（1）提供足以击穿火花塞电极间隙的高电压

击穿火花塞电极产生电火花所需要的电压称为击穿电压。点火系统产生的次级电压必须高于击穿电压，才能击穿火花塞，产生电火花，点燃混合气。轿车在行驶中，发动机在满载低速时至少需要 8～10kV 的高电压，起动时至少需要 19kV。正常点火一般均在 15kV 以上。为保证可靠点火，点火系统所能产生的最高电压必须总是高于火花塞的击穿电压，但过高的点火电压也可能会造成系统部件的损坏，故通常将点火电压限定在 30kV 以内。击穿电压与很多因素有关，主要是：

① 火花塞电极间隙。在同样的电压下，火花塞电极间隙越大，则电场越弱，混合气受电场力的作用越小，不易被电离，故需要较高的电压才能将火花塞击穿。火花塞击穿电压与电极间隙的关系如图 1 所示。

② 气缸内混合气的密度。混合气密度越大，单位体积中分子数量越多，离子的自由运动距离就越短，故不易发生碰撞电离作用。只有加大电极上的电压，提高作用于离子上的电场力，使离子加速才能发生碰撞电离而使火花塞间隙击穿。而混合气的密度和混合气的压力与温度有关，因此混合气的压力与温度间接影响火花塞的击穿电压，如图 2 所示。

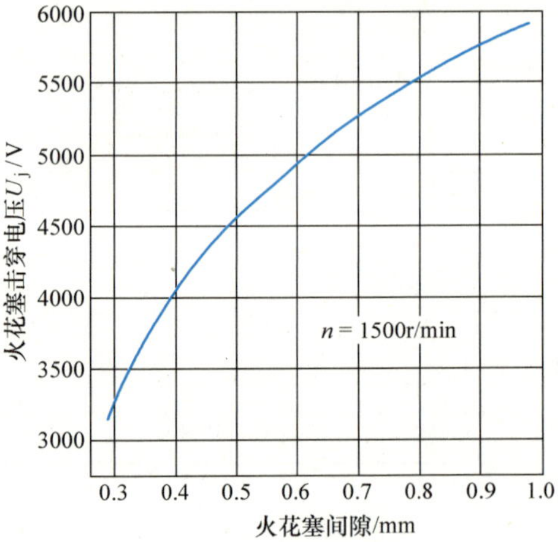

图 1　火花塞击穿电压与火花塞间隙的关系

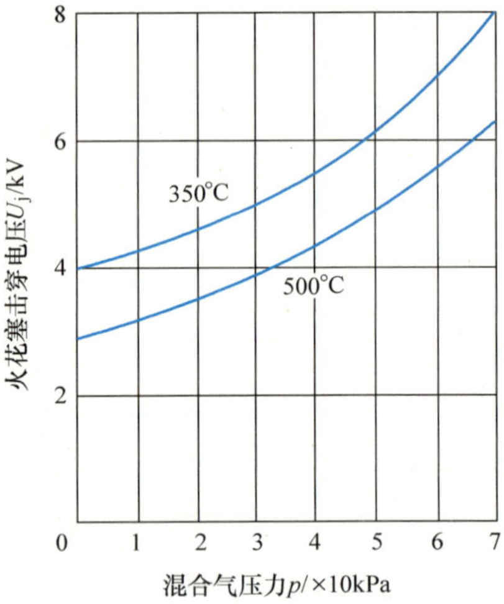

图 2　混合气压力对火花塞击穿电压的影响

③ 电极的极性和温度。火花塞电极温度越高，电极附近的混合气密度就越小，容易发生碰撞电离，击穿电压就越低；反之就需要较高的击穿电压。如图 3 所示。冷起动时，击穿电压最高为 15～25kV，当火花塞温度电极高于混合气温度时，击穿电压降低 30%～50%。

另外，当火花塞中心电极是负极时，由于热电发射和二次电子发射作用，火花塞击穿电压又可降低 20%～40%。

④ 发动机工况。随着发动机工况的不同，其击穿电压也不相同，如图 4 所示。发动机高速运转时气缸内温度升高，充气量减少，致使气缸内压力减小，因此火花塞的击穿电压随

转速的升高而降低。起动时，由于气缸内温度较低，混合气雾化不好，加之火花塞电极之间可能积有机油或汽油，因此击穿电压最高。而加速时，大量的冷混合气突然进入气缸，导致火花塞电极温度下降，因此击穿电压也较高。而全负荷稳定工况时击穿电压较低。

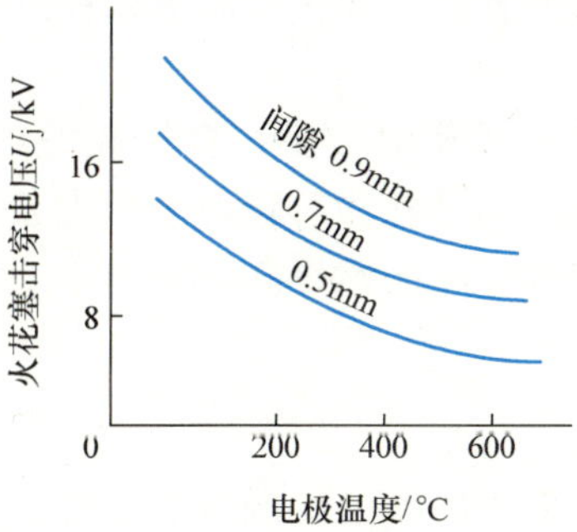

图 3　火花塞击穿电压与电极温度的关系

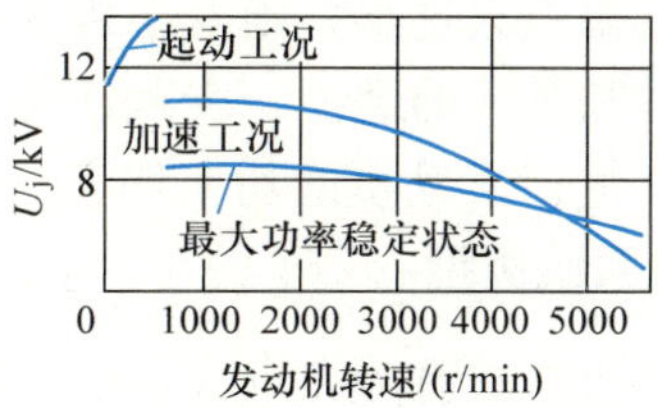

图 4　火花塞击穿电压与发动机工况的关系

⑤ 混合气空燃比。混合气空燃比对火花塞击穿电压的影响如图 5 所示。混合气过浓或过稀时，击穿电压都会升高。

一般来说，汽车发动机起动时需 9～17kV 的高电压，在满负荷低速时需 8～10kV 的高电压，而正常点火所需的点火电压一般均在 15kV 以上。考虑到各种不利因素的影响，为了保证可靠着火，点火系统的点火电压必须有一定的电压储备，点火电压均应在 15kV 以上，但电压过高，又会造成绝缘困难，成本提高，一般次级电压限制在 30kV 以内。

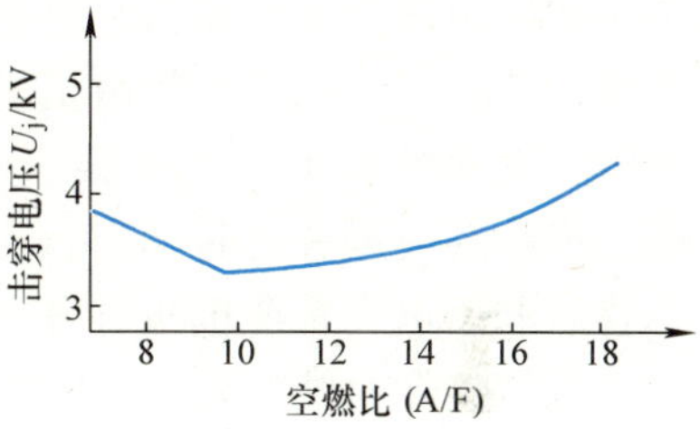

图 5　火花塞击穿电压与空燃比的关系

（2）提供足够的火花能量与持续时间

要使混合气可靠点燃，火花塞产生的电火花必须具有一定的能量和持续时间。点燃混合气所必需的最低能量与混合气成分和密度、火花塞电极间隙和电极形状等有关。发动机正常工作时，混合气在压缩行程终了时的温度已接近其自燃温度，因此所需要的点火能量很小，只要 1～5mJ 就可以了；在混合气过浓或过稀，发动机起动、怠速及急加速时，为了保证可靠点火，需要有较高的火花能量，并且随着现代发动机对经济性和排放性的提高，都迫切需要提高火花能量。基于上述原因，为了保证可靠点火，一般传统点火系统应具有 50～80mJ 的初级点火能量，电子点火系统应具有 80～100mJ 的初级点火能量，起动时应能产生大于 100mJ 的火花能量，而且还要保证点火时间不少于 500μs。

（3）提供适时的点火时刻适应发动机工况变化

在发动机气缸内，混合气从开始点火到完全燃烧需要 2～5ms 的时间。为使混合气在活塞压缩终了时能充分燃烧，以使发动机发出最大功率，点火就不应在压缩终了时进行，而应适当提前点火时刻。所以点火系统必须根据各传感器传来的数据判断发动机的工况，并根据不同工况，调整合适的点火时刻。

首先，汽油机点火系统应按发动机的工作顺序进行点火。一般四缸发动机的点火顺序为 1－3－4－2 或 1－2－4－3；六缸发动机的点火顺序为 1－5－3－6－2－4 或 1－4－2－6－3－5。

其次，为提高发动机的动力性，降低燃油消耗，减少有害物质的生成量，必须使点火系统在最为有利的时间点火。因为混合气在气缸内燃烧需要一定的时间，所以混合气不应在压缩行程上止点处点火，而应适当提前，使活塞到达上止点时，混合气已得到充分燃烧，从而使发动机获得较大的功率。点火时刻一般用点火提前角来表示，即从发出电火花开始到活塞到达上止点时，这段时间内曲轴转过的角度。

如果点火过迟，热传导损失增加，转变为有效功的热量相对较少，会造成发动机过热，功率下降。如果点火过早，则发动机的负功增加，容易引起爆燃和运转不平稳现象，加剧发动机运动部件和轴承的磨损。实践证明，最佳点火提前角应保证燃烧峰值压力出现在上止点后10°~15°。此时发动机的功率增大，燃油消耗较低。

3. 点火系统类型

从传统的机械式有触点点火系统，到现代轿车普遍采用的电子控制点火系统，汽油机点火系统的电子化经历了两个发展阶段。现代轿车上采用电子控制点火系统主要有两种形式：电子控制有分电器点火系统和电子控制无分电器点火系统。

（1）普通电子点火系统

有分电器ECU控制点火是现代汽车发动机上应用广泛的点火系统之一，其特点是：点火正时（或点火提前角）受ECU的控制，相对以前的有触点和无触点点火系统而言，其点火正时的控制精度大大提高，且适应工况变化的能力更强，从而使发动机的性能得到进一步的改善；各缸点火顺序仍然由机械式分电器控制。有分电器ECU控制点火系统主要由各种传感器、发动机ECU、点火器、点火线圈、火花塞、高压线等组成，其中任何部件不良或故障，都会造成点火正时不当、点火中断，从而导致发动机加速不良或不能运转。

普通电子点火系统也叫有分电器电子点火系统，由分电器、信号发生器（装在分电器内，也有的装在曲轴上）、点火器、点火线圈、火花塞等组成，如图6所示。

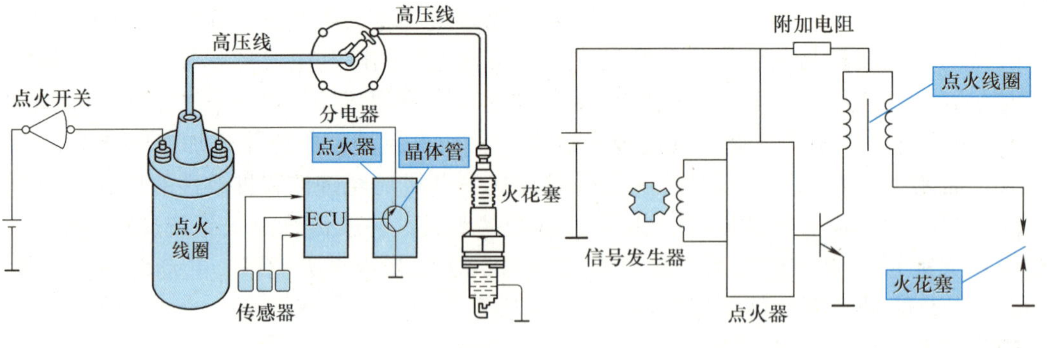

图6 普通电子点火系统

普通电子点火系统用大功率晶体管代替原来的断电器触点，起开关作用。点火器根据信号发生器输入的信号控制大功率晶体管的导通和截止，接通或断开点火线圈初级绕组，进而在点火线圈次级绕组感应出高压。

普通电子点火系统与机械式有触点点火系统相比，由于采用了信号发生器，从根本上消除了由触点引起的缺点和故障。点火器能够对闭合角及流过初级绕组的电流进行控制，因而能保证在所有转速范围内可靠点火。普通电子点火系统还具有附加电阻点火正时准确稳定，实现免维护等优点。但是，普通电子点火系统对点火提前角的调整仍采用真空式和离心式调整机构，因此不能对点火提前角进行精确控制，同时不能顾及其他因素对点火提前角的影响。另外，普通电子点火系统不能对爆燃进行反馈控制，因此为了避免大负荷时可能发生爆燃，实际点火提前角通常小于最佳点火提前角，综合性能不能达到最佳状态。

目前，普通电子点火系统除货车汽油机中仍在使用外，在轿车中已被更先进的电控点火系统所代替。

（2）电子控制点火系统

电子控制点火系统也称微机（ECU）控制的点火系统，是现代轿车中广泛应用的一种新型点火系统。微机控制点火系统又称为直接点火系统，其特点是彻底取消了分电器，原分火头的分电功能也由 ECU 取代。ECU 不仅要控制点火正时，还要控制点火顺序。该系统没有任何可运动的机械装置，因而机械运动与磨损方面的故障被彻底消除。该点火系统的电路及有关部件发生故障，同样会造成发动机加速不良或运转不良、不能运转。电子控制的点火系统主要由监测发动机运行状况的传感器、处理信号和发出点火指令的电控单元、对点火指令做出响应的点火器和点火线圈等组成，如图 7 所示。

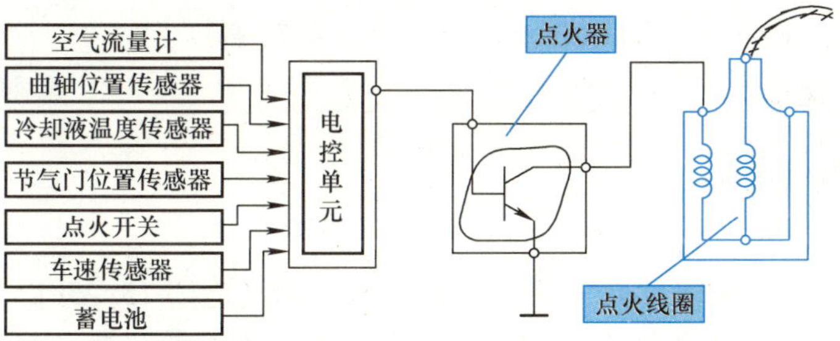

图 7　电子控制点火系统构成原理图

电子控制点火系统除了能根据发动机转速控制初级绕组的通电时间外，它取消了真空式和机械离心式点火提前调整装置，而是由电控单元根据汽油机的运行工况调整和控制点火提前角，使发动机的动力性、经济性、排放等方面的性能达到最优。另外，电子控制点火系统通过爆燃传感器对爆燃进行反馈控制，使汽油机在大部分运行工况都处于不致产生爆燃的临界状态，使汽油机的动力性潜力得到了充分发挥。

ECU 控制点火系统又称为直接点火系统，其结构组成如图 8 所示，主要由发动机 ECU、曲轴位置传感器、凸轮轴位置传感器、点火模块（点火器）、点火线圈、火花塞组成。

无分电器 ECU 控制点火系统的配电方式有二极管配电和点火线圈配电两种，点火方式也有分组点火和单独点火两种。类型不同，系统构成及电路原理会有所不同，故障检查的方法也会有所差别。

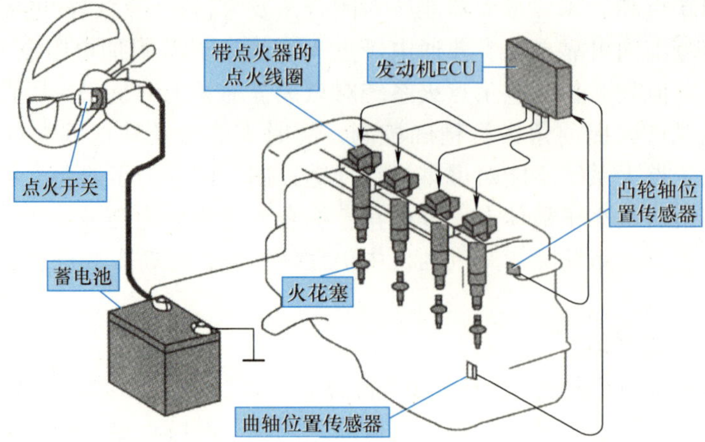

图 8　无分电器电子点火系统的组成

7.3.3.2　信息页

7.3.3.2　信息页

学校名称		任课教师	
班级		学生姓名	
学习领域	L7 发动机管理系统诊断维修		
学习情境	LS7.3：发动机加速性差且故障警告灯报警	学习时间	40min
工作任务	B：点火系统部件结构	学习地点	理实一体化教室

1. 点火线圈与点火器

（1）点火线圈

汽车蓄电池电压只有 12V，而发动机气缸内的混合气需要 15～30kV 的高压电来点燃。点火线圈是将蓄电池 12V 电压转变为 15～30kV 的高压电的重要部件。

点火线圈主要由初级绕组和次级绕组两组绕组组成，其中初级绕组匝数少，次级绕组匝数多，两组绕组直线排列，如图 1 所示。

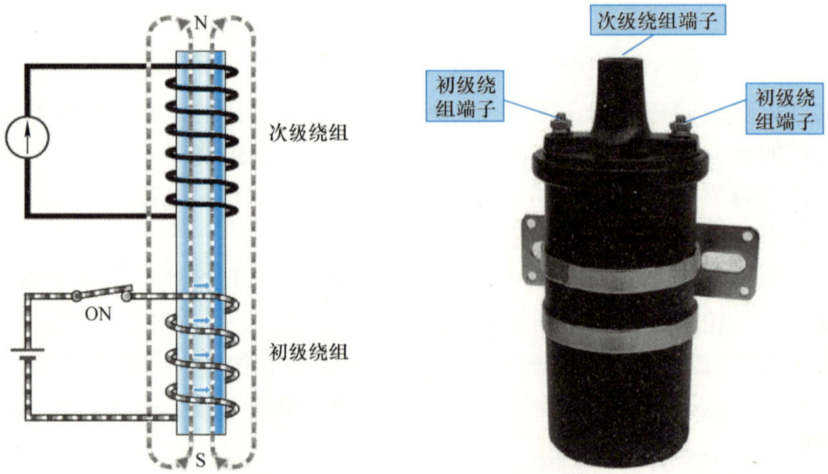

图 1　初级绕组与次级绕组

当流过初级绕组中的电流变化时，点火线圈会产生磁场。该变化的磁场作用于次级绕组，由于次级绕组的匝数比初级绕组多，便会产生高电压，这种现象叫做互感效应。点火线圈利用这种现象放大蓄电池的电压。

由于蓄电池提供的是恒定的电压，当蓄电池给初级绕组供电时由于电流没有变化，初级绕组中产生的磁场也没有变化，因此次级绕组中并没有高电压产生。但当切断初级绕组内的电流时，已经产生的磁场会立刻消失，其作用会作用在次级绕组上，次级绕组便产生了高压。点火线圈的控制方式就是先给初级绕组通电，然后再切断初级绕组，次级绕组产生高压，如图 2 所示。

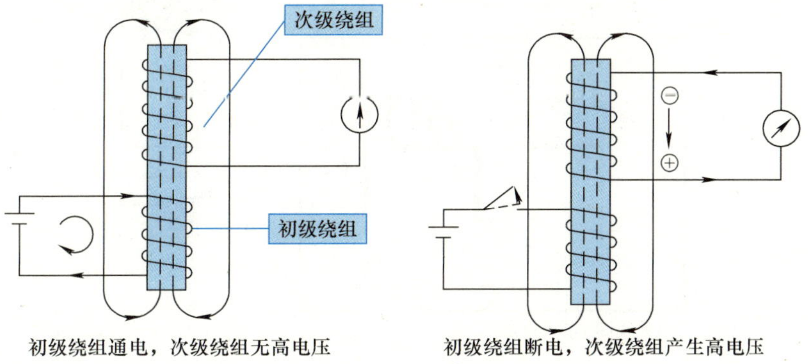

图 2　点火线圈工作过程

点火线圈的初级绕组和次级绕组都环绕在铁心上，次级绕组的匝数大约是初级绕组的 100 倍。初级绕组的一端连接在点火器上，次级绕组的一端通过分电器、高压线等连接在火花塞上。两个绕组各自的另一端则连接到蓄电池上，如图 3 所示。

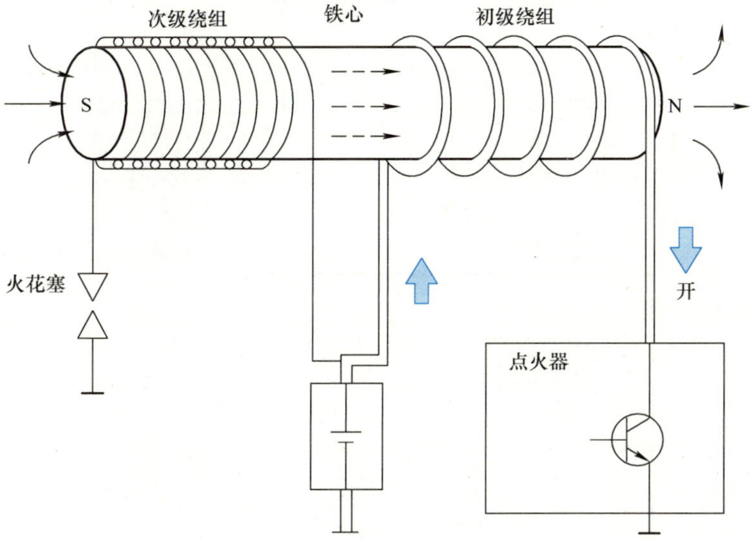

图 3　点火线圈与点火器工作原理

（2）点火器

点火器的功率晶体管导通时，初级电路接通，有电流通过初级绕组，在点火线圈周围产生磁力线。该磁力线也穿过次级绕组，如图 4 所示。

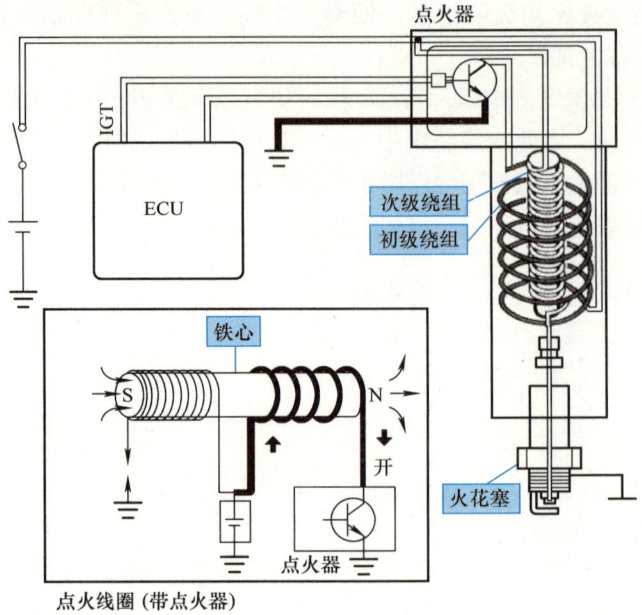

图 4　初级电路导通

点火器的功率晶体管截止时，初级电流被切断，点火线圈周围的磁力线消失，次级绕组因互感效应产生约 30kV 的高压电动势（次级电压），该高压电动势被送往火花塞，使火花塞因放电而产生电火花，如图 5 所示。

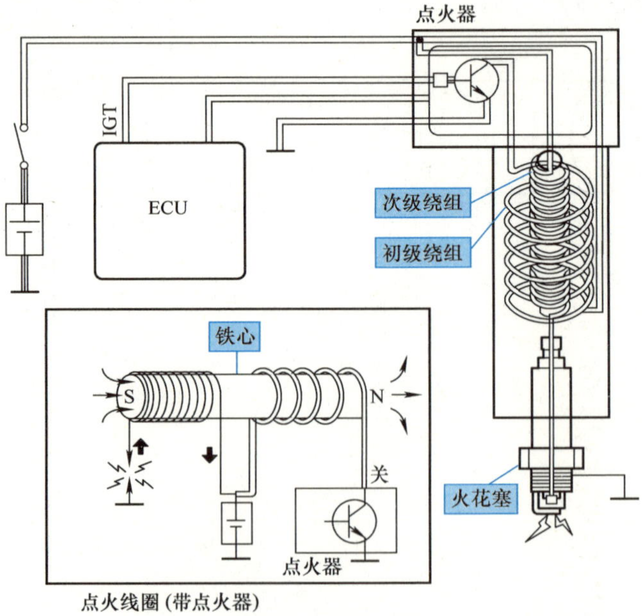

图 5　初级电路断开次级电路导通

点火器的辅助控制功能：

① 过电压保护功能：电源电压过高时，点火器停止工作，使发动机停止运转，以保护汽车用电设备的安全。

② 闭合角控制功能：所谓闭合角（也称导通角），是指点火线圈初级电路导通期间曲轴转过的角度。转速升高时，闭合角增大，以确保初级电流足够大；转速降低时，闭合角减小，以确保点火线圈不致过热。

③ 锁止保护功能（又称停转断电保护功能）：发动机熄火而点火开关仍接通时，点火器电路中的功率晶体管缓慢截止，从而缓慢切断初级电路的电流，以防止点火线圈发热烧坏，并避免不必要的电能消耗。

④ 恒流控制功能：在正常转速范围内，使点火线圈的初级电流能迅速达到并不超过规定值（一般为 6 ~ 7A），以减小转速对次级电压的影响。同时，还可防止因初级电流过大而烧坏点火线圈。

（3）点火模块

由于系统的改进和科技的发展，传统的点火线圈已不再适应现代汽车对点火系统的要求，发展出多种点火线圈。但它们都有一个基本特点，就是将点火器与点火线圈集于一体，实现电子化、集成化控制，形成一个控制模块，故也称为点火模块。

1）单独点火的点火模块

点火系统则普遍应用独立点火模块，即每一个气缸配置一个点火模块，由微电脑直接控制。这种点火模块直接连接在火花塞上，只有一个高压接口。此时，由于点火线圈和火花塞相连，使高压电流流过的距离缩短，因而电压损失和电磁干扰也减少，点火系统的可靠性也得到提高。某些车型上，点火线圈还与点火器制成一体，形成点火器—点火线圈组件，称为点火模块，如图 6 所示。

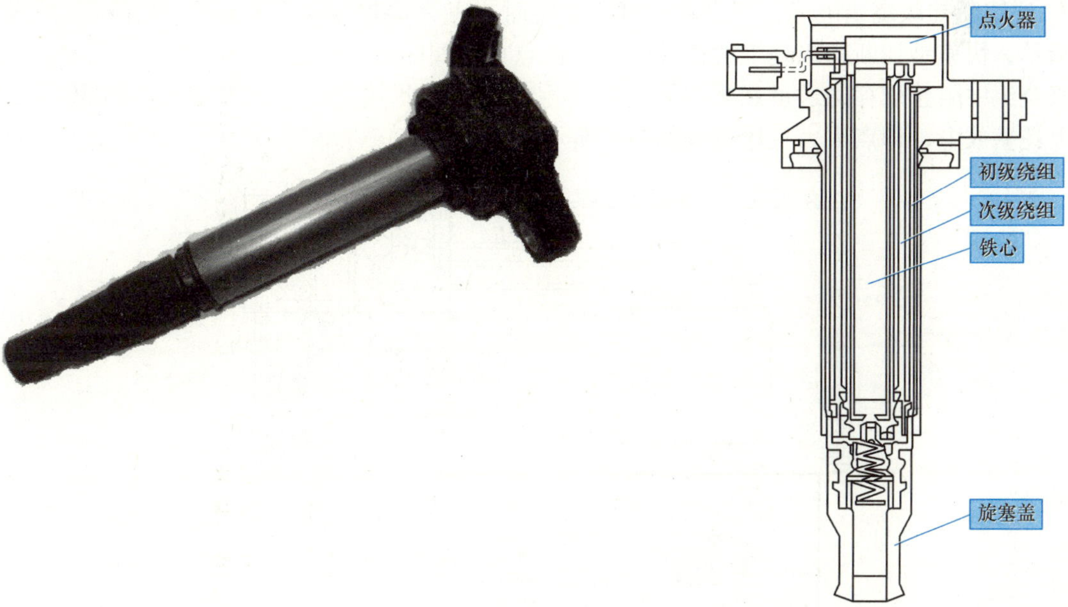

图 6　单独点火系统的点火模块

点火模块实质上是一个高电压源，与变压器相似。它将蓄电池的 12 ~ 14V 低电压升压至最高 30kV 的高电压。这一高压使安装于燃烧室中的火花塞电极之间放电产生火花。

点火模块的工作过程如下所述。

① 电流流经初级绕组：当发动机运转时，发动机 ECU 向点火器输入点火信号，点火器接通初级绕组搭铁电路，蓄电池的电流通过点火器流入初级绕组，在点火线圈周围产生磁场，产生的磁场将进入次级绕组。从初级绕组通电到电流切断的阶段即为点火闭合角，工作过程如图 7 所示。

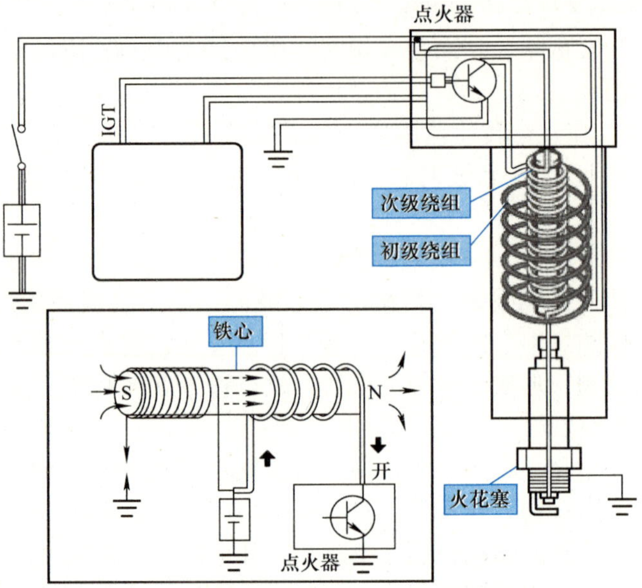

图 7　点火线圈接通初级电路过程

② 切断初级绕组电流：当发动机继续运转时，点火器根据电子控制单元（ECU）发出的指示，快速地切断初级绕组的搭铁电路，使点火线圈的磁场快速消失。由于互感效应，在次级绕组中阻止现存磁通量衰减的方向上产生电动势。此效应产生的电动势高达 30kV，引起火花塞放电，即点火，工作过程如图 8 所示。

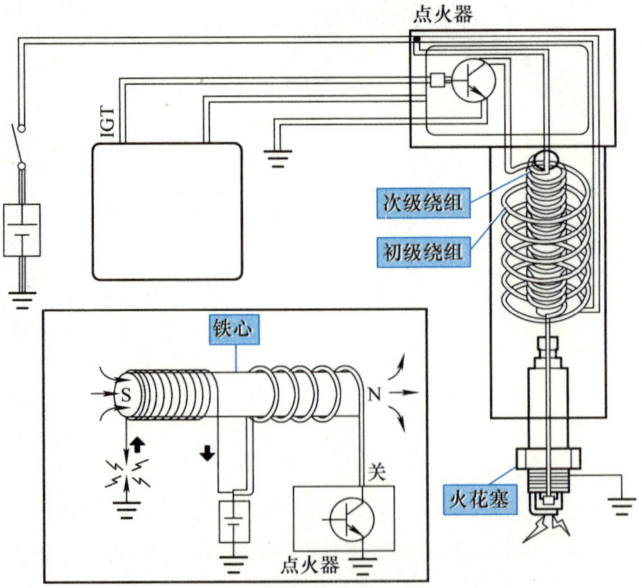

图 8　点火线圈切断初级电路过程

2）分组点火的点火模块

这种点火模块的一个次级绕组同时控制两个同位气缸的火花塞，因此，仍需要分缸线将高压电传给火花塞。点火时，一个气缸位于压缩行程上止点，而另一个位于排气行程上止点。点火时两个火花塞电极间的电阻不同，故处于压缩行程上止点的气缸分得更多的能量，点燃混合气。所以，该点火系统仍有一定的能量损失。双缸同时点火式点火系统的点火线圈有两个高压接口。各点火线圈一般组合成一体，其点火器也可与点火线圈制成一体，形成点火器—点火线圈组件，并依靠高压线与各火花塞相连，如图9所示。

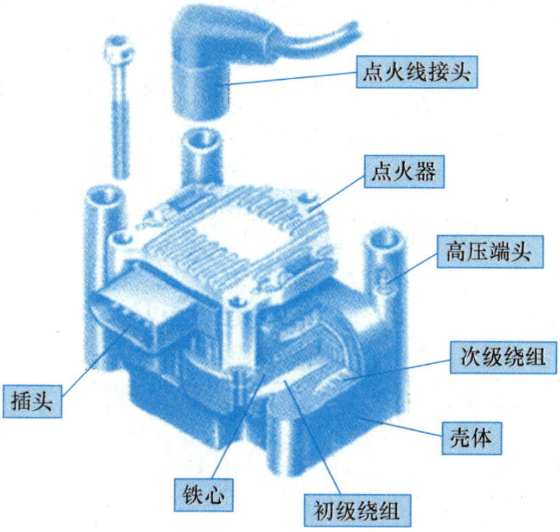

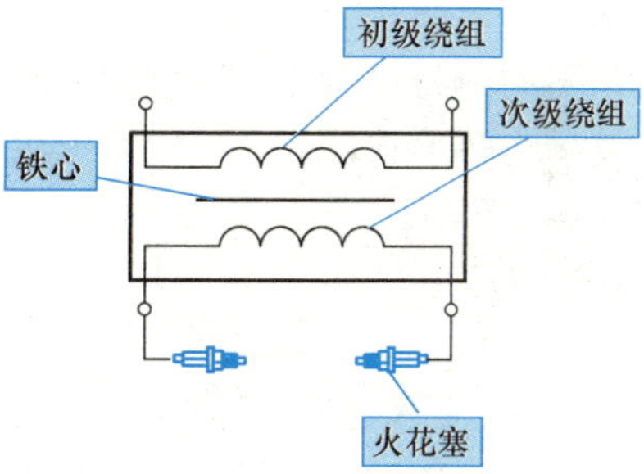

图9　分组点火的点火线圈

2. 火花塞

火花塞的作用是将高压电引进发动机燃烧室，在电极间形成火花，以点燃可燃混合气。火花塞装在气缸盖上，下端电极伸入燃烧室，上端连接高压线，是点火系统中工作条件最恶劣、要求最高和最易损坏的部件。

（1）火花塞的要求

由于火花塞的工作条件十分恶劣，它承受高压、温度的剧变及燃烧产物的强烈腐蚀。因此，火花塞必须有足够的机械强度和足够的绝缘强度，能承受温度的剧烈变化，有良好的热特性。火花塞电极应采用难熔、耐腐蚀的材料制成。

（2）火花塞的结构

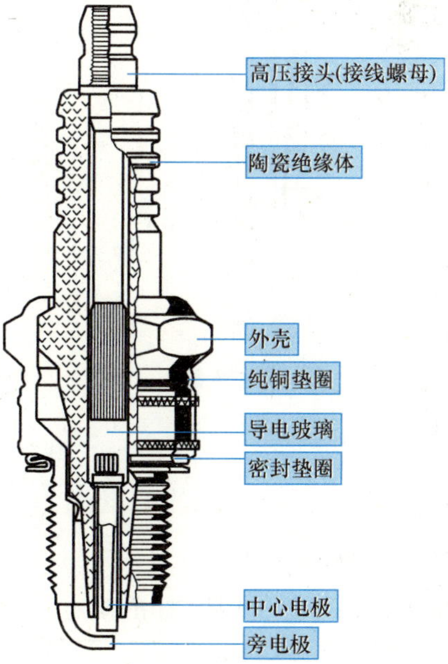

图10　火花塞结构

火花塞主要有接触头、瓷绝缘体、中心电极、侧电极和壳体等部分组成，如图10所示。中心电极一般采用耐腐蚀、耐高温的镍锰合金或镍铬合金制成，也有一些采用耐腐蚀的贵金属（铂、钯、金、铱等）制成。侧电极通常和中心电极材料相同，与中心电极底面形成火花塞间隙。该间隙通常为1.0～1.2mm。

（3）火花塞的热特性

火花塞的热特性主要取决于绝缘体裙部的长度。实践证明，火花塞裙部温度保持在500～700℃时，落在绝缘体上的油滴能立即烧去，通常将这个温度称为火花塞的自净温度。低于这个温度时，火花塞易产生积炭；高于这个温度时，在火花塞表面易产生炽热点，形成早燃。因此，要使火花塞正常工作，就要保证火花塞的裙部温度为自净温度。

火花塞绝缘体裙部较长时，受热面积大，吸收热量多，而散热路径长，散热少，裙部温度较高，这种火花塞称为热型火花塞。反之，当裙部较短时，吸热少，散热多，裙部温度较低，这种火花塞就称为冷型火花塞（图11）。由此可见，低压缩比、低转速、小功率的发动机应选用热型火花塞，以防止火花塞产生积炭；高压缩比、高转速、大功率的发动机应选用冷型火花塞，以防止发动机早燃。

火花塞的热特性通常用热值来表示，火花塞的热值用阿拉伯数字（如1、2、3等）表示。小数字为热型火花塞，大数字为冷型火花塞。

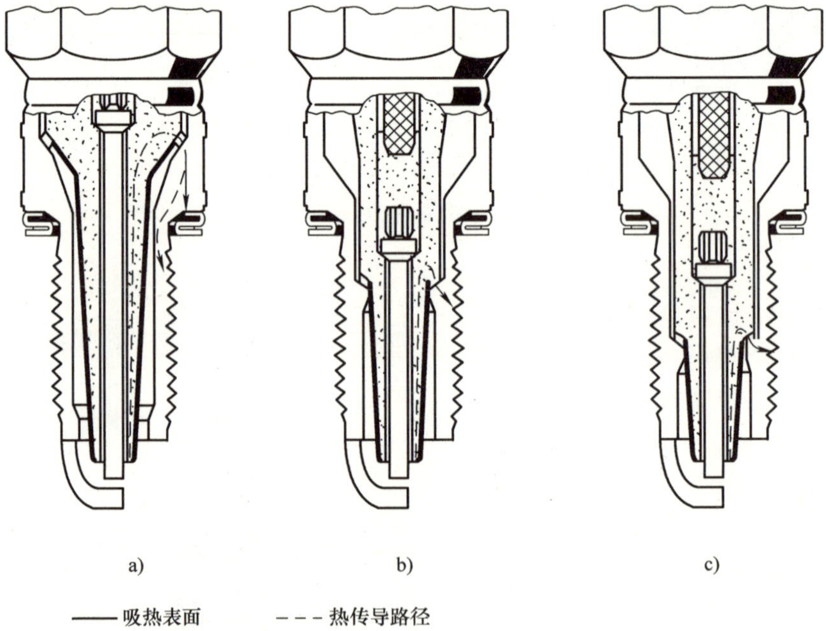

图11　火花塞的热特性

a）热型火花塞　b）中型火花塞　c）冷型火花塞

（4）火花塞的型号

根据ZB/T37003—1989标准规定，火花塞型号有三部分组成。

1	2	3

第1部分表示火花塞结构类型及主要形式尺寸，见表1。

表 1 火花塞结构类型及结构尺寸

代表字母	螺纹规格	安装座形式	安装螺纹旋合长度/mm	壳体六角对边/mm
A	M10×1	平座	12.7	16
C	M12×1.25	平座	12.7	17.5
D	M12×1.25	平座	19	17.5
E	M14×1.25	平座	12.5	20.8
F	M14×1.25	平座	19	20.8
(G)	M14×1.25	平座	9.5	20.8
(H)	M14×1.25	平座	11	20.8
(Z)	M14×1.25	平座	11	19
J	M14×1.25	平座	12.7	16
K	M14×1.25	平座	19	16
L	M14×1.25	矮型平座	9.5	19
(M)	M14×1.25	矮型平座	11	19
N	M14×1.25	矮型平座	7.8	19
P	M14×1.25	锥座	11.2	16
Q	M14×1.25	锥座	17.5	16
R	M18×1.25	平座	12	20.8
S	M18×1.25	平座	19	(22)
T	M18×1.25	锥座	10.9	20.8

注：（ ）表示非标准的保留产品，不推荐使用。

第 2 部分表示火花塞的热值，见表 2。

表 2 火花塞裙部长度与热值

裙部长度/mm	15.5	13.5	11.5	9.5	7.5	5.5	3.5
热值	3	4	5	6	7	8	9
热特性	热	中					冷

第 3 部分表示火花塞派生产品的特征与特性，见表 3。

表 3 火花塞派生产品特征与特性

字母	特征与特性	字母	特征与特性
P	屏蔽型火花塞	H	环装电极火花塞
R	电阻型火花塞	U	电极缩入型火花塞
B	半导体型火花塞	V	V 形电极火花塞
T	绝缘体凸出型火花塞	C	镍铜复合电极火花塞
Y	沿面跳火型火花塞	G	贵金属火花塞
J	多电极型火花塞	F	非标准火花塞

例如 F5RTC 型火花塞：螺纹旋合长度 19mm，壳体六角对边 20.8mm，热值为 5 的

M14×1.25带电阻及镍铜复合电极、绝缘体凸出型平座火花塞。

（5）火花塞点火性能影响因素

影响火花塞的点火性能的因素包括以下几个方面：

1）电极形状和放电性能

圆形电极使放电困难，方形或尖形的电极较容易放电。火花塞的电极越细越尖，越容易产生电火花，但是，这样的火花塞损耗较快，使用寿命较短。为了延长使用寿命，有些火花塞电极上带有白金或铱金，被称为白金或铱金火花塞。

① 白金火花塞：白金焊在中心电极和侧电极的顶端，中心电极的直径较常规火花塞的要小。

② 铱金火花塞：铱金焊在中心电极的顶端，但侧电极上仍焊有白金。其中心电极的直径较白金火花塞的更小。

不论哪种火花塞，经过长时间的使用，电极成了圆形之后，都会使放电变得困难。因此，应定期更换火花塞。如果发动机运转正常，则两次更换之间不需要调整火花塞间隙，也不需要清洗火花塞。

2）火花塞间隙

电极间隙正常值一般为0.9～1.1mm。火花塞间隙过小时，可能发生熄弧效应；间隙过大时，火花不易跳过该间隙，发动机可能会因此而熄火，所以有时需要调整电极间隙（常规火花塞）。对于白金或铱金火花塞，电极间隙不允许调整，只能更换火花塞。

3）火花塞的热值与电极温度

火花塞的散热量称为热值。能散出较多热量的火花塞，由于其自身保持较冷而被称之为“冷型火花塞”。散热量较少的火花塞，由于其自身保持较多的热量而被称之为“热型火花塞”。火花塞热值越大，说明它散热越好，火花塞越冷；热值越小，越不容易散热，火花塞越热。火花塞的热值会直接影响火花塞中心电极的温度，该温度在450（自洁温度）～950℃（自燃温度）时，火花塞的性能最佳，如图12所示。

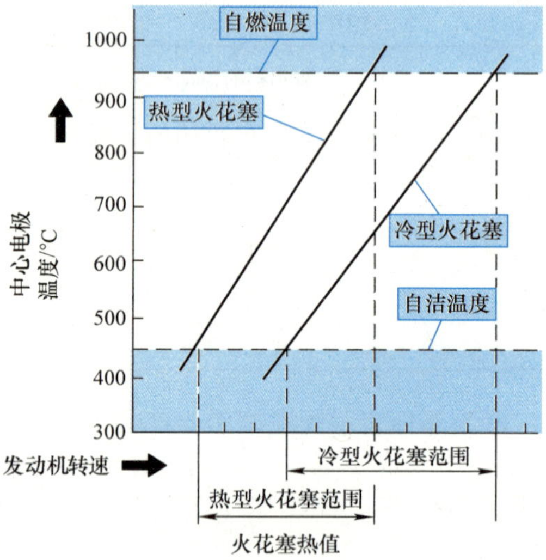

图12　火花塞的热值与电极温度

自洁温度：当火花塞电极达到一定温度以上时，能自动烧掉聚集在点火区域内的积炭，以保持点火区域的清洁。该温度称为自洁温度。最低自洁温度一般为450℃。低于该温度，点火区域就容易产生积炭，从而导致发动机缺火。

自燃温度：如果火花塞电极温度过高，不用火花就可点燃混合气，此时的温度称为自燃温度。自燃温度一般为950℃左右。如果达到或高于该温度，则会发生异常点火，导致发动机严重运转不良。

使用冷型火花塞时，如果发动机长期低速、低负荷运转，则会降低电极温度而使发动机运转不良。使用热型火花塞时，如果发动机长期高速、高负荷运转，则会增加电极温度并使电极融化。

火花塞的更换间隔里程：普通型10000～60000km；白金或铱金电极型100000～240000km。火花塞的更换里程可以根据车型、发动机特性、使用地区而变化。应该根据维修手册的规定选用合适的火花塞。对于特殊车辆（例如赛车），通常需要采用特定类型的火花塞。

7.3.3.3　信息页

7.3.3.3　信息页

学校名称		任课教师	
班级		学生姓名	
学习领域	L7 发动机管理系统诊断维修		
学习情境	LS7.3：发动机加速性差且故障警告灯报警	学习时间	40min
工作任务	C：点火系统工作原理	学习地点	理实一体化教室

1. ECU控制的单独点火系统

单独点火的ECU控制电子点火系统组成和各元件在实车上的安装位置如图1所示。每个火花塞都单独配置一个点火线圈，其位置一般在火花塞的顶部，所产生的高压电直接送给火花塞，因而取消了高压线，避免了高压线方面的故障，而且结构紧凑，安装方便，如图2所示。

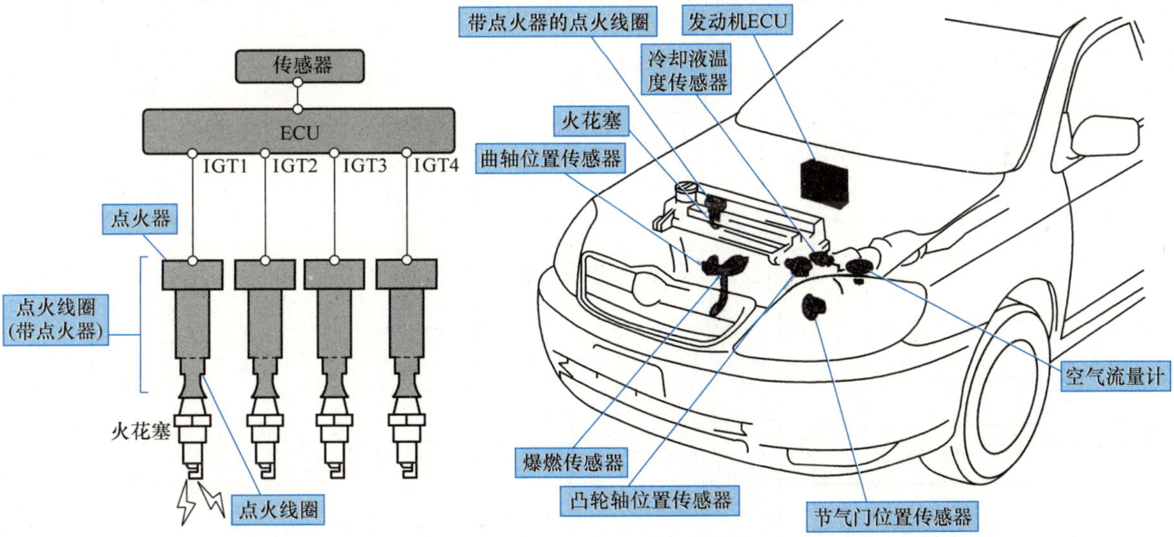

图1　ECU控制的单独点火电子点火系统结构组成与元件实车位置

单独点火系统需要曲轴位置传感器与凸轮轴位置传感器同时提供信号以检测每个气缸行程。曲轴位置传感器与凸轮轴位置传感器的缺口互相配合则能精确识别每个气缸的压缩上止点，如图3所示。

无分电器单独点火系统的电路控制原理图如图4所示。它主要由各缸分别单独的点火线圈和电子点火器及发动机ECU等组成。

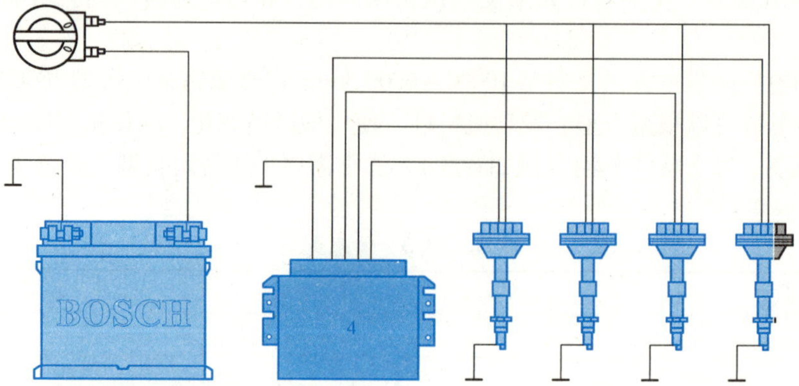

图 2　单独点火

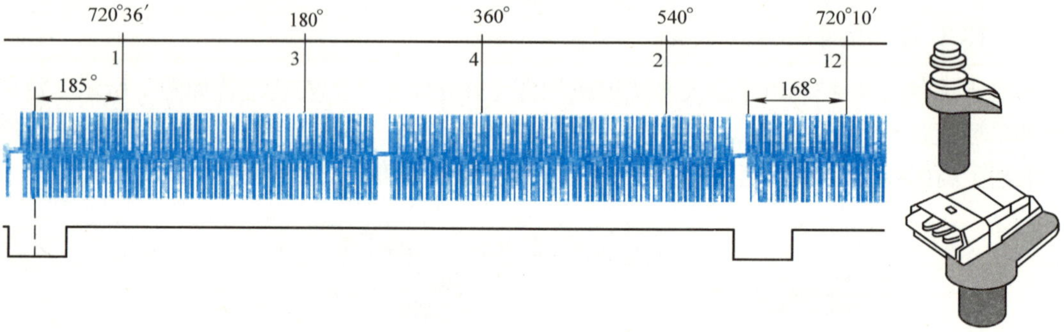

图 3　通常曲轴信号的缺口与凸轮轴信号缺口重合便是一缸上止点前若干度

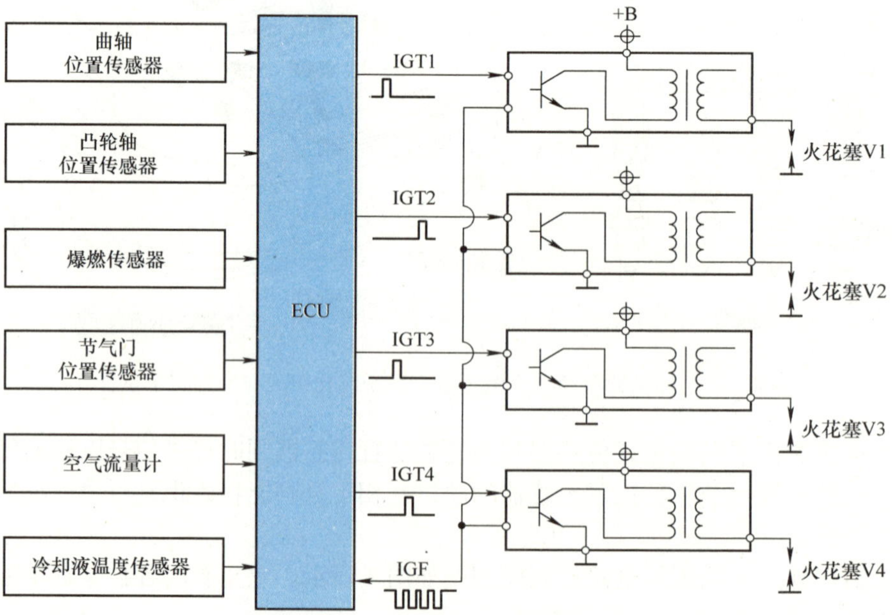

图 4　ECU 控制的单独点火系统（点火器与点火线圈制为一体）

各缸点火线圈的初级绕组分别由点火器中的一个功率管控制，整个点火系统的工作由ECU控制。发动机工作时，发动机ECU根据曲轴位置及发动机与存储器中储存的数据比较分析，并经计算后适时地向点火器输出点火信号，由点火器中的功率管分别接通与切断各缸点火线圈的初级电路。该电路中，点火器与点火线圈制为一体。有些车型上，点火器则单独设置，依靠相关线路与各点火线圈及ECU等相连，如图5所示。

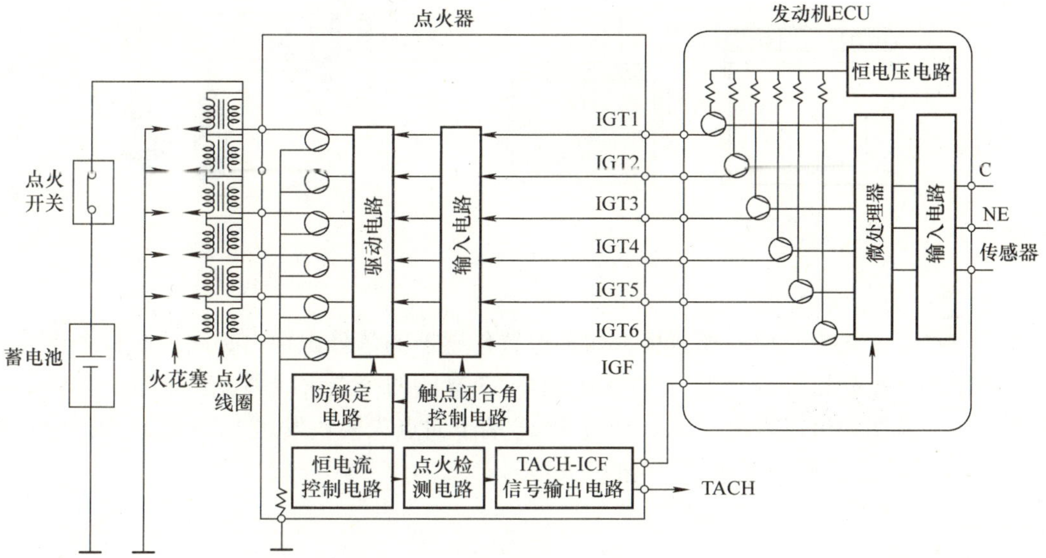

图5 ECU控制的单独电子点火系统（点火器单独设置）

单独点火方式的优点：

① 由于无机械分电器和高压导线，能量损失、漏电损失小。各缸的点火线圈和火花塞均由金属罩包覆，其电磁干扰大大减小。

② 由于采用了与气缸数相同的特制点火线圈，该点火线圈充放电时间极短，能在发动机转速高达9000r/min时，提供足够的点火电压和点火能量。

③ 由于无机械分电器，又恰当地将点火线圈安装在双凸轮轴的中间，充分利用了有限空间，因而节省了发动机周围的安装空间。

2. ECU控制的分组点火系统

所谓双缸同时点火，是指对同时到达上止点的工作顺序相差360°的两个气缸实施同时点火，其中必然有一个缸为压缩上止点，其点火为有效火，另一个缸为排气上止点，其点火为无效火（或称废火）。该点火系统有点火线圈配电和二极管配电两种方式。同一组中的两个火花塞共用一个点火线圈为其提供高压电源，如图6所示。

每次点火时，所连接的两个火花塞同时产生火花，其中一个气缸的活塞位于压缩上止点附近，对这个气缸是一次有效的正式点火。对于另一个气缸，由于其活塞正好位于排气上止点附近，因此是一次无效的空点火。由于采用一个点火线圈同时对两个火花塞点火，这种形式也规定了点火时电流的流向，因此点火时一个火花塞的火花是从中心电极跳向搭铁电极，而另一个火花塞则是从搭铁电极跳向中心电极，如图7所示。

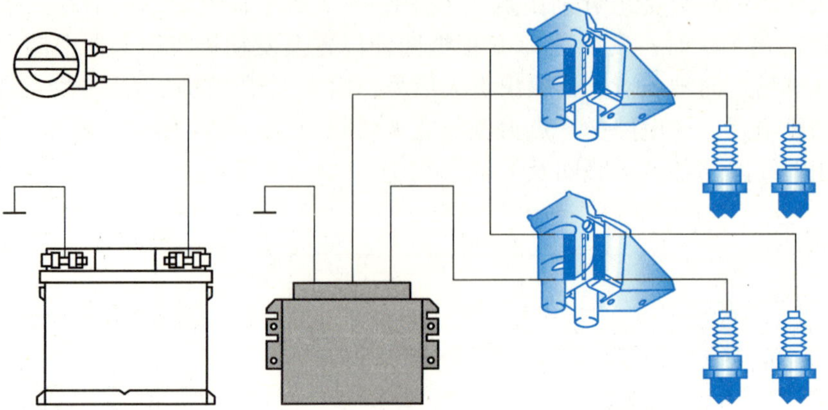

图6　分组点火

在分组点火方式中，控制单元根据曲轴位置传感器的信号识别出必须控制哪个点火线圈工作。对于四缸发动机，控制1、4缸和控制2、3缸的两个点火线圈交替工作。其典型电路如图8所示。从图中可以看出，ECU通过78号端子向点火模块发送1、4缸点火信号；ECU通过71号端子向点火模块发送2、3缸点火信号。

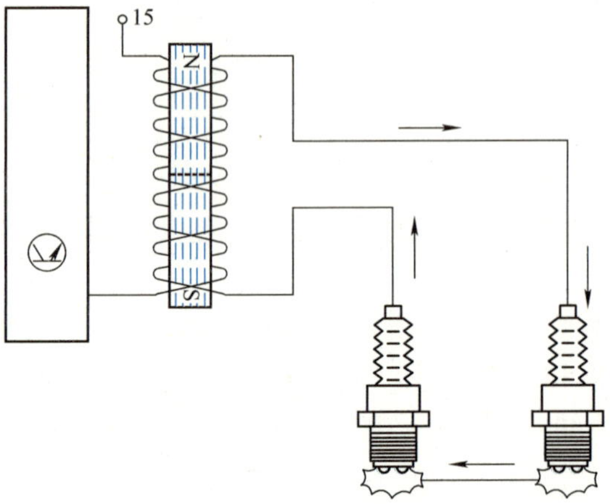

图7　分组点火电流流向

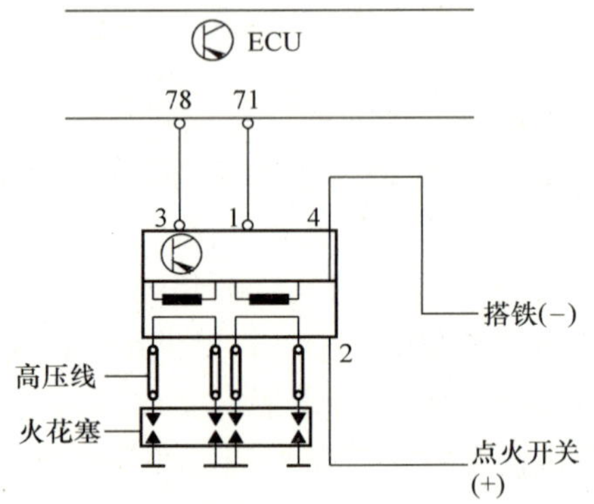

图8　桑塔纳2000 GLi发动机点火电路图

（1）点火线圈配电

点火线圈配电双缸同时点火的工作原理如图9所示。各点火线圈都有两个高压线接头，分别与同时到达上止点的两个气缸的火花塞相连。点火线圈的数量仅为气缸数的一半，但需要设置高压线。高压电路中一般串联有高压二极管，以防止初级电路接通时次级绕组所产生的感应电动势（1000～2000V）引起误点火。

利用点火线圈配电的无分电器点火系统，采用小型闭磁路点火线圈。次级绕组的两端分别与两个气缸上的火花塞相连接。气缸的组合原则为：其中一缸处在压缩行程上止点时，另一缸处在排气行程上止点，曲轴旋转360°后两缸所处的行程相反。六缸发动机的组合方式为：1、6 缸一组，2、5 缸一组，3、4 缸一组。

当点火线圈初级电路被切断时，两缸火花塞同时跳火，但由于压缩缸的气缸压力较高，击穿火花间隙放电较为困难，排气缸的压力接近大气压力，击穿间隙放电容易。因此，虽然同时击穿两个间隙，但所需击穿电压增高得却较小。

大功率管导通初级电路接通的瞬间，点火线圈次级绕组内产生 1 000V 的高电压，此时活塞正处在进气行程末期与压缩行程初期之间，缸内压力较小。若火花跳火，则发动机不能正常运转，并产生回火现象。为了避免这种现象的发生，电路中设置有高压二极管。当大功率管导通时，1 000V 的高压反向加在二极管的两端，二极管截止，高压电无法使火花塞跳火。当大功率管截止时，次级绕组产生高压电，二极管导通，可使火花塞顺利地跳火。

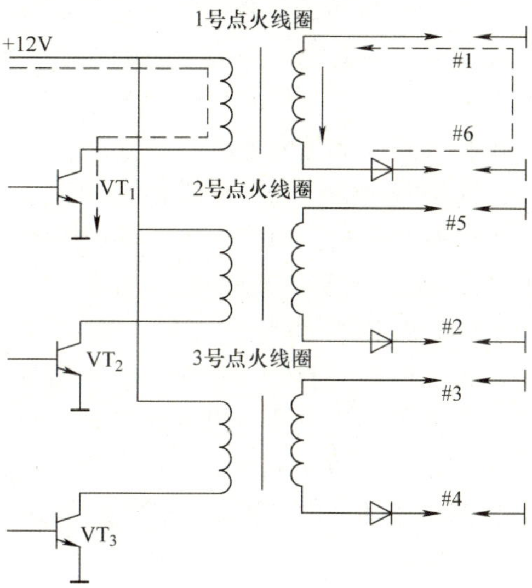

图 9 点火线圈配电六缸分组点火原理

图 10 为丰田公司直列六缸发动机分组点火系统。其同时点火的气缸分别为：1 缸和 6 缸、2 缸和 5 缸、3 缸和 4 缸。其控制电路工作原理如下：

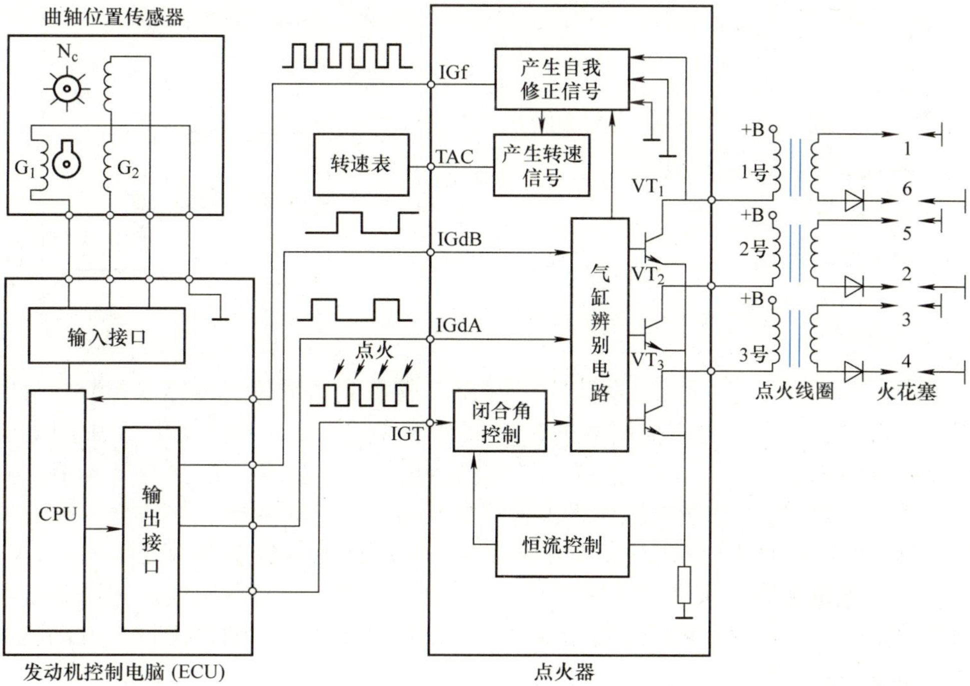

图 10 丰田公司双缸同时点火系统

ECU 根据各传感器信号共向点火器输出 3 个信号：IGt、IGdA 和 IGdB。其中，IGt 为点火控制信号，主要用于点火正时的控制；IGdA 和 IGdB 为气缸判别信号，主要用于点火顺序的判断。

IGdA 和 IGdB 信号各有两种状态，即高电平（用逻辑值 1 表示）和低电平（用逻辑值 0 表示）。当 IGdA 和 IGdB 分别为 0、0 时，点火器的判缸电路就用 IGt 信号来控制功率晶体管 VT_2 的通电和断电，即控制 2 号点火线圈工作，次级绕组所产生的高压电动势经高压线同时送到 2、5 缸火花塞进行点火；同理，当 IGdA 和 IGdB 分别为 1、0 时，3、4 缸同时点火；当 IGdA 和 IGdB 分别为 0、1 时，则 1、6 缸同时点火。

另外，ECU 还接收一个来自点火器的 IGf 信号。该信号为点火确认信号，是由点火器根据各点火线圈初级电流自感电动势产生的，主要用于 ECU 对点火系统的监测。ECU 一旦连续 6 次或 8 次接收不到 IGf 信号，就会判定点火系统发生故障，ECU 会在储存 14 号故障码的同时停止喷油，以防汽油冲刷气缸表面。此外，发动机转速表还可以通过 IGf 信号获取转速信号 TAC。

IGf 信号产生的方法：ECU 通过 IGf 信号线向点火器发送一个 5V 的参考电压，每点火成功一次，点火器就将该电压接搭铁一次，IGf 参考电压变为 0V 一次。

（2）二极管配电

二极管分配式无分电器点火系统采用分组点火方式，工作原理如图 11 所示。

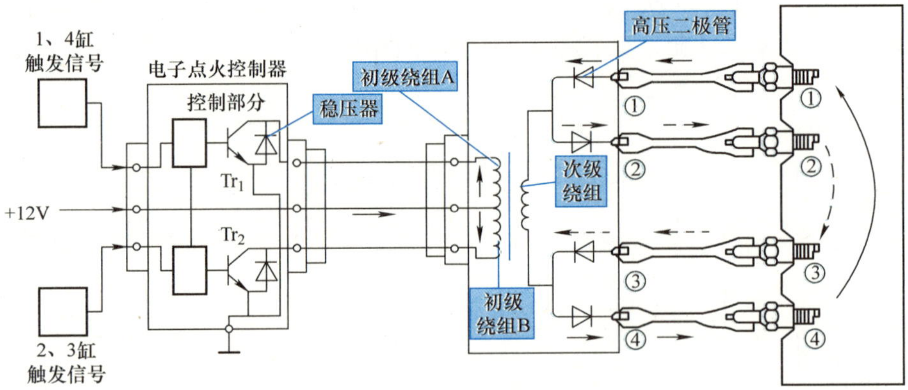

图 11　二极管配电分组电子点火系统工作原理

点火顺序为 1－3－4－2 的四缸发动机，当 ECU 接收到曲轴位置传感器相应信号时，向点火控制器发出触发点火信号，控制器的控制回路使 Tr_1 截止，初级绕组 A 中的电流被切断，在次级绕组中感应出下“＋”上“－”的高压电，经 4 缸和 1 缸火花塞构成回路，两个火花塞均跳火；此时，1 缸接近压缩终了，混合气被点燃，而 4 缸正在排气，火花塞点空火；曲轴转过 180°后，ECU 接到传感器信号后再次向点火控制器发出触发信号，Tr_2 截止，初级绕组 B 中电流被切断，次级绕组感应出上“＋”下“－”的高压电，并经 2 缸和 3 缸火花塞构成回路，同时跳火；此时 3 缸点火，2 缸火花塞点空火。依次类推，发动机曲轴转两圈，各缸做功一次。

3. 有分电器 ECU 控制点火系统的工作原理

有分电器 ECU 控制点火系统的工作原理如图 12 所示。发动机 ECU 根据各种传感器的信号确定点火正时，并将点火控制信号（IGt 信号）传送给点火器，再由点火器控制点火线圈初级电路的通、断，点火线圈次级绕组所产生的高压电经分电器及高压线送给火花塞进行点火。

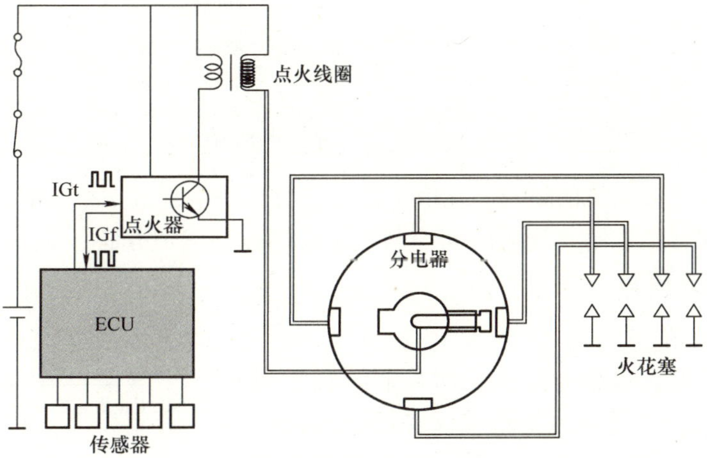

图 12　有分电器 ECU 控制点火系统的工作原理

点火提前角的大小即取决于 ECU 所发出的点火控制信号（IGt 信号）的迟早。该信号发出早，点火提前角就大；反之，点火提前角就小。

点火控制信号（IGt 信号）的形态如图 13 所示。该信号为高电平时，初级电路导通；该信号为低电平时，初级电路被切断，点火线圈产生高压电点火。工作中，点火器还会根据点火线圈初级绕组的感应电动势向 ECU 反馈点火确认信号（IGf 信号），以表明点火系统工作正常。如果发动机 ECU 连续 6 次或 8 次接收不到该点火确认信号，就会判定点火系统存在故障，其内部会储存相应的故障码；同时，为了避免燃油冲刷气缸的润滑油膜，还会指令喷油器停止工作（失效保护功能）。

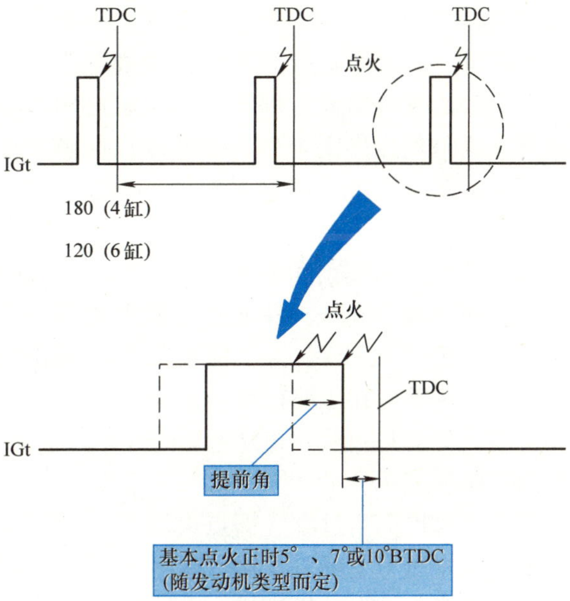

图 13　点火控制 IGt 信号的形态

点火确认信号（IGf 信号）的产生方法：ECU 向点火器发送一个 5V 左右的信号参考电压；每点一次火，点火器就将该信号参考电压接搭铁一次，使其电平变 0V 一次，ECU 则根据该 0V 电平来判定点火时刻。

7.3.3.4 信息页

7.3.3.4 信息页

学校名称		任课教师	
班级		学生姓名	
学习领域	L7 发动机管理系统诊断维修		
学习情境	LS7.3：发动机加速性差且故障警告灯报警	学习时间	40min
工作任务	D：点火系统控制功能	学习地点	理实一体化教室

根据汽油机对点火系统的要求，在电子控制点火系统中，电控单元对点火的控制包括点火提前角控制、闭合角控制（通电时间控制）和爆燃控制三个方面。

1. 点火提前角控制

（1）点火提前角

点火提前角控制，也称为点火正时控制。对于现代汽车而言，最佳点火提前角是指不仅要保证发动机的动力性、经济性达到最佳值，而且还必须使排气中有害物质的排放量达到最少。试验表明，在燃烧膨胀过程中，当最高燃烧压力出现在上止点后10°左右时，发动机的输出功率最大。由于混合气点火到燃烧约需2ms的时间，这意味着点火系统必须提前点火，让混合气有充分的燃烧时间。因此点火系统必须能够根据工况在正确时刻点燃混合气，使发动机能够产生最有效的爆发力。点火过早或过迟都会影响发动机工作性能，如图1所示。

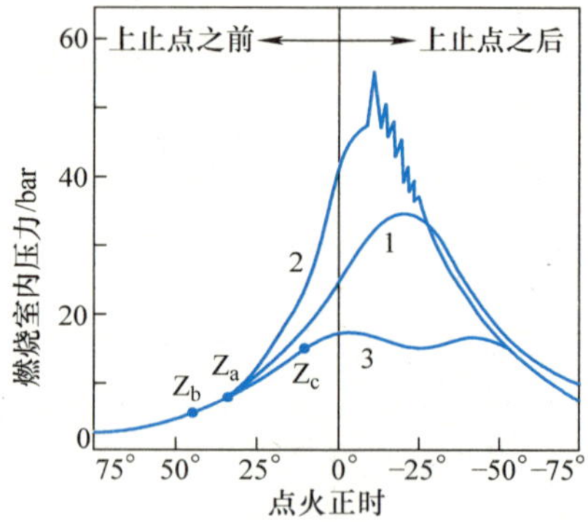

1—正确点火时刻(Z_a点)点火
2—点火(Z_b点)过早
3—点火(Z_c点)过迟

图1 点火正时与气缸压力关系

（2）影响点火提前角的因素

气缸内的混合气从火花塞点火到燃烧需要一定的时间（约千分之几秒）。为了使发动机的输出功率最大，点火时刻不应在压缩行程上止点开始，而应适当提前一定的角度，这个角度称为点火提前角。点火提前角用从火花塞电极间开始产生火花，到活塞运行到上止点这一段时间内曲轴所转过的角度表示。

如果点火提前角过小（即点火过迟），则燃烧将在气缸容积快速增大的情况下进行，从而使最高爆发压力下降，发动机输出功率下降，同时由于高温气体与气缸壁接触面积增大，导致热损失增大，发动机过热，燃油耗增加。

如果点火提前角过大（即点火过早），则燃烧将在压缩行程中进行，活塞在到达压缩上止点前，气缸内的压力已达到最大，对正在上行的活塞造成很大的阻力，这样不仅使发动机输出功率下降，燃油耗增加，还会引起爆燃。

由汽油机的工作原理可知，不同发动机具有不同的最佳点火提前角，即使同一台发动机在不同运行工况和不同使用条件下，最佳点火提前角也不相同。最佳点火提前角与发动机转速、负荷及汽油的辛烷值有关。

影响最佳点火正时的因素主要有如下四个方面：

1）发动机的转速

发动机转速越高，最佳点火提前角应越大。因为当发动机转速升高时，在相同的时间内，曲轴转角增大。如果混合气燃烧速率不变，则最佳点火提前角应按线性规律增长。但实际上，随着转速的继续升高，由于气缸压力和温度的提高及混合气扰流的增强，燃烧速度也随之加快，当转速升高到一定程度时，最佳点火提前角仍然随发动机转速的升高而增大，但增加速度有所减慢，因此最佳点火提前角随转速的变化是非线性的。

2）发动机的负荷

发动机负荷增大，最佳点火提前角应该减小，因为当发动机负荷增大时，在发动机转速不变的情况下，气缸内温度提高，混合气燃烧速率加快，故最佳点火提前角应减小。当然最佳点火提前角随负荷的变化也是非线性的。负荷增大时，进气量增大，新鲜混合气密度增加，燃烧加快，点火正时应该随之推后；反之，负荷减小时，点火正时应随之提前。但为了避免怠速不稳，怠速时的点火提前量必须减小甚至为零。

3）汽油辛烷值

汽油的辛烷值越高，抗爆性越好，点火提前角可增大，反之则减小。因为在实际发动机中，为了避免爆燃，实际的点火提前角都略小于最佳点火提前角，故当汽油的辛烷值提高时，应适当地加大点火提前角。有些车型上，ECU 的内部存有两套点火正时脉谱图，以适应不同燃油辛烷值的需要。

4）爆燃

爆燃是由于燃烧过程中末端混合气的自燃造成的。轻微的爆燃可以改善燃油经济性和动力性，但过度爆燃会产生多方面的不利影响，比如燃油消耗增大、动力下降、发动机过热等。

点火提前角增大时，产生爆燃的倾向也增大，因此，当发动机产生持续爆燃时，应逐步减小点火提前角，爆燃消除后，再逐步恢复原有点火提前角。在一般情况下，发动机处于爆燃与不爆燃的临界状态时，动力性能最佳。

5）发动机冷却液温度

发动机冷却液温度较低时，燃烧较慢，要求点火正时适当提前。

（3）点火提前角的确定与修正

发动机 ECU 对点火提前角的控制主要分为两个阶段：起动点火控制和起动后点火控制。

1）起动时点火控制

起动发动机时，由于转速及进气流量极不稳定，ECU 很难通过计算来确定最佳点火正时。因此，往往会以固定的点火正时（初始点火提前角）进行点火，此时的点火提前角一般不超过 10°。

2）起动后点火控制

起动后点火正时控制是由初始点火正时角、基本点火提前角和各种校正进行的，如图 2 所示。

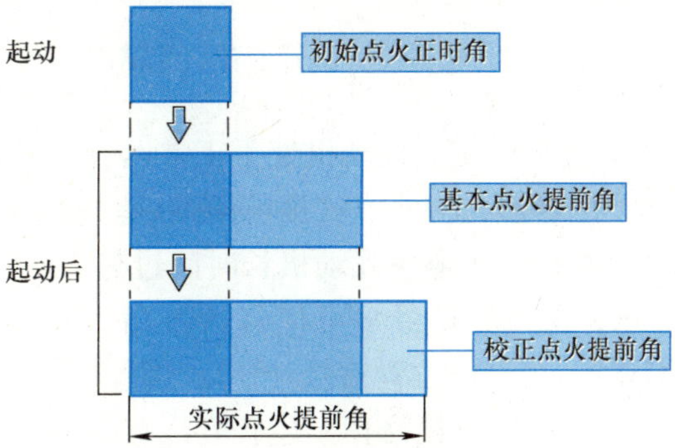

图 2　起动后点火提前角构成

最佳点火提前角 = 初始点火提前角 + 基本点火提前角 + 修正点火提前角

① 初始点火提前角。初始点火提前角一般用于发动机起动时，因为发动机起动时转速较低，空气质量不稳定，所以空气流量计或进气管压力传感器的信号不被用作控制信号。因此，初始点火时间通常设置在上止点前10°。一般发动机转速为400～600r/min时，表明发动机正在起动状态。

② 基本点火提前角。基本点火提前角根据发动机负荷和发动机转速而计算得到。取决于发动机转速是因为空燃比一定，混合气完全燃烧所需的时间是一定的，因此，在发动机转速升高时，点火正时应向前移；取决于负荷，是因为混合气较稀时，气缸充量密度降低，导致了点火延迟和混合气燃烧速度降低，因此，点火正时也需要提前。一般曲轴位置传感器或凸轮轴位置传感器提供发动机转速信号，进气管压力传感器或空气流量计提供发动机负荷信号。

基本点火提前角是发动机在设计时，对每一个发动机转速和每一负荷条件下的油耗、转矩、排放、发动机温度和操纵性能等因素进行最佳折中所确定的。这些信息通过三维脉谱的形式存在了ECU中，如图3所示。

③ 修正点火提前角。

a. 预热校正。发动机冷车起动后，冷却液温度较低时，应增大点火提前角。在暖机过程中，随着冷却液温度的升高，点火提前角修正值逐渐减小，如图4所示。在极冷的条件下，通过该校正功能可将点火提前大约15°。修正值的变化规律及大小随发动机暖机修正的主要控制信号包括冷却液温度信号（THW）、曲轴位置信号、空气流量信号、节气门位置信号（IDL）等。当发动机冷却液温度太低时，点火正时需要适当提前。

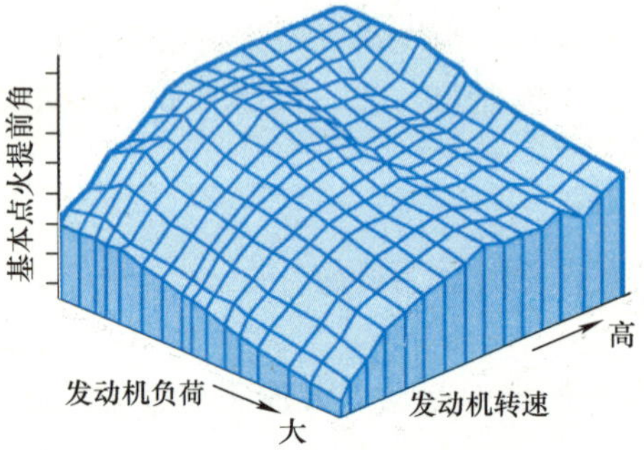

图3　基本点火提前角三维脉谱

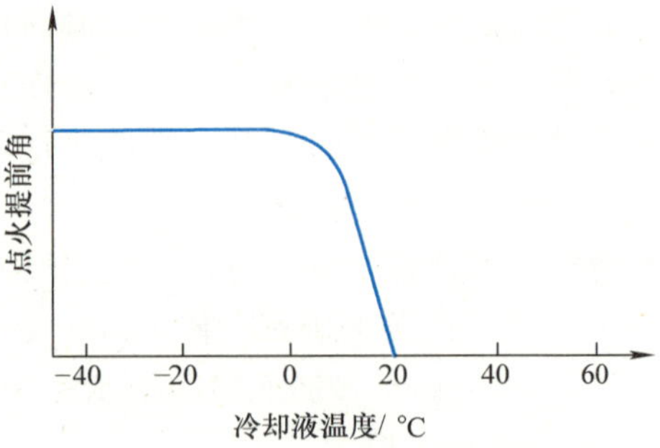

图4　点火正时的预热校正

b. 过热校正。发动机处于正常运行工况时（怠速触点断开），若冷却液温度过高，为了避免产生爆燃，应将点火提前角推迟。发动机处于怠速工况时（怠速触点闭合），若冷却液温度过高，为了避免发动机长时间过热，应将点火提前角增大。过热修正值的变化规律如图5所示，这种校正最多可使点火推后5°。过热修正的主要控制信号包括冷却液温度信号（THW）、节气门位置信号（IDL）等。

c. 空燃比反馈修正。装有氧传感器的电控汽油喷射系统，其电控单元根据氧传感器的反馈信号空燃比进行修正。随着修正喷油的增加或减少，发动机转速在一定范围内波动。为了提高怠速的稳定性，在反馈修正油量减少时，点火提前角相应地增加，如图6所示。

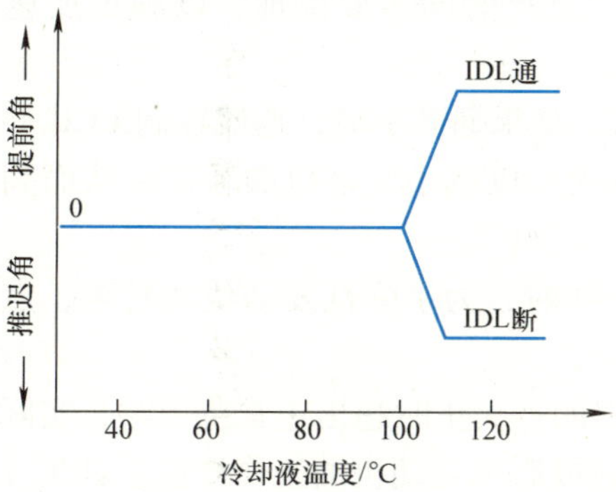

图5　点火正时的过热校正

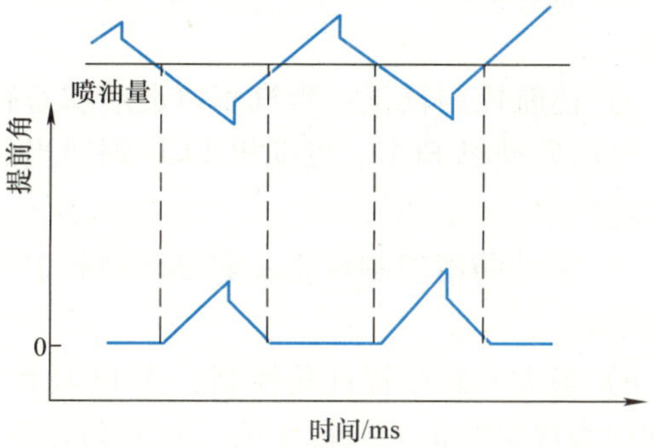

图6　点火正时的空燃比反馈修正

d. 怠速稳定性校正。怠速时，如果发动机的转速偏离了目标值，ECU不断接收曲轴或凸轮轴传感器发来的信号计算发动机实际转速，与目标转速进行对比，以适当调节点火正时的方式稳定转速。如果转速低于目标值，ECU会使点火适当提前，增大点火提前角；如果转速高于目标值，ECU会将点火适当推后，减小点火提前角，如图7所示。通过这种校正，点火正时的变化值最大为±5°。

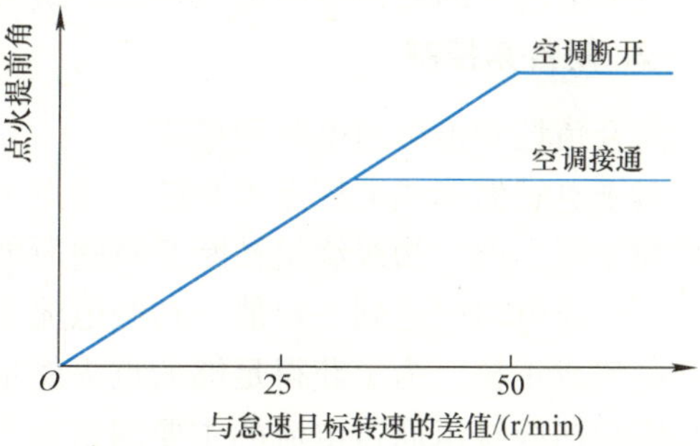

图7　点火正时的怠速稳定性修正

e. 爆燃校正。发动机出现爆燃时，ECU会根据爆燃传感器信号的大小或频率来判断爆燃的强度，并对点火正时进行适当延迟。爆燃较强时，点火正时延迟较多；当爆燃较弱时，点火时间延迟较少；爆燃停止时，点火正时便停止延迟，有时还会将点火正时稍微提前，直到再次发生爆燃，然后再重新开始延迟，如图8所示。通过这种修正，点火正时的延迟最大为10°。

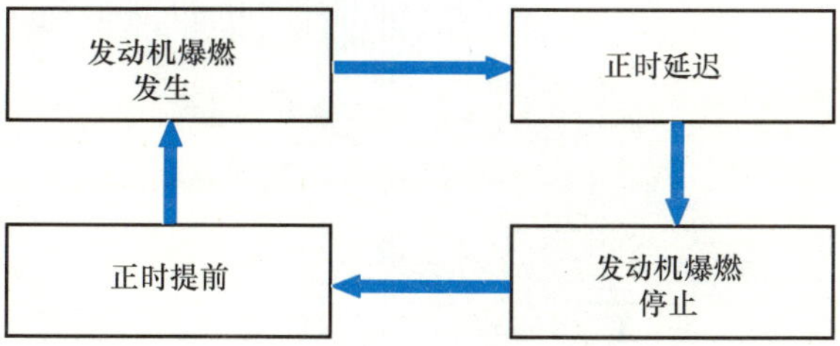

图8　点火正时的爆燃校正

f. 其他校正。

a）转矩控制校正：配备电控自动变速器的汽车进行自动换档时，由于发动机瞬时空载而使转速升高，会造成一定的换档冲击。为了减小这种冲击，某些车型的发动机会在换档时适当延迟点火，以降低发动机的转矩。

b）转换校正：当汽车从减速转换为加速时，点火时间需要提前，以满足加速过程的需要。

c）巡航控制校正：当汽车以巡航状态行驶时，如果遇到下坡，巡航控制 ECU 会发出一个信号给发动机 ECU。发动机 ECU 则适当延迟点火，以减小发动机的转矩，从而利于车速的稳定。

d）驱动防滑控制校正：驱动防滑控制系统工作时，为了降低发动机的转矩，点火时间适当延迟。

e）最大和最小提前角控制：当 ECU 计算得出的点火正时超出正常范围时，实际点火正时则选为规定的最大或最小值，从而防止发生事故或影响发动机的工作性能。如果发动机的实际点火提前角（初始点火提前角 + 基本点火提前角 + 修正点火提前或延迟角）超出一定范围，发动机将不能正常运转。为了防止出现这种情况，在电控点火系统中，由电控单元对实际点火提前角的数值范围进行控制：最大 35°～45°，最小 -10°～0°。

2. 闭合角控制

闭合角控制也称通电时间控制。

对于电感储能式电控点火系统，当点火线圈的初级绕组被接通后，通过绕组的电流是按指数规律增大的。初级绕组被断开瞬间所能达到的断开电流值与初级绕组接通时间的长短有关。只有通电时间达到一定值，初级电流才可能达到饱和。而次级绕组高压的最大值与初级断开电流成正比，为了获得足够的点火能量，必须使初级电流达到饱和。

影响初级绕组通过电流的主要因素有发动机转速和蓄电池电压。为了保证在不同的蓄电池供电电压和不同的转速下都具有相同的初级断开电流，电控单元会根据蓄电池电压和发动机转速信号，从预置的闭合角数据表中查出相应的数值，对闭合角进行控制。

当发动机转速高时，适当增大闭合角，以防止初级绕组通过电流值下降，造成次级高压下降，点火困难。蓄电池电压下降时，基于相同的理由，也应适当增大闭合角，如图 9 所示。

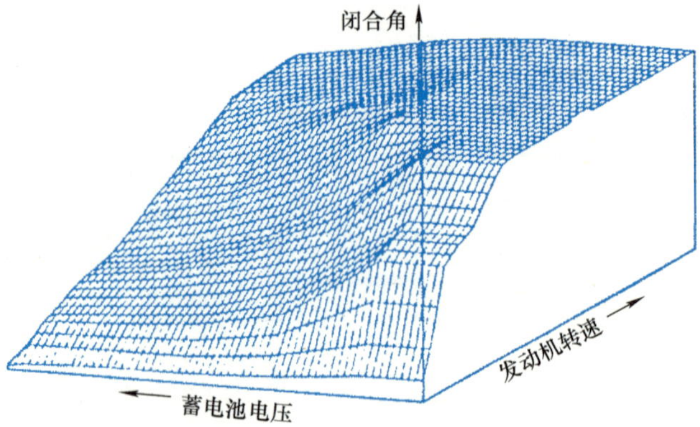

图 9　闭合角与发动机转速和蓄电池电压的关系

通过对闭合角的准确调节，不但改善了点火系统的点火性能，还可以防止初级绕组发热和电能的无效损耗。

3. 爆燃控制

爆燃是汽油机运行过程中产生的一种最有害的故障现象。汽油机如持续产生爆燃，火花塞电极或活塞就可能产生过热、熔损等现象，导致发动机损坏，因此必须防止爆燃的发生。从最佳点火提前角的分析中可知，为了最大限度地发挥汽油机的潜能，应把点火提前角控制在接近临界爆燃点，同时又不能使发动机发生爆燃。要使点火系统达到这样的性能要求，除了必须采用电子控制的点火系统外，对点火提前角还必须采用爆燃反馈控制。

爆燃和点火时刻有密切关系。一般而言，点火提前角越大，就越易产生爆燃，推迟点火时间对消除爆燃有明显的作用。ECU 对爆燃进行反馈控制时，首先把来自爆燃传感器的输入信号进行滤波处理。滤波电路只允许特定范围频率的爆燃信号通过滤波电路，由此达到将爆燃信号与其他振动信号分离的作用。然后，ECU 将此信号的最大值与爆燃强度基准值进行比较，对是否发生爆燃及爆燃的强弱程度作出判断，如信号最大值大于基准值，则表示发生爆燃，ECU 推迟点火时间。

由于发动机工作时振动比较剧烈，为了防止产生错误的爆燃判别，ECU 对爆燃信号的判别不是连续进行的，只有发动机点火后爆燃传感器信号可能发生爆燃的时段的振动信号，才被输入比较电路进行比较和判别，如图 10 所示。

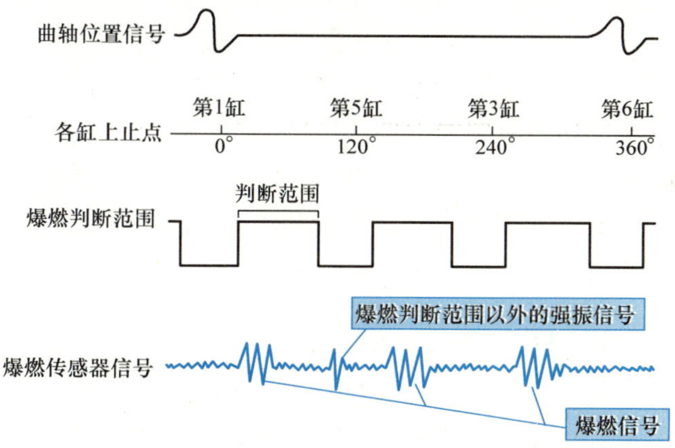

图 10 爆燃判断的范围

当发动机的负荷低于一定值时，一般不会发生爆燃，此时 ECU 对点火提前角实行开环控制。在这种情况下，ECU 对爆燃传感器的输入信号不再进行判别分析，只按预置数据及相关传感器的输入信号控制点火提前角的大小。对于应采用开环控制还是闭环控制，ECU 通过对反映发动机负荷状况的传感器的输入信号的分析，做出相应的处理。

EUC 对点火提前角的闭环控制过程如图 11 所示。当发动机产生爆燃时，ECU 根据爆燃信号的强弱，控制推迟角度的大小。爆燃强，推迟的角度大；爆燃弱，推迟的角度小。每一次的反馈控制调整都以一固定的角度递减，直到爆燃消失为止。当爆燃消失后，ECU 又以一固定的提前角度，逐渐增大点火提前角。当再次出现爆燃时，ECU 又再次逐渐减小点火提前角。在需要对点火提前角进行闭环控制的工况，这种反馈控制调整过程是反复进行的。ECU 通过对点火提前角的反馈控制，可以使实际的点火提前角始终保持最佳，使发动机的动力性、经济性和控制有害物的排放都达到较佳的水平。

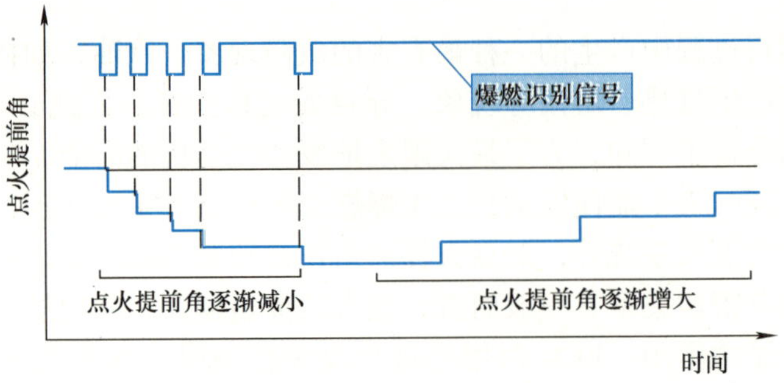

图11 点火提前角的闭环控制过程

7.3.3.5 工作页

7.3.3.5 工作页

学校名称		任课教师	
班级		学生姓名	
学习领域	L7 发动机管理系统诊断维修		
学习情境	LS7.3：发动机加速性差且故障警告灯报警	学习时间	40min
工作任务	A：点火系统概述要求	学习地点	理实一体化教室

1. 请用关键词描述点火系统的功用。

2. 请用关键词描述汽油发动机对点火系统的要求，并简述原因。

3. 请用表格整理有分电器电子点火系统和无分电器电子点火系统的结构、工作原理、优缺点。

4. 完成下列题目：

1）击穿火花塞电极产生电火花所需要的电压称为________。

2）普通电子点火系统也叫________电子点火系统，由分电器、________（装在分电器内，也有装在曲轴上）、________、________、火花塞等组成。

3）ECU 控制点火系统又称为________点火系统，主要由发动机 ECU、曲轴位置传感器、________传感器、________、点火线圈、火花塞组成。

4）传统点火系统与电子点火系统最大的区别是（　　）。

A. 点火能量的提高　　B. 断电器触点被点火控制器取代

C. 曲轴位置传感器的应用　　D. 点火线圈的改进

5）以下（　　）不是汽油发动机对点火系统的要求。

A. 足够高的击穿电压　　B. 足够的火花能量

C. 正确的点火时间　　D. 统一的结构配置

6）普通电子点火系统虽然对点火提前角和爆燃都能进行精确控制，但是因为有分电器，所以逐渐被微机控制的电子点火系统取代。（　　）

7）微机控制点火系统又称为直接点火系统，其特点是彻底取消了分电器，原分火头的分电功能也由 ECU 取代。（　　）

7.3.3.6 工作页

7.3.3.6 工作页

学校名称		任课教师	
班级		学生姓名	
学习领域	L7 发动机管理系统诊断维修		
学习情境	LS7.3：发动机加速性差且故障警告灯报警	学习时间	40min
工作任务	B：点火系统部件结构	学习地点	理实一体化教室

1. 请查阅信息页，写出 1 和 2 的名称，并提炼关键词描述点火线圈的工作原理。

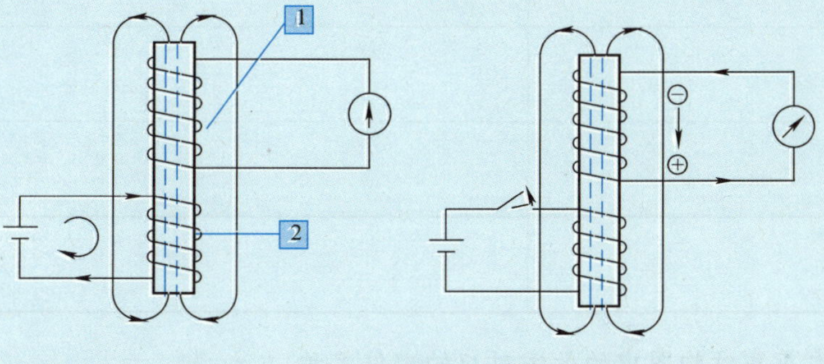

1 ______________________　2 ______________________

2. 请写出下列数字对应的部件名称及作用，并用不同颜色分别在电路图中标注出接通与切断初级绕组电路的电流路线。

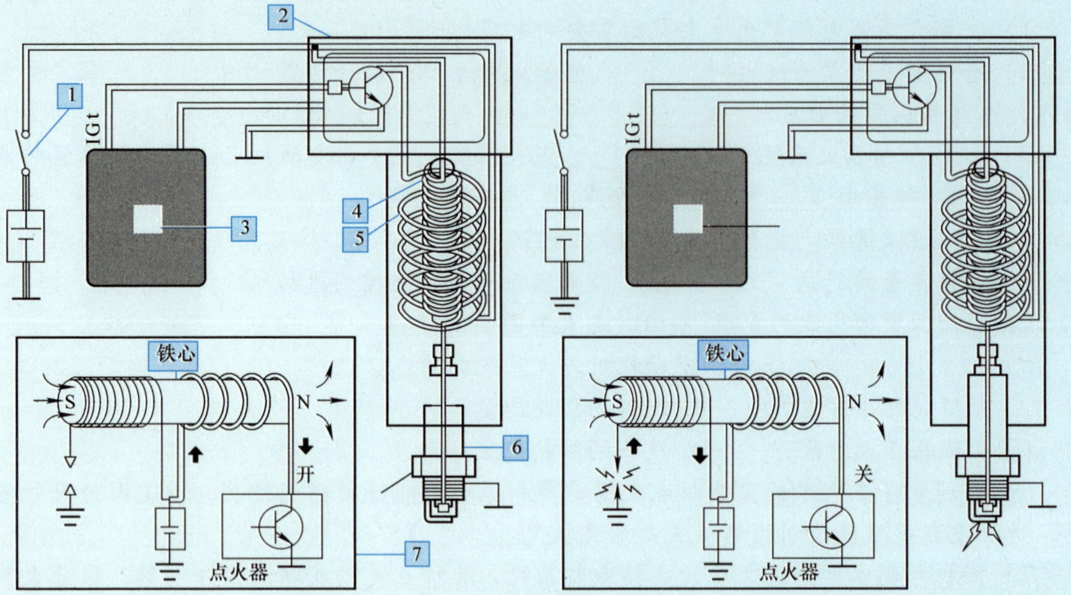

序号	名称	作用
1		
2		
3		
4		
5		
6		
7		

3. 请写出火花塞结构图中的数字对应的部件名称。

4. 完成下列题目：

1）________是将蓄电池12V电压转变为15～30kV的高压电的重要部件，主要由初级绕组和________绕组两组绕组组成。

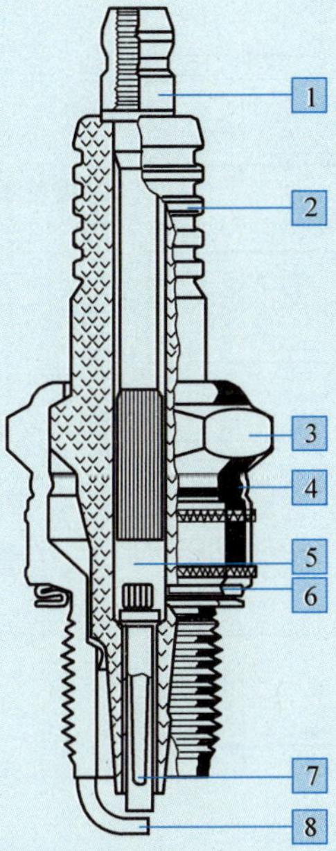

序号	名称
1	
2	
3	
4	
5	
6	
7	
8	

2）点火器的功率晶体管导通时，________接通，有电流通过________，在线圈周围产生磁力线，该磁力线也穿过________。

3）火花塞的作用是将________引进发动机燃烧室，在________间形成火花，以点燃可燃混合气。

4）火花塞的热特性主要取决于________的长度，通常用________来表示，小数字为________火花塞，大数字为冷型火花塞。

5）以下（　　）不是影响火花塞的点火性能的因素。

A. 电极形状　　B. 火花塞间隙　　C. 螺纹长度　　D. 火花塞的热值

6）初级绕组匝数多，次级绕组匝数少，两组绕组直线排列。（　　）

7）分组点火的点火模块一个次级绕组同时控制两个同位气缸的火花塞，因此，仍需要分缸线将高压电传给火花塞。（　　）

8）独立点火模块由微电脑直接控制，由于直接连接在火花塞上，使高压电流流过的距离缩短，因而点火能量降低。（　　）

7.3.3.7　工作页

7.3.3.7　工作页

学校名称		任课教师	
班级		学生姓名	
学习领域	L7 发动机管理系统诊断维修		
学习情境	LS7.3：发动机加速性差且故障警告灯报警	学习时间	1h
工作任务	C：点火系统工作原理	学习地点	理实一体化教室

1. 请用关键词描述ECU控制单独点火系统的工作原理。

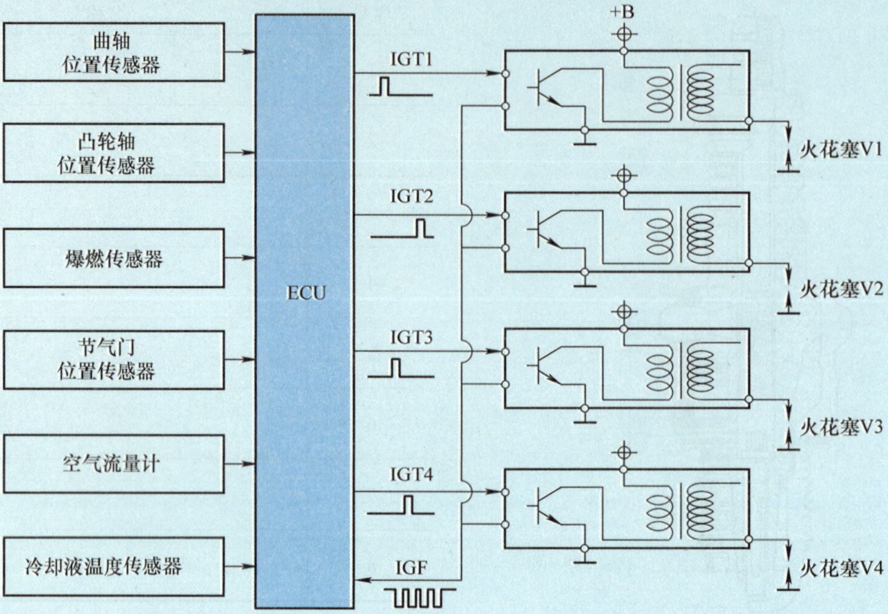

2. 请用关键词描述ECU控制点火线圈配电式分组点火系统的工作原理。

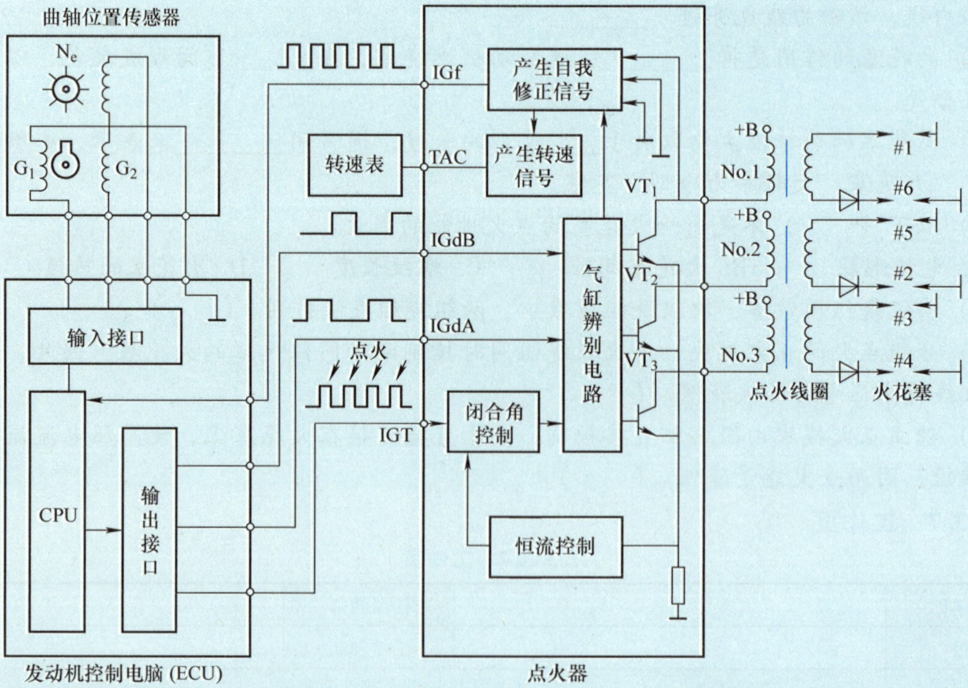

3. 请用关键词描述ECU控制二极管配电式分组点火系统的工作原理。

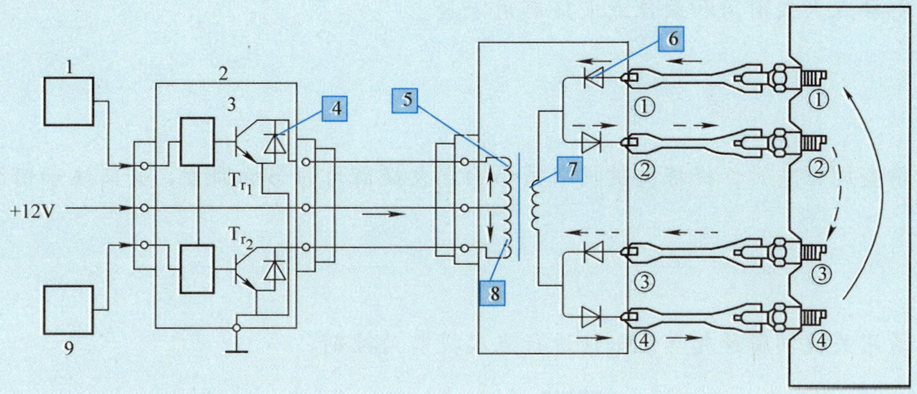

4. 请用关键词描述有分电器ECU控制电子点火系统的工作原理。

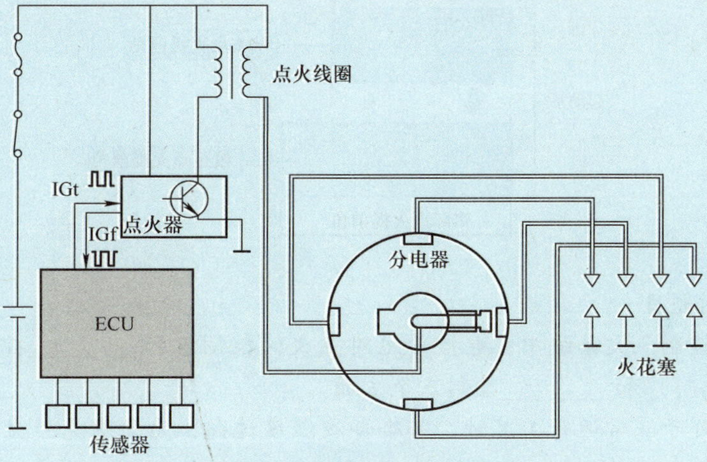

5. 请用表格整理不同类型的电子点火系统的优缺点。

7.3.3.8 工作页

7.3.3.8 工作页

学校名称		任课教师	
班级		学生姓名	
学习领域	L7 发动机管理系统诊断维修		
学习情境	LS7.3：发动机加速性差且故障警告灯报警	学习时间	1h
工作任务	D：点火系统控制功能	学习地点	理实一体化教室

1. 解释点火提前角和最佳点火提前角概念。

2. 请查阅信息页，提炼关键词书写影响点火提前角的影响因素，并简述如何影响。

3. 请用关键词解释起动后如何进行点火提前角控制。

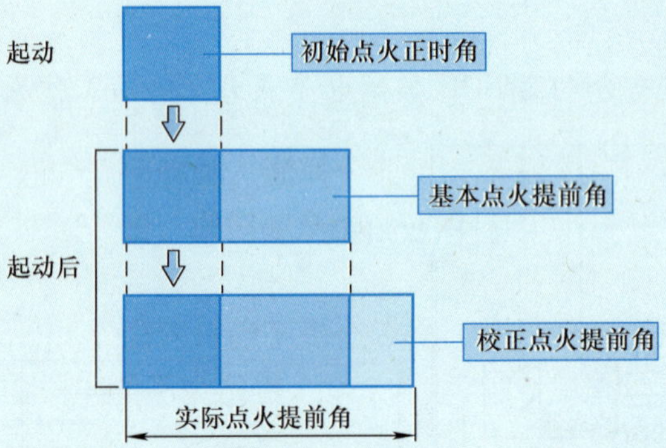

4. 完成下列题目

1）在电子控制点火系统中，电控单元对点火的控制包括________控制、________控制（通电时间控制）和________控制三个方面。

2）发动机处于正常运行工况时，若冷却液温度过高，为了避免产生爆燃，应将点火提前角________。

3）汽油的辛烷值越高，抗爆性越________，点火提前角可________。

4）起动发动机时，ECU 往往会以固定的点火正时，________进行点火，此时的点火提前角一般不超过________。

5）最佳点火提前角随着发动机的转速提高而________。

6）最佳点火提前角随着发动机负荷的增大而________。

7）点火闭合角主要是通过（　　）加以控制的。

A. 通电电流　　B. 通电时间　　C. 通电电压　　D. 通电速度

8）混合气在气缸内燃烧，当最高压力出现在上止点（　　）左右时，发动机输出功率最大。

A. 前 10°　　B. 后 10°　　C. 前 5°　　D. 后 5°

9）最佳点火提前角是指不仅要保证发动机的动力性、经济性达到最佳值，而且还必须使排气中有害物质的排放量达到最少。（　　）

10）IGf 信号仅用来进行故障监测，该信号中断，发动机不会熄火。（　　）

11）发动机 ECU 是通过 IGt 信号控制点火正时的。（　　）

专家组合作制作海报

教师活动：

教师要求学生组成专家组，小组合作设计简单的海报。

学生活动：

学生进行小组讨论，合作制作海报。(30min)

专家组展示讲述海报

学生活动：

学生每个小组5min展示讲述本组学习成果，其他组学生认真倾听，提出疑问、建议。(30min)

教师活动：

教师在学生讲解海报时及时给出评价和反馈。

拼图学习完成其他工作页

教师活动：

教师要求学生先是独立完成其他三个工作页的学习，并进行指导和答疑；然后小组讨论并展示结果。

学生活动：

学生先是独立完成其他三个工作页的学习，然后和伙伴讨论形成本组意见，进行工作页的展示。(120min)

完成7.3.3.9理论测试

教师活动：

教师要求学生独立完成7.3.3.9理论测试，不允许查阅任何资料。

学生活动：

学生安静地、独立地在系统上完成7.3.3.9理论测试并提交，不能查阅任何资料。(20min)

7.3.3.9　理论测试

7.3.3.9　工作页

学校名称		任课教师	
班级		学生姓名	
学习领域	L7 发动机管理系统诊断维修		
学习情境	LS7.3：发动机加速性差且故障警告灯报警		
理论学习内容	点火系结构组成及工作原理	学习时间	4h

一、填空题（每空1分，共20分）

1. 击穿火花塞电极产生电火花所需要的电压称为________。

2. 普通电子点火系统也叫________电子点火系统，由分电器、________（装在分电器内，也有装在曲轴上）、________、点火线圈、火花塞等组成。

3. ECU控制点火系统又称为________点火系统，主要由发动机ECU、曲轴位置传感器、________传感器、________、点火线圈、火花塞组成。

4. ________是将蓄电池12V电压转变为15～30kV的高压电的重要部件，主要由初级绕组和________绕组两组绕组组成。

5. 点火器的功率晶体管导通时，________接通，有电流通过________，在线圈周围产生磁力线，该磁力线也穿过________。

6. 火花塞的作用是将________引进发动机燃烧室，在________间形成火花，以点燃可燃混合气。

7. 火花塞的热特性主要取决于________的长度，通常用________来表示，小数字为________火花塞，大数字为冷型火花塞。

8. 在电子控制点火系统中，电控单元对点火的控制包括________控制，闭合角控制（通电时间控制）和爆燃控制三个方面。

9. 汽油的辛烷值越高，抗爆性越________，点火提前角可________。

二、单选题（每题2分，共10分）

1. 传统点火系统与电子点火系统最大的区别是（　　）。

A. 点火能量的提高　　B. 断电器触点被点火控制器取代

C. 曲轴位置传感器的应用　　D. 点火线圈的改进

2. 以下（　　）不是汽油发动机对点火系统的要求。

A. 足够高的击穿电压　　B. 足够的火花能量

C. 正确的点火时间　　D. 统一的结构配置

3. 以下（　　）不是影响火花塞的点火性能的因素。

A. 电极形状　　B. 火花塞间隙　　C. 螺纹长度　　D. 火花塞的热值

4. 点火闭合角主要是通过（　　）加以控制的。

A. 通电电流　　B. 通电时间　　C. 通电电压　　D. 通电速度

5. 混合气在气缸内燃烧，当最高压力出现在上止点（　　）左右时，发动机输出功率最大。

A. 前10°　　B. 后10°　　C. 前5°　　D. 后5°

三、判断题（每题2分，共20分）

1. 普通电子点火系统虽然对点火提前角和爆燃都能进行精确控制，但是因为有分电器，所以逐渐被微机控制的电子点火系统取代。（　　）

2. 微机控制点火系统又称为直接点火系统，其特点是彻底取消了分电器，原分火头的分电功能也由ECU取代。（　　）

3. 初级绕组匝数多，次级绕组匝数少，两组绕组直线排列。(　　)

4. 分组点火的点火模块一个次级绕组同时控制两个同位气缸的火花塞，因此，仍需要分缸线将高压电传给火花塞。(　　)

5. 独立点火模块由微电脑直接控制，由于直接连接在火花塞上，使高压电流流过的距离缩短，因而点火能量降低。(　　)

6. 最佳点火提前角随着发动机的转速提高而增大。(　　)

7. 最佳点火提前角随着发动机负荷的增大而增大。(　　)

8. IGf 信号仅用来进行故障监测，该信号中断，发动机不会熄火。(　　)

9. 发动机 ECU 是通过 IGt 信号控制点火正时的。(　　)

10. 最佳点火提前角是指不仅要保证发动机的动力性、经济性达到最佳值，而且还必须使排气中有害物质的排放量达到最少。(　　)

教学方法：工作站法

3.2　传感器及点火系统检测

工作站学习完成工作页

教师活动：

教师提供实验车型的维修手册等资料，布置工作站，提供：7.3.3.10～7.3.3.13 信息页，要求学生完成工作页 7.3.3.14～7.3.3.17 和实际操作；教师对各工作站进行巡视和指导。

学生活动：

学生根据教师要求，查阅 7.3.3.10～7.3.3.13 信息页，完成工作站的学习内容和实操内容。(60min)

7.3.3.10　信息页

7.3.3.10　信息页

学校名称		任课教师	
班级		学生姓名	
学习领域	L7 发动机管理系统诊断维修		
学习情境	LS7.3：发动机加速性差且故障警告灯报警	学习时间	1h
工作任务	A：曲轴位置传感器	学习地点	理实一体化教室

1. 曲轴位置传感器的作用

曲轴位置与转速传感器（图 1）用于检测曲轴的位置和发动机转速。ECU 利用其信号对各缸喷油和点火的顺序、各缸喷油位置、各缸喷油量、点火正时和怠速等进行控制。该传感器发生故障时，发动机的喷油控制、点火控制和怠速控制都会出现问题，造成发动机难以起动、运转不良或不能运转。

图 1　曲轴位置传感器实物图

2. 曲轴位置传感器的类型

根据检测并输入发动机微机控制装置的信号类型，曲轴位置传感器包括活塞上止点检出型和曲轴转角检出型两种。根据信号形成的原理分类，曲轴位置传感器又可分为磁感应式、霍尔效应式、光电效应式、磁阻效应式四种，其中磁感应式曲轴位置传感器产生的是模拟信号，如图 2 所示。霍尔式曲轴位置传感器、光电式曲轴位置传感器产生的是数字信号，霍尔式曲轴位置传感器的信号如图 3 所示。就其安装部位而言，有在曲轴前端、凸轮轴前端、飞轮上和分电器内的，车辆不同，所采用的结构形式不完全一样。

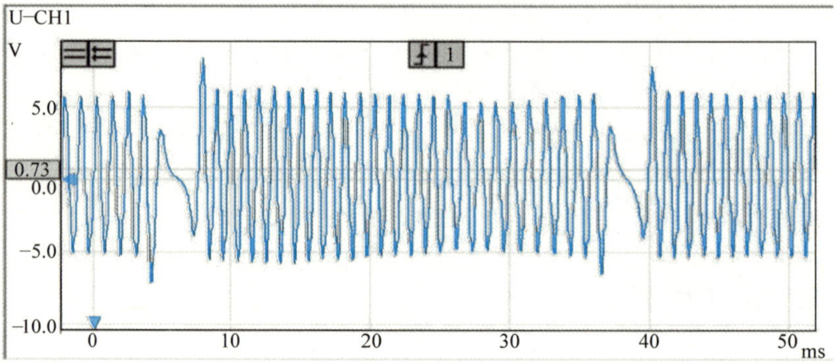

图 2　磁感应式曲轴位置传感器模拟信号波形

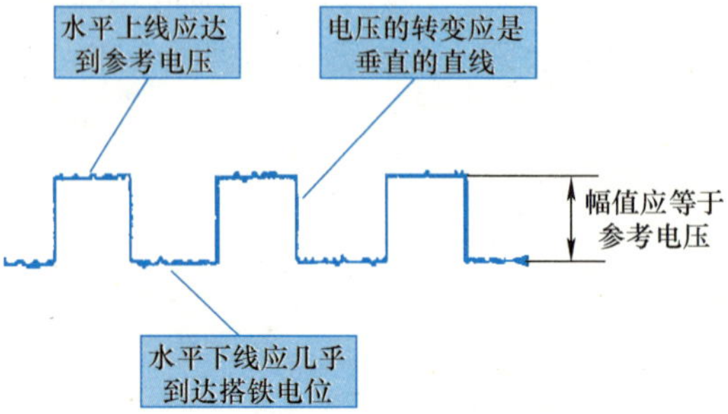

图 3　霍尔式曲轴位置传感器数字信号波形

3. 曲轴位置传感器的结构原理

（1）磁感应式曲轴位置传感器

1）结构

磁感应式曲轴位置传感器的核心元件是一个电磁线圈。该线圈缠绕在一个永久磁铁上，它被螺栓固定在传感器安装支架上。绕组的两端与电器引线相连，如图 4 所示。在电磁线圈的对面，安装着一个用作信号发生器的磁阻轮。该磁阻轮随发动机曲轴的转动而转动。对应特定的曲轴转角，磁阻轮上都有相应的一个凸齿与之相对应，磁阻轮转动时这些凸齿以很小的间隙扫过传感器线圈。传感器线圈是用螺栓固定在传感器安装支架上的，因而磁阻轮凸齿与传感器之间的间隙通常是可调的。

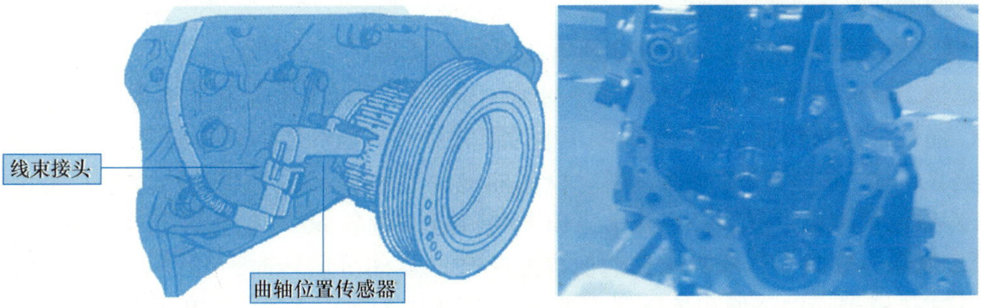

图 4 磁感应式曲轴位置传感器

2）工作原理

感应线圈绕在永久磁铁上形成传感头，带凸齿的铁质信号轮随发动机曲轴在传感头附近转动，因此信号轮与传感头之间的间隙发生周期性的变化。由于空气的磁阻远大于铁质材料的磁阻，该间隙的周期性变化必然造成磁回路磁阻的周期性变化，从而造成磁回路中磁通量的周期性变化。根据电磁感应原理，在感应线圈的两端就产生了交变感应电动势。该交变感应电动势即可作为传感器的输出信号。磁通量变化越快，感应电动势越大，因此，信号轮的转速越高，交变感应电动势的幅值也越大，即传感器的输出信号越强。一般情况下，当发动机的转速在其工作范围内变化时，该传感器输出的信号电压的幅值可在 0.5 ~ 100V 范围内变化。

信号轮每转一圈，感应线圈中产生的交变感应电动势的数量等于信号轮上凸齿的数量，即传感器输出信号的数量等于信号轮凸齿的数量，单位时间内输出信号的数量即可反映信号轮及发动机的转速。当磁阻轮凸齿与传感线圈不对中时，凸齿与感应线圈之间的空气间隙比较大，因而磁场比较弱，如图 5a 所示。当磁阻轮的凸齿接近与传感器线圈对中时，空气间隙比较小，因而围绕传感器的磁场强度增大，如图 5b 所示。这种交替变化的磁场使传感器线圈内感应出交流电压信号。

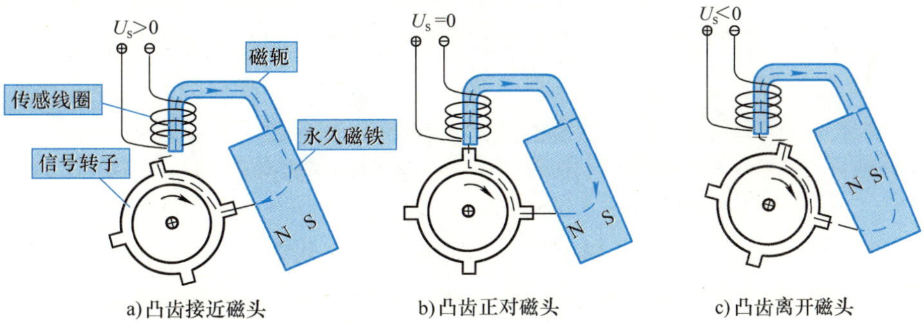

图 5 磁感应式曲轴位置传感器工作原理

磁感应式传感器的突出优点是结构简单，且不需要外加电源，因此应用相当广泛。由于信号轮凸齿与传感头之间的间隙直接影响磁回路的磁阻，从而影响感应线圈输出的信号电压，因此，在使用中，该间隙不能随意变动。间隙如有变化，必须按规定进行调整。不同车系上，该间隙值的大小有所不同。

3）桑塔纳2000时代超人磁感应式曲轴位置传感器

桑塔纳2000时代超人所用的磁脉冲曲轴位置传感器，广泛应用于中高档轿车的电控汽油机中。曲轴位置传感器由电磁感应式传感器和脉冲盘等组成，如图6a所示。磁感应式传感器安装在机体一侧靠近飞轮处，用来检测曲轴转角和发动机转速。脉冲盘安装在曲轴后端，位于飞轮与曲轴之间，脉冲盘在圆周上等分地布置着60个轮齿，其中空缺两个轮齿，供ECU识别曲轴位置，作为点火正时的参照基准。发动机运转时，脉冲盘上的轮齿每通过电磁感应式传感器一次，便在传感器内的感应线圈中感应出一个交变电压信号，而在缺齿处产生一个畸变的交变电压信号，如图6b所示。ECU根据这些交变电压信号和畸变的电压信号就可计算出曲轴位置和发动机的转速。

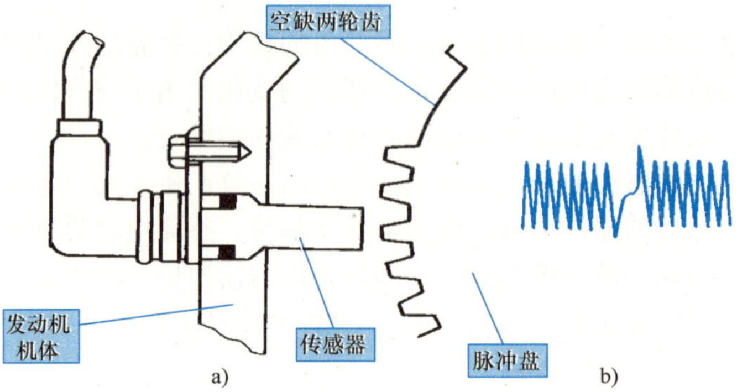

图6　桑塔纳2000时代超人磁感应式曲轴位置传感器

（2）霍尔效应式曲轴位置传感器

1）霍尔效应

当磁场穿过一个通有电流的矩形半导体元件（霍尔元件）时，在垂直于电流和磁场的方向就会产生一个电压（霍尔电压），如图7所示。该电压的大小与磁场的强度和电流的大小成正比，与该半导体元件的厚度成反比。由于该现象是由美国物理学家爱德华·霍尔于1879年首先发现的，因此以其名字来命名该现象。用于产生霍尔效应的半导体元件也被称为霍尔元件。

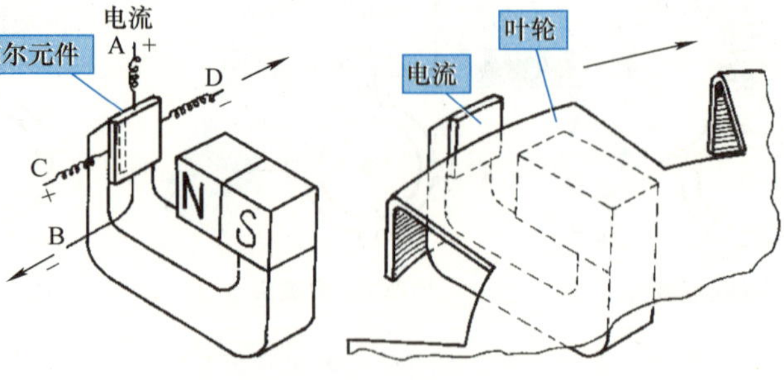

图7　霍尔效应原理图

霍尔效应产生的原因：电子垂直流经磁场时，受到电磁力（称为洛伦兹力）的作用而发生轨迹偏转，使霍尔元件的一侧积累电子而变为负极，另一侧失去电子而变为正极，这样，两个侧面之间就产生了霍尔电压。

2）霍尔传感器结构与工作原理

利用霍尔效应原理制成的传感器如图 8 所示，主要由永久磁铁、铁心、通有电流的霍尔元件及其集成电路、带有缺口的信号轮等组成。信号轮随发动机曲轴转动，当信号轮的叶片部分通过霍尔元件与永久磁铁之间的间隙时，磁场被信号轮的叶片旁通，没有磁场通过霍尔元件，因此不产生霍尔电压；当信号轮的缺口部分通过该间隙时，磁场将经过铁心和霍尔元件来形成磁回路，有磁场通过霍尔元件，因而产生霍尔电压。

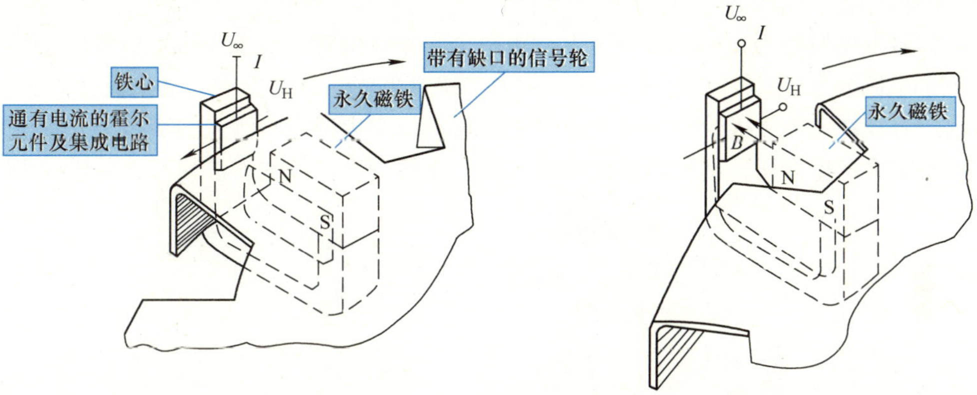

a) 叶片进入间隙，磁场被旁路　　b) 叶片离开间隙，磁场通过霍尔元件

图 8　霍尔传感器基本结构与原理

传感器内部的集成电路将上述霍尔电压的变化转变为方波，即可作为传感器的输出信号。信号轮每转一圈，传感器输出信号的数量等于信号轮上缺口（或叶片）的数量。单位时间内输出信号的数量即可反映信号轮及发动机的转速。

在大部分汽车上，ECU 与霍尔效应式传感器的工作方式是 ECU 通过专线向传感器提供稳定的工作电源（一般为 5V）和搭铁，同时还通过信号线向传感器提供一个信号参考电压（一般也为 5V）。当传感器内部没有产生霍尔电压时，该信号参考电压不被传感器通过搭铁而维持原来的高电平（5V）；当传感器内部产生霍尔电压时，该信号参考电压则被传感器通过搭铁而变为低电平（0V）。ECU 则通过这种高、低电平的变化来获得传感器的信号。

霍尔效应式传感器有两个突出的优点：一是输出的信号电压为方波，便于 ECU 的处理；二是输出的信号电压的高低与信号轮的转速无关。但该传感器的工作需要外加电源。

（3）光电效应式曲轴位置传感器

1）光电效应

半导体光敏元件，一般为光敏二极管或光敏晶体管，受到光线照射时，其工作状态会发生变化，这种变化包括：电阻变化（光电阻）、导通状态变化（光开关）、产生电压（光电池）等，这种现象就是光电效应。

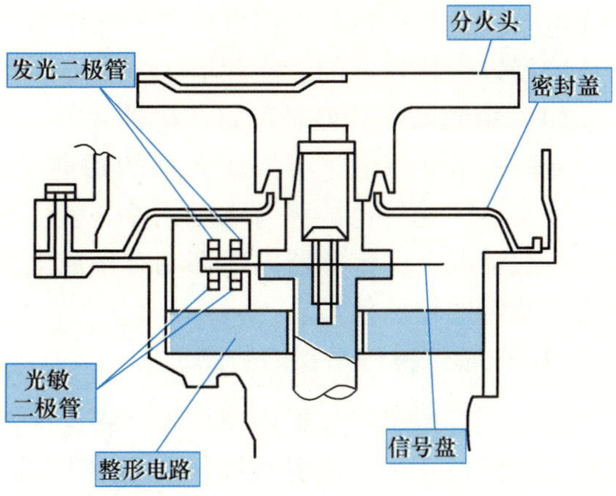

图 9　光电效应式曲轴位置与转速传感器的结构简图

2）结构

光电效应式曲轴位置传感器安装于凸轮轴前端，如图9所示，由信号盘和光信号发生器组成。信号盘是传感器的信号转子，压装在凸轮轴或分电器轴上，其结构如图9所示。在靠近信号盘外圈处制有360条缝隙，用于产生曲轴转速信号（1°信号）；内圈处均匀分布有6条缝隙（用于六缸发动机，四缸发动机则有4条缝隙），用于产生曲轴位置信号（120°信号或180°信号），其中的一个缝隙稍宽，用于判断第一缸的压缩上止点。

3）工作原理

光电信号发生器固定在传感器壳体上，由两个发光二极管、两个光敏二极管以及信号处理电路（波形电路）等组成。如图10所示。发光二极管发光，以对面的光敏二极管为照射对象；带缝隙的信号盘在发光二极管与光敏二极管之间转动，产生透光与遮光的交替变化，光敏二极管工作状态随之发生变化，信号处理电路将这种变化转变为相应的方波信号，并输入ECU。

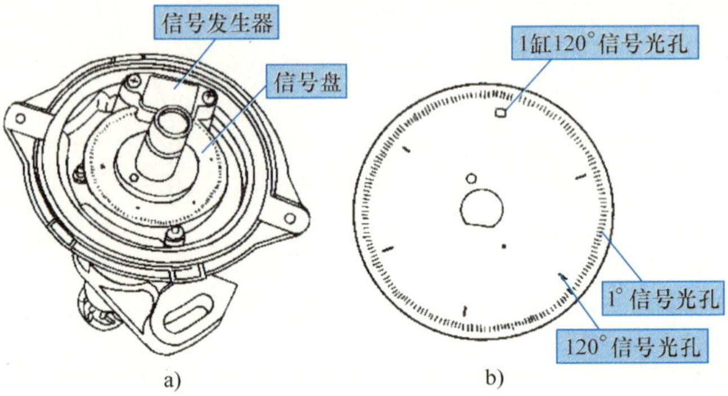

图10　光电信号发生器和信号盘

ECU根据1°信号可以准确判定曲轴的转角与转速；根据120°信号或180°信号可以判定各缸压缩上止点；根据120°信号或180°信号的较宽方波，可以判定出第一缸，其他各缸则根据发动机工作顺序确定。

在大部分汽车上，光电效应式传感器的工作方式与霍尔效应式的相同。光电效应式传感器的优点与霍尔效应式的相同，即输出方波信号，且输出的信号电压与信号盘的转速无关。但光电效应式传感器的工作也需要外加电源，且传感器中的光线对污染物比较敏感，需要密封传感器以保持良好的清洁环境。

（4）磁阻效应式曲轴位置传感器

磁阻效应是指通过半导体元件的磁通量发生变化时，半导体元件的电阻会随之发生变化。该半导体元件也被称为磁阻元件。利用磁阻效应原理制成的传感器即为磁阻效应式传感器。一般情况下，传感器内部都制有集成电路，会将磁阻元件电阻值的变化转换为电压方波作为传感器的输出信号。

4. 曲轴位置传感器的检测

曲轴位置传感器如果出现故障，将会严重影响发动机的性能，甚至使发动机无法起动。丰田卡罗拉轿车采用电磁式曲轴位置传感器，常见故障主要包括：信号发生器感应线圈短路、断路；转子轴磨损、偏摆或感应线圈与导磁铁心组件（碰头）移动，使转子和磁头之间的间隙不当；磁铁磁场强度不足，造成信号减弱或无信号输入ECU；正时转子轮齿间有脏物填塞，造成输出信号变形；等等。

磁感应式曲轴位置传感器检测主要包括测量各端子间电阻、信号转子凸齿与磁头之间的间隙，电路图如图 11 所示。

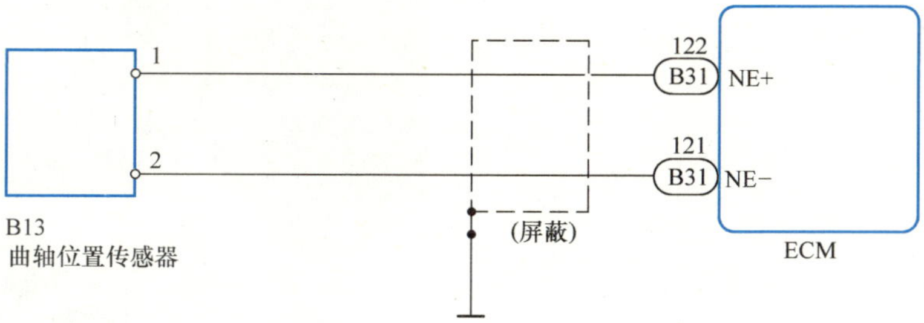

图 11　曲轴位置传感器系统电路图

① 读取静态故障码、冻结帧和数据流，如图 12 所示。

② 确认故障症状。起动发动机前，确认车辆周围环境是否安全。起动发动机时，观察起动状况，确认故障症状并记录症状现象。故障症状特征：发动机能转动，但无法起动。读取故障码，仪器显示无故障码，系统正常。查阅维修手册或技术资料，确认诊断思路和检查步骤。

③ 用诊断仪器检测发动机转速。再次起动发动机，观察数据流中发动机转速数值。实时观察起动过程中诊断仪器显示的发动机转速信号：发动机转速 0r/min。仪器显示：发动机转速为零。曲轴位置传感器无转速信号，不正常。曲轴位置传感器电路系统可能存在断路、短路或搭铁现象。退出所有子单元至诊断仪器初始界面状态，关闭诊断仪器电源开关和点火开关。

④ 曲轴位置传感器外观检查。关闭点火开关，拔下传感器插接器的插头，如图 13 所示。检查是否连接良好，观察插接器是否锈蚀、松动，检查曲轴位置传感器安装状况，如图 14 所示。

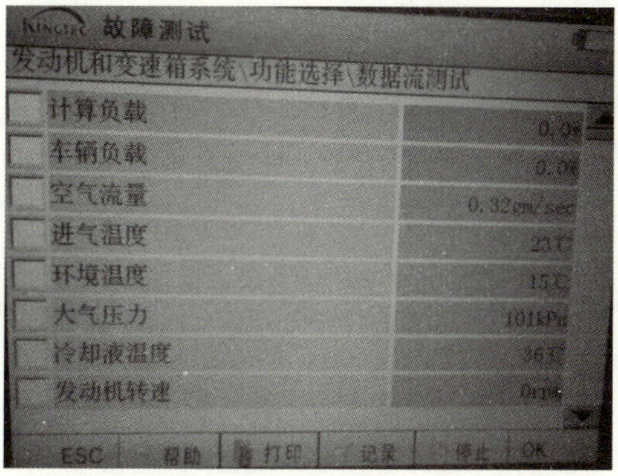

图 12　数据流

图 13　曲轴位置传感器插接器

⑤ 信号线圈电阻检查。采用测试延长线连接曲轴位置传感器，检查传感器 1 号端子与 2 号端子之间的电阻，如图 15 所示，其规范值应为 20℃条件下 1850 ~ 2450Ω。若电阻无穷

大，则说明信号线圈存在断路的地方；若电阻值明显小于标准值，则可能存在短路或线圈匝间绝缘不良，应更换传感器。

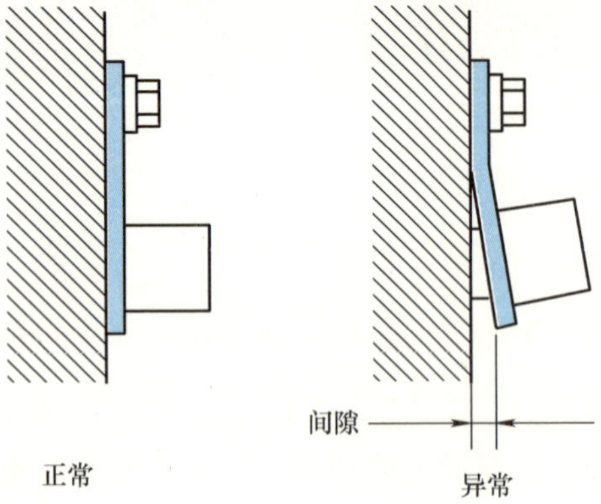

图 14　曲轴位置传感器安装状况

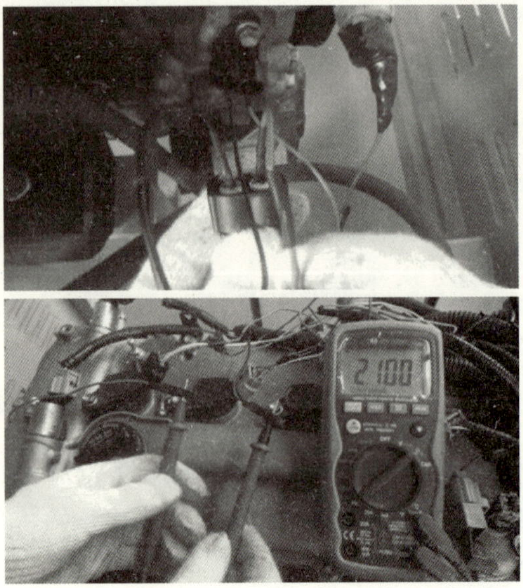

图 15　信号线圈电阻检查

⑥ 检查传感器与 ECU 之间的连接线束（断路检查）。分别检查 1 号与 122 号端子、2 号与 121 号端子之间的电阻值，应不超过 1Ω，如图 16 所示。如果电阻明显大于标准值或为无穷大，说明存在导线断路或接触不良，需进行修理。

图 16　断路检查

⑦ 短路检查。分别检查 1 号端子与车身搭铁、122 号端子与车身搭铁、2 号端子与车身搭铁、121 号端子与车身搭铁之间的电阻值，应超过 10kΩ 或更大，如图 17 所示。如果电阻明显小于 10kΩ，则说明存在短路故障，需进行修理。

⑧ 检查曲轴位置信号盘（信号盘齿）。信号盘应无任何裂纹或变形，若出现异常，则应更换曲轴位置信号盘。

⑨ 检查信号转子与磁头之间的间隙。用塑料塞尺检查信号转子与磁头之间的间隙，标准值为 0.2 ~ 0.4mm。若有变化，需进行调整。

⑩ 若以上测量都正常，则更换 ECM。

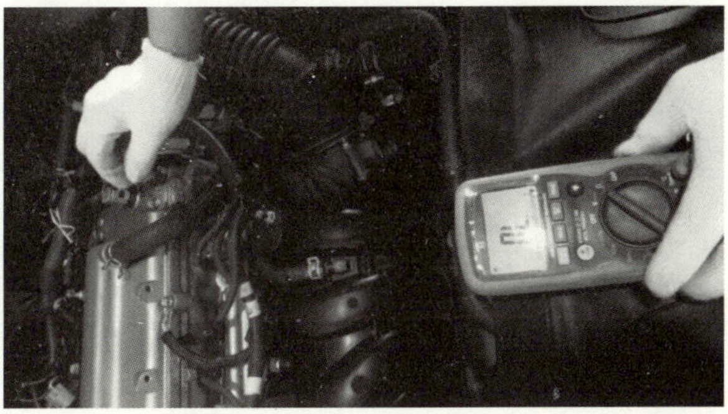

图 17 短路检查

⑪ 修复后进行故障码和数据流的再次检查。

5. 桑塔纳 AJR 发动机曲轴位置传感器检修方法

车型不同，规定的检修方法不同，应以维修手册为准。桑塔纳 AJR 发动机采用电磁感应式曲轴位置传感器，其控制电路如图 18 所示。曲轴位置传感器安装在曲轴后端飞轮附近，信号盘有（60－2）个凸齿；其信号波形如图 19 所示。其具体的检修标准见表 1。

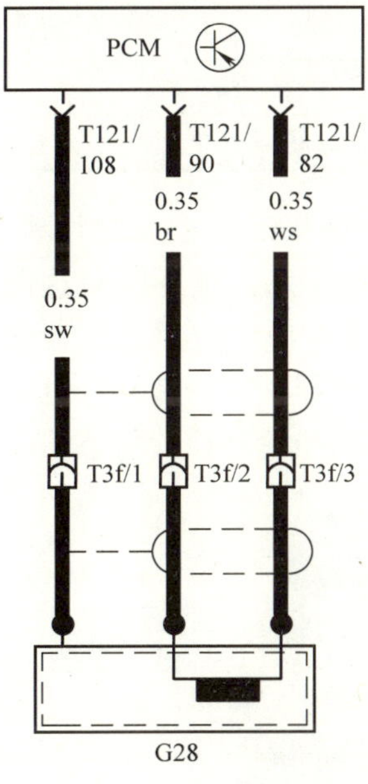

图 18 桑塔纳 AJR 发动机的曲轴位置传感器控制电路

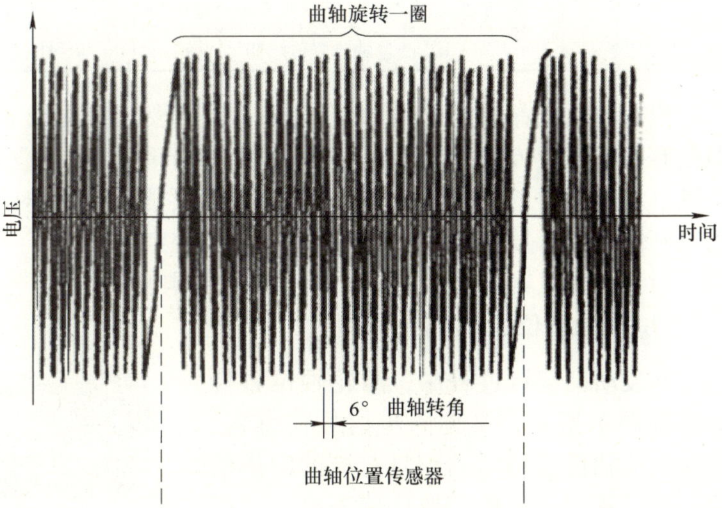

图 19 桑塔纳 AJR 发动机曲轴位置传感器信号波形

表 1 桑塔纳 AJR 发动机曲轴位置传感器的检修标准

检查项目	检修方法
检查传感器电阻	关闭点火开关，拔下传感器插接器的插头，检查传感器 2 号端子与 3 号端子之间的电阻，其值应为 450～800Ω；检查传感器上 1 号与 2 号端子或 3 号端子之间的电阻，阻值应无穷大。如果电阻不符合要求，则应更换传感器
检查连接线束	分别检查 1 号与 108 号端子、2 号与 90 号端子、3 号与 82 号端子之间的电阻值，均不应超过 1.5Ω。如果电阻不符合要求，则需更换线束

（续）

检查项目	检修方法
检查传感器间隙	用塑料塞尺检查信号转子与传感器之间的间隙，标准值为 0.2 ~ 0.4mm。若不符合要求，则应进行调整
检测传感器信号电压	运转发动机，用万用表交流电压档检测端子 2 和 3 之间的信号电压，应大于 0.5V，并随发动机转速升高而增加
检测传感器信号波形	运转发动机，用示波器检测端子 2 和 3 之间信号波形，应如图 19 所示 应重点观察以下几点： 一看大小：交流信号应在 0V 电位上下基本对称，一定转速对应一定的信号幅值和频率 二看变化：频率和幅值随转速的增大而增大 三看形状：波形的形状基本一致，各个峰值电压应相差不多，若某一个峰值电压过低，则应检查触发轮是否有缺角或弯曲。缺齿对应产生活塞基准位置信号

7.3.3.11　信息页

7.3.3.11　信息页

学校名称		任课教师	
班级		学生姓名	
学习领域	L7 发动机管理系统诊断维修		
学习情境	LS7.3：发动机加速性差且故障警告灯报警	学习时间	1h
工作任务	B：凸轮轴位置传感器	学习地点	理实一体化教室

根据曲轴位置传感器输入的信号，ECU 虽然可以做出有两个活塞在接近上止点的判断，但仅有曲轴位置传感器输入的信号，ECU 并不能判断出是哪两个缸的活塞，也不能对这两个气缸正进行的工作过程做出判断。为此需要能使 ECU 对气缸缸序及对应气缸活塞位置做出判断的同步信号传感器。对于有分电器电控点火系统，同步信号传感器一般安装在分电器内。对于无分电器点火系统，同步信号传感器则安装在凸轮轴上，称为凸轮轴位置传感器。

1. 凸轮轴位置传感器的作用

在发动机运行过程中，凸轮轴位置传感器如图 1 所示，又称同步信号传感器，产生与曲轴位置传感器信号对应的同步信号。ECU 根据凸轮轴位置传感器输出的同步信号，能对基准气缸正在进行的工作过程及活塞所处位置做出判断，确定发动机某气缸上止点的位置。结合曲轴位置传感器输出信号，就能保证发动机喷油和点火的正时及顺序。凸轮轴位置传感器主要用来检测凸轮轴的转角位置，配合曲轴位置传感器确定一缸压缩上止点位置，从而确定点火正时及喷油正时，如图 2 所示。

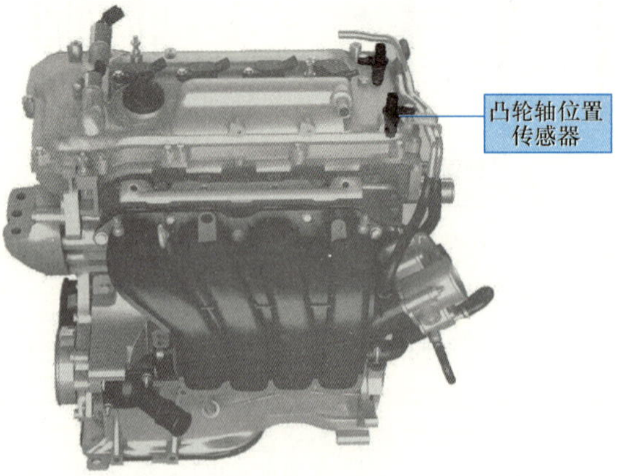

图 1　凸轮轴位置传感器安装位置

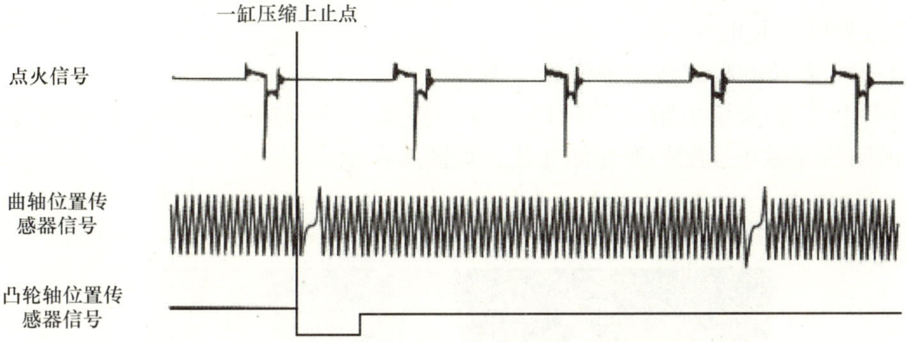

图 2 一缸压缩上止点确定

2. 凸轮轴位置传感器的结构原理

（1）桑塔纳 2000 时代超人霍尔效应式凸轮轴位置传感器

在凸轮轴的前端或分电器的内部，还装有一个霍尔效应式相位传感器，如图 3 所示，其信号轮上只有 1 个缺口。该缺口用于确定 1、4 缸上止点的性质是压缩还是排气。该传感器与磁感应式曲轴位置及转速传感器配合使用，这两个传感器所产生的信号如图 4 所示。

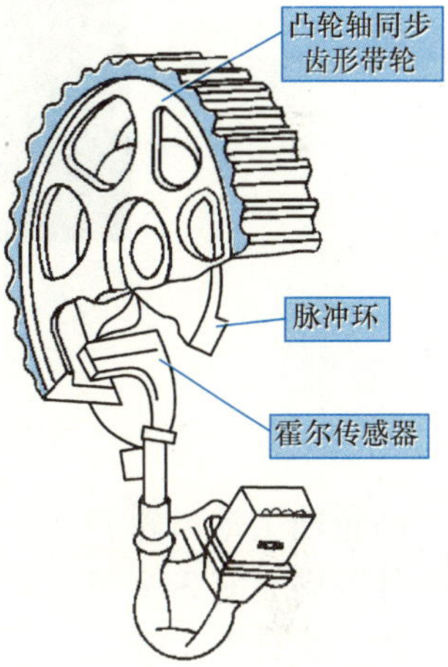

图 3 霍尔效应式凸轮轴位置传感器

ECU 通过对曲轴位置与转速传感器产生的交变电压信号的检测，可以得到如下信息：

① 曲轴转角与转速：（60 −2）个交变电压信号出现的周期为 360°/60 =6°，因此，ECU 通过计数即可以确定曲轴转过角度；单位时间内转过的角度就是转速。

② 各缸上止点的位置：交变电压信号发生缺失的位置为 1、4 缸上止点前 72°；曲轴从该位置开始转过 180°，即 ECU 数过 180°/6° =30 个交变信号，即为 2、3 缸上止点前 72°。

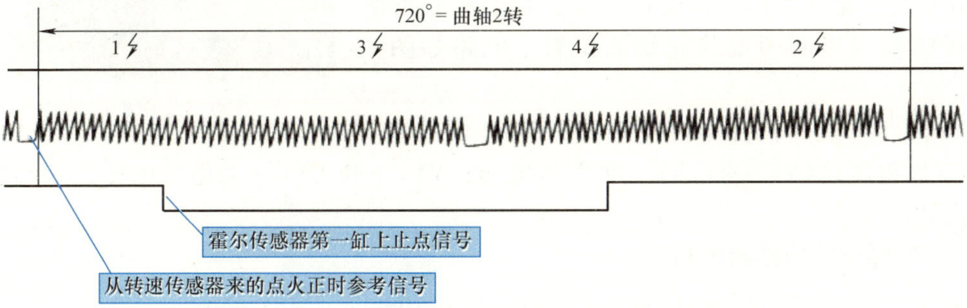

图 4 曲轴位置传感器和凸轮轴位置传感器的信号波形

由于一个工作循环中活塞两次到达上止点，ECU 无法单独由此信号来判断上止点的性质，为此，ECU 需要利用凸轮轴位置传感器的方波信号作为判缸信号。当方波信号为低电平 0V 时，1 缸为压缩上止点，4 缸为排气上止点；当方波信号为高电平 5V 时，1 缸为排气上止点，4 缸为压缩上止点。

（2）丰田卡罗拉磁阻式凸轮轴位置传感器

丰田卡罗拉轿车采用磁阻式凸轮轴位置传感器，该传感器由磁铁和 MRE 元件组成。MRE 元件的阻值随磁场强度的变化而变化，如图 5 所示。

图 5　凸轮轴位置传感器

凸轮轴主动齿轮有一个信号盘，如图 6 所示。信号盘的外圆周上有 3 个齿。齿轮旋转时，信号盘和耦合线圈间的气隙会发生改变，从而影响磁场强度。MRE 材料的电阻就会随着磁场强度变化发生波动。凸轮轴位置传感器将齿轮旋转数据转换为脉冲信号，如图 7 所示，并将这些脉冲信号发送到 ECM 来确定凸轮轴角度。

图 6　凸轮轴信号盘

丰田卡罗拉轿车 2ZR 发动机由于采用双顶置凸轮轴形式，在进气凸轮轴与排气凸轮轴上各安装了一个凸轮轴位置传感器以检测两根凸轮轴的位置，电路如图 8 所示。

图 8 中，VC 为传感器电源电路，由 ECM 供给 4.5 ~5.0V 工作电压；VV1 – 和 VVE – 为参考电压；VV1 + 和 VVE + 为信号电压，随凸轮轴的转动输出脉冲信号。

3. 凸轮轴位置传感器的检测

磁阻式传感器的检测方法与霍尔式传感器基本相同。

① 断开凸轮轴位置传感器插接器，将开关置于 ON 位置，测量端子 VC 端子与搭铁之间的电压，应在 4.5 ~5V 之间，如图 9 所示。

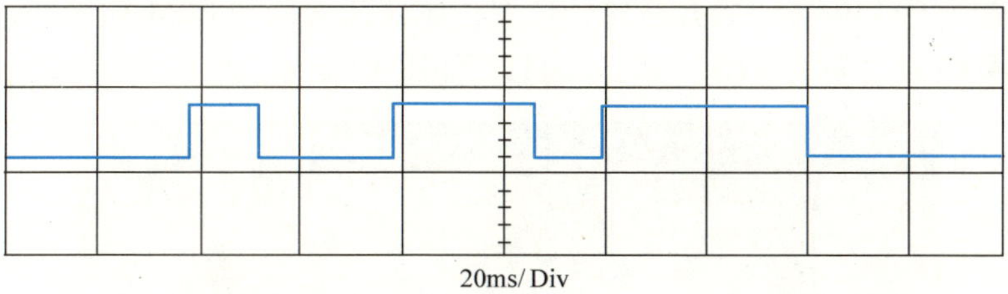

图 7 凸轮轴位置传感器输出信号

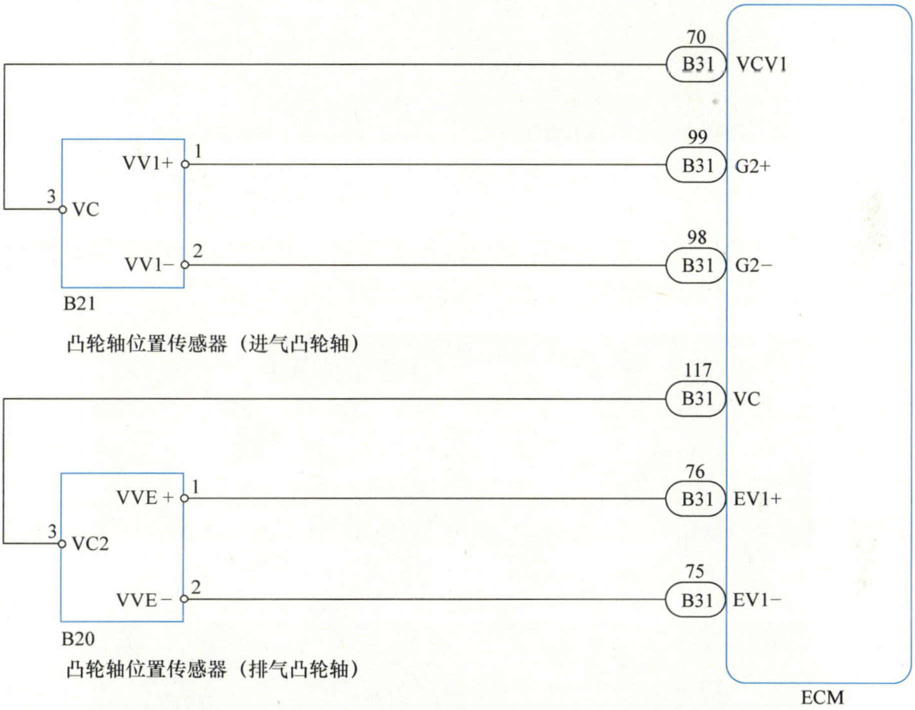

图 8 凸轮轴位置传感器电路图

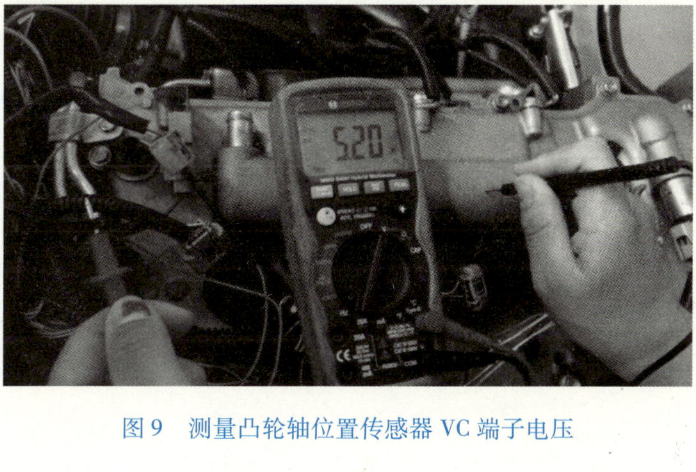

图 9 测量凸轮轴位置传感器 VC 端子电压

② 将开关置于 OFF 位置，断开凸轮轴位置传感器插接器和 ECM 插接器，测量凸轮轴位置传感器至 ECM 线路之间的电阻，应小于 1Ω，如图 10 所示。

图 10 测量凸轮轴位置传感器至 ECM 线路是否有断路

③ 将开关置于 OFF 位置，断开凸轮轴位置传感器插接器和 ECM 插接器，测量凸轮轴位置传感器各端子与搭铁之间的电阻，应大于 10kΩ，如图 11 所示。

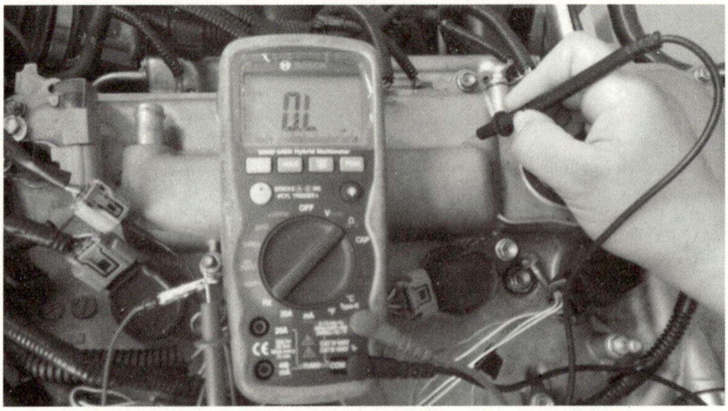

图 11 测量凸轮轴位置传感器与车身是否有短路

④ 如检测都符合标准，则更换 ECM 后重新试车。

7.3.3.12 信息页

7.3.3.12 信息页

学校名称		任课教师	
班级		学生姓名	
学习领域	L7 发动机管理系统诊断维修		
学习情境	LS7.3：发动机加速性差且故障警告灯报警	学习时间	1h
工作任务	C：爆燃传感器	学习地点	理实一体化教室

1. 爆燃控制

爆燃是汽油机工作时的一种不正常燃烧现象。轻微的爆燃，可使发动机功率上升，油耗下降。但爆燃严重时，气缸内会发出特别尖锐的金属敲击声，且会导致冷却液过热，功率下降，耗油率上升。

点火提前角是影响爆燃的主要因素之一，推迟点火是消除爆燃的最有效措施。在无爆燃控制的传统点火系统中，为防止爆燃的产生，其点火时刻的设定必须远离爆燃边缘，这必然使发动机的动力性、经济性达不到最佳。在电控点火系统中，ECU 根据爆燃传感器信号，判定有无发生爆燃及爆燃的强度，并根据其判定结果对点火提前角进行反馈控制。当发动机发生爆燃时，ECU 通过爆燃传感器输入信号和比较电路确定发动机的爆燃，并根据爆燃强度输入信号，由 ECU 控制点火提前角逐渐减小，直至无爆燃产生；随后又逐渐增大点火提前角，一直到发生爆燃时，又恢复前述的反馈控制，使发动机处于爆燃的边缘工作。这样，既能防止爆燃发生，又能有效地提高发动机的动力性和经济性。

对发动机爆燃的检测可以采用气缸压力检测、燃烧噪声检测和发动机机体振动检测等方法。燃烧噪声检测是一种非接触式检测方法，其耐久性好，但精度和灵敏度偏低。气缸压力检测方法精度最高，但传感器的耐久性差，安装困难。发动机机体振动检测方法，也称缸壁振动型检测方法，具有较高的检测精度，传感器安装方便灵活，耐久性也较好，是目前最常用的爆燃检测方法。

2. 爆燃传感器

爆燃传感器安装在发动机机体上，将发动机的振动转换成电压信号输送到 ECU。ECU 根据输入电压信号对是否爆燃进行判断。爆燃传感器的安装要求在任何条件下都便于确认来自任一气缸的爆燃。对于 4 缸发动机来说，一般安装在 2、3 缸之间，如图 1 所示。

图 1　爆燃传感器安装位置

在 6 缸或超过 6 缸的发动机中，至少需两个以上的爆燃传感器，并按照点火顺序依次接通。

（1）爆燃传感器类型

根据爆燃的检测原理不同分为两种：一种是共振检测方法，采用共振型爆燃传感器；另一种是频率检测方法，采用平面型爆燃传感器。

共振型爆燃传感器是利用压电元件在外力作用下产生变形时将产生与变形大小相对应的电信号这一原理制成的。当发动机发生爆燃时，机体壁面的振动会传给与它紧密贴合的压电元件，两者发生共振，从而输出电压。共振型爆燃传感器在爆燃时输出的电压要比发动机没共振时输出的电压高出很多，因此 ECU 很容易判断发动机是否发生爆燃。

平面型爆燃传感器是利用压电元件受外力作用时，压电元件产生的电信号与外力大小相对应原理制成的。发动机工作时，压电元件输出的信号与发动机壁面的振动规律相对应，传感器再把这种振动规律转化成电信号输出。因为这种传感器在整个发动机工作频带宽度范围内输出的电压信号变化较平稳，所以必须要对信号进行处理，ECU 才能准确判断爆燃是否发生。平面式爆燃传感器如图 2 所示。

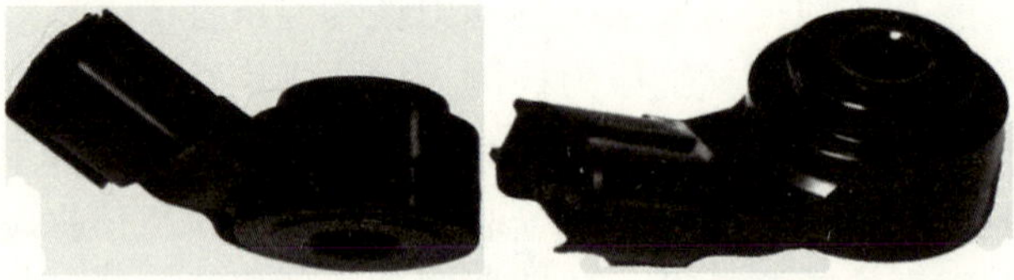

a) b)

图 2 平面式爆燃传感器

这种传感器可以检测的工作频带宽度可以从零到数千赫兹，因此不需要专门调节就可检测各种不同的发动机。由于通用性强、制造时不需调整、结构简单，被多数电控发动机广泛运用。

根据传感器结构原理不同，分为磁致伸缩式爆燃传感器和压电式爆燃传感器。

（2）磁致伸缩式爆燃传感器

磁致伸缩式爆燃传感器的外形和结构如图 3 所示。它由高镍合金的磁心、永久磁铁、感应线圈、壳体等构成。

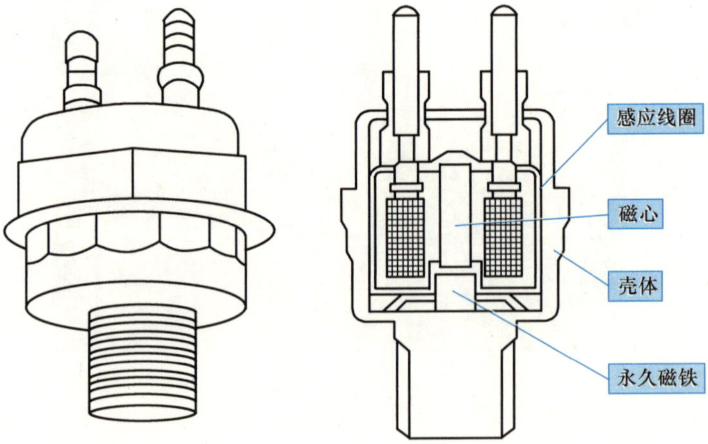

图 3 磁致伸缩式爆燃传感器

当机体振动时，磁心受到机体振动的影响，在传感器内产生轴向振动，使通过感应线圈的磁通发生变化，在感应线圈产生感应电动势，此电动势即是爆燃传感器输出的电压信号。

传感器输出的电压信号的大小与发动机振动的频率有关，当传感器自振频率在设定爆燃强度下与发动机的振动频率产生谐振时，传感器的输出电压将达到最大值，如4所示。ECU根据该传感器的输出电压，就可以对发动机是否爆燃做出判断。

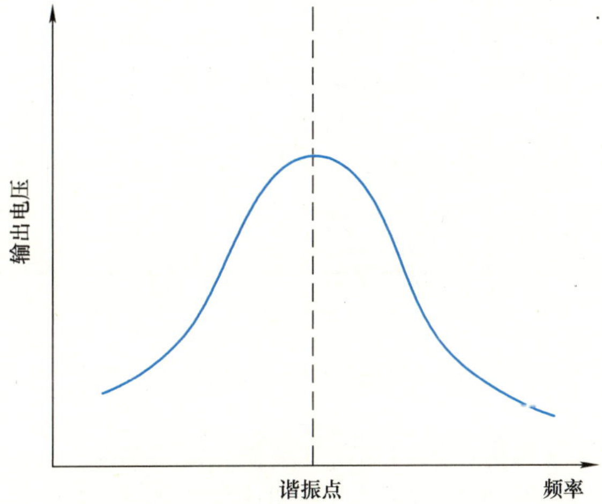

图4 磁致伸缩式爆燃传感器输出特性

（3）压电式爆燃传感器

压电式爆燃传感器是一种利用压电原理检测机体振动的传感器。根据它们的结构特点，又分为共振型和平面型。

1）共振型压电式爆燃传感器

共振型压电式爆燃传感器，是利用产生爆燃时的发动机振动频率与传感器本身的固定频率“合拍”时产生共振现象，来检测爆燃是否发生，其结构如图5所示。该传感器由压电元件、振荡片、基座等构成。压电元件紧密贴合在振荡片上，振荡片则固定在传感器的基座上。发动机工作时，振荡片随机体的振动而振荡；振荡片的振荡使与它紧密贴合的压电元件变形，并产生电压信号；此电压信号即是传感器的输出信号。

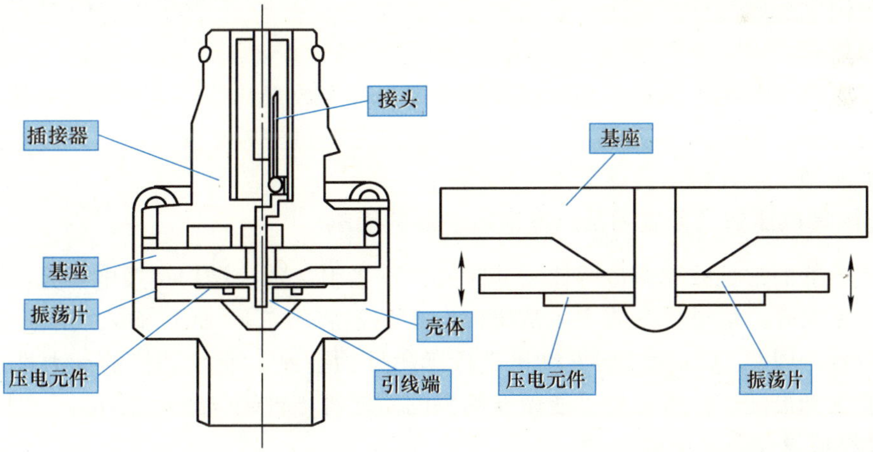

图5 共振型压电爆燃传感器

当发动机爆燃时的振动频率与振荡片的固有频率“合拍”时，振动荡片产生共振，此时压电元件将产生最大的电压信号，如图6所示。这种传感器在爆燃发生时的输出电压比非共振（即无爆燃）时的输出电压高得多，因此不需要滤波器，ECU即可判别是否发生爆燃。

2）平面型压电式爆燃传感器

平面型压电式爆燃传感器是以接收加速度信号的形式来判断是否产生爆燃，其结构如图7所示。它由两个同极性相向对接的压电元件和配重构成，结构简单，制造时不需调整。

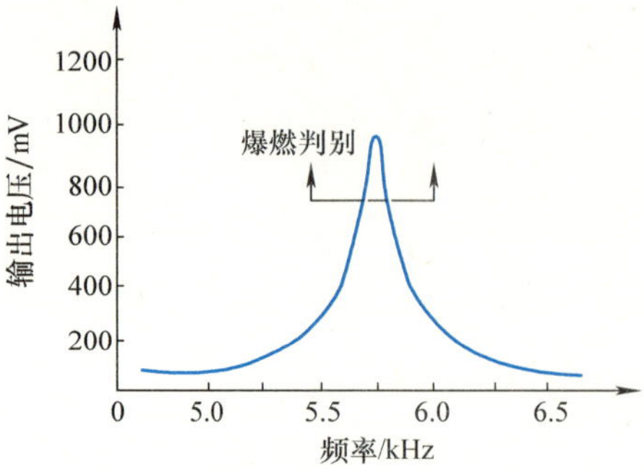

图6　共振型压电爆燃传感器的输出特性

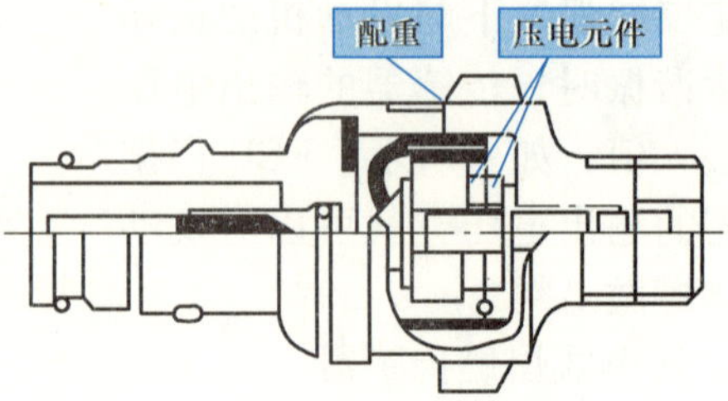

图7　平面型压电式爆燃传感器

发动机机体振动时，传感器内部的配重受机体振动的影响而产生加速度，压电元件就会受到配重加速时惯性力的作用，而产生电压信号。在爆燃发生时的频率及该频率附近，这种频率（kHz）传感器输出的信号不会很大，而是具有平的输出特性，如图8所示。因此，为了能够根据该传感器输出的电压识别发动机是否发生爆燃，必须将反映发动机振动频率的输出电压信号送到识别爆燃的滤波器中，以判别是否有爆燃信号产生。

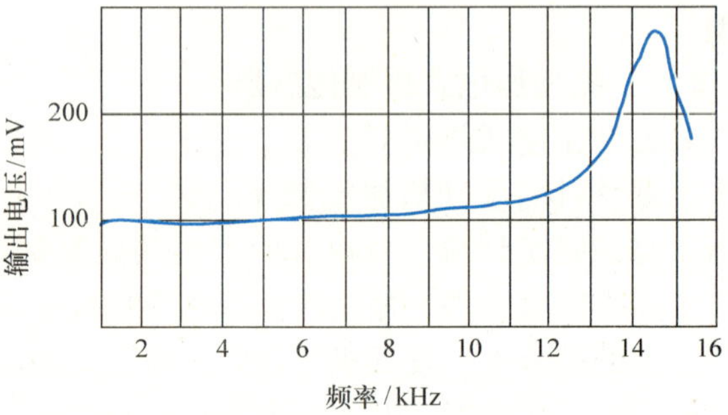

图8　平面型压电式爆燃传感器输出特性

平面型压电式爆燃传感器感测频率范围设计为零至数千赫兹，可检测具有较宽频率带的发动机振动频率。在不同发动机上，只需调整滤波器的过滤频率就可使用，而不需更换传感器，这是平面型压电式爆燃传感器最突出的优点。

3. 爆燃传感器的常见故障及对发动机性能的影响

爆燃传感器的常见故障有传感器安装时操作不当引起的机械损坏及电器元件老化、电器线路断路或短路等。爆燃传感器产生故障时，传感器将不能向ECU输入反映发动机爆燃情况的正确信号，因此ECU无法对发动机进行爆燃反馈控制，使发动机的动力性、经济性及排放性不能达到最佳，严重时也可能使发动机的活塞等零件因爆燃而损坏。

4. 爆燃传感器及其电路检测

（1）丰田卡罗拉平面型爆燃传感器检测

丰田卡罗拉车型采用平面型爆燃传感器，可检测6～15kHz内的振动频率，安装在2、3缸之间，在发动机缸体因爆燃而振动时，就会产生电压，并将此信号发送给ECU；ECU延迟点火时间，电路图如图9所示。

① 断开BD1爆燃传感器插接器，连接测量线束，测量两端子间电压，应大于4.5V，如图10所示。如电压正常，则说明供电及搭铁线路良好，若无电压，则需分别检查两导线，参考步骤③。

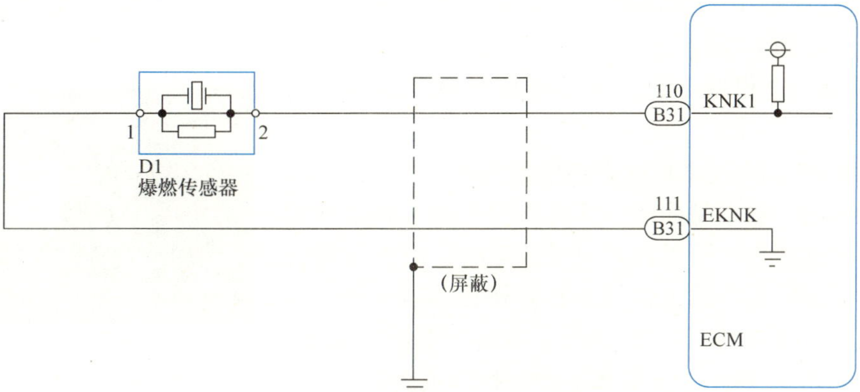

图 9　卡罗拉车型爆燃传感器电路图

② 检查爆燃传感器电阻，应为 120～280kΩ，如不符合标准，则更换爆燃传感器，如图 11 所示。

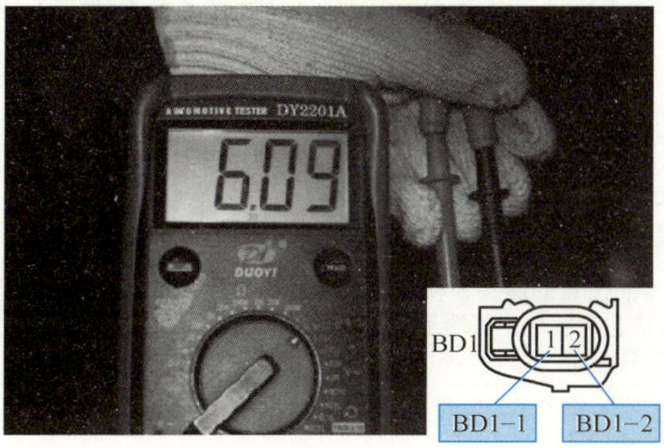

图 10　检测两导线是否通路

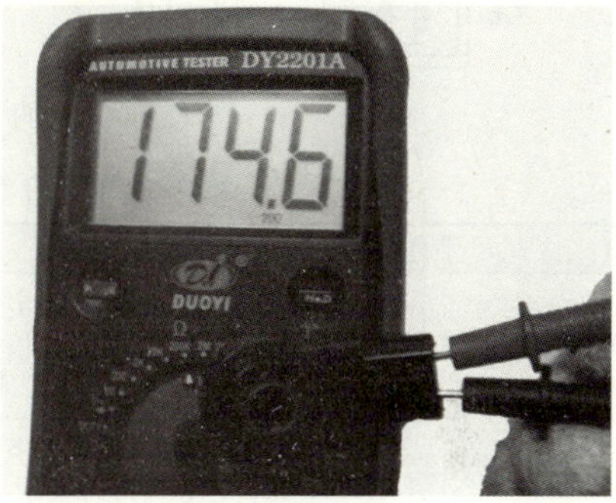

图 11　检测爆燃传感器电阻

③ 分别断开蓄电池负极、ECU 插接器，按电路图找到 ECU 插接器 B31 －110 及 B31 －111 端子，并连接诊断线头，如图 12 所示。

④ 分别检测 BD1 －1 至 B31 －111 和 BD1 －2 至 B31 －110 端子间的电阻，应小于 1Ω，如不正常，则说明线路断路，如图 13 所示。

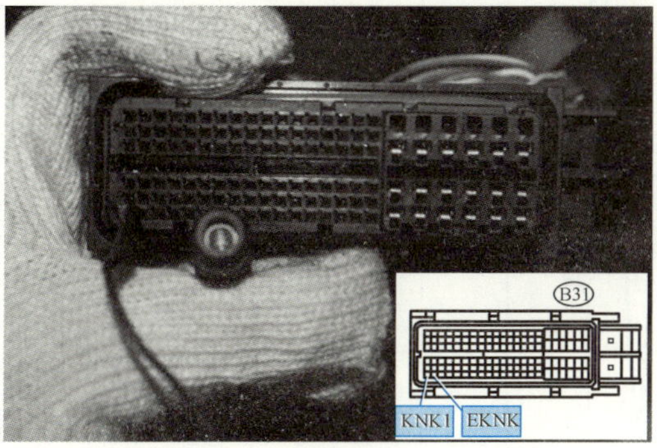

图 12　B31 －110 及 B31 －111 端子

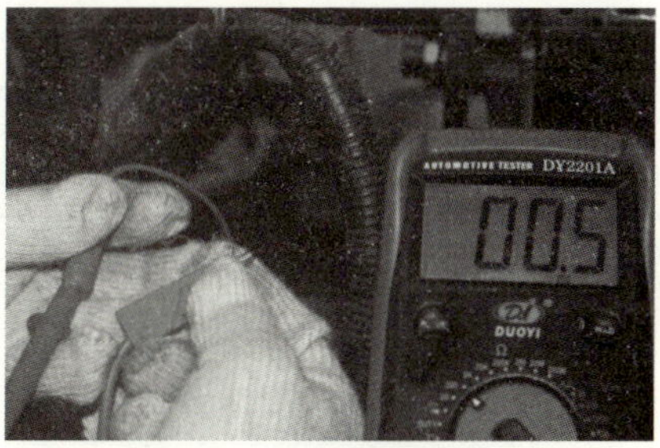

图 13　检查导线是否断路

⑤ 分别检测 BD1－1 和 BD1－2 至车身搭铁间的电阻，应大于 10kΩ，如不正常，则说明线路短路，如图 14 所示。

⑥ 如果以上过程均正常，则有可能为 ECU 损坏，需检测 ECU。

（2）桑塔纳 AJR 发动机爆燃传感器检测

爆燃传感器一般不易损坏，其通常的失效方式是外力碰撞后的物理性损伤。所以在其出现故障时，应首先进行外观检查。下面以桑塔纳 AJR 发动机爆燃传感器为例，说明其检测方法。桑塔纳 AJR 发动机采用两个爆燃传感器，其控制电路如图 15 所示。其具体的检修标准见表 1。

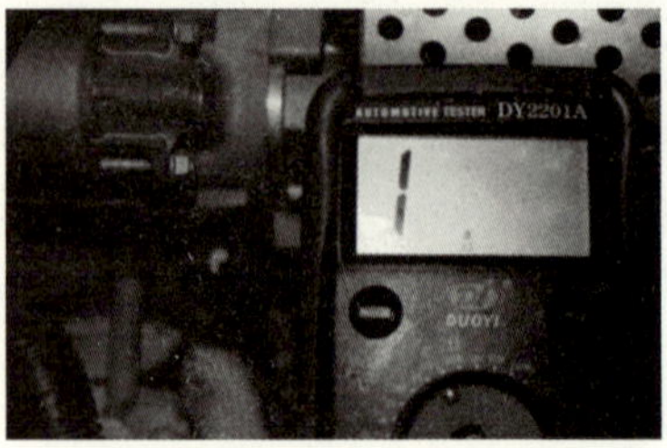

图 14　检查导线是否短路

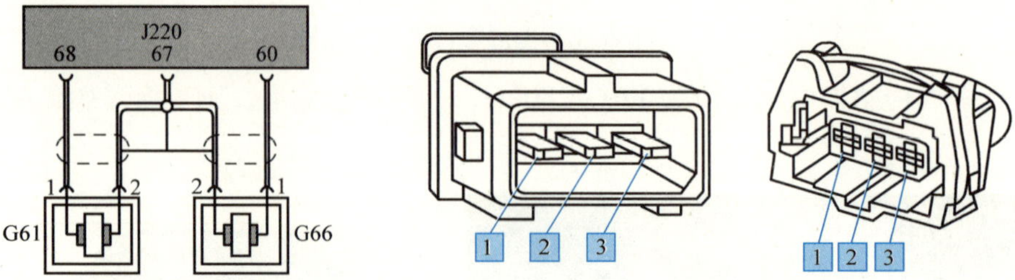

图 15　桑塔纳 AJR 发动机的爆燃传感器控制电路

表 1　桑塔纳 AJR 发动机爆燃传感器的检修标准

检查项目	检修方法
检查传感器电阻	关闭点火开关，拔下传感器插接器的插头，检查传感器 1 号端子与 2 号端子之间的电阻，其值应大于 1MΩ；检查传感器上 1 号与 2 号端子或 3 号端子之间的电阻，阻值应无穷大。如果电阻不符合要求，则应更换传感器
检查连接线束	分别检查 1 号与 68 号（60 号）端子、2 号与 67 号端子之间的电阻值，均不应超过 1.5Ω。如果电阻不符合要求，则需更换线束
检测传感器信号波形	不起动发动机，用金属物体敲击爆燃传感器附近的缸体，用示波器检测端子 1 和 2 之间信号波形，应如图 16 所示

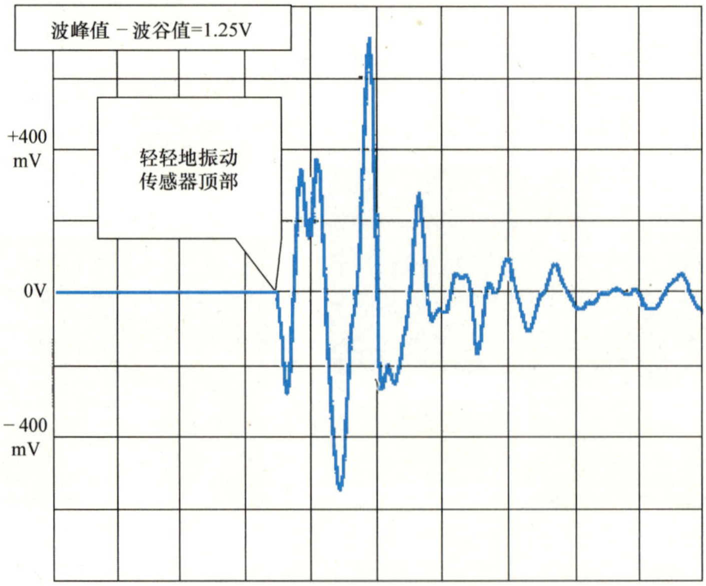

图 16　爆燃传感器敲击测试波形

7.3.3.13　信息页

7.3.3.13　信息页

学校名称		任课教师	
班级		学生姓名	
学习领域	L7 发动机管理系统诊断维修		
学习情境	LS7.3：发动机加速性差且故障警告灯报警	学习时间	1h
工作任务	D：点火系统检测	学习地点	理实一体化教室

1. 点火系统故障诊断

① 起动发动机，依次断开各缸喷油器，观察发动机的状态，确定可疑点火线圈，如图1所示。

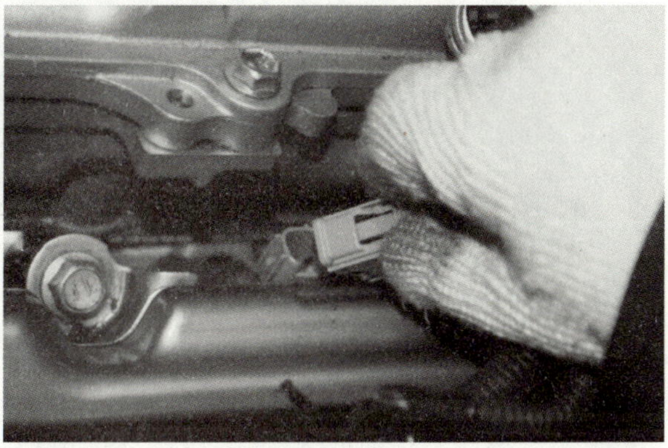

图1　依次断开各缸喷油器

② 关闭发动机，断开蓄电池负极，将相关点火线圈与可靠气缸的点火线圈相交换，如图2所示，并再次起动发动机，观察发动机状态。若可疑点火线圈的缺火现象转移到新气缸，则说明该点火线圈损坏，需更换点火线圈；若可疑点火线圈的缺火现象没有转移到新气缸，则说明原气缸火花塞或相关电路损坏，需对火花塞和相关电路进行检测。

图2　交换点火线圈，观察发动机状态

③ 检测点火线圈总成电源电路（以第1缸点火线圈为例）。断开点火线圈总成插接器，将点火开关置于“ON”位置，测量B26－1（＋B）至B26－4（GND）之间的电压，应为9～14V，如图3所示。若检测结果异常，则说明电源电路损坏，需对电源电路进行检查；如检测结果正常，则进入下一步。

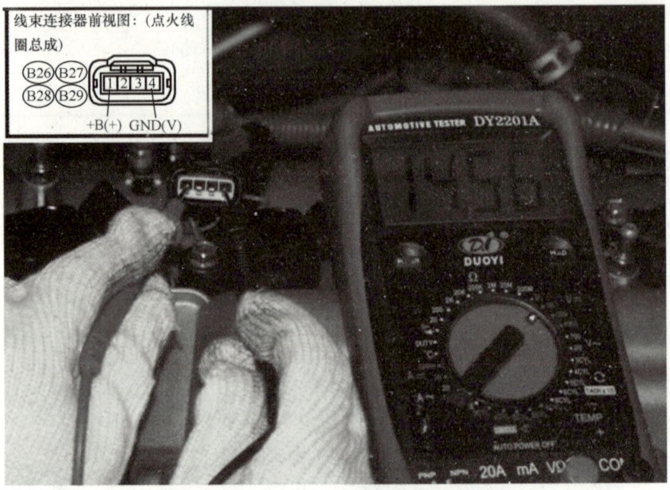

图3 检测点火模块电源电路

④ 检测点火线圈总成IGf端子至ECM电路是否断路。断开点火线圈总成插接器和ECM插接器，检测点火线圈总成B26－2（IGf）至ECM端子B31－81（IGf1）电阻，正常电阻应小于1Ω，如图4所示。若检测结果异常，则说明线路断路，需更换线束插接器；若检测结果正常，则重新连接ECM插接器和点火线圈总成插接器，进入下一步。

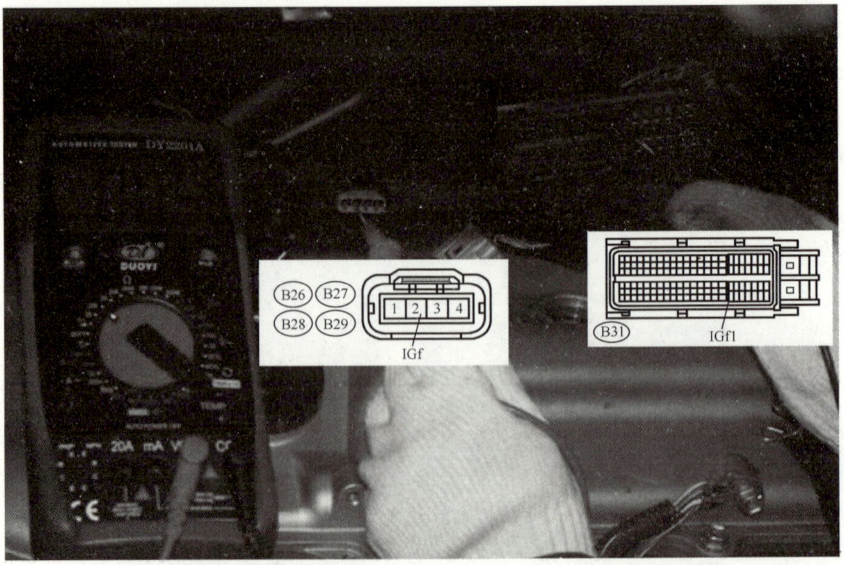

图4 检测点火线圈至ECM电路是否断路

⑤ 检测点火线圈总成IGf端子至ECM电路是否短路。断开点火线圈总成插接器和ECM

插接器，检测点火线圈总成 B26－2（IGf）至搭铁电阻，正常电阻应大于 10kΩ，如图 5 所示。若检测结果异常，则说明线路短路，需更换线束插接器；若检测结果正常，则重新连接 ECM 插接器和点火线圈总成插接器，进入下一步。

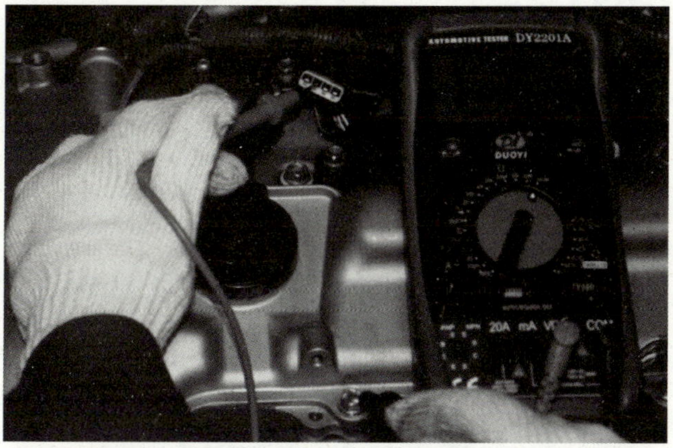

图 5　检测点火线圈至搭铁是否短路

⑥ 用相同方法检测点火线圈总成 IGt 端子至 ECM 电路是否有断路或短路情况。如果线束无故障，则需检测 ECM。

2. 分析故障原因制定诊断流程

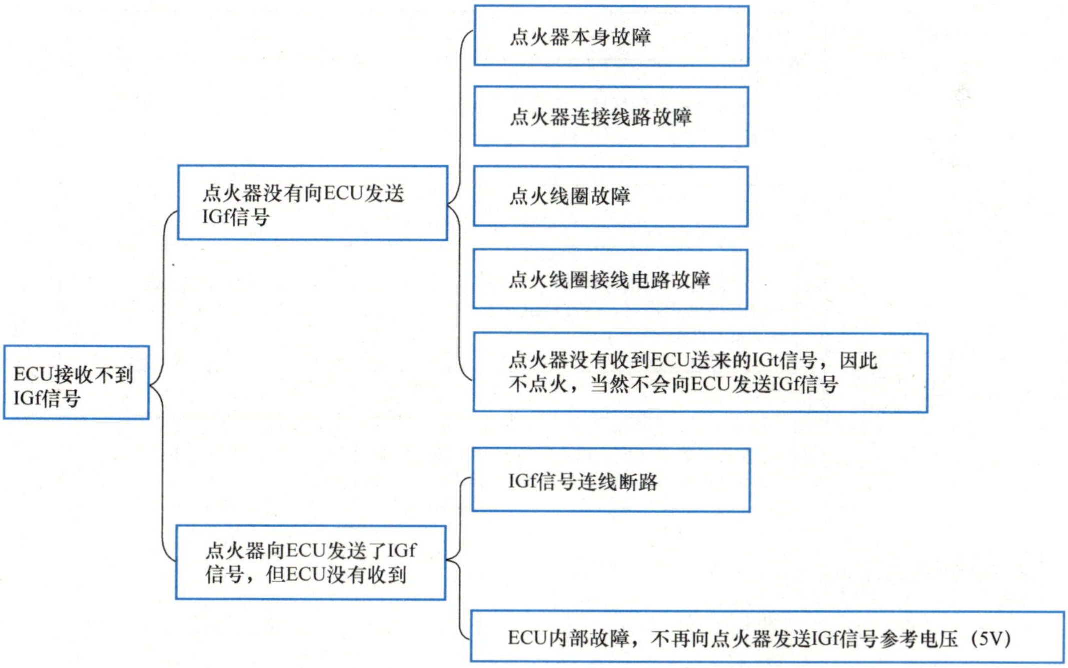

3. 跳火试验

① 断开全部喷油器插头，使其不能喷射燃料。

② 从分电器上拔下中央高压线，并使其端部距搭铁 5 ~ 7mm，如图 6 所示。

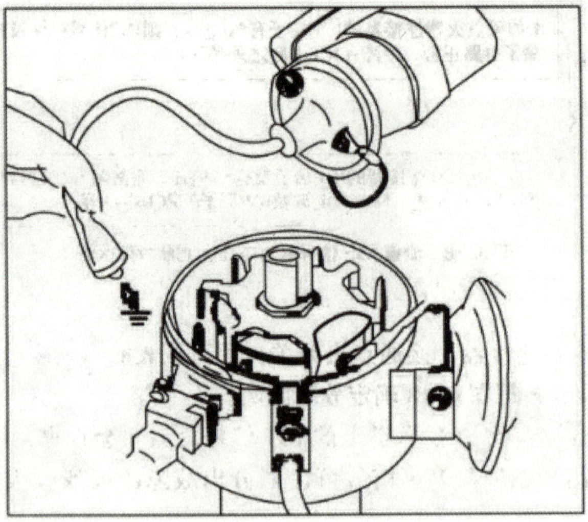

图 6　跳火试验

③ 接通电源，起动发动机：中央高压线与搭铁之间应产生电火花，否则说明点火系统存在故障。故障区域的确定方法见如下流程：

- 跳火试验
  - 有跳火
    - 正常区域：点火线圈及其接线、点火器的点火控制部分、点火器接线、ECU的IGt信号（理由：否则不可能跳火）
    - 可能发生故障的区域：IGf信号线路、点火器的IGf信号控制部分、ECU没有提供IGf信号参考电压。故障后果：发动机因不喷油而不能起动
  - 不跳火
    - 正常区域：IGf信号线路、点火器的IGf信号控制部分、ECU的IGf信号参考电压（理由:既然不跳火，点火器也就不产生IGf信号，那么ECU收不到IGf信号就与这部分无关）
    - 发生故障的区域：点火线圈及其接线、点火器的点火控制部分、点火器接线、ECU的IGt信号（理由：如果这部分都正常，就应该跳火）

4. 检查点火正时

① 一般检查：起动发动机，使冷却液温度上升到 80℃；急加速，如转速不能随之立即增高，感到发闷或在排气管中有“突突”声，则说明点火过迟；如出现类似金属敲击声，则说明点火过早。

② 使用点火正时灯（仪）检查：

a. 查找并验证飞轮或曲轴前端带盘上 1 缸压缩终了上止点标记和点火提前角标记，擦

拭使之清晰可见。如标记不清晰，则最好用粉笔或油漆将标记描白。

b. 将点火正时灯（仪）正确连接到汽车发动机上，将传感器插接在 1 缸火花塞与高压线之间。必要时，接上转速表和真空表。

c. 起动发动机，并暖机至正常工作温度状态，保持在怠速下稳定运转。用短接线短接诊断插接器的 TE1 – E1 端子（如果是 OBD – II 型诊断插接器，则短接 TC – CG 端子），如图 7 所示。此时，发动机在怠速下将按照初始点火正时工作。打开正时灯并对准正时标记（正时刻度盘或正时指针），调整正时灯电位器，使正时标记清晰可见，就如同固定不动一样。此时表头读数即为发动机怠速运转时的点火提前角。用同样的方法可分别测出不同工况、转速时的点火提前角，并记录。

d. 将测出的点火提前角与规定标准值进行对照，判断点火提前角的大小是否符合要求。若不符合要求，则应调整点火正时。

③ 有条件时最好进行路试检查。检查条件：发动机走热后，在平坦、坚硬路面上以最高档最低稳定车速行驶。急加速时，若听到轻微的爆燃声且瞬间消失，汽车加速有力，则为点火正时正确；若爆燃声明显且长时间不消失，则为点火过早；若听不到爆燃声，且加速缓慢，排气管有“突突”声，则为点火过迟。

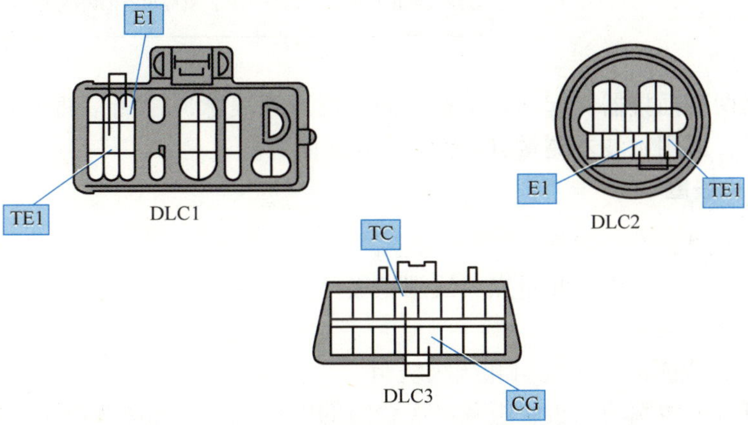

图 7 短接诊断插接器相关端子

5. 检测 IGt 或 IGf 信号

（1）检测 IGf 信号

点火器要成功地向 ECU 发送 IGf 信号。ECU 必须先向点火器发送 IGf 信号参考电压（5V）。因此，测量 IGf 信号参考电压（5V）可以划分出故障的大致区域。

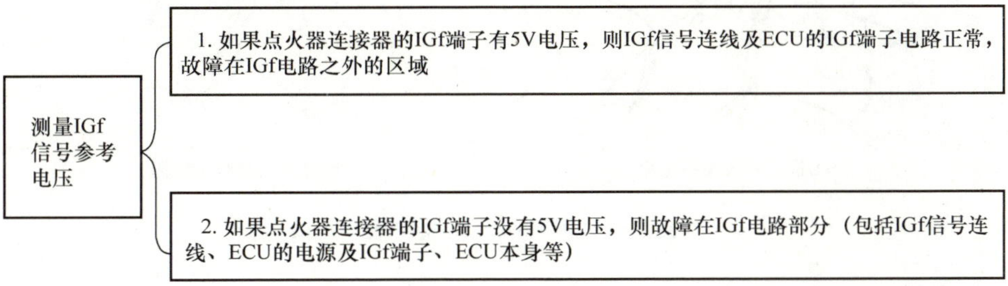

拔开点火器的两脚插接器，接通点火开关，用万用表测量两脚插接器线束侧 IGf 端子与搭铁之间的电压。

（2）检测 IGt 信号

点火器接收到 ECU 发送来的 IGt 信号之后才会点火，即先有 IGt 信号，才会有 IGf 信号。因此，检测 IGt 信号可以划分出故障的大致区域。

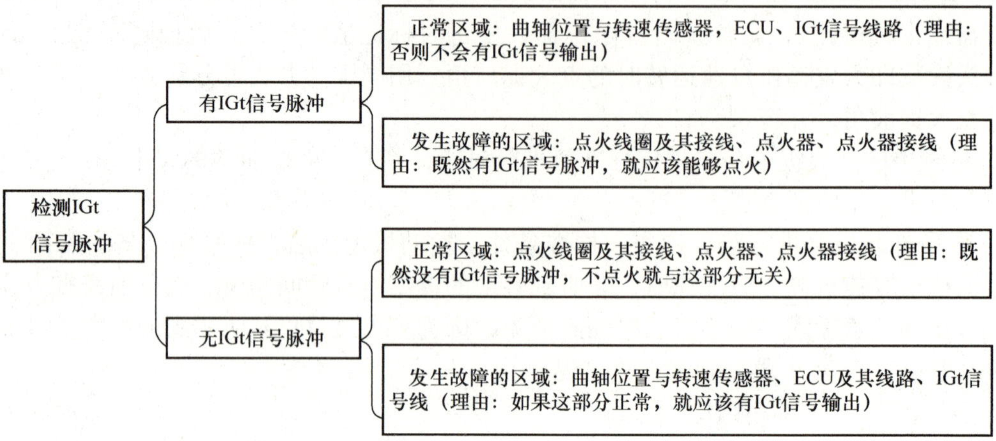

拔开点火器两脚插接器，起动发动机，同时用万用表脉冲档测量两脚插接器线束侧 IGt 端子的脉冲信号，或用示波器测量 IGt 端子的方波信号。

6. 检查点火线圈

（1）检查点火线圈供电情况

接通点火开关，用万用表测量点火线圈正极接线柱到搭铁之间的电压，应为蓄电池电压值，否则应检查电源电路。

（2）检测点火线圈的初级绕组和次级绕组

用万用表测点火线圈的初级绕组及次级绕组的电阻阻值，如图 8 所示。电阻值应符合表 1 的规定，否则，更换点火线圈。

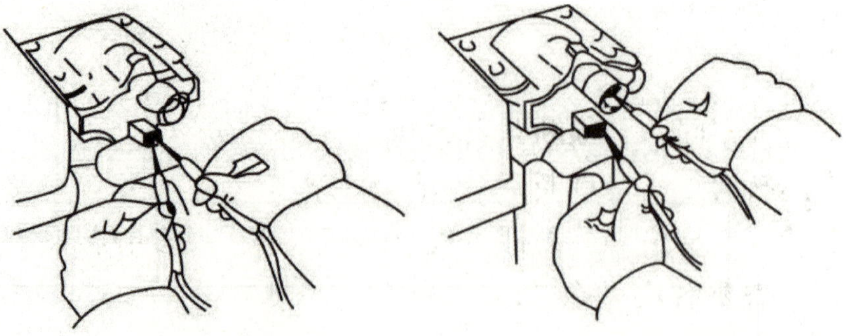

a)检查初级绕组电阻　　b)检查次级绕组电阻

图 8　检测点火线圈初级绕组及次级绕组的电阻

测量点火线圈正极接线柱与车身搭铁之间的电阻，电阻值应大于 10MΩ，否则应更换点火线圈。

表 1 点火线圈的电阻值表

点火线圈温度状况/℃	电阻值/Ω	
	初级绕组	次级绕组
冷态（-10~50）	0.36~0.55	9 000~15 400
热态（50~100）	0.45~0.65	11 400~13 800

7. 检查点火器及线路

点火器的连接电路如图9所示。结合电路图，用万用表检查点火器的供电、搭铁及其他线路情况；如有异常，则修复。

拆下点火器，在点火器的+B端子与搭铁端子之间施加+12V电源，用万用表测量点火器负极端子与搭铁之间的电阻，应不导通；在IGt端子与搭铁端子之间再施加4.5V电压，再次测量点火器负极端子与搭铁之间的电阻，应导通。如不符合上述要求，则更换点火器。

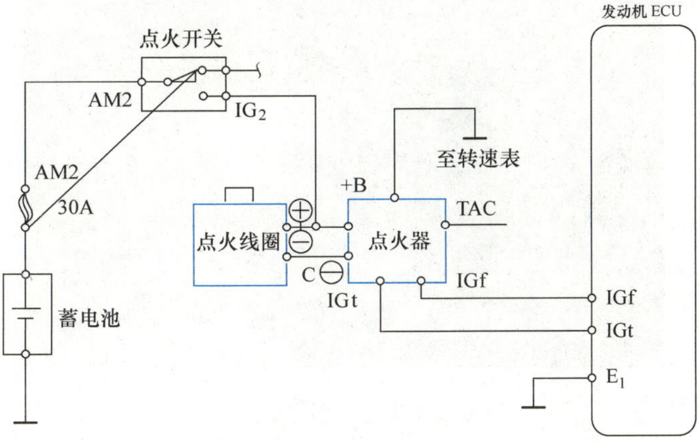

图9 点火器连接电路

8. 点火系统的检查维护

点火系统的检查与维护主要检查各插接器是否松动、点火模块是否损坏、火花塞是否需要更换。具体检查过程如下。

① 摇动蓄电池正、负极接线及电缆夹，应无氧化、污垢现象，连接牢固，如图10所示。

② 用万用表检测蓄电池电压，应为9~12V，如图11所示。

③ 轻轻摇动点火模块，应安装牢固，无松旷现象，如图12所示。

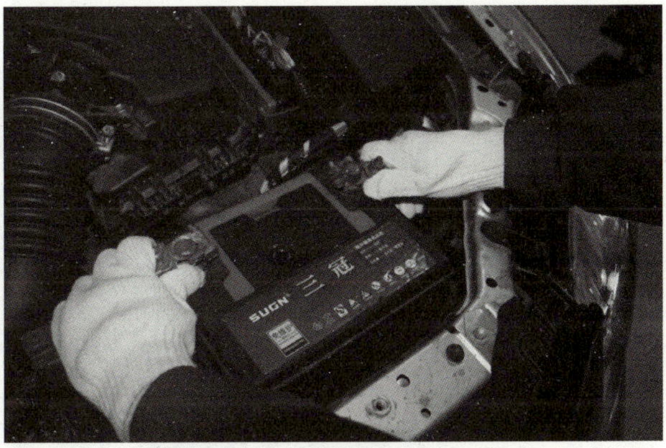

图10 检查正负极接线柱

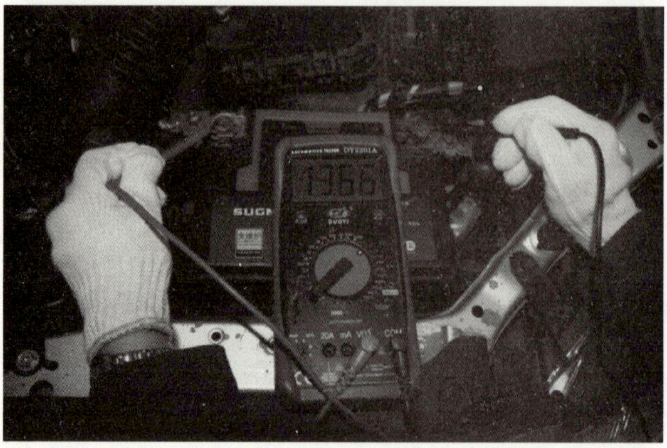

图 11　检查蓄电池电压

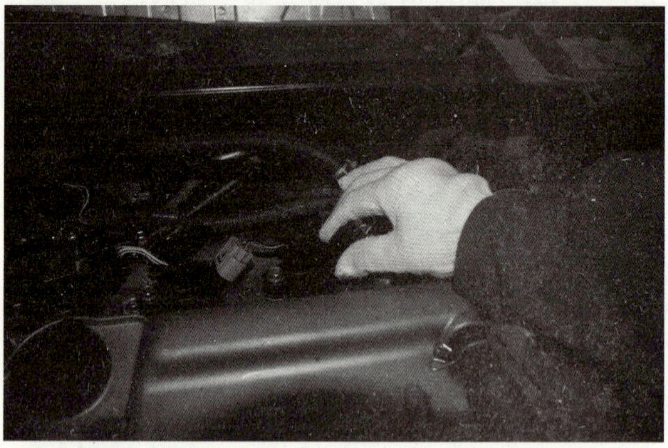

图 12　检查点火模块安装情况

④ 轻轻摇动点火模块插接器，应无松旷现象。

⑤ 轻轻摇动各导线，检查各导线是否从端子处脱开，线束外壳应无明显损坏痕迹，如图 13 所示。

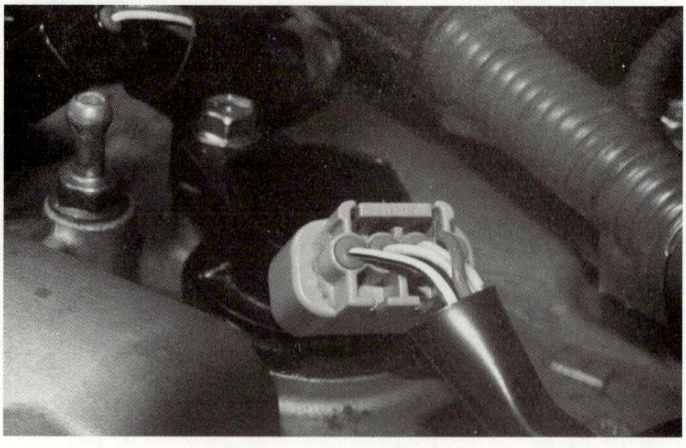

图 13　检查导线

⑥ 按下点火模块插接器锁舌，将插接器向外拔出，依次断开四个线束插接器，如图 14 所示。

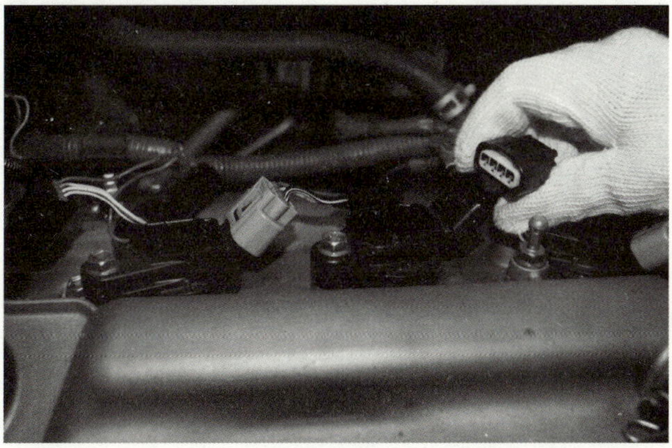

图 14 断开点火模块插接器

⑦ 选用棘轮扳手、10mm 套筒，依次拧松点火模块固定螺栓，并用手取下。

⑧ 左右旋动点火模块，使点火模块与火花塞脱离后按垂直方向拔出，如图 15 所示。

注意事项：拔出点火模块时，不要损坏发动机缸盖罩开口上的火花塞盖或火花塞套筒管顶部边缘。

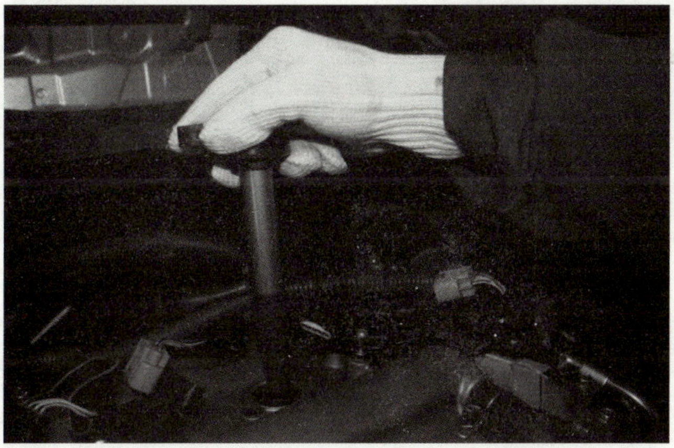

图 15 拔出点火模块

⑨ 检查点火模块插接器，应无损坏、锈蚀、弯曲。

⑩ 检查点火模块外壳，应无损坏、破裂。

⑪ 检查点火模块橡胶部位，应无损坏、老化和裂纹。

⑫ 选用加长杆、棘轮扳手及火花塞套筒拧松火花塞，但不得完全拧松，如图 16 所示。

⑬ 用压缩空气清洁火花塞周围，以防灰尘落入螺孔或燃烧室内，如图 17 所示。

⑭ 使用组合工具完全旋松，直至火花塞螺纹完全退出螺孔后将火花塞取出，如图 18 所示。

⑮ 检查导管，应无明显油迹、脏污，如图 19 所示。

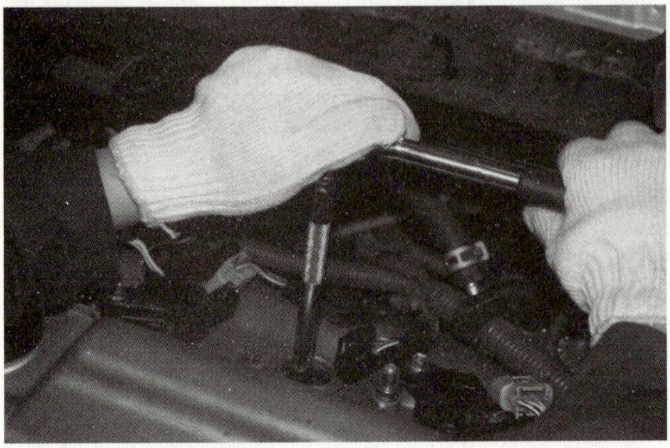

图 16　轻轻拧松火花塞

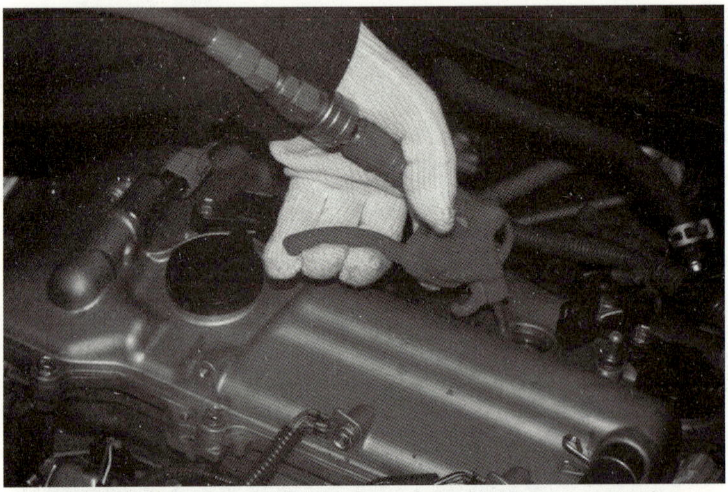

图 17　用压缩空气清洁火花塞周围

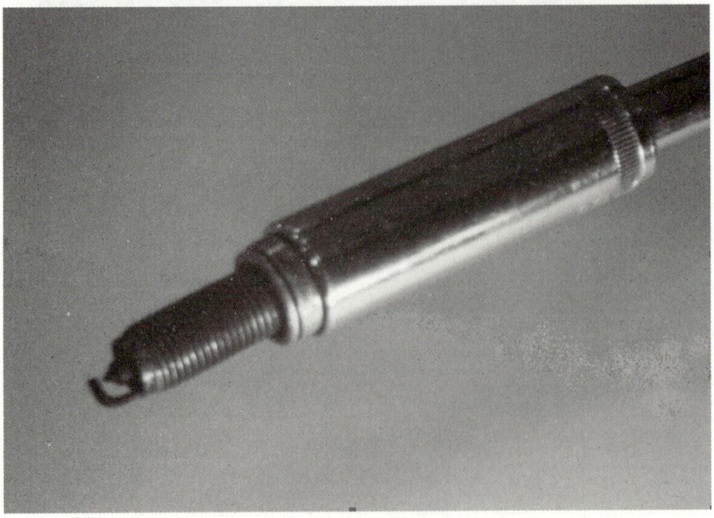

图 18　取出火花塞

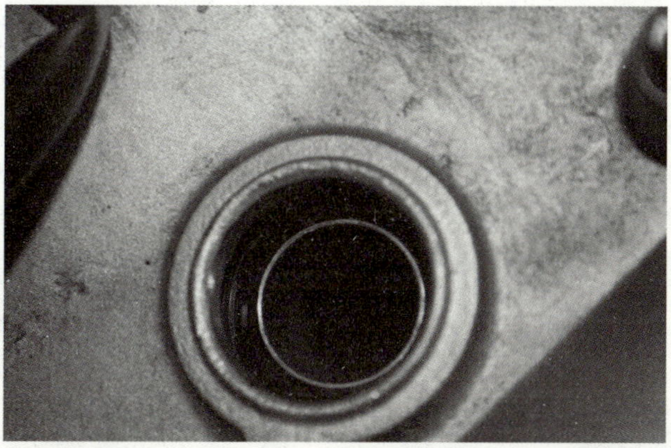

图 19　检查导管

⑯ 目视检查火花塞，螺纹应完好，陶瓷部分应无裂纹，如图 20 所示。

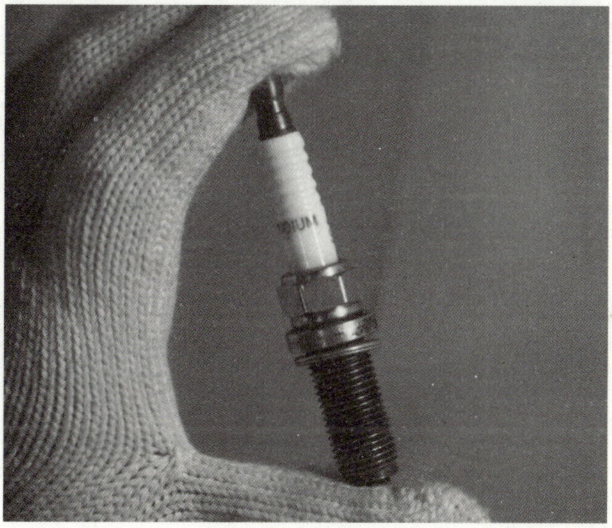

图 20　检查火花塞外观

⑰ 检查火花塞外观，正常工况时，绝缘体鼻呈白色或灰黄色到棕色。应无过多积炭，无绿色或棕黄色釉面。火花塞中心电极和搭铁电极无明显的磨损，如图 21 所示。

图 21　正常火花塞颜色及电极外观

⑱ 用塞尺检查火花塞电极间隙，旧火花塞最大间隙为 1.3mm；新火花塞间隙为 0.9 ~ 1.1mm，如图 22 所示。

注意事项：火花塞电极间隙过小，会降低所需的点火电压，火花传递时间也会缩短，可能会导致点火失败；而火花塞电极间隙过大，所需的点火电压也越高，也会增加点火失败的可能性。通常，最佳的电极间隙由发动机制造商确定，因此更换火花塞需使用供应商规定的型号。

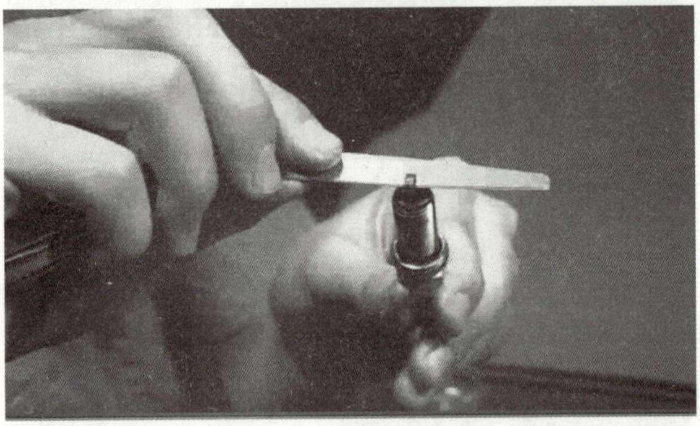

图 22　检查火花塞间隙

⑲ 用兆欧表测量火花塞的绝缘电阻，应大于 10kΩ。

⑳ 安装清洁和调整后或新的火花塞，如图 23 所示。

注意事项：更换火花塞时应尽量全部更换，如单独更换，则可能会导致个别缸点火能力不同，造成轻微抖动。安装时，用火花塞套筒将火花塞放入安装位置，不得将火花塞丢入导管。用手旋入螺纹，直到拧不动，再使用扭力扳手，以 20N · m 的力矩拧紧。

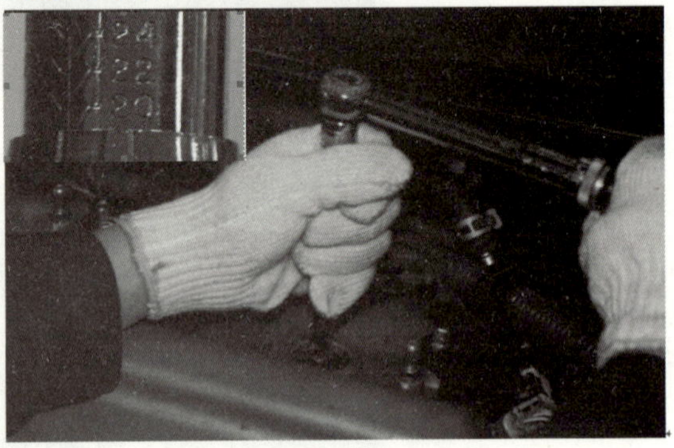

图 23　安装火花塞

㉑ 将点火模块垂直插入，确保与火花塞接触良好，使用组合工具及扭力扳手，以 10N · m 力矩拧紧，如图 24 所示。

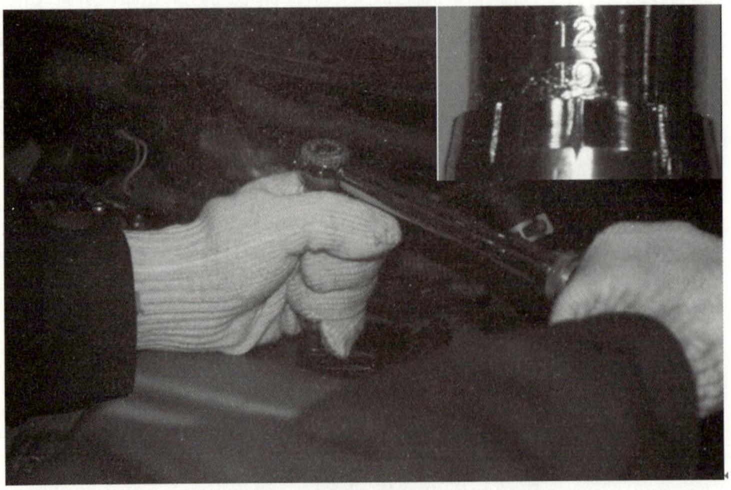

图 24　安装点火模块

㉒ 依次连接插接器，并清洁气缸盖表面，如图 25 所示。

图 25 安装插接器

7.3.3.14 工作页

7.3.3.14 工作页

学校名称		任课教师	
班级		学生姓名	
学习领域	L7 发动机管理系统诊断维修		
学习情境	LS7.3：发动机加速性差且故障警告灯报警	学习时间	1h
工作任务	A：曲轴位置传感器	学习地点	理实一体化教室

1. 请用关键词的框图描述曲轴位置传感器的功用。

2. 请查阅信息页，提炼关键词描述磁感应式曲轴位置传感器的工作原理。

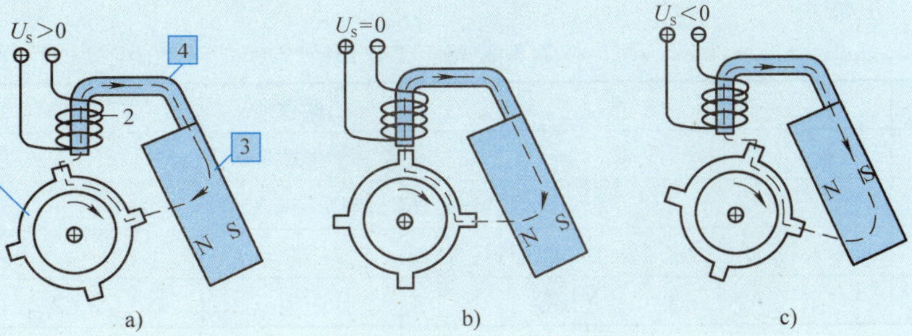

3. 请用表格整理不同类型的曲轴位置传感器的结构、工作原理、优缺点。

4. 完成下列题目

1）曲轴位置传感器用于检测曲轴的________和发动机________，ECU利用其信号对各缸喷油和点火的顺序、各缸喷油位置、各缸喷油量、________和怠速等进行控制。

2）曲轴位置传感器根据信号形成的原理不同，分为________、霍尔效应式、光电效应式和磁阻效应式四种。

3）当磁场穿过霍尔元件时，在垂直于电流和磁场的方向就会产生一个________。该电压的大小与磁场的强度和电流的大小成________，与该半导体元件的厚度成反比。

4）（　　）检测曲轴位置和发动机转速转换成为电信号输送给ECU控制喷油量、点火正时和喷油正时。

A. 曲轴位置传感器　B. 凸轮轴位置传感器

C. 爆燃传感器　　　D. 节气门位置传感器

5）磁感应式曲轴位置传感器产生的是数字信号。（　　）

6）霍尔式曲轴位置传感器和光电式曲轴位置传感器产生的是模拟信号。（　　）

7）磁感应式传感器是无源传感器，不需要ECU提供电压，故不需要检测供电电压。（　　）

5. 请在实验车型上找到曲轴位置传感器，进行检测并做好检测记录。

曲轴位置传感器类型	安装位置	检测内容、检测条件、检测部位	标准值	检测值	结论

7.3.3.15 工作页

7.3.3.15 工作页

学校名称		任课教师	
班级		学生姓名	
学习领域	L7 发动机管理系统诊断维修		
学习情境	LS7.3：发动机加速性差且故障警告灯报警	学习时间	1h
工作任务	B：凸轮轴位置传感器	学习地点	理实一体化教室

1. 请用关键词的框图描述凸轮轴位置传感器的功用。

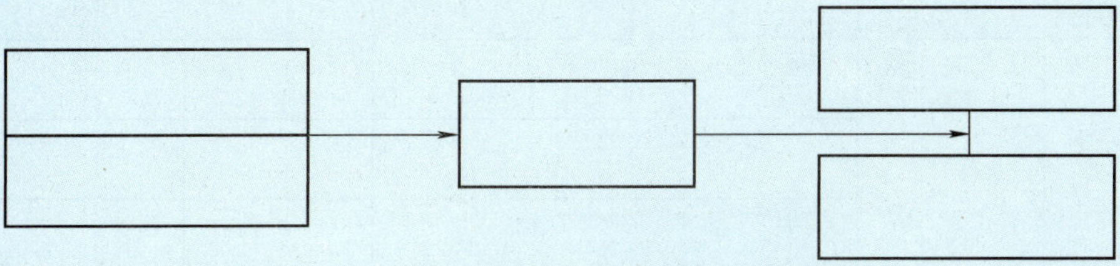

2. 请查阅信息页，提炼关键词描述霍尔式凸轮轴位置传感器的工作原理。

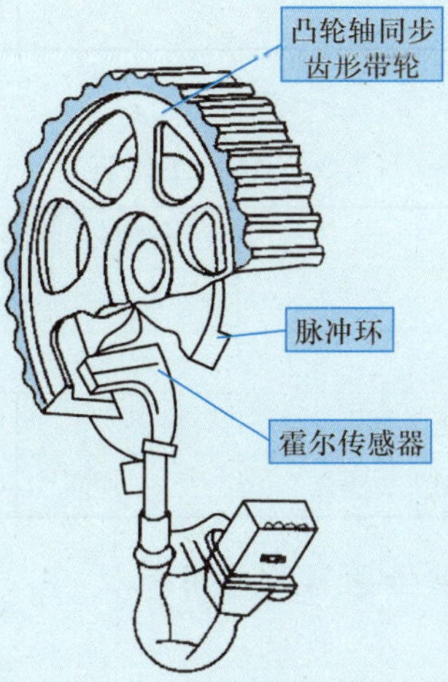

3. 请用表格整理不同类型的凸轮轴位置传感器的结构、工作原理、优缺点。

4. 完成下列题目：

1）凸轮轴位置传感器又称________，主要用来检测________的转角位置，配合曲轴位置传感器确定一缸________位置，从而确定点火正时及喷油正时。

2）(　　) 检测发动机一缸压缩上止点的位置转换成电信号输送给 ECU 控制点火正时和喷油正时。

A. 曲轴位置传感器　　B. 凸轮轴位置传感器

C. 爆燃传感器　　D. 节气门位置传感器

3）凸轮轴位置传感器可以单独对点火正时做出判断。(　　)

4）曲轴位置传感器可以单独对点火正时做出判断。(　　)

5. 请在实验车型上找到凸轮轴位置传感器，进行检测并做好检测记录。

凸轮轴位置传感器类型	安装位置	检测内容、检测条件、检测部位	标准值	检测值	结论

7.3.3.16　工作页

7.3.3.16　工作页

学校名称			任课教师		
班级			学生姓名		
学习领域	L7 发动机管理系统诊断维修				
学习情境	LS7.3：发动机加速性差且故障警告灯报警		学习时间	1h	
工作任务	C：爆燃传感器		学习地点	理实一体化教室	

1. 请用关键词的框图描述爆燃传感器的功用。

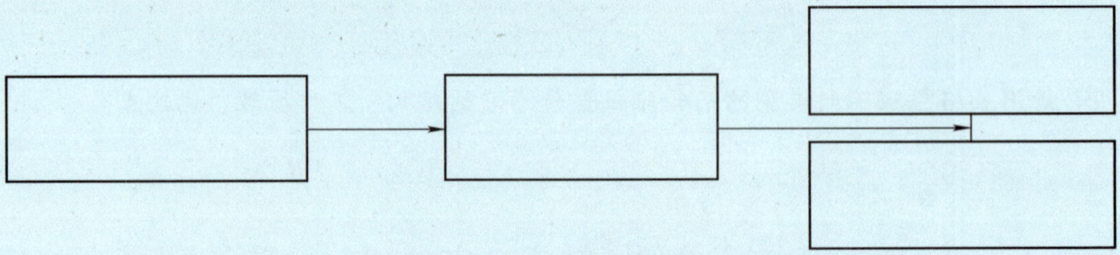

2. 请用表格整理不同类型的爆燃传感器的结构、工作原理、优缺点。

3. 完成下列题目：

1）点火提前角是影响爆燃的主要因素之一，________是消除爆燃的最有效措施。

2）爆燃传感器安装在________上，将发动机的________转换成电压信号输送到ECU，对是否爆燃进行判断。

3）爆燃根据检测原理不同分为两种：________爆燃传感器和平面型爆燃传感器。

4）根据传感器结构原理的不同，分为________爆燃传感器和压电式爆燃传感器。

5）在电控点火系统中，ECU根据爆燃传感器信号，判定有无发生爆燃及爆燃的________，并根据其判定结果对________进行反馈控制。

6）（　　）检测发动机机体爆燃情况转换成为电信号输送给 ECU 控制喷油量、点火正时和喷油正时。

A. 曲轴位置传感器　　B. 凸轮轴位置传感器　　C. 氧传感器　　D. 爆燃传感器

7）平面型爆燃传感器由于通用性强、制造时不需调整、结构简单被多数电控发动机广泛运用。（　　）

8）当发动机发生爆燃时，ECU 通过控制点火提前角逐渐减小，直至无爆燃产生。（　　）

4. 请在实验车型上找到爆燃传感器，进行检测并做好检测记录。

爆燃传感器类型	安装位置	检测内容、检测条件、检测部位	标准值	检测值	结论

7.3.3.17　工作页

7.3.3.17　工作页

学校名称		任课教师	
班级		学生姓名	
学习领域	L7 发动机管理系统诊断维修		
学习情境	LS7.3：发动机加速性差且故障警告灯报警	学习时间	1h
工作任务	D：点火系统检测	学习地点	理实一体化教室

1. 请调取点火系统故障码，记录。

2. 请读取点火系统次级电压波形，记录。

3. 请检查点火正时，记录操作过程。

4. 请检查点火线圈，制作记录表格。

步骤	检测内容、检测条件、检测部位	标准值	检测值	结论

5. 请检查点火器及点火系统线路，制作记录表格。

轮换工作站学习

教师活动：

教师组织学生按照规定时间轮换工作站进行小组学习。

学生活动：

学生按照规定时间轮换工作站进行小组学习，每站1h。（180min）

小组合作制作综合海报

教师活动：

教师要求每个小组完成一张思维导图的总海报，将4个工作站学习内容汇总在一起，用表格制作几种传感器的结构、工作原理、电路、检测内容的区别，表述点火系统检测。

学生活动：

学生分组完成一张总海报，将4个工作站结果汇总在一起。（30min）

展示讲述综合海报

教师活动：

教师选出一个组来讲解总海报内容，教师进行评价。

学生活动：

被选出的小组展示讲述本组绘制的总海报内容，其他组学生提出疑问、建议。（10min）

完成 7.3.3.18 理论测试

教师活动：

教师要求学生独立完成 7.3.3.18 理论测试，不允许查阅任何资料。

学生活动：

学生安静、独立地在系统上完成 7.3.3.18 理论测试并提交，不能查阅任何资料。（20min）

7.3.3.18　理论测试

7.3.3.18　理论测试

学校名称		任课教师	
班级		学生姓名	
学习领域	L7 发动机管理系统诊断维修		
学习情境	LS7.3：发动机加速性差且故障警告灯报警		
理论学习内容	传感器和点火系统检修	学习时间	5h

一、填空题（每空 1 分，共 20 分）

1. 曲轴位置传感器用于检测曲轴的________和发动机________，ECU 利用其信号对各缸喷油和点火的顺序、各缸喷油位置、各缸喷油量、________和怠速等进行控制。

2. 曲轴位置传感器根据信号形成的原理不同，分为________、霍尔效应式、光电效应式和磁阻效应式四种。

3. 当磁场穿过霍尔元件时，在垂直于电流和磁场的方向就会产生一个________。该电压的大小与磁场的强度和电流的大小成________，与该半导体元件的厚度成反比。

4. 凸轮轴位置传感器又称________，主要用来检测________的转角位置，配合________确定一缸________位置，从而确定点火正时及喷油正时。

5. 光电效应是指________光敏元件。光敏二极管或________受到光线照射时，其工作状态会发生变化。

6. 点火提前角是影响爆燃的主要因素之一，________是消除爆燃的最有效措施。

7. 爆燃传感器安装在________上，将发动机的________转换成电压信号输送到 ECU 对发动机是否________进行判断。

8. 根据爆燃的检测原理不同分为两种：________爆燃传感器和平面型爆燃传感器。

9. 根据传感器结构原理不同，分为________爆燃传感器和压电式爆燃传感器。

10. 在电控点火系统中，ECU 根据爆燃传感器信号，判定有无发生爆燃及爆燃的________，并根据其判定结果对________进行反馈控制。

二、单选题（每题2分，共10分）

1.（　　）检测曲轴位置和发动机转速，转换成为电信号输送给ECU控制喷油量、点火正时和喷油正时。

A. 曲轴位置传感器　B. 凸轮轴位置传感器　C. 爆燃传感器　D. 节气门位置传感器

2.（　　）检测发动机一缸压缩上止点的位置，转换成电信号输送给ECU控制点火正时和喷油正时。

A. 曲轴位置传感器　B. 凸轮轴位置传感器　C. 爆燃传感器　D. 节气门位置传感器

3.（　　）检测发动机机体爆燃情况，转换成为电信号输送给ECU控制喷油量、点火正时和喷油正时。

A. 曲轴位置传感器　B. 凸轮轴位置传感器　C. 氧传感器　D. 爆燃传感器

4.（　　）传感器不需要外加电源。

A. 磁感应式　B. 霍尔效应式　C. 光电式　D. 磁阻式

5. 起动时曲轴位置传感器损坏，发动机会（　　）。

A. 高温起动困难　B. 低温起动困难　C. 无法起动　D. 不影响起动

三、判断题（每题2分，共20分）

1. 磁感应式曲轴位置传感器产生的是数字信号。（　　）

2. 霍尔式曲轴位置传感器和光电式曲轴位置传感器产生的是模拟信号。（　　）

3. 磁感应式传感器是无源传感器，不需要ECU提供电压，故不需要检测供电电压。（　　）

4. 凸轮轴位置传感器可以单独对点火正时做出判断。（　　）

5. 曲轴位置传感器可以单独对点火正时做出判断。（　　）

6. 平面型爆燃传感器由于通用性强、制造时不需调整、结构简单，被多数电控发动机广泛运用。（　　）

7. 当发动机发生爆燃时，ECU通过控制点火提前角逐渐减小，直至无爆燃产生。（　　）

8. 光电效应式传感器的优点是输出方波信号、便捷，被广泛使用。（　　）

9. 磁感应式传感器的突出优点是结构简单，且不需要外加电源，因此应用相当广泛。（　　）

10. 曲轴位置传感器和凸轮轴位置传感器共同作用才能为ECU提供准确的点火信号和喷油正时信号。（　　）

提交理论学习阶段的评价表

教师活动：

教师要求学生对理论学习阶段7.3.3.19评价表进行自我评价。

学生活动：

学生按照教师的要求对自己在理论学习阶段的表现进行自评，客观真实。

7.3.3.19　理论学习评价表

参与本项目的教师具体见Moodle系统，未参与本项目的教师可以根据实际情况自行制定。

7.3.4 任务计划：制订电子点火系统检修工作计划

独立查阅信息

教师活动：

教师提供实验车型的维修手册和7.3.4.1信息页。

学生活动：

学生个人独立查阅教师提供的维修手册和7.3.4.1信息页和前面的7.3.2.1信息页，提炼整理关键信息。（20min）

7.3.4.1 信息页

7.3.4.1 信息页

学校名称		任课教师	
班级		学生姓名	
学习领域	L7 发动机管理系统诊断维修		
学习情境	LS7.3：发动机加速性差且故障警告灯报警	学习时间	1h
工作任务	电子点火系统检修和加速不良检修	学习地点	理实一体化教室

1. 电子点火控制系统的检修注意事项

汽车的电子点火系统与传统的触点点火系统相比，具有性能优良、故障率低、不需要经常维护保养等优点，但在使用、维修时必须注意10个方面。

① 在发动机起动和工作时不要用手触摸点火线圈、高压线和分电器等，以免被电击。

② 在检查点火系统电路故障时不要用刮火的方式来检查电路的通、断，否则容易损坏电子元器件。应该用万用表电阻档来检查电路的通、断。

③ 进行高压试火时，要注意避免被电击。

方法一是：用绝缘的橡胶夹子夹住高压线进行检验。

方法二是：将高压导线插入1只备用火花塞，然后将火花塞外壳搭铁，从火花塞电极间隙观察是否跳火。要避免因电压过高而损坏电子点火控制器。

④ 在点火开关接通的状况下，不要做连接和切断线路的操作。

⑤ 在拆卸蓄电池时必须确认点火开关和其他所有的用电设备都已关闭。

⑥ 安装蓄电池时，一定要认清正、负极，千万不能接错。蓄电池极性与线夹的连接一定要牢固，否则容易损坏电子设备。

⑦ 在检查点火信号发生器（曲轴位置传感器）时，应注意以下两点：

a. 对于磁感应式电子点火系统，在打开分电器盖时，不要让垫片、螺钉等金属物掉入其内。在检查导磁转子与定子之间的气隙时，要用无磁性塞尺，并注意不要硬塞强拉。

b. 对于光电式电子点火系统，不要轻易打开分电器盖子。在确需打开检查时，要注意避免尘土对发光、光敏元件和遮光转子的污损。

⑧ 在用干电池模拟点火信号检查电子点火控制时，测量动作要快，干电池连接时间不超过5s。

⑨ 对于霍尔效应式电子点火系统，在检查、维修时，可能会产生高压放电现象。为避免对人身和点火系统的意外伤害和损坏，须注意以下几点：

a. 进行检查和维修前应先切断电源，再按要求进行。

b. 维修时使用的外接电源电压必须严格控制在16V以下。当电压达到16~16.5V时，接通时间不允许超过1min。

c. 装有霍尔效应式电子点火系统的汽车被拖动时，应首先切断点火系统的电源。

d. 点火线圈的负接线柱不允许与电容相接。

e. 不管在什么条件下，只允许使用阻值为1kΩ的分火头，不得用其他阻值的电阻代替防止电磁干扰的1kΩ阻尼电阻。火花塞插头阻值应为1~5kΩ。

⑩ 维修电子点火系统，特别是无分电器点火系统（DIS）时，要绝对避免吊火或错接高压线。因为错接高压线将导致点火次序错乱，造成装在点火模块内的电子点火正时电路在运转间开路或对搭铁短路。为了防止错接高压线，在维修无分电器电子点火系统时，每次只能拆装一根高压线。

2. 发动机加速不良检查流程

（1）发动机动力不足，加速不良的检查顺序

踩下加速踏板后发动机转速不能马上升高，有迟滞现象，加速反应迟缓，甚至踩下加速踏板后转速不升反降；加速踏板踩到底时仍感到动力不足，转速提不高，达不到最高车速。

发动机动力不足，加速不良，一般按如下顺序进行检查：

① 检查空气滤清器。如滤清器堵塞，将造成加速不良，应进行清洗或更换；油路的堵塞，同样将引起加速不良。应检查燃油压力，怠速时燃油压力约为300kPa，加速时燃油压力应能上升约50kPa。如油压过低，则可能是汽油滤清器堵塞，喷油嘴堵塞，油压调节器或汽油泵的故障，应进行清理、更换或修理；进行发动机故障自诊断，检查有无故障码，如有，则按故障码指示进行修理；检查进气系统有无漏气，若有漏气，则应检漏。

② 检查点火正时。在发动机怠速时点火提前角应为10°~15°，如不正确，则应调整发动机的点火提前角。加速时点火提前角应能自动地加大到20°~30°，如有异常，则应检查点火控制系统或更换电脑。拆检火花塞、高压试火：如火花塞缺火，应予更换；高压试火，如跳火不正常，则检查点火器、点火线圈是否接触不良。检查节气门位置传感器：开关型节气门位置传感器，在节气门全闭时，怠速开关触点应闭合；节气门打开时，怠速开关触点应断开；节气门接近全开时，全负荷开关触点应闭合。对于线性输出式节气门位置传感器，在节气门由全闭到全开变化时，其信号端子与搭铁端子间的电阻值应连续增大，如有异常，则应修理或更换。检查空气流量计或歧管压力传感器，如有异常，应修理或更换。检查冷却液温度传感器：温度变化阻值应随之变化，否则应更换。检查节气门：将加速踏板踩到底，看节气门是否能全开；否则应进行调整。检查蓄电池电压、气缸压力：如电压太低，则会使喷油器喷油量减少；检查气缸压力是否太低。

（2）检修轿车电喷发动机加速不良故障的操作步骤

检修轿车电喷发动机怠速不良故障时，应从点火系统、机械方面、油气配比和电脑等方面来考虑，操作步骤如下。

① 检查点火系统。常见点火系统引起发动机加速不良的原因是点火时间不对或是点火能量不够。点火时间的问题，可通过踩加速踏板听发动机运转的声音，可知其点火的早迟；

也可以通过点火提前角测试仪来进行测试，其怠速时有一个标准角度，加速时点火提前角加大。点火提前角过大或过小都会引起发动机加速不良。点火能量的问题，凡是点火系统机件性能不良都会造成点火能量不够，须检查缸线和分火头的阻值、火花塞的间隙和状况、分电器的工作情况和导通情况，检查点火线圈是否发热，检查点火器是否发热。必要时可用示波器观察点火初级和次级波形，可看出是哪里的故障。

② 检查机械部分。首先看发动机能否转动，检查空气滤清器是否堵塞，判断是否有个别缸不工作，可以采用单缸断火或断油的方法，如果有个别缸不工作，须找出其不工作的原因和部位，进一步确定。也可用缸压表检查气缸压力，若缸压不在800～1300kPa范围或压差超出标准，则要检查火花塞是否拧紧、配气正时、缸垫、正时带位置、活塞环密封性、气门密封性等。

③ 检查是否油气配比不对。燃油压力低，用油压表检测燃油系统的油压，将滤清器到燃油分配管之间的油路断开，接上油压表，拧紧管接头，搭接起动机可测出油压的高低。若油压不正常，则是油路问题，须检查油泵、滤网、滤清器、蓄压器、油压调节器、喷油器。检查油压调节器可加大节气门开度或拔下油压调节器的真空管路，看油压是否增加50kPa。

小组制作工作计划海报

教师活动：

教师要求学生小组合作制定“发动机加速性变差且发动机故障警告灯点亮故障诊断与排除”工作计划海报，把每一步的细节和注意事项写出来，包括为什么干？怎么干？安全、环保、工具、时间、成本、注意事项、检测标准等。

学生活动：

学生分组讨论，小组合作完成工作计划海报。（40min）

7.3.4.2 工作计划海报

见附录。

展示讲述工作计划海报

教师活动：

教师选出一个组来讲解海报内容，教师进行评价。

学生活动：

被选出的小组展示讲述本组学习成果，其他组学生提出疑问、建议。（40min）

修改工作计划海报

教师活动：

教师强调修改工作计划时注意：安全、环保、规范、时间及成本控制意识的训练。

学生活动：

每个组根据教师意见认真改进本组海报。（20min）

提交任务计划阶段的评价表

教师活动：

教师提供任务计划阶段的评价表，指定组间评价顺序，保证每个组都被评价。要求学生将7.3.4.3评价表以小组形式提交到系统。

学生活动：

每个组对老师指定的小组进行评价，合作填写7.3.4.3评价表；小组提交到系统。

7.3.4.3　任务计划评价表

参与本项目的教师具体见Moodle系统，未参与本项目的教师可以根据实际情况自行制定。

7.3.5　任务决策：与师傅和客户沟通工作计划

独立完成任务决策表

教师活动：

教师发放7.3.5.1任务决策表要求学生安静地独立完成。

学生活动：

学生每个人独立按照任务决策的关键要素完成7.3.5.1任务决策表。(20min)

7.3.5.1　任务决策表

7.3.5.1　任务决策表

决策类型	决策方案
与师傅决策	请站在厂商的角度，和师傅沟通任务计划实施的可能性（包括：工作任务的时间控制和成本控制，工作步骤的正确性、规范性和合理性，工作过程的安全性和环保性，考虑厂商的经济效益和工作效率等，并记录决策结果与师傅的建议）
与客户决策	请站在客户的角度，和客户沟通任务计划实施的可能性（包括：是否有几种可能供客户选择？某些项目做或不做？现在做还是未来做？考虑客户的成本控制、时间控制、安全性、环保性、美观性和便利性等，并记录决策结果与客户的意见）

实战演习任务决策

教师活动：

教师选出一个学生代表（这个学生是以往决策出现问题较大的）和自己进行任务决策，及时担任师傅和客户双重角色。

学生活动：

被选出的学生与教师进行决策对话，其他学生观察，并进行口头评价、补充、改进。(20min)

提交确认任务决策

学生活动：

每个学生修改自己的任务决策方案表格，提交到系统。(20min)

教师活动：

教师对每个学生制定的任务决策方案进行确认，并将确认信息发到系统给学生。

提交任务决策阶段的评价表

教师活动：

教师要求学生对任务决策阶段7.3.5.2评价表进行自我评价。

学生活动：

学生按照教师的要求对自己在任务决策阶段的表现进行自评，客观真实。

7.3.5.2 任务决策评价表

参与本项目的教师具体见Moodle系统，未参与本项目的教师可以根据实际情况自行制定。

7.3.6 任务实施：使用设备进行实车拆装检测

示范操作

教师活动：

教师亲自示范操作，或者播放相关视频（操作内容：从接车确认开始，按照诊断思路进行发动机加速性变差且发动机故障警告灯点亮故障的所有诊断与排除工作）。

学生活动：

学生观察教师的示范动作，或观察视频中的示范动作。

操作实施

教师活动：

教师将学生分组，并要求每组学生分工明确，严格强调安全和事故预防要求等。实施过程中教师进行巡视指导。

学生活动：

学生分为4组，分工操作。每组每次安排两名学生操作，所有学生轮流，每个学生都要完成一次操作。当两名学生进行操作时，另外安排两名学生分别对其进行评价，填写7.3.7.3评价表，1名学生拍视频，1~2名学生监督记录，1~2名学生查阅手册改进计划。(6h)

提交任务实施阶段的评价表和视频

教师活动：

教师要求学生对任务实施阶段7.3.6.1评价表进行自我评价，并提交任务实施阶段录制的所有视频资料。

学生活动：

学生按照教师的要求对自己在任务实施阶段的表现进行自评，客观真实。

负责拍摄的学生将视频整理提交到系统，负责评价的学生将7.3.6.1评价表提交到系统。

7.3.6.1 任务实施评价表

参与本项目的教师具体见Moodle系统，未参与本项目的教师可以根据实际情况自行制定。

7.3.7 任务检查：5S与检查工作结果

5S与任务检查

教师活动：

教师提供7.3.7.1任务检查流程。要求学生分组，小组合作完成任务检查及5S，在7.3.7.1任务检查单上标注。教师要求学生小组成员对工作过程和工作计划进行监督和评估，记录优缺点及改进建议，并口头表达。教师要重点引导学生对队友的支持性意见的表达，并训练学生接纳他人建议。

学生活动：

学生分组，小组合作完成任务检查及5S，在7.3.7.1任务检查单上标注。(20min)

学生按照教师规定严格监督和控制其他成员的工作过程并友善提出改进建议。(10min)

7.3.7.1 任务检查单

7.3.7.1 任务检查单

1. 请进行必要的最终任务检查，在（　　）里进行标记。

检查任务实施过程(　　)，是否有改进或需要说明：

如有，处理意见：

检查测量值与标准值（　　），是否有改进或需要说明：

如有，处理意见：

2. 请进行必要的5S。

5S车辆（　　）

5S工位（　　）

5S场地（　　）

3. 请根据实施的诊断与修理工作，编制工作说明，完善改进工作计划。(用另一颜色的笔在任务计划上标注作答)

小组合作修改工作计划

教师活动：

教师要求学生小组合作修改完善工作计划，修改方式：在原有工作计划上用另一颜色的笔进行真实、全面的复盘改进，并进行标注。

学生活动：

学生小组合作修改完善工作计划，修改方式：在原有工作计划上用另一颜色的笔进行真实、全面的复盘改进，并进行标注。（10min）

提交任务检查阶段的评价表

教师活动：

教师要求学生对自己在任务检查阶段的表现进行自我评价。提醒学生：对于自己没有涉及的条目不评价。

学生活动：

学生对自己在任务检查阶段的表现进行自我评价，对于自己没有涉及的条目不评价。

7.3.7.2 任务检查评价表

参与本项目的教师具体见 Moodle 系统，未参与本项目的教师可以根据实际情况自行制定。

7.3.8 任务交付：交车

任务交付准备

教师活动：

在任务交付之前，教师提供 7.3.8.1 交车剧本给事先安排好的两个学生，一个扮演客户，另一个扮演 SA 维修接待，以便上课时两个学生能在实车上呈现交车过程。

学生活动：

两个角色扮演的学生要熟悉练习交车剧本。

7.3.8.1 交车剧本

7.3.8.1 交车剧本

学习情境描述：

一辆大众速腾轿车，行驶总里程 6 万 km，客户发现汽车运行中加速性变差，动力不足，而且发动机故障灯点亮。

（一）任务完成正常交车

前台：先生，您好！您的车修好了，没有任何问题，您可以放心使用了。这是针对电子点火控制系统使用的开车温馨贴士，请您留存！

客户：非常感谢！

前台：不客气！这是费用清单，请您跟我去财务结账。

客户：好的。

前台：这是车钥匙，以后请您放心使用！请您随时观察车况，如果有任何问题，请随时联系我。非常愿意为您服务！

客户：好的！谢谢您了！再见！

前台：再见！您慢走！

（二）任务未完成异常交车

前台：先生，您好！非常抱歉，由于我们前期预估失误，不能按照约定时间正常交车给您，预计还得两个小时才能完成。您看您是继续在店里等待，还是先去处理其他事情？等这边结束我及时联系您。

客户：好吧！怎么回事呀，我已经等了这么长时间了。两个小时后我能取走车吗？

前台：真的非常抱歉，在此对您说声对不起！不过，您放心！同样的错误我们不会出现第二次。再过两个小时肯定交车给您。

客户：好吧。两个小时后等你电话，我先去处理其他事情。一定要修好啊！

前台：请您放心！一定保证您的爱车行驶无忧，我会随时观察进展情况，及时联系您。非常愿意为您服务！

客户：好的！谢谢您了！那我先走了，等会儿见！

前台：等会儿见！您慢走！

两人角色扮演

学生活动：

学生分组，两人一组。其中，事先安排好的两个学生为一组，一个扮演客户，另一个扮演SA，先交车给师傅，然后交车给客户。（10min）

教师活动：

教师提前安排学生两人一组，观察角色扮演学生的表演过程，同时观察其他学生的表现：倾听的认真程度。

全员换位评价

学生活动：

学生认真观看角色扮演情境再现过程，理解客户委托，并与本组学生一起对SA角色扮演的学生换位思考进行口头评价：角色扮演时的优缺点，如果是自己怎么改进会更好。（5min）

教师活动：

教师指出角色扮演的优缺点，提出注意事项进行强调说明。

全员分组练习

教师活动：

教师要求所有学生借鉴两个示范学生的表现，进行任务交付练习。

学生活动：

学生按照教师的提示与强调，借鉴示范的两个学生的表现，学生分组在实车上进行任务交付的角色扮演练习。互换角色再练习一次。（10min）

提交任务交付阶段的评价表

教师活动：

教师要求学生对任务交付阶段自己扮演SA时的表现依据7.3.8.2评价表进行自我评价。

学生活动：

学生按照教师的要求对自己在任务交付阶段扮演 SA 时的表现进行自评，客观真实。

7.3.8.2　任务交付评价表

参与本项目的教师具体见 Moodle 系统，未参与本项目的教师可以根据实际情况自行制定。

7.3.9　反思评价：总结知识点、技能点和素养点

提交反思评价自评表

教师活动：

教师归纳整理理论知识体系，用一页 PPT 展示知识点、技能点和素养点。

学生活动：

学生认真反思，倾听，构建适合自己学习的知识体系。(10min)

学生认真反思，对照学习目标进行自我反思，填写 7.3.9.1 自评表。(10min)

7.3.9.1　反思评价自评表

参与本项目的教师具体见 Moodle 系统，未参与本项目的教师可以根据实际情况自行制定。

提交反思评价他评表

教师活动：

教师把每一位学生的反思阶段的评价表分配给其他同学进行评价。

学生活动：

学生按照系统分配的评价对象，每个学生都填写一份对另一个学生的评价表。(10min)

7.3.9.2　反思评价他评表

参与本项目的教师具体见 Moodle 系统，未参与本项目的教师可以根据实际情况自行制定。

提交反思评价阶段的评价表

教师活动：

教师参照学生的自评与他评在 7.3.9.3 反思评价表上给出学生反思评价成绩。

学生活动：

每个学生将自评表和他评表形成的 7.3.9.3 反思评价表进行对照，帮助学生自我认识。

7.3.9.3　反思评价表

参与本项目的教师具体见 Moodle 系统，未参与本项目的教师可以根据实际情况自行制定。

7.3.10　巩固拓展

迁移新任务

教师活动：

教师布置新的客户任务：曲轴位置传感器损坏导致发动机不起动故障。要求学生小组合作制定工作计划并用 PPT 展示。

学生活动：

学生明确拓展任务：小组合作制定工作计划，下次课前用 PPT 展示和评价，做好完成拓展任务的计划（分工与时间安排）。

分工制作工作计划

教师活动：

教师要控制学生的制作过程，要求学生分工完成 7.3.10.1 工作计划，把自己负责的部分提交到系统，让教师看到。

学生活动：

学生在小组长的带领下，制作过程合理分工，每人完成工作计划的一部分并提交到系统。（课后）

7.3.10.1　工作计划海报

见附录。

提交过程视频和 PPT

教师活动：

教师要求学生制作 PPT 的过程录制视频并把视频提交到系统，同时提交 PPT 结果到系统。

学生活动：

小组合作录制制作 PPT 过程的视频。

巩固拓展阶段的评价表

教师活动：

教师要求小组长完成本小组所有成员的 7.3.10.2 评价表，提交到系统。

学生活动：

小组长完成小组评价 7.3.10.2 评价表，并把每个组员的评价表提交到系统。

7.3.10.2　巩固拓展评价表

参与本项目的教师具体见 Moodle 系统，未参与本项目的教师可以根据实际情况自行制定。

总体评价

给学生反馈总体评价表

教师活动：

教师对每个学生的总体评价表初稿进行补充修改，形成总体评价定稿，作为每个学生本学习情境的最终评价。

学生活动：

学生认真对照教师反馈的总体评价表，分析自己的优势和不足，有针对性地制定改进措施，在弱势素养或知识、技能方面加强。

LS7.4

排气系统故障导致发动机故障警告灯点亮

教学准备

教学情境准备

教师活动：

教师提前提供给所有学生7.4.0.1客户任务工单。提前在车上设置“氧传感器故障导致发动机故障警告灯点亮”的真实故障。课前提供7.4.0.2接车剧本给事先安排好的两个学生，一个扮演客户，另一个扮演SA维修接待，以便上课时两个学生能在实车上把客户任务真实再现（中英文各一遍）。

学生活动：

所有学生在课前熟悉7.4.0.1客户任务工单，提前了解客户委托任务。

两个角色扮演的学生要熟悉练习7.4.0.2接车剧本。（课前）

7.4.0.1　客户任务工单

7.4.0.1　客户任务工单

<table>
<tr><td>车主姓名</td><td></td><td>日期</td><td></td></tr>
<tr><td>车型</td><td></td><td>车牌号</td><td></td></tr>
<tr><td>发动机号</td><td></td><td>底盘号</td><td></td></tr>
<tr><td>联系电话</td><td colspan="3"></td></tr>
<tr><td>通信地址</td><td colspan="3"></td></tr>
<tr><td colspan="4">故障现象描述：
车主反映，汽车在验车时发动机故障灯点亮，并没有感觉发动机动力有什么变化，但是发动机尾气排放异常超标。</td></tr>
<tr><td colspan="4">检查维修建议：</td></tr>
<tr><td colspan="4">故障结论：（更换或维修的零件记录）</td></tr>
<tr><td colspan="2">取车付款：
现金　　　　　　银行卡</td><td colspan="2">维修人：
收款人：</td></tr>
</table>

7.4.0.2 接车剧本

7.4.0.2 接车剧本

学习情境描述：

一辆大众速腾轿车，行驶总里程 6 万 km。客户验车时发现汽车发动机尾气排放异常超标，而且发动机故障灯点亮。

前台： 您好！有什么需要我帮助的？

客户： 您好！是这样的：我的车发动机尾气排放异常超标，而且发动机故障灯点亮。您能帮我看看吗？

前台： 好的！您给我车钥匙，我给您试一下车，先检查一下。

（上车，着车，行驶一段时间开始体会客户的诉求，发现发动机故障灯点亮。询问客户）

前台： 您的车发动机故障灯点亮，尾气排放超标异常。这个毛病以前出现过吗？最近您修理过什么吗？

客户： 不瞒您说，我的车车况特别好，在这之前什么毛病也没有。这是第一次有故障，只做过正常的维护保养。

前台： 那您的车车况是真不错，您使用得很好。我方才初步诊断了一下：您车的发动机故障灯确实点亮了，估计是发动机控制系统有故障。至于尾气是否超标，一会儿师傅检测之后才能知道。原因很多，需要后台检测后才能确认。

客户： 好的！那您尽快维修吧，我还着急用车呢。

前台： 那您想什么时间取车？

客户： 今天下午 4 点能取车吗？

前台： 可以的！请您客户区休息等待，如有需要，我会及时和您联系。

教学目标准备

教师活动：

教师用一页 PPT 简介本情境的教学目标：素养点、知识点、技能点。

学生活动：

学生思路清楚明确目标，在头脑中做出个人学习规划。（课前）

素养点：

① 能够补偿和改进预设流程计划。

② 能够总结事实文本并将其转换为思维导图描述。

③ 能够解决棘手的问题。

④ 能够倾听他人表达。

⑤ 能够个人独立工作。

⑥ 能够小组合作，站在他人角度思考问题。

知识点：

① 汽车排放污染物来源。

② 氧传感器和空燃比反馈控制。

③ 三元催化转化器。

④ 废气再循环系统。

⑤ 二次空气喷射系统。

技能点：

① 三元催化直观认知。

② 废气再循环系统认知。

③ 二次空气喷射系统直观认知。

④ 氧传感器及其电路检测。

⑤ 使用万用表和尾气分析仪。

⑥ 使用制造商资料和维修站信息。

⑦ 遵守事故预防条例。

资料设备清单

参与本项目的教师具体见 Moodle 系统，未参与本项目的教师可以根据实际情况自行制定。

7.4.1　任务接受

两人角色扮演

学生活动：

学生分组，两人一组。其中，事先安排好的两个学生为一组，一个扮演客户，另一个扮演 SA，在实车上把客户任务真实再现。(10min)

教师活动：

教师观察角色扮演学生的表演过程，同时观察其他学生的表现：倾听的认真程度。

全员换位评价

学生活动：

学生认真观看角色扮演情境再现过程，理解客户委托，并与本组学生一起对 SA 角色扮演的学生换位思考进行口头评价：角色扮演时的优缺点，如果是自己怎么改进会更好。(10min)

教师活动：

教师指出角色扮演的优缺点，提出注意事项进行强调说明。

全员分组练习

教师活动：

教师要求所有学生借鉴两个示范学生的表现，进行任务接受练习。

学生活动：

学生按照教师的提示与强调，借鉴示范的两个学生的表现，学生分组在实车上进行任务接受的角色扮演练习。互换角色再练习一次。(10min)

提交任务接受阶段的评价表

教师活动：

教师要求学生对任务接受阶段自己扮演 SA 时的表现进行自我评价。

学生活动：

学生按照教师的要求对自己在扮演 SA 时的表现进行自评，客观真实。

7.4.1.1 任务接受评价表

参与本项目的教师具体见 Moodle 系统，未参与本项目的教师可以根据实际情况自行制定。

7.4.2 任务分析：发动机故障警告灯点亮的原因

教学方法：关键词卡片法

关键词独立查找原因

教师活动：

教师提供 7.4.2.1 信息页（维修信息、文本资料），指导学生独立查找“排放超标且发动机故障警告灯点亮”的原因，划出关键词，书写在 A4 纸上。

学生活动：

学生分组，首先个人独立阅读教师提供的 7.4.2.1 信息页，在信息页上划出关于“排放超标且发动机故障警告灯点亮”的原因，形成自己的个人结果，工整地书写在 A4 纸上。(30min)

7.4.2.1 信息页

7.4.2.1 信息页

学校名称			任课教师	
班级			学生姓名	
学习领域	L7 发动机管理系统诊断维修			
学习情境	LS7.4：排气系统故障导致发动机故障警告灯点亮	学习时间		1h

随着社会的进步，生活水平的提高，私家车的拥有量成倍增长，车辆故障也就越来越成为人们所关注的焦点。车辆的故障形式多样、原因各异，其中容易发生的便是发动机故障灯亮。发动机故障灯亮的原因可以从发动机构成的系统进行分析：燃油供给系统、点火系统、进气系统、排气系统及各传感器部件。

1. 燃油供给系统方面的原因

燃油供给系统主要包括油箱、油泵、管路、汽油滤清器、炭罐、炭罐电磁阀、燃油压力调节器、喷油器等。

油质是导致发动机故障灯亮的首要因素。汽油的抗爆性是用辛烷值来表示的，辛烷值越高，抗爆性越好。比如 97 号车用汽油，其辛烷值不小于 97（研究法），含铅汽油会导致氧传感器铅中毒，因而油质是导致发动机燃烧不足的主要原因，从而也是导致故障灯亮的原因之一。

油泵的供油压力达不到一定的压力，会导致喷油器雾化程度不好，从而影响发动机的正常工作。正常情况下油泵压力为0.25~0.35MPa。如果油泵压力大于0.35MPa，当喷嘴工作后，喷嘴弹簧很难克服油压，导致继续喷油，引发尾气过浓。

喷油器由电磁阀线圈、针阀、磁铁、弹簧、喷孔等组成。当通电时，电磁线圈产生吸力，针阀吸起，打开喷油孔，燃油经喷油孔呈雾状喷出，正常情况下电磁线圈阻值为15Ω左右。因而喷油器的好坏直接影响发动机的工况；雾化程度好，燃烧完全，发动机工作平稳、有力，反之发动机发抖，尾气过浓。更严重的是喷油器滴油，直接导致发动机排气管有可能冒黑烟导致氧传感器报警，点亮发动机故障灯。

炭罐电磁阀是否正常工作也是点亮发动机故障灯的原因之一。炭罐电磁阀由管接头、阀门、铁心、回位弹簧、电磁线圈组成，是一种NF常闭电磁阀。只有在发动机冷却液温度达到60℃时，发动机运转，发动机ECU以占空比的形式控制电磁阀开启以释放油粒，从而使燃油蒸气被吸入进气管。根据发动机运行工况，电磁阀接受ECU指令来控制进气量。如果电磁阀阀门被卡住，使电磁阀常开，就会使进入进气管的气体变浓，最终导致发动机混合气过浓，从而使尾气超标，氧传感器反馈信号给ECU，点亮发动机故障灯。

因此，从燃油供给系统看，油质好坏、油泵的工作压力是否正常、喷油器和炭罐电磁阀是否正常工作等，是造成发动机故障灯亮的主要原因。

2. 点火系统方面的原因

现代电喷汽车基本已经取消了分电器，每两个气缸配一个点火线圈和一个点火器，或是每个缸分别配一个点火线圈和一个点火器。点火系统由分缸线、点火线圈、火花塞、电容组成。

分缸线的导电性能与发动机的燃烧程度密切相关，而分缸线的通断、阻值的大小是导电性能的关键。所以选择分缸线时，根据不同车辆选择不同阻值的分缸线。

点火线圈的跳火强度、火花的强弱是发动机工作是否良好的关键因素。点火线圈的初级绕组与次级绕组直接与点火线圈的跳火能力密切相关。点火线圈低压端的电阻值一般为0.6~0.8Ω（初级绕组），次级绕组（高压端）电阻为9.5~14kΩ，如果点火线圈损坏，则会导致发动机故障灯亮。

火花塞的间隙、套管与绝缘体是否开裂，也是影响火花塞跳火强弱的关键。当然不同的车型，应选择不同的火花塞，对于大功率、高压缩比和高转速的发动机来说，由于燃烧室温度高，容易发生炽热点火，故应当采用“冷型”火花塞，反之选用“热型”火花塞。“冷型”火花塞裙部尺寸短，壳体下部孔径小，散热面积小，路径短，在现代汽车中高转速的发动机上应用较广。

综上所述，点火系统的分缸线、点火线圈、火花塞中任何一个零件工作不良都有可能导致发动机燃烧不足、尾气过浓，从而点亮发动机故障灯。

3. 进气系统原因

进气系统包括空气滤清器、进气压力传感器（空气流量计）、节气门体、进气歧管、进排气门等。

空气滤清器过脏，灰尘过多，会导致发动机进气量不足，进入的空气灰尘含量大，加大气门和缸壁磨损，从而缩短发动机寿命，同时使发动机工作不稳定。

进气压力传感器是根据大气压力与进气歧管压力差给发动机电脑提供“负荷”位置，与进气温度传感器一起（在现代汽车中，进气温度与压力传感器为一个传感器）间接测量进气量的多少。压力传感器的核心元件是压电元件，进气管的压力进入传感器，使压电元件产生相应的电压信息，反馈给发动机 ECU。发动机 ECU 根据发动机转速和进气管的压力确定基本喷油量，因此压力传感器（空气流量计）是给发动机提供最佳的混合气的保证。它的好坏、灵敏程度是直接影响发动机是否燃烧充分的关键，是点亮发动机故障灯的直接因素。在装置有空气流量计的车辆中，如果在流量计后端有空气进入进气歧管，会导致发动机所测得的进气量不准确，也会点亮故障灯。

节气门体上装配有节气门位置传感器。节气门位置传感器主要是给发动机 ECU 提供一个节气门轴角度位置及角速度值的电信号，实际上是一个可变电阻，由 ECU 供给 5V 电压，如节气门位置传感器电位计出现问题，就不能获知发动机所改变的进气量，导致发动机工作不良，点亮故障灯。

在现代汽车当中，取消了加速踏板拉索，由加速踏板位置传感器与电动节气门共同起作用，当 ECU 检测到二者信号不一致时，也会点亮故障灯。所谓二者信号不一致，是指加速踏板位置传感器反馈 ECU 的电位计信号与电动节气门所打开开度不符。汽车使用年限越长，进气门上的积炭和活塞顶部的积炭越多，喷油器喷入的汽油会被积炭吸收一部分，也会导致发动机工作不良、无力，主要表现在冷车起动时，发动机发抖，故障灯也可能会点亮。这种情况出现后可用以下方法消除，如多跑高速、在汽油箱里面加燃油添加剂，尽量将积炭排出发动机外。

4. 排气系统原因

排气系统包括排气歧管、三元催化器、氧传感器、消声器等。

随着人们环境保护意识的加强，汽车尾气排放标准也有了很大提高，在现代车辆中装有双氧传感器和双三元催化器已经是普遍现象。氧传感器安装在三元催化器之前的排气管上，称为前氧传感器；装在三元催化器之后为后氧传感器。氧传感器通过检测发动机废气中氧的含量向 ECU 提供混合气浓度电压信号。

氧传感器的主要元件为二氧化锆，其表面有一层白金，白金外面是陶瓷。二氧化锆的内侧通大气，外侧通发动机废气。当氧传感器开始工作时，气体渗透陶瓷体分别与空气和废气相接触，在白金电极两端不一致时，会产生电动势，形成电信号输给 ECU；氧传感器工作温度为 300℃并装有加热电阻，电压值在 0.1 ~ 0.9V 之间变化，数值越低，混合气越稀，反之为浓混合气。氧传感器损坏后它会给 ECU 反馈一个错误信号，导致喷油量过多或过少，因而影响发动机工作，如果汽油中含铅量超标会导致氧传感器中毒，导致发动机故障灯亮。如果 ECU 得到氧传感器一个恒定不变值或在 0.45 ~ 0.5V 之间变化，则发动机 ECU 认为氧传感器损坏，发动机故障灯依然会点亮。

后氧传感器只监测三元催化器的好坏，如果它与前氧传感器信号一致，没有明显变化，则表明三元催化器损坏，发动机故障灯点亮。

三元催化器是安装在汽车排气系统中最重要的机外净化装置，它可以将尾气中的 CO、HC 和 NO_x 等通过氧化和还原作用转为二氧化碳、水和氮气。如果发动机燃烧不全，三元催化器过度使用会造成脱落，有可能堵塞排气管，从而造成发动机排气不畅、无力，严重时还可能导致熄火、车辆发抖，也会点亮发动机故障灯。

5. 其他电控部件原因

其他电控部件主要有冷却液温度传感器和发动机 ECU。

冷却液温度传感器在汽车中起到相当大的作用，一方面将发动机温度传给组合仪表，让驾驶人观测，另一方面将冷却液温度信号传送给发动机 ECU。发动机 ECU 将根据发动机温度进行喷油量的校正。因此，如果冷却液温度传感器损坏或者灵敏程度不够，就会导致发动机汽车不易起动，也会导致发动机冷却液温度升高后，ECU 仍然按冷车油量控制，进而造成热车后不易起动，甚至尾气呛人，点亮发动机故障灯。

发动机 ECU 是整个电喷汽车发动机各传感器信号的接收装置，又是各传感器输入信号和各执行器执行动作指令的装置。因而如果发动机 ECU 出现问题，会让各传感器不正常执行指令，扰乱发动机正常工作，也会点亮发动机故障灯。

6. 发动机故障警告灯点亮实例

【案例 1】

（1）故障现象

一辆福特福克斯，行驶里程 34000km，长期在市区道路行驶。据车主反映，最近该车每天早上起动后，车发抖，加油不畅，发动机故障灯亮，天气越冷，故障现象越严重，但起动 2～3min 后正常。

（2）故障诊断

此车在 4S 店更换过空气滤芯、火花塞、点火线圈、汽油泵、汽油滤芯，冷却液温度传感器，清洗过电动节气门、喷油嘴等，但处理后效果不明显，故障现象仍然存在。

技术人员首先排除了进气系统、点火系统、供油系统、传感器等部位存在问题的可能性，最终根据发动机的工作原理，判断该车极有可能是积炭过多，造成喷油器喷出的雾化汽油被积炭吸收掉一部分，最终导致发动机工作不良。只有当积炭吸收的汽油达到饱和状态后，该现象消失，恰好和车主反映的情况相符合。

于是拆下进气歧管，发现进、排气门上堆积了很厚一层积炭。清洗进气歧管和进、排气门积炭后，该车故障现象消失。

该车长期行驶在市区道路，车速较低，易形成积炭，因此建议车主经常跑一下高速，对发动机有好处，让部分积炭排出发动机外。

由此可见，发动机故障灯亮不是什么深不可测的问题，从相应的零件及部位着手，也是很容易解决的。

【案例 2】

（1）故障现象

一辆行驶里程约 8 万 km、配置 M112 型发动机和自动变速器、底盘型号为 W163 的奔驰 ML320 汽车，故障现象为：在车辆行驶过程中，仪表板的发动机故障灯突然点亮，此后车辆加速性能变差。

（2）故障诊断

连接诊断仪进行自诊断，发现发动机系统有两个故障码：P2010－004，右列气缸三元催化转化器后部氧传感器（G3/6）断路，故障当前存在；P20D4，负荷限制功能被激活。查看数据流，右列气缸三元催化转化器后部氧传感器信号电压为434～454mV，其他氧传感器信号电压都能够达到700mV。此时，两个三元催化转化器都达到了正常工作温度，为448℃。以上数据说明右列气缸三元催化转化器后部氧传感器性能不良。举升车辆，检查该传感器的线束连接状况，正常。将两个三元催化转化器后部的氧传感器进行对换，清除故障码，试车，10min后发动机故障灯点亮，查询故障信息，有一个故障码，内容为“P2083－004，左列气缸三元催化转化器后端氧传感器（G3/5）线路断路，故障当前存在”。由此说明，原来的G3/6确实损坏。进行更换处理，故障彻底排除。

M112型发动机是V6发动机，两条排气管共有4个氧传感器：左列气缸三元催化转化器前部氧传感器（G3/3）、右列气缸三元催化转化器前部氧传感器（G3/4）、左列气缸三元催化转化器后部氧传感器（G3/5）、右列气缸三元催化转化器后部氧传感器（G3/6）。当氧传感器损坏后，发动机控制模块设定相关故障码，激活发动机故障灯，限制转矩输出。氧传感器本身的故障比较难判断，有时观察数据流也难以确定原因，可以采用对换法进行检查，检修成功率较高。

合作讨论原因

学生活动：

学生小组合作讨论达成共识，把本组的“排放超标且发动机故障警告灯点亮”原因工整书写在彩色卡片上，贴在白板上展示。(30min)

教师活动：

教师重点观察学生讨论时的表现：所有成员是否可以经过妥协或协商快速达成一致意见。

师生确定原因

教师活动：

教师带领学生一起逐条对每组的结果进行分析评价，判断对错，总结原因。

学生活动：

学生领会理解，修改本组餐垫并把最终结果工整记录在笔记本上。(10min)

填写客户工单

教师活动：

教师提供行车证等资料指导学生填写7.4.0.1客户工单（车辆检验内容，确定维修范围，是否修理车辆建议）。

学生活动：

学生小组合作填写完整客户任务工单。(20min)

提交任务分析阶段的评价表

教师活动：

教师要求学生对任务分析阶段自己的表现依据7.4.2.2评价表进行自我评价。

学生活动：

学生按照教师的要求对自己在任务分析阶段的表现对照每一条进行客观真实地自评。

7.4.2.2　任务分析评价表

参与本项目的教师具体见 Moodle 系统，未参与本项目的教师可以根据实际情况自行制定。

7.4.3　理论学习：氧传感器和排气控制系统结构原理及检修

教学方法：旋转木马法

3.1 排放污染物成分来源净化

关键词法独立学习

教师活动：

教师提供 7.4.3.1 信息页（排放污染标准、成分、来源、净化、废气分析仪使用），让学生独立阅读，画出关键词，整理出逻辑关系思维导图。

学生活动：

学生安静独立地阅读 7.4.3.1 信息页，画出关键词，整理出思维导图。(30min)

7.4.3.1　信息页

7.4.3.1　信息页

学校名称		任课教师	
班级		学生姓名	
学习领域	L7 发动机管理系统诊断维修		
学习情境	LS7.4：排气系统故障导致发动机故障警告灯点亮	学习时间	1h
工作任务	发动机排放污染物成分来源净化	学习地点	理实一体化教室

1. 汽车排放标准

汽车排放是指从废气中排出的 CO（一氧化碳）、HC（碳氢化合物）、NO_x（氮氧化物）、PM（微粒，炭烟）等有害气体。它们都是发动机在燃烧做功过程中产生的有害气体。这些有害气体产生的原因各异：CO 是燃油氧化不完全的中间产物，当氧气不充足时会产生 CO，混合气浓度大及混合气不均匀都会使排气中的 CO 增加；HC 是燃料中未燃烧的物质，由于混合气不均匀、燃烧室壁冷等原因造成部分燃油未来得及燃烧就被排放出去；NO_x 是燃料（汽油）在燃烧过程中产生的一种物质；PM 也是燃油燃烧时缺氧产生的一种物质，其中以柴油机最明显。因为柴油机采用压燃方式，柴油在高温高压下裂解更容易产生大量肉眼看得见的炭烟。

随着汽车尾气污染的日益严重，汽车尾气排放立法势在必行，世界各国早在 20 世纪六七十年代就对汽车尾气排放建立了相应的法规制度，通过严格的法规推动了汽车排放控制技术的进步。而随着汽车排放控制技术的不断提高，又使更高标准的制定成为可能。

与国外先进国家相比，我国汽车尾气排放法规起步较晚、水平较低。根据我国的实际情况，从 20 世纪 80 年代初期开始采取了先易后难分阶段实施的具体方案，其具体实施至今主要分为四个阶段，也就是我们常说的国Ⅰ、国Ⅱ、国Ⅲ、国Ⅳ。

（1）第一阶段

1983 年，我国颁布了第一批机动车尾气污染控制排放标准，这一批标准的制定和实施，标志着我国汽车尾气法规从无到有，并逐步走向法制治理汽车尾气污染的道路，在这批标准中，包括《汽油车怠速污染排放标准》《柴油车自由加速烟度排放标准》《汽车柴油机全负荷烟度排放标准》三个限值标准和《汽油车怠速污染物测量方法》《柴油车自由加速烟度测量方法》《汽车柴油机全负荷烟度测量方法》三个测量方法标准。

（2）第二阶段

在 1983 年我国颁布第一批机动车尾气污染控制排放标准的基础上，我国在 1989 年至 1993 年又相继颁布了《轻型汽车排气污染物排放标准》《车用汽油机排气污染物排放标准》两个限值标准和《轻型汽车排气污染物测量方法》《车用汽油机排气污染物测量方法》两个工况法测量方法标准。至此，我国已形成了一套较为完态的汽车尾气排放标准体系。值得一提的是，我国 1993 年颁布的《轻型汽车排气污染物测量方法》采用了 ECER15－04 的测量方法，而测量限值《轻型汽车排气污染物排放标准》则采用了 ECER15－03 限值标准。该限值标准只相当于欧洲 20 世纪 70 年代的水平（欧洲在 1979 年实施 ECE R15－03 标准）。

（3）第三阶段

北京市 DB11/105—1998《轻型汽车排气污染物排放标准》的出台和实施，拉开了我国新一轮尾气排放法规制定和实施的序曲。从 1999 年起，北京实施 DB11/105—1998 地方法规，2000 年起，全国实施 GB 14961—1999《汽车排放污染物限值及测试方法》（等效于 91/441/1EEC 标准），同时《压燃式发动机和装用压燃式发动机的车辆排气污染物限值及测试方法》也制定出台；与此同时，北京、上海、福建等省市还参照 ISO3929 中双怠速排放测量方法分别制定了《汽油车双怠速污染物排放标准》地方法规。这一条例标准的制定和出台，使我国汽车尾气排放标准达到国外 20 世纪 90 年代初的水平。

（4）第四阶段

2012 年 1 月 10 日，中国环境保护部公布了实施国家第四阶段车用压燃式发动机与汽车污染物排放标准的时间表。《车用压燃式、气体燃料点燃式发动机与汽车排气污染物排放限值及测量方法（中国Ⅲ、Ⅳ、Ⅴ阶段）》（GB 17691—2005）第四阶段排放限值（下称“国四标准”）将分步实施。

对在北京市、上海市销售和注册的，用于公交、环卫和邮政用途的装用压燃式发动机汽车，实施国四标准，停止销售和注册登记不符合国四标准要求的相关车辆。自 2013 年 7 月 1 日起，所有生产、进口、销售和注册登记的车用压燃式发动机与汽车必须符合国四标准的要求。对于车用压燃式发动机与汽车，其国三标准型式核准截止时间延长至 2012 年 6 月 30 日；其国四标准型式核准截止时间及国五标准实施日期另行通知。

2. 汽车排放污染物的成分

汽车排放污染物主要来源于汽车尾气、发动机曲轴箱窜气及油箱的燃料蒸发。汽车排放的污染物主要有一氧化碳、碳氢化合物、氮氧化合物及固体悬浮颗粒物等。汽车排放污染物在离地面高约 1m 浓度最大，极易进入人的呼吸系统，影响人的身体健康。

汽车排放污染物对环境直接造成的危害有：

① 固体悬浮颗粒（PM）：固体悬浮颗粒的成分很复杂，并具有较强的吸附能力，可以

吸附各种金属粉尘、强致癌物苯并芘和病原微生物等。固体悬浮颗粒随呼吸进入人体肺部，以碰撞、扩散、沉积等方式滞留在呼吸道的不同部位，引起呼吸系统疾病。当悬浮颗粒积累到临界浓度时，便会激发形成恶性肿瘤。此外，悬浮颗粒物还能直接接触皮肤和眼睛，阻塞皮肤的毛囊和汗腺，引起皮肤炎和眼结膜炎，甚至造成角膜损伤。

② 一氧化碳（CO）：一氧化碳与血液中的血红蛋白结合的速度比氧气快 250 倍。一氧化碳经呼吸道进入血液循环，与血红蛋白亲合后生成碳氧血红蛋白，从而削弱血液向各组织输送氧的功能，危害中枢神经系统，造成人的感觉、反应、理解、记忆力等机能障碍，重者危害血液循环系统，导致生命危险。

③ 氮氧化物（NO_x）：氮氧化物主要是指一氧化氮、二氧化氮，它们都是对人体有害的气体，特别是对呼吸系统有危害。在二氧化氮浓度为 $9.4mg/m^3$ 的空气中暴露 10min，即可造成人的呼吸系统功能失调。

④ 碳氢化合物（HC）：目前还不清楚它对人体健康的直接危害。但氮氧化物和碳氢化合物在太阳紫外线的作用下，会产生一种具有刺激性的浅蓝色烟雾，其中包含有臭氧、醛类、硝酸酯类等多种复杂化合物。对人体最突出的危害是刺激眼睛和上呼吸道黏膜，引起眼睛红肿和咽喉炎。

3. 汽车排放污染物的形成

① CO 的形成。汽油车发动机的燃料是汽油，它是烃的混合物。当燃料在供给的空气充足的条件下燃烧时，生成 CO_2 和 H_2O。当燃料在空气供给不充足的条件下燃烧时，因不完全燃烧而产生 CO。此外，若燃烧后的温度很高，会使已经形成的 CO_2 分解成 CO 和 O_2。所以，排气中总会有 CO 的存在。

② HC 的形成。汽车排出的 HC 主要是发动机未燃烧的产物，其次是曲轴箱通风口漏出及油箱蒸发（对于安装化油器的车，还有化油器蒸发）。排气中 HC 的形成原因比 CO 要复杂得多。对于四冲程发动机而言，缸壁激冷和燃料不完全燃烧是 HC 的主要成因。在二冲程汽油机中，由于扫气作用，部分混合气通过气缸直接进入排气，这种汽油机的 HC 排放量可能比四冲程汽油机大好几倍。不论是汽油机还是柴油机，都是通过火焰传播使燃料燃烧的，但是，紧靠缸壁的那层气体（0.05～0.5mm），由于低温缸壁的冷却作用，火焰传播不到，使这层混合气中的 HC 随废气排出。除此以外，火焰也不能在激冷缝隙内传播，一般在小于 1mm 的缝隙内（如活塞顶部与第一道气环之间的空隙）混合气不可能完全燃烧。

③ NO_x 的形成。在发动机排出的 NO_x 中，主要成分是 NO 和少量的 NO_2。当废气排放到大气中后，部分 NO 与空气中的氧相结合又生成 NO_2。因此，被汽车污染的大气同时存在着 NO 和 NO_2。NO 的形成主要与温度、混合浓度和气缸的氧浓度有关：当混合气较稀时，温度对 NO 起支配作用；当混合气浓时，氧的浓度对 NO 起决定作用。

4. 汽车排放污染物的净化

现在的汽车上采用了各种排气控制方式，用来降低氮氧化物、碳氢化合物、一氧化碳气体的排放。最常见的废气净化装置有：

① 催化转化器。在排气管内装有一种催化转化器，将有污染的废气转化成非污染物。

② 废气再循环（EGR）。EGR 的主要作用是降低废气中的氮氧化物。在加速和发动机高负荷时，燃烧室温度会上升，而高温会促使氮气和空气中的氧化合生成氮氧化物。使用

EGR 将废气中的 CO_2 和水蒸气送入进气歧管再循环，使混合气变稀，并且带走混合气燃烧生成的一部分热量而使燃烧室温度降低，减少 NO_x 的产生。

③ 燃油蒸气回收装置（EVAP）。燃油箱内经常会出现一些蒸气。而这些蒸气中含有大量 HC。为了防止这些蒸气进入大气，危害人类和浪费能源，在汽车上设置了燃油蒸气回收罐装置（活性炭罐）。

④ 曲轴箱强制通风装置（PCV）。缸内的可燃混合气在压缩行程和做功行程时，因活塞环和气门密封不严，会向曲轴箱内窜入一些没有被燃烧的气体（主要成分为 HC）。这些气体中所含的成分能破坏机油使之产生油泥，使曲轴箱锈蚀。所以在曲轴箱（气缸盖罩）和进气歧管之间安装了一个曲轴箱强制通风阀（PCV）。

⑤ 二次空气吸入和喷射系统。发动机所排放的废气中的 HC 和 CO 是可燃性气体，如果使空气进入排气歧管，且废气够热，废气就会在排入大气以前重新燃烧，废气中的 CO 和 HC 也就转化成无污染的 CO_2 和 H_2O。为实现这一目的，常用二次空气吸入（AS）法和二次空气喷射（AI）法，减少排气污染。

5. 废气气分析仪的使用方法

① 使用窗口中的“排气/汽油”功能，进行泄漏试验。

② 完成泄漏试验后，进行零点调整。

③ 完成零点调整后，根据提示内容连接感应式脉冲信号检测器和机油温度测量头。

④ 起动发动机，使发动机在中速运转几分钟以后，降至怠速。

⑤ 将尾气探测器测量头放入排气尾管中等待几秒，观察窗口数值，当数值较稳定时，表示测量已结束。

⑥ 将发动机熄火。将尾气探测器测量头从排气尾管中取出，放到规定的位置。

⑦ 再次起动发动机，使发动机在中速运转几分钟以后，降至怠速，重新检测。

⑧ 将尾气探测器测量头放入排气尾管中，将发动机的转速分别控制在 720 ~ 880r/min、900 ~ 1100r/min、1350 ~ 1650r/min、1800 ~ 2200r/min 四种转速下进行检测，检测时间为 20s，每次检测后应将尾气探测器测量头从排气尾管中取出达 10s。

⑨ 测量完成后，从排气尾管中拔出尾气探测器测量头，达 10s，进行排空。

⑩ 将发动机熄火。

旋转木马法互学

教师活动：

教师要求学生进行旋转木马互相讲述。

学生活动：

学生按照教师要求进行旋转木马讲述。（20min）

小组合作整理笔记

教师活动：

教师要求学生回到原始学习小组，整理关键内容到笔记本上。

学生活动：

学生回到原始学习小组，经过讨论把关键内容整理到笔记本上。（10min）

完成 7.4.3.2 理论测试

教师活动：

教师要求学生独立完成 7.4.3.12 理论测试，不允许查阅任何资料。

学生活动：

学生安静、独立地在系统上完成 7.4.3.12 理论测试并提交，不能查阅任何资料。(20min)

7.4.3.2　理论测试

7.4.3.2　理论测试

学校名称		任课教师	
班级		学生姓名	
学习领域	L7 发动机管理系统诊断维修		
学习情境	LS7.4：排气系统故障导致发动机故障警告灯点亮		
理论学习内容	发动机排放污染物成分来源净化	学习时间	1h

一、填空题（每空 1 分，共 20 分）

1. 汽车排放污染物主要来源于________、发动机曲轴箱窜气及油箱的________。

2. 汽车排放的污染物主要有：________、碳氢化合物、氮氧化物及固体悬浮颗粒物等。

3. 当燃料在空气供给不充足的条件下燃烧时，因不完全燃烧而产生________。

4. 汽车排出的 HC 主要是发动机未燃烧的产物，对于四冲程发动机而言，________和燃料不完全燃烧是 HC 的主要成因。

5. NO_x 的形成是在温度________并且________条件下。

6. 当氧气不充足时会产生________，混合气浓度________及混合气不均匀都会使排气中的 CO 增加。

7. PM 也是燃油燃烧时缺氧产生的一种物质，其中以________最明显。

8. 固体悬浮颗粒的成分很复杂，并具有较强的________能力，可以吸附各种________、强致癌物苯并芘和病原微生物等。

9. ________经呼吸道进入血液循环，与血红蛋白亲合后削弱血液向各组织输送氧的功能，危害________系统，危害血液循环系统，导致________。

10. 当燃料在供给的空气充足的条件下燃烧时，生成________和 H_2O。

11. 汽车排出的 HC 主要是发动机________的产物，其次是________漏出及油箱蒸发。

12. ________的主要作用是用来降低废气中的氮氧化物。

二、单选题（每题 2 分，共 10 分）

1. 汽车排放污染物在离地面高约（　　）左右浓度最大，极易进入人的呼吸系统，影响人的身体健康。

A. 30cm　　B. 50cm　　C. 80cm　　D. 100cm

2. 现在的汽车上采用了各种排气控制方式，用来降低氮氧化物、碳氢化合物、一氧化碳气体的排放，以下（　　）不是废气净化装置。

A. 三元催化转化器　　B. 废气涡轮增压系统

C. 废气再循环系统　　D. 二次空气喷射系统

3. 以下（　　）不是汽油发动机的主要污染物。

A. CO　　B. HC　　C. 炭烟　　D. NO_x

4. 当发动机因为燃料不足不完全燃烧时或者是在排气时温度过高时，（　　）容易形成。

A. CO　　B. HC　　C. 炭烟　　D. NO_x

5. 当发动机在高温富氧条件下燃烧时，（　　）容易形成。

A. CO　　B. HC　　C. 炭烟　　D. NO_x

三、判断题（每题2分，共20分）

1. EGR 的主要作用是降低废气中的氮氧化物。（　　）

2. 发动机所排放的废气中的 HC 和 CO 是可燃性气体。（　　）

3. 我国汽车尾气排放法规实施至今主要分为四个阶段，也就是我们常说的欧Ⅰ、欧Ⅱ、欧Ⅲ、欧Ⅳ。（　　）

4. CO 直接接触皮肤和眼睛，阻塞皮肤的毛囊和汗腺，引起皮肤炎和眼结膜炎，甚至造成角膜损伤。（　　）

5. HC 与血液中的血红蛋白结合的速度比氧气快250倍，使人缺氧死亡。（　　）

6. 固体悬浮颗粒随呼吸进入人体肺部，以碰撞、扩散、沉积等方式滞留在呼吸道的不同部位，引起呼吸系统疾病。（　　）

7. 氮氧化物是对人体有害的气体，特别是对呼吸系统有危害。（　　）

8. HC 直接对人体最突出的危害是刺激眼睛和上呼吸道黏膜，引起眼睛红肿和咽喉炎。（　　）

9. 燃油蒸气回收装置（EVAP）和废气再循环系统主要是为了降低 HC 的排放。（　　）

10. 曲轴箱通风系统主要是为了降低 HC 的排放。（　　）

教学方法：工作站变异法

3.2 废气排放净化装置

工作站独立完成理论学习

教师活动：

教师提供工作站和 7.4.3.3 ~ 7.4.3.6 信息页、7.4.3.7—7.4.3.10 工作页，要求学生利用工作站法，独立完成工作页的理论部分学习。

学生活动：

学生完成工作页上的理论部分内容。（30min）

小组合作完成实践部分

教师活动：

教师要求学生小组合作完成工作页上的实际操作部分。

学生活动：

学生小组合作完成工作页上的实际操作部分。（30min）

7.4.3.3　信息页

7.4.3.3　信息页

学校名称			任课教师		
班级			学生姓名		
学习领域	L7 发动机管理系统诊断维修				
学习情境	LS7.4：排气系统故障导致发动机故障警告灯点亮		学习时间	1h	
工作任务	A：氧传感器空燃比反馈控制		学习地点	理实一体化教室	

1. 氧传感器的作用

氧传感器装在发动机的排气管上，通过检测废气中残余氧气含量的方法来判断混合气的浓度，以便 ECU 对喷油量实施“闭环调节”：残余氧气较少时，说明混合气偏浓，ECU 通过减少喷油量使混合气变稀；反之，残余氧气较多时，ECU 又使混合气变浓。周而复始，最终确保混合气的浓度维持在理想值附近。氧传感器发生故障时，该“闭环调节”功能失效，混合气浓度偏离理想值，从而造成发动机的性能恶化，尾气排放不合格，此时，ECU 会储存相应的故障码，仪表板上的发动机故障灯也会点亮。

发动机排气管上安装有两种类型的传感器：一种是窄型氧传感器，即老式的氧传感器，简称氧传感器；另一种是宽型氧传感器，即新型的氧传感器，称为空燃比（A/F）传感器。氧传感器一般根据电化学原理工作，有氧化锆（ZrO_2）式和氧化钛（TiO_2）式等两种类型。其中氧化锆式又分为加热型与非加热型两种，氧化钛式一般都为加热型。

2. 氧化锆式氧传感器的结构与工作原理

（1）氧化锆式氧传感器结构

氧化锆式氧传感器主要由锆管、加热元件、电极引线、钢质护管、钢质壳体、防水护套等组成，其结构如图 1a 所示。锆管固定在带有安装螺纹的固定钢套中，锆管的内外表面都镀覆一层多孔铂膜作为电极，内表面与大气相通，外表面与排气管中的废气相接触。为防止废气对铂膜的腐蚀，锆管外表面的铂膜上覆盖有一层多孔性陶瓷层。锆管外面的防护钢套上开有槽口或圆孔，废气通过槽口与锆管外表面接触。氧传感器的接线端有一金属护套，其上开有一个孔，使锆管内表面与大气相通。锆管的陶瓷体是多孔性的，因此氧能够渗入固体电解质内。

（2）氧化锆式氧传感器工作原理

当温度较高时，若陶瓷体内（大气）与陶瓷体外（废气）两侧含氧量不同，氧气发生电离产生氧离子，氧离子从大气侧向废气侧扩散，在锆管两铂电极之间产生电压，如图 1b 所示。锆管内侧与氧离子浓度较高的大气相通，外侧与氧离子浓度较低的废气相通。锆管的内、外侧之间存在氧离子浓度差，因而会产生一定的电动势，该电动势即为传感器的输出信号。

混合气稀时，排气中氧的含量高、锆管内外两侧氧的浓度差小，氧离子扩散量少，信号电压低；混合气浓时，排气中氧的含量低，锆管内外两侧氧的浓度差大，氧离子扩散量多，信号电压高。氧传感器产生的信号电压范围为 0.1 ~ 0.9V，发动机 ECU 收到小于 0.45V 信号电压，确认混合气稀；收到大于 0.45V 信号电压，确认混合气浓。

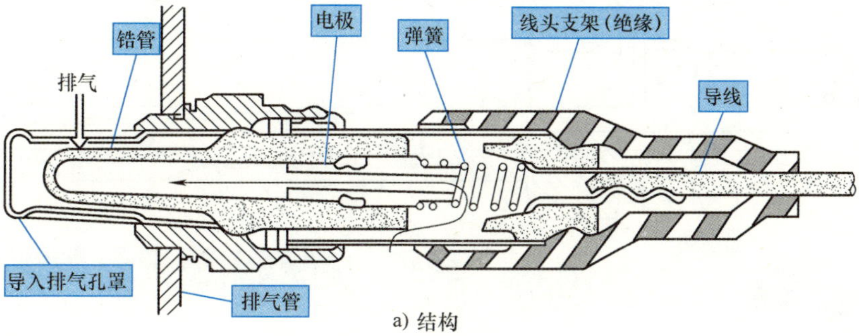

a) 结构

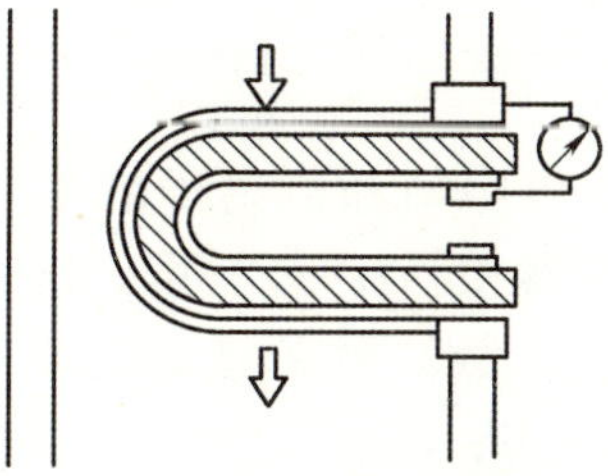

b) 工作原理

图 1 氧化锆式氧传感器结构与工作原理

因为氧传感器的工作特性与温度密切相关，温度强烈地影响着氧化锆管对氧离子的导通能力。氧化锆式氧传感器的温度须达到 300℃以上才能正常工作，低于 300℃时几乎没有信号。为此，氧传感器的内部设有加热器。加热器一般用陶瓷加热元件制成，加热温度设定为 300℃，并直接由汽车电源供电。加热器电路由发动机 ECU 控制，如图 2 所示。加热式的锆管内有加热元件，通电 30s 便达到工作温度。加热元件为正温度系数（PTC）电阻，温度较低时电阻很小，加热电流、功率大，加热很快。加热后电阻升高，功率不大。

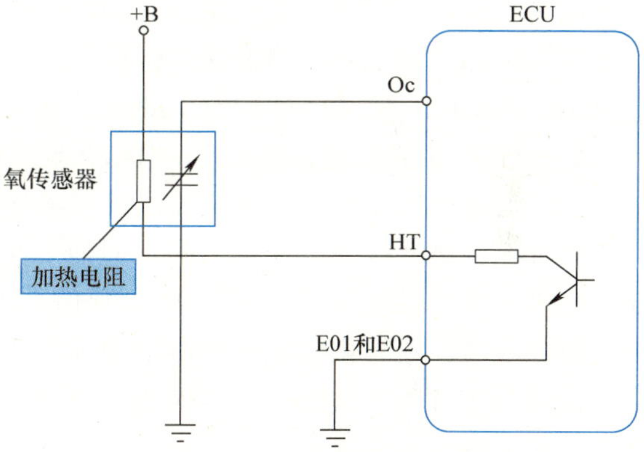

图 2 氧传感器控制电路

3. 氧化钛式氧传感器的结构与工作原理

（1）氧化钛式氧传感器结构

氧化钛式氧传感器的外形与氧化锆式的相似，其结构如图 3 所示，主要由二氧化钛传感元件、加热元件、电极引线和钢质壳体等组成。与氧化锆式氧传感器不同的是，该传感器不需要与大气压进行比较，因此对传感元件的密封性与防水性要求较低，使用玻璃或滑石粉等材料密封即可达到使用要求。此外，在电极引线与护套之间设置有硅橡胶密封衬垫，以防止水汽浸入传感器内部而腐蚀电极。该传感器传感元件的外表面同样涂有一层金属铂，以提高其工作灵敏度。氧化钛式氧传感器结构简单，价格较低，体积小。

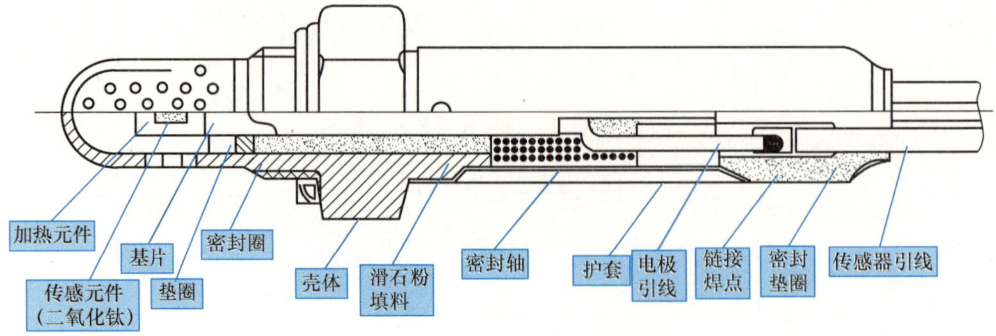

图3　氧化钛式氧传感器结构

二氧化钛属于N型半导体材料，其电阻值随氧离子浓度的变化而变化，因此，氧化钛式氧传感器相当于一个可变电阻，其电阻值与混合气浓度（过量空气系数）的关系如图4所示。混合气稀时，二氧化钛呈现低阻状态；混合气浓时，二氧化钛呈现高阻状态；在理论混合气附近（过量空气系数λ约为1），电阻值产生突变。

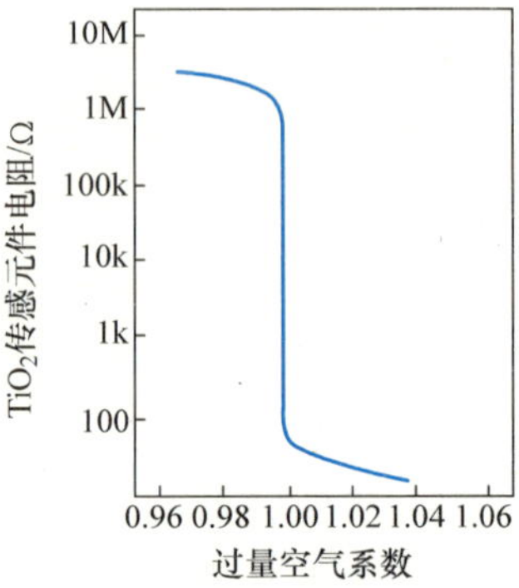

图4　氧化钛式氧传感器的电阻特性

（2）氧化钛式氧传感器工作原理

氧化钛式氧传感器是利用电阻的变化来判别其中的含氧量。对氧气敏感、易于还原的半导体材料氧化钛与氧气接触时发生氧化还原反应，使晶体结构发生变化，从而导致电阻值变化。它是一种电阻型气敏传感器，就像冷却液温度传感器一样，有着电阻高低的变化，这时只要供给参考电压，即可由电压得知当时混合比的状况。近年来的车型为了使氧化钛式氧传感器有着与氧化锆式氧传感器相同的变化，将参考电压改为1V，所以其信号电压也在0~1V的范围内。若混合气稀，尾气中氧的含量高，则氧化钛氧传感器呈现高电阻的状态，此时1V电源电压经氧传感器电阻降压，返回ECU的输出电压信号OX电压低于0.45V；若混合气浓，尾气中氧的含量少，则氧化钛式氧传感器因缺氧而形成低电阻的氧化半导体，此时1V电源电压经氧传感器电阻降压，返回ECU的OX信号电压高于0.45V，如图5所示。

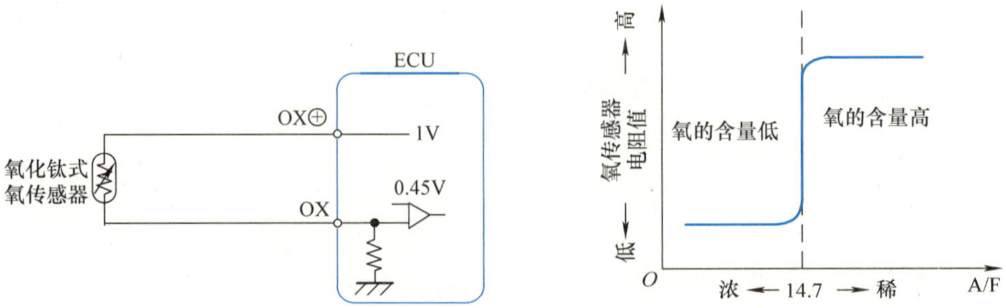

图5　氧化钛式氧传感器的电路原理和电压特性

氧化钛式氧传感器的温度高于400℃才能正常工作，因此，该传感器的内部也设有加热器，并由汽车电源直接加热。为了使氧化钛式氧传感器能迅速达到它的工作温度（400℃），在氧传感器内部有热敏电阻加热元件进行加热，所以目前的氧化钛式氧传感器都为四线的。氧化钛式氧传感器应用范围很小，其数量为车上氧传感器使用数量的1%。氧化钛式氧传感器的安装螺纹直径为14mm，而氧化锆式氧传感器的安装螺纹直径为18 mm，两者不能互换。

4. 氧传感器空燃比反馈闭环控制

（1）闭环控制过程

在装有三元催化转化器的电控汽油喷射系统中，为了最有效地利用三元催化转化器对排气的催化净化效能，必须采用氧传感器的反馈信号，对理论空燃比进行精确的闭环反馈控制。

在反馈闭环控制过程中，空燃比、氧传感器输出的电压信号和空燃比反馈控制信号三者之间的变化关系如图6所示。若假定开始时混合气的实际空燃比偏浓，此时氧传感器输出高电平信号。ECU收到这一信号后，通过减小（开始骤降，然后缓降）反馈修正系数，使喷油持续时间缩短，喷油器的喷油量减少。由于喷油量减少，混合气很快变稀。当混合气浓度低于理论空燃比时，氧传感器输出低电位信号。ECU接收到这一信号后，又使反馈修正系数增大（开始快升，然后缓升），结果使喷油持续时间延长，喷油器的喷油增加，致使混合气又很快变浓……如此反复循环，不断地对空燃比进行反馈控制，最终使混合气的实际空燃比稳定在理论空燃比附近。从整体上看，当混合气偏浓时，由于空燃比占浓的时间比空燃比占稀的时间长，氧传感器输出高电位时间也相对较长，从而使修正系数向着减小的方向移动。

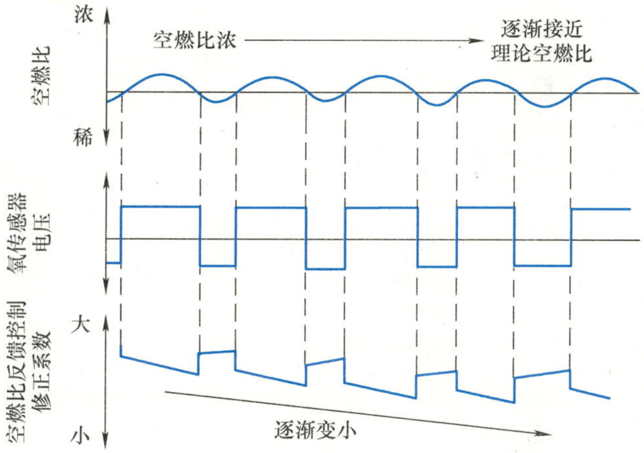

图6 空燃比反馈闭环控制过程

（2）闭环控制条件

喷油量的闭环控制可以使混合气的浓度维持在理论混合气附近，但并不是所有的工况都需要理论混合气。如在发动机起动、暖机、加速、大负荷等工况，需要对混合气适当加浓，以便使发动机能够顺利起动、平稳暖机、迅速加速、大负荷时输出较大功率；强制怠速工况（即节气门在怠速位置，但转速远高于怠速的工况，如汽车急减速、挂档下坡等）时，需要彻底切断燃料供给。在这些工况下，ECU会暂时终止使用氧传感器的信号，转而利用ECU内部的记忆值或计算值来控制喷油量，即对喷油量实施开环控制。

此外，当氧传感器发生故障或未达到工作温度（300℃或400℃）时，以及在电控系统其他部分发生故障、系统被迫转入“应急运转”状态时，ECU也会对喷油量实施开环控制。

5. 空燃比传感器（A/F 传感器）

空燃比传感器是一种新型的氧传感器，其工作范围不仅仅限于理论混合气附近，在较宽的范围内均可产生几乎与混合气浓度成正比的电压信号，如图 7a 所示，因而大大提高了 ECU 对混合气浓度的调节范围和调节精度，即使在加速加浓、大负荷加浓等工况下也可以实现喷油量的“闭环调节”。

空燃比传感器的工作电路如图 7b 所示。由于其工作原理的特殊性，该传感器的输出信号不能用万用表测量，需要使用汽车故障诊断仪，通过读取相关数据来判断其工作情况。空燃比传感器也配有加热器，但该加热器的工作电流比普通氧传感器的大得多。

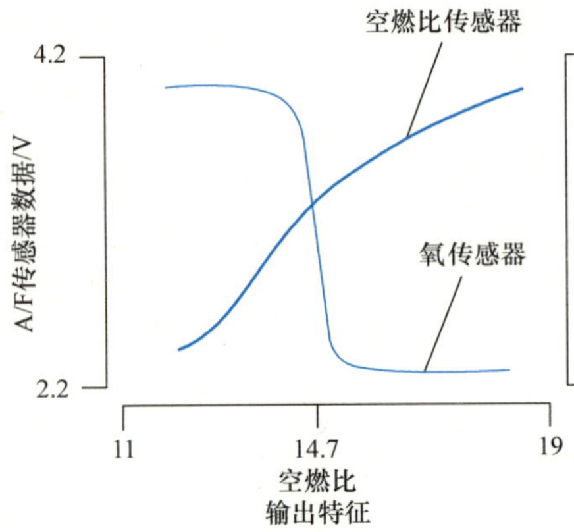

a) 空燃比传感器特性

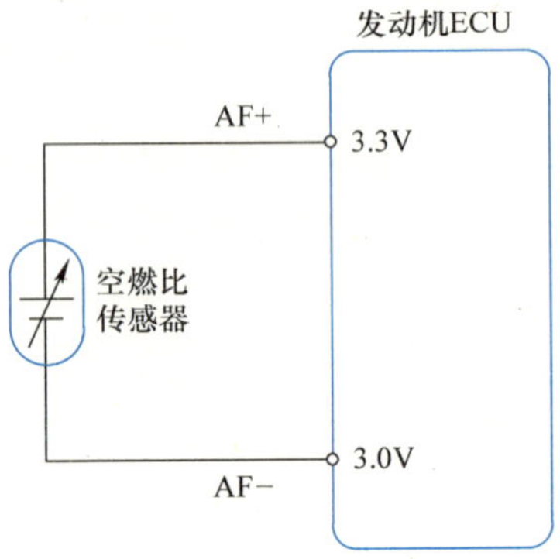

b) 空燃比传感器工作电路

图 7　空燃比传感器特性及工作电路

6. 氧传感器检查流程与方法

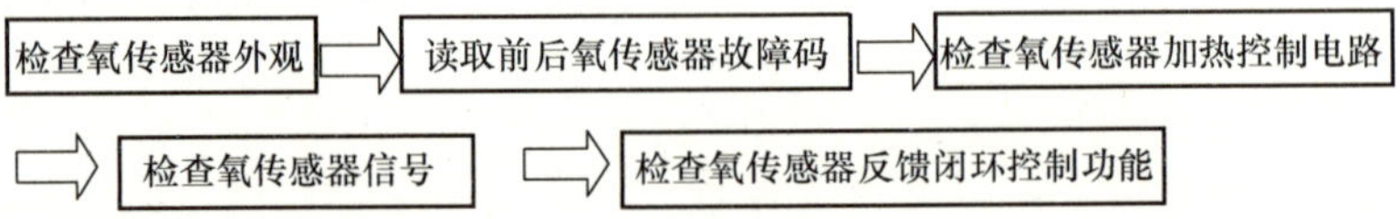

（1）分析氧传感器常见故障

① 氧传感器中毒。这是经常出现且较难防治的一种故障。使用含铅汽油，是导致氧传感器中毒的主要原因。现今汽油和润滑油中含有的硅化合物燃烧后生成的二氧化硅及硅橡胶密封垫圈使用不当散发出的有机硅气体，也会使氧传感器失效，因而要使用品质好的燃油和润滑油。修理时要正确选用和安装橡胶垫圈，不要在传感器上涂敷制造厂规定使用以外的溶剂和防粘剂等。

② 氧传感器积炭。发动机燃烧不良，会在氧传感器表面形成积炭，或氧传感器内部进入了油污或尘埃等沉积物，会阻碍或阻塞外部空气进入氧传感器内部，使氧传感器输出的信号失准，不能及时地修正空燃比。产生积炭，主要表现为油耗上升，排放浓度明显增加。此时，若将沉积物清除，就会恢复正常工作。

③ 氧传感器陶瓷碎裂。氧传感器的陶瓷硬而脆，用硬物敲击或用强烈气流吹洗，都可能使其碎裂而失效。因此，处理时要特别小心，发现问题应及时更换。

④ 加热器电阻丝烧断。对于加热型氧传感器，如果加热器电阻烧蚀，就很难使传感器达到正常的工作温度，导致传感器失去作用。

⑤ 氧传感器线路问题。氧传感器线路出现异常将会造成输送给 ECU 的信号不准确，如氧传感器的信号线断路或搭铁短路，输入给 ECU 的信号会变成零；如果信号线接线不良，将使线路的电阻增大，这会使 ECU 所接收到的电压信号比氧传感器所发出的低。

（2）检查氧传感器外观

从排气管上拆下氧传感器，检查传感器外壳上的通气孔有无堵塞，陶瓷芯有无破损，如有破损，则应更换氧传感器。通过观察氧传感器顶尖部位的颜色也可以判断故障：淡灰色顶尖，这是氧传感器的正常颜色；白色顶尖是由硅污染造成的，此时必须更换氧传感器；棕色顶尖是由铅污染造成的，如果严重，也必须更换氧传感器；黑色顶尖是由积炭造成的，在排除发动机积炭故障后，氧传感器上的积炭一般可以自动清除。

（3）读取氧传感器故障码和数据流

起动发动机，并使发动机在 2500r/min 下运转 90s，然后怠速运转，用汽车故障诊断仪读取故障码，是否有 P0031、P0032、P0037、P0038、P0130、P2195、P2196 这七个故障码。如果有，则说明氧传感器有故障码，需要进一步检查确认。同时读取主氧传感器的电压值，正常值应为 0.4～0.5V，其他异常情况如图 8 所示。

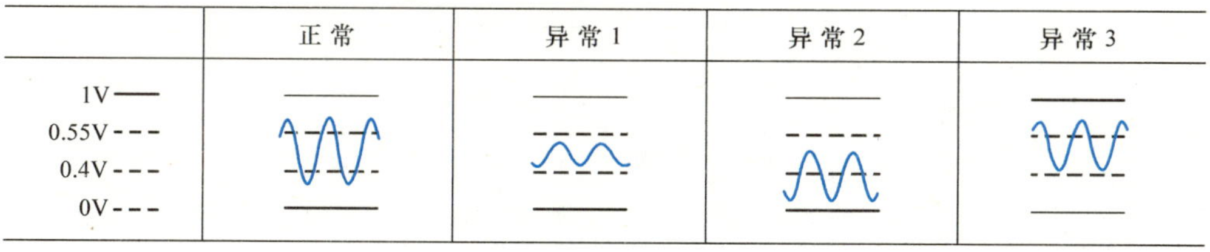

图 8 氧传感器的信号波形

（4）检查氧传感器加热控制电路

丰田卡罗拉氧传感器工作电路如图 9 所示。

当出现故障码 P0031（加热器电流小于 0.3A）、P0032（加热器电流大于 2A）时，需要检查主氧传感器加热控制电路；当出现故障码 P0037（加热器电流小于 0.3A）、P0038（加热器电流大于 2A）时，需要检查副氧传感器加热控制电路。两电路检查方法相同，以下为主氧传感器加热控制电路的检查步骤。

1）检查加热器的电阻

断开主氧传感器的插接器（图 10），用万用表测量传感器插接器 B15－1 与 B15－2、B15－1 与 B15－4 之间的电阻，分别应该为 5.0～10.0Ω（20℃时）和大于 10kΩ，否则应更换传感器总成。

2）检查加热器电源电压

接通点火开关，用万用表测主氧传感器线束侧插接器 B15－2 与车身搭铁之间的电压，应为 9～14V，如图 11 所示，否则转入步骤 4）。

3）检查加热器与 ECU 之间的线路

断开 ECU 插接器，用万用表测量 B15－1 与 B31－109（HTIA）之间的电阻（图 12），

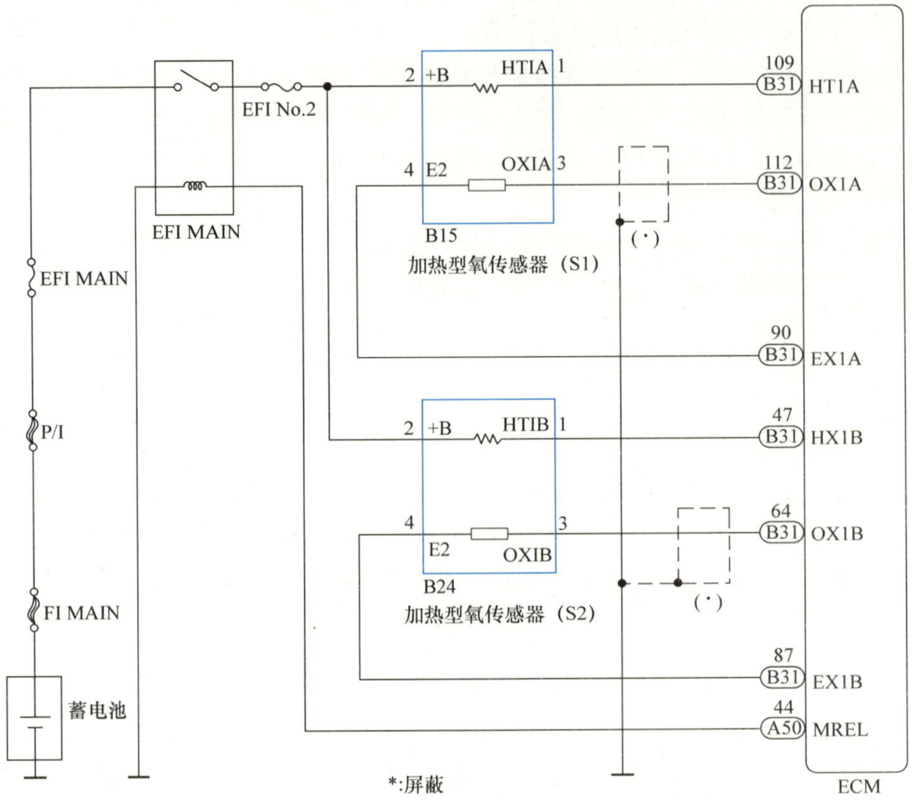

图 9　丰田卡罗拉氧传感器工作电路

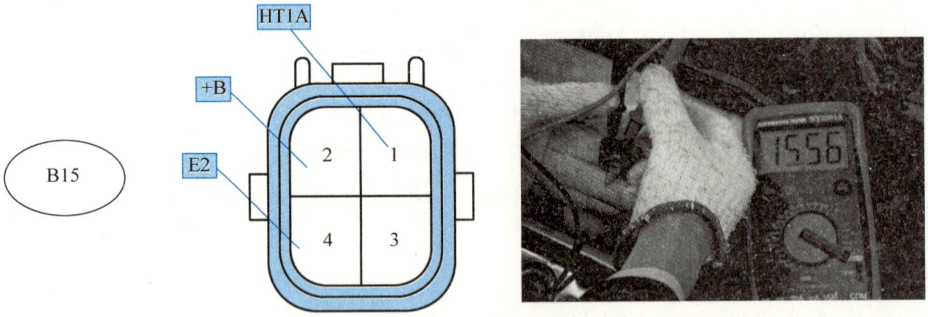

图 10　主氧传感器插接器

应小于1Ω；测 B15－1 或 B31－109 与车身搭铁之间的电阻，应大于10kΩ。如果正常，则更换 ECU；如果不正常，则维修或更换线束或插接器。

4）检查 EFI No. 2 熔丝

从发动机舱继电器盒上拆下 EFI No. 2 熔丝（图 13），用万用表测量其电阻，应小于1Ω。正常，则维修或更换线束或插接器；不正常，则更换该熔丝。

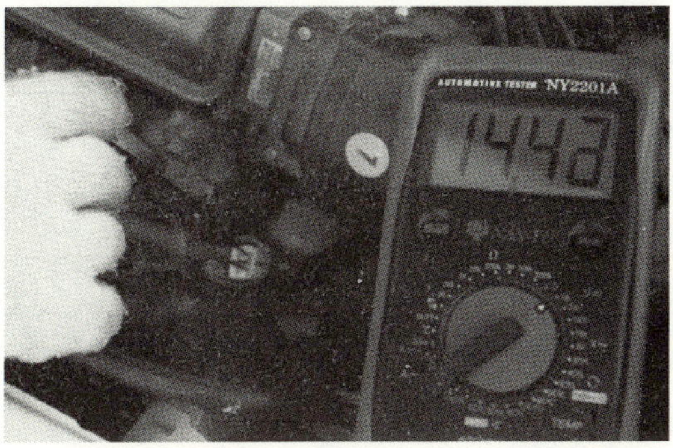

图 11 检查氧传感器加热器工作电压

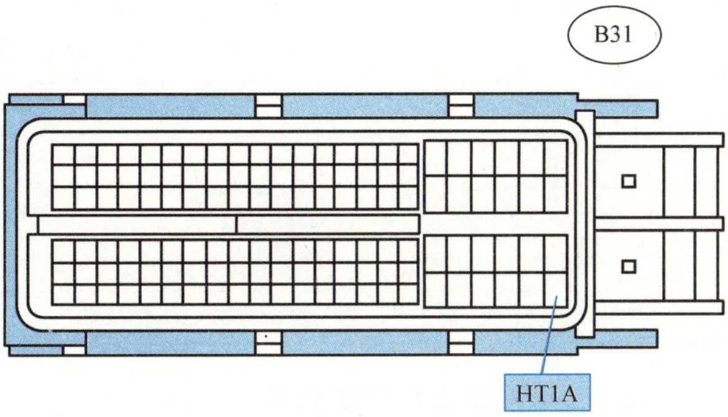

图 12 ECU 线束插接器端子

（5）检查氧传感器的信号及闭环控制功能

用高阻抗数字万用表检测氧传感器是否正常工作。发动机熄火，万用表的红表笔与氧传感器的信号线连接。起动发动机，并使发动机运转到闭环控制状态。闭环控制时，发动机必须满足以下三个标准：发动机冷却液温度高于 80℃；氧传感器必须产生变化的、可用的电压信号；发动机从开始的开环控制到进入闭环控制，要经过一段时间。由于车辆类型和发动机温度的不同，这段时间从几秒到几分钟不等。

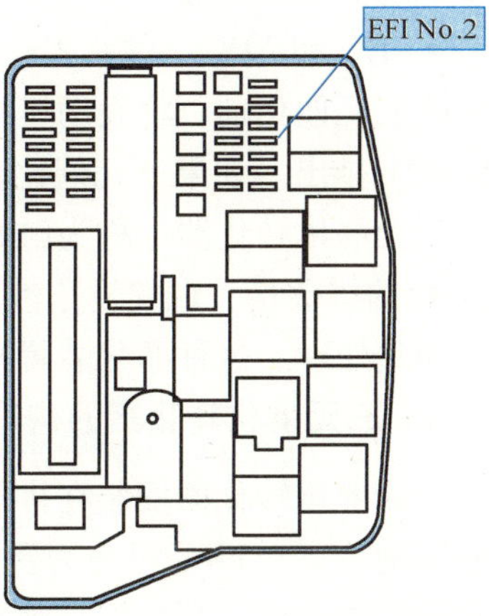

图 13 EFI No. 2 熔丝的位置

检测结果说明如下：数字式万用表置于直流电压 DC 档，在发动机运转期间，用万用表测试氧传感器的信号电压，读取最小值和最大值。好的氧传感器应该能被检测到小于 0. 3V、高于 0. 8V 的信号电压。

如果氧传感器失去反应，输出信号电压停留在 0. 45V，则说明氧传感器已损坏，需要更换；如果氧传感器的信号电压一直很高（高于 0. 55V），说明燃油系统供油过多，混合气浓，或氧传感器遭到污染；如果氧传感器信号电压一直很低（低于 0. 35V），说明燃油系统供油量少，混合气稀。检查进气歧管有没有泄漏，个别喷油器有没有堵塞。

在正常情况下，随着反馈控制的进行，氧传感器的反馈电压将在 0. 45V 上下不断变化，1s 内反馈电压的变化次数应不少于 8 次，如图 14 所示。如果少于 8 次，则说明氧传感器或反馈控制系统工作不正常。其原因可能是氧传感器表面有积炭，使灵敏度降低所致。

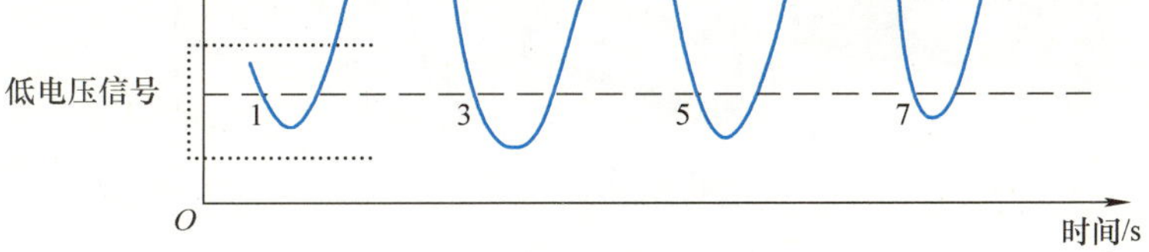

图 14 反馈控制时的 1s 内氧传感器的变化次数

7.4.3.4 信息页

7.4.3.4 信息页

学校名称		任课教师		
班级		学生姓名		
学习领域	L7 发动机管理系统诊断维修			
学习情境	LS7.4：排气系统故障导致发动机故障警告灯点亮	学习时间	1h	
工作任务	B：三元催化转化器	学习地点	理实一体化教室	

1. 三元催化转化器的作用

为了达到排放法规的要求，国外 1996 年以后生产的车辆必须配置 OBD 系统，也就必须安装三元催化转化器（Three Way Catalytic converter，TWC）。所谓“三元”，是指能同时处理 CO、HC 和 NO_x 三种有害气体。三元催化转化器安装在排气管中部，其功能是利用转换器中的三元催化剂，将发动机排出废气中的有害气体 CO、HC 和 NO_x 转变为无害气体 H_2O、CO_2 和 N_2 排出。如果三元催化转化器出现故障，发动机尾气排放一定会不合格。

三元催化转化器也称为触媒转换器，简称触媒。为了进一步降低发动机排气中 CO、HC 和 NO_x 的排放量，现代轿车汽油机在排气系统中普遍安装净化装置，对上述三种有害物质进行净化处理。这种净化装置称为三元催化转化器，缩写为 TWC。

2. 三元催化转化器的构造

三元催化转化器安装在排气消声器前面，由三元催化芯子和外壳等构成。根据催化剂载体的结构特点，TWC 可分为颗粒式和整体式两种类型。颗粒式载体将催化剂沉积在颗粒状氧化铝载体表面，其应用日趋减少。整体式载体分成陶瓷和金属两种，它将催化剂沉积在蜂窝状表面，可增大催化剂与废气的实际接触面积。

下面以整体式三元催化转化器为例进行介绍，它主要由四部分组成：载体、涂在载体上的催化活性层、承纳载体的钢板壳体和钢板壳体之间的隔离层或缓冲层，如图 1 所示。

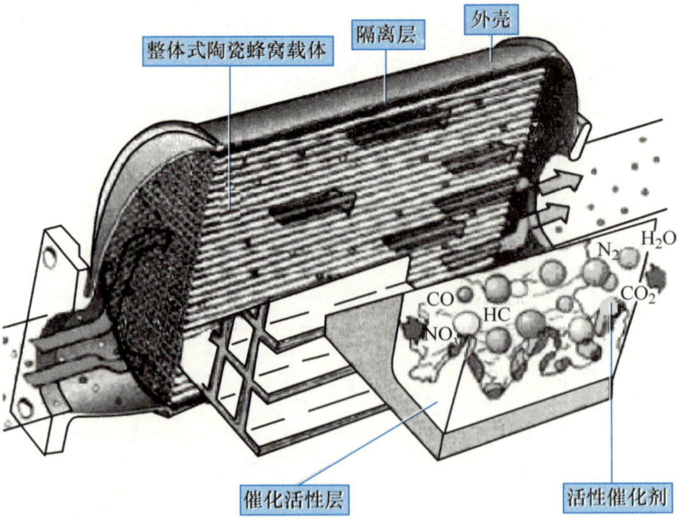

图 1　三元催化转化器的内部结构

3. TWC 的工作原理

TWC 先利用内含的贵重金属铑作为催化剂，将 NO_x 还原成无害的氮气（N_2）。还原过程中所生成的 O_2，再加上 TWC 内由二次空气喷射系统所导入的新鲜空气中的 O_2（有些车型才有），以铂（Pt）或钯（Pd）作为催化剂和 CO、HC 一起进行氧化反应，使其转变为无害的 CO_2 和 H_2O，这种还原—氧化的过程又称为二段式转化，如图 2 所示。

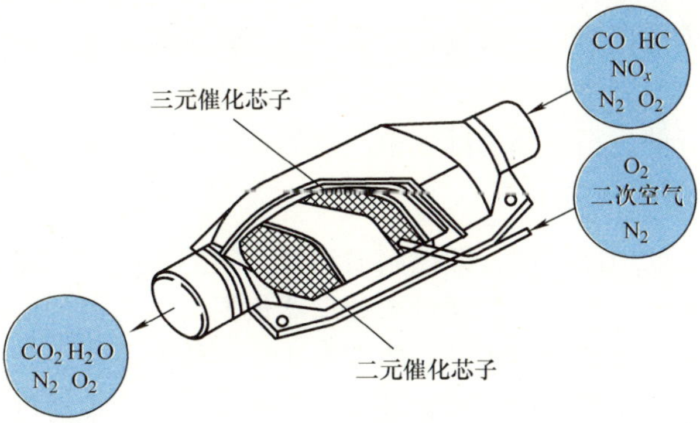

图 2　三元催化转化器的化学反应过程

TWC 将有害气体转变成无害气体的效率受诸多因素的影响，其中影响最大的是混合气的浓度和排气温度。三元催化转化器最低工作温度为 246 ~ 302℃，最高工作温度为 760 ~ 982℃。发动机的排气温度过高（815℃以上）时，TWC 的转化效率将明显下降。有些三元催化转化装置中装有排气温度报警装置，当报警装置发出报警信号时，应停机熄火，查明排气温度过高的原因，予以排除。在使用中，排气温度过高一般是由于发动机长时间在大负荷下工作或因故障而燃烧不完全所致。

4. TWC 闭环控制的工作原理

三元催化转化器的转换效率与发动机的空燃比也有关系。根据实验发现，当空燃比维持在 14.7∶1 左右时，三元催化转化的效率几乎可达到 90% 以上，如图 3 所示。这是因为混合气过浓时，HC、CO 含量将增多，使转化的效率降低，但混合气过稀时，NO_x 排量也会增

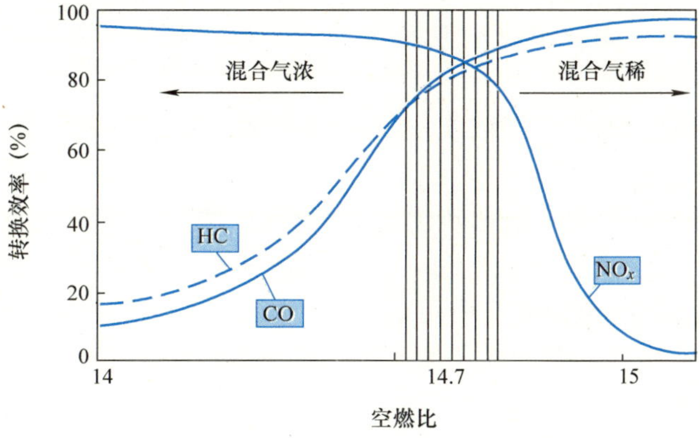

图 3　TWC 的转换效率与混合气浓度的关系

多，如此也将使转化的效率降低。

在三元催化转化系统中加入后氧传感器，使空燃比控制形成闭路控制，确保转化效率。三元催化转化器的前后各装一个氧传感器，分别提供了表示催化净化前和催化净化后的排气中氧含量的输出电压。前（主）氧传感器用作空燃比控制的反馈信号，后（副）氧传感器信号输给发动机 ECU 测试催化净化的效率。通过两个传感器电压之差，就可以测量出触媒转化有害废气的能力。在稳态运行时，催化剂后面的好的氧传感器应比催化剂前的氧传感器信号波动少得多，因为催化剂转化碳氢化合物和一氧化碳时消耗了氧，从而减少了后氧传感器信号的波动。当催化剂完全损坏时，催化剂的转换效率完全丧失，因此催化剂后部的排气中氧的含量将十分接近催化剂前部的排气中的氧的含量，从而使信号的波动也明显增加。

5. TWC 闭环控制的条件

空燃比由发动机微处理器控制，即控制喷油量。喷油量的大小取决于氧传感器送给微处理器有关废气之中含氧量的多少。发动机微处理器根据氧传感器的信号调节喷油量，这就是所谓的发动机闭环控制。微处理器将发动机空燃比尽可能地控制在理想值附近，此时发动机燃烧完全，工作效率最高，催化转换装置转化效率也最高，即发动机工作时最省油，动力性最佳，污染排放量最少。

在装有氧传感器的电控燃油喷射发动机上，电控燃油喷射（EFI）系统并不是在所有工况下都进行闭环控制。在发动机起动、怠速、暖机、加速、全负荷、减速断油等工况下，发动机不可能以理论空燃比工作，仍采用开环控制方式。此外，氧传感器温度在 400℃ 以下、氧传感器或其电路发生故障时，也只能采用开环控制。电控燃油喷射系统进行开环控制还是进行闭环控制，由 ECU 根据相关输入信号确定。

6. 影响 TWC 转化效率的因素

一个工作正常的催化转化器，配上正常控制燃油分配系统的燃油反馈控制系统，可以保证将有害的排气成分转变为相对无害的二氧化碳和水。但是催化器会因过热而受损（由点火不良等造成），催化剂表面物质减少，孔板金属烧结，也会受磷、铅或硫（从燃油中来）以及发动机冷却液中硅的污染而造成永久损坏。

如果出现有关催化转化器的故障码，就需要判断 TWC 是否失效。通常三元液化转化器是不会损坏的，主要是 TWC 会失效，导致性能退化。其原因主要有：

① 发动机性能方面。如高转速时功率损失大，难以起动、加速性能差或燃油经济性差等。

② 催化转化器过热。混合气过浓或发动机熄火导致未燃的燃油排放太多，会在催化转化器内燃烧，而导致过热。

③ 过多的燃油和机油消耗。催化转化器的故障也可能与使用旧零件或排放系统泄漏等因素有关。

装备有催化转化器的车辆需要使用无铅汽油。如果使用有铅汽油，铅将粘附于催化剂的表面，使催化剂失效。空气 - 燃油混合气过浓，或者燃油直接进入催化器，都会造成催化器过热，导致催化器损坏。

7. 检查流程与方法

读取前后氧传感器数据 ⇨ 检查三元催化转化器外观 ⇨ 更换三元催化转化器

(1) 读取三元催化转化器前后氧传感器的数据

用故障诊断仪进入发动机电控系统，读取氧传感器的数据。如果前后两个氧传感器的信号波动差异明显，则说明三元催化转化器工作状况良好。如果前后两个氧传感器的信号波动不大，则说明三元催化转化器已经失效，需要进一步检查维修或更换。

(2) 检查三元催化转化器的外观

直观检查三元催化转化器的外壳是否有裂纹损坏，用手摸温度是否过热，听声音是否有杂音。如果有上述现象，则需要更换。

(3) 更换三元催化转化器

从实车上拆卸三元催化转化器并更换，具体见维修手册。

7.4.3.5 信息页

7.4.3.5 信息页

学校名称		任课教师		
班级		学生姓名		
学习领域	L7 发动机管理系统诊断维修			
学习情境	LS7.4：排气系统故障导致发动机故障警告灯点亮	学习时间	1h	
工作任务	C：废气再循环系统	学习地点	理实一体化教室	

1. 废气再循环的作用

废气再循环（EGR）系统用于降低废气中的氮氧化物（NO_x）的排出量。NO_x 是在高温富氧条件下，混合气中的 N_2 和 O_2 发生化学反应的产物。一般而言，燃烧温度越高，排出的 NO_x 越多。EGR 通过吸收燃烧产生的部分热量来降低燃烧温度和压力，以减少 NO_x 的生成量。为了避免影响电控燃油喷射的性能，一些比较新的发动机已不需要 EGR 系统来降低排放，而是利用进、排气门的重叠开启时刻，吸入一些废气到气缸内重新燃烧。

当发动机在负荷下运转时，EGR 阀开启，使少量的废气进入进气歧管。在进气歧管内，废气与新鲜空气混合，同时也取代了一部分新鲜空气。这样最终进入到燃烧室内的新鲜空气少了。再循环的废气是惰性的，不参与燃烧过程。废气再循环的结果就是降低燃烧的最高温度，减少氮氧化物的生成。

2. EGR 的类型

(1) 正压力控制式

正压力控制式简称 P 型，完全由真空控制。当发动机起动后，若有真空源加到 EGR 膜盒，将膜片吸起后，EGR 阀打开；真空完全消失后，EGR 阀才会关闭。

(2) 负压力控制式

负压力控制式简称 N 型。当发动机起动后，原在 GER 膜盒内的真空会泄放，直到 EGR 动作条件达到时，发动机真空建立在膜盒内，但 EGR 阀还未开启，必须当排气达到一定压力，EGR 阀才能打开，打开时间一次可持续 20s。

(3) 全电子控制式

发动机控制单元根据传感器和开关信号直接控制 EGR 阀的打开或关闭。发动机 ECU 依据进气歧管压力传感器或空气流量计、节气门位置传感器、冷却液温度传感器和发动机转速、变速器转矩、锁止离合器、P/N 开关等信号来控制 EGR 阀开度的大小。通常 EGR 在发动机怠速、暖机、小负荷、大负荷减速及高转速时不工作，废气不回送，仅在加速、中负荷到大负荷之间动作。

废气再循环量的控制对发动机的工作性能有很大影响。废气再循环量过少，不能达到有效降低 NO_x 排放量的目的。废气再循环量过大，则发动机工作不稳定，综合性能恶化。一般情况下，EGR 采用开环控制，ECU 进行 EGR 控制的相关参数是发动机的冷却液温度、进气温度、发动机转速和节气门开度等。在对 ECR 进行控制时，需要综合考虑以上因素，故必须采用电子控制，把废气再循环率控制在 6%～15% 的范围内，否则很难使发动机性能和有效降低 NO_x 排放量得到和谐的统一。

3. EGR 的基本工作原理

废气再循环控制系统如图 1 所示。它由废气再循环阀、废气再循环调节器（真空开关）及其连接管道和软管组成。执行废气再循环时，一部分废气从排气歧管经管道通过废气再循环阀进入进气管与新鲜空气混合。废气再循环阀阀体上方真空室的真空度调整由 ECU 根据冷却液温度等输入信息，控制真空电磁阀的开启或关闭来实现。发动机怠速和暖机期间，真空电磁阀关闭空气进入废气再循环阀上方的真空室，废气再循环阀在回位弹簧的作用下关闭，废气再循环停止。当温度达到一定水平时，真空电磁阀开启，真空室的真空度提高，废气再循环阀打开，进行废气再循环。

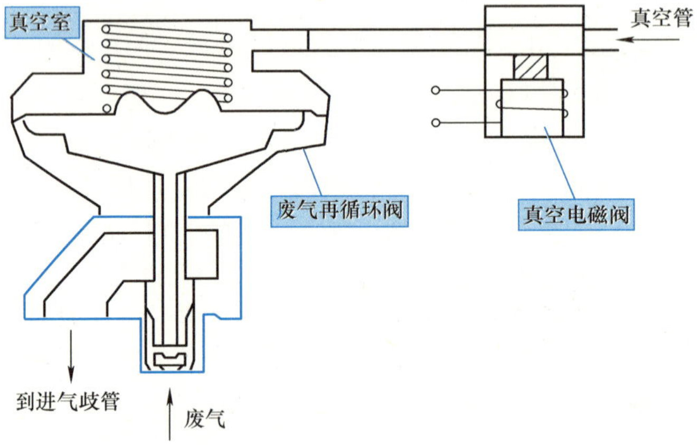

图 1　废气再循环控制系统原理图

4. 带 EGR 位置传感器的电控废气再循环系统

带 EGR 位置传感器的电控废气再循环系统的构成如图 2 所示。该系统在 EGR 阀上部装有一个可以检测 EGR 阀升程的位置传感器，用来检测 EGR 阀的开度，并利用电位计将其位移转换为相应的电压信号输送到 ECU，作为 ECU 控制废气再循环的参考信号。在这种 EGR 控制系统中，根据发动机的转速和负荷，预先设定出阀的升程位置，通过改变 ON－OFF 电磁阀的工作状态控制膜片室的负压。工作时，将预先设定的 EGR 阀升程位置与当前的 EGR 阀升程位置（由 EGR 阀位置传感器提供）作比较，若不相等，由 ECU 控制改变 ON－OFF 电磁阀工作状态，将 EGR 控制阀的升程调至最佳值。在全负荷及高转速范围，利用节气门开度、发动机转速等控制参数，由 ON－OFF 电磁阀把空气导入真空室，使 EGR 阀完全关闭，停止废气再循环。

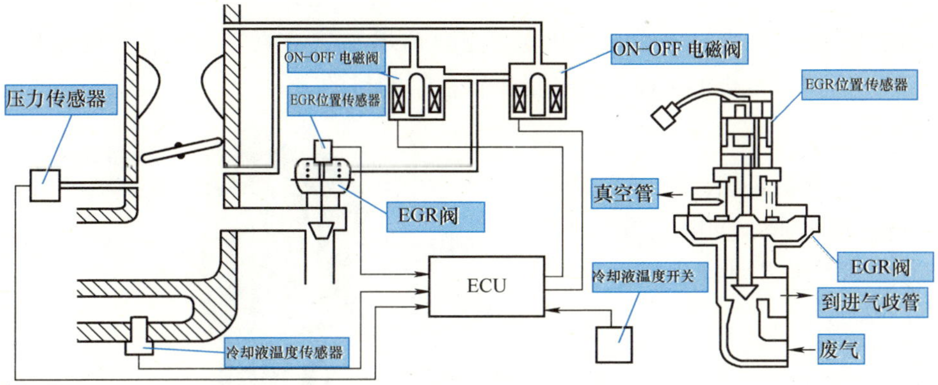

图 2　带 EGR 位置传感器的电控 EGR 控制系统

5. 装有背压修正阀的电控 EGR 系统

装有背压修正阀的电控 EGR 系统如图 3 所示。在 EGR 真空电磁阀与 EGR 阀之间的真空管路中装有一个背压修正阀，其作用是根据排气歧管中的背压，控制废气再循环。即当发动机在小负荷排气背压低时，背压修正阀保持 EGR 阀处于关闭状态，不进行废气再循环；当发动机负荷增大、排气歧管背压增大时，背压修正阀才允许 EGR 阀打开，进行废气再循环。

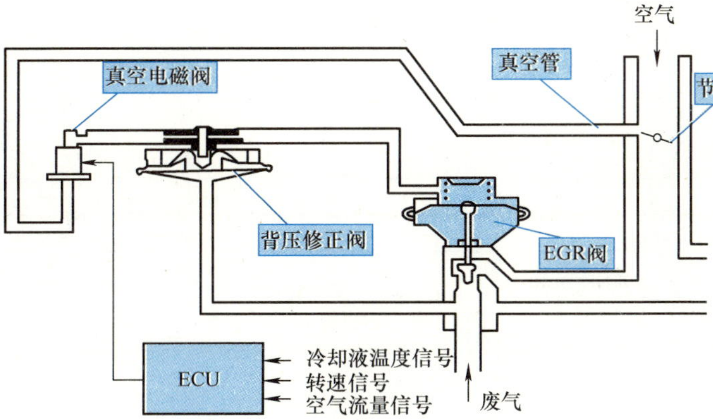

图 3　装有背压修正阀的电控 EGR 系统

排气歧管的背压通过管路作用在背压修正阀的背压气室下方。当发动机在小负荷工况时，排气背压低，在修正阀弹簧力的作用下，背压气室膜片向下移动，修正阀门关闭真空通道。此时，EGR阀在弹簧的作用下保持关闭，不进行废气再循环。

当发动机负荷增大时，排气歧管背压升高，修正阀背压气室下方的压力升高，膜片克服阀门弹簧弹力向上运动，将修正阀打开。由EGR真空电磁阀控制的真空通过背压修正阀进入EGR阀上方真空气室，将EGR阀吸起；废气从排气歧管经EGR阀进入进气管进行废气再循环。

EGR真空电磁阀由ECU控制。ECU根据发动机转速、进气压力、冷却液温度、空气流量等输入信号，通过控制EGR真空电磁阀的开度来控制EGR阀上方真空室的真空度，从而控制ECR阀的开度，达到对参与再循环的废气量进行控制的目的。

6. 电控EGR阀

从20世纪90年代中期开始，许多发动机使用ECU直接控制的EGR阀，如电磁阀式、步进电动机式（也称为线控EGR阀）。

（1）EGR电磁阀

电控EGR电磁阀如图4所示，完全是电子操作的电磁阀，不需要真空。发动机中有两个或三个ECU控制的电磁阀操作各自排气阀，以关闭或打开EGR阀排放口。各电磁阀共用一个电源，而各自分别通过ECU搭铁，如图5所示。

（2）线控EGR阀

线控EGR系统能独立地对再循环到发动机的废气量进行准确的控制，而不管进气歧管真空度的大小，如图6所示。线控废气再循环系统的步进电动机式EGR阀能精确调节废气再循环量，并能反馈给ECU有关阀准确位置的电位计信号。

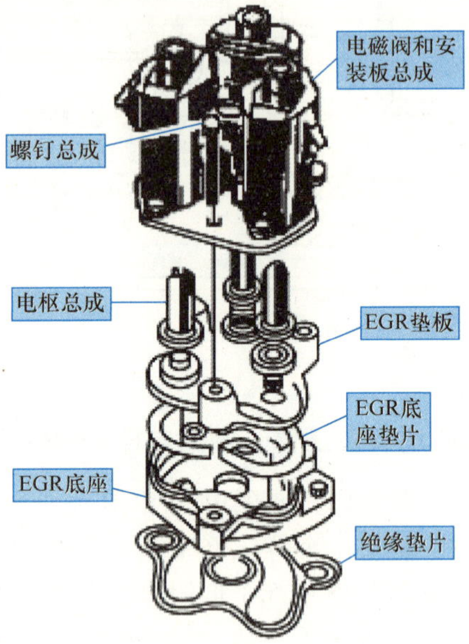

图4 电控EGR电磁阀

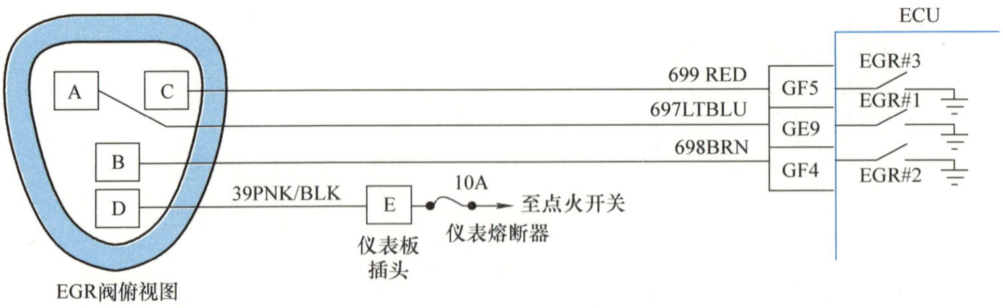

图5 电控EGR电磁阀电路原理图

线控EGR阀结构组成如图7所示。

① 电磁阀总成：其电磁阀采用封装形式并连接到针阀位置传感器端子上，以构成共用总成插接器。

② 电枢总成：位于绕线管和线圈总成中，含有针阀和阀总成，底座总成由底座、垫片和垫板组成。

③ 底座有两种尺寸的节流孔：气体经大节流孔流进阀体，废气经小节流孔再经阀门流入进气歧管。

线控 EGR 系统的优点：

① 提高了流量精度和重复性以及诊断能力，反应时间比真空操作的废气再循环系统快几倍。

② 可对废气再循环流量进行连续变量控制。

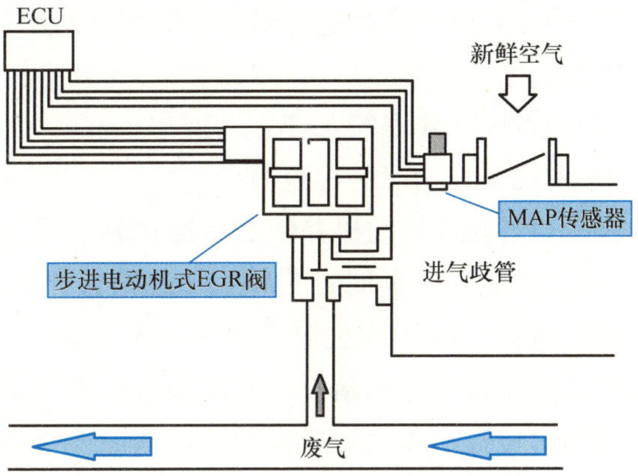

图 6　线控 EGR 电磁阀原理

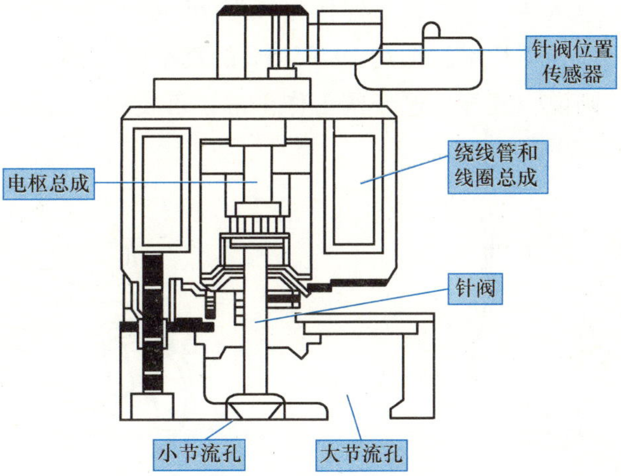

图 7　线控 EGR 电磁阀结构

③ 直接经阀体操作控制最大流量和快速反应。

④ 因有“闭环”针阀位置控制，不受车辆工作状态变化（如车辆电压、环境温度和真空变化）的影响。

⑤ 流量更精确，改善了燃油和点火控制。

7. 废气再循环系统检查流程与方法

分析EGR系统故障 ⇨ 检查EGR真空阀动作 ⇨ 检测EGR电磁阀及其线路 ⇨ 检测EGR位置传感器及其线路

（1）分析废气再循环（EGR）系统常见故障

如果 EGR 阀不能开启或废气流动受到限制，那么将可能出现如下现象：在加速或发动机转速稳定时，听到爆燃所引起的“砰砰”声；排放的氮氧化物过多。

如果 EGR 阀关闭不严，那么会出现下列现象：怠速不稳或频繁停机；发动机性能变差、动力不足。

（2）检测 EGR 系统工作

1）系统工作情况的检查

在冷态下起动发动机并使之怠速运转。可用手摸 EGR 阀，如图 8 所示，应感觉不到其动作（即不开启）。此时，若踩下加速踏板，使发动机在中等负荷下（节气门开度为 60% ~ 70% 时）运转，EGR 阀也应无动作（不开启）。发动机继续运转，直到使其冷却液温度达到正常值，然后踩下加速踏板，使发动机在中等负荷下运转，这时应能感觉到 EGR 膜片的动作，即阀门打开，废气开始再循环。若上述检查结果不符合要求，则应检查废气再循环系统的真空管路有无破裂、泄漏之处。若真空管路完好，则应检查 EGR 与 EGR 电磁阀等有无故障。

2）废气再循环阀的检查

首先让发动机以怠速运转；然后拔下连接废气再循环阀与废气调整阀的真空软管，用手动抽真空器对废气再循环阀膜片室施加约 19.95kPa 的真空度（图 9）。若此时发动机怠速运转性能变坏甚至熄火，则说明废气再循环阀工作正常；若发动机运转性能无变化，则说明废气再循环阀损坏，应予以更换。

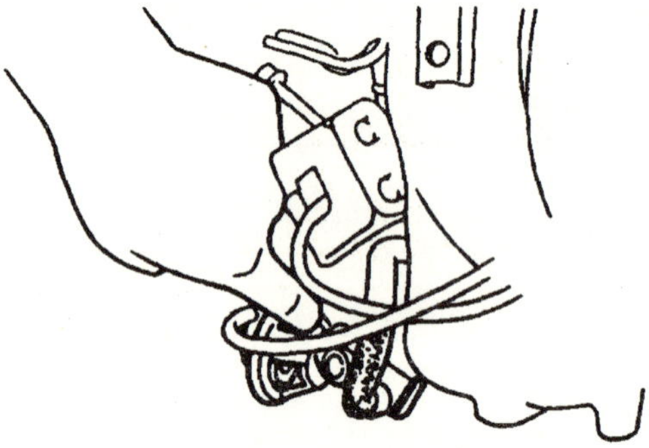

图 8　废气再循环系统工作的检查

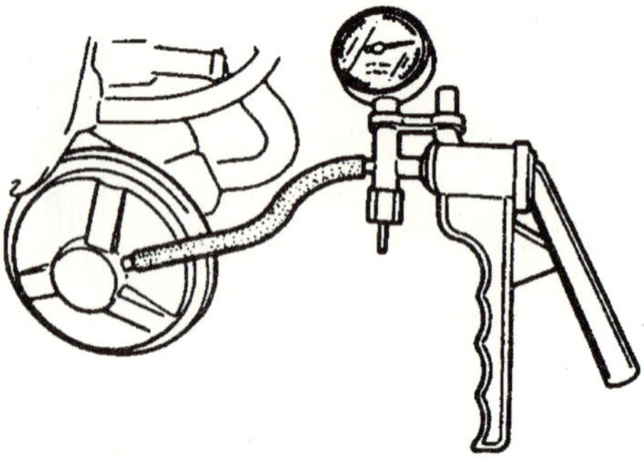

图 9　检查废气再循环阀

3）废气再循环三通电磁阀的检查

首先拔下三通电磁阀的线束插头及真空软管，拆下三通电磁阀（图 10）。当电磁阀线圈不接电源时，A - B、A - C 之间应不通气，B - C 之间应通气；否则，说明三通电磁阀损坏，应更换。然后接上电源，A - B 之间应通气，A - C、B - C 之间应不通气；否则，说明三通电磁阀损坏，应更换。

4）废气调整阀的检查

起动发动机，并预热至正常工作温度。拔下连接废气调整阀与废气再循环阀的真空软管，用手指按住真空管接口（图 11a），当发动机怠速运转时接口内应无真空吸力；踩下加速踏板，使发动机转速上升至 2000r/min，此时接口内应有真空吸力。如不符合上述要求，说明废气调整阀工作不正常，应拆卸检查。拆下废气调整阀，在连接节气门体真空管的接口处接上手动抽真空器，用手指堵住连接废气再循环阀的真空接口（图 11b）。向连接排气管

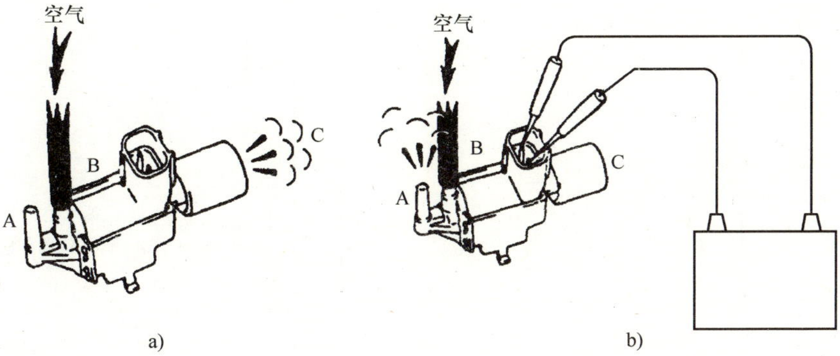

图 10 三通电磁阀的检查

的进气口内施加气压，同时扳动手动抽真空器，施加一定真空，在连接废气再循环阀的接口处应能感到有真空吸力；停止抽真空后，真空吸力应能保持住，无明显下降；放掉排气管进气口的压力，真空吸力也应随之消失。

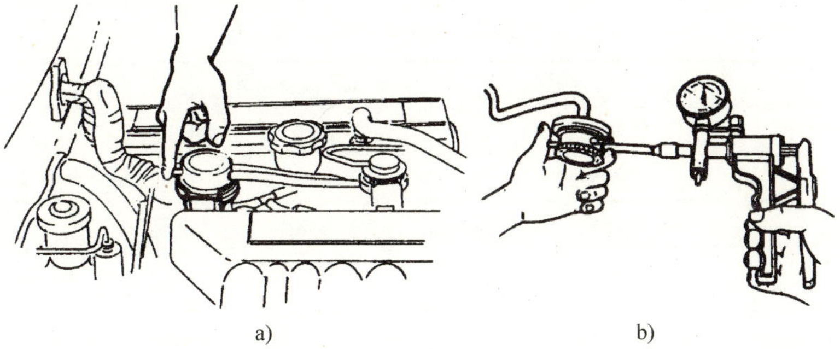

图 11 废气调整阀的检查

（3）检测 EGR 电磁阀及其线路

1）检测 EGR 电磁阀电阻值

断开 EGR 电磁阀的线束插头，用万用表检测两个端子的电阻值，应该在规定范围内，具体查阅修理手册。如果大于 10kΩ，则说明 EGR 电磁阀断路损坏，需要更换。

2）检测 EGR 电磁阀的供电电压

断开 EGR 电磁阀的线束插头，用万用表检测供电端子和搭铁之间的电压值，应该为 12V。如果有电源电压，则说明 ECU 及其线束供电良好。如果没有电源电压，则继续检查电磁阀与 ECU 之间的线路和 ECU。

3）检测 EGR 电磁阀与 ECU 之间的线束

用万用表检查线束的电阻值，应该小于 1Ω，如果大于 10kΩ，则说明线束断路。

（4）检测 EGR 位置传感器及其线路

1）检测 EGR 位置传感器电阻值

断开 EGR 电磁阀的线束插头，EGR 位置传感器的电路如图 12 所示。用万用表检测滑线电阻端子的电阻值，应该在规定范围内，具体查阅修理手册。如果大于 10kΩ，则说明 EGR 位置传感器断路损坏，需要更换。

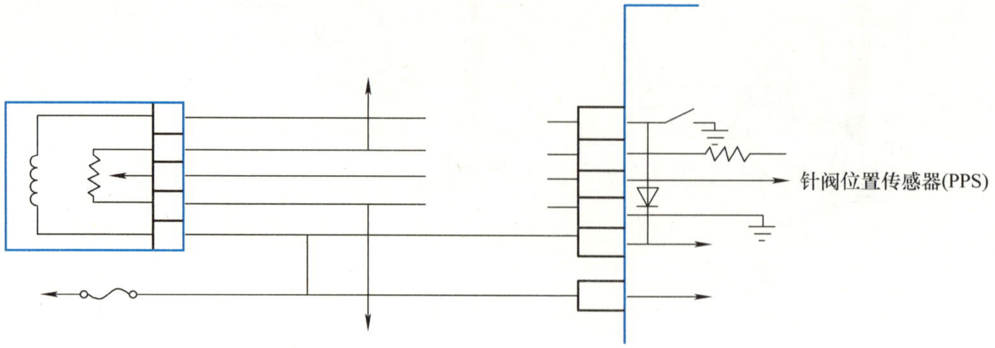

图 12　EGR 位置传感器电路

2）检测 EGR 位置传感器的信号电压

用故障诊断仪读取发动机不同转速负荷下的信号电压值，让 EGR 阀处于不同的开度下，其对应的信号值应符合标准（表 1）。具体查阅修理手册。

表 1　EGR 阀位置传感器信号电压

EGR 阀开度	EGR 阀位置传感器信号	EGR 阀开度	EGR 阀位置传感器信号
0	0. 40V	60%	2. 50V
10%	0. 75V	70%	2. 85V
20%	1. 10V	80%	3. 20V
30%	1. 45V	90%	3. 55V
40%	1. 80V	100%	3. 90V
50%	2. 15V		

3）检测 EGR 位置传感器与 ECU 之间的线束

用万用表检查线束的电阻值，应该小于 1Ω；如果大于 10kΩ，则说明线束断路。

7. 4. 3. 6　信息页

7. 4. 3. 6　信息页

学校名称			任课教师	
班级			学生姓名	
学习领域	L7 发动机管理系统诊断维修			
学习情境	LS7. 4：排气系统故障导致发动机故障警告灯点亮	学习时间	1h	
工作任务	D：二次空气喷射系统	学习地点	理实一体化教室	

1. 二次空气喷射系统的作用

发动机冷起动阶段混合气较浓，未燃烧的碳氢化合物及一氧化碳等有害物质排放相对较高，并且此时三元催化转化器尚未达到正常工作温度（300℃以上）。为了降低发动机冷起动阶段有害物质的排放，同时再次燃烧的热量也使三元催化转化器很快能达到所需的工作温度，普遍采用二次空气喷射系统。该系统通过向废气中吹进额外的空气（二次空气），增加其中氧气的含量，从而使废气中未燃烧的有害物质一氧化碳（CO）及碳氢化合物（HC）在高温环境下再次燃烧。

二次空气喷射系统在汽油车、柴油车上都能取得良好的效果，如图1所示。它的工作原理是空气泵将新鲜空气送入发动机排气管内，从而使排气的HC和CO进一步氧化和燃烧，即把导入的空气中的氧在排气管内与排气中的HC和CO进一步化合形成水蒸气和二氧化碳，从而降低了排气中的HC和CO的排放量，缩短氧传感器的加热时间，使发动机控制模块尽快进入空燃比闭环控制过程。

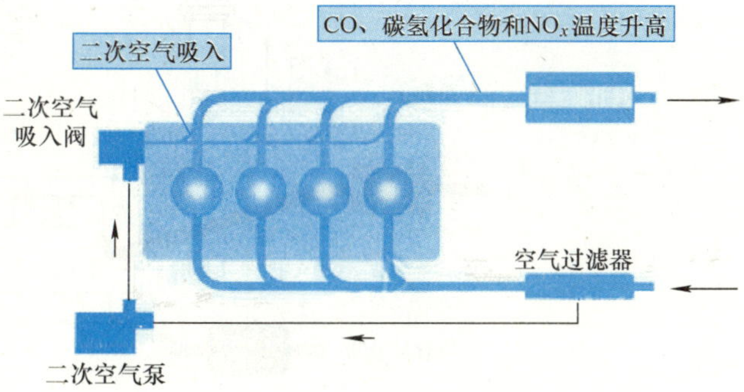

图1　二次空气喷射系统作用原理

2. 二次空气喷射系统的工作条件

① 冷车5～33℃工作时间100s。

② 发动机冷起动开环控制模式。

③ 热车95℃以下工作10s、冷却液温度96℃以上二次空气系统不工作。

3. 二次空气喷射系统的工作类型

① 按其空气喷入的部位可分为两类：

a. 第一类，新鲜空气被喷入排气歧管的基部，即排气歧管与气缸体相连接的部位，因此排气中的HC、CO只能从排气歧管开始被氧化。

b. 第二类，新鲜空气通过气缸盖上的专设管道喷入排气门后气缸盖内的排气通道，使排气中HC、CO的氧化更早进行。

② 按照结构和工作原理的不同可以分为空气泵型和吸气器型两种结构类型。

③ 按控制形式不同可分为空气泵型二次空气喷射系统、脉冲型二次空气喷射系统和电控型二次空气喷射系统。

4. 空气泵型二次空气喷射系统

空气泵型二次空气喷射系统主要由空气泵、分流阀、连接管道、空气喷射歧管等组成，如图2所示。

工作原理：当发动机工作时，通过曲轴传动带带动空气泵运转，泵送量大而压力较低的空气流通过软管进入分流阀。正常情况下，分流阀上阀门开启，空气流经分流阀、单向阀进入空气喷射歧管。空气喷射歧管将空气流喷入发动机排气孔或排气歧管，与排气中的HC、CO反应，使其进一步转化成CO_2和水蒸气，以减少排气污染。一旦空气泵泵送的空气压力太高，释压阀起作用，瞬间切断向空气喷射歧管供应的空气，防止发动机产生回火，经过几秒后，双向作用阀下落，又恢复向空气喷射歧管供应空气，二次空气喷射系统正常工作。

汽车冷起动时，要求比平常高的空燃比才能保证运转平稳。由于这个原因，电子控制模块（ECU）在冷起动时会命令发动机在开路循环模式（固定空燃比）运转20～120s，直到

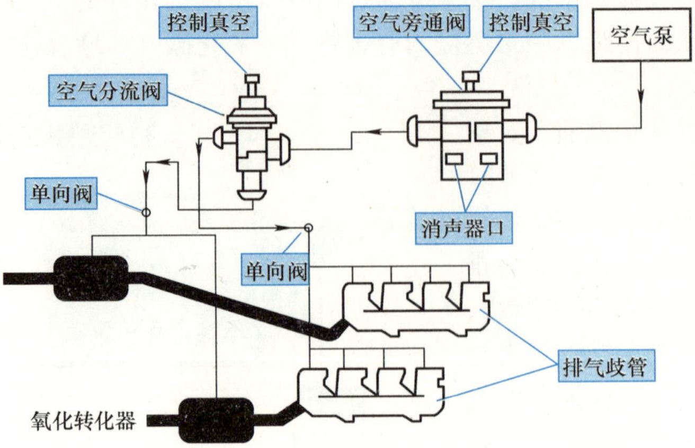

图2　空气泵型二次喷射系统的结构原理

氧传感器达到正常温度。而在这个过程中，尾气中会生成大量一氧化碳和碳氢化合物等大气污染物。这些一氧化碳和碳氢化合物是可以继续被氧化而减小污染的，只可惜此时的尾气中没有足够的氧气来进行氧化。

（1）空气泵

1）空气泵的结构

空气泵装在发动机前端，由一个离心式空气滤清器和一个叶片泵组成。空气泵由发动机曲轴带轮经传动带驱动，向喷射系统供应量大而压力低的空气，如图3所示。

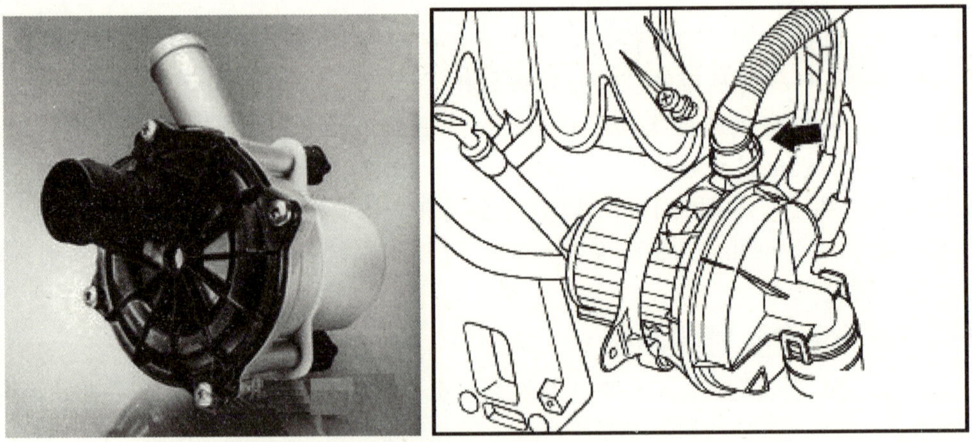

图3　空气泵

离心式空气滤清器装在泵的转子轴的一端与泵以同转速转动。离心式空气滤清器的作用是清洁进入空气泵的空气。离心式空气滤清器的滤清原理是，当叶轮高速转动时，空气中的尘粒与空气相比，质量较大，在离心力的作用下从进入空气泵里的空气流中分离出去。

叶片泵由泵壳、转子、叶片、叶片密封槽、进气道和出气道等组成。为了使叶片能与泵壳内孔间形成大小不同的空腔，转子旋转中心线与泵壳内孔中心线并不重合。在带轮带动下，转子在一条与泵壳内孔不重合的轴线上旋转。两片叶片在转子的槽中以夹角180°布置，并在槽中滑动，叶片与转子槽间有密封槽。

2）空气泵的工作原理

① 当泵转动时，第 1 个叶片从进气孔上扫过。这一扫过逐渐增大了进气孔一边由转子、叶片和泵壳内孔形成的进气室的容积，从而产生一定的真空度。在该真空度的作用下，经离心式空气滤清器滤清的空气进入进气室。

② 转子继续转动，第 2 个叶片又扫过进气孔。此时，上述第 1 个叶片转动使吸入的空气被限制在由两个叶片、转子和泵壳内孔所密闭的较大的空间里，当转子继续转动时，这部分空气便被扫到一个较小的空间里，使其受到压缩。

③ 转子继续转动，一旦第 1 个叶片开始扫过泵的排气孔，则该部分已被压缩的空气就从排气孔泵送进喷射系统中去，从而完成空气泵的一个进气－压缩－排气循环。转子每转 1 圈，完成上述两个循环。

当泵的转子以高速运转时，上述循环则不间断地进行，源源不断地为喷射系统提供新鲜空气。

（2）进气喷射控制组合阀

进气喷射控制阀如图 4 所示，由电磁阀控制。电磁阀控制阀体通大气或者通真空，从而控制阀的打开和关闭。

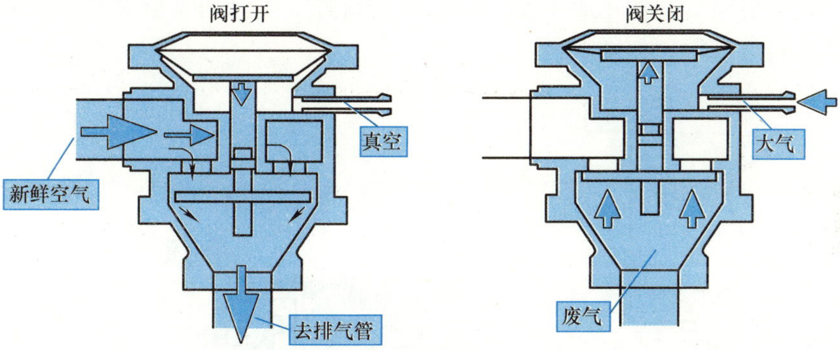

图 4　进气喷射控制阀

1）限压阀

限压阀主要由阀体、弹簧、阀门和阀座等组成，其作用是当发动机高速运转、空气泵泵送的空气流气压超过限压阀弹簧预调弹力时，空气压力克服弹簧弹力，促使阀门离开阀座。压力过大的空气则通过阀门与阀座间的通道经释气孔排入大气，从而使进入空气喷射歧管的空气压力基本上保持恒定；当空气泵送来的空气其压力低于弹簧预调弹力时，弹簧压阀门回位，从而切断了排往大气的通路。

2）分流阀

分流阀常作为一个单独的总成用螺栓装在空气泵上，而管路则用软管与空气泵和空气喷射歧管相连。设置分流阀的目的是当发动机突然减速时，防止排气系统“回火”到空气泵。

当节气门突然关闭、发动机突然减速时，会在进气管里产生很高的真空度，从而导致进入气缸的可燃混合气变得太浓，在做功行程里无法完全燃烧。排气时，就有较多的没有充分燃烧的混合气经排气门排往排气管。如果在这时，二次空气喷射系统把新鲜空气喷入排气歧管或喷入近排气门的排气孔，则新鲜空气便加剧了未充分燃烧的混合气在排气管内的燃烧，从而产生“回火”。设置分流阀的作用在于发动机突然减速的最初时间里，瞬间把空气泵送来的空气排入大气，使新鲜空气不能喷入排气管，从而防止了“回火”的发生。

当节气门开度突然减小、发动机突然减速时，在进气管产生了较大的真空度。该真空度通过管道传到分流阀膜片表面。在该真空度的作用下，膜片克服弹簧力向上运动，带动双向作用阀的下阀打开了下阀口，经下阀口与释气孔（由消声材料制作）相通，使从空气泵来的空气流无声地瞬间排往大气。但是，空气泵来的空气流被分流阀排往大气的时间仅仅能进行一瞬间，其原因是在膜片上加工有孔板流量孔，该孔能很快平衡膜片两边的气压。因此在弹簧力的作用下，膜片和双向作用阀在几秒内又回到下面位置。双向作用阀又关闭了下阀口，空气泵便又开始向排气歧管或排气门区供应新鲜空气。

3）单向阀

单向阀装在空气喷射管上。它允许从空气泵来的具有一定压力的空气进入空气喷射歧管，而防止高温的发动机废气进入连接软管和空气泵。也就是说，若空气泵传动带断裂或打滑等原因造成空气泵停转或转速下降、空气连接软管漏气等不能向喷射系统正常供应空气时，单向阀可以保护二次空气喷射系统免受高温的废气损害。

4）空气喷射歧管

空气喷射歧管通常是由不锈钢管焊接而成的，其形状和分支数目由发动机的结构和气缸数目而定。空气喷射歧管的作用是把空气泵泵送的新鲜空气分别喷射进发动机排气门附近的排气孔里或喷入排气歧管，如图5所示。

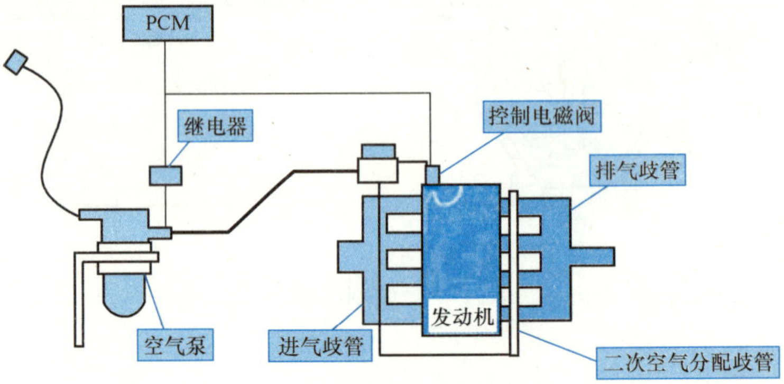

图5　空气喷射歧管

5. 脉冲型二次空气喷射系统

脉冲型二次空气喷射系统也称吸气器型二次空气喷射系统，如图6所示。该系统不是应用空气泵泵送空气进入喷射歧管，而是应用排气压力的脉冲将新鲜空气吸入排气系统。研究发现，每次排气门关闭时，都会有这么一个很短的时间周期。在该时间周期内，排气孔和排气歧管内的气压都低于大气压力，也就是说产生了一个负压（真空）脉冲。利用这个真空脉冲，经空气滤清器将一定量空气进入排气歧管，用这部分空气中的氧去氧化排气中的HC和CO。如果该车还装有催化式排气净化器，则可以用这部分空气去供应催化式排气净化器对氧的需要。这就是脉冲型（或称吸气器型）二次空气喷射系统的工作原理。

常见的脉冲型二次空气喷射系统由钢管、单向吸气器、软管等组成。钢管的一端接吸气

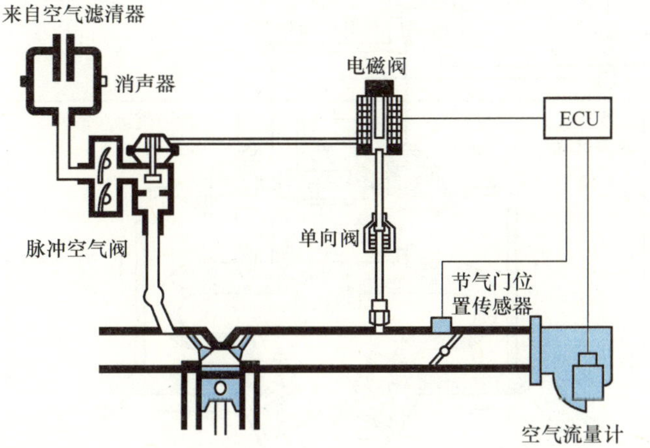

图 6 丰田公司脉冲型二次空气喷射系统

器，另一端用连接盘与发动机排气歧管相连通，把经空气滤清器、软管、吸气器的新鲜空气导入排气歧管。吸气器实际上是一个单向阀，它允许从空气滤清器来的空气经钢管流向排气歧管，并防止排气歧管中的废气经钢管回流到空气滤清器。

装有脉冲型二次喷射系统的发动机在怠速或低速运转时，排气歧管内的负压脉冲使吸气器阀门开启。也就是说，在这种工况下，排气门每关闭一次，在排气歧管内便出现一次负压脉冲，吸气器的单向阀就开启一次。阀门开启，在外界大气压力的作用下，新鲜空气经空气滤清器、软管、吸气器、钢管进入排气歧管，进一步氧化排气中的 HC、CO，减少排气污染。当发动机高速运转时，排气门的关闭频繁，每次的负压脉冲周期特别短。由于惯性作用，吸气器的单向阀不可能开启，因此吸气器的单向阀门实际是关闭的，此时它只起到一个阻止废气排入空气滤清器的截止阀的作用。也就是说，在发动机高速运转时，脉冲型二次空气喷射系统实际上是停止工作的。

6. 电控二次空气喷射系统

（1）电控空气泵型二次空气喷射系统

1）结构组成

电控空气泵型二次喷射系统的结构组成如图 7 所示。系统中的空气由电控单元根据输入信号通过控制相关电磁阀引往空气滤清器、排气管及催化式排气净化器中。该系统有两套主控电磁阀：第一套电磁阀为分流阀，用于将空气送往空气滤清器；第二套电磁阀为开关电磁阀，用于将空气送往排气管或催化式排气净化器。该系统有以下几种工作方式。

① 在发动机冷态和开环状态工作时，由于催化式排气净化器不够热，不能使用额外空气，因此电控单元控制分流电磁阀和开关电磁阀，使空气经分流电磁阀被送往开关电磁阀，而开关电磁阀将空气引向排气管。

② 发动机在正常工作或闭环状态工作时，电控单元控制分流电磁阀和开关电磁阀，使空气经分流电磁阀被送往开关电磁阀，再由开关电磁阀将空气送往催化式排气净化器中的氧化剂与还原剂之间，从而提高氧化剂的工作效率。

③ 当催化净化器过热时，加入的空气对催化式排气净化器中的催化剂会造成污染。在

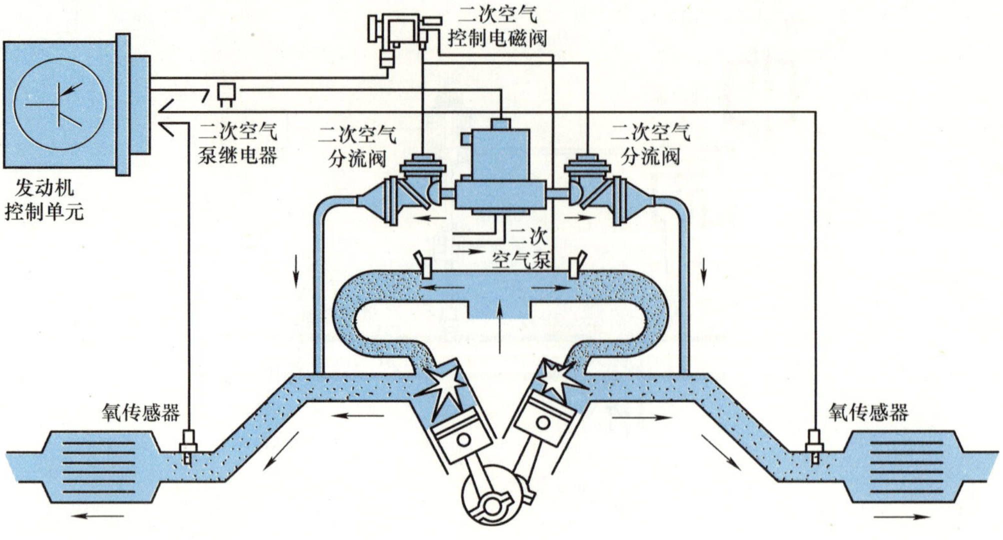

图 7　电控空气泵型二次喷射系统

这种情况下，电控单元控制分流电磁阀，将空气送往空气滤清器。

2）工作原理

电控空气泵型二次喷射系统的结构组成如图 8 所示。当发动机控制单元根据相关传感器输入的信息判断具备二次空气喷射系统工作条件时，便通过二次空气继电器起动二次空气泵；与此同时给二次空气控制阀通电，使其接通二次空气组合阀与真空的连接，由真空驱动二次空气组合阀，连通二次空气泵与排气管，将新鲜空气送入排气管路。

二次空气喷射系统借助氧传感器反馈信息进行自诊断。在发动机控制单元控制二次空气喷射系统工作时，废气中所含氧气量的增加会导致氧传感器电压降低。

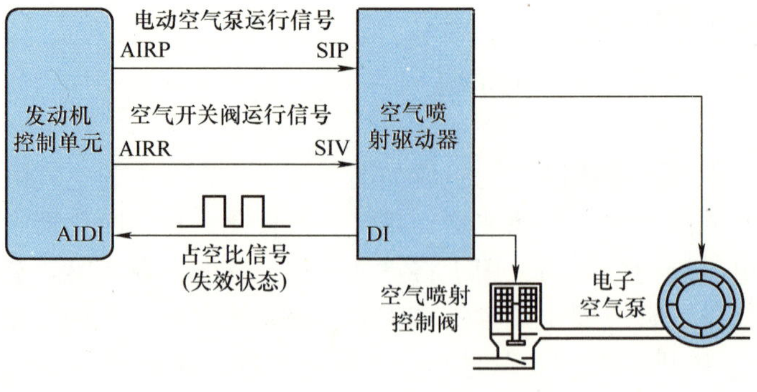

图 8　电控空气泵型二次喷射系统的工作原理

二次空气喷射系统在工作一定时间后便在发动机控制单元控制下关闭，具体运行时间会因车型不同而有所差异，一般冷起动后在 100s 左右，热起动后在 10s 左右。还有些车型在发动机因失火等原因造成排放废气中的 CO 和 HC 超标时，也会控制二次空气喷射系统再次起动工作，以提高三元催化转化器的工作效率。

(2) 电控脉冲型二次空气喷射系统

系统由电控单元控制电磁阀的打开及关闭。电磁阀与单向阀（也称检查阀）相连。排气中的压力是正负交替的脉冲压力波，当排气压力为负时，来自空气滤清器的空气进入排气管；当压力为正时，单向阀关闭，空气不能返回。

二次空气喷射系统也常被称为补燃系统或后燃系统。其原因是可燃混合气在气缸内进行第一次燃烧后，其中那些未完全燃烧的部分由于人为地引入新鲜空气而使其在排气过程中进行了补燃，因而经消声器排入大气时的尾气很少有或者完全没有火星。而排气内有火星是在有可燃气体存在的情况下引发火灾的一大原因。因此，二次空气喷射系统也是防止内燃机尾气引起火灾的一项重要技术和设施。除了在轿车上应用外，它还广泛应用于安全性能要求更高的内燃机车和专用汽车，如液化气运输车、轻油运输车、机场加油车等。

7.4.3.7 工作页

7.4.3.7 工作页

学校名称		任课教师	
班级		学生姓名	
学习领域	L7 发动机管理系统诊断维修		
学习情境	LS7.4：排气系统故障导致发动机故障警告灯点亮	学习时间	1h
工作任务	A：氧传感器空燃比反馈控制	学习地点	理实一体化教室

1. 请用关键词的框图描述氧传感器的功用。

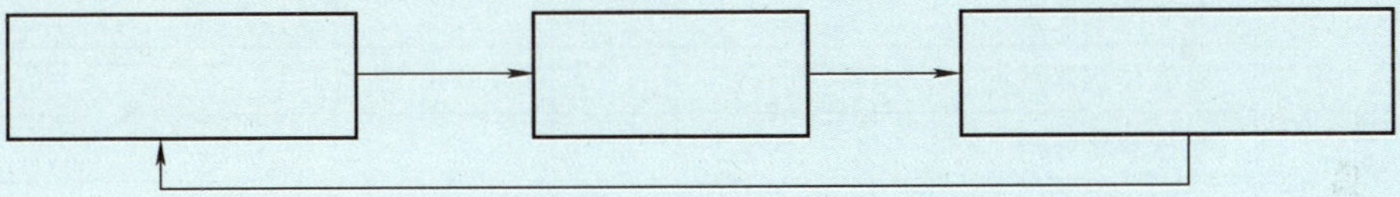

2. 请用表格整理不同类型的氧传感器的结构、工作原理、优缺点。

3. 完成下列题目：

1）氧传感器一般根据电化学原理工作，有________式和________式等两种类型。

2）氧传感器产生的信号电压范围在0.1～0.9V，发动机ECU收到小于0.45V的信号电压，确认混合气________；收到大于0.45V的信号电压，确认混合气________。

3）为了最有效地利用三元催化转化器对排气的催化净化效能，必须采用氧传感器的反馈信号，对理论空燃比进行精确的________反馈控制。

4）氧化锆只有在（　　）以上的温度时才能正常工作。

A. 90℃　　B. 300℃　　C. 815℃　　D. 500℃

5）氧化钛氧传感器工作时，当废气中的氧浓度高时，二氧化钛的电阻值（　　）。

A. 增大　　B. 减小　　C. 不变　　D. 以上都不对

6）氧传感器是实施喷油量"闭环调节"的专用传感器，其信号不会影响点火正时。（　　）

7）含铅汽油会造成氧传感器“中毒”失效。(　　)

8）氧传感器失效时会导致混合气过稀，不会导致混合气过浓。(　　)

9）发动机运转时，氧传感器加热器的工作电流保持恒定。(　　)

10）氧传感器传感元件的外表面涂有一层金属铂，其目的是保护传感元件，避免传感元件被废气污染。(　　)

11）有些汽车采用主、副两个氧传感器，其副氧传感器为后备氧传感器，目的是提高发动机工作的可靠性。(　　)

12）空燃比反馈控制在各种电控发动机上都使用。(　　)

13）空燃比反馈控制的前提是氧传感器产生正常信号。(　　)

4. 在实验车型上找到氧传感器，进行检测并做好检测记录。

操作项目	操作内容	完成情况记录
工具、场地准备、整理、安全	场地状况；耗材、清洁用品准备	
	通用及专用工具准备	
	人身工具设备使用安全	
	场地及工具的整理	
氧传感器读取故障码	故障诊断仪连接	
	检测内容	
	诊断仪使用	
	诊断仪诊断流程	
	前氧传感器数据	
	后氧传感器数据	
	数据对比分析	
	工作效率结论	
氧传感器外观检查	陶瓷芯	
	积炭	
	颜色分析	
实车检测氧传感器	加热器电阻	
	加热器电源	
	加热器线束	
	EFI No. 2 熔丝	
	信号电压检测	
	闭环控制功能	

7.4.3.8　工作页

学校名称		任课教师	
班级		学生姓名	
学习领域	L7 发动机管理系统诊断维修		
学习情境	LS7.4：排气系统故障导致发动机故障警告灯点亮	学习时间	1h
工作任务	B：三元催化转化器	学习地点	理实一体化教室

1. 请提炼关键词描述三元催化转化器作用。

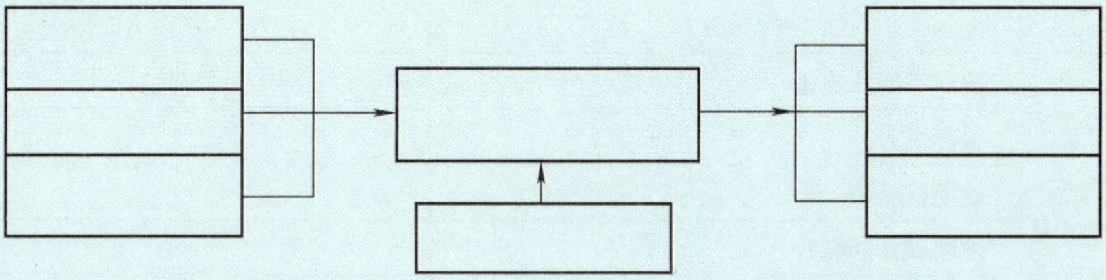

2. 请简述 TWC 闭环控制原理。

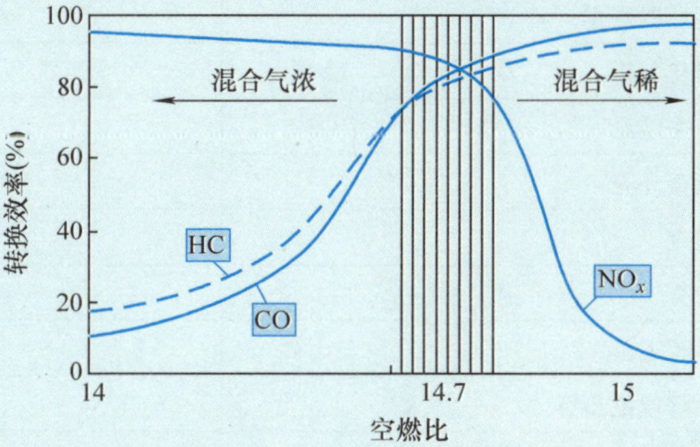

3. 完成下列题目：

1）三元催化转化器安装在排气管中部，其功能是利用转换器中的三元催化剂，将发动机排出废气中的有害气体______、______和______转变为无害气体______、______和______排出。

2）三元催化转化器主要由________________和外壳等构成。

3）根据催化剂载体的结构特点，TWC 可分为________和________两种类型。

4）采用三元催化转化器必须安装（　　）。

A. 前氧传感器　B. 后氧传感器　C. 前、后氧传感器　D. 氧传感器和爆燃传感器

5）如果三元催化转化器良好，后氧传感器信号波动（　　）。

A. 频率高　B. 增加　C. 没有　D. 缓慢

6）发动机过热将使（　　）。

A. EGR 系统工作不良　B. 燃油蒸发量急剧增多

C. 三元催化转化器易损坏　D. 曲轴箱窜气增加

7）发动机温度过高不会损坏三元催化转化器。（　　）

8）三元催化转化器可促使 CO、HC 的还原，也能促使 NO_x 的氧化。（　　）

9）只有当发动机在标准的理论空燃比下运转时，三元催化转化器的转换效率才最佳。（　　）

4. 在实验车型上找到三元催化转化器，进行检测并做好检测记录。

操作项目	操作内容	完成情况记录
工具、场地准备、整理、安全	场地状况；耗材、清洁用品准备	
	通用及专用工具准备	
	人身工具设备使用安全	
	场地及工具的整理	

（续）

操作项目	操作内容	完成情况记录
通过前后氧传感器的工作情况检查三元催化转化器工作效率	故障诊断仪连接	
	检测内容	
	诊断仪使用	
	诊断仪诊断流程	
	前氧传感器数据	
	后氧传感器数据	
	数据对比分析	
	工作效率结论	
三元催化转化器外观检查	直观检查外壳	
	温度检查	
	声音检查	
实车拆装三元催化转化器	实车拆解工具	
	实车拆解规范步骤	
	实车规范安装顺序	

7.4.3.9　工作页

7.4.3.9　工作页

学校名称		任课教师	
班级		学生姓名	
学习领域	L7 发动机管理系统诊断维修		
学习情境	LS7.4：排气系统故障导致发动机故障警告灯点亮	学习时间	1h
工作任务	C：废气再循环系统	学习地点	理实一体化教室

1. 请用关键词的框图描述废气再循环（EGR）系统的功用。

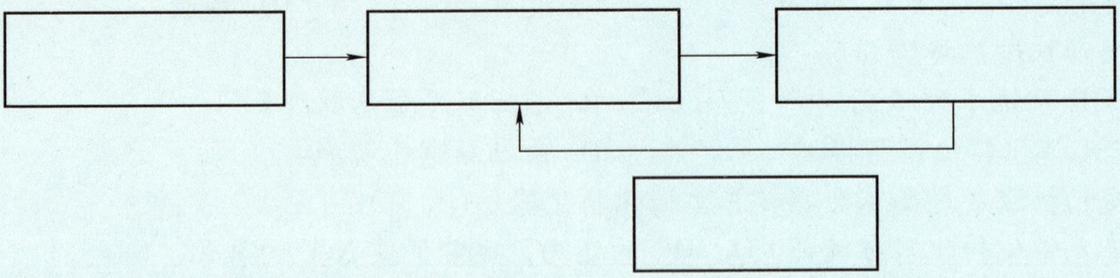

2. 请用表格整理不同类型的EGR系统的结构、工作原理、优缺点。

3. 完成下列题目：

1）EGR的目的是降低________的排放量。

2）NO_x是在________条件下，混合气中的N_2和O_2发生化学反应的产物。

3）EGR系统有________________、________________和________________三种类型。

4）废气再循环的作用是抑制（　　）的产生。

A. HC　　B. CO　　C. NO_x　　D. CO_2

5）进入进气歧管的废气量一般控制在（　　）。

A. 1% ~2%　　B. 2% ~5%　　C. 5% ~10%　　D. 6% ~13%

6）在（　　）时废气再循环控制系统不工作。

A. 行驶　　B. 怠速　　C. 高转速　　D. 热车

7）EGR 系统的作用是为了减少发动机 CO 的排放量。（　　）

8）EGR 位置传感器的信号电压在一定范围内与 EGR 阀的开度成正比。（　　）

4. 请在实验车型上找到废气再循环系统，进行检测并做好检测记录。

操作项目	操作内容	完成情况记录
工具、场地准备、整理、安全	场地状况；耗材、清洁用品准备	
	通用及专用工具准备	
	人身工具设备使用安全	
	场地及工具的整理	
EGR 故障现象分析和 EGR 位置传感器检测	故障现象分析	
	直观检查	
	EGR 位置传感器信号	
	EGR 位置传感器供电	
EGR 真空阀动作	检查真空条件	
	检查真空方法	
	检查真空膜片	
	检查真空操作	
EGR 电磁阀及其线路检测	检测内容	
	万用表使用	
	检测步骤	
	电磁阀电阻	
	电磁阀供电	
	电磁阀与 ECU 线束连接	

7.4.3.10　工作页

7.4.3.10　工作页

学校名称		任课教师		
班级		学生姓名		
学习领域	L7 发动机管理系统诊断维修			
学习情境	LS7.4：排气系统故障导致发动机故障警告灯点亮	学习时间	1h	
工作任务	D：二次空气喷射系统	学习地点	理实一体化教室	

1. 请用关键词的框图描述二次空气喷射系统的功用。

2. 请用表格整理不同类型的二次空气喷射系统的结构、工作原理、优缺点。

3. 完成下列题目：

1）二次空气喷射系统降低了排气中的 HC 和________的排放量，缩短了________的加热时间，使发动机控制模块尽快进入________控制过程。

2）二次空气喷射系统按照结构和工作原理的不同可以分为________和________两种结构类型。

3）按控制形式不同可分为空气泵型二次空气喷射系统、________二次空气喷射系统和________二次空气喷射系统。

4）二次空气喷射系统借助________反馈信息进行自诊断。

5）二次空气喷射系统的作用是抑制（　　）的产生。

A. HC 和 CO　　B. CO 和 NO_x　　C. HC 和 NO_x　　D. CO_2

6）二次空气喷射系统在冷却液温度 96℃以上不工作。（　　）

7）在发动机控制单元控制二次空气喷射系统工作时，由于废气中所含氧气量的增加会导致氧传感器电压降低。（　　）

4. 请在实验车型上找到二次空气喷射系统，进行检测并做好检测记录。

操作项目	操作内容	完成情况记录
工具、场地准备、整理、安全	场地状况；耗材、清洁用品准备	
	通用及专用工具准备	
	人身工具设备使用安全	
	场地及工具的整理	
空气泵及电机检测	空气泵直观检测	
	电动机电阻	
	电动机供电	
进气喷射控制阀动作	检查真空条件	
	检查真空方法	
	检查真空膜片	
	检查真空操作	
电磁阀及其线路检测	检测内容	
	万用表使用	
	检测步骤	
	电磁阀电阻	
	电磁阀供电	
	电磁阀与 ECU 线束连接	

轮换工作站学习

教师活动：

教师组织学生轮换工作站进行小组学习。

学生活动：

学生轮换工作站进行小组学习，每站1h。(180min)

小组合作制作综合海报

教师活动：

教师要求每个小组完成一张思维导图的总海报。

学生活动：

学生分组完成一张总海报。(30min)

展示讲述综合海报

教师活动：

教师选出一个组来介绍讲解总海报内容，教师进行评价。

学生活动：

被选出的小组展示讲述本组绘制的总海报内容，其他组学生提出疑问、建议。(10min)

完成 7.4.3.11 理论测试

教师活动：

教师要求学生独立完成7.4.3.11理论测试，不允许查阅任何资料。

学生活动：

学生安静、独立地在系统上完成7.4.3.11理论测试并提交，不能查阅任何资料。(20min)

7.4.3.11 理论测试

7.4.3.11 理论测试

学校名称		任课教师	
班级		学生姓名	
学习领域	L7 发动机管理系统诊断维修		
学习情境	LS7.4：排气系统故障导致发动机故障警告灯点亮		
理论学习内容	氧传感器及废气排放控制	学习时间	5h

一、填空题（每空1分，共20分）

1. 氧传感器一般根据电化学原理工作，有________式和氧化钛式等两种类型。

2. 氧传感器产生的信号电压范围在________，发动机ECU收到小于0.45V信号电压，确认混合气________；收到大于0.45V信号电压，确认混合气________。

3. 为了最有效地利用________对排气的催化净化效能，必须采用氧传感器的反馈信号，对理论空燃比进行精确的________反馈控制。

4. 三元催化转化器安装在排气管中部，其功能是利用转化器中的三元催化剂，将发动机排出废气中的有害气体________、________和________分别转变为三种无害气体 CO_2、H_2O 和 N_2 排出。

5. 三元催化转化器主要由________和外壳等构成。

6. 根据催化剂载体的结构特点，TWC 可分为________和整体式两种类型。

7. EGR 的目的是降低________的排放量。

8. NO_x 是在________条件下，混合气中的 N_2 和 O_2 发生化学反应的产物。

9. EGR 系统有正压力控制式、负压力控制式和________三种类型。

10. 二次空气喷射系统降低了排气中的 HC 和________的排放量，缩短________的加热时间，使发动机控制模块尽快进入________控制过程。

11. 二次空气喷射系统借助________反馈信息进行自诊断。

12. 按控制形式不同可分为空气泵型二次空气喷射系统、脉冲型二次空气喷射系统和________二次空气喷射系统。

13. 二次空气喷射系统按照结构和工作原理的不同可以分为________和吸气器型两种结构类型。

二、单选题（每题 2 分，共 10 分）

1. 氧化锆只有在（　　）以上的温度时才能正常工作。

A. 90℃　　B. 300℃　　C. 815℃　　D. 500℃

2. 氧化钛氧传感器工作时，当废气中的氧浓度高时，二氧化钛的电阻值（　　）。

A. 增大　　B. 减小　　C. 不变　　D. 以上都不对

3. 采用三元催化转化器必须安装（　　）。

A. 前氧传感器　　B. 后氧传感器　　C. 前、后氧传感器　　D. 氧传感器和爆燃传感器

4. 如果三元液化转化器良好，后氧传感器信号波动（　　）。

A. 频率高　　B. 增加　　C. 没有　　D. 缓慢

5. 二次空气喷射系统的作用是抑制（　　）的产生。

A. HC 和 CO　　B. CO 和 NO_x　　C. HC 和 NO_x　　D. CO_2

三、判断题（每题 2 分，共 20 分）

1. 氧传感器失效时会导致混合气过稀，不会导致混合气过浓。（　　）

2. 含铅汽油会造成氧传感器“中毒”失效。（　　）

3. 有些汽车采用主、副两个氧传感器，其副氧传感器为后备氧传感器，目的是提高发动机工作的可靠性。（　　）

4. 空燃比反馈控制的前提是氧传感器产生正常信号。（　　）

5. 发动机温度过高不会损坏三元催化转化器。（　　）

6. 三元催化转化器可促使 CO、HC 的还原，也能促使 NO_x 的氧化。（　　）

7. EGR 位置传感器的信号电压在一定范围内与 EGR 阀的开度成正比。（　　）

8. EGR 系统的作用是为了减少发动机 CO 的排放量。（　　）

9. 二次空气喷射系统在冷却液温度 96℃ 以上不工作。（　　）

10. 在发动机控制单元控制二次空气喷射系统工作时，由于废气中所含氧气量的增加会导致氧传感器电压降低。（　　）

提交理论学习阶段的评价表

教师活动：

教师要求学生对理论学习阶段 7.4.3.12 评价表进行自我评价。

学生活动：

学生按照教师的要求对自己在理论学习阶段的表现进行自评，客观真实。

7.4.3.12 理论学习评价表

参与本项目的教师具体见 Moodle 系统，未参与本项目的教师可以根据实际情况自行制定。

7.4.4 任务计划：制订氧传感器和排气控制系统检修工作计划

独立查阅信息

教师活动：

教师提供实验车型的维修手册和 7.4.4.1 信息页。

学生活动：

学生个人独立查阅教师提供的维修手册和 7.4.4.1 信息页和前面的 7.4.2.1 信息页，提炼整理关键信息。(20min)

7.4.4.1 信息页

7.4.4.1 信息页

学校名称			任课教师	
班级			学生姓名	
学习领域	L7 发动机管理系统诊断维修			
学习情境	LS7.4：排气系统故障导致发动机故障警告灯点亮	学习时间	1h	
工作任务	发动机故障警告灯点亮综合诊断	学习地点	理实一体化教室	

1. 汽油机电控系统的正确使用

现代汽油发动机是在电子控制系统的控制下工作的，因此在使用操作方法上与传统的化油器式发动机略有不同。不正确的操作往往会影响发动机的使用性能，甚至造成不应有的损坏。通常在使用中应注意以下几点：

① 在起动发动机（包括冷车起动）时，一般不需要踩下加速踏板。因为发动机电控系统都具有冷起动加浓、自动冷车快怠速等功能，能保证发动机不论在冷车或热车状态下顺利起动。相反，若在起动时节气门开度太大，控制系统将会采取断油控制，反而使发动机无法起动。

② 在起动发动机之前和起动过程中，用反复快速踩加速踏板的方法来增加喷油量的做法是无效的。因为加速踏板只操纵节气门，喷油量完全由发动机 ECU 根据进气量等参数决定，所以不能照搬化油器式发动机的操作方法。

③ 若热车不能起动，则要考虑是否出现溢油故障。这时可将加速踏板完全踩下，然后转动起动机，利用断油控制将气缸中的燃油排出后，再试着起动发动机。

④ 可在缺油的状态下强行运转发动机。当仪表板上的燃油警告灯点亮时，应尽快加油。因为电动汽油泵是依靠流过汽油泵的燃油进行冷却的，缺油运转会使电动汽油泵因过热而烧毁。

⑤ 不可在发动机运转时拔下任何传感器的插头，这样会使发动机 ECU 中出现人为的故障码，影响维修人员正确地判断、排除故障。

⑥ 当仪表板上的黄色故障警告灯点亮时，说明发动机电控系统出现故障，应及时将汽车送到修理厂检查维修，以防长期带故障运行造成更大的损坏。

⑦ 为使发动机 ECU 不受干扰，不要在汽车上装用大功率的移动式无线电话系统。在装用普通的移动电话时，要使天线和反馈线尽可能远离发动机 ECU 及其线束，以防无线电信号对 ECU 的工作产生影响。

2. 汽油机电控系统检修注意事项

汽油机电控系统中的传感器、执行器、控制电路、ECU 等任何零部件产生故障，都会对发动机的运转产生一定的影响。ECU 具有故障自诊断功能，因此在检修时，可利用电脑检测仪与 ECU 连接，通过读取故障码或进行数据流分析，找出发动机电控系统的故障原因。但在大部分情况下，这种方法只能判定故障的大致范围，要确定故障所在的具体部位，还必须进一步按照该车型《维修手册》中提供的电路图、检测方法、检测步骤、标准数值等有关技术资料，用万用表、示波器等工具对各个部件或其控制电路进行检测。

为了提高发动机电控系统工作的可靠性，该系统的大部分零部件在结构上都被设计成密封式、不可分解的，损坏后也不能修复。汽油机电控系统检修的主要任务就是找出这些有故障的零部件，予以更换，从而恢复发动机的工作性能。

在检修发动机电控系统时，必须注意以下事项，以免造成电脑或控制系统零部件的损坏。

① 在点火开关接通时，不要取下或插上 ECU 的线束插头，以防止电控系统中的一些电感元件在断电瞬间产生感应电压，造成 ECU 的损坏。

② 应可靠地连接 ECU 的线束插头，否则可能损坏 ECU。

③ 在拆装蓄电池或使用外接蓄电池跨接起动时，必须先关闭点火开关，然后才能进行拆装或跨接操作。要特别注意蓄电池的正负极不能接反。

④ 在没有连接和拧紧蓄电池电缆接头时，不要起动发动机，也不要在发动机运转时拆下蓄电池电缆，以防止发动机充电电压过大，损坏电控系统的元件和 ECU。

⑤ 当转动发动机检查气缸压缩压力时，要切断喷油器的电源，或拔掉所有喷油器的线束插头，以防止检查中喷入的燃油未经燃烧进入排气管，造成三元催化转化器损坏。

⑥ 不要采用拔下高压线直接试火的方法检查高压火花，以防止点火线圈产生过高的点火电压，导致电控系统元件的损坏。

⑦ 不可用快速充电机进行辅助起动，以防止充电机的脉冲高电压损坏电子元件。使用快速充电机进行就车充电时，务必拆下蓄电池搭铁线。

⑧ 在车上进行电焊作业时，应拆下蓄电池搭铁线并断开 ECU 线束插头，以免 ECU 及其他电子元件受损。由于断开电源后，ECU 内储存的所有信息会被清除，有些车型还会造成音响等设备的锁死。因此，要先读取 ECU 中的故障信息，并向车主索取该车音响等设备的解锁密码。

⑨ 对电控系统的电路进行检测时，应使用数字万用表等专用仪器。没有一定的电工电子专业知识，不要使用普通的指针式万用表和12V试灯检测电控系统，以免产生意外。严禁采用刮火的方法检查电路。

3. 汽油机电控系统故障的主要原因和现象

（1）ECU故障

通常情况下，发动机ECU的可靠性较好，在正常使用中一般不会出现故障。ECU的大部分故障都是不正常使用或维修不当造成的。导致ECU产生故障的原因主要有：

① ECU的电源电路有故障，造成ECU不工作。

② 在通电状态下拆装ECU的线束插头，因瞬间高电压造成ECU损坏。

③ 在使用中因进水、受潮，造成ECU内部电路短路或电子元件损坏，或线束插头中的接线端子氧化而接触不良。

④ ECU内部个别电子元件损坏、焊脚松脱，特别是大功率晶体管元件和电源电路。

⑤ ECU中的只读存储器有缺陷，造成控制程序的损坏，导致ECU不能正常工作。

当ECU因损坏、断电而完全不工作时，仪表板上的发动机故障警告灯在打开点火开关后不会亮起，发动机会因没有点火和喷油而不能起动。

若ECU的控制程序出现部分损坏，或其个别输入、输出电路损坏，会造成电控系统的部分功能异常，如个别缸不喷油、怠速自动控制失效等。

（2）传感器故障

传感器的故障有以下几种形式：

① 传感器内部故障，如内部电路的断路、短路，或内部元件老化、损坏等故障。

② 传感器外部的控制电路故障，如传感器的电源电路、搭铁电路、信号电路的短路、断路等。

③ 传感器内部或外部的偶发性故障，如内部元件或插头接触不良等，在工作中偶尔出现故障。

当传感器的内部或外部电路出现断路、短路故障时，会使传感器的信号值超出正常范围，这种故障很容易被ECU的自诊断系统所测得。ECU会立即使仪表板上的发动机故障警告灯亮起，并在存储器中记下该故障的故障码，同时启动失效保护控制，以维持发动机的运转。因此，除了曲轴位置传感器外，大部分传感器的断路、短路故障都只会使发动机的运转出现一定程度的异常（如混合气偏浓、怠速偏低等），而不会导致发动机无法运转。

当传感器内部元件出现老化等损坏时，其信号值虽然并未超出正常范围，但却与所检测的实际参数不符。这种故障通常不会被ECU的自诊断系统测出，因而无法启动失效保护控制，从而可能导致发动机的运转出现较为严重的异常（如混合气过浓、怠速过高等），甚至使发动机无法运转。

（3）执行器故障

执行器中既有电子元件，又有机械零件，是电控系统中最容易产生故障的部件。当某个执行器出现故障时，将不能正确执行ECU的控制指令，致使发动机的运转出现异常。常见的故障原因主要有：

① 执行器中的电子元件损坏或内部电路断路、短路等硬性故障。

② 执行器中的机械零件因磨损、卡滞、堵塞而无法正常工作。

③ 执行器中的电子元件或机械零件因老化等原因，导致其工作反应迟钝、性能降低，虽然工作基本正常，但已接近损坏极限。

④ 执行器内部电子元件或机械零件存在偶发性故障，在工作中偶尔出现故障。

（4）控制电路故障

发动机 ECU 和传感器、执行器、电源、搭铁之间的控制电路异常，也会使电控系统中的传感器、执行器、ECU 不能正常工作，导致发动机出现各种故障。常见的控制电路故障原因主要有：

① 电源熔丝接触不良、过载熔断等原因导致控制系统电源电路故障。

② 传感器、执行器或 ECU 的搭铁线搭铁不良，造成传感器、执行器或 ECU 工作异常。

③ 控制电路中的插接件因多次拆装，造成插头或端子松动；或因端子处进水氧化，导致插头接触不良。

④ 连接导线老化、内部折断或外皮破裂，造成断路、短路故障。

4. 汽油机电控系统的故障诊断原则

发动机电控系统包含了各种传感器、执行器以及 ECU、控制电路等部分，是一个较为复杂的综合系统。它既有相对的独立性，又和发动机其他系统有机联系、互相制约和影响，因而其故障诊断难度较大。造成电控系统工作异常或损坏的原因，有可能是电控系统本身，也可能是发动机机械系统或其他系统的原因引发，因而在检查和排除故障时，不仅需要熟悉发动机电控系统的组成、工作原理、控制过程，还应具备发动机其他机械系统和电控系统之间的相互工作关系的知识。同时，要遵循汽油机电控系统故障诊断的一些基本原则，灵活运用电控系统故障诊断的各种手段和方法，才能迅速查找出故障的所在和具体原因。

汽油机电控系统故障诊断的基本原则如下：

（1）系统性原则

发动机电控系统既是一个完整的个体，也是一个和发动机的其他机械系统有着相互联系、相互作用的综合复杂的大系统，其故障的原因及其表现也是千差万别。电控系统的故障可能导致发动机其他机械系统出现异常，机械系统的故障也可能在电控系统中反映出来。在诊断故障时，不能只考虑电控系统，必须从发动机整个系统出发，从不同的角度或方面去分析、检测，才能得出正确的结论。

（2）先思后行原则

在对发动机电控系统的故障进行诊断时，应先根据电控系统的工作原理，对故障现象进行定性和定量的分析。在明确引发故障的可能原因后，再确定出要优先检查的方向的部位，做到有的放矢，有计划、有步骤地操作，避免对与故障无关的部位进行无谓的检查和拆装，也可防止因漏检有关项目而多走弯路。

（3）先易后难原则

由于发动机电控系统的各部件经常处在振动、高温、灰尘、潮湿、水浸等恶劣环境下工作，某些故障往往是简单的原因造成的，比如连接线束插头的松动或接触不良，线路导线的折断，真空气管的老化破裂、脏污、堵塞等。在诊断故障时，应先通过外观检查，运用眼看、耳听、手摸、鼻嗅等直观检查方法，或运用简单的检测工具进行检查，往往能迅速地发现某些较为明显的故障点，或明确和鉴别故障的特征，以便有针对性地对电控系统进行更加深入的检测，为诊断和确认故障的原因提供依据。要防止盲目使用检测诊断设备，或大拆大卸，既可大大缩短故障诊断时间，也有利于不断积累维修经验。

（4）资料先行原则

不同车型发动机电控系统的组成部件、控制方式、电路布置等往往有很大的不同，其电路工作正常与否、部件的性能好坏，也常需要根据标准参数的对比来进行判断。在诊断故障时，如果没有所修车型发动机电控系统的维修资料和标准数据资料作为参考，对电控系统电路的检测及部件性能的判断都将会很困难，往往只能采取更换新部件的方法来确认，这样有时会造成维修费用和人工的无谓消耗。因此，在诊断发动机电控系统故障时，应预先阅读所修车型的有关维修资料，如维修手册、电路图等，了解该车型发动机电控系统的电路特点、部件的安装位置、各接线插头的形式和端子分布情况，使检测方案的制定有据可依，同时大大方便故障诊断。

（5）代码优先原则

发动机电控系统具备故障自诊断功能。当系统出现故障时，通常都会被故障自诊断系统监测到，并会通过故障警告灯向驾驶人发出警示信号，同时还会将故障信息以代码或定格数据等方式储存在 ECU 的存储器中。在对发动机电控系统进行故障诊断时，可以根据故障警告灯的指示，使用诊断仪器读取电控系统的故障码或定格数据，作为故障诊断的参考依据，并优先检查和排除故障码所指示的相关部位。

5. 汽油机电控系统故障诊断的常用方法

对汽油机电控系统进行故障诊断时，应灵活运用各种常规的检查和诊断方法，以提高诊断工作的效率。常见的故障诊断方法主要有：

（1）直观检查

直观检查简单容易，能方便和迅速地查出零部件裂纹、变形、密封件泄漏、电器线路脱开、连接件松动等常见故障。同时，通过直观检查，还可以了解和感受与故障症状相关的信息，有利于把握问题关键，确定故障性质，为进一步进行更细致的测试和诊断，为查找故障原因奠定基础。

（2）ECU 自诊断

利用 ECU 的自诊断功能，通过读取有关故障码和定格数据，可了解和掌握 ECU 自诊断系统的故障信息。有些故障通过读取故障码即可直接诊断出原因，是故障诊断最简便快捷的方法。

但发动机 ECU 自诊断系统的功能具有局限性，不可能诊断出所有的故障。一些疑难故障常常没有故障码，只能将读取故障码作为初步诊断的一种方法，具体故障原因则需要综合其他诊断方法，通过深入诊断才能确诊。

（3）仪表和专用仪器诊断

发动机电控系统的故障检测常常需要使用一些仪表和专用仪器，利用这些仪表和专用仪器对电控系统进行检测，可对故障做出相对准确的定量判断。特别是有些专用诊断仪器集故障诊断、原因分析、数据资料于一体（故障诊断专家系统），其诊断的专业性和针对性强，能使故障诊断工作变得更加方便，大大提高工作效率。

（4）利用故障诊断表进行分析诊断

由于发动机电控系统的控制原理较为复杂，一般的维修人员如果没有一定的专业理论知识，很难根据故障的现象制定出有效可行的诊断程序。因此，在诊断发动机电控系统故障时，可以利用该车型发动机电控系统维修手册中的故障诊断表，从表中了解某种故障现象的可能原因，并参照表中所列的检查顺序、检测步骤、检测标准等来进行检查，能提高诊断工作的有效性和合理性，缩小诊断范围，迅速查出故障部位和原因。

小组制作工作计划海报

教师活动：

教师要求学生小组合作制定“氧传感器及排气系统故障导致发动机报警故障诊断与排除”工作计划海报，把每一步的细节和注意事项写出来，包括为什么干，怎么干，涉及安全、环保的事项，以及工具、时间、成本、注意事项、检测标准等。

学生活动：

学生分组讨论，小组合作完成工作计划海报。(40min)

7.4.4.2　工作计划海报

见附录。

展示讲述工作计划海报

教师活动：

教师选出一个组来介绍讲解海报内容，教师进行评价。

学生活动：

被选出的小组展示讲述本组学习成果，其他组学生提出疑问、建议。(40min)

修改工作计划海报

教师活动：

教师强调修改工作计划时注意：安全、环保、规范、时间及成本控制意识的训练。

学生活动：

每个组根据教师意见认真改进本组海报。(20min)

提交任务计划阶段的评价表

教师活动：

教师提供任务计划阶段的评价表，指定组间评价顺序，保证每个组都被评价。要求学生将7.4.4.3评价表以小组形式提交到系统。

学生活动：

每个组对老师指定的小组进行评价，合作填写7.4.4.3评价表，小组提交到系统。

7.4.4.3　任务计划评价表

参与本项目的教师具体见Moodle系统，未参与本项目的教师可以根据实际情况自行制定。

7.4.5 任务决策：与师傅和客户沟通工作计划

独立完成任务决策表

教师活动：

教师发放 7.4.5.1 任务决策表，要求学生安静地独立完成。

学生活动：

学生每个人独立按照任务决策的关键要素完成 7.4.5.1 任务决策表。(20min)

7.4.5.1 任务决策表

7.4.5.1 任务决策表

决策类型	决策方案
与师傅决策	请站在厂商的角度，和师傅沟通任务计划实施的可能性（包括：工作任务的时间控制和成本控制，工作步骤的正确性、规范性和合理性，工作过程的安全性和环保性，考虑厂商的经济效益和工作效率等，并记录决策结果与师傅的建议）。
与客户决策	请站在客户的角度，和客户沟通任务计划实施的可能性（包括：是否有几种可能供客户选择？某些项目做或不做？现在做还是未来做？考虑客户的成本控制、时间控制、安全性、环保性、美观性和便利性等，并记录决策结果与客户的意见）。

实战演习任务决策

教师活动：

教师选出一个学生代表（这个学生是以往决策出现问题较大的）和自己进行任务决策，及时担任师傅和客户双重角色。

学生活动：

被选出的学生与教师进行决策对话，其他学生观察，并进行口头评价、补充、改进。(20min)

提交确认任务决策

学生活动：

每个学生修改自己的任务决策方案表格，提交到系统。(20min)

教师活动：

教师对每个学生制定的任务决策方案进行确认，并将确认信息通过系统发给学生。

提交任务决策阶段的评价表

教师活动：

教师要求学生对任务决策阶段7.4.5.2评价表进行自我评价。

学生活动：

学生按照教师的要求对自己在任务决策阶段的表现进行自评，客观真实。

7.4.5.2　任务决策评价表

参与本项目的教师具体见Moodle系统，未参与本项目的教师可以根据实际情况自行制定。

7.4.6　任务实施：使用设备进行实车拆装检测

示范操作

教师活动：

教师亲自示范操作，或者播放相关视频（操作内容：从接车确认开始，按照诊断思路进行氧传感器及排气系统故障导致发动机故障警告灯点亮故障的所有诊断与排除工作）。

学生活动：

学生观察教师的示范动作，或观察视频中的示范动作。

操作实施

教师活动：

教师将学生分组，并要求每组学生分工明确，严格强调安全和事故预防要求等。实施过程中教师进行巡视指导。

学生活动：

学生分为4组，分工操作。每组每次安排两名学生操作，所有学生轮流，每个学生都要完成一次操作。当两名学生进行操作时，另外安排两名学生分别对其进行评价，填写7.4.7.4评价表，1名学生拍视频，1~2名学生监督记录，1~2名学生查阅手册改进计划。(6h)

提交任务实施阶段的评价表和视频

教师活动：

教师要求学生对任务实施阶段7.4.6.1评价表进行自我评价，并提交任务实施阶段录制的所有视频资料。

学生活动：

学生按照教师的要求对自己在任务实施阶段的表现进行自评，客观真实。

负责拍摄的学生将视频整理提交到系统，负责评价的学生将7.4.6.1评价表提交到系统。

7.4.6.1 任务实施评价表

参与本项目的教师具体见 Moodle 系统，未参与本项目的教师可以根据实际情况自行制定。

7.4.7 任务检查：5S 与检查工作结果

5S 与任务检查

教师活动：

教师提供7.4.7.1 任务检查流程。要求学生分组，小组合作完成任务检查及5S，在7.4.7.1 任务检查单上标注。教师要求学生小组成员对工作过程和工作计划进行监督和评估，记录优缺点及改进建议，并口头表达。教师要重点引导学生对队友的支持性意见的表达，并训练学生接纳他人建议。

学生活动：

学生分组，小组合作完成任务检查及5S，在7.4.7.1 任务检查单上标注。(20min)

学生按照教师规定严格监督和控制其他成员的工作过程并友善提出改进建议。(10min)

7.4.7.1 任务检查单

7.4.7.1 任务检查单

1. 请进行必要的最终任务检查，在（　　）里进行标记。

检查任务实施过程(　　)，是否有改进或需要说明：

如有，处理意见：

检查测量值与标准值（　　），是否有改进或需要说明：

如有，处理意见：

2. 请进行必要的5S。

5S 车辆（　　）

5S 工位（　　）

5S 场地（　　）

3. 请根据实施的诊断与修理工作，编制工作说明，完善改进工作计划。（以另一颜色的笔在任务计划上标注作答）

小组合作修改工作计划

教师活动：

教师要求学生小组合作修改完善工作计划，修改方式是：在原有工作计划上用另一颜色的笔进行真实、全面的复盘改进、标注。

学生活动：

学生小组合作修改完善工作计划，修改方式是：在原有工作计划上用另一颜色的笔进行真实、全面的复盘改进、标注。(10min)

提交任务检查阶段的评价表

教师活动：

教师要求学生对自己在任务检查阶段的表现进行自我评价。提醒学生：对于自己没有涉及的条目不评价。

学生活动：

学生对自己在任务检查阶段的表现进行自我评价，对于自己没有涉及的条目不评价。

7.4.7.2　任务检查评价表

参与本项目的教师具体见 Moodle 系统，未参与本项目的教师可以根据实际情况自行制定。

7.4.8　任务交付：交车

任务交付准备

教师活动：

在任务交付之前，教师提供 7.4.8.1 交车剧本给事先安排好的两个学生，一个扮演客户，另一个扮演 SA 维修接待，以便上课时两个学生能在实车上呈现交车过程。

学生活动：

两个角色扮演的学生要熟悉练习交车剧本。

7.4.8.1　交车剧本

7.4.8.1　交车剧本

学习情境描述：

一辆大众速腾轿车，行驶总里程 6 万 km，客户验车时发现汽车发动机尾气排放超标异常，而且发动机故障灯点亮。

（一）任务完成正常交车

前台：先生，您好！您的车修好了，没有任何问题，您可以放心使用了。这是针对排放控制系统使用的温馨贴士，请您留存！

客户：非常感谢！

前台：不客气！这是费用清单，请您跟我去财务结账。

客户：好的。

前台：这是车钥匙，以后请您放心使用！请您随时观察车况，如果有任何问题，请随时联系我。非常愿意为您服务！

客户：好的！谢谢您！再见！

前台：再见！您慢走！

（二）任务未完成异常交车

前台：先生，您好！非常抱歉，由于我们前期预估失误，不能按照约定时间正常交车给您，预计还得两个小时才能完成。您看您是继续在店里等待，还是先去处理其他事情？维修结束我就联系您。

客户：好吧！怎么回事呀，我已经等待这么长时间了。两个小时后我能取走车吗？

前台：真的非常抱歉，在此对您说声对不起！不过，您放心！同样的错误我们不会犯第二次。两个小时后肯定交车给您。

客户：好吧。两个小时后等你电话，我先去处理其他事情。一定要修好啊！

前台：请您放心！一定保证您的爱车行驶无忧，我会随时观察进展情况，及时联系您。非常愿意为您服务！

客户：好的！谢谢您了！那我先走了，等会儿见！

前台：等会儿见！您慢走！

两人角色扮演

学生活动：

学生分组，两人一组。其中，事先安排好的两个学生为一组，一个扮演客户，另一个扮演 SA，先交车给师傅，然后交车给客户。(10min)

教师活动：

教师提前安排学生两人一组，观察角色扮演学生的表演过程，同时观察其他学生的表现：倾听的认真程度。

全员换位评价

学生活动：

学生认真观看角色扮演情境再现过程，理解客户委托，并与本组学生一起对 SA 角色扮演的学生换位思考进行口头评价：角色扮演时的优缺点，如果是自己怎么改进会更好。(5min)

教师活动：

教师指出角色扮演的优缺点，提出注意事项进行强调说明。

全员分组练习

教师活动：

教师要求所有学生借鉴两个示范学生的表现，进行任务交付练习。

学生活动：

学生按照教师的提示与强调，借鉴示范的两个学生的表现，学生分组在实车上进行任务交付的角色扮演练习。互换角色再练习一次。(10min)

提交任务交付阶段的评价表

教师活动：

教师要求学生对任务交付阶段自己扮演 SA 时的表现依据 7.4.8.2 评价表进行自我评价。

学生活动：

学生按照教师的要求对自己在任务交付阶段扮演 SA 时的表现进行自评，客观真实。

7.4.8.2 任务交付评价表

参与本项目的教师具体见 Moodle 系统，未参与本项目的教师可以根据实际情况自行制定。

7.4.9 反思评价：总结知识点、技能点和素养点

提交反思评价自评表

教师活动：

教师归纳整理理论知识体系，用一页 PPT 展示知识点、技能点和素养点。

学生活动：

学生认真反思，倾听，构建适合自己学习的知识体系。(10min)

学生认真反思，对照学习目标进行自我反思，填写 7.4.9.1 自评表。(10min)

7.4.9.1 反思评价自评表

参与本项目的教师具体见 Moodle 系统，未参与本项目的教师可以根据实际情况自行制定。

提交反思评价他评表

教师活动：

教师把每一位学生的反思阶段的评价表分配给其他同学进行评价。

学生活动：

学生按照系统分配的评价对象，每个学生都填写一份对另一个学生的评价表。(10min)

7.4.9.2 反思评价他评表

参与本项目的教师具体见 Moodle 系统，未参与本项目的教师可以根据实际情况自行制定。

提交反思评价阶段的评价表

教师活动：

教师参照学生的自评与他评在 7.4.9.3 反思评价表上给出学生反思评价成绩。

学生活动：

每个学生将自评表和他评表形成的 7.4.9.3 反思评价表进行对照，帮助学生自我认识。

7.4.9.3 反思评价表

参与本项目的教师具体见 Moodle 系统，未参与本项目的教师可以根据实际情况自行制定。

7.4.10 巩固拓展

迁移新任务

教师活动：

教师布置新的客户任务：废气再循环系统故障。要求学生小组合作制定工作计划并用 PPT 展示。

学生活动：

学生明确拓展任务：小组合作制定工作计划，下次课前用 PPT 展示和评价。做好完成拓展任务的计划（分工与时间安排）。

分工制作工作计划

教师活动：

教师要控制学生的制作过程，要求学生分工完成 7.4.10.1 工作计划，把自己负责的部分提交到系统，让教师看到。

学生活动：

学生在小组长的带领下，制作过程合理分工，每人完成工作计划的一部分并提交到系统。（课后）

7.4.10.1　工作计划海报

见附录。

提交过程视频和 PPT

教师活动：

教师要求学生制作 PPT 的过程录制视频并把视频提交到系统，同时提交 PPT 结果到系统。

学生活动：

小组合作把制作 PPT 的过程录制视频。

巩固拓展阶段的评价表

教师活动：

教师要求小组长完成本小组所有成员的 7.4.10.2 评价表，提交到系统。

学生活动：

小组长完成小组评价 7.4.10.2 评价表，并把每个组员的评价表提交到系统。

7.4.10.2　巩固拓展评价表

参与本项目的教师具体见 Moodle 系统，未参与本项目的教师可以根据实际情况自行制定。

总体评价

给学生反馈总体评价表

教师活动：

教师对每个学生的总体评价表初稿进行补充修改，形成总体评价定稿，作为每个学生本学习情境的最终评价。

学生活动：

学生认真对照教师反馈的总体评价表，分析自己的优势和不足，有针对性地制定改进措施，在弱势素养或知识、技能方面加强。

LS7.5

配备废气涡轮增压车辆低转速时加速性差

教学准备

教学情境准备

教师活动：

教师提前提供给所有学生 7.5.0.1 客户任务工单。提前在车上设置“涡轮增压故障导致低转速时加速性差”的真实故障。课前提供 7.5.0.2 接车剧本给事先安排好的两个学生，一个扮演客户，另一个扮演 SA 维修接待，以便上课时两个学生能在实车上把客户任务真实再现。

学生活动：

所有学生在课前熟悉 7.5.0.1 客户任务工单，提前了解客户委托任务。

两个角色扮演的学生要熟悉练习 7.5.0.2 接车剧本。（课前）

7.5.0.1　客户任务工单

7.5.0.1　客户任务工单

车主姓名		日期	
车型		车牌号	
发动机号		底盘号	
联系电话			
通信地址			
故障现象描述： 车主反映，汽车在发动机低转速时加速性差。			
检查维修建议：			
故障结论：（更换或维修的零件记录）			
取车付款： 现金　　　　银行卡		维修人： 收款人：	

7.5.0.2　接车剧本

7.5.0.2　接车剧本

学习情境描述：

一辆大众速腾轿车，行驶总里程6万km，客户发现汽车在发动机低转速时加速性差。

前台：您好！有什么需要我帮助的？

客户：您好！是这样的：我的车在发动机低转速时加速性变差。您能帮我看看吗？

前台：好的！您给我车钥匙，我给您试一下车，先检查一下。

（上车，着车，行驶一段时间开始体会客户的诉求，发现在发动机低转速时加速性变差。询问客户）

前台：您的车在发动机低转速时加速性变差。这个毛病以前出现过吗？最近您修理过什么吗？

客户：不瞒您说，我的车车况特别好，在这之前什么毛病也没有，这是第一次有故障，以前只做过正常的维护保养。

前台：那您的车车况是真不错，您使用得很好。我方才初步诊断了一下：您的车确实是在发动机低转速时加速性变差。因为您的车有涡轮增压系统，应该是废气涡轮增压系统有问题了，当然也不排除其他问题，需要后台检测后才能确认。

客户：好的！那您尽快维修吧，我还着急用车呢。

前台：那您想什么时间取车？

客户：今天下午4点能取车吗？

前台：好的！请您在客户区休息等待，如有需要，我会及时和您联系。

教学目标准备

教师活动：

教师用一页PPT简介本情境的教学目标：素养点、知识点、技能点。

学生活动：

学生思路清楚明确目标，在头脑中做出个人学习规划。（课前）

素养点：

① 能够复述内容并进一步理解。

② 能够清晰易懂地表达意见。

③ 能够与他人合作解决问题。

④ 能够倾听他人表达。

⑤ 能够个人独立工作。

⑥ 能够小组合作，站在他人角度思考问题。

知识点：

① 进气增压系统类型。

② 动态增压系统。

③ 谐波增压系统。

④ 废气涡轮增压系统。

⑤ VTG（可变涡轮集合参数）增压系统。

技能点：

① 增压系统直观认知。

② 增压系统维护检修。
③ 增压器及电路检测。
④ 增压系统故障查询。
⑤ 使用制造商资料和维修站信息。
⑥ 遵守事故预防条例。

资料设备清单

参与本项目的教师具体见 Moodle 系统，未参与本项目的教师可以根据实际情况自行制定。

7.5.1　任务接受

两人角色扮演

学生活动：

学生分组，两人一组。其中，事先安排好的两个学生为一组，一个扮演客户，另一个扮演 SA 维修接待，在实车上把客户任务真实再现。(10min)

教师活动：

教师观察角色扮演学生的表演过程，同时观察其他学生的表现：倾听的认真程度。

全员换位评价

学生活动：

学生认真观看角色扮演情境再现过程，理解客户委托，并与本组学生一起对 SA 角色扮演的学生换位思考进行口头评价：角色扮演时的优缺点，如果是自己怎么改进会更好。(10min)

教师活动：

教师指出角色扮演的优缺点，提出注意事项进行强调说明。

全员分组练习

教师活动：

教师要求所有学生借鉴两个示范学生的表现，进行任务接受练习。

学生活动：

学生按照教师的提示与强调，借鉴示范的两个学生的表现，学生分组在实车上进行任务接受的角色扮演练习。互换角色再练习一次。(10min)

提交任务接受阶段的评价表

教师活动：

教师要求学生对任务接受阶段自己扮演 SA 时的表现进行自我评价。

学生活动：

学生按照教师的要求对自己在扮演 SA 时的表现进行自评，客观真实。

7.5.1.1 任务接受评价表

参与本项目的教师具体见 Moodle 系统，未参与本项目的教师可以根据实际情况自行制定。

7.5.2 任务分析：配备废气涡轮增压车辆低转速时加速性差的原因

教学方法：餐垫法

独立查找原因

教师活动：

教师提供7.5.2.1信息页（维修信息、文本资料）和餐垫图纸，指导学生独立查找“涡轮增压故障导致发动机低转速加速性差”的原因书写在餐垫上周边对应位置。

学生活动：

学生分组，首先个人独立阅读教师提供的7.5.2.1信息页，在信息页上划出关于“涡轮增压故障导致发动机低转速加速性差”的原因，形成自己的个人逻辑结果，工整地书写在餐垫对应位置上。(30min)

7.5.2.1 信息页

7.5.2.1 信息页

学校名称		任课教师	
班级		学生姓名	
学习领域	L7 发动机管理系统诊断维修		
学习情境	LS7.5：配备废气涡轮增压车辆低转速时加速性差	学习时间	1h

1. 涡轮增压系统常见故障原因

(1) 润滑油不足或供油滞后

① 当涡轮增压器的转速和柴油机负荷增加时，涡轮增压器润滑油的供油量也必须增加，因为柴油机高负荷运转、涡轮增压器转速很高时，即使只有短暂的几秒钟，对涡轮增压器轴承供油不足也将造成轴承损坏。

② 在更换机油和机油滤清器时，用清洁的机油预先注满滤清器，换完后第一次起动柴油机时，应在柴油机起动后保持足够长时间的怠速运转直到机油压力稳定后再加速，否则涡轮增压器的轴承就可能因起动期间缺乏润滑而损坏。

③ 当柴油机处于倾斜状态下工作（部分负荷或全负荷运转）时，如果机油油面太低或吸入空气，就会造成机油压力降低，即使时间再短，也有可能使增压器因缺乏润滑油而损坏。

(2) 外部杂物或泥沙进入润滑系统

含有杂物或泥沙的机油对涡轮增压器轴承的磨损和损坏比对柴油机轴承的损坏要严重得多，因为涡轮增压器的转速远远高于柴油机的转速。假如涡轮增压器发生这种损坏，应找出产生机油脏物的起因并消除，否则即使换上了新涡轮增压器也会发生损坏，发展下去还可能损坏柴油机。当混在机油中的脏物颗粒较大、足以堵塞涡轮增压器内部的油道时，增压器会因缺乏润滑油而造成损坏。在更换机油和和机油滤清器时，在有条件的情况下可提取柴油机内的机油油样来进行分析，这将有助于防止出现上述损坏；应按照使用说明书上所规定的更换期限更换机油滤清器，不能随意延长。

（3）润滑油氧化或变质

柴油机机油氧化或变质后会形成油泥沉积下来，油泥将影响涡轮增压器的性能和寿命。当机油的油泥状态严重时还会影响柴油机的寿命，即涡轮增压器轴的旋转运动会将机油甩到壳体内壁上，油泥即附着并沉积在壳体内壁。当油泥沉积过多而影响涡轮端轴承的回油时，沉积在涡轮端轴承内的油泥会由于废气传来的高温而被烘烤成坚硬的结焦，当结焦剥落后就会使涡轮端轴承和轴颈磨损。且在磨损之前油封还会发生漏油现象。若发现涡轮增压器涡轮端有机油泄漏，必须检查增压器的回油管和柴油机通风管是否阻塞，只有将这些故障排除后增压器才能工作。形成油泥沉积是由于柴油机机油氧化和变质所致，而造成机油氧化和变质的根本原因则是柴油机过热、从活塞与气缸之间通过的燃气过多，机油中混入柴油、冷却液漏入机油、机油选用不当以及未按规定的期限更换机油等。

（4）外部异物进入柴油机的进气或者排气系统

涡轮增压器的涡轮和压气机叶轮都是以极高的转速运动的，一旦有外部异物进入柴油机的进、排气系统，就将损坏叶轮：小的物体（如泥沙）会侵蚀叶轮使其叶片的导风角发生变化；大而硬的物体则会造成叶片破裂；柔软的物体（如棉纱）会顺着叶轮旋转方向卷在叶片上。如果叶轮损坏，也就意味着整台增压器损坏了，则必须彻底更换。通常，压气机叶轮的损坏是由于空气滤芯中嵌有金属片或更换滤芯时进气管道中进入了杂物，从而被压气机吸入所致。如果不更换滤芯或不排除进气管道中的杂物，则有可能继续损坏新换的增压器。

（5）工作温度过高

一般来说，引起工作温度过高的热源来自发动机所排的气体（废气）。废气温度过高会直搭铁或者间搭铁损坏增压器。直接损坏，即由于高温使增压器的中间壳过热，并使涡轮壳材料受到腐蚀或变形；废气温度过高也会造成涡轮壳开裂。间接损坏，即当废气温度过高时，废气中额外的热能会使涡轮增压器的转子总成加速，并在高于设计转速的条件下工作。如果发生这种情况，压气机叶轮将由于一次或反复多次的高应力负荷作用而开裂，涡轮叶轮也将由于材料在高温下强度降低和涡轮转速提高而开裂。引起废气温度升高的可能原因有：发动机空燃比不对、发动机正时有问题、废气受到节流、氧传感器出问题或发动机的其他控制系统有问题等。

总之，由于废气涡轮增压器的工作特点是在高温和高转速条件下工作，为保证其正常工作，使用时应注意以下事项：

① 对新启用的或刚修好的增压器，在使用前应用手拨动转子，检查有无卡滞现象和不正常声音；在工作中若发出尖锐的声响，应立即停机。如果增压器出现振动现象，则可能是由于空气压缩机叶轮、轴承或涡轮叶轮的损坏而引起，应予以修换。

② 必须保证压气机进气清洁，加强空气滤清器的清洗。不得让异物进入压气机和涡轮；防止叶轮上积有灰尘，否则会降低压气机的效率。

③ 必须保证涡轮增压器有可靠的润滑，润滑油要清洁，油压要正常，油温不得过高或过低，油管接头要密封，不能有滴漏现象，增压器使用前加以润滑（通过增压器进油管加入定量的机油）。

④ 应严格控制涡轮的进气温度，必须按规定调整柴油机的燃油系统，不得任意改变供油量。

⑤ 应经常听检增压器的运转情况；若增压器工作正常，则柴油机刚刚停机后增压器转子仍可继续运转一定时间。

⑥ 各连接管应装配正确，拆检时不得任意变动，并应切实保证连接处的密封可靠。

⑦ 柴油机起动时，应保证增压器得到充分的润滑；柴油机停机前应怠速运转 3 ~ 5min，以使润滑油将热量带走，避免烧坏密封环或轴承咬死和轴承壳体变形。

2. 故障案例

一辆行驶里程约 7.6 万 km，配置 S63 双涡轮发动机，车型为 E70 的 2010 款宝马 X5M。用户反映：该车辆行驶中急加速时或者车速稍微高一点，发动机的黄灯就会点亮报警，中央信息显示屏显示发动机功率下降。

接车后，连接 ISID 对车辆进行诊断测试，读取相关的故障内容为：2EA9，废气涡轮增压器冷却液泵，控制线路，电气；2EAA，涡轮增压器冷却液泵，关闭；310B，增压压力调节 2，可信度；30FF，增压压力调节，增压压力过低。执行检测计划，针对上述的 4 个故障内容检测计划分为两个不同的部分，其中前面两个故障内容分析为涡轮增压器冷却液泵故障，后面两个故障内容则定义为增压压力调节故障。

选择“涡轮增压冷却液泵”，按照 ISTA 的检测计划要求执行检测，通过驱动测试，没有听到泵的工作声音，检查涡轮增压器冷却液泵和 DME 之间的线束、插头触点和插头卡止，没有发现异常。检查涡轮增压器冷却液泵的供电，供电大约 12.8V 左右。正常。如果在上述检测步骤中没有发现故障，则说明是涡轮增压器冷却液泵的故障。

S63 发动机和 N63 发动机一样，采用两套废气涡轮增压系统，涡轮增压器以紧凑方式布置在 V 形区域内，发动机会产生很多热量，冷却系统具有非常关键的作用，因此，S63 发动机采用三套独立的冷却系统。发动机有一个通过带传动机构驱动的传统冷却液泵，它承担着散发发动机热量以及尽量保持特定运行温度恒定不变的系统任务。另一种间接增压空气冷却系统，即通过空气/冷却液热交换器对增压空气进行冷却。发动机冷却系统和增压空气冷却系统使用两个彼此独立的冷却循环回路。除了上述两种冷却系统外，S63 发动机还单独为两个涡轮增压器配置一个 20W 功率的附加电动冷却液泵来实现冷却。系统根据以下因素接通电动冷却液泵：发动机出口处的冷却液温度、发动机机油温度和喷射的燃油量。利用电动辅助冷却液泵的继续运行功能可排出废气涡轮增压器内的积热，从而防止轴颈处机油焦化，这是一项重要的部件保护功能。电动辅助冷却液泵还可在关闭发动机后排出废气涡轮增压器内的余热，从而防止轴承壳体内的润滑油过热。所以涡轮增压器的冷却液泵对发动机及涡轮增压系统非常重要，一旦系统监控有故障，将会立即关闭涡轮增压系统并报警。

接着选择“增压压力调节”执行检测计划，ISTA 系统有更加详细具体的分析及建议检查步骤。

对于检测的功能/组件，存储有下列故障码：30FF。DME 控制单元当前没有故障存储，其他可能的故障原因为：

- 减压装置真空供应装置。
- 减压阀。
- 增压空气导管。

- 涡轮增压器。
- 排气背压过高。

对于检测的功能/组件，存储有下列故障码：310B。DME 控制单元当前没有故障存储，其他可能的故障原因：

- 减压装置 2 真空供应装置。
- 减压阀 2。
- 增压空气导管。
- 涡轮增压器 2。
- 排气背压过高。

继续测试模块，进行下列一般目检：检查减压装置控制管路（真空）是否密封、安装是否正确以及有无弯折；检查从空气压缩机到节气门的增压空气管和软管是否密封和安装是否正确；检查通往空气压缩机的进气管道是否密封和安装是否正确。目测检查没有发现异常。接着在发动机静止状态下进行一次进气压力传感器值匹配。读取的压力（气缸列 1）：节气门前：101kPa；节气门后：100.7kPa。读取的压力（气缸列 2）：节气门前：101kPa；节气门后：100kPa。按如下方式检测压力变换器的真空供应装置；

① 检测真空泵和真空储能器之间的管路。

② 检测真空储能器。

③ 起动发动机，如果在发动机运转时感觉不到任何制动助力，则进行下一步。

④ 检测真空泵和制动助力器之间的管路。

⑤ 检测真空泵。

通过上述的检查，没有确定出具体的故障。起动发动机，使发动机怠速运转同时产生用于废气风门控制的真空。在下一测试步骤中将间歇控制废气风门，观察废气风门，是否每次都完全打开并重新关闭。观察结果是废气风门可以完全打开并能够重新关闭，说明减压装置真空供应装置没有故障。

根据检测计划检查步骤排除了外围的控制部件，剩下的就是涡轮增压器内部有故障或者排气背压过高了。而对于涡轮增压器本身的故障判断需要有确凿的证据，比如的确发现涡轮或者涡轮轴卡滞等，但需要完全把部件拆卸下来确认。排气背压过高就是指排气管的排气压力受阻过高，一般是由于三元催化转化器堵塞后，排气不畅，引起排气背压过高，造成涡轮增压器的增压效率下降，增压压力过低。可以通过内窥镜从三元催化转化器前氧传感器的安装孔中观察排气背压是否过高。

拆下气缸列 2 的三元催化转化器前氧传感器，等三元催化转化器的温度降下来后，通过内窥镜观察发现三元催化转化器里面已经堵塞得相当严重。

安装上氧传感器起动车辆，在怠速状态下观察车辆的空燃比控制数据。从两列的三元催化转化器后氧传感器测得的信号电压都偏低，正常的应该在 0.7～0.8V 左右。这可能也和三元催化转化器堵塞有关。并且气缸列 1 的三元液化转化器也发生了堵塞，可能没有气缸列 2 严重，所以暂时没有存储故障报警。

3. 故障排除

此车的两个故障都会造成发动机功率下降和发动机报警，更换涡轮增压器冷却液泵和两个三元催化转化器，再次观察两个旧三元催化转化器的进气侧，发现都堵塞得比较严重。通过 ISID 观察空燃比控制，气缸列 1 三元催化转化器后的氧传感器信号电压和气缸列 2 三元催化转化器后氧传感器信号电压分别变成了 0.81V 和 0.80V。删除故障存储，进行高速和急加速路试，发动机黄灯报警现象消失，车辆故障排除。

合作讨论原因

学生活动：

学生小组合作讨论达成共识，把本组的“涡轮增压故障导致发动机低转速加速性差”原因工整书写在餐垫中心位置上，贴在白板上展示。(30min)

教师活动：

教师重点观察学生讨论时的表现：所有成员是否可以经过妥协或协商快速达成一致意见。

师生确定原因

教师活动：

教师带领学生一起逐条对每组的结果进行分析评价，判断对错，总结原因。

学生活动：

学生领会理解，修改本组餐垫并把最终结果工整记录在笔记本上。(10min)

填写客户工单

教师活动：

教师提供行车证等资料指导学生填写 7.5.0.1 客户工单（车辆检验内容，确定维修范围，是否修理车辆建议）。

学生活动：

学生小组合作填写完整客户任务工单。(20min)

提交任务分析阶段的评价表

教师活动：

教师要求学生对任务分析阶段自己的表现依据 7.5.2.2 评价表进行自我评价。

学生活动：

学生按照教师的要求对自己在任务分析阶段的表现对照每一条进行客观真实的自评。

7.5.2.2　任务分析评价表

参与本项目的教师具体见 Moodle 系统，未参与本项目的教师可以根据实际情况自行制定。

7.5.3　理论学习：进气控制增压系统结构原理及检修

教学方法：小组拼图法

原始组独立完成工作页

教师活动：

教师把学生分成专家组，并提供与之有关的7.5.3.1～7.5.3.4信息页和7.5.3.5～7.5.3.8工作页。

学生活动：

学生原始组个人独立学习信息页，完成工作页。(60min)

7.5.3.1　信息页

7.5.3.1　信息页

学校名称			任课教师	
班级			学生姓名	
学习领域	L7 发动机管理系统诊断维修			
学习情境	LS7.5：配备废气涡轮增压车辆低转速时加速性差	学习时间	1h	
工作任务	A：发动机增压技术	学习地点	理实一体化教室	

1. 增压

发动机的功率输出和转矩的大小主要取决于进气行程期间进气量的多少。气缸充气量的多少用充气效率来表示。

充气效率是每个做功循环的气缸内的新鲜气体充气量与理论上可能充满气缸的新鲜气体充气量之比。自然吸气式发动机和增压发动机的充气效率见表1。

表1　自然吸气式发动机和增压发动机的充气效率

发动机类型	充气效率	发动机类型	充气效率
自然吸气式四冲程发动机	0.7～0.9	增压发动机	1.2～1.6
自然吸气式二冲程发动机	0.5～0.7		

增压系统能够提高充气效率。这样，就会有更多的空气量进入燃烧室，也就可以燃烧更多的燃料。

2. 增压的限制

对点燃式增压发动机，过高的充气效率会导致压缩终了的压力过高，因而也就会导致爆燃。爆燃可能会引起活塞或轴承的损坏。因此，点燃式增压发动机的几何压缩比比自然吸气式发动机小。

对于柴油机来说，充气效率的提高和可能增加的喷油量会导致过高的压缩终了的燃烧压力，使发动机承受极高的机械负荷，因此有可能导致发动机损坏。

几何压缩比 ε_{geo} 是燃烧室的最大容积与最小容积之比。

$$\varepsilon_{geo}=v_{cmax}/v_{cmin}$$

有效压缩比 ε_{eff} 可以根据几何压缩比和充气效率计算出来：

$$\varepsilon_{eff}=\varepsilon_{geo}\times \text{充气效率}$$

汽车发动机在经过了增压之后，工作时的压力和温度都大大升高，因此发动机寿命会比同样排量没有经过增压的发动机要短，而且机械性能、润滑性能都会受到影响，这也在一定程度上限制了在发动机上的应用。

3. 汽车涡轮增压器的作用

汽车发动机加装增压器的主要作用就是提高发动机进气量，从而提高发动机的动力，让车辆更有“劲”。一台发动机装上涡轮增压器后，其最大功率与未装增压器的时候相比可以增加40%甚至更高。这样也就意味着同样一台的发动机在经过增压之后能够产生更大的功率。就拿我们最常见的1.8T来说，经过增压之后，动力可以达到2.4L发动机的水平，但是耗油量却并不比1.8L发动机高多少。另外，还可以提高燃油经济性，降低尾气排放。

4. 增压系统类型

为了进一步提高发动机的工作性能，部分汽车发动机采用了可变进气增压系统。可变进气增压系统既可以满足发动机在低速小负荷时的经济性要求，也可以满足发动机在高速大负荷时的动力性要求。

目前比较典型的可变进气增压系统主要有两类：

第一类是通过改变进气道的长度，利用进气管中空气的波动效应来增大进气压力和进气量，称为动态增压；第二类是利用进气旋流增大进气压力改善燃烧来增大进气量，称为独立增压。

（1）动态增压

进入进气歧管的新鲜气体具有动能，在进气门开启时，就形成了一个返回的压力波。压力波以声速返回，并在进气歧管的开口端遇到了处于静态的空气。这样，压力波就被重新反射回来。如果返回的压力波到达进气门时，这个进气门刚好打开，这样就能增加进气量，产生增压效果。这种压力波的振动频率与进气管的长度、进气歧管横截面积和发动机转速有关。

根据进气歧管和增压系统的布置不同，使用的增压系统有：

① 压力波增压。

② 谐波增压。

这两个系统可以组合使用。

（2）独立增压

独立增压系统是单独使用增压器。增压器的作用是在进气行程中，将尽可能多的新鲜气体输送到气缸。另外，还对燃油与空气的混合气或空气在气缸外进行完全或部分压缩。目前采用的增压器类型如下。

1）废气涡轮增压器

废气涡轮增压器如图1所示。废气的能量用来将新鲜空气输送到各个气缸。废气涡轮增压器只能在中、高速时取得明显的增压效果。另外，由于增压器的质量惯性（增压滞后），以及废气流跟不上负荷的快速变化，这些增压器对加速踏板位置的快速变化做出的反应略有滞后。因为废气涡轮增压器不需要消耗任何来自曲轴的功率，所以这种增压器的工作实际上没有任何损失。

废气涡轮增压系统是我们平时最常见的涡轮增压装置。增压器与发动机无任何机械联系，实际上是一种空气压缩机，通过压缩空气来增加进气量。它是利用发动机排出的废气惯性冲力来推动涡轮室内的涡轮，涡轮又带动同轴的叶轮，叶轮压送由空气滤清器管道送来的空气，使之增压进入气缸。发动机转速增快，废气排出速度与涡轮转速也同步增快，叶轮就压缩更多的空气进入气缸，空气的压力和密度增大可以燃烧更多的燃料，相应增加燃料量就可以增加发动机的输出功率。一般而言，加装废气涡轮增压器后的发动机功率及转矩要增大20%～30%。但是废气涡轮增压器技术也有其必须注意的地方，那就是泵轮和涡轮由一根轴相连，也就是转子，发动机排出的废气驱动泵轮，泵轮带动涡轮旋转，涡轮转动后给进气系统增压。增压器安装在发动机的排气一侧，所以增压器的工作温度很高，而且增压器在工作时转子的转速非常高，可达到每分钟十几万转，如此高的转速和温度使得常见的机械滚针或滚珠轴承无法为转子工作，因此涡轮增压器普遍采用全浮动轴承，由机油来进行润滑，还有冷却液为增压器进行冷却。

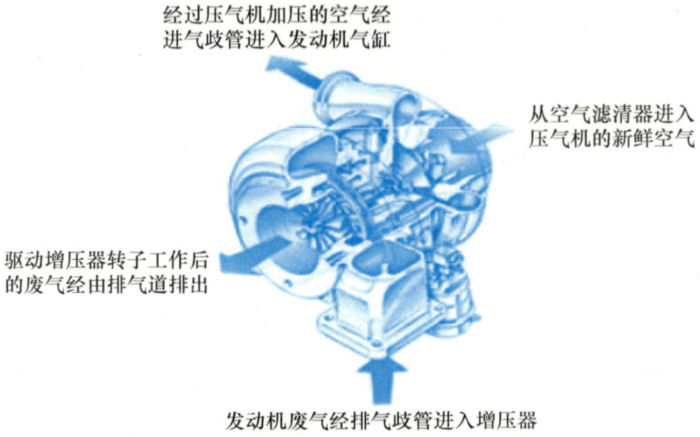

图1 废气涡轮增压系统

2）机械增压器

如罗茨式增压器（图2）、螺旋式增压器、旋叶式增压器等机械增压器通过电磁式离合器由发动机驱动。借助于电磁式离合器，这种增压器可以在怠速时退出增压状态，而在加速时和全负荷时进入增压状态。与废气涡轮增压器相比，这种增压器的优点是：

① 对发动机排气无干扰。

② 增压压力能够快速建立。

③ 即使低速时也会输出高转矩。

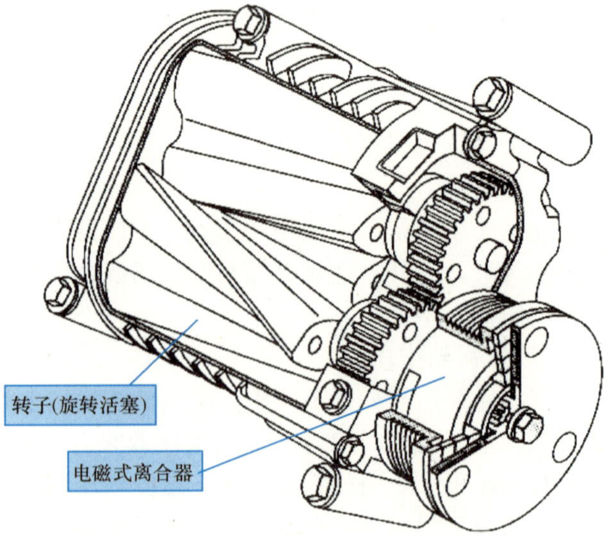

图2 采用电磁离合器的罗茨式增压器

然而，根据增压压力和转速的不同，增压后增加的发动机功率（可达50kW）的一部分必须用来驱动增压器。这样，采用罗茨式增压器的发动机的燃油经济性要比涡轮增压发动机差。

机械增压系统安装在发动机上并由传动带与发动机曲轴相连接，从发动机输出轴获得动力来驱动增压器的转子旋转，从而将空气增压吹到进气歧管里。如图 3 所示，带轮转速和发动机相同，因此没有滞后现象，动力输出非常流畅。但是由于消耗了部分动力，增压的效果并不好。

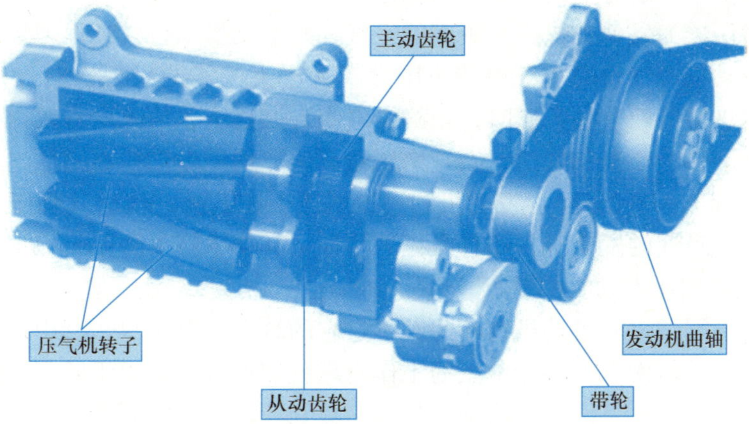

图 3 机械增压系统

3）复合增压系统

复合增压系统即废气涡轮增压和机械增压并用，机械增压有助于低转速时的转矩输出，但是高转速时功率输出有限；而废气涡轮增压在高转速时拥有强大的功率输出，但低转速时则力不从心。发动机的设计师们于是就设想把机械增压和涡轮增压结合在一起，从而解决两种技术各自的不足，同时解决低速转矩和高速功率输出的问题。这种装置在大功率柴油机上采用得比较多，汽油机上采用双增压系统（复合增压系统）的车型还比较少，大众的 1.4 TSI 发动机（这款发动机兼顾了低速转矩输出和高速功率输出。在低转速时，由机械增压提供大部分的增压压力，在 1500r/min 时，两个增压器同时提供增压压力。随着转速的提高，涡轮增压器能使发动机获得更大的功率，与此同时，机械增压器的增压压力逐渐降低。机械增压通过电磁离合器控制，它与水泵集合在一起。在转速超过 3500r/min 时，由涡轮增压器提供所有的增压压力，此时机械增压器在电磁离合器的作用下完全与发动机分离，防止消耗发动机功率）采用了这一系统。其发动机输出功率大，燃油消耗率低，噪声小，只是结构太复杂，技术含量高，维修保养不容易，因此很难普及。

4）气波增压系统

气波式增压器通过特殊的转子使废气与空气接触，利用高压废气对低压空气产生的压力波，迫使空气压缩，从而提高进气压力。气波式增压器具有充气效率高、低速转矩大，加速性好等优点。但由于它的特殊结构，气波式增压器同样存在体积大、重量大、噪声大等缺点。另外，空气压力波对进、排气阻力过于敏感，要求进气滤清器及排气消声器和管道尽可能地加大尺寸并减小阻力。由于存在许多问题，气波式增压器目前仍处于研究试验阶段。

5. 废气涡轮增压系统的特点

（1）废气涡轮增压发动机的优点

涡轮增压有许多优点。非增压发动机通过曲轴的运动直接从大气中吸进空气，而涡轮增压器向发动机提供压缩空气。因为进入气缸的空气增多，所以允许喷入较大的燃油，使发动机产生较大的功率并具有较高的燃烧效率。这意味着一台尺寸和重量相同的发动机经增压后可以产生较大的功率，或者说，一台小排量发动机经增压后可产生与较大发动机相同的功率。另外，增压发动机还有节约燃油和降低排放等优点。

由于涡轮增压器为发动机提供了更多的空气，燃油在发动机气缸里燃烧时会燃烧得更充分、更彻底。发动机进气管的空气保持正压力（大于大气压的压力）对发动机有几方面的好处：当发动机进排气门重叠开启时，新鲜空气吹入燃烧室，清除所有残留在燃烧室里的废气，同时冷却气缸头、活塞和气门；涡轮增压器可使非增压发动机在高原上工作时得到氧气补偿（使其达到标准大气条件）。发动机和涡轮增压器相匹配，使进气管压力保持海平面大气压。而一台自然吸气的发动机，随着海拔的增加，其功率将下降。

（2）废气涡轮增压发动机的缺点

涡轮增压的确能够提升发动机的动力，不过它的缺点也有不少，其中最明显的就是动力输出反应滞后。看看前面有关涡轮增压的工作原理就知道了，即由于叶轮的惯性作用对节气门骤变时反应迟缓，也就是说从急速踩下加速踏板到叶轮转动将更多空气压进发动机获得更大动力之间存在一个时间差，而且这个时间还不短。一般经过改良的涡轮增压也要至少 2s 左右来增加或者减少发动机动力输出。因此突然加速时，会有一种瞬间会有提不上速度的感觉。

随着技术的进步，虽然各个使用涡轮增压的厂家都在对涡轮增压技术进行改进，但是由于设计原理的问题，安装了涡轮增压器的汽车驾驶起来的感觉是和大排量的汽车有一定差异的。譬如说 1.8T 的涡轮增压汽车，在实际的行驶之中，加速肯定不如 2.4L 的，但是只要度过了那段等待期，1.8T 的动力就会窜上来。因此如果追求的是驾驶的感觉，则涡轮增压并不是最优选择，但如果追求的是跑高速之类的，则涡轮增压特别有用。

如果经常在城市内行驶，那么有必要考虑需要什么样的涡轮增压。因为涡轮并不是随时都在工作的。对于那些起动转速高的涡轮增压发动机，一般是在 3500r/min 左右才能起动。在城市内低转速起动的涡轮增压发动机更为合适，例如大众的 1.4Tsi/1.8Tsi 发动机，在 1750r/min 甚至 1500r/min 的时候涡轮增压就介入了，即使在 2000 ~ 3000r/min 换档，也能保证换档前后转速保持在燃油应用效率更高的涡轮增压区域。此外涡轮增压还有维护保养方面的问题，6 万 km 左右就要更换涡轮了，虽然次数不算多，但毕竟无形之中又增加了一笔车辆维护保养费。

7.5.3.2　信息页

7.5.3.2　信息页

学校名称		任课教师		
班级		学生姓名		
学习领域	L7 发动机管理系统诊断维修			
学习情境	LS7.5：配备废气涡轮增压车辆低转速时加速性差	学习时间	1h	
工作任务	B：谐波动态增压	学习地点	理实一体化教室	

当气体高速流向进气门时，如果进气门突然关闭，进气门附近气体的流动将突然停止，但是由于惯性，后面的气体仍在进入，于是进气门附近的气体将受到压缩，压力上升。当气

体的惯性效应消减后，被压缩的气体开始膨胀，向进气气流的相反方向流动，压力下降。膨胀气体的膨胀波传到进气管口时又被反射回来，于是形成了压力波。

如果上述的进气压力脉动波与进气门开闭配合好，使反射的压力波集中到要打开的进气门旁，则在进气门打开时，对进气增压的效果就较好。

一般而言，进气管长度长时，压力波波长长，可使发动机的中低转速区功率增大。进气管长度短时，压力波波长短，可使发动机的高速区功率增大。如果发动机运行过程中，根据发动机的运行工况使进气管长度可改变，则可兼顾增大功率和增大转矩。进气惯性增压就是基于这一原理发展起来的，目前进气惯性增压系统一般都按最大转矩所对应的转速区域进行考虑和设计。

进气波动效应比较复杂，一般来讲，由于这种波动效应，使细而长的进气管对发动机低速性能有利，粗而短的进气管对发动机高速性能有利。进气旋流则可以加快燃烧过程。

不同车型的发动机所采用的可变进气系统在结构上存在不同的差异，但工作原理却基本相同，以下仅以四个典型案例来加以说明。

（1）波长可变的谐波增压进气控制系统（ACIS）

进气惯性增压控制系统（ACIS）也称谐波增压进气控制系统，它利用进气气流惯性产生的压力波来提高进气效率。

丰田皇冠车 2JZ－GE 发动机采用的 ACIS 系统的工作原理如图 1 所示。该发动机的进气管长度虽不能改变，但由于在进气管中部增设了一个大容量的空气室和电控真空阀，实现了对压力波传播路线长度的改变，从而兼顾了低速和高速的进气增压效果。

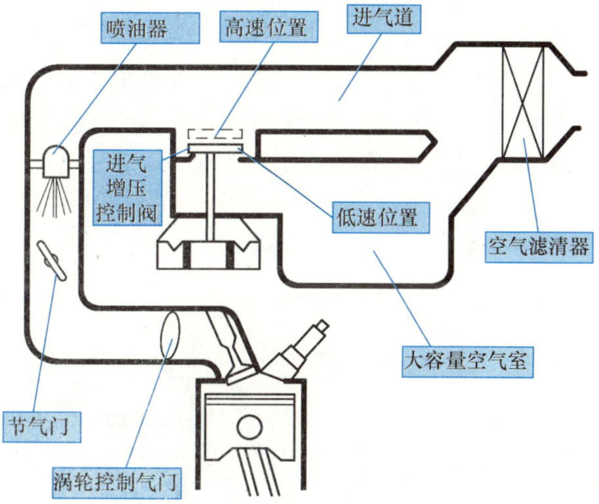

图 1　进气惯性增压系统工作原理图

当空气室出口的控制阀关闭时，进气管内的脉动压力波传递长度为从空气滤清器到进气门的距离，这一距离较长，适用于发动机在中低速区域运行时，形成气体动力增压效果。当空气室阀门打开时，由于大容量空气室加入，使进气脉动压力波不能在空气室出口与进气门之间传播，这样便缩短了压力波的传播距离，使发动机在高速区域运行时，也能得到较好的气体动力增压效果。

进气惯性增压系统控制原理如图 2 所示。ECU 根据转速信号控制真空电磁阀的开闭。低速时，真空电磁阀电路不通，真空阀关闭，真空不能通过真空罐进入真空控制阀的真空气室，受真空控制阀控制的进气增压阀处于关闭状态。此时进气管长度长，压力波波长大，以适应低速区域形成气体动力增压的要求。高速时 ECU 接通真空电磁阀的电路，真空阀打开，真空罐的真空进入真空控制阀的真空气室，吸动其膜片，将进气增压控制阀打开。由于大容量空气室加入，缩短了压力波的传播距离，使发动机在高速区也能得到较好的气体动力增压效果。

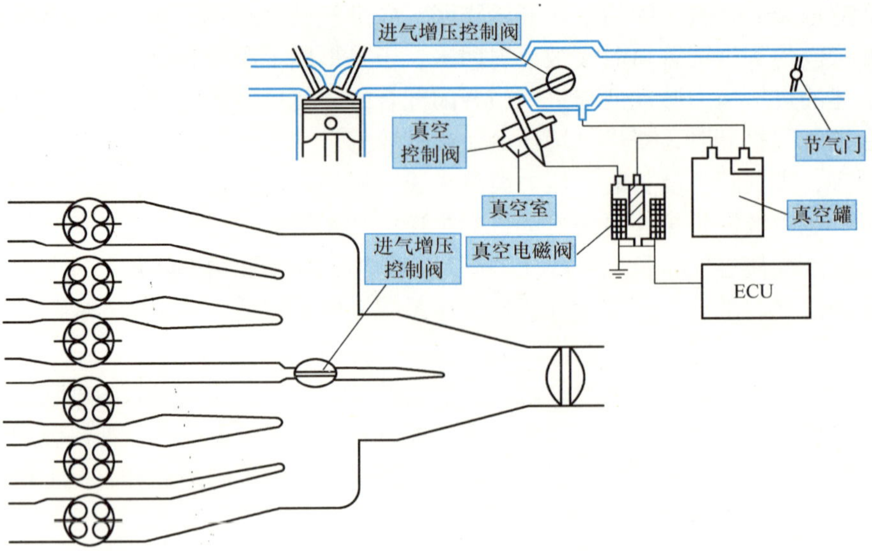

图2 电控进气增压系统控制原理图

（2）奥迪 V6 发动机双级可变进气管进气系统

图3为奥迪 V6 发动机的可变进气系统，是双级可变长度进气管。这种进气管将长进气管与短进气管组合在一起。发动机在低转速时，空气流经长进气管。短进气管的入口通过风门式转换阀封闭起来。在发动机每个进气歧管内都设置了进气转换阀，该转换阀则由 ECU 通过电磁真空阀和真空拉力腔控制。

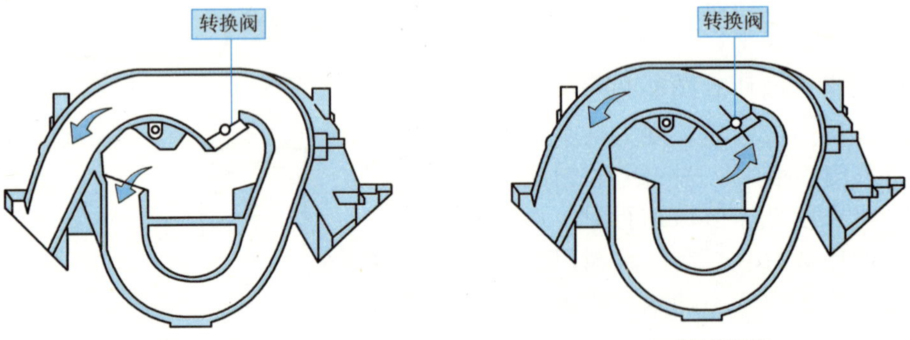

a）转换阀关闭　b）转换阀开启

图3 奥迪 V6 发动机压力波增压进气系统

当发动机转速低于4100r/min时，转换阀处于关闭状态，空气经过细而长的进气通道进入气缸，如图3a所示，使发动机在低速时的转矩增大，有利于汽车克服阻力；当发动机转速高于4100r/min时，转换阀处于开启状态，空气经过粗而短的进气通道进入气缸，如图3b所示，使发动机在高速时的功率增大，有利于汽车提高车速。

（3）日产汽车发动机无级可变进气管进气系统

图4为日产汽车发动机可变进气系统。当发动机处于低速中、小负荷工作时，转换阀关

闭，空气仅通过细而长的进气通道进入气缸，并在气缸中产生强烈的进气旋流。细长管的波动效应增大了进气量，进气旋流又加快了燃烧，从而改善了发动机的低速转矩特性。

当发动机处于高速大负荷工作时，转换阀开启，空气通过粗而短的进气通道进入气缸，从而增大了进气量，提高了发动机的高速时的功率。

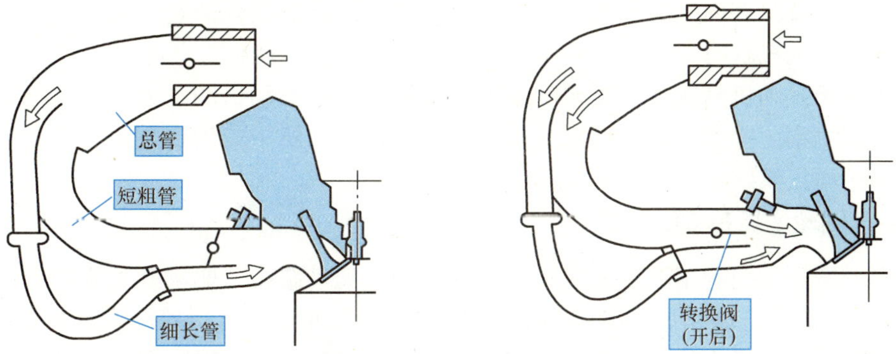

图 4　日产汽车发动机可变进气系统

（4）丰田汽车发动机可变进气道进气系统

图 5 为丰田汽车发动机可变进气系统。每个气缸配有 2 进 2 排共 4 个气门。2 个进气门各配有一个进气管道，其中一个进气管道中设有进气转换阀。

在发动机低速中、小负荷工作时，转换阀关闭，因此只有一个进气道进气，进气流速加大，细长管的波动效应增大了进气量，从而改善了低速中、小负荷时的转矩特性。

当发动机高速大负荷工作时，转换阀开启，因此有两个进气道进气，通道截面加大，阻力减小，增大了进气量，从而改善了发动机高速大负荷时的动力性。

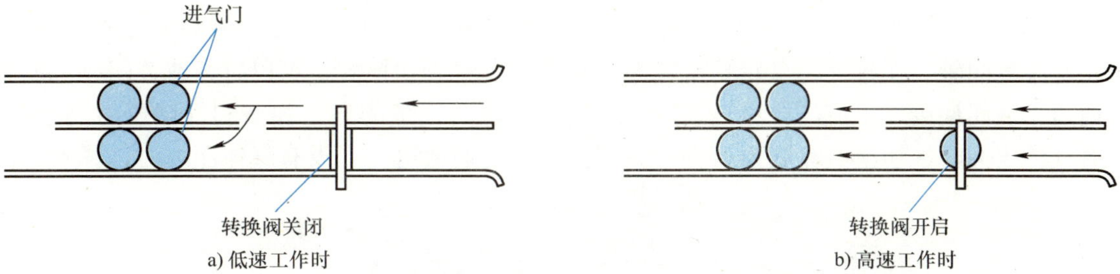

图 5　丰田发动机可变进气转换阀的控制原理

7.5.3.3　信息页

7.5.3.3　信息页

学校名称		任课教师	
班级		学生姓名	
学习领域	L7 发动机管理系统诊断维修		
学习情境	LS7.5：配备废气涡轮增压车辆低转速时加速性差	学习时间	1h
工作任务	C：废气涡轮增压和 VTG 增压	学习地点	理实一体化教室

在进气行程中活塞向下移动时，产生真空度。这个真空度将空气和燃油蒸气吸入发动机，这种设计被称为自然吸气式发动机。自然吸气式的发动机进入气缸的空气量取决于大气压力，这就导致了在某些行驶条件下可能会出现功率不足。为了克服功率不足的问题，发动机可以进行增压。增压是将空气压缩并供入气缸，用以提高充气密度，增加进气量的一项措施。发动机增压意味着向气缸提供的空气比单纯靠活塞自然吸入的空气更多，压力更高。当更多的空气被压入气缸时，就必须要增加燃油量以保持14.7∶1的空燃比，必然增大了发动机功率，适应于发动机高速、大功率的要求，从而改善了发动机的动力性。增压技术已经成为提高发动机功率、完善发动机性能的重要手段。在发动机中应用最普遍、最有效的增压技术是废气涡轮增压系统。

1. 废气涡轮增压系统的概述

废气涡轮增压系统利用排气能量，通过控制废气流动路线，驱动泵轮旋转带动进气涡轮（即压气机）的旋转，增加进入发动机的空气量和增大进气压力，提高发动机的功率性能。通过涡轮增压系统对吸入的空气进行压缩，增大气体密度，从而增加每个进气行程进入燃烧室的空气量，增加循环供油量，提高功率和转矩，达到提高燃烧效率、提高整机使用经济性、动力性和排放控制的目的。与传统的自然吸气式发动机相比，涡轮增压发动机具有以下优点：更大的体积效率；改进的发动机功率和转矩；油耗降低；排气减少；再利用废气能量；不受海拔影响；瞬间超增压以满足发动机的直接需求。

废气涡轮增压系统按增压的结构形式分类，可以分为旁通阀式废气涡轮增压系统、带中冷器的废气涡轮增压系统和VTG可变涡轮几何参数（可调叶片式）废气涡轮增压系统三种。

2. 旁通阀式废气涡轮增压系统

（1）结构

旁通阀式废气涡轮增压系统的结构如图1所示。在排气管中装有泵轮（通常称为排气涡轮），利用发动机的排气能量驱动旋转。在进气管中装有进气涡轮（通常称为压气机），涡轮与泵轮同轴。在排气管泵轮的排气旁通通道上设置有切换阀，可以打开或关闭排气的旁通通道，从而使废气不流经或流经泵轮。切换阀受驱动气室的气室弹簧和气体压力的控制。当有气体压力时，切换阀克服弹簧力，关闭排气的旁通通道。当没有气体压力时，弹簧力使

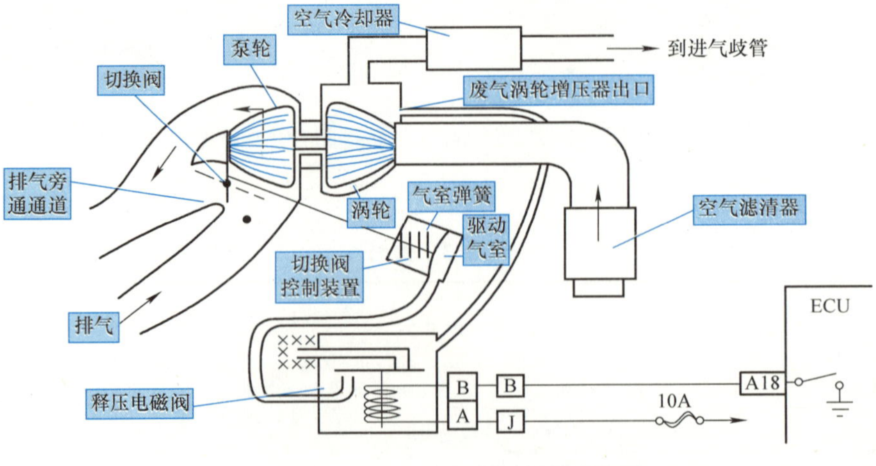

图1　旁通阀式废气涡轮增压系统结构原理

切换阀打开排气的旁通通道。驱动气室的气体来自废气涡轮增压器的出口，在废气涡轮增压器的出口到驱动气室之间的气体通路上安装有释压电磁阀，可以接通或切断气体通路。释压电磁阀是开启还是关闭，受控于ECU。

（2）工作原理（图1）

当ECU检测到的进气压力在0.1MPa以下时，受ECU控制的释压电磁阀的搭铁回路断开，释压电磁阀关闭，从废气涡轮增压器出口到驱动气室之间的气体通路接通，气体进入驱动气室，进气压力克服弹簧的作用力推动切换阀立起关闭排气的旁通通道，废气流经泵轮，驱动泵轮旋转。由于同轴，泵轮带动涡轮旋转，从而带动进气管内进入的新鲜空气，对进气增压，加大空气密度，提高进气量。

当ECU检测到的进气压力高于0.1MPa时，受ECU控制的释压电磁阀的控制电路接通，释压电磁阀打开，切断从废气涡轮增压器出口到驱动气室之间的气体通路；驱动气室没有气体压力，在弹簧力的作用下，切换阀打开排气的旁通通道，废气不流经泵轮而直接从旁通通道排出，泵轮和涡轮都不旋转，增压器停止工作。

当增压器停止工作时，进气压力将下降，直到进气压力降到规定的压力时，ECU又将释压电磁阀关闭，切换阀又将废气引入涡轮室，流经泵轮，增压器又开始工作。

（3）实例：帕萨特B5 1.8T发动机的废气涡轮增压系统（图2）

当ECU检测到进气压力在0.1MPa以下时，综合考虑进气温度、发动机转速和海拔等输入信号，控制增压压力电磁阀N75，将进气管进气涡轮增压器出口处与驱动气室之间的气体通路打开，克服驱动气室弹簧的压力推动旁通阀关闭废气的旁通通道，将废气进入涡轮室的通道打开；废气流经废气涡轮带动进气涡轮旋转，对进气增压。

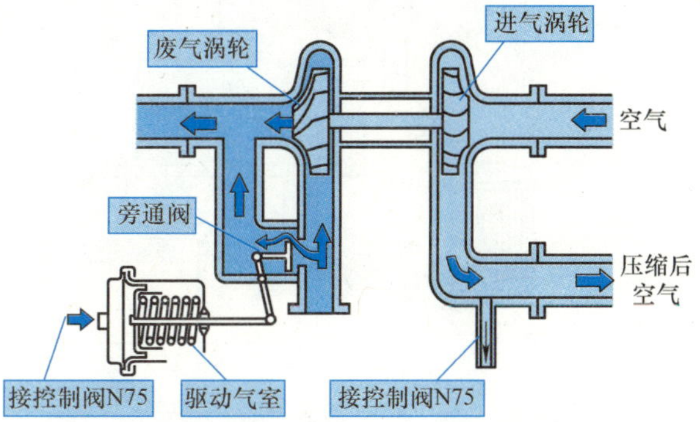

图2 帕萨特B5 1.8T废气涡轮增压系统结构原理

当ECU检测到进气压力高于0.1MPa时，综合考虑进气温度、发动机转速和海拔等输入信号，控制增压压力电磁阀N75，将进气管进气涡轮增压器出口处与驱动气室之间的气体通路切断；在驱动气室弹簧力的作用下，旁通阀打开废气的旁通通道，废气不流经涡轮室直接排出，增压器停止工作；当压力下降到规定值时，ECU又控制增压器开始工作。

3. 带中冷器的废气涡轮增压系统

（1）中冷器

在废气涡轮增压系统的工作过程中，当空气被涡轮增压器增压时，它的温度也会随之升高。进气温度高，进气密度就小，充气效率就降低，从而降低了发动机的功率。所以将增压器出口的增压空气加以冷却，一方面可以提高充气密度，从而提高发动机功率；另一方面也可以降低发动机压缩始点的温度和整个工作循环的平均温度，从而降低了发动机的热负荷和排气温度。实践证明，在增压比为1.5～2时，采用增压空气冷却的增压发动机的进气量比不采用增压空气冷却的增压发动机的进气量提高10%～18%。

冷却增压空气的方法，一般是利用水或空气在中间冷却器中进行间接冷却，即采用中冷器对增压空气进行冷却。采用独立液的冷却系统结构复杂，在汽车上布置困难，一般不太常用。而采用空气冷却的方案简单易行，比较可取，在很多车型上都已经使用。

中冷器就是一个热交换器，它交换空气间的热量。中冷器通常安装在涡轮增压器出口与进气歧管之间，其作用是冷却增压后的空气，增大空气密度，提高充气效率，节油，从而达到提高动力性和经济性的目的。

带中冷器的废气涡轮增压系统的结构上只是增加了中冷器，其他结构没有变化，工作原理也与旁通式废气涡轮增压器的工作原理相同，区别就在于增压后的空气多了冷却装置——中冷器。

（2）实例：宝来 A4 1.8T 带中冷器的涡轮增压系统

1）增压压力调整（图3）。

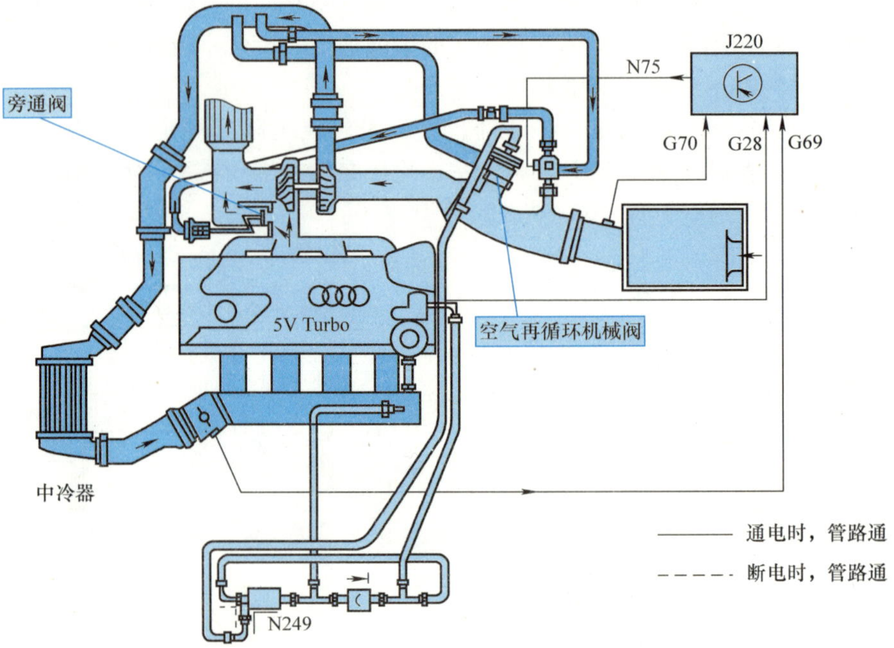

图3　宝来 1.8T 带中冷器的废气涡轮增压系统增压过程

ECU 通过控制 N75 的通电脉冲，从而控制通空气高压端与通压力调节单元端之间的气体流量，控制旁通阀的打开程度，达到根据发动机的转速和负荷来控制增压压力的目的。

当 ECU 接收到进气压力、进气温度、发动机转速和节气门开度等信号时，切断增压压力电磁阀 N75 的电路，接通从废气涡轮增压器出口到旁通阀的通路，旁通阀关闭排气的旁通通路。ECU 通过控制 N75 的占空比，控制旁通阀的开启程度，从而控制废气流经泵轮的流量，达到调整进气增压压力的目的。

经过增压后的空气经过中冷器时进行冷却后进入气缸，增大了空气密度，提高了充气效率。

2）超速切断工况（图4）。

增压压力传感器、执行元件：

- 增压压力传感器 G31－101#，三线，位于活性炭罐前。
- 增压空气再循环阀（N249）：进气管下，灰色。

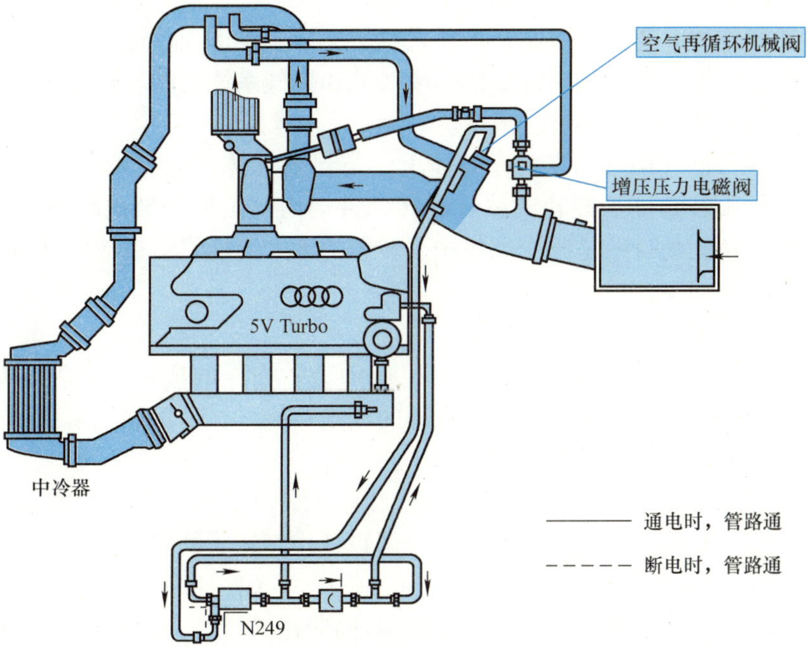

图 4 宝来 1.8T 带中冷器的废气涡轮增压系统

- 机械式增压空气再循环阀。
- 增压压力限制阀（N75）：位于进气软管上。
- 增压压力调节单元。
- V. A. G1397A/V. A. G5051。
- 01－08－115（3 档 2000r/min，以节气门全开加速，绝对压力 1.6～1.7bar）＝V. A. G1397 读数。

当发动机转速过高、可能引起发动机损坏时，ECU 执行发动机超速断油和增压器超速切断控制。发动机运行时，ECU 将发动机的实际转速与储存的最高转速进行比较。当转速超过设定转速时，ECU 接通增压压力电磁阀的电路，旁通阀打开排气的旁通通路，废气不流经泵轮，涡轮增压器停止工作。同时 ECU 接通增压空气再循环阀 N249 的电路，使增压空气在进气管与空气再循环机械阀控制的内部通路中再次循环，以降低进气压力，降低发动机转速，避免发动机超速损坏。此时，中冷器依然工作，但是经过的不再是高压空气。

4. VTG 可变涡轮几何参数（可调叶片式）废气涡轮增压系统

（1）结构（图 5）

可调叶片式废气涡轮增压系统配有旋转电子执行器（REA），可以改变可调叶片的几何尺寸，以满足发动机不同负荷与转速下的增压要求。涡轮增压器安装在发动机的排气歧管上，使用支架固定在气缸体上。隔热板安装在涡轮增压器和排气歧管上部以保护其他部件，并防止与热排气部件意外接触。

可调叶片式涡轮增压器主要由 ECU、旋转式电子执行器（REA）、旋转式调整环、可变角度叶片、排气转子、进气转子、壳体和相应的传感器组成。排气转子和进气转子同轴安装，封闭在铸造壳体内。通用轴由两个半浮式轴承支持。铸造壳体构成两个室，紧紧围住排气转子和进气转子。排气转子位于发动机的废气流和排气系统之间。进气转子位于空气滤清器和增压空气冷却器出口之间的进气流中。

旋转式电子执行器（REA）安装在壳体上，与涡轮壳体内部的旋转调整环连接，可以控制旋转调整环的旋转角度。旋转调整环旋转，带动内部圆周安装的辐射状的可变角度叶片。改变可变叶片角度的目的是改变流经排气转子的废气流能量，适应发动机不同工况下的增压要求。

（2）工作原理（图5）

ECU根据发动机的各传感器的输入信号控制REA执行器的位置，带动旋转调整环旋转，改变可调叶片的角度，从而改变经过排气转子的废气流能量，确保涡轮增压器可以为当前发动机操作条件下生成所需的进气压力增压水平。

为响应各种传感器的信号，ECU控制REA以便操作旋转式调整环。移动旋转式调整环可以改变可变角度叶片的旋转角度，将废气流偏转到排气转子的内侧中央或外部边缘。

① 当发动机转速低时，发动机排出的废气量较少。ECU控制REA，REA控制旋转调整环使叶片向前移动到关小位置，将废气流集中引导到排气转子的外侧。此时的叶片封闭位置使废气流通路的截面积减小，流速增加，从而使排气转子转速增加，带动进气转子高速旋转，进而在进气系统中产生更多的增压空气，如图5a所示。

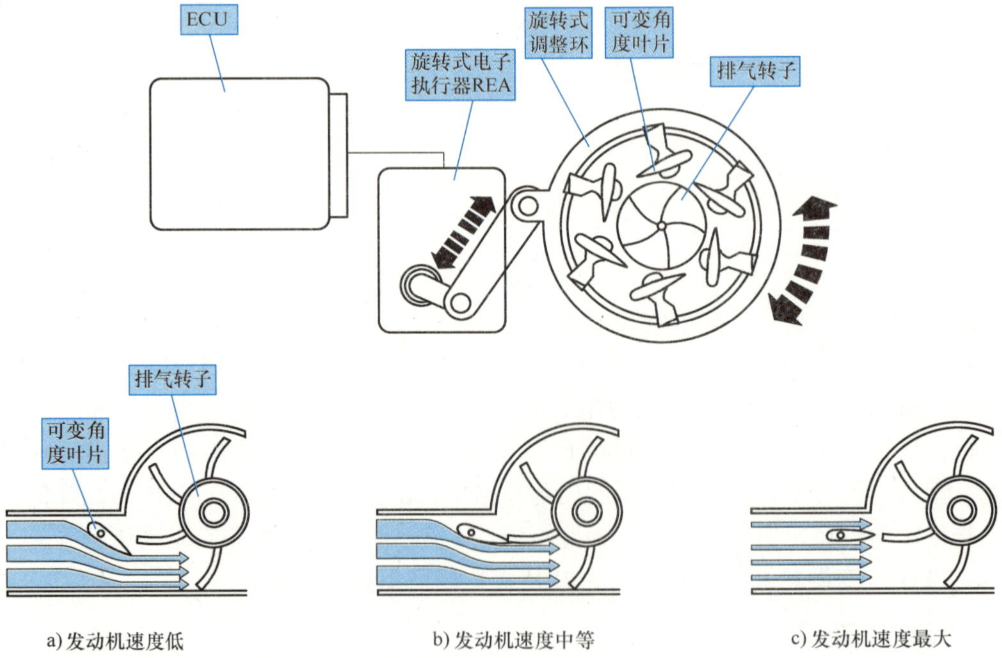

图5　可变叶片式废气涡轮增压器结构原理

② 当发动机转速增加时，发动机的废气流量增加。ECU控制REA，REA控制旋转调整环使叶片移动到打开位置，逐渐向排气转子的中央引导废气流。此时的叶片位置几乎不限制废气流，因此废气流速主要取决于发动机速度。排气转子的转速和增压压力在保持的基础上，随着发动机转速稍稍有所提高，如图5b所示。

③ 当发动机速度最大时，发动机排出的废气量较高。ECU 控制 REA，REA 控制旋转调整环使叶片向前移动至完全打开位置。此时的叶片位置不影响废气流速，废气流与排气转子的中央区域接触，以便保持排气转子的转速和增压压力，如图 5c 所示。

（3）实例：典型的旋转式电子执行可变涡轮增压器（图 6）

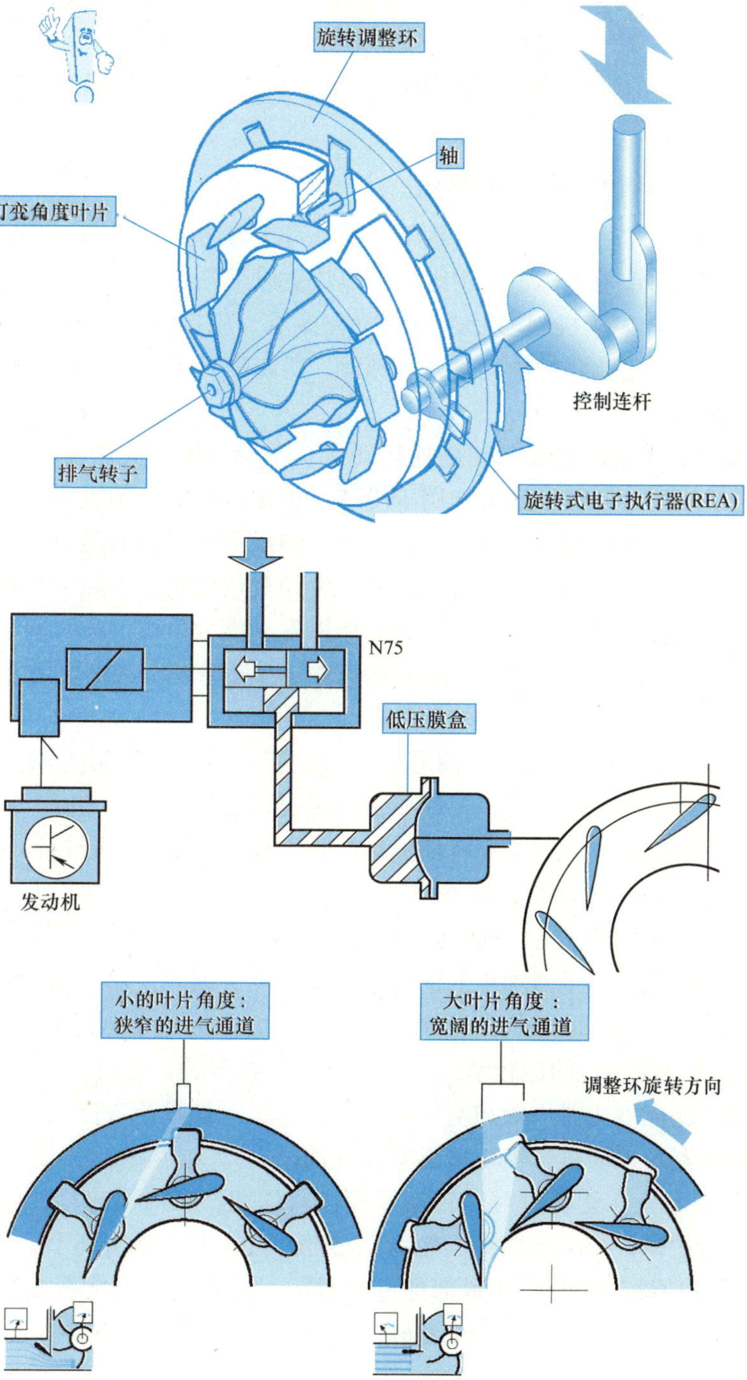

图 6　可调叶片式涡轮增压器调整原理

7.5.3.4 信息页

7.5.3.4 信息页

学校名称		任课教师	
班级		学生姓名	
学习领域	L7 发动机管理系统诊断维修		
学习情境	LS7.5：配备废气涡轮增压车辆低转速时加速性差	学习时间	1h
工作任务	D：废气涡轮增压器使用检修	学习地点	理实一体化教室

1. 涡轮增压器的使用安全注意事项

由于涡轮增压器经常处于高速、高温下工作，增压器废气涡轮端的温度在600℃左右。因此为了保证增压器的正常工作，使用维护中应注意以下几点：

① 不能起动就走。发动机起动后，特别是在冬季，应让其怠速运转一段时间，以便在增压器转子高速运转之前让润滑油充分润滑轴承。所以刚起动后千万不能猛踩加速踏板，以防损坏增压器油封。

② 不能立即熄火。发动机长时间高速运转后，不能立即熄火。发动机工作时，有一部分机油供给涡轮增压器转子轴承润滑和用于冷却。正在运行的发动机突然停机后，机油压力迅速下降为零；增压器涡轮部分的高温传到中间，轴承支承壳内的热量不能迅速带走，而同时增压器转子仍在惯性作用下高速旋转。因此，发动机热机状态下如果突然停机，会引起涡轮增压器内滞留的机油过热而损坏轴承和轴。所以发动机大负荷、长时间运行后，在熄火前应怠速运转3～5min，让增压器转子的转速降下来以后再熄火。特别要防止猛踩几脚加速踏板后突然熄火。

③ 保持清洁。定期清洗更换空气滤芯，空滤过脏会造成进气阻力增加，使发动机功率下降。拆卸增压器时，要保持清洁，各管接头一定要用清洁的布堵塞好，防止杂物掉进增压器内，损坏转子。维修时应注意不要碰撞损坏叶轮，如果需要更换叶轮，应对其做动平衡试验。重新装复完毕后，要取出堵塞物。

④ 由于增压器经常处于高温下运转，它的润滑油管线因受高温作用，内部机油容易有部分的结焦，这样会造成增压器轴承的润滑不足而损坏。因此，润滑油管线在运行一段时间后要进行清洗。

⑤ 经常注意检查增压器的运转情况。在出车前、收车后，应检查气道各管的连接情况，防止松动、脱落而造成增压器失效和空气短路进入气缸。经常检查进气系统的密闭性，漏气会使灰尘吸入增压器及发动机，损坏增压器和发动机。

⑥ 不要在发动机正在运转时对涡轮增压器进行作业；在对涡轮增压器作业时，必须戴上OSHA批准的防护镜；当心不要被涡轮增压器部件尖锐的边缘切到手。

⑦ 在对涡轮增压器作业时，注意部件可能很烫，碰到它们可能造成严重的伤害。涡轮增压发动机的排气管在发动机舱中的位置较高，必须小心操作，避免意外碰到热排气管造成伤害。

⑧ 经常检查机油油量，避免因缺少机油而导致轴承失效及转动件卡死。定期更换机油

及机油滤清器，因全浮动轴承对润滑油的要求很高，应使用厂家规定牌号机油。涡轮增压器转子轴承精密度很高，维修及安装时的工作环境要求很严格，因此增压器出现故障或损坏时应到指定的维修站进行维修。

2. 涡轮增压器的常见故障诊断与排除

废气涡轮增压器是保证发动机动力性的关键部件。废气涡轮增压器故障会直接引起发动机产生动力下降、机油消耗量增大、发动机冒黑烟、工作不稳定以及产生噪声等故障。增压器的常见故障有如下几种：压气机的喘振；增压器在运转中强烈振动且产生噪声；增压压力下降；涡轮端或泵轮端排油；增压器转子轴被卡死或烧损严重而停止运转等。

（1）故障现象

损坏的涡轮增压器可能会带来很多问题，常见的故障现象包括：

① 发动机动力不足。

② 排气冒黑烟。

③ 机油消耗过大。

④ 排气冒蓝烟。

⑤ 涡轮增压器有噪声。

⑥ 压气机或涡轮密封处出现润滑油泄漏。

（2）原因诊断

清楚涡轮增压器发出的不同声音。工作时不同的噪声级是空气被阻塞或压气机壳体内堆积污垢的信号。判定涡轮增压器问题的一些常见诊断检查包括：

1）涡轮增压器的进气道阻塞。

2）压气机到进气歧管间的进气管道漏气。

3）排气系统阻塞。

4）进气歧管与发动机的接触面漏气。

5）涡轮增压器中间壳体阻塞。

6）压气机叶轮及增压器导向叶片上有污垢。

7）涡轮增压器损坏。

8）排气泄漏到涡轮入口或排气歧管中。

9）涡轮增压器放油管路堵塞。

10）PCV 系统阻塞。

11）废气旁通阀增压压力不正确。

① 增压过高是由于：

a. 废气旁通阀或废气旁通阀执行器卡滞。

b. 增压压力控制电磁阀卡在关闭位置。

c. 真空软管被切断或夹紧。

d. 内部计算机（ECU）装置故障。

② 增压不足是由于：

a. 废气旁通阀卡在打开位置。

b. 增压压力控制电磁阀卡在打开位置。

c. 内部计算机（ECU）装置故障。

（3）维修与排除故障

1）废气旁通阀 - 增压压力的测试：用于确定加速条件下产生的增压压力值。通常用真空检测仪检查废气旁通阀的工作状况。遵循厂家推荐的测试程序测试废气旁通阀 - 增压压力，然后按照厂家的推荐值进行判断。如奥迪 A61.8T 发动机的增压压力检测：专用仪表 VAG1397/A；检测条件是进气及排气系统无泄漏，发动机温度不低于 60℃，全负荷下检查增压压力，测量时间不超过 10s；压力值：3 档，2500r/min，1.6 ~ 1.7bar。很多车型也采用先进的电脑测试，用电动机驱动模拟 ECU 的控制过程，直接由电脑读取数据判断测试结果。

2）检查涡轮增压器的内部状况。

① 检查废气旁通阀的机械运动，有无卡滞，是否运动自如。

② 转动压气机叶轮，检查有无黏滞、拖拽及其他不良状况。

③ 检查壳体内部有无油污和灰尘，并进行相应的清洁。

④ 检查压气机油封有无损坏或泄漏，视情更换。

⑤ 按维修手册检查涡轮增压器主轴的轴向及径向间隙。

⑥ 检查主轴颈轴承与主轴之间的间隙。利用千分表检查主轴颈轴承与主轴之间的间隙。把千分表固定到能够接触两个轴承之间涡轮增压器主轴的位置上，然后从进气压气机端或排气涡轮端上下移动主轴。随着主轴的移动，从千分表读取主轴颈轴承的间隙或磨损量。将读数与厂家推荐的间隙值进行比较，如果间隙值超出规范值，则更换轴颈轴承。

⑦ 检查推力轴承的轴向间隙。利用千分表检查推力轴承的轴向间隙。把千分表固定在涡轮增压器主轴的末端，将主轴沿其轴线前后移动，确定推力轴承的轴向间隙。将读数与厂家推荐的规范值进行比较，如果间隙值超出规范值，则更换推力轴承。

⑧ 检查压气机和涡轮叶片的外在状况。检查有无裂纹、断裂或叶片弯曲，视情更换涡轮或压气机叶片。

3. 废气涡轮增压器检修

（1）检查增压压力

1）检查条件

① 所有的软管和管路都已经过安装位置是否正确和密封情况的检查。

② 查询和清空故障存储器。

③ 执行机构诊断已执行。

④ 车辆诊断、测量和信息系统 V. A. S 5051 已经接通。

2）检查过程：

① 将位于前进气管旁的 T 形管接头和涡轮增压器测试仪 V. A. G 1397/A 的测量软管连接起来，如图 1 所示。

② 将测量软管经发动机罩后缘上方穿过右车窗开口引进车身内部空间。

③ 打开涡轮增压器测试仪并将量程开关置于位置 1 上（绝对压力）。将测量软管套到管接头上，如图 2 所示。

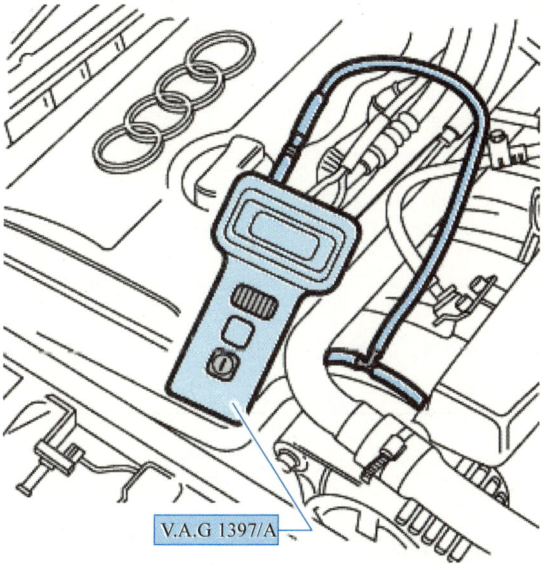

图 1 连接涡轮增压器测试仪 V. A. G 1397/A

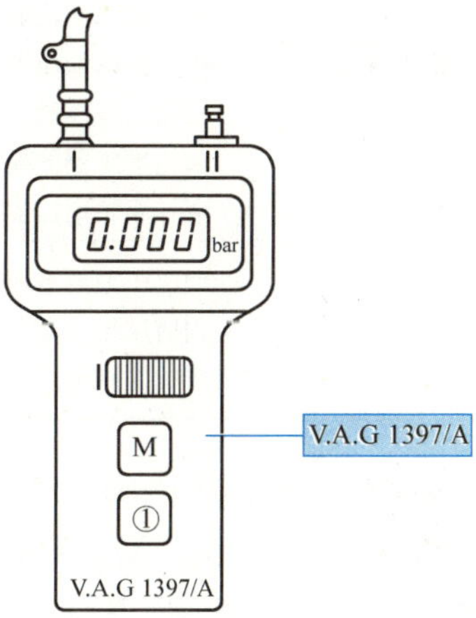

图 2 打开涡轮增压器测试仪并设置量程开关

提示：

a. 软管的连接必须绝对密封，否则会导致测量误差。

b. 注意：不要让测量软管被发动机罩和侧板夹住。

c. 通过按涡轮增压器测试仪上的存储键 M 可以将最后的测量值保存下来，直到此存储键 M 被再次按下或测试仪被关闭。

d. 存储过程通过显示区中的逗号闪动来表示。

e. 如果涡轮增压器测试仪的电池电压降低到允许的规定值以下，显示屏的左上角会出现一个箭头。

f. 在对车辆进行检测之前，必须使汽车连续行驶至少 3km（没有交通灯停车或类似的情况）。

g. 当要读出汽车行驶时的显示值时，需要另一个工人配合。

④ 读取测量值数据块，显示组 115，发动机怠速运转。

⑤ 用第三档从 2000r/min 开始节气门全开加速车辆并同时观察转速表。当转速达到 2500r/min 时，按下 V. A. S 5051 上的“打印”并同时按下 V. A. G 1397 A 上的存储键 M。

提示：应用废气涡轮增压器测试仪 V. A. G 1397/A 来测量出增压压力的大小。V. A. S 5051 用来检查增压压力是否也能在控制器中被识别。

读取测量数据块 115			→
1	2	3	4

V. A. G 1397 A 上的规定值应为：1. 500～1. 600bar 表压，V. A. S 5051 上显示区 4 中的规定值应为：1500～1600mbar，如果未达到规定值，请查增压压力调节装置的故障表 1。

表1　增压压力调节装置的故障

故障	可能的故障原因
增压压力低于规定值	增压压力限制电磁阀 N75 损坏 连接增压压力限制阀 N75 的软管连接损坏 废气涡轮增压器中增压压力调节阀夹在开启位置 废气涡轮增压器和进气管之间不密封 机械式换气阀损坏 涡轮增压器的换气阀 N249 损坏 废气涡轮增压器损坏
增压压力高于规定值	增压压力调节阀压力传感器损坏 到增压压力限制装置压力传感器（经过 N75）的软管连接不密封 废气涡轮增压器中增压压力调节阀夹在关闭位置

（2）检测增压控制电磁阀 N75

1）增压控制电磁阀的 N75 的功能检测。

① 从增压控制电磁阀（N75）上拆下软管，接上辅助软管，启动执行元件诊断，并触发增压控制电磁阀（N75），屏幕显示：

执行元件诊断	→
增压压力控制电磁阀 N75	

② 电磁阀将发出“咔嚓”响，并打开和关闭（通过向辅助软管吹气检查）。如果电磁阀无“咔嚓”声，应对增压压力控制电磁阀进行电气检查。

③ 当没有电信号时，电磁阀常闭。如电磁阀有“咔嚓”声但不正常地打开和关闭，应更新增压控制电磁阀（N75）。如电磁阀没有“咔嚓”声，应做电气检测。

2）增压控制电磁阀（N75）的电气检测。

① 检测增压压力控制电磁阀（N75）的电阻。拔下电磁阀的供电插头，用便携式万用表的电阻档进行测量，其规定值为 25～35Ω，如图 3 所示。如没达到规定值，则更新增压压力控制电磁阀（N75）。如果达到了规定值，则应检查增压压力控制电磁阀的供电。

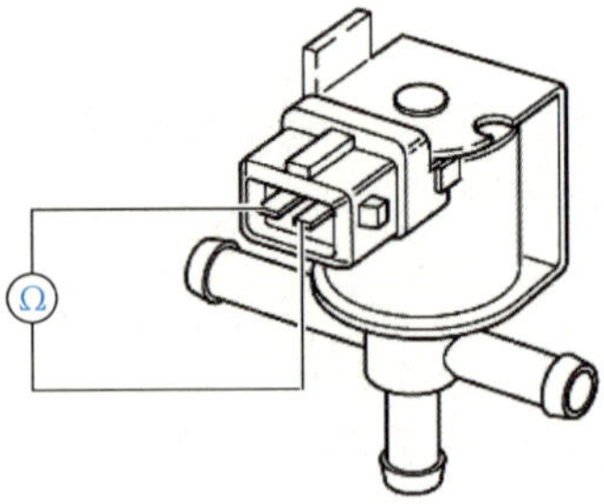

图 3　检测增压控制电磁阀

② 增压压控制电磁阀（N75）供电的检测。把便携式万用表 V. A. G1526（电压测量档）串接在搭铁及触点之间，启起动机短时工作（允许发动机短时起动），其电压规定值为蓄电池电压。如没达到规定值，通过熔丝检测端子 1 到燃油泵继电器的导线是否断路或短路和检测增压控制电磁阀的触发情况。

③ 检查增压控制电磁阀（N75）的触发情况

拔下电磁阀（N75）的供电插头并把二极管检测灯串接在端子 1 和 2 之间，启动执行元件诊断并触发增压控制电磁阀，二极管检测灯应闪亮。如二极管检测灯不闪亮或常亮，则检测线束的插接。

（3）检查机械式换气阀

检查过程：

① 将真空泵 V. A. G 1390 套进换气阀上，捏动手动真空泵，换气阀必须打开，如图 4 所示。

② 经过约 30s 后，打开真空泵 V. A. G 1390 的通风阀门，换气阀必须关闭。

③ 如果换气阀不打开/关闭或当换气阀关闭时阀瓣不密封，则更换换气阀并用软管箍将软管接头固定。

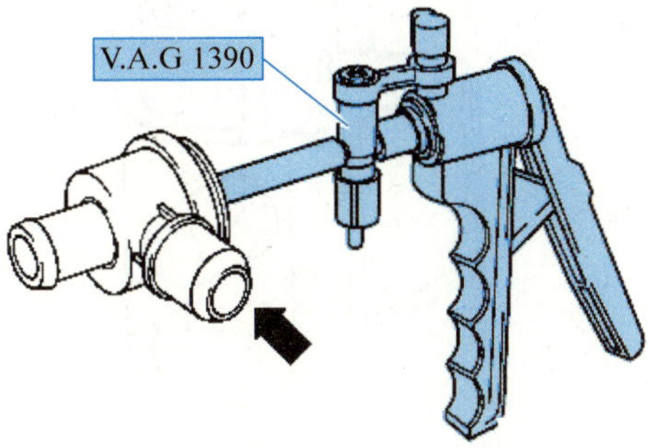

图 4 检查机械式换气阀

（4）检查超速切断循环阀（N249）

1）超速切断循环阀（N249）的功能检测。

① 超速切断循环阀（N249）和电路连接由发动机控制器监控。读出发动机控制器故障存储器内的内容，如果显示一个和超速切断循环阀（N249）有关的故障，则需要检查超速切断循环阀（N249）。

② 将软管从超速切断循环阀（N249）上拔下，如图 5 所示；电气插头保持连接状态。将一根辅助软管和阀上箭头所指的接头连接起来，如图 6 所示。

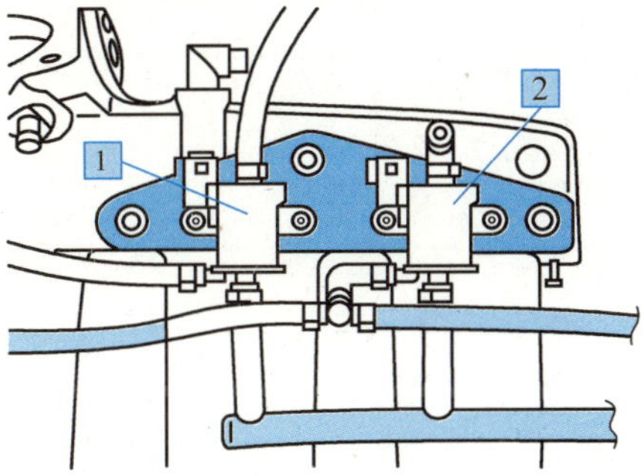

图 5 拔下超速切断循环阀（N249）软管

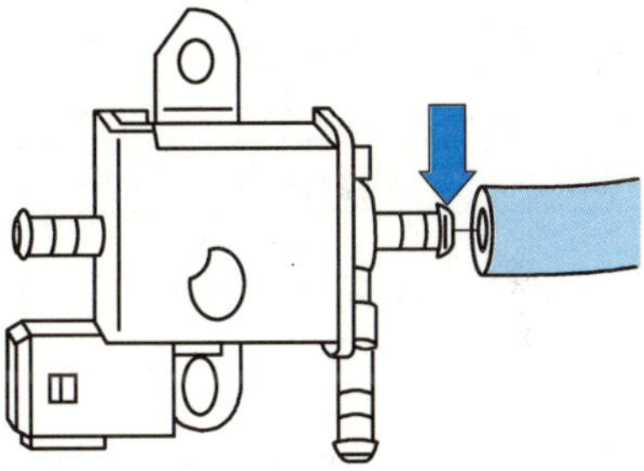
图 6 连接辅助软管

③ 进行执行机构诊断并操纵超速切断循环阀（N249）。屏幕显示为：

执行元件诊断	→
超速切断循环（N249）	

阀必须发出“咔嚓”声，并且阀必须能正确地打开和关闭（可通过向辅助软管内吹入空气来检验）。

2）测量超速切断循环阀（N249）的电阻。

① 将超速切断循环阀（N249）的插头拔下。

② 为测量电阻将万用表接到阀上，规定值为 27～30Ω，如图 7 所示。

③ 如果没有达到规定值，则更换超速切断循环阀（N249）。如果已达到规定值，则检查电压供应。

3）测量超速切断循环阀（N249）的电压供应（图 8）。

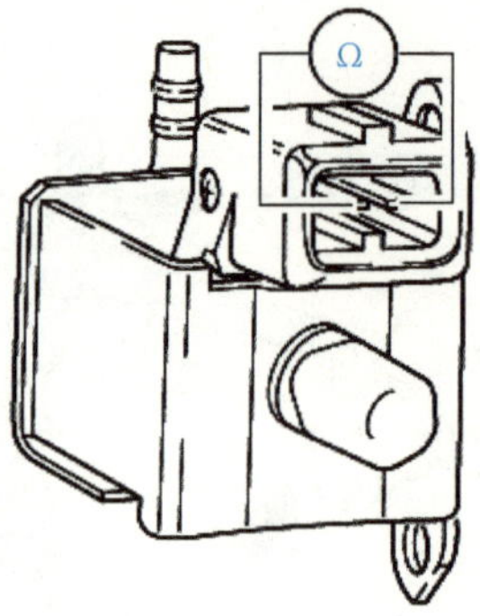

图 7　测量超速切断循环阀（N249）电阻

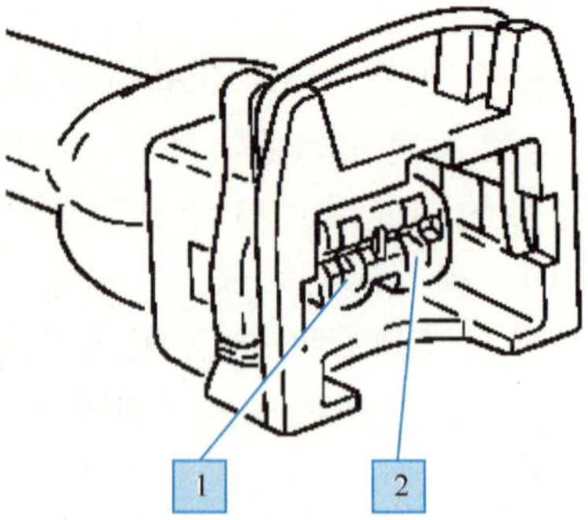

图 8　测量超速切断循环阀（N249）的电压供应

换气阀的电压供应来自于燃油泵继电器。拔下阀上的插头，将发光二极管试灯正极接插头端子 1，负极搭铁，接通点火开关，发光二极管必须发光。

7.5.3.5　工作页

7.5.3.5　工作页

学校名称		任课教师	
班级		学生姓名	
学习领域	L7 发动机管理系统诊断维修		
学习情境	LS7.5：配备废气涡轮增压车辆低转速时加速性差	学习时间	1h
工作任务	A：发动机增压技术	学习地点	理实一体化教室

1. 请提炼关键词描述发动机增压系统的优缺点。

2. 完成下列题目：

（1）发动机的功率输出和转矩的大小主要取决于进气行程期间____________的多少，气缸充气量的多少用____________来表示。

（2）__________ 是每个做功循环的气缸内的新鲜气体充气量与理论上可能充满气缸的新鲜气体充气量之比。

（3）汽车发动机加装增压器的主要作用就是提高发动机__________，从而提高发动机的________。

（4）________根据进气歧管和增压系统的布置不同，使用的增压系统有：压力波增压和_____ 增压。

（5）与废气涡轮增压器相比，以下不是机械增压器的优点是（　　）。

A. 对发动机排气无干扰　　B. 增压效果明显

C. 增压压力快速建立　　D. 在低速时也会输出高转矩

（6）以下（　　）不是独立增压系统。

A. 废气涡轮增压　　B. 双级谐波增压　　C. 机械增压　　D. 气波增压

(7) 自然吸气式发动机没有增压发动机的充气效率高。 (　　)

(8) 点燃式增压发动机的几何压缩比比自然吸气式发动机大。 (　　)

(9) 废气涡轮增压器在低、中、高速时都有明显的增压效果。 (　　)

3. 请用表格整理各种形式的增压系统逻辑关系及工作原理、优缺点。

7.5.3.6 工作页

7.5.3.6 工作页

学校名称		任课教师	
班级		学生姓名	
学习领域	L7 发动机管理系统诊断维修		
学习情境	LS7.5：配备废气涡轮增压车辆低转速时加速性差	学习时间	1h
工作任务	B：谐波动压增压系统	学习地点	理实一体化教室

1. 请提炼关键词描述进气惯性增压原理。

2. 完成下列题目

(1) 进气管长度长时，压力波波长________，可使发动机的____________区功率增大。

(2) 波动效应使细而长的进气管对发动机______性能有利，粗而短的进气管对发动机______性能有利。

(3) 进气惯性增压控制系统（ACIS）也称谐波增压进气控制系统，它利用________产生的压力波来提高____________。

(4) 以下（　　）不是谐波动压增压系统。

A. 进气惯性增压系统　　B. 双级可变进气管

C. 废气涡轮增压　　D. 无级可变进气管

(5) 进气管长度短时，压力波波长短，可使发动机的高速区功率增大。 (　　)

(6) 如果发动机运行过程中，根据发动机的运行工况使进气管长度可改变，则可兼顾增大功率和增大转矩。 (　　)

3. 请用表格整理不同类型的谐波动压增压系统的结构组成和工作原理。

7.5.3.7　工作页

7.5.3.7　工作页

学校名称		任课教师	
班级		学生姓名	
学习领域	L7 发动机管理系统诊断维修		
学习情境	LS7.5：配备废气涡轮增压车辆低转速时加速性差	学习时间	1h
工作任务	C：废气涡轮增压和 VTG 增压	学习地点	理实一体化教室

1. 请提炼关键词描述废气涡轮增压系统的功用和原理。

2. 完成下列题目

(1) 废气涡轮增压系统利用__________能量，通过控制____________路线，驱动泵轮旋转带动进气涡轮的旋转，增加进入发动机的空气量和增大____________，提高发动机的功率性能。

(2) 中冷器通常安装在____________出口与进气歧管之间，其作用是冷却增压后的空气，增大空气密度，提高__________，节油，从而达到提高动力性和提高经济性的目的。

(3) 废气涡轮增压系统按________________分类，可以分为旁通阀式废气涡轮增压系统、带中冷器的废气涡轮增压系统、________________（可调叶片式）废气涡轮增压系统三种。

(4) 采用增压空气冷却的增压发动机的进气量比不采用增压空气冷却的增压发动机的进气量提高。(　　)

(5) 按增压的结构形式分类，以下不是废气涡轮增压系统的是（　　）。

A. 旁通阀式　　B. 带中冷器的　　C. VTG 可变涡轮几何参数　　D. 机械增压

(6) 与传统的自然吸气式发动机相比，涡轮增压发动机具有改善排气效率的优点。(　　)

(7) 在发动机中应用最普遍、最有效的增压技术是废气涡轮增压系统。(　　)

(8) 进气温度高，进气密度就大，充气效率就增加，从而增加了发动机的功率。(　　)

(9) 由于涡轮增压器为发动机提供了更多的空气，燃油在发动机气缸里燃烧时会燃烧得更充分、更彻底。(　　)

3. 请用表格整理三种废气涡轮增压系统的结构组成和工作原理。

7.5.3.8 工作页

7.5.3.8 工作页

学校名称		任课教师	
班级		学生姓名	
学习领域	L7 发动机管理系统诊断维修		
学习情境	LS7.5：配备废气涡轮增压车辆低转速时加速性差	学习时间	1h
工作任务	D：废气涡轮增压使用检修	学习地点	理实一体化教室

1. 请提炼关键词描述废气涡轮增压器使用注意事项。

2. 在实验车型上找到废气涡轮增压器，进行检测并做好检测记录。

操作项目	操作内容	步骤与完成情况记录
工具、场地准备、整理、安全	场地状况；耗材、清洁用品准备	
	通用及专用工具准备	
	人身工具设备使用安全	
	场地及工具的整理	
废气涡轮增压器故障诊断与检测	故障诊断仪连接 废气涡轮增压器测试仪连接	
	诊断仪使用流程 废气涡轮增压器测试仪使用	
	检测增压控制电磁阀 N75	
	检查增压压力	
	检查机械式换气阀	
	检查超速切断循环阀（N249）	

（续）

操作项目	操作内容	步骤与完成情况记录
实车拆装废气涡轮增压器	实车拆解工具	
	实车拆解规范步骤	
	实车规范安装顺序	

专家组合作制作海报

教师活动：

教师要求学生形成专家组，小组合作设计简单的海报。

学生活动：

学生进行小组讨论，合作制作海报。（30min）

专家组展示讲述海报

学生活动：

每个小组用5min展示本组学习成果，其他组学生认真倾听，提出疑问、建议。（30min）

教师活动：

教师在学生讲解海报时及时给出评价和反馈。

拼图学习完成其他工作页

教师活动：

教师要求学生先是独立完成其他三个工作页的学习，并进行指导和答疑；然后小组讨论并展示结果。

学生活动：

学生先是独立完成其他三个工作页的学习，然后和伙伴讨论形成本组意见，进行工作页的展示。（120min）

完成7.5.3.9理论测试

教师活动：

教师要求学生独立完成7.5.3.9理论测试，不允许查阅任何资料。

学生活动：

学生安静、独立地在系统上完成7.5.3.9理论测试并提交，不能查阅任何资料。（20min）

7.5.3.9　理论测试

7.5.3.9　理论测试

学校名称		任课教师	
班级		学生姓名	
学习领域	L7 发动机管理系统诊断维修		
学习情境	LS7.5：配备废气涡轮增压车辆低转速时加速性差		
理论学习内容	废气涡轮增压和 VTG 增压	学习时间	4h

一、填空题（每空 1 分，共 20 分）

1. 发动机的功率输出和转矩的大小主要取决于进气行程期间____________的多少，气缸充气量的多少用____________来表示。

2. ____________是每个做功循环的气缸内的新鲜气体充气量与理论上可能充满气缸的新鲜气体充气量之比。

3. 汽车发动机加装增压器的主要作用就是提高发动机__________，从而提高发动机的__________。

4. ________ 根据进气歧管和增压系统的布置不同，使用的增压系统有：压力波增压和______ 增压。

5. 进气管长度长时，压力波波长________，可使发动机的__________区功率增大。

6. 波动效应使细而长的进气管对发动机________性能有利，粗而短的进气管对发动机______性能有利。

7. 进气惯性增压控制系统（ACIS）也称谐波增压进气控制系统，它利用__________产生的压力波来提高____________。

8. 废气涡轮增压系统利用__________能量，通过控制____________路线，驱动泵轮旋转带动进气涡轮的旋转，增加进入发动机的空气量和增大____________，提高发动机的功率性能。

9. 废气涡轮增压系统按______________分类，可以分为旁通阀式废气涡轮增压系统、带中冷器的废气涡轮增压系统、__________________（可调叶片式）废气涡轮增压系统三种。

10. 中冷器通常安装在______________出口与进气歧管之间，其作用是冷却增压后的空气，增大空气密度，提高____________，节油，从而达到提高动力性和提高经济性的目的。

二、单选题（每题 2 分，共 10 分）

1. 与废气涡轮增压器相比，以下（　　）不是机械增压器的优点。

A. 对发动机排气无干扰　　B. 增压效果明显

C. 增压压力快速建立　　D. 在低速时也会输出高转矩

2. 以下（　　）不是独立增压系统。

A. 废气涡轮增压　　B. 双级谐波增压

C. 机械增压　　D. 气波增压

3. 以下（　　）不是谐波动压增压系统。

A. 进气惯性增压系统　　B. 双级可变进气管

C. 废气涡轮增压　　D. 无级可变进气管

4. 采用增压空气冷却的增压发动机的进气量比不采用增压空气冷却的增压发动机的进气量提高（　　）。

A. 10% ~18%　　B. 5% ~10%　　C. 8% ~12%　　D. 15% ~20%

5. 按增压的结构形式分类，以下不是废气涡轮增压系统的是（　　）。

A. 旁通阀式　　B. 带中冷器的

C. VTG 可变涡轮几何参数　　D. 机械增压

三、判断题（每题2分，共20分）

1. 自然吸气式发动机没有增压发动机的充气效率高。（　　）

2. 点燃式增压发动机的几何压缩比比自然吸气式发动机大。（　　）

3. 增压发动机寿命会比同样排量没有经过增压的发动机要短，而且机械性能、润滑性能都会受到影响。（　　）

4. 废气涡轮增压器在低、中、高速时都有明显的增压效果。（　　）

5. 进气管长度短时，压力波波长短，可使发动机的高速区功率增大。（　　）

6. 进气温度高，进气密度就大，充气效率就增加，从而增加了发动机的功率。（　　）

7. 如果发动机运行过程中，根据发动机的运行工况使进气管长度可改变，则可兼顾增大功率和增大转矩。（　　）

8. 与传统的自然吸气式发动机相比，涡轮增压发动机具有改善排气效率的优点。（　　）

9. 在发动机中应用最普遍、最有效的增压技术是废气涡轮增压系统。（　　）

10. 由于涡轮增压器为发动机提供了更多的空气，燃油在发动机气缸里燃烧时会燃烧得更充分、更彻底。（　　）

提交理论学习阶段的评价表

教师活动：

教师要求学生对理论学习阶段 7.5.3.10 评价表进行自我评价。

学生活动：

学生按照教师的要求对自己在理论学习阶段的表现进行自评，客观真实。

7.5.3.10　理论学习评价表

参与本项目的教师具体见 Moodle 系统，未参与本项目的教师可以根据实际情况自行制定。

7.5.4　任务计划：制订废气涡轮增压系统检修工作计划

独立查阅信息

教师活动：

教师提供实验车型的维修手册和 7.5.4.1 信息页。

学生活动：

学生个人独立查阅教师提供的维修手册和 7.5.4.1 信息页和前面的 7.5.2.1 信息页，提炼整理关键信息。（20min）

7.5.4.1　信息页

7.5.4.1　信息页

学校名称		任课教师	
班级		学生姓名	
学习领域	L7 发动机管理系统诊断维修		
学习情境	LS7.5：配备废气涡轮增压车辆低转速时加速性差	学习时间	1h
工作任务	涡轮增压系统故障检修	学习地点	理实一体化教室

1. 涡轮增压系统故障原因分析及故障排查

（1）增压器运转噪声过大

1）原因分析。因叶轮受到异物冲击或与壳体刮碰产生变形，使气体的运动变化而产生高频噪声；叶轮与壳体刮碰以及轴承润滑不良产生摩擦噪声；发动机到增压器间的排气管路不密封、漏气，产生噪声。

2）故障排查。发现增压器噪声过大时，应首先检查排气管路密封是否可靠，然后检查增压器的润滑是否良好，最后分解增压器，检查内部机件是否有损伤。

（2）增压器过热

① 原因分析。发动机供油提前角过小，使排气温度过高，造成增压器转速过高，温度上升；喷油质量差，后燃严重，造成排气温度升高，导致增压器过热；润滑不良，润滑油压力不足，油温过高，供油量不足，带走的热量减少，使增压器温度升高；增压压力下降，导致空气流量减少，造成增压器温度升高。

② 故障排查。发现增压器过热时应首先检查发动机的供油正时和喷油质量；然后检查增压器润滑油供应是否正常，最后检查增压器的内部机件是否有损坏。

（3）增压器异常损伤

① 原因分析。润滑油不清洁。增压器的工作转速在 6000r/min 以上，它的轴承要求实现液体润滑，因此润滑油的清洁度对其使用寿命的影响非常大；润滑油压力低，供油量不足。增压器润滑油的压力通常在 200kPa 以上，机油压力低会造成轴承的供油不足，从而丧失液体润滑条件，引起轴承的异常磨损。

② 故障排查：在使用过程中要注意润滑油的清洁，经常检查和保养空气滤清器，要保证润滑油的压力，压力不足时要及时排除故障。

（4）增压压力下降

① 原因分析。进气阻力增大，它包括滤清器有脏物、中冷器有脏物及进气蜗壳内有脏物等；压气机转速下降，它包括涡轮有积炭、涡轮排气阻力增大、轴承磨损、转子与壳体有刮碰、海拔增加等。

② 故障排查。清洁空气滤清器。空气滤清器被堵塞之后，压气机的进气阻力增加，导致增压压力下降。增压发动机的空气滤清器必须及时清洗，应经常检查空滤器的指示器，保持空滤器的清洁。清洗中冷器的压气机。中冷器和压气机的内部积有油泥、灰尘会增加进气

阻力，当中冷器进、出口压力差超过技术标准时，应清洗它的内部通道。

压气机蜗壳和叶轮上沾有油泥和灰尘时应分解清洗，并要定期进行，清除积炭，增压器的内部积炭会增加转子的转动阻力，使增压器转速下降，增压压力降低。积炭通常积存在涡轮叶片、转轴、密封环等部位，一般是因密封不严、机油漏入烧结及燃油燃烧不完全所致；检查转子的轴向、径向间隙，消除刮碰现象。转子的径向间隙过大会丧失液体的润滑条件，转子的转动阻力将增大，转速降低；转子的轴向间隙过大或变形产生刮碰现象，转子的转速也会下降，导致增压压力下降。所以分解保养增压器时，转子的径向间隙和轴向间隙都要认真测量，并注意观察是否有刮碰现象。

（5）增压器轴承早期磨损

① 原因分析。冬季起动发动机时猛踩加速踏板或立即起步；发动机熄火前猛踩加速踏板后又立即熄火，使转子轴因瞬间的高速旋转缺油而烧坏轴承；长期停驶的车辆，在重新起动时没有预先润滑增压器，使转子缺油而烧坏轴承。

② 故障排查。柴油机起动时一定要待机油的油压和温度正常后再起步，尤其是冬季冷车起动时，一定要怠速升温后再起步，同时切忌乱踩加速踏板；柴油机熄火前，必须怠速运转3～5min，待增压器转速降低后方可熄火；对新车，一定要先润滑增压器，其方法是：拆下增压器的进油管路，从进油口倒入适量的洁净机油，以实现增压器轴承及转子的润滑。

2. 涡轮增压器的常见故障诊断与排除

废气涡轮增压器是保证发动机动力性的关键部件。废气涡轮增压器故障会直接引起发动机产生动力下降、机油消耗量增大、发动机冒黑烟、工作不稳定以及产生噪声。增压器的常见故障有如下几种：压气机的喘振；增压器在运转中强烈振动且产生噪声；增压压力下降；涡轮端或泵轮端排油；增压器转子轴被卡死或烧损严重而停止运转等。

（1）故障现象

损坏的涡轮增压器可能会带来很多问题，常见的故障现象包括：

1）发动机动力不足。

2）排气冒黑烟。

3）机油消耗过大。

4）排气冒蓝烟。

5）涡轮增压器有噪声。

6）压气机或涡轮密封处出现润滑油泄漏。

（2）原因诊断

清楚涡轮增压器发出的不同声音。工作时不同的噪声级是空气被阻塞或压气机壳体内堆积污垢的信号。判定涡轮增压器问题的一些常见诊断检查包括：

1）涡轮增压器的进气道阻塞。

2）压气机到进气歧管间的进气管道漏气。

3）排气系统阻塞。

4）进气歧管与发动机的接触面漏气。

5）涡轮增压器中间壳体阻塞。

6）压气机叶轮及扩压器导向叶片上有污垢。

7）涡轮增压器损坏。

8）排气泄漏到涡轮入口或排气歧管中。

9）涡轮增压器放油管路堵塞。

10）PCV 系统阻塞。

11）废气旁通阀增压压力不正确。

① 增压过高是由于：

a. 废气旁通阀或废气旁通阀执行器卡滞。

b. 增压压力控制电磁阀卡在关闭位置。

c. 真空软管被切断或夹紧。

d. 内部计算机（ECU）装置故障。

② 增压不足是由于：

a. 废气旁通阀卡在打开位置。

b. 增压压力控制电磁阀卡在打开位置。

c. 内部计算机（ECU）装置故障。

（3）维修与排除故障

1）废气旁通阀-增压压力的测试：用于确定加速条件下产生的增压压力值。通常用真空检测仪检查废气旁通阀的工作状况。遵循厂家推荐的测试程序测试废气旁通阀-增压压力，然后按照厂家的推荐值进行判断。如奥迪 A61.8T 发动机的增压压力检测：专用仪表 VAG1397/A；检测条件是进气及排气系统无泄漏，发动机温度不低于 60℃，全负荷下检查增压压力，测量时间不超过 10s；压力值：3 档，2500r/min，1.6~1.7bar。很多车型也采用先进的电脑测试，用电动机驱动模拟 ECU 的控制过程，直接由电脑读取数据判断测试结果。

2）检查涡轮增压器的内部状况。

① 检查废气旁通阀的机械运动，有无卡滞，是否运动自如。

② 转动压气机叶轮，检查有无黏滞、拖拽及其他不良状况。

③ 检查壳体内部有无油污和灰尘，并进行相应的清洁。

④ 检查压气机油封有无损坏或泄漏，视情更换。

⑤ 按维修手册检查涡轮增压器主轴的轴向及径向间隙。

⑥ 检查主轴颈轴承与主轴之间的间隙。利用千分表检查主轴颈轴承与主轴之间的间隙。把千分表固定到能够接触两个轴承之间涡轮增压器主轴的位置上，然后从进气压气机端或排气涡轮端上下移动主轴。随着主轴的移动，从千分表读取主轴颈轴承的间隙或磨损量。将读数与厂家推荐的间隙值进行比较，如果间隙值超出规范值，则更换轴颈轴承。

⑦ 检查推力轴承的轴向间隙。利用千分表检查推力轴承的轴向间隙。把千分表固定在涡轮增压器主轴的末端，将主轴沿其轴线前后移动，确定推力轴承的轴向间隙。将读数与厂家推荐的规范值进行比较，如果间隙值超出规范值，则更换推力轴承。

⑧ 检查压气机和涡轮叶片的外在状况。检查有无裂纹、断裂或叶片弯曲，视情更换涡轮或压气机叶片。

3. 故障实例

【故障1】一辆索纳塔 1.8T 轿车增压器在运转中强烈振动且产生噪声。增压器运转中产生强烈振动的主要原因是由于转子轴严重磨损，使轴承间隙加大产生振动。涡轮与泵轮由于损坏或者由于灰尘油泥使转子动平衡遭到破坏产生振动及噪声。如果噪声明显表现出来的是金属摩擦的声音，则显然是由于轴承松旷，使涡轮或泵轮与壳体相摩擦，或是由于涡轮、泵轮叶片变形而与壳体摩擦。如果是周期性的噪声，则可能是涡轮、泵轮叶片变形或局部灰尘油污沉积所致。实际检查是轴承间隙过大所致，更换后排除。

【故障2】一辆奥迪200 1.8T轿车，发动机加速不良。用V. A. G1551检测，显示进气压力控制电磁阀（N75）对正极断路。用万用表测N75正常，但无电源。经检查，供给N75电源线路上的熔丝烧断。更换熔丝后，用V. A. G1551清除故障码，再进行基本设定，发动机性能正常。

【故障3】一辆奥迪200 1.8T轿车，怠速基本正常，但加速加不上，排气冒黑烟。用V. A. G1551读取故障码，显示空燃比调整超限。这时如果把进气软管从节气门处取下，拔下空气流量计插头，则加速基本良好。这就说明故障在进气部分，应该检查涡轮增压部分及进气管路。当检查到空气滤清器时，由于滤芯堵塞，从而引起发动机的增压压力下降且波动，使发动机动力下降、工作不平衡同时产生黑烟。清理滤网并换上一个新的滤芯后，故障排除。

小组制作工作计划海报

教师活动：

教师要求学生小组合作制定“涡轮增压故障导致低转速时加速性差故障诊断与排除”工作计划海报，把每一步的细节和注意事项写出来，包括为什么干、怎么干，以及安全、环保、工具、时间、成本、注意事项、检测标准等。

学生活动：

学生分组讨论，小组合作完成工作计划海报。（40min）

7.5.4.2　工作计划海报

见附录。

展示讲述工作计划海报

教师活动：

教师选出一个组来介绍讲解海报内容，教师进行评价。

学生活动：

被选出的小组展示讲述本组学习成果，其他组学生提出疑问、建议。（40min）

修改工作计划海报

教师活动：

教师强调修改工作计划时注意：安全、环保、规范、时间及成本控制意识的训练。

学生活动：

每个组根据教师意见认真改进本组海报。（20min）

提交任务计划阶段的评价表

教师活动：

教师提供任务计划阶段的评价表，指定组间评价顺序，保证每个组都被评价。要求学生将7.5.4.3评价表以小组形式提交到系统。

学生活动：

每个组对老师指定的小组进行评价，合作填写7.5.4.3评价表；小组提交到系统。

7.5.4.3 任务计划评价表

参与本项目的教师具体见Moodle系统，未参与本项目的教师可以根据实际情况自行制定。

7.5.5 任务决策：与师傅和客户沟通工作计划

独立完成任务决策表

教师活动：

教师发放7.5.5.1任务决策表，要求学生安静地独立完成。

学生活动：

学生每个人独立按照任务决策的关键要素完成7.5.5.1任务决策表。(20min)

7.5.5.1 任务决策表

7.5.5.1 任务决策表

决策类型	决策方案
与师傅决策	请站在厂商的角度，和师傅沟通任务计划实施的可能性（包括：工作任务的时间控制和成本控制，工作步骤的正确性、规范性和合理性，工作过程的安全性和环保性，考虑厂商的经济效益和工作效率等，并记录决策结果与师傅的建议）。
与客户决策	请站在客户的角度，和客户沟通任务计划实施的可能性（包括：是否有几种可能供客户选择？某些项目做或不做？现在做还是未来做？考虑客户的成本控制、时间控制、安全性、环保性、美观性和便利性等，并记录决策结果与客户的意见）。

实战演习任务决策

教师活动：

教师选出一个学生代表（这个学生是以往决策出现问题较大的）和自己进行任务决策，及时担任师傅和客户双重角色。

学生活动：

被选出的学生与教师进行决策对话，其他学生观察，并进行口头评价、补充、改进。(20min)

提交确认任务决策

学生活动：

每个学生修改自己的任务决策方案表格，并提交到系统。(20min)

教师活动：

教师对每个学生制定的任务决策方案进行确认，并将确认信息发到系统给学生。

提交任务决策阶段的评价表

教师活动：

教师要求学生对任务决策阶段7.5.5.2评价表进行自我评价。

学生活动：

学生按照教师的要求对自己在任务决策阶段的表现进行自评，客观真实。

7.5.5.2 任务决策评价表

参与本项目的教师具体见Moodle系统，未参与本项目的教师可以根据实际情况自行制定。

7.5.6 任务实施：使用设备进行实车拆装检测

示范操作

教师活动：

教师亲自示范操作，或者播放相关视频（操作内容：从接车确认开始，按照诊断思路进行涡轮增压故障导致低转速时加速性差故障的所有诊断与排除工作）。

学生活动：

学生观察教师的示范动作，或观察视频中的示范动作。

操作实施

教师活动：

教师将学生分组，并要求每组学生分工明确，严格强调安全和事故预防要求等。实施过程中教师进行巡视指导。

学生活动：

学生分为4组，分工操作。每组每次安排两名学生操作，所有学生轮流，每个学生都要完成一次操作。当两名学生进行操作时，另外安排两名学生分别对其进行评价，填写7.5.7.5评价表，1名学生拍视频，1～2名学生监督记录，1～2名学生查阅手册改进计划。(6h)

提交任务实施阶段的评价表和视频

教师活动：

教师要求学生对任务实施阶段7.5.6.1评价表进行自我评价，并提交任务实施阶段录制的所有视频资料。

学生活动：

学生按照教师的要求对自己在任务实施阶段的表现进行自评，客观真实。

负责拍摄的学生将视频整理提交到系统，负责评价的学生将7.5.6.1评价表提交到系统。

7.5.6.1 任务实施评价表

参与本项目的教师具体见Moodle系统，未参与本项目的教师可以根据实际情况自行制定。

7.5.7 任务检查：5S与检查工作结果

5S与任务检查

教师活动：

教师提供7.5.7.1任务检查流程。要求学生分组，小组合作完成任务检查及5S，在7.5.7.1任务检查单上标注。教师要求学生小组成员对工作过程和工作计划进行监督和评估，记录优缺点及改进建议，并口头表达。教师要重点引导学生对队友的支持性意见的表达，并训练学生接纳他人建议。

学生活动：

学生分组，小组合作完成任务检查及5S，在7.5.7.1任务检查单上标注。(20min)

学生按照教师规定，严格监督和控制其他成员的工作过程并友善提出改进建议。(10min)

7.5.7.1　任务检查单

7.5.7.1　任务检查单

1. 请进行必要的最终任务检查，在（　　）里进行标记。

检查任务实施过程（　　），是否有改进或需要说明：

如有，处理意见：

检查测量值与标准值（　　），是否有改进或需要说明：

如有，处理意见：

2. 请进行必要的5S。

5S车辆（　　）

5S工位（　　）

5S场地（　　）

3. 请根据实施的诊断与修理工作，编制工作说明，完善改进工作计划。（以另一颜色的笔在任务计划上标注作答）

小组合作修改工作计划

教师活动：

教师要求学生小组合作修改完善工作计划，修改方式：在原有工作计划上用另一颜色的笔进行真实、全面的复盘改进，并进行标注。

学生活动：

学生小组合作修改完善工作计划，修改方式：在原有工作计划上用另一颜色的笔进行真实、全面的复盘改进，并进行标注。（10min）

提交任务检查阶段的评价表

教师活动：

教师要求学生对自己在任务检查阶段的表现进行自我评价。提醒学生：对于自己没有涉及的条目不评价。

学生活动：

学生对自己在任务检查阶段的表现进行自我评价，对于自己没有涉及的条目不评价。

7.5.7.2　任务检查评价表

参与本项目的教师具体见Moodle系统，未参与本项目的教师可以根据实际情况自行制定。

7.5.8 任务交付：交车

任务交付准备

教师活动：

在任务交付之前，教师提供7.5.8.1交车剧本给事先安排好的两个学生，一个扮演客户，另一个扮演SA维修接待，以便上课时两个学生能在实车上呈现交车过程。

学生活动：

两个角色扮演的学生要熟悉练习交车剧本。

7.5.8.1 交车剧本

7.5.8.1 交车剧本

学习情境描述：

一辆大众速腾轿车，行驶总里程6万km，客户验车时发现汽车在发动机低转速时加速性差。

（一）任务完成正常交车

前台：先生，您好！您的车修好了，没有任何问题，您可以放心使用了。这是针对涡轮增压系统使用的温馨贴士，请您留存！

客户：非常感谢！

前台：不客气！这是费用清单，请您跟我去财务结账。

客户：好的。

前台：这是车钥匙，以后请您放心使用！请您随时观察车况，如果有任何问题，请您随时联系我。非常愿意为您服务！

客户：好的！谢谢您了！再见！

前台：再见！您慢走！

（二）任务未完成异常交车

前台：先生，您好！非常抱歉，由于我们前期预估失误，不能按照约定时间正常交车给您，预计还得两个小时才能完成。您看您是继续在店里等待，还是先去处理其他事情？等这边结束我及时联系您。

客户：好吧！怎么回事呀，我已经等待这么长时间了。两个小时后一定能取走我的车吗？

前台：真的非常抱歉，在此对您说声对不起！不过，您放心！同样的错误我们不会出现第二次。再有两个小时肯定交车给您。

客户：好吧。我等你电话。我先去处理其他事情。一定要修好啊！

前台：请您放心！一定保证您的爱车行驶无忧，我会随时观察进展情况，及时联系您。非常愿意为您服务！

客户：好的！谢谢您了！那我先走了，等会儿见！

前台：等会儿见！您慢走！

两人角色扮演

学生活动：

学生分组，两人一组。其中，事先安排好的两个学生为一组，一个扮演客户，另一个扮演SA，先交车给师傅，然后交车给客户。（10min）

教师活动：

教师提前安排学生两人一组，观察角色扮演学生的表演过程，同时观察其他学生的表现：倾听的认真程度。

全员换位评价

学生活动：

学生认真观看角色扮演情境再现过程，理解客户委托，并与本组学生一起对 SA 角色扮演的学生换位思考进行口头评价：角色扮演时的优缺点，如果是自己怎么改进会更好。(5min)

教师活动：

教师指出角色扮演的优缺点，提出注意事项进行强调说明。

全员分组练习

教师活动：

教师要求所有学生借鉴两个示范学生的表现，进行任务交付练习。

学生活动：

学生按照教师的提示与强调，借鉴示范的两个学生的表现，学生分组在实车上进行任务交付的角色扮演练习。互换角色再练习一次。(10min)

提交任务交付阶段的评价表

教师活动：

教师要求学生对任务交付阶段自己扮演 SA 时的表现依据 7.5.8.2 评价表进行自我评价。

学生活动：

学生按照教师的要求对自己在任务交付阶段扮演 SA 时的表现进行自评，客观真实。

7.5.8.2　任务交付评价表

参与本项目的教师具体见 Moodle 系统，未参与本项目的教师可以根据实际情况自行制定。

7.5.9　反思评价：总结知识点、技能点和素养点

提交反思评价自评表

教师活动：

教师归纳整理理论知识体系，用一页 PPT 展示知识点、技能点和素养点。

学生活动：

学生认真反思，倾听，构建适合自己学习的知识体系。(10min)

学生认真反思，对照学习目标进行自我反思，填写 7.5.9.1 自评表。(10min)

7.5.9.1　反思评价自评表

参与本项目的教师具体见 Moodle 系统，未参与本项目的教师可以根据实际情况自行

制定。

提交反思评价他评表

教师活动：

教师把每一位学生的反思阶段的评价表分配给其他同学进行评价。

学生活动：

学生按照系统分配的评价对象，每个学生都填写一份对另一个学生的评价表。(10min)

7.5.9.2　反思评价他评表

参与本项目的教师具体见 Moodle 系统，未参与本项目的教师可以根据实际情况自行制定。

提交反思评价阶段的评价表

教师活动：

教师参照学生的自评与他评在 7.5.9.3 反思评价表上给出学生反思评价成绩。

学生活动：

每个学生将自评表和他评表形成的 7.5.9.3 反思评价表进行对照，帮助学生自我认识。

7.5.9.3　反思评价表

参与本项目的教师具体见 Moodle 系统，未参与本项目的教师可以根据实际情况自行制定。

7.5.10　巩固拓展

迁移新任务

教师活动：

教师布置新的客户任务：VTG 增压系统故障导致发动机低转速加速性变差故障。要求学生小组合作制定工作计划并用 PPT 展示。

学生活动：

学生明确拓展任务：小组合作制定工作计划，下次课前用 PPT 展示和评价；做好完成拓展任务的计划（分工与时间安排）。

分工制作工作计划

教师活动：

教师要控制学生的制作过程，要求学生分工完成 7.5.10.1 工作计划，把自己负责的部分提交到系统，让教师看到。

学生活动：

学生在小组长的带领下，制作过程合理分工，每人完成工作计划的一部分并提交到系统。(课后)

7.5.10.1　工作计划海报

见附录。

提交过程视频和PPT

教师活动：

教师要求学生录制制作PPT过程的视频并把视频提交到系统，同时提交PPT结果到系统。

学生活动：

小组合作把制作PPT的过程录制视频。

巩固拓展阶段的评价表

教师活动：

教师要求小组长完成本小组所有成员的7.5.10.2评价表，提交到系统。

学生活动：

小组长完成小组评价7.5.10.2评价表，并把每个组员的评价表提交到系统。

7.5.10.2　巩固拓展评价表

参与本项目的教师具体见Moodle系统，未参与本项目的教师可以根据实际情况自行制定。

总体评价

给学生反馈总体评价表

教师活动：

教师对每个学生的总体评价表初稿进行补充修改，形成总体评价定稿，作为每个学生本学习情境的最终评价。

学生活动：

学生认真对照教师反馈的总体评价表，分析自己的优势和不足，有针对性地制定改进措施，在弱势素养或知识、技能方面加强。

LS7.6

怠速过低导致发动机熄火

教学准备

教学情境准备

教师活动：

教师提前提供给所有学生7.6.0.1客户任务工单。提前在车上设置“怠速过低导致发动机熄火”的真实故障。课前提供7.6.0.2接车剧本给事先安排好的两个学生，一个扮演客户，另一个扮演SA维修接待，以便上课时两个学生能在实车上把客户任务真实再现。

学生活动：

所有学生在课前熟悉7.6.0.1客户任务工单，提前了解客户委托任务。

两个角色扮演的学生要熟悉练习7.6.0.2接车剧本。（课前）

7.6.0.1　客户任务工单

7.6.0.1　客户任务工单

<table>
<tr><td>车主姓名</td><td></td><td>日期</td><td></td></tr>
<tr><td>车　型</td><td></td><td>车牌号</td><td></td></tr>
<tr><td>发动机号</td><td></td><td>底盘号</td><td></td></tr>
<tr><td>联系电话</td><td colspan="3"></td></tr>
<tr><td>通信地址</td><td colspan="3"></td></tr>
<tr><td colspan="4">故障现象描述：
车主反映，汽车在发动机着车后怠速运转，特别容易熄火，而且只要一开空调，发动机立刻就熄火。</td></tr>
<tr><td colspan="4">检查维修建议：</td></tr>
<tr><td colspan="4">故障结论：（更换或维修的零件记录）</td></tr>
<tr><td colspan="2">取车付款：
现金　　　　　　银行卡</td><td colspan="2">维修人：
收款人：</td></tr>
</table>

7.6.0.2　接车剧本

7.6.0.2　接车剧本

学习情境描述：

一辆大众速腾轿车，行驶总里程6万km，客户发现汽车在着车后怠速运转时转速低，只要一开空调发动机就熄火。

前台：您好！有什么需要我帮助的？

客户：您好！是这样的：这辆车在着车后怠速运转时转速低，只要一开空调发动机就熄火。您能帮我看看吗？

前台：好的！您给我车钥匙，我给您试一下车，先检查一下。

（上车，着车，行驶一段时间开始体会客户的诉求，发现着车后怠速运转时转速低，只要一开空调发动机就熄火。询问客户）

前台：您的车着车后怠速运转时转速低，只要一开空调发动机就熄火。这个毛病以前出现过吗？最近您修理过什么吗？

客户：不瞒您说，我的车车况特别好，在这之前什么毛病也没有。这是第一次有故障，以前只做过正常的维护保养。

前台：那您的车车况是真不错，您使用得很好。我方才初步诊断了一下：您的车确实是在发动机着车后怠速运转时转速低，只要一开空调发动机就熄火。应该是怠速过低导致的，当然也不排除其他问题，需要后台检测后才能确认。

客户：好的！那您尽快维修吧，我还着急用车呢。

前台：那您想什么时间取车？

客户：今天下午4点可以吗？

前台：好的！请您在客户区休息等待，如有需要，我会及时和您联系。

教学目标准备

教师活动：

教师用一页PPT简介本情境的教学目标：素养点、知识点、技能点。

学生活动：

学生思路清楚明确目标，在头脑中做出个人学习规划。（课前）

素养点：

① 能够用结构框图理解复杂原理。

② 能够清晰易懂地表达意见。

③ 能够与他人合作解决问题。

④ 能够倾听他人表达。

⑤ 能够个人独立工作。

⑥ 能够小组合作，站在他人角度思考问题。

知识点：

① 节气门直动式怠速控制系统。

② 旁通空气式怠速控制系统。

③ 怠速控制原理功用。

④ 怠速控制系统检测方法。

⑤ 怠速系统常见故障。

技能点：

① 怠速系统直观认知。

② 怠速系统检修。

③ ISC 阀及电路检测。

④ 怠速系统故障查询。

⑤ 使用制造商资料和维修站信息。

⑥ 遵守事故预防条例。

资料设备清单

参与本项目的教师具体见 Moodle 系统，未参与本项目的教师可以根据实际情况自行制定。

7.6.1 任务接受

两人角色扮演

学生活动：

学生分组，两人一组。其中，事先安排好的两个学生为一组，一个扮演客户，另一个扮演 SA 维修接待，在实车上把客户任务真实再现。(10min)

教师活动：

教师观察角色扮演学生的表演过程，同时观察其他学生的表现：倾听的认真程度。

全员换位评价

学生活动：

学生认真观看角色扮演情境再现过程，理解客户委托，并与本组学生一起对 SA 角色扮演的学生换位思考进行口头评价：角色扮演时的优缺点，如果是自己怎么改进会更好。(10min)

教师活动：

教师指出角色扮演的优缺点，提出注意事项进行强调说明。

全员分组练习

教师活动：

教师要求所有学生借鉴两个示范学生的表现，进行任务接受练习。

学生活动：

学生按照教师的提示与强调，借鉴示范的两个学生的表现，学生分组在实车上进行任务接受的角色扮演练习。互换角色再练习一次。(10min)

提交任务接受阶段的评价表

教师活动：

教师要求学生对任务接受阶段自己扮演 SA 时的表现进行自我评价。

学生活动：

学生按照教师的要求对自己在扮演 SA 时的表现进行自评，客观真实。

7.6.1.1　任务接受评价表

参与本项目的教师具体见 Moodle 系统，未参与本项目的教师可以根据实际情况自行制定。

7.6.2　任务分析：怠速过低导致发动机熄火的原因

教学方法：餐垫法

独立查找原因

教师活动：

教师提供7.6.2.1信息页（维修信息、文本资料）和餐垫图纸，指导学生独立查找“怠速过低导致发动机熄火”的原因，书写在餐垫上周边对应位置。

学生活动：

学生分组，首先个人独立阅读教师提供的7.6.2.1信息页，在信息页上划出关于“怠速过低导致发动机熄火”的原因，将自己的个人逻辑结果工整地书写在餐垫对应位置上。(30min)

7.6.2.1　信息页

7.6.2.1　信息页

学校名称		任课教师	
班级		学生姓名	
学习领域	L7 发动机管理系统诊断维修		
学习情境	LS7.6：怠速过低导致发动机熄火	学习时间	1h

怠速不良是电控燃油喷射式发动机最常见的故障之一，它有多种表现形式，包括怠速不稳、怠速熄火、冷车怠速不良、热车怠速不良等。造成怠速不良的原因很多，常常是由几种原因综合引起的。该故障牵涉面很广，维修困难。在故障与排除过程中，要根据故障的具体表现来分析故障原因。下面介绍几种不同形式的怠速不良的故障诊断与排除方法。

1. 怠速不稳，易熄火

（1）故障现象

发动机起动正常，但不论冷车或热车，怠速均不稳定，怠速转速过低，易熄火。

（2）故障原因

① 进气系统或真空系统漏气。

② 空气滤清器堵塞。

③ 怠速控制阀或附加空气阀工作不良。

④ 空气流量计有故障。

⑤ EGR 阀卡住常开，不能关闭。

⑥ 怠速调整不当。

⑦ 油路压力太低。

⑧ 喷油器雾化不良、漏油或堵塞。

⑨ 火花塞不良。

⑩ 高压线漏电或断路。

⑪ 点火正时失准。

⑫ 气缸压缩压力过低。

（3）故障诊断与排除

① 先进行故障自诊断，检查有无故障码出现。如有，则按所显示的故障码查找故障原因。要特别注意会影响怠速工作的传感器、执行器（如冷却液温度传感器、节气门位置传感器、怠速控制阀等）有无故障。

② 检查进气系统各管接头、各真空软管、废气再循环系统和燃油蒸气回收系统有无漏气。

③ 检查怠速控制阀的工作是否正常。对于脉冲电磁阀式怠速控制阀，可在发动机运转过程中拔下怠速控制阀接线插头。如果发动机转速无变化，则说明怠速控制阀或控制电路有故障，应检修电路或更换怠速控制阀。

④ 怠速时逐个拔下各缸高压线，检查发动机转速的下降量是否相等。如果在拔下某缸高压线时，发动机转速基本不变，则说明该缸工作不良或不工作，应检查该缸火花塞或喷油器有无故障，喷油器控制电路有无短路。

⑤ 检查高压火花。如火花太弱，则应检查点火系统。

⑥ 拆检各缸火花塞，检查电极有无磨损过甚或积炭，火花塞电极间隙是否正常。

⑦ 检查各缸高压线，如高压线外表有漏电或击穿的痕迹，或用万用表测量高压线的电阻大于25kΩ，则说明高压线损坏，应更换。

⑧ 检查燃油压力。怠速时燃油压力应为250kPa 左右。如燃油压力太低，则应检查油压调节器、电动燃油泵、燃油滤清器。

⑨ 按规定的程序，调整发动机怠速。

⑩ 检查空气流量计。

⑪ 仔细听各缸喷油器在怠速时的工作声音。如果各缸喷油器工作声音不均匀，说明各缸喷油器喷油不均匀，应拆检、清洗或更换喷油器。

⑫ 检查气缸压缩压力，如压力低于0. 8MPa，则应拆检发动机。

⑬ 检查、调整气门间隙。

如上述检查均正常，可拆检、清洗各缸喷油器。如发现某个喷油器雾化不良或有漏油，经清洗后仍不能恢复正常，则应更换该喷油器。最后检查发动机电脑。

2. 冷车怠速不稳、易熄火

（1）故障现象

发动机冷车运转时怠速不稳或过低，易熄火，热车后怠速恢复正常。

（2）故障原因

① 附加空气阀故障。

② 怠速控制阀故障。

③ 冷却液温度传感器故障。

④ 喷油器雾化不良或堵塞。

（3）故障诊断与排除

① 进行故障自诊断，检查有无故障码。如有，则按显示的故障码查找故障原因。

② 检查附加空气阀。拆下附加空气阀，检查在冷车状态下附加空气阀的阀门是否开启。如有异常，则应更换。

③ 检查怠速控制阀。熄火后拔下怠速控制阀线束插头，待发动机起动后再插上。如果发动机转速没有变化，说明怠速控制阀不工作，应检查控制电路或拆检怠速控制阀。

④ 检测冷却液温度传感器。

⑤ 拆检、清洗各缸喷油器，检查清洗后的喷油器工作情况，如有雾化不良、漏油或喷油量不符合标准，应更换。

3. 热车怠速不稳或熄火

（1）故障现象

发动机冷车时怠速正常，热车后怠速不稳，怠速转速过低或熄火。

（2）故障原因

① 怠速调整过低。

② 冷却液温度传感器有故障。

③ 怠速控制阀有故障。

④ 火花塞或高压线不良。

⑤ 电脑搭铁不良。

⑥ 氧传感器有故障或失效。

（3）故障诊断与排除

① 故障自诊断。如有故障码，则按所显示的故障码查找故障原因。

② 按正确的程序，检查发动机的初始怠速转速。若转速过低，则应按规定程序调整。

③ 检查冷却液温度传感器。

④ 检查怠速控制阀有无工作。

⑤ 检查各缸火花塞情况，视情况更换火花塞或调整火花塞间隙。

⑥ 测量各缸高压线电阻，若阻值大于25kΩ或高压线外表有漏电或击穿的痕迹，则应更换高压线。

⑦ 检查电脑搭铁线及发动机机体是否搭铁良好。可在打开点火开关后，测量电脑搭铁线（或故障诊断座内搭铁线、发动机机体）和蓄电池负极之间的电压。若该电压大于1V，则说明电脑搭铁线或发动机搭铁不良，可检查搭铁线的搭铁端有无松动或锈蚀，也可重新引一条搭铁线。

4. 热车怠速过高

（1）故障现象

发动机冷车时能正常快怠速运转，但热车后仍保持快怠速，导致怠速转速过高。

（2）故障原因

① 节气门卡滞或关闭不严。

② 怠速调整不当。

③ 附加空气阀故障。

④ 怠速控制阀卡滞或控制电路故障。

⑤ 冷却液温度传感器故障。

⑥ 空调开关、动力转向器压力开关有故障。

⑦ 曲轴箱强制通风阀故障。

⑧ 进气系统中有漏气。

⑨ 发电机充电电压过低。

（3）故障诊断与排除

怠速转速过高是由怠速时进气量过多或发动机控制信号错误引起的。造成怠速转速过高的原因有进气温度传感器、冷却液温度传感器、节气门位置传感器、空气流量计/进气压力传感器故障，开关信号故障，怠速控制阀故障，节气门体故障，喷油器故障，真空漏气，发动机控制单元故障或匹配设定不当等。排除发动机怠速异常过高的故障时，应执行以下步骤。

① 检查怠速时节气门是否完全关闭，节气门拉索有无卡滞。用手将节气门摇臂向关闭的方向扳动，如果发动机怠速能下降至正常转速，则说明节气门卡滞关闭不严。

若节气门拉索卡滞，应更换拉索；若节气门轴卡滞，应拆卸、清洗节气门体。

② 按该发动机的规定程序，重新调整怠速，对发动机电脑重新设定。所谓对发动机电脑进行重新设定，即清除发动机电脑中的故障记忆，让其重新学习怠速。对于大多数电控发动机，当发动机达到正常温度，怠速阀全关时，基本怠速转速设为（700±50）r/min。如调整、设定无效，则应做进一步的检查。

③ 检查进气系统管接头、真空软管等处有无漏气。

④ 进行故障自诊断。如有故障码，则按所显示的故障码查找故障原因。有条件时可进一步读取动态数据流，主要观察发动机的负荷信号、怠速控制阀开度或控制步数、发动机进气系统压力信号、冷却液温度信号、各开关信号等。

⑤ 检查冷却液温度传感器。若拔掉冷却液温度传感器线束插头后，发动机怠速转速恢复正常，则说明冷却液温度传感器有故障，向电脑输入了过低的冷却液温度信号。值得注意的是：在拔掉冷却液温度传感器插头后，发动机故障警告灯会亮起，此时电脑的失效保护功能起作用，自动将冷却液温度设定为80℃。在重新插上冷却液温度传感器线束插头后，电脑仍或留下冷却液温度传感器的故障码。对此，可接上电脑检测仪将故障码清除，或在发动机熄火后拆下发动机电脑熔丝，持续约30s，消除电脑中的故障码。

⑥ 用钳子将包上软布的曲轴箱强制通风阀软管夹紧。如果发动机转速随之下降，则说明曲轴箱强制通风阀在怠速时漏气，使发动机进气量过大，影响怠速，应更换曲轴箱强制通风阀。

⑦ 检查附加空气阀。用钳子将包上软布的附加空气阀进气软管夹紧。如果发动机怠速转速能随之下降至正常转速，则说明附加空气阀在热车后不能关闭，应检查附加空气阀电源

线路是否正常。如正常，则应更换附加空气阀。

⑧ 检查怠速控制阀。在发动机熄灭后拔下怠速控制阀线束插头，待起动后再插上。如果发动机转速随之变化，说明怠速控制阀工作正常；否则，应检查控制线路或更换怠速控制阀。

⑨ 在打开空调开关后或转动转向盘时，如果发动机转速没有进一步升高，说明怠速自动控制系统有故障，应检查空调开关、动力转向压力开关及怠速自动控制线路。

⑩ 如果蓄电池电压长时间过低，发动机怠速转速也会偏高，所以应测量发电机充电电压，若低于12V，应检修充电系统。

5. 怠速上下波动

（1）故障现象

怠速时发动机转速不断地上下波动。

（2）故障原因

① 怠速开关调整不当，在怠速时开关不闭合。

② 喷油器雾化不良或堵塞。

③ 空气流量计有故障。

④ 怠速控制阀或怠速控制电路有故障。

⑤ 冷却液温度传感器信号不正确。

⑥ 氧传感器失效或反馈控制电路有故障。

（3）故障诊断与排除

① 进行故障自诊断。要特别注意有无怠速开关、冷却液温度传感器、空气流量计、氧传感器、怠速控制阀的故障码。如有故障码，则应检查相应的传感器及控制电路。

② 怠速时逐个拔下各缸高压线或喷油器线束插头，检查发动机各缸工作是否均匀。如果拔下某缸高压线或喷油器线束插头时，发动机转速下降不明显，则说明该缸工作不良，应拆检该缸火花塞和喷油器。

③ 检测节气门位置传感器，若节气门位置传感器内的怠速开关在节气门全关时不能闭合，则应重新调整或更换节气门位置传感器。

④ 用汽车电脑检测仪测量冷却液温度传感器，若冷却液温度传感器传给发动机电脑的冷却液温度数值和实际冷却液温度不符，则说明冷却液温度传感器有故障，应更换。

⑤ 用电脑检测仪或万用表、示波器检查空气流量计，如有异常应更换。

⑥ 在发动机怠速运转过程中，拔下怠速控制阀线束插头。如果怠速上下波动现象消失，但随之怠速不稳现象加剧，则说明怠速控制阀工作正常，喷油系统有故障。如果怠速波动现象不变，则说明怠速控制阀工作不良或不工作。对此，应检查怠速控制阀线束插头处有无脉冲电信号。若无电信号，则说明怠速控制阀卡住，应拆检怠速控制阀或更换怠速控制阀。

造成怠速上下波动、喘车故障的原因基本与怠速抖动不稳故障的原因相同，但怠速控制阀故障、真空漏气、点火正时不正确和废气再循环阀在怠速时不能关闭是发动机怠速喘车的主要原因。

6. 使用空调或转向时怠速不稳、熄火

（1）故障现象

在发动机怠速运转时使用空调，或汽车转向时怠速过低、不稳，甚至熄火，关闭空调或汽车直行时怠速运转正常。

（2）故障原因

① 发动机初始怠速调整过低，使怠速自动控制无法正常进行。

② 怠速控制阀不工作或工作不良，在使用空调或汽车转向时，由于空调压缩机或动力转向液压泵开始工作，增大了发动机负荷，导致怠速过低、运转不稳或熄火。

③ 空调开关或转向压力开关及其控制线路故障，使电脑得不到使用空调器和汽车转向的信号，没有进行怠速自动控制，导致怠速过低。

（3）故障诊断与排除

怠速转速与发动机温度、负荷有关，冷车时怠速高，热车时怠速低。怠速时接通空调开关，进行转向（动力转向开关接通），变速杆从P位或N位挂入D位，怠速必须提速。如果怠速太低或上述开关接通时怠速下降，造成怠速不稳甚至熄火，则说明怠速控制系统有故障。

① 进行故障自诊断。有些车型的电脑能检测出怠速控制阀的工作状态。当怠速控制阀工作不正常（如线路短路或断路）时，电脑会显示出一个故障码。也可以通过解码器来检测怠速控制阀的工作状态，在汽车运转过程中可通过电脑检测仪的数据分析功能检查怠速控制阀和空调开关或动力转向压力开关的工作情况。如检测仪显示有电脑指令而怠速控制阀没有相应的反应，则说明怠速控制阀或控制线路有故障。在打开空调开关或转动转向盘时，检测仪所显示的空调开关或动力转向压力开关应由关闭（OFF）状态变为开启（ON）状态。如无此变化，则说明电脑或空调开关、动力转向液压开关有故障。

② 按规定的程序重新检查、调整发动机的初始怠速。

③ 检查怠速控制阀工作是否正常。对于脉冲电磁阀式怠速控制阀，可在冷车运转中拔下怠速控制阀线束插头，若发动机转速没有变化，则说明怠速控制阀不工作。对于步进电动机式怠速控制阀，应在发动机熄火后拔下线束插头，待发动机起动后再插上。若此时发动机转速无变化，则说明怠速控制阀不工作，应进一步检查线束插头处有无脉冲电压。如无脉冲电压，应检查控制线路；如有脉冲电压，则说明怠速控制阀有故障，应更换。

④ 检查空调开关、转向压力开关有无故障，它们与电脑的连接线路有无断路或短路。

合作讨论原因

学生活动：

学生小组合作讨论达成共识，把本组的“怠速过低导致发动机熄火”的原因工整书写在餐垫中心位置上，贴在白板上展示。（30min）

教师活动：

教师重点观察学生讨论时的表现：所有成员是否可以经过妥协或协商快速达成一致意见。

师生确定原因

教师活动：

教师带领学生一起逐条对每组的结果进行分析评价，判断对错，总结原因。

学生活动：

学生领会理解，修改本组餐垫并把最终结果工整记录在笔记本上。(10min)

填写客户工单

教师活动：

教师提供行车证等资料，指导学生填写7.6.0.1客户工单（车辆检验内容，确定维修范围，是否修理车辆建议）。

学生活动：

学生小组合作填写完整客户任务工单。(20min)

提交任务分析阶段的评价表

教师活动：

教师要求学生对任务分析阶段自己的表现依据7.6.2.2评价表进行自我评价。

学生活动：

学生按照教师的要求对自己在任务分析阶段的表现对照每一条进行客观真实地自评。

7.6.2.2　任务分析评价表

参与本项目的教师具体见Moodle系统，未参与本项目的教师可以根据实际情况自行制定。

7.6.3　理论学习：怠速控制系统结构原理及检修

教学方法：小组拼图法

原始组独立完成工作页

教师活动：

教师把学生分成专家组，并提供与之有关的7.6.3.1～7.6.3.4信息页和7.6.3.5～7.6.3.8工作页。

学生活动：

学生原始组个人独立学习信息页，并完成工作页。(60min)

7.6.3.1　信息页

7.6.3.1　信息页

学校名称		任课教师	
班级		学生姓名	
学习领域	L7 发动机管理系统诊断维修		
学习情境	LS7.6：怠速过低导致发动机熄火	学习时间	1h
工作任务	A：怠速控制系统的作用组成	学习地点	理实一体化教室

发动机在无负荷情况下以最低稳定转速运转，称为发动机怠速。发动机怠速的高低，不但对油耗有严重的影响，对发动机的排放污染、暖机时间和使用寿命等都有一定程度的影

响。因此使发动机在各种工况下能自动调节其怠速具有十分重要的意义。怠速是发动机重要的运行工况之一，常见的故障现象有怠速不稳、怠速过低、怠速过高、怠速时开空调熄火等。

1. 怠速控制的作用

发动机怠速控制的目的是用高怠速实现发动机起动后的快速暖机过程；自动维持发动机怠速在目标转速下稳定运转。怠速控制，实质上是对怠速时进气量进行控制。通常由传感器、ECU 和执行元件组成，如图 1 所示。

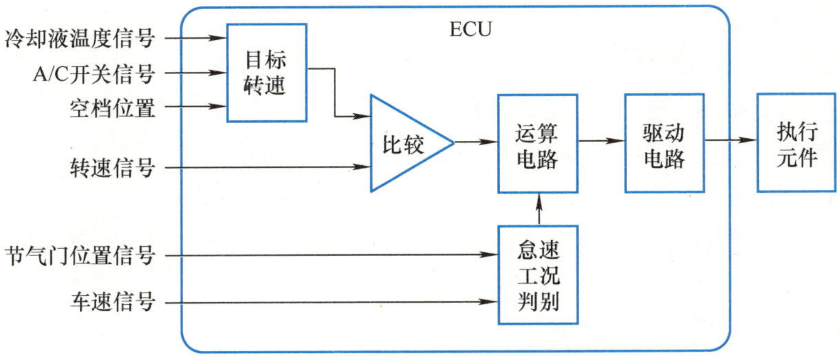

图 1　怠速控制系统

2. 怠速控制类型

怠速控制的方式随车型有所不同，对电控汽油喷射系统来说，目前可分为两种类型：一种是控制节气门旁通管路中的空气旁通量，称为旁通空气式；另一种是没有怠速空气旁通道，直接控制节气门全关时的最小开度，称为节气门直动式。其中旁通空气式控制目前最为常见。

（1）旁通空气式

怠速时，节气门完全关闭，怠速进气量由怠速控制阀控制的旁通空气道提供。现代轿车的怠速控制阀通常采用步进电动机，如图 2 所示。

（2）节气门直动式

怠速时，进气量由节气门较小的开度提供，不设旁通空气道。节气门在怠速状态的开度大小由发动机 ECU 通过怠速电动机控制，如图 3 所示。

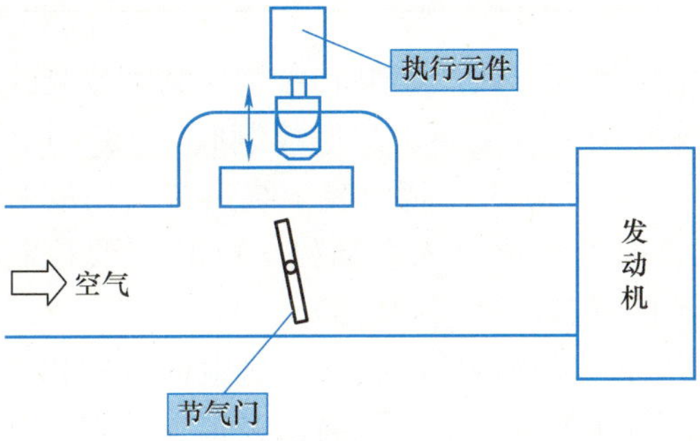

图 2　旁通空气式怠速控制

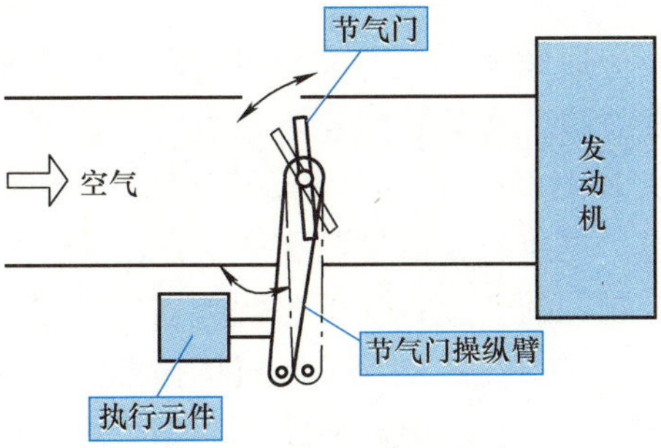

图 3　节气门直动式怠速控制

发动机怠速控制系统主要由发动机 ECU、执行器和各传感器等组成。

3. 对发动机怠速控制的要求

怠速是指发动机不向外输出功率，燃料燃烧所做的功仅用于克服发动机的内部摩擦和带动相关的附属设备，此时，节气门往往处于关闭状态，发动机只需要吸入极少量的空气，喷油器也只需要喷入极少量的燃油，相应的转速也维持较低。

（1）正常怠速或低怠速要求

冷却液温度正常，且空调、前照灯等附属设备关闭时，怠速应为 750～850r/min，这时称为正常怠速或低怠速。

（2）起动、暖机怠速要求

起动、暖机时，由于冷却液温度较低，发动机内部摩擦力较大，低怠速下容易造成运转不稳，且长时间低温运行会增大发动机的磨损。因此，要求怠速适当提高（提高的幅度与当时的冷却液温度有关，冷却液温度越低，提高的幅度越大），这样既利于运转平稳，又利于快速暖机。随着冷却液温度的升高，要求转速逐步向正常怠速或低怠速过渡，如图 4 所示。

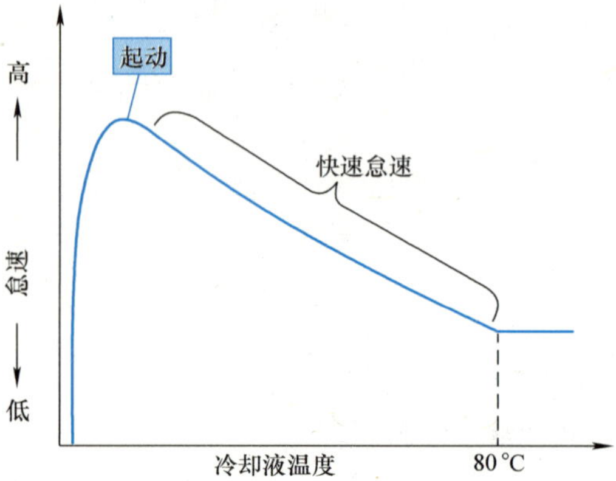

图 4　起动、暖机时怠速变化要求

（3）高怠速要求

打开空调、前照灯等附属设备，动力转向系统开始工作或自动变速器换上行驶档位时，发动机的负载增大，转速有下降的趋势，此时要求怠速转速自动提高，一般要求达到 1000～1200r/min，称为高怠速（或快怠速）。

7.6.3.2　信息页

7.6.3.2　信息页

学校名称		任课教师	
班级		学生姓名	
学习领域	L7 发动机管理系统诊断维修		
学习情境	LS7.6：怠速过低导致发动机熄火	学习时间	1h
工作任务	B：旁通空气式怠速控制系统	学习地点	理实一体化教室

旁通空气式怠速控制机构是目前常见的一种怠速控制方式。如果其怠速控制阀或其线路出现故障，会导致怠速不稳故障。旁通空气式怠速控制系统主要由怠速控制阀（ISCV）、发动机 ECU 以及各种传感器等组成，如图 1 所示。其中，怠速控制阀装于绕过节气门的旁通气道。怠速时，节气门完全关闭，所有空气经由该旁通气道进入发动机，ECU 只要控制怠速控制阀的开度，即可控制旁通空气量，从而达到控制怠速转速的目的。

旁通空气式怠速控制机构按照怠速控制阀的不同，又分为转阀式、步进电动机式和线性电磁阀式、开关电磁阀式等类型。而线性电磁阀式和开关电磁阀式目前已经很少使用。

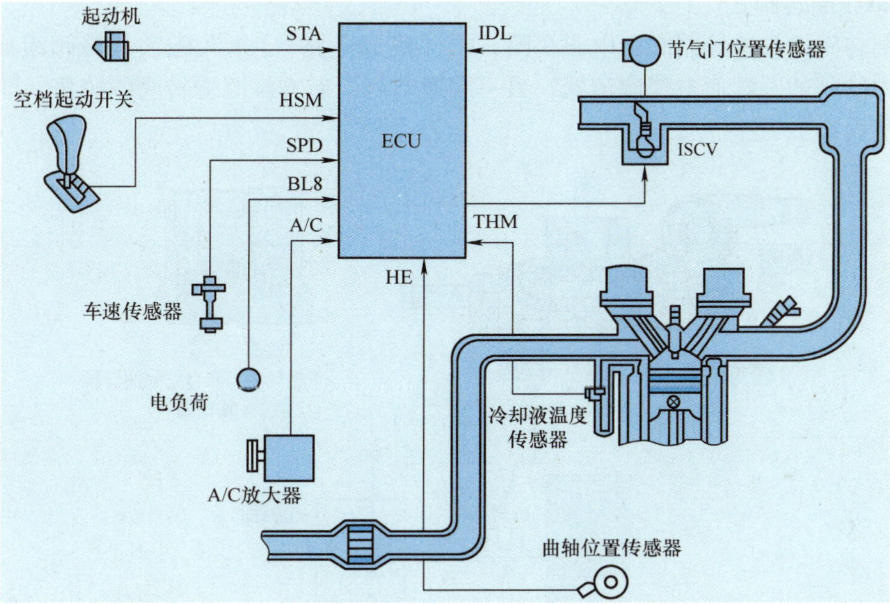

图 1　旁通空气控制式怠速控制系统的组成

1. 转阀式怠速控制阀

如图 2 所示，转阀式怠速控制阀有单线圈式和双线圈式两种。其中，单线圈式（图 2a）的电枢只能做单向驱动，复位要由复位弹簧进行；而双绕组式（图 2b）的电枢可以做双向驱动，复位弹簧只在其中起平衡作用。当电枢旋转时，带动下部的旋转滑阀就可以调节空气量的大小。

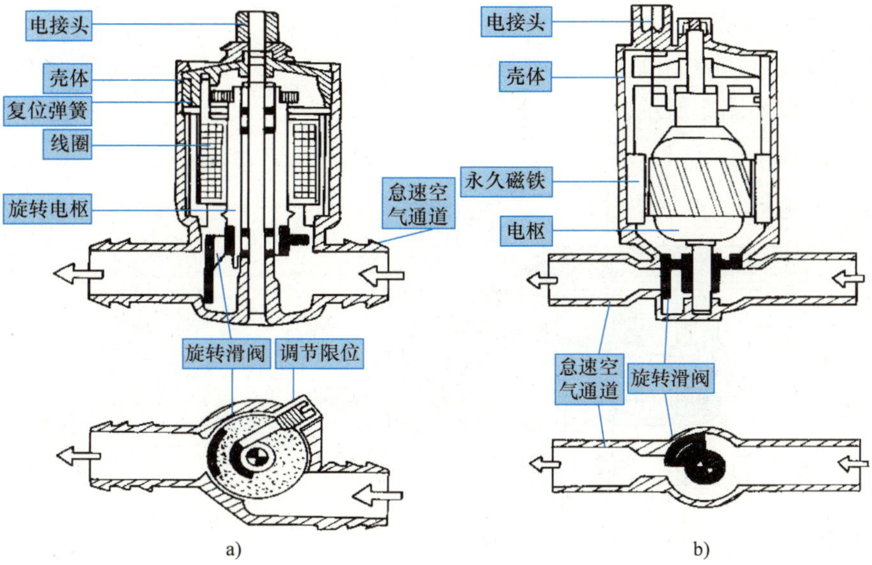

图 2　转阀式怠速控制执行机构

(1) 单线圈转阀式

单线圈转阀式怠速控制阀由电磁线圈，IC（集成电路）、永久磁铁和转阀组成，如图3所示，其中转阀的一端通空气滤清器，另一端通节气门后方。改变转阀的转角，即可以改变空气通道的大小。

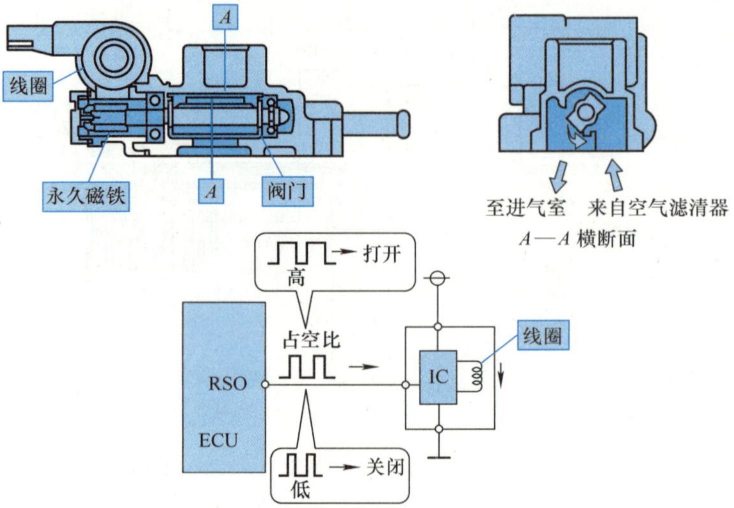

图3　单线圈转阀式怠速控制阀

发动机ECU向IC（集成电路）发送一定频率的方波信号，再由IC控制电磁线圈的工作电流，ECU只要改变方波信号的占空比（PWM），即可改变转阀的开度。所谓占空比（PWM），是指方波信号的一个周期中，高电平所占的百分比，即通电时间与通电周期的比值。运行时，ECU根据发动机工况决定PWM信号的脉宽，工作可靠且控制精确。

(2) 双线圈转阀式

双线圈转阀式怠速控制阀由两个电磁线圈、永久磁铁、双金属片和转阀等组成，如图4所示，其工作原理如图5所示。

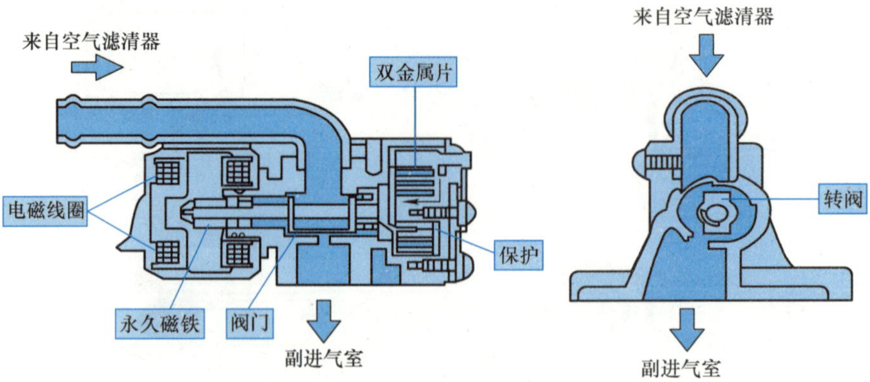

图4　双线圈转阀式怠速控制阀

两个电磁线圈通电后所产生的磁场同极相对，共同对转轴上的永久磁铁产生作用力，线

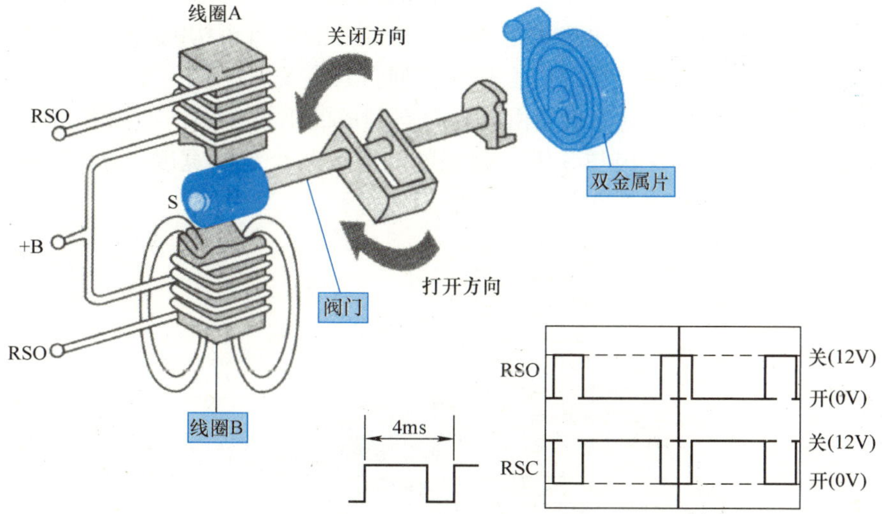

图 5　双线圈转阀式怠速控制阀的工作原理

圈 A 的磁场使转阀开度增大，线圈 B 的磁场使转阀开度减小。当两个磁场强度相同时，转阀处于中间位置；当两个磁场强度不同时，转阀发生偏转。如果线圈 A 的磁场强度大于线圈 B 的磁场强度，则转阀开度增大；如果线圈 A 的磁场强度小于线圈 B 的磁场强度，则转阀开度减小。转阀的最终位置取决于两个磁场强度与双金属片弹力的平衡状态。

发动机 ECU 通过控制两个线圈通电的占空比来控制其工作电流，但两个占空比信号的频率相同、方向相反，因而占空比互补。例如：线圈 A 的占空比为 60% 时，线圈 B 的占空比则为 40%。这样，线圈 A 的工作电流就大于线圈 B 的工作电流，因而转阀的开度增大，发动机的怠速随之升高。

线圈 A 发生断路时，怠速会过低或不稳；线圈 B 发生断路，怠速会过高。双线圈转阀式怠速控制阀的控制电路如图 6 所示，两个线圈由电源电路同时供电，并分别由 ECU 的两个晶体管控制，其中一个晶体管的基极电路设有反向器。

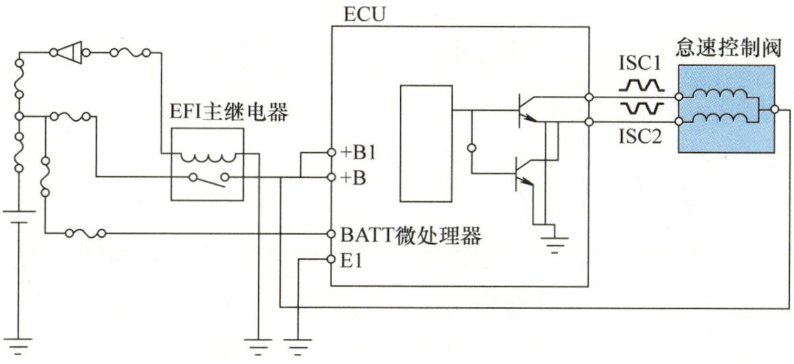

图 6　双线圈转阀式怠速控制阀控制电路

2. 步进电动机式怠速控制阀

（1）步进电动机基本结构与工作原理

不同汽车公司所采用的步进电动机式怠速控制装置，在结构形式上略有差异，但其基本工作原理相同。如图7所示为丰田步进电动机式怠速控制执行机构的结构。步进电动机的转子由永久磁铁构成，N极和S极在圆周上相间排列，共有8对磁极。定子由A、B两个定子构成，其内绕有A、B两组线圈，线圈由导磁材料制成的爪极包围，如图8所示。每个定子各有8对爪极，每对爪极（N极与S极）之间的间距为一个爪的宽度，A、B两定子爪极相差一个爪的位差，组成一体安装在外壳上，如图9所示。

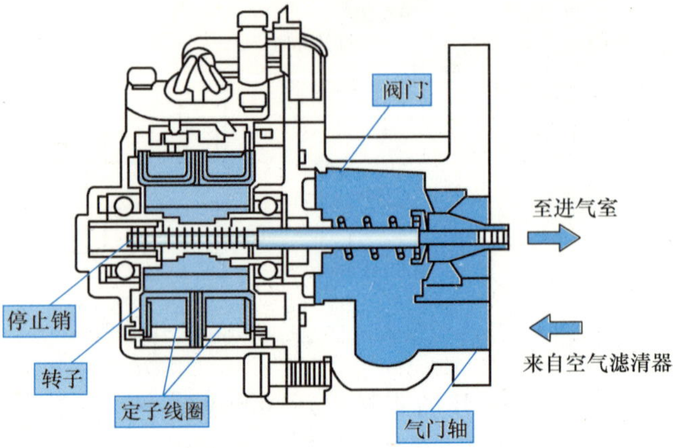

图7 丰田步进电动机式怠速控制执行机构

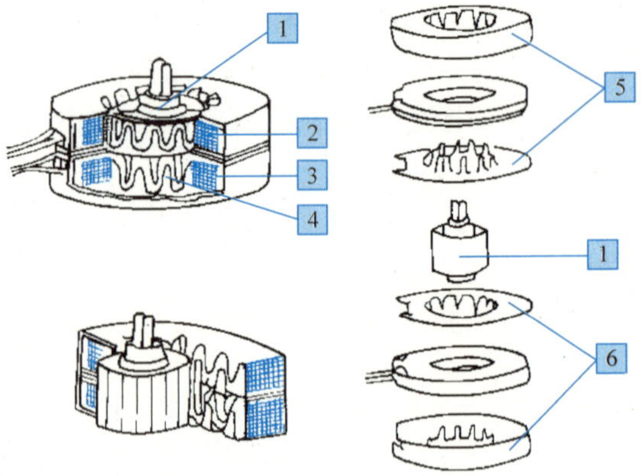

图8 定子结构

1—转子 2—线圈A 3—线圈B 4—爪极 5—定子A 6—定子B

ECU通过控制定子相线绕组的电压脉冲，交替变换定子爪极极性，使步进电动机转子产生步进式转动。A、B两定子绕组分别由1、3相绕组和2、4相绕组构成，由ECU内晶体管控制各相绕组的搭铁，如图10所示。相线控制脉冲如图11所示，欲使步进电动机正转时，相线控制脉冲按1-2-3-4相顺序迟后90°相位角，定子上N极向右方移动，转子随之正转，如图12所示。反之，欲使步进电动机反转时，相线控制脉冲按1-2-3-4相顺序依次超前90°相位角，定子上N极向左方移动，转子随之反转。

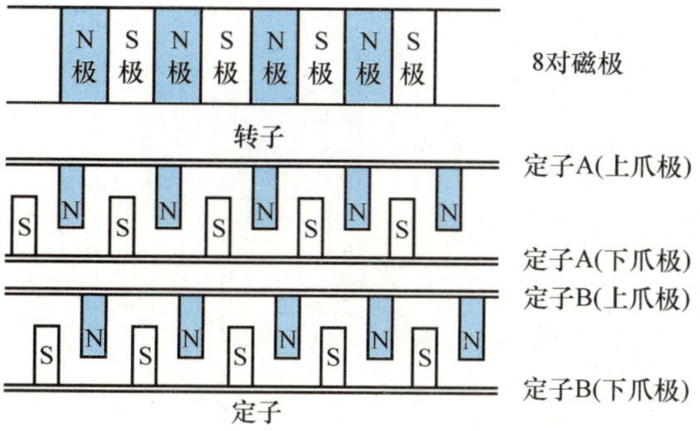

图 9　定子爪极的位置

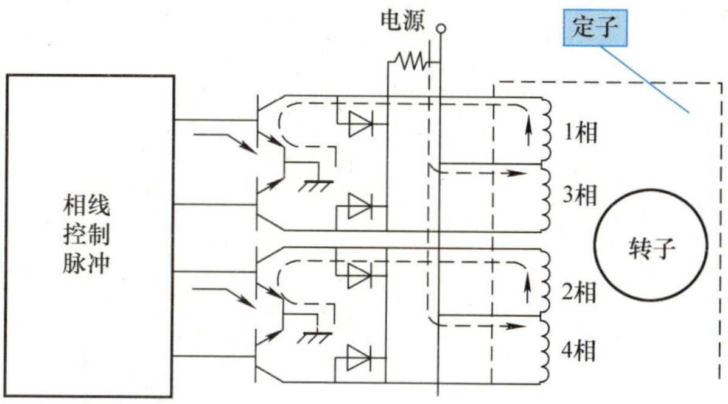

图 10　相线绕组的控制电路

图 11　相位控制脉冲（正转）

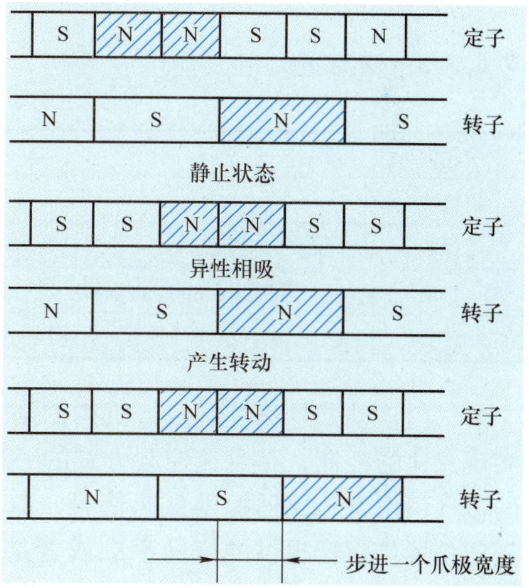

图 12　步进原理

转子的转动是为了使定子线圈电磁铁和转子永久磁铁的 N 极和 S 极互相吸引到最近距离。当定子的爪极极性随相线控制脉冲的变化而改变时，转子也随之转动，以保持转子的 N 极与定子的 S 极对齐。转子转动一圈分为 32 个步级，每一个步级转动一个爪的角度（即 11.25°）。步进电动机的正常工作范围为 0～125 步级。

（2）步进电动机式怠速控制机构功能

丰田汽车步进电动机式怠速控制阀的控制电路如图 13 所示。该怠速控制阀具有如下的特定功能。

① 起动位置设定：当发动机停止运转时，ECU 将怠速控制阀置于完全打开位置，以确保发动机下一次能够顺利起动。

② 主继电器控制：点火开关断开时，ECU 会继续维持主继电器接通一段时间，以便步进电动机完成起动位置设定。

③ 自学习记忆功能：发动机熄火后，ECU 内部会记忆达到规定怠速所需要的步数，以便下次起动后能够迅速稳定怠速。

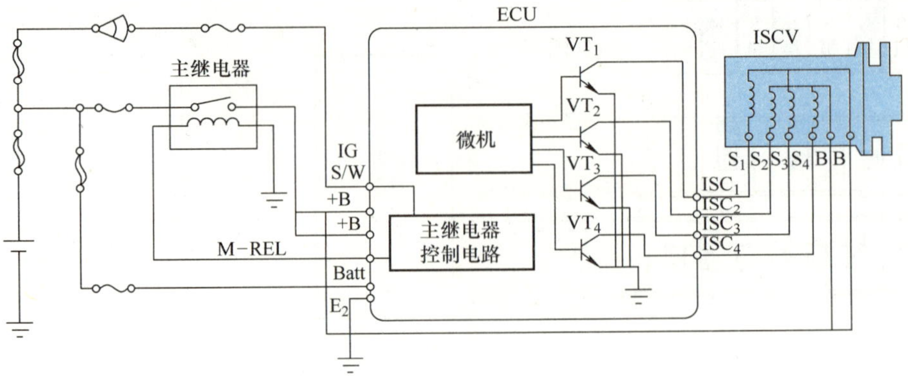

图 13　步进电动机式怠速控制阀的控制电路

7.6.3.3　信息页

7.6.3.3　信息页

学校名称		任课教师	
班级		学生姓名	
学习领域	L7 发动机管理系统诊断维修		
学习情境	LS7.6：怠速过低导致发动机熄火	学习时间	1h
工作任务	C：节气门直动式怠速控制系统	学习地点	理实一体化教室

节气门直动式怠速控制执行机构控制节气门的开启程度，以调节怠速时的空气流量，从而实现怠速的控制，是怠速控制方式的一种。节气门直动式怠速控制机构由安装在节气门体上的节气门位置传感器提供怠速信号，ECU 直接控制怠速电动机来控制节气门开度。如果节气门位置传感器提供的信号不准或者是怠速电动机或其线路出现故障会导致怠速不稳故障。这种节气门直动式怠速控制执行机构，节气门体上不再设置旁通气道，也不再设置怠速控制阀，发动机 ECU 通过直接控制节气门开度的方式来控制怠速转速，具有较强的工作能力，控制稳定性好，但反应速度不是很快。同时，整个执行器的外形尺寸也较大，安装时受到一些限制，它主要应用在大众、奥迪等欧洲车系中。

节气门直动式怠速控制系统有半电子节气门直动式怠速控制和全电子节气门直动式怠速控制两种。

1. 半电子节气门直动式怠速控制

节气门的开度只有在怠速工况下才受发动机 ECU 的控制，非怠速工况则由驾驶人通过加速踏板人工控制。

（1）半电子节气门直动式怠速控制结构与工作原理

如图 1 所示，半电子节气门直动式怠速控制的节气门体，其节气门轴的一端为节气门拉索盘，另一端为怠速稳定控制器。怠速稳定控制器由怠速电动机、齿轮组、应急弹簧以及相关传感器等组成，其中传感器包括节气门位置传感器、怠速节气门位置传感器、怠速开关等。

怠速时，怠速开关闭合，发动机 ECU 据此判定进入怠速状态，于是开始通过怠速电动

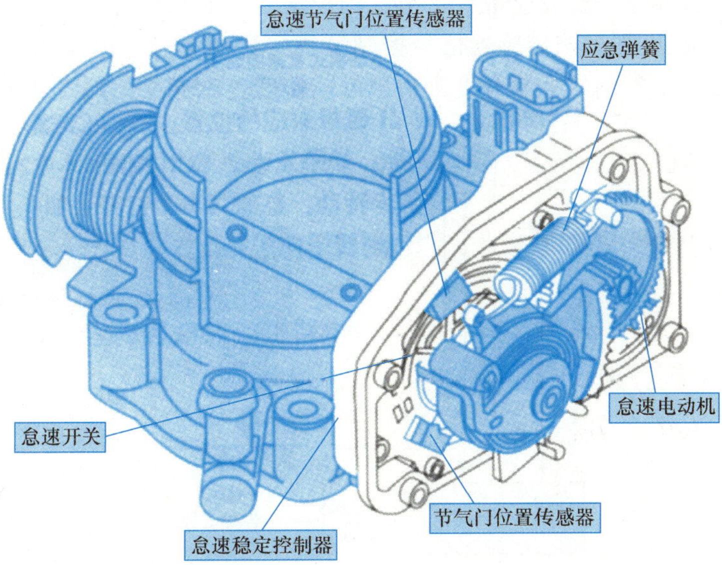

图 1　半电子节气门直动式怠速控制的节气门体

机及齿轮组等元件在一定范围内控制节气门的开度。节气门实际开度则由怠速节气门位置传感器信号反馈给 ECU，因而既可以实现对故障的监测功能，也可以实现 ECU 的自学习记忆功能。应急弹簧则用于应急运转功能。

（2）半电子节气门直动式怠速控制功能

① 故障监测功能：当节气门的开度不能按照 ECU 的控制指令变化或开度已经达到控制极限，而怠速转速却仍然达不到目标值时，ECU 内会储存相应的故障码——“怠速调整超出极限”。此时实际的故障原因可能为：节气门因污物而被卡、空气滤清器阻塞、进气系统漏气、其他机械故障等，应根据实际情况进行排除。一般情况下，节气门因污物而被卡较为多见，此时清洗节气门体即可。

② ECU 的自学习记忆功能：发动机熄火后，ECU 内部会记忆维持规定怠速所需要的节气门开度，以便下次起动后能够迅速稳定怠速。此功能可以确保发动机逐渐磨损后，其怠速仍然维持不变。

③ 应急运转功能：当 ECU 对怠速的控制失效时，应急弹簧可将节气门拉开至某一开度，从而使发动机维持在某一高怠速下继续运行。

在对节气门体进行清洗等维修作业、更换节气门体或更换 ECU 后，ECU 内部的记忆值与节气门的实际开度可能不一致，因此会造成怠速波动现象。解决方法有以下两种：起动发动机，反复踩几次加速踏板，并使发动机怠速运转 30min 左右（利用 ECU 的自学习记忆功能使怠速逐渐恢复稳定）；用故障诊断仪的“自适应匹配”功能清除 ECU 内部的记忆值，并利用怠速节气门位置传感器信号重新记忆新的数据。

2. 全电子节气门直动式怠速控制

（1）全电子节气门直动式怠速控制结构与工作原理

全电子节气门也称为“智能节气门”或“电子节气门”。无论是怠速状态还是非怠速状态，节气门的开度全部受发动机 ECU 的控制，如图 2 所示。这种电子节气门系统的主要工作原理：用节气门控制电动机完全取代了节气门拉索，在加速踏板处另设一个加速踏板位置传感器，发动机 ECU 则根据该传感器信号控制节气门控制电动机电流的大小和方向，从而控制节气门的开度。节气门的实际开度则由节气门位置传感器反馈给发动机 ECU。

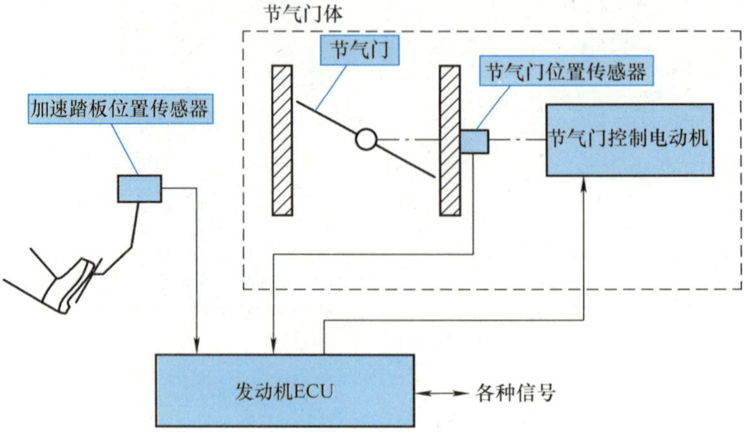

图 2　全电子节气门控制原理

全电子节气门体的结构如图 3 所示，主要由节气门、节气门控制电动机、齿轮机构、节气门位置传感器、复位弹簧和其他部件构成。

当没有电流流向电动机时，复位弹簧使节气门开启到一个固定位置（大约 7°，丰田卡罗拉为 6°）。但是，在正常怠速期间，节气门的开度反而要小于这个固定位置。

“全电子节气门”的控制模式如图 4 所示。在正常模式下，节气门开度随加速踏板转角变化，但略小于加速踏板转角，以确保汽车能够平稳行驶。

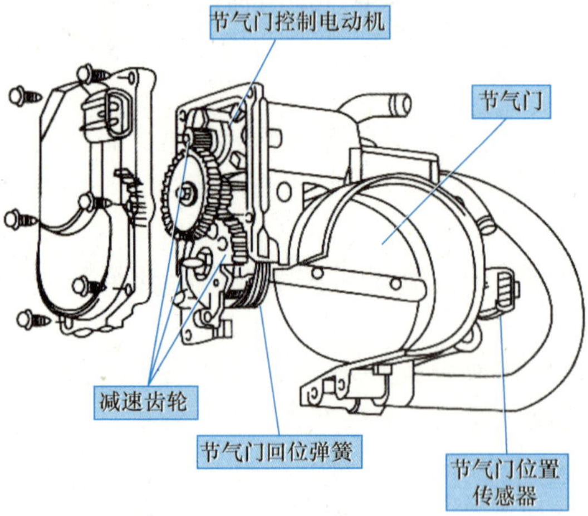

图 3　全电子节气门体

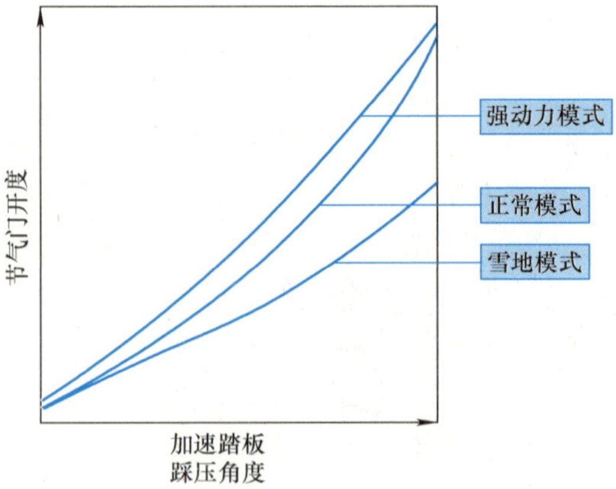

图 4　全电子节气门控制模式

当按下雪地模式开关时，节气门开度会减小，以防止车辆在较滑路面上打滑；当按下动力模式开关时，节气门开度增大，对加速踏板转角的直接反应性增强，从而使发动机输出较强的动力。

（2）全电子节气门控制功能

采用“全电子节气门”时，还可以实现如下控制功能：

① 转矩激活控制功能：节气门开度小于或大于加速踏板转角，以确保汽车平稳加速。如图5所示，当驾驶人突然踩下加速踏板时，如果没有转矩激活控制功能，节气门开度与加速踏板转角同步，汽车加速度（纵向力 G）会迅速升高，然后又逐渐下降；而有转矩激活控制功能时，节气门则逐渐开启，使汽车加速度逐渐上升而得到平稳加速的效果。

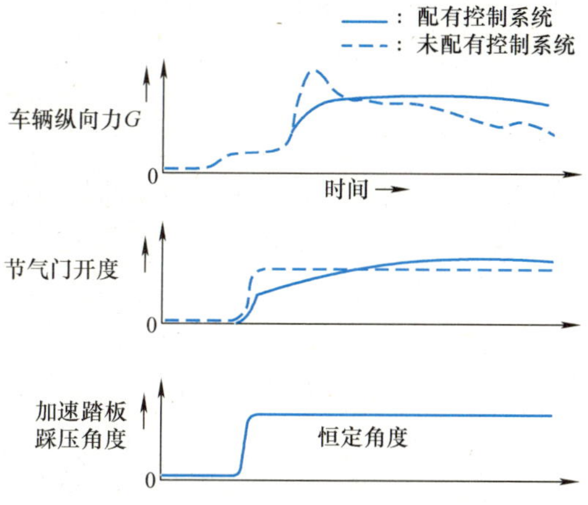

图5 转矩激活控制功能

② 怠速控制功能：ECU通过控制节气门开度，使发动机保持理想的怠速状态。

③ 换档减振控制：自动变速器换档时，减小节气门开度，从而降低发动机转矩。

④ 驱动防滑控制：驱动轮出现滑转现象时，减小节气门开度，从而降低发动机转矩。

⑤ 车身动态控制功能：车辆高速转弯时，如果出现侧滑现象，则减小节气门开度，从而降低发动机功率。

⑥ 巡航控制功能：发动机ECU直接控制节气门开度，实现巡航控制功能。

3. 节气门位置传感器

无论是半电子节气门还是全电子节气门，都需要安装能够判断怠速状态和非怠速状态以及提供节气门开度信号的传感器。半电子节气门实现这种功能的传感器安装在节气门体上，称为节气门位置传感器，而全电子节气门实现这种功能的传感器安装在加速踏板上，称为加速踏板位置传感器。这两种传感器结构与工作原理相同，只是安装位置不同而已。节气门位置传感器按结构不同，大致可分为触点开关式和复合式（触点开关和滑线电阻复合）两种。其中触点开关式输出的是简单的开关信号，可以用于判断发动机的怠速、大负荷等几个简单的工况点；复合式是触点开关式和滑线电阻式复合，同时输出开关信号和连续的电压信号，既可以判断简单的工况点，又可以判断发动机负荷的连续变化。

（1）触点开关式节气门位置传感器结构与工作原理

触点开关式节气门位置传感器主要由节气门轴、怠速触点（IDL）、全开大负荷触点（功率触点PSW）及随节气门轴转动的凸轮等组成，其结构、电路及所产生的信号如图6所示。

ECU通过线路分别向这两个触点输出5V的信号参考电压，触点闭合时，该线路被搭铁，信号参考电压变为0V，ECU接收到低电平信号“0”；触点张开时，线路没有被搭铁，信号参考电压维持为5V，ECU接收到高电平信号“1”。

当IDL信号和PSW信号分别为“1”“0”时，ECU判定节气门处于怠速位置，因而对发动机进行怠速方面的控制，包括正常冷却液温度低怠速、低冷却液温度高怠速、开空调高怠速、强制怠速断油等。

当IDL信号和PSW信号分别为“0”“1”时，ECU判定发动机处于大负荷状态，因而对发动机进行大负荷加浓控制，即适当增大喷油量，以提高发动机的功率。

当 IDL 信号和 PSW 信号分别为“0”“0”时，ECU 判定发动机处于部分负荷状态，因而根据其他传感器信号确定喷油量和点火正时，以确保发动机的经济性和排放性能。

触点开关式节气门位置传感器结构简单，价格便宜，但是只能检测怠速和大负荷状态，而对中间开度的节气门开度检测性差，无法提供线性数据。

（2）复合式节气门位置传感器结构与工作原理

复合式节气门位置传感器包括滑线电阻式传感器和怠速触点两个部分，主要由滑线电阻、滑动触点、节气门轴、怠速触点及传感器壳体等组成。其结构、电路原理及输出的信号如图 7 所示。其滑线电阻制作在传感器底板上，一端由 ECU 提供 5V 工作电源（VC 脚），

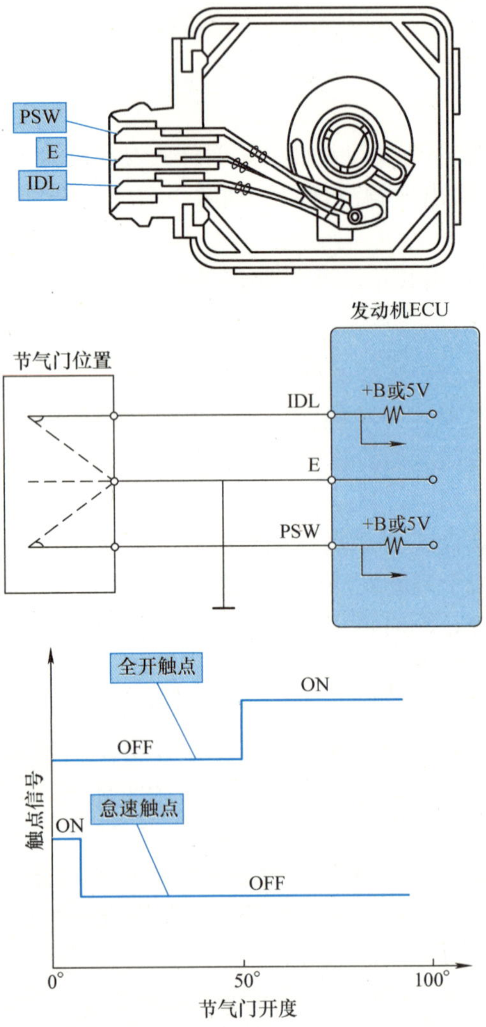

图 6　触点开关式节气门位置传感器结构及信号

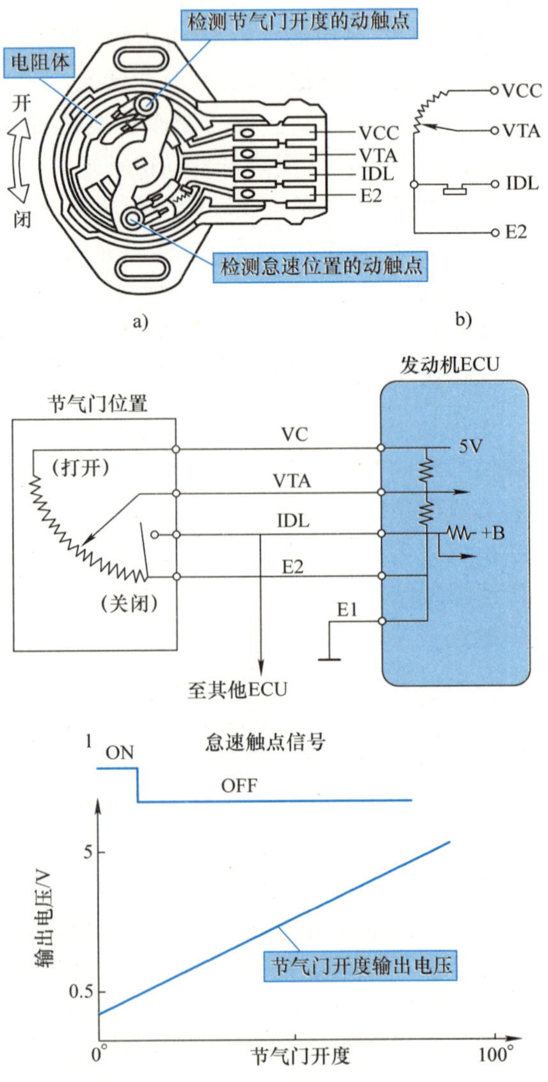

图 7　复合式节气门位置传感器结构及信号

另一端通过 ECU 搭铁；滑线电阻的滑臂与信号输出端子 VTA 相连，并随节气门轴一同转动；怠速触点的一端由 ECU 提供 5V（或 12V）的信号参考电压（IDL 端子），另一端也通过 ECU 搭铁。

节气门开度变化时，滑臂上的触点在滑线电阻上滑动，从而从滑线电阻上获得分压电压，并作为节气门开度信号输送给 ECU。

由于该传感器可以检测到节气门开度的连续变化情况，因而 ECU 可以实现更多的控制功能，例如：加速加浓控制、空气流量信号替代控制（即空气流量传感器发生故障时，利用节气门位置和发动机转速计算进气量）等。

4. 节气门控制机构组件

节气门控制机构组件位于节气门拉索轮的对面。节气门电位计（非怠速节气门位置传感器）、怠速开关、节气门定位电位计（怠速节气门位置传感器）和紧急运行弹簧全部安装在节气门控制组件壳体内。这个壳体不必打开，全部调整由 V. A. G1552 诊断仪基本设定功能来完成。节气门定位器（怠速电动机）通过减速装置与节气门同轴安装在节气门体一侧。以桑塔纳 2000 时代超人发动机的节气门控制机构为例，其节气门控制部件控制电路如图 8 所示。

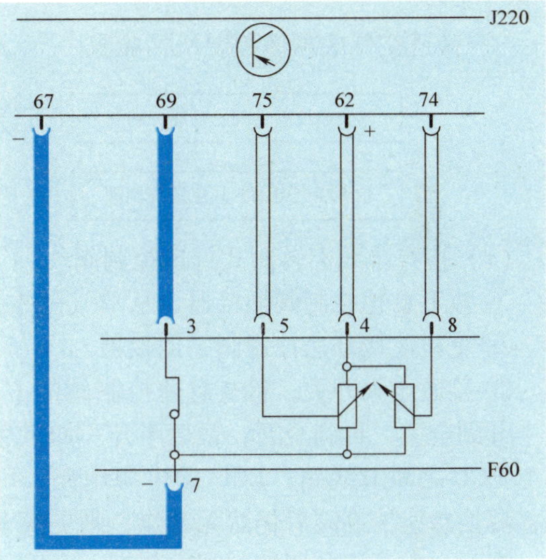

图 8 节气门控制机构组件电路

（1）节气门电位计

节气门电位计就是非怠速时的节气门位置传感器，通过图 8 中的 75 号信号线给 ECU 提供非怠速状态下节气门开度信号，用以修正喷油量控制。当节气门电位计出现故障时，发动机 ECU 就用发动机转速和空气流量计的信号值计算替代。

（2）节气门定位电位计

节气门定位电位计就是怠速时的节气门位置传感器，通过图 8 中的 74 号信号线给 ECU 提供怠速时怠速电动机动作使节气门打开的节气门开度信号。当节气门定位电位计出现故障时，节气门控制部件中的紧急运行弹簧起作用，使发动机处于紧急运行状态，此时发动机的怠速升高，约 1500r/min。

（3）怠速开关

怠速开关通过图 8 中的 69 号线给 ECU 提供怠速信号。当怠速开关出现故障时，ECU 就对节气门电位计和节气门定位电位计的信号值进行比较，判断出怠速位置。

（4）节气门定位器

节气门定位器即怠速稳定装置，俗称怠速电动机。怠速电动机损坏或 ECU 对怠速控制出现故障，节气门控制部件内的紧急运行弹簧设置节气门处于紧急运行位置。

对于全电子节气门，在加速踏板上安装有一个加速踏板位置传感器，发动机 ECU 利用该传感器的信号来控制全电子节气门的开度。加速踏板位置传感器通常采用滑线电阻复合式，其结构和工作原理与滑线电阻复合式节气门位置传感器相同。

7.6.3.4　信息页

7.6.3.4　信息页

学校名称		任课教师	
班级		学生姓名	
学习领域	L7 发动机管理系统诊断维修		
学习情境	LS7.6：怠速过低导致发动机熄火	学习时间	1h
工作任务	D：怠速控制系统检测	学习地点	理实一体化教室

1. 旁通空气式怠速控制机构检查

检查单线圈转阀式怠速控制阀 ⇒ 检查双线圈转阀式怠速控制阀 ⇒ 检查步进电动机式怠速控制阀

（1）检查单线圈转阀式怠速控制阀

① 拔下怠速控制阀插接器，从节气门体上拆下怠速控制阀。

② 重新连接怠速控制阀的插接器。

③ 接通点火开关，检查怠速控制阀的工作情况。正常情况为：怠速控制阀在0.5s内，从半开到全关，再到全开，最后半开。如果怠速控制阀无动作，则用万用表检查：怠速控制阀与ECU之间的线路；ECU的电源电路；ECU的搭铁电路。如都正常，则更换怠速控制阀；更换怠速控制阀后仍然无动作，则更换ECU。

提示：由于该怠速控制阀内部有一个IC电路，所以不能直接测量线圈的电阻。

④ 检查旁通气道有无污物阻塞情况，如有，则进行清洁。

（2）检查双线圈转阀式怠速控制阀

① 拔下怠速控制阀插接器，从节气门体上拆下怠速控制阀。

② 测量怠速控制阀两个线圈的电阻：+B与ISC1之间、+B与ISC2之间的电阻值都应该为17~24.5Q。如不符合要求，则更换怠速控制阀。

③ 用万用表测怠速控制阀两个线圈的搭铁情况：测ISC1端子、ISC2端子与搭铁之间的电阻，应为无穷大。若不符合要求，则更换怠速控制阀。

④ 分别向怠速控制阀的+B端子与ISC1端子之间、+B端子与ISC2端子之间提供12V电压（时间不超过1s），看怠速控制阀是否动作。如无动作，则更换怠速控制阀。

⑤ 用万用表检查怠速控制阀插接器线束侧ISC1端子、ISC2端子与ECU的线路连接情况，如有断路，则查找断点并进行维修。

⑥ 用万用表测怠速控制阀插接器线束侧ISC1端子、ISC2端子的搭铁情况：测ISC1端子、ISC2端子与搭铁之间的电阻，应为无穷大。如不符合要求，则维修或更换线束。

⑦ 检查ECU的电源电路、搭铁电路。

⑧ 检查旁通气道有无污物阻塞情况，如有，则进行清洁。

如果以上情况都正常，但接上ECU后怠速控制阀仍然不工作，则更换ECU。

（3）检查步进电动机式怠速控制阀

1）基本检查。

起动发动机，然后再关闭发动机，听怠速控制阀是否有“咔嗒”声，即进行起动位置设定时所发出的声音。如果有声音，则说明怠速控制阀及其控制电路基本正常；如果无声音，则说明怠速控制阀及其控制电路存在故障。

2）检查怠速控制阀的电阻。

拔下怠速控制阀的插接器，用万用表测步进电动机 4 个线圈的电阻值：B1 与 S1 之间、B1 与 S3 之间、B2 与 S2 之间、B2 与 S4 之间的电阻值均为 10 ~ 30Ω。如果有一处不正常，则更换怠速控制阀。

3）检查怠速控制阀的运行。

① 从节气门休上拆下怠速控制阀。

② 将蓄电池的正极接在怠速控制阀的 B1 端子和 B2 端子上，如图 1 所示。

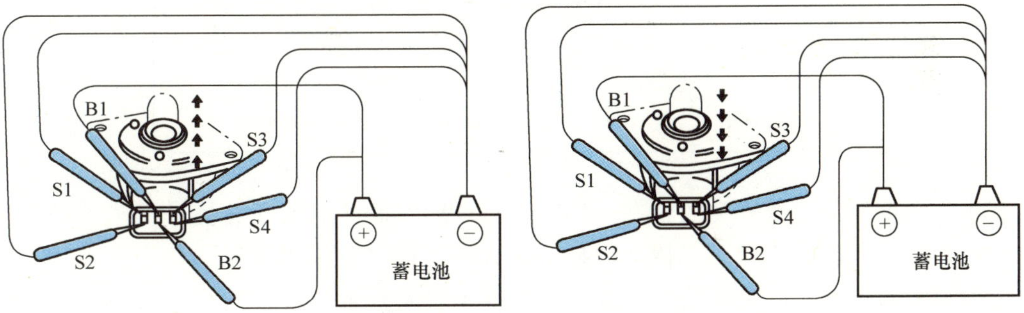

图 1 检查步进电动机式怠速控制阀运行情况

③ 按照 S1 – S2 – S3 – S4 的顺序将蓄电池的负极与各个线圈的端子相连，怠速控制阀应逐步伸出；按照 S4 – S3 – S2 – S1 的顺序将蓄电池的负极与各个线圈的端子相连，怠速控制阀应逐步缩入。如果不符合要求，则更换怠速控制阀。

4）检查怠速控制阀的供电电压。

将点火开关转至“ON”位置，用万用表测怠速控制阀插接器中 B1 端子和 B2 端子的对搭铁电压，应为 12V，否则检查主继电器与怠速控制阀插接器 B1 端子和 B2 端子之间的线路。

如果以上情况都正常，但怠速控制阀仍然不工作，则更换 ECU。

2. 节气门直动式怠速控制结构检查

检查怠速情况 ⇨ 对节气门与ECU进行匹配 ⇨ 对怠速转速进行设定 ⇨ 检查怠速稳定控制器 ⇨ 检查节气门位置传感器

（1）检查怠速情况

① 将大众汽车专用故障诊断仪 V. A. G1551/1552 与汽车 16 端子诊断插接器相接（诊断插接器一般位于仪表台下方，部分汽车在变速杆旁）。

② 起动发动机并保持怠速运转。

③ 向故障诊断仪输入地址“01”，进入发动机检测→输入选择功能“08”，进入读数据块功能→输入组号“03”，读基本数据，显示：

读取数据块			3→
810r/min	13.650V	91.0℃	43.2℃
①	②	③	④

其中，数据①为发动机转速；数据②为电源电压；数据③为冷却液温度；数据④为气温。

稳定怠速时，冷却液温度应大于80℃，怠速转速标准值应为（800±30）r/min。如果怠速转速不在标准值范围内，则按【C】键退出，输入组号“20”，读取工作状态数据，显示：

读取数据块			20→
810r/min	0.000	A/C—LOW	Kompr.AUS
①	②	③	④

其中，数据③为空调开关的状态，“A/C－LOW”即“空调开关信号低”，意思是没有开空调；数据④为压缩机状态，德文“Kompr. AUS”即“压缩机关”。

读取该组数据的目的是确信空调及压缩机处于关闭状态。

如果怠速仍然超出范围，则按【C】键退出，输入组号“04”，读取怠速稳定控制数据，显示：

读取数据块			4→
3∠°	0.23g/s	0.00g/s	Leerlauf
①	②	③	④

其中，数据①为节气门开度；数据②为怠速进气流量调整值（N位位置）；数据③为怠速进气流量调整值（D位位置）；数据④为工作状态说明，德文“Leerlauf”即“怠速”。

由该组数据可以看出怠速的相关参数，以便于进行故障判断。例如：没有显示“Leerlauf”，则说明怠速开关没有闭合，应该检查怠速开关。

怠速进气流量调整值的标准值为（－1.7～＋1.7）g/s。如果小于－1.7g/s，则说明进气系统有泄漏；如果大于＋1.7g/s，则说明发动机有额外负荷（例如：前照灯等大功率用电设备工作）或进气系统有阻塞。

怠速时节气门开度的标准值为0°～5°。如果不在标准值范围内，则应检查节气门与ECU的匹配情况，按【C】键退出，输入组号“05”，读取怠速匹配数据，显示：

读取数据块			5→
810r/min	800r/min	1.7%	2.9g/s
①	②	③	④

其中，数据①为发动机转速实际值；数据②为发动机转速目标值；数据③为怠速调整量（正常值为 -10% ~ +10%）；数据④为进气流量。

怠速转速应为（800±30）r/min。如果怠速转速过低，可能的原因有：发动机负荷过大；节气门与 ECU 不匹配；怠速稳定控制器损坏。如果怠速转速过高，可能的原因有：进气系统漏气；节气门与 ECU 不匹配；怠速稳定控制器损坏；活性炭罐电磁阀常开。

（2）对节气门与 ECU 进行匹配

节气门实际位置与 ECU 内部记忆值不匹配时，发动机怠速可能会不稳、过高或过低，此时，需要对节气门与 ECU 进行匹配。操作方法如下：

① 将 V. A. G1551/1552 与汽车 16 端子诊断插接器相接。

② 接通点火开关，但不起动发动机。

③ 向故障诊断仪输入地址“01”，进入发动机检测，输入选择功能“04”，进入“基本调整”功能→输入组号“98”（有些车型为 60）→按“确认”键后自动开始进行节气门与 ECU 的匹配，整个过程大约需要 10s。

发动机 ECU 清除原记忆值，并驱动节气门由最小怠速开度至最大怠速开度运行一个循环，同时利用怠速节气门位置传感器的信号记忆最大、最小以及中间 5 个开度值，随后在起动位置停留片刻，最后关闭，同时故障诊断仪显示“基本调整结束”。此时，按【C】键退出，断开点火开关，从 16 端子诊断插接器上拆下故障诊断仪插接器即可。

如果在匹配的过程中发生自动中断现象，可能的原因为：节气门太脏；节气门拉索调整不当；电池电压过低；怠速稳定控制器损坏或电动机线路故障。匹配中断后，ECU 内部会储存故障码“17967”或“17972”，下一次接通点火开关时会自动再次进行匹配。

（3）对怠速转速进行设定

如果需要对怠速转速的目标值进行微量调整，则可在发动机起动后，用大众汽车专用故障诊断仪 V. A. C1551/1552 输入地址“01”，进入发动机检测，输入选择功能“09”，进入“自适应匹配”功能，输入组号“01”，然后按“↑”或“↓”键来增大或减小设定的转速值，但调整量有限。

该项操作的条件是：ECU 内没有储存故障码，且冷却液温度正常，没有开空调等附属设备。

（4）检查怠速稳定控制器

大众汽车怠速稳定控制器上插接器各端子的位置如图 2 所示。在进行上述检查的过程中，如果发现怠速稳定控制器存在问题，则需要对怠速稳定控制器进行单独检查。检查的内容包括如下几个方面。

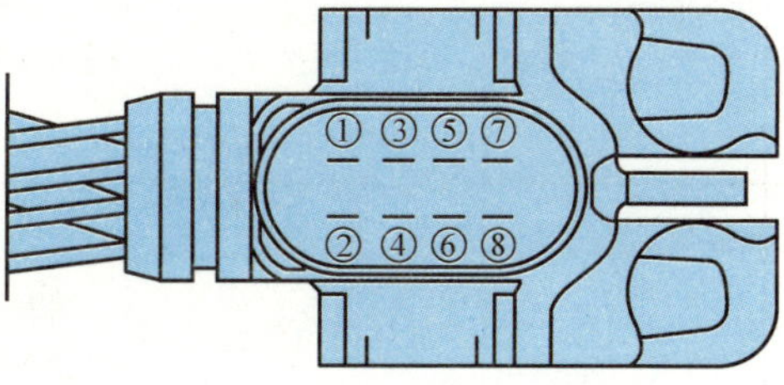

图 2 大众汽车怠速稳定控制器上插接器各端子的位置

①怠速电动机正极 ②怠速电动机负极 ③怠速开关正极 ④传感器电源（5V） ⑤节气门位置传感器信号 ⑥空脚 ⑦怠速开关负极 ⑧怠速节气门位置传感器信号

① 检查怠速电动机。测怠速稳定控制器插接器的 1 端子与 2 端子之间是否有断路（即怠速电动机是否断路）。用万用表检测怠速电动机阻值，应符合修理手册要求。

② 检查怠速开关。测怠速稳定控制器插接器的 3 端子与 7 端子之间的导通情况（即怠

速开关的工作情况），并开/关节气门。在节气门开/关变化时，3端子与7端子之间应随之发生通/断变化。

③ 检查非怠速时节气门位置传感器的工作情况。测怠速稳定控制器插接器的4端子与5端子、4端子与8端子之间的电阻，应随节气门开度的变化而变化。

④ 检查怠速时节气门位置传感器的工作情况。测怠速稳定控制器插接器的7端子与5端子、7端子与8端子之间的电阻，应随节气门开度的变化而变化。

如以上检查不符合要求，则更换怠速稳定控制器或节气门体。

⑤ 检测怠速稳定器供电。接通点火开关，测怠速稳定控制器插接器线束侧3端子、4端子是否有5V工作电压。如果没有，则检查与ECU之间的线路及ECU的供电电源；如都正常，则更换ECU。

⑥ 检测线束。测怠速稳定控制器插接器线束侧1、2、5、7、8端子与ECU之间是否导通，而且线路电阻应该小于1Ω。如不符合要求，则说明维修断路点和接触不良点。

⑦ 检查节气门。检查节气门是否卡滞、脏污，是否有所松动。如果有，则进行维修。

（5）检查节气门位置传感器

顺序	检查项目	检查内容	检查方法	图　示
1	供电电压	节气门组件的供电电压	断开传感器插头，用万用表检测线束端62号端子与搭铁之间的电压，应为5V	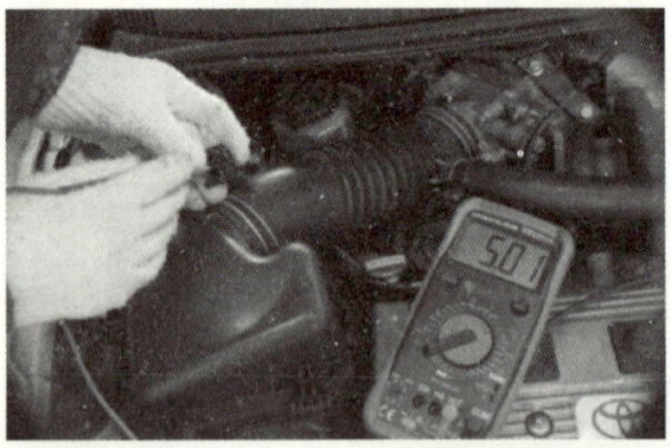
2	节气门电位计信号电压	节气门位置传感器在非怠速时的信号电压值	用万用表检测端子75与67之间的电压值，应该在5V以内随着节气门开度不同而变化	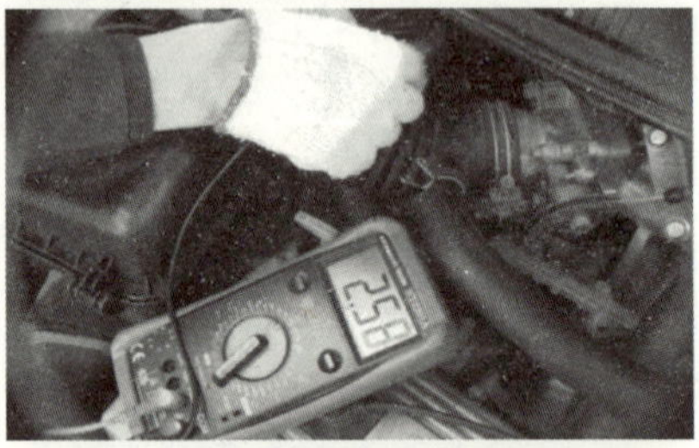
3	节气门定位电位计信号电压	节气门位置传感器在怠速时的信号电压值	用万用表检测端子74与67之间的电压值，应该在5V以内随着节气门开度不同而变化	
4	怠速开关	怠速开关的导通性	用万用表检测端子69与67之间的电阻值，节气门开与关时电阻值分别为∞与0Ω	

7.6.3.5 工作页

7.6.3.5 工作页

学校名称		任课教师	
班级		学生姓名	
学习领域	L7 发动机管理系统诊断维修		
学习情境	LS7.6：怠速过低导致发动机熄火	学习时间	1h
工作任务	A：怠速控制系统的作用组成	学习地点	理实一体化教室

1. 请提炼关键词描述怠速控制原理。

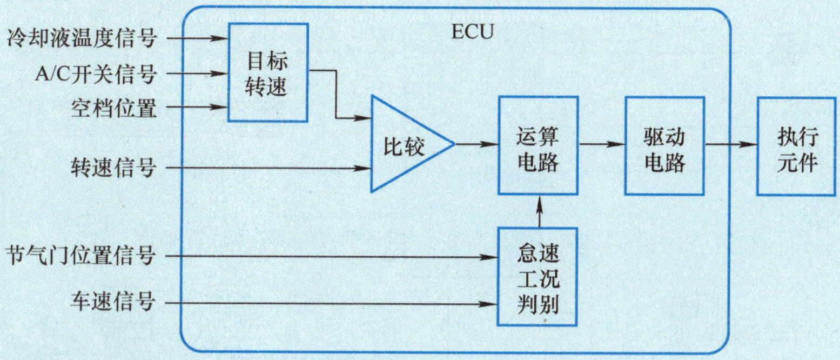

2. 完成下列题目

1）发动机在无负荷情况下以最低稳定转速运转，叫做发动机________。

2）发动机怠速控制的目的是用________实现发动机起动后的快速暖机过程；自动维持发动机怠速在________下稳定运转。

3）怠速控制的实质是对怠速时________进行控制。

4）怠速控制的方式随车型有所不同，目前有________和________两种类型。

5）冷却液温度正常，且空调、前照灯等附属设备关闭时，怠速一般应为________r/min，称为________或低怠速。

6）打开空调、前照灯等附属设备、动力转向投入工作或自动变速器换上行驶档位时，怠速转速自动提高，一般要求达到________r/min，称为________（或快怠速）。

7）发动机怠速的高低，不但对油耗有严重的影响，对发动机的排放污染、暖机时间和使用寿命等都有一定程度的影响。（ ）

8）节气门直动式怠速控制比旁通空气式控制目前更为常见。（ ）

9）起动时暖机阶段要求怠速低，随着冷却液温度的升高，要求转速逐步向正常怠速或低怠速过渡。（ ）

3. 请用表格整理两种怠速控制系统的结构组成、工作原理。

7.6.3.6 工作页

7.6.3.6 工作页

学校名称		任课教师	
班级		学生姓名	
学习领域	L7 发动机管理系统诊断维修		
学习情境	LS7.6：怠速过低导致发动机熄火	学习时间	1h
工作任务	B：旁通空气式怠速控制系统	学习地点	理实一体化教室

1. 请提炼关键词描述旁通空气式怠速控制原理。

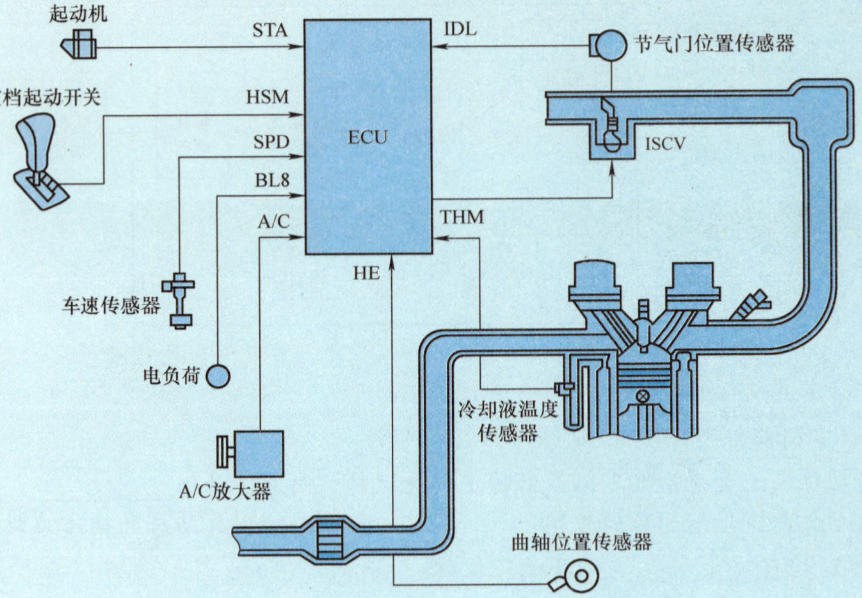

2. 完成下列题目

1）旁通空气式怠速控制是通过控制______________中的__________实现的。

2）旁通空气式怠速控制系统主要由__________、发动机ECU以及各种传感器等组成。

3）旁通空气式怠速控制机构按照________的不同，又分为转阀式、______和线性电磁阀式、开关电磁阀式等类型。

4）旁通空气式怠速控制是通过调节（　　）来控制空气流量的方法来实现的。

A. 旁通气道的空气通路面积　　B. 主气道的空气通路面积

C. 主气道或旁通气道的空气通路面积　　D. 节气门开度

5）丰田车步进电动机型怠速控制阀可有（　　）种不同的开启位置。

A. 64　　B. 125　　C. 128　　D. 256

6）对于旁通空气式怠速控制系统而言，怠速时的空气不经过节气门。（　　）

7）发动机熄火后，怠速控制阀处于关闭状态。（　　）

8）怠速控制阀发生故障时，发动机的故障现象都是怠速不稳。（　　）

3. 请简要描述步进电动机的步进原理和步进电动机式怠速控制的工作过程。

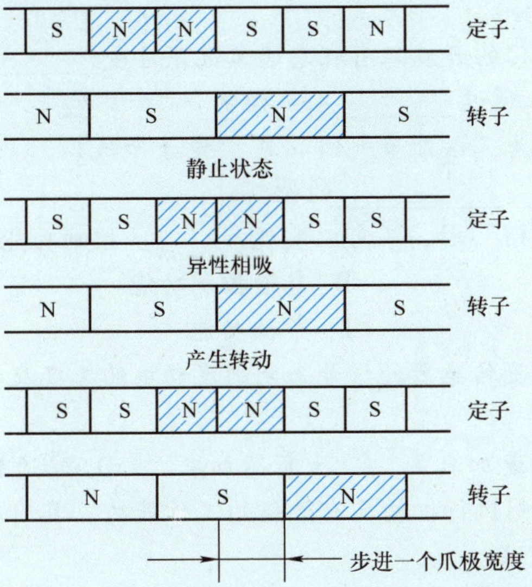

4. 请用表格整理不同类型的怠速控制阀（ISCV）的结构原理。

7.6.3.7　工作页

7.6.3.7　工作页

学校名称		任课教师	
班级		学生姓名	
学习领域	L7 发动机管理系统诊断维修		
学习情境	LS7.6：怠速过低导致发动机熄火	学习时间	1h
工作任务	C：节气门直动式怠速控制系统	学习地点	理实一体化教室

1. 请提炼关键词描述节气门直动式怠速控制原理。

2. 完成下列题目

1）节气门直动式怠速控制是通过直接控制__________全关时的___________实现的。

2）节气门直动式怠速控制系统有___________直动式怠速控制和___________直动式怠速控制两种。

3）半电子控制式节气门的开度只有在怠速工况下才受___________________的控制，非怠速工况则由驾驶人通过______人工控制。

4）全电子节气门也称为“智能节气门”或“电子节气门”。无论是怠速还是非怠速状态，节气门的开度全部受__________的控制。

5）采用“全电子节气门”时，不可以实现（　　）控制功能。

A. 转矩激活控制功能　　B. 怠速控制功能

C. 换档减振控制　　D. 节油功能

6）ECU利用节气门位置传感器的信号来判别发动机的工况及其变化，从而进行(　　)控制。

A. 怠速加浓　B. 加速加浓　C. 大负荷加浓　D. 怠速转速稳定

7）节气门直动怠速控制执行机构具有很强的工作能力，具有控制位置稳定性良好、控制速度快、响应性较好的优点。（　　）

8）节气门直动式怠速控制机构比旁通空气式怠速控制机构反应更灵敏。（　　）

9）复合式节气门位置传感器同时输出开关信号和连续的电压信号，既可以判断简单的工况点，又可以判断负荷的连续变化。（　　）

10）ECU利用节气门位置传感器的信号对喷油量、点火正时、怠速等进行修正控制。（　　）

3. 请对照下图分析节气门控制组件每两条线束之间是什么结构？

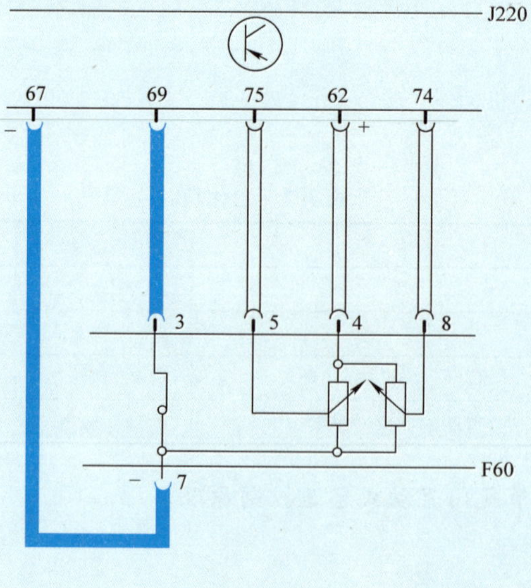

7.6.3.8　工作页

7.6.3.8　工作页

学校名称		任课教师	
班级		学生姓名	
学习领域	L7 发动机管理系统诊断维修		
学习情境	LS7.6：怠速过低导致发动机熄火	学习时间	1h
工作任务	D：怠速控制系统检测	学习地点	理实一体化教室

1. 请在实验车型上找到旁通空气式怠速控制机构，进行检测并做好检测记录。

操作项目	操作内容	检测步骤与完成情况
单线圈转阀式怠速控制阀检测	检测条件	
	检测内容	
	检测工作情况	
	检测旁通气道堵塞情况	
双线圈转阀式怠速控制阀检测	双线圈电阻	
	双线圈供电	
	双线圈搭铁	
	双线圈电路连接	
	线路搭铁	
	线路电源	
	双线圈式气道堵塞情况	
	双线圈检测条件	
步进电动机式怠速控制阀检测	步进电动机基本检查	
	步进电动机四个线圈阻值	
	怠速控制阀运行情况	
	怠速控制阀供电	
	步进电动机检查条件	

2. 请在实验车型上找到节气门直动式怠速控制机构，进行检测并做好检测记录。

操作项目	操作内容	检测步骤与完成情况
检查怠速工作情况	检测条件	
	检测内容	
	诊断仪使用	
	诊断仪流程	
	检测结果分析	
节气门与ECU匹配及怠速转速设定	匹配操作方法	
	匹配步骤	
	怠速转速设定条件	
	怠速转速设定操作步骤	
怠速稳定控制器检查	怠速电动机	
	怠速开关	
	非怠速时节气门开度信号	
	怠速时节气门位置开度信号	
	线束阻值	
	怠速稳定器供电	
	检查节气门卡滞、松动、脏污	

专家组合作制作海报

教师活动：

教师要求学生组成专家组，小组合作设计简单的海报。

学生活动：

学生进行小组讨论，合作制作海报。（30min）

专家组展示讲述海报

学生活动：

学生每个小组5min展示讲述本组学习成果，其他组学生认真倾听，提出疑问、建议。（30min）

教师活动：

教师在学生讲解海报时及时给出评价和反馈。

拼图学习完成其他工作页

教师活动：

教师要求学生先是独立完成其他三个工作页的学习，并进行指导和答疑；然后小组讨论并展示结果。

学生活动：

学生先是独立完成其他三个工作页的学习，然后和伙伴讨论形成本组意见，进行工作页的展示。(120min)

完成 7.6.3.9 理论测试

教师活动：

教师要求学生独立完成 7.6.3.9 理论测试，不允许查阅任何资料。

学生活动：

学生安静、独立地在系统上完成 7.6.3.9 理论测试并提交，不能查阅任何资料。(20min)

7.6.3.9 理论测试

7.6.3.9 理论测试

学校名称		任课教师	
班级		学生姓名	
学习领域	L7 发动机管理系统诊断维修		
学习情境	LS7.6：怠速过低导致发动机熄火		
理论学习内容	怠速控制系统的结构原理	学习时间	4h

一、填空题（每空 1 分，共 20 分）

1. 发动机在无负荷情况下以最低稳定转速运转，叫做发动机________。

2. 发动机怠速控制的目的是用________实现发动机起动后的快速暖机过程；自动维持发动机怠速在________下稳定运转。

3. 怠速控制的实质是对怠速时________进行控制。

4. 怠速控制的方式随车型有所不同，目前有旁通空气式和________两种类型。

5. 旁通空气式怠速控制是通过控制________中的________实现的。

6. 节气门直动式怠速控制是通过直接控制________全关时的实现的。

7. 冷却液温度正常，且空调、前照灯等附属设备关闭时，怠速一般应为______r/min，称为______或低怠速。

8. 打开空调/前照灯等附属设备、动力转向投入工作或自动变速器换上行驶档位时，怠速转速自动提高，一般要求达到______________ r/min，称为___________（或快怠速）。

9. 旁通空气式怠速控制系统主要由________________、发动机ECU以及各种传感器等组成。

10. 旁通空气式怠速控制机构按照______________的不同，又分为转阀式、____________和线性电磁阀式、开关电磁阀式等类型。

11. 节气门直动式怠速控制机构由安装在节气门体上的________________提供__________信号，ECU直接控制______________来控制节气门开度。

12. 节气门直动式怠速控制系统有半电子节气门直动式怠速控制和_____________直动式怠速控制两种。

二、单选题（每题2分，共10分）

1. 旁通空气式怠速控制是通过调节（　　）来控制空气流量的方法来实现的。

A. 旁通气道的空气通路面积　　B. 主气道的空气通路面积

C. 主气道或旁通气道的空气通路面积　　D. 节气门开度

2. 丰田车步进电动机型怠速控制阀可有（　　）种不同的开启位置。

A. 64　B. 125　C. 128　D. 256

3. 采用“全电子节气门”时，不可以实现（　　）控制功能。

A. 转矩激活控制功能　　B. 怠速控制功能

C. 换档减振控制　　D. 节油功能

4. ECU利用节气门位置传感器的信号来判别发动机的工况及其变化，从而进行（　　）控制。

A. 怠速加浓　B. 加速加浓　C. 大负荷加浓　D. 怠速转速稳定

5. 丰田车步进电动机型怠速控制阀四个线圈的电阻值（　　）。

A. 1～5Ω　B. 5～10Ω　C. 10～30Ω　D. 30～50Ω

三、判断题（每题2分，共20分）

1. 发动机怠速的高低，不但对油耗有严重的影响，对发动机的排放污染、暖机时间和使用寿命等都有一定程度的影响。（　　）

2. 目前节气门直动式怠速控制系统比旁通空气式控制更为常见。（　　）

3. 为了减少磨损，起动、暖机时的怠速转速较低，随着冷却液温度的升高，要求转速逐步向正常怠速或低怠速过渡。（　　）

4. 对于旁通空气式怠速控制系统而言，怠速时的空气不经过节气门。（　　）

5. 发动机熄火后，怠速控制阀处于关闭状态。（　　）

6. 怠速控制阀发生故障时，发动机的故障现象都是怠速不稳。（　　）

7. 节气门直动怠速控制执行机构具有很强的工作能力，具有控制位置稳定性良好、控制速度快、响应性较好的优点。（　　）

8. 节气门直动式怠速控制机构比旁通空气式怠速控制机构反应更灵敏。（　　）

9. ECU利用节气门位置传感器的信号对喷油量、点火正时、怠速等进行修正控制。（　　）

10. 触点开关式节气门位置传感器既能测出发动机怠速工况和大负荷工况，又能测出发动机加速工况。（　　）

提交理论学习阶段的评价表

教师活动：

教师要求学生对理论学习阶段 7.6.3.10 评价表进行自我评价。

学生活动：

学生按照教师的要求对自己在理论学习阶段的表现进行自评，客观真实。

7.6.3.10　理论学习评价表

参与本项目的教师具体见 Moodle 系统，未参与本项目的教师可以根据实际情况自行制定。

7.6.4　任务计划：制订怠速控制系统检修工作计划

独立查阅信息

教师活动：

教师提供实验车型的维修手册和 7.6.4.1 信息页。

学生活动：

学生个人独立查阅教师提供的维修手册、7.6.4.1 信息页和前面的 7.6.2.1 信息页，提炼整理关键信息。(20min)

7.6.4.1　信息页

7.6.4.1　信息页

学校名称		任课教师	
班级		学生姓名	
学习领域	L7 发动机管理系统诊断维修		
学习情境	LS7.6：怠速过低导致发动机熄火	学习时间	1h
工作任务	怠速控制系统故障诊断	学习地点	理实一体化教室

1. 深刻理解电控发动机怠速控制原理

在搭载了电控发动机的汽车上，发动机电脑能够对发动机的各种工况进行精确控制。对于发动机怠速工况的控制，一般可分为基本怠速设置、目标怠速调节及附件工作怠速调整。下面就分别对这三种控制进行说明。

（1）基本怠速设置

发动机的基本怠速设置主要是由发动机节气门的初始开度决定的，即进入进气歧管内的总空气量由节气门初始怠速开度决定。这个开度值是在设计发动机时计算出来的，也是保证发动机实现正常怠速的前提。但随着车辆的使用，发动机节气门处会出现不同程度的污物。当污物增加后，发动机的进气量就会下降，从而也会导致怠速转速下降。

（2）目标怠速调节

发动机的目标怠速调节功能是通过发动机电脑的控制来实现的。发动机电脑通过对怠速控制阀开度的大小进行调节（有些车型直接调节节气门开度），达到目标怠速转速。当节气门开度变小或节气门处的污物增加时，实际进入进气歧管内的总空气量变小，将导致电脑内设定的转速值高于实际转速。此时电脑将控制怠速阀开启，以补充空气量，使怠速升高至发动机电脑设定的目标转速。当实际转速高于目标转速值时，电脑又会通过怠速阀开度的减小，降低发动机的实际转速，达到目标转速。

（3）附件工作怠速调整

当发动机怠速工况负荷增加时，如打开空调、发动机充电、挂档滑行等，发动机电脑将通过调节怠速控制阀的开度，以适应怠速负荷的变化，防止发动机熄火。

2. 怠速不稳、发抖的常见原因之一——缺火

（1）查找缺火气缸的传统方法

恒定的气缸缺火是很容易查找的，这就是所谓的“排气突突机器抖，缸不工作是常有”。用传统的断火试验就可找出不工作的气缸。在无分电器点火系统中，为做到安全断火，点火线圈高压插孔露在外面，可事先（发动机熄火状态下）用回形针或类似金属丝别在点火线圈高压线插孔上，再插上高压线。回形针有一部分露出在外，用一条导线一端搭铁，一端去靠近回形针露出部分，以检查气缸的工作情况。若是各缸独立点火的无分电器点火系统，可断开点火线圈低压插头来检查，也可断开各缸喷油器插头来检查气缸工作情况。在断缸试验的瞬间，发动机转速应下降，各缸引起的转速降应大体相同。如断开某缸，转速下降明显低于其他缸，则表明这个缸工作不良。

值得注意的是，在断火或断油试验时，发动机通常处于怠速状态。当试验中发动机转速下降时，怠速控制系统会立即使怠速控制阀动作，使转速恢复到目标转速值。试验时还应注意断火时间要短，以免使三元催化转化器过热，而且现在大多数发动机都具有缺火监测功能，发现缺火过度，会断开该缸的喷油器电路。此时即使重新恢复该缸点火，这个气缸也不工作。因为这个缸的喷油器已不喷油了。基于这种情况，最好采用专用诊断仪的执行器动态测试功能来进行这个试验。由维修操作人员发出断开某缸喷油器的指令，观察单缸转速降，从而检查各缸工作情况。

除用上述断火或断油的方法查找工作不良的缸外，还可以用红外线测温仪在发动机刚起动后不久时测量各缸的排气歧管的温度差异。

（2）自诊断系统对气缸失火的监控

在不同车系中，对点火系统工作情况的监控方式不同。OBD－Ⅱ诊断系统能够对发动机失火进行连续、精确的监控，这主要由发动机电脑的失火监控器来完成。

3. 真空泄漏检查

真空泄漏最直接的检查方法是使发动机处于怠速状态下，在进气歧管附近被怀疑漏气的地方喷化油器清洗剂，观察发动机转速有无变化。如果转速改变，说明存在漏气，应作进一步检查。当出现真空泄漏时，所有真空管、进气歧管垫、进气歧管本身、喷油器安装处的密封胶圈等都是检查的对象。

4. 怠速不稳检查歌诀

排气突突引擎抖，缸不工作是常有。断火断油试验证，查完点火查喷油。

真空漏气管插错，一一检查莫放过。点火正时不准确，废弃循环乱工作。

节气门体怠速阀，清洗调整设定它。油气配比要恰当，过浓过稀均不好。

看看有无调节器，闭环工作好不好。故障码来数据流，尾气测量细分析。
气缸压力若过低，气门缸垫活塞环。配气正时记号错，气门间隙小和无。
弹簧过软积炭多，气门发卡回位慢。可变配气正时阀，机油过脏可发卡。
平衡轴来机角垫，检查校对视情换。

5. 怠速过高检查歌诀

怠速过高怎么查？混合气量进缸多。进气通道有哪些？节气门来进气阀。
旁通气道附加阀，转向提速空气阀。缸体通风单向阀，进气歧管真空漏。
节气门开不回位，怠速马达已发卡。控制线路仔细查，清洗调整与设定。
冷却液温度控制快怠速，水道堵塞冷却液温度低。开关信号电负荷，空调档位与转向。
点火偏转要调整，充电不足电压低。学习程序严执行，更换电脑试一试。

6. 怠速异常原因

发动机怠速不良包括：怠速不正确，怠速太低、太高，怠速运转不柔和及怠速不稳等现象。电喷发动机的构造原理与化油器式发动机有很大区别，怠速不良的故障原因多而复杂，增加了故障诊断和排除的难度。

（1）电路原因

发动机控制电脑（ECU）是根据怠速开关信号（IDL 端子）电位的高低来判断发动机是否处于怠速工况的。当怠速触点闭合，给 ECU 的 IDL 端子输入低电位时，ECU 判断发动机处于怠速工况，于是启动怠速控制程序控制发动机运转。因怠速触点间隙调整不当、接触不良、损坏及电路故障，发动机 ECU 将无法正确判定怠速工况，从而造成怠速控制失误，导致各种怠速不良现象。因此，在检查时应加以重视，一般应首先排除这一可能。

（2）怠速控制阀

怠速控制阀（ISC 阀）用来控制怠速工况下绕过节气门进入进气歧管的旁通空气量，以控制怠速转速，发动机 ECU 根据冷却液温度传感器信号（THW 端子）及空调（A/C）、发动机动力转向泵等附属装置工作状态的开关信号，将发动机转速控制在所设定的目标转速稳定运转，控制过程采用反馈控制的形式。ISC 控制阀分步进电动机型、旋转电磁阀型、占空比控制型、真空电磁阀型等。当 ISC 阀因积炭堵塞、卡住，控制线路出现短路、断路和搭铁时，发动机 ECU 无法正确控制 ISC 阀的开度，导致怠速不良，诊断时应加以重点检测。

（3）空气流量计

空气流量计检测进入发动机的空气量，是 ECU 控制燃油喷射的主要依据之一。空气流量计及其电路故障使 ECU 接收不到空气流量信号或收到的信号失真，造成喷油器喷油量失准，混合气过浓或过稀，导致转速过低、缺火或怠速运转不柔和。诊断时，可用数字万用表检测怠速时空气流量信号输出端子及 ECU 相应输入端子电压，与标准值进行比较判断。

（4）喷油器

喷油器及其电路故障影响喷油数量及质量。如喷油器积炭堵塞造成喷油量减少、雾化不良，喷孔磨损使喷油过多、滴漏，喷油器电磁线圈及其控制线路电气故障（接触不良、短路、断路、搭铁）引起喷油量减少、不喷油等，导致怠速运转不柔和及缺火现象。

（5）冷却液温度传感器

怠速时，发动机 ECU 根据冷却液温度传感器输入信号（THW 端子）判断发动机热状态，对喷油量进行修正。冷却液温度低时，汽油蒸发困难，混合气形成困难且不均匀，因此低温时适当增大喷油量，加浓混合气。如果冷却液温度传感器不良，则会使输出信号失真，ECU从THW端子获得错误信号，造成修正不当。电路短路或断路时电脑采用跛行控制，固定采用80℃冷却液温度控制怠速，往往使怠速过低、缺火及运转不柔和。

（6）燃油泵及油路

燃油泵及油路系统影响燃油压力。如压力过低，使喷油器线圈在同样通电时间的情况下实际喷油量减少，喷雾质量变差，怠速混合气变稀；压力过高，则喷油量过多，混合气过浓。燃油系统压力与燃油压力调节器、燃油泵、油压电磁阀的技术状况及其电路工作状况有关。

（7）空调开关信号

空调（A/C）信号是一个开关信号，向电脑发出空调开关请求。当开空调时，电脑根据A/C信号及时提高怠速以适应空调压缩机的负荷；若A/C信号失常，将导致怠速过高、过低，发动机抖动和熄火。

（8）废气再循环阀

废气再循环阀（EGR阀）只在发动机处于正常工作温度并达到一定转速时才打开，将一部分废气引入进气歧管并返回气缸，以降低缸内最高燃烧温度，使NO_x排放降低。如果EGR阀卡死在开启位置，或在怠速时关不严，或电路故障引起怠速打开，则冲淡怠速混合气，造成怠速过低、运转不柔和熄火等。

（9）空档起动开关

配置自动变速器的汽车，ECU根据空档起动开关的信号提高怠速转速。当变速杆处于倒档或前进档时，自动提高怠速转速，否则降低转速。若空档起动开关电路出现故障，则ECU会收到错误信号使怠速过高或过低。

（10）点火系统故障

点火系统中点火线圈、点火器或分电器、点火信号发生器、相关影响点火正时的传感器及高压线不良，造成缺火、火花弱、点火正时不准等，导致怠速不良。

（11）其他故障

除以上故障原因，以下故障同样会引起某种怠速异常：ECU故障，主氧传感器电路，EFI主继电器电路，备用电源电路，冷起动喷油器电路，混合气调节可变电阻器电阻，燃油质量，进气管漏真空，空气滤清器堵塞，气缸压缩不良等。

小组制作工作计划海报

教师活动：

教师要求学生小组合作制定“怠速过低导致发动机熄火故障诊断与排除”工作计划海报，把每一步的细节和注意事项写出来，包括为什么干？怎么干？安全、环保、工具、时间、成本、注意事项、检测标准等。

学生活动：

学生分组讨论，小组合作完成工作计划海报。（40min）

7.6.4.2　工作计划海报

见附录。

展示讲述工作计划海报

教师活动：

教师选出一个组来介绍讲解海报内容，教师进行评价。

学生活动：

被选出的小组展示讲述本组学习成果，其他组学生提出疑问、建议。(40min)

修改工作计划海报

教师活动：

教师强调修改工作计划时注意：安全、环保、规范、时间及成本控制意识的训练。

学生活动：

每个组根据教师意见认真改进本组海报。(20min)

提交任务计划阶段的评价表

教师活动：

教师提供任务计划阶段的评价表，指定组间评价顺序，保证每个组都被评价。要求学生将7.6.4.3评价表以小组形式提交到系统。

学生活动：

每个组对老师指定的小组进行评价，合作填写7.6.4.3评价表，小组提交到系统。

7.6.4.3 任务计划评价表

参与本项目的教师具体见Moodle系统，未参与本项目的教师可以根据实际情况自行制定。

7.6.5 任务决策：与师傅和客户沟通工作计划

独立完成任务决策表

教师活动：

教师发放7.6.5.1任务决策表，要求学生安静地独立完成。

学生活动：

学生每个人独立按照任务决策的关键要素完成7.6.5.1任务决策表。(20min)

7.6.5.1 任务决策表

7.6.5.1 任务决策表

<table>
<tr><th>决策类型</th><th>决策方案</th></tr>
<tr><td rowspan="2">与师傅决策</td><td>请站在厂商的角度，和师傅沟通任务计划实施的可能性（包括：工作任务的时间控制和成本控制，工作步骤的正确性、规范性和合理性，工作过程的安全性和环保性，考虑厂商的经济效益和工作效率等，并记录决策结果与师傅的建议）。</td></tr>
<tr><td></td></tr>
</table>

（续）

决策类型	决策方案
与客户决策	请站在客户的角度，和客户沟通任务计划实施的可能性（包括：是否有几种可能供客户选择？某些项目做或不做？现在做还是未来做？考虑客户的成本控制、时间控制、安全性、环保性、美观性和便利性等，并记录决策结果与客户的意见）。

实战演习任务决策

教师活动：

教师选出一个学生代表（这个学生是以往决策出现问题较大的）和自己进行任务决策，及时担任师傅和客户双重角色。

学生活动：

被选出的学生与教师进行决策对话，其他学生观察，并进行口头评价、补充、改进。(20min)

提交确认任务决策

学生活动：

每个学生修改自己的任务决策方案表格，提交到系统。(20min)

教师活动：

教师对每个学生制定的任务决策方案进行确认，并将确认信息通过系统发给学生。

提交任务决策阶段的评价表

教师活动：

教师要求学生对任务决策阶段 7.6.5.2 评价表进行自我评价。

学生活动：

学生按照教师的要求对自己在任务决策阶段的表现进行自评，客观真实。

7.6.5.2　任务决策评价表

参与本项目的教师具体见 Moodle 系统，未参与本项目的教师可以根据实际情况自行制定。

7.6.6　任务实施：使用设备进行实车拆装检测

示范操作

教师活动：

教师亲自示范操作，或者播放相关视频（操作内容：从接车确认开始，按照诊断思路进行怠速过低导致发动机熄火故障的所有诊断与排除工作）。

学生活动：

学生观察教师的示范动作，或观察视频中的示范动作。

操作实施

教师活动：

教师将学生分组，并要求每组学生分工明确，严格强调安全和事故预防要求等。实施过程中教师进行巡视指导。

学生活动：

学生分为4组，分工操作。每组每次安排两名学生操作，所有学生轮流，每个学生都要完成一次操作。当两名学生进行操作时，另外安排两名学生分别对其进行评价，填写7.6.7.6评价表，1名学生拍视频，1~2名学生监督记录，1~2名学生查阅手册改进计划。(6h)

提交任务实施阶段的评价表和视频

教师活动：

教师要求学生对任务实施阶段7.6.6.1评价表进行自我评价，并提交任务实施阶段录制的所有视频资料。

学生活动：

学生按照教师的要求对自己在任务实施阶段的表现进行自评，客观真实。

负责拍摄的学生整理视频并提交到系统，负责评价的学生将7.6.6.1评价表提交到系统。

7.6.6.1　任务实施评价表

参与本项目的教师具体见Moodle系统，未参与本项目的教师可以根据实际情况自行制定。

7.6.7　任务检查：5S与检查工作结果

5S与任务检查

教师活动：

教师提供7.6.7.1任务检查流程。要求学生分组，小组合作完成任务检查及5S，在7.6.7.1任务检查单上标注。教师要求学生小组成员对工作过程和工作计划进行监督和评估，记录优缺点及改进建议，并口头表达。教师要重点引导学生对队友的支持性意见的表达，并训练学生接纳他人的建议。

学生活动：

学生分组，小组合作完成任务检查及5S，在7.6.7.1任务检查单上标注。(20min)

学生按照教师规定严格监督和控制其他成员的工作过程并友善提出改进建议。(10min)

7.6.7.1　任务检查单

7.6.7.1　任务检查单
1. 请进行必要的最终任务检查，在（　　）里进行标记。

检查任务实施过程（　　），是否有改进或需要说明：

如有，处理意见：

检查测量值与标准值（　　），是否有改进或需要说明：

如有，处理意见：

2. 请进行必要的5S。

5S车辆（　　）

5S工位（　　）

5S场地（　　）

3. 请根据实施的诊断与修理工作，编制工作说明，完善改进工作计划。（用另一颜色的笔在任务计划上标注作答）

小组合作修改工作计划

教师活动：

教师要求学生小组合作修改完善工作计划。修改方式：在原有工作计划上用另一颜色的笔进行真实、全面的复盘改进，并进行标注。

学生活动：

学生小组合作修改完善工作计划，修改方式：在原有工作计划上用另一颜色的笔进行真实、全面的复盘改进，并进行标注。（10min）

提交任务检查阶段的评价表

教师活动：

教师要求学生对自己在任务检查阶段的表现进行自我评价。提醒学生：对于自己没有涉及的条目不评价。

学生活动：

学生对自己在任务检查阶段的表现进行自我评价，对于自己没有涉及的条目不评价。

7.6.7.2 任务检查评价表

参与本项目的教师具体见Moodle系统，未参与本项目的教师可以根据实际情况自行制定。

7.6.8 任务交付：交车

任务交付准备

教师活动：

在任务交付之前，教师提供7.6.8.1交车剧本给事先安排好的两个学生，一个扮演客户，另一个扮演 SA，以便上课时两个学生能在实车上呈现交车过程。

学生活动：

两个角色扮演的学生要熟悉练习交车剧本。

7.6.8.1 交车剧本

7.6.8.1 交车剧本

学习情境描述：

一辆大众速腾轿车，行驶总里程 6 万 km，客户发现汽车在着车后怠速运转时转速偏低，只要一开空调发动机就熄火。

（一）任务完成正常交车

前台：先生，您好！您的车修好了，没有任何问题，您可以放心使用了。这是针对怠速控制系统使用的开车温馨贴士，请您留存！

客户：非常感谢！

前台：不客气！这是费用清单，请您跟我去财务结账。

客户：好的。

前台：这是车钥匙，以后请您放心使用！请您随时观察车况，如果有任何问题，您都能随时联系我。非常愿意为您服务！

客户：好的！谢谢您了！再见！

前台：再见！您慢走！

（二）任务未完成异常交车

前台：先生，您好！非常抱歉，您的车我们前期预估失误，虽然我们已经尽力了，但是还是不能按照约定时间正常交车给您，预计还得两个小时才能完成。您看您是继续在店里等待，还是先去处理其他事情。等这边结束我及时联系您。

客户：好吧！怎么回事呀，我已经等了这么长时间了。两个小时后我能取走车吗？

前台：真的非常抱歉，在此对您说声对不起！不过，您放心！同样的错误我们不会犯第二次。两个小时后肯定交车给您。

客户：好吧。两个小时后等你电话，我先去处理其他事情。一定要完全修复啊！

前台：请您放心！一定保证您的爱车行驶无忧，我会随时观察进展情况，及时联系您。非常愿意为您服务！

客户：好的！谢谢您了！那我先走了，待会儿见！

前台：待会儿见！您慢走！

两人角色扮演

学生活动：

学生分组，两人一组。其中，事先安排好的两个学生为一组，一个扮演客户，另一个扮演 SA，先交车给师傅，然后交车给客户。（10min）

教师活动：

教师提前安排学生两人一组，观察角色扮演学生的表演过程，同时观察其他学生的表现：倾听的认真程度。

全员换位评价

学生活动：

学生认真观看角色扮演情境再现过程，理解客户委托，并与本组学生一起对 SA 角色扮演的学生换位思考进行口头评价：角色扮演时的优缺点，如果是自己怎么改进会更好。(5min)

教师活动：

教师指出角色扮演的优缺点，提出注意事项，进行强调说明。

全员分组练习

教师活动：

教师要求所有学生借鉴两个示范学生的表现，进行任务交付练习。

学生活动：

学生按照教师的提示与强调，借鉴示范的两个学生的表现，学生分组在实车上进行任务交付的角色扮演练习。互换角色再练习一次。(10min)

提交任务交付阶段的评价表

教师活动：

教师要求学生对任务交付阶段自己扮演 SA 时的表现依据 7.6.8.2 评价表进行自我评价。

学生活动：

学生按照教师的要求，对自己在任务交付阶段扮演 SA 时的表现进行自评，客观真实。

7.6.8.2　任务交付评价表

参与本项目的教师具体见 Moodle 系统，未参与本项目的教师可以根据实际情况自行制定。

7.6.9　反思评价：总结知识点、技能点和素养点

提交反思评价自评表

教师活动：

教师归纳整理理论知识体系，用一页 PPT 展示知识点、技能点和素养点。

学生活动：

学生认真反思，倾听，构建适合自己学习的知识体系。(10min)

学生认真反思，对照学习目标进行自我反思，填写 7.6.9.1 自评表。(10min)

7.6.9.1　反思评价自评表

参与本项目的教师具体见 Moodle 系统，未参与本项目的教师可以根据实际情况自行制定。

提交反思评价他评表

教师活动：

教师把每一位学生的反思阶段的评价表分配给其他同学进行评价。

学生活动：

学生按照系统分配的评价对象，每个学生都填写一份对另一个学生的评价表。(10min)

7.6.9.2 反思评价他评表

参与本项目的教师具体见 Moodle 系统，未参与本项目的教师可以根据实际情况自行制定。

提交反思评价阶段的评价表

教师活动：

教师参照学生的自评与他评在 7.6.9.3 反思评价表上给出学生反思评价成绩。

学生活动：

每个学生将自评表和他评表形成的 7.6.9.3 反思评价表进行对照，帮助学生自我认识。

7.6.9.3 反思评价表

参与本项目的教师具体见 Moodle 系统，未参与本项目的教师可以根据实际情况自行制定。

7.6.10 巩固拓展

迁移新任务

教师活动：

教师布置新的客户任务：怠速不稳导致发动机抖动熄火故障。要求学生小组合作制定工作计划并用 PPT 展示。

学生活动：

学生明确拓展任务：小组合作制定工作计划，下次课前用 PPT 展示和评价。做好完成拓展任务的计划（分工与时间安排）。

分工制作工作计划

教师活动：

教师要控制学生的制作过程，要求学生分工完成 7.6.10.1 工作计划，把自己负责的部分提交到系统，让教师看到。

学生活动：

学生在小组长的带领下，制作过程合理分工，每人完成工作计划的一部分并提交到系统。(课后)

7.6.10.1　工作计划海报

见附录。

提交过程视频和 PPT

教师活动：

教师要求学生录制制作 PPT 过程的视频并把视频提交到系统，同时提交 PPT 结果到系统。

学生活动：

小组合作把制作 PPT 的过程录制视频。

巩固拓展阶段的评价表

教师活动：

教师要求小组长完成本小组所有成员的 7.6.10.2 评价表，提交到系统。

学生活动：

小组长完成小组评价 7.6.10.2 评价表，并把每个组员的评价表提交到系统。

7.6.10.2　巩固拓展评价表

参与本项目的教师具体见 Moodle 系统，未参与本项目的教师可以根据实际情况自行制定。

总体评价

给学生反馈总体评价表

教师活动：

教师对每个学生的总体评价表初稿进行补充修改，形成总体评价定稿，作为每个学生本学习情境的最终评价。

学生活动：

学生认真对照教师反馈的总体评价表，分析自己的优势和不足，有针对性地制定改进措施，在弱势素养或知识、技能方面加强。

附录：工作计划海报

______________工作计划

序号	工作步骤内容	设备工具	安全环保	标准规范	检测值	检测结论
预估工时			成本预算			